名言佳句辞典

刘振远　主编

商务印书馆国际有限公司
中国·北京

图书在版编目(CIP)数据

名言佳句辞典／刘振远主编．— 北京：商务印书馆国际有限公司，2016.1（2023.2重印）

ISBN 978-7-5176-0125-8

Ⅰ．①名… Ⅱ．①刘… Ⅲ．①格言–汇编–世界 Ⅳ．①H033

中国版本图书馆 CIP 数据核字（2015）第 296693 号

MINGYAN JIAJU CIDIAN
名言佳句辞典

主　　编	刘振远
出版发行	商务印书馆国际有限公司
地　　址	北京市朝阳区吉庆里 14 号楼 佳汇国际中心 A 座 12 层
邮　　编	100020
电　　话	010-65592876（编校部） 010-65598498（市场营销部）
网　　址	www.cpi1993.com
印　　刷	北京荣宝艺品印刷有限公司
开　　本	850mm×1168mm　1/32
印　　张	16.75
字　　数	619 千字
版　　次	2023 年 2 月第 1 版第 32 次印刷
书　　号	ISBN 978-7-5176-0125-8
定　　价	35.00 元

版权所有·违者必究
如有印装质量问题，请与我公司联系调换。

主　编：刘振远
副主编：冯小侠
编写者：(按音序排列)

　　　　才慧珍　冯小侠　胡珊格　康小梅　良肇新
　　　　刘春艳　刘　霞　刘振远　佘艺竹　魏　励
　　　　魏梦舒　郑维琦

前　言

名言佳句指著名的言论和脍炙人口的好语句,大多富有哲理,言简意赅,广为流传,有警世和教育意义,是人生宝贵经验的总结,作者思想的闪光,智慧的结晶。其内涵丰富,或喻事明理,或反映某一方面的知识、经验、教训;其寓意深长,可净化心灵,陶冶情操,催人奋发向上、积极进取;其语言凝练,生动形象,感染力强,可提高语言和文学素养,增强语言交际和写作能力,谈吐生色,笔下生花。

本书以刘振远主编的《常用名言警句辞典》(商务印书馆2011年版)为基础,修改了体例,调整了类别,增删了条目,进一步提高了学术性和实用性。

选收条目。选收古今中外流传广、影响大的名言佳句11200条。

条目分类。条目按内容分为"生活、爱情、婚姻、家庭、社会、健康、志向、事业、奋斗、道德、感情、为人处世、命运、朋友、幸福、贫富、朴素、教育、学习、知识、才干、智慧、爱国、文化、历史、文学、艺术、科学、时间、山水、四季、动物、植物、其他"等111类。其中不便归类的条目放在"其他"类。

条目次序。每一类中,古代的在前,现代的在后;中国的在前,外国的在后;同样都是古代的,按作者时代依次排列;同样是一个朝代,或现代,或中国,或外国,按作者姓名音序排列。

为了方便引用与查核,每个条目都注明作者(或书名)。中国清代以前的作者,在作者前注出朝代;外国的作者,在作者后注出国名。

为了帮助阅读,在某些难读、易误读的字之后注出读音,对难理解的字词做了简单注释。注释随文而设,相同词语的释义不求完全一致。一个条目中往往有几个字词需要注释,为了节省篇幅,注释号一律标在全句之末。

本书涉及的作者广泛,有的作者虽然不是很有名,但语句极佳。需要特别指出的是,这些作者有古今中外之别,社会地位、政治立场、人生观、学术见解、对于社会诸多问题的看法等也各有不同。读者阅读时应当注意鉴别,择善而从。

本书适用于中小学师生、中等及以上文化程度的各界读者。

目 录

分类索引 ………………………………………… 2
音序索引 ………………………………………… 4
正文 …………………………………………… 1-526

分类索引

(类目左边数字为顺序号,右边数字为正文页码)

1	人;人生	1	19	工作	106	37	真实;质朴	172
2	生命;死亡	14	20	奋斗;进取	109	38	虚伪;奉承	174
3	生活	24	21	发明;创造	114	39	谦虚	178
4	憎恨;悔恨	32	22	成功	119	40	骄傲;自满	182
5	爱;热爱	36	23	失败	125	41	知足;满足	186
6	恋爱	45	24	得失	128	42	谨慎;认真	188
7	爱情	49	25	名声;名誉	131	43	感情;情感	193
8	婚姻;夫妻	56	26	利益;地位	135	44	欢笑;快乐	197
9	家庭;亲属	62	27	道德;道义	138	45	忧愁;悲伤	204
10	社会	71	28	品格;节操	140	46	寂寞;孤独	210
11	养生;长寿	73	29	性格	144	47	离合;思念	213
12	健康	79	30	意志;决心	147	48	同情;怜悯	218
13	运动;锻炼	82	31	坚强;顽强	150	49	怀疑;忌妒	221
14	疾病;医疗	84	32	勤奋;勤劳	153	50	宽容;谅解	225
15	志向;理想	87	33	懒惰;懈怠	158	51	为人处世	229
16	信念;信仰	96	34	勇敢;大胆	160	52	礼节;礼貌	236
17	希望;欲望	99	35	怯懦;畏惧	163	53	言语;沉默	238
18	事业	102	36	诚实;守信	166	54	行为	244

55	命运;运气	245	74	学习;求知	323	93	法令;规章	393
56	时机;机会	251	75	思考;钻研	329	94	刑罚;奖赏	397
57	幸运	255	76	书籍	334	95	公正;无私	393
58	厄运;不幸	257	77	读书	337	96	文化;思想	402
59	处境;境遇	259	78	知识;学问	340	97	历史	408
60	朋友	263	79	理论;实践	345	98	军事;战争	413
61	友情;交往	269	80	真理;正确	351	99	文学;写作	419
62	团结;协作	278	81	优缺点;错误	355	100	艺术	425
63	敌人;坏人	282	82	天才;人才	360	101	科学;技术	432
64	安危;灾祸	285	83	才干;才能	366	102	事理;哲理	437
65	幸福	288	84	智慧;机智	368	103	时间	453
66	困难;痛苦	294	85	谋略;谋划	371	104	自然;阴阳	466
67	钱财;贪婪	300	86	聪明	372	105	天地;日月星	469
68	贫富;贵贱	307	87	愚蠢	375	106	云雨;风雷	475
69	慷慨;吝啬	310	88	善;恶	377	107	山水;环境	480
70	朴素;节俭	311	89	美;丑	380	108	四季;冷暖	493
71	奢侈;浪费	314	90	爱国;报国	384	109	动物	501
72	教育;教学	314	91	治国;国家政府	389	110	植物	504
73	教师;学生	320	92	安民;民心	391	111	其他	510

音序索引

(类目按读音排序,右边数字为正文页码)

A		创造	114	奋斗	109	**J**		境遇	259
爱	36	聪明	372	风雷	475	机会	251	决心	147
爱国	384	错误	355	奉承	174	机智	368	军事	413
爱情	49	**D**		夫妻	56	疾病	84	**K**	
安民	391	大胆	160	**G**		技术	432	慷慨	310
安危	285	道德	138	感情	193	忌妒	221	科学	432
B		道义	138	工作	106	寂寞	210	快乐	197
报国	384	得失	128	公正	398	家庭	62	宽容	225
悲伤	204	敌人	282	孤独	210	坚强	150	困难	294
不幸	257	地位	135	规章	393	健康	79	**L**	
C		动物	501	贵贱	307	奖赏	397	懒惰	158
才干	366	读书	337	国家政府	389	交往	269	浪费	314
才能	366	锻炼	82	**H**		骄傲	182	冷暖	493
长寿	73	**E**		怀疑	221	教师	320	离合	213
沉默	238	厄运	257	坏人	282	教学	314	礼节	236
成功	119	恶	377	欢笑	197	教育	314	礼貌	236
诚实	166	**F**		环境	480	节操	140	理论	345
丑	380	发明	114	悔恨	32	节俭	311	理想	87
处境	259	法令	393	婚姻	56	进取	109	历史	408
								利益	135

词条	页码
怜悯	218
恋爱	45
谅解	225
吝啬	310

M

词条	页码
满足	186
美	380
民心	391
名声	131
名誉	131
命运	245
谋划	371
谋略	371

P

词条	页码
朋友	263
贫富	307
品格	140
朴素	311

Q

词条	页码
其他	510
谦虚	178
钱财	300
怯懦	163
亲属	62
勤奋	153
勤劳	153
情感	193
求知	323

R

词条	页码
热爱	36
人	1
人才	360
人生	1
认真	188
日月星	469

S

词条	页码
山水	480
善	377
奢侈	314
社会	71
生活	24
生命	14
失败	125
时机	251
时间	453
实践	345
事理	437
事业	102
守信	166
书籍	334
思考	329
思念	213
思想	402
死亡	14
四季	493

T

词条	页码
贪婪	300
天才	360
天地	469
同情	218
痛苦	294
团结	278

W

词条	页码
顽强	150
为人处世	229
畏惧	163
文化	402
文学	419
无私	398

X

词条	页码
希望	99
协作	278
写作	419
懈怠	158
信念	96
信仰	96
刑罚	397
行为	244
幸福	288
幸运	255
性格	144
虚伪	174
学生	320
学问	340
学习	323

Y

词条	页码
言语	238
养生	73
医疗	84
艺术	425
意志	147
阴阳	466
勇敢	160
优缺点	355
忧愁	204
友情	269
愚蠢	375
欲望	99
云雨	475
运动	82
运气	245

Z

词条	页码
灾祸	285
憎恨	32
战争	413
哲理	437
真理	351
真实	172
正确	351
知识	340
知足	186
植物	504
志向	87
质朴	172
治国	389
智慧	368
自满	182
自然	466
钻研	329

1 人;人生

吾十有五而志于学,三十而立,四十而不惑,五十而知天命,六十而耳顺,七十而从心所欲,不逾矩。①
——[春秋]《论语》

天地之性,人为贵。
——[春秋]《孝经》

老冉冉其将至兮,恐修名之不立。②
——[战国]《楚辞》

人生天地之间,若白驹之过郤(xì),忽然而已。③ ——[战国]《庄子》

人生不满百,常怀千岁忧。
——[汉]乐府古辞《西门行》

盛年一过,实不可追。④
——[三国]吴质

白发悲花落,青云羡鸟飞。
——[唐]岑参

人生有情泪沾衣,江水江花岂终极? ——[唐]杜甫

天下不如意,恒十居七八。⑤
——[唐]房玄龄

人生若波澜,世路有屈曲。⑥
——[唐]李白

今人不见古时月,今月曾经照古人,古人今人若流水,共看月明皆如此。
——[唐]李白

昨日胜今日,今年老去年,黄河清有日,白发黑无缘。 ——[唐]刘采春

天之所能者,生万物也;人之所能者,治万物也。⑦ ——[唐]刘禹锡

人生代代无穷已,江月年年只相似。⑧ ——[唐]张若虚

相逢头白莫惆怅,世上无人长少年。⑨
——[唐]周贺

老去才虽尽,穷来志益坚。
——[宋]陆游

事如芳草春常在,人似浮云影不留。 ——[宋]辛弃疾

世事云千变,浮生梦一场。
——[金]王庭筠

要为天下奇男子,须历人间万里程。 ——[明]冯梦龙

人生一世,草木一秋。
——[明]冯梦龙

剑老无芒,人老无刚。⑩
——[明]冯梦龙

英雄出于少年。
——[清]《儒林外史》

即使我们是一支蜡烛,也应该"蜡炬成灰泪始干";即使我们只是一根火柴,也要在关键时刻有一次闪耀;即使我们死后尸骨都腐烂了,也要变成磷火

---

①逾:越过;超越。矩:一定的法则、规则。
②冉冉:渐渐。恐:恐怕;担心。修名:美名;英名。
③白驹:白马,比喻日光。郤:同"隙",缝隙。忽然:非常快的样子。
④盛年:精力旺盛的年华。
⑤恒:通常;往往。
⑥屈曲:曲折。
⑦治:治理。
⑧穷已:穷尽。
⑨惆怅:伤感;失意。
⑩芒:指锋芒。刚:坚强。

在荒野中燃烧。　　　——艾青

青年是人类的希望。　——巴金

我始终记住,青春是美丽的东西,而且对我来说,它永远是鼓舞的泉源。

——巴金

人生总是有灾难。其实大多数人早已练就了对灾难的从容,我们只是还没有学会灾难间隙的快活。我们太多注重了自己警觉苦难,我们太忽视提醒幸福。　　　　　　——毕淑敏

人生如梦,把梦看得太认真,固然是个大傻瓜;但以为人生如梦,就以为不必认真,也是个头等大傻瓜。

——曹聚仁

青春如初春,如朝日,如百卉之萌动,如利刃之新发于硎,人生最宝贵之时期也。　　　　——陈独秀

人生如逆水行舟,不进则退。

——陈独秀

一生中奉献大于索取,人生就灿烂;奉献等于索取,人生就平淡;奉献小于索取,人生就无光。　——陈俊武

世界上的事情是复杂的。触发一个人成功的业绩,未必是他人生的精华,未必是他人生的闪光点,而他鲜为人知的成就,却可能最有资格代表他的声望,并成为他人生的辉煌。

——邓伟志

人生是个积累的过程,你总会有摔倒,即使跌倒了,你也要懂得抓一把沙子在手里。　　　　　——丁磊

人生就像爬坡,要一步一步来。

——丁玲

童年是一场梦,少年是一幅画,青年是一首诗,壮年是一部小说,中年是一篇散文,老年是一部哲学。人生各个阶段都有特殊的意境,构成整个人生多彩多姿的心身的历程。　——丁思逸

要永远积极地对待人生。当你颓丧的时候,就是弱小的时候;当你勇于向命运宣战,并掌握自己命运的时候,你才能成为生活的主人。　——范曾

我们活着不能与草木同腐,不能醉生梦死,枉度人生,要有所作为!

——方志敏

人生就像解方程,运算的每一步似乎都无关大局,但对最终求解却是必要的。结果往往令人神往,我却更喜欢过程本身,过程就是结果的奥秘所在。

——冯定

人生不能设计,你只能面对。

——冯仑

人生的意义就在这个过程上,你要细细体会和玩味这过程中的每一节,无论它是一节黄金或是一节铁,你要认识每一节的充分价值。　——傅东华

人的发展总是波浪似的,和自然界一样,低潮之后还有高潮再起的可能。

——傅雷

人一辈子都在高潮、低潮中浮沉,唯有庸碌的人,生活才如死水一般;或者要有极高的修养,方能廓然无累,真正的解脱。　　　　　　——傅雷

人到中年,除了"知其不可为而为之",还须想一想庄子说的"知其不可奈何而安之若命"。孔子的勇武精神固然

让人佩服,但是庄子的认命态度也未必没有道理。　　　　——傅佩荣

说人生味道苦多于甜,要比相反地说甜多于苦实在些。因为有甜,人才乐生不乐死;因为苦多,人才多向往、期待、追求和争取甜。　　——耿庸

成长是一种痛苦的过程,一点不能逃避。　　　　　　　　——郭枫

人世间,比青春更可宝贵的东西实在没有,然而青春也最容易消逝。
　　　　　　　　　　——郭沫若

青年是人类的春天。　——郭沫若

在无限的时间的河流里,人生仅仅是微小又微小的波浪。——郭小川

在青春的世界里,沙粒要变成珍珠,石头要化作黄金……青春的魅力,应当叫枯枝长出鲜果,沙漠布满森林……这才是青春的美,青春的快乐,青春的本分!　　　　——郭小川

理想的人生,必须有爱,必须有自由,必须有美。　　　——胡适

每个人都争取一个完满的人生。然而自古及今,海内海外,一个百分之百完满的人生是没有的。所以我说,不完满才是人生。
　　　　　　　　　　——季羡林

青年兴则国家兴,青年强则国家强,青年有希望,未来的发展就有希望。
　　　　　　　　　　——江泽民

一个人如果在积极入世的同时,又能真正拥有闲适、悠闲的"闲人"心态,则是在较高层次上拥有了人生,可以视为进入人生的"富贵"境界。
　　　　　　　　　　——江曾培

真正的青春,只属于这些永远力争上游的人,永远忘我劳动的人,永远谦虚的人。　　　　　　——雷锋

人生最有趣的事情,就是送旧迎新,因为人类最高的欲求是时时创造新生活。　　　　　　——李大钊

一生最好是少年,一年最好是新春,一朝最好是清晨。——李大钊

青年贵能自立,尤贵能与老人协力;老人贵能自强,尤贵能与青年调和。①　　　　　　　　——李大钊

从以前的人手中接过火炬,再将它传给后来者,使火炬不熄灭,或更进一步增加它的光,便是人生的意义和价值。　　　　　　　　——李霁野

人生有很多次"如果",但是没有一次"但是"。　　　　——李开复

魄力,要有魄力,即使是失败,也不要让自己的人生平庸。——李开复

人生总要走走小路,过过小桥,穿穿小鞋,受受磕绊。——李佩芝

人世炎凉,人情百态,看淡看轻,走自己的路。唱着笑着最好,伤心时眼泪也不必藏起来,大将军也有流泪的时候。　　　　　　　　——李佩芝

从一个依赖的、没有建树的人要变成一个能独立而有建树的人,这是不太容易的,因此进入此阶段的初期,往往要费很大的劲才能达成心理适应。
　　　　　　　　　　——李亦园

――――――――
①协力:共同努力。

一个人只有真正意识到自己的存在才真正存在着，只有对自己真正有自我意识，然后才能自立起来，才能真正走出自己的路来。　　——李泽厚

少年智则国智，少年富则国富，少年强则国强，少年独立则国独立，少年自由则国自由，少年进步则国进步，少年胜于欧洲则国胜于欧洲，少年雄于地球则国雄于地球。　　——梁启超

人在有闲的时候才最像是一个人。手脚相当闲，头脑才能相当地忙起来。
　　——梁实秋

中年的妙趣，在于相当的认识人生，认识自己，从而做自己所能做的事，享受自己所能享受的生活。
　　——梁实秋

老不必叹，更不必讳。花有开有谢，树有荣有枯。　　——梁实秋

青年是人生的骄傲，也是时代未来的希望。　　——林伯渠

对于有追求的人来说，自然年龄纵然可以老，但是精神状态不可也不会老。这样的人是永葆青春的。
　　——林启武

人生的真谛在于享受淳朴的生活，尤其是家庭生活的欢乐和社会诸关系的和谐。　　——林语堂

有忍辱负重者，亦有忍辱而重负不起者；有委曲求全者，亦有委曲而全求不到者。　　——林语堂

一个人真正地活过，就意味着升华、跌落、沉重、坚毅、百思不解和追求完美的真，连同砍不断的无数"适应"将延续他的一生。　　——刘华园

有一点缺陷有一点遗憾的人生，是有味道的人生。有一点怪异有一点风险的命运，是有意思的命运。
　　——刘心武

成长是一种美丽的疼痛。
　　——刘墉

人生的道路虽然漫长，但紧要处常常只有几步，特别是当人年轻的时候。
　　——柳青

踏上人生的旅途吧。前途很远，也很暗，然而不要怕。不怕的人的面前才有路。　　——鲁迅

青年应该有朝气，敢作为。
　　——鲁迅

世界是你们的，也是我们的，但归根结底是你们的。你们青年人朝气蓬勃，正在兴旺时期，好像早晨八、九点钟的太阳。希望寄托在你们身上。
　　——毛泽东

人生的路本来是布满了荆棘，但是成功者会用希望之光照亮了他的旅途，用忍耐的火来烧净了那些荆棘。
　　——茅盾

人生如大海，出海越远，然后愈感到其浩渺无边。　　——茅盾

人站起来不过一直，躺下去不过一横，和宇宙大自然相比，该知道自己有多大，实在不必作践别人，更不必作践自己。　　——墨人

人生的最高境界是佛为心，道为骨，儒为表，大度看世界；技在手，能在身，思在脑，从容过生活。　　——南怀瑾

人生的许多追求，其实也可以中途下车的——只要不失去人之为人的一些基本原则。　　——潘向黎

年轻的朋友，让青春发出光和热吧，为人民发光发热的青春才是美丽的。　　——秦牧

只有饱尝人生百味的人，才算是领略了个中滋味，饱览人生的奥秘。
　　——秦文君

人的价值最终还要看他对人类贡献了多少智慧，看他是否闪光，看他是否尽力而为，是否努力地成为自己的最好。　　——秦文君

人生处世，应当匡救时局的艰危，以实现自己的抱负，怎么能为柴米油盐等家庭琐事了此一生？　　——秋瑾

人活着，就是要给别人以愉快。人生的意义，就是要通过自己的劳动，在人类的文明史上，划下一道闪光的痕迹。　　——曲啸

人类往往少年老成，青年迷茫，中年喜欢将别人的成就与自己相比较，因而觉得受挫，好容易活到老年仍是一个没成长的笨孩子。我们一直粗糙地活着，而人的一生便也这样过了。
　　——三毛

成长是一种蜕变，失去了旧的，必然因为来了新的，这就是公平。
　　——三毛

人生实在是一本书，内容复杂，分量沉重，值得翻到个人所能翻到的最后一页，而且必须慢慢的翻。　　——沈从文

一个人由青山碧水到了崎岖荆棘的路上，由崎岖荆棘又进入了柳暗花明的村庄，已感到人世的疲倦，在这期间内，彻悟了的自然又是一种人生。
　　——石评梅

人生是跋涉，也是旅行；是等待，也是相逢；是探险，也是寻宝；是眼泪，也是歌声。　　——汪国真

人生并非只有一处缤纷烂漫，那凋零的是花——不是春天。　　——汪国真

没有比脚更长的路，没有比人更高的山。　　——汪国真

有意义有价值的人生是多种多样的没有定则的，而无意义的罪恶的人生却是要毫不含糊地警惕与拒绝的。
　　——王蒙

一个人就是一个能源，人的一生就是燃烧，就是能量的充分释放。能量应该发挥出来，燃烧愈充分愈好。
　　——王蒙

人生的最高境界应该是追求所追求的，逃避所逃避的。　　——王书春

人这辈子，物质上的享受不是真正的享受，活出自己的价值才是真正的享受。　　——韦建设

青春是美丽的，但一个人的青春可以平庸无奇，也可以放射出英雄的火光；可以因虚度而懊悔，也可以用结结实实的步子，走到辉煌壮丽的成年。
　　——魏巍

青春应该怎样度过，有的如同烈火，永远照耀别人；有的却像萤火，甚至也照不亮自己。不同的生活理想，不同的生活态度，决定一个人在战斗中站的

位置。　　　　　　　——吴云铎

此生不学,一可惜;此日闲过,二可惜;此生虚度,三可惜。　——吴作人

人生像攀登一座山,而找山寻路,却是一种学习的过程,我们应当在这过程中,学习笃定、冷静,学习如何从慌乱中找到生机。　　　　——席慕蓉

青春的美丽与珍贵,就在于它的可遇而不可求,在于它的永不重回。
　　　　　　　　　　——席慕蓉

青春是一部太仓促的书。
　　　　　　　　　　——席慕蓉

人原本是两面兼有的:一面有肉欲的本能,一面还有理性的本能;一面有利己的倾向,一面还有利他的倾向;一面服从于命运,一面还有自由的要求。这两方面使它调和一致,不生冲突,这就是近代人的理想。　——夏丏尊

人生价值的大小是以人们对社会贡献的大小而制定。　——向警予

人生应该如蜡烛一样,从顶燃到底,一直都是光明的。　——萧楚女

人生一世,我们不祈求苦难,也不歌颂眼泪,我们只是从中学习一点功课,好叫我们的心更温柔可爱。且把缺憾还诸天地,有爱,便能包容一切。
　　　　　　　　　　——杏林子

人生的价值,即以其人对于当代所做的工作为尺度。　　——徐玮

在人的一生中,充满许多诱惑——金钱的魔力、地位的荣耀、名誉的光环等等,它们之中的任何一种只要在人的身上滋生蔓延开来,都足以使生命的火焰减弱或熄灭。　　　——哑弦

中年是个阅遍人生、不动声色的年龄。唯因如此,中年的爱情格外珍重,中年的感动格外深沉。　——杨东平

一个人如果碌碌无为,只为自己渺小的生存而虚度一生,那么即使他高寿活到一百岁,又有什么价值和意义呢?
　　　　　　　　　　——杨沫

作为一个人,要是不经历过人世上的悲欢离合,不跟生活打过交手仗,就不可能真正懂得人生的意义。
　　　　　　　　　　——杨朔

人生的最大挑战,其实不是征服别人,而是克服自己。　——杨晓辉

人生的最大对手是自己。走过自我,人生就是一马平川;被自己击败,人生就成了荒芜的山野。——姚华飞

人生是伟大的,因为有白发,有诀别,有无可奈何的失落。——余秋雨

人的一生是短暂的,要使自己的一生有意义,就要把自己仅有的一点光和热献给人民。　　　——张海迪

在人生的道路上,谁都会遇到困难和挫折,就看你能不能战胜它。战胜了,你就是英雄,就是生活的强者。
　　　　　　　　　　——张海迪

人生的意义在于付出而不是索取。
　　　　　　　　　　——张洁

椰林制造爱情,海滩给予诗人抒情的场地,海风传播着商业信息,海浪卷走罪恶又酝酿新的交易和秘密——于是你明白真正美丽的夜空应有九重,人人各得其所。
　　　　　　　　　　——张抗抗

人的一生宛如置身于一个漫长的旅途,我们经常迷失自己,需要有一个声音在不远处适时地叫出我们的名字,让我们蓦然惊觉,省悟自己是谁、置身何处。
——张乃光

人的一生难得的是活着的时候有份恬静,有份善心,有与世界、与自然合二为一的心态,并自然地将这种心灵从他躯体最重要、最显眼的那部分表现出来,从而给世界增添一份美丽。
——张贤亮

人的一生,虽然都说短暂,其实又很漫长。正是这漫长,让人毫不珍惜时光流逝。
——赵健雄

人生中辉煌的时刻并不多,大多数时间都是在对这种时刻的回忆和期望中度过的。
——周国平

人生本来就是一种广义的艺术,每个人的生命史就是他自己的作品。
——朱光潜

人生原是戏,戏也是有道理的,并不一定是假的。
——朱自清

用一种拈花微笑的态度,同情一切;以一种超越的笑、了解的笑、含泪的笑、茫然的笑,包含一切,以超脱一切。使颜色黯淡的人生,也罩上一层柔和的金光,觉得人生可爱。
——宗白华

老年人是又一度的孩子。
——阿里斯托芬[古希腊]

谁踏踏实实地看待人生,谁就能将人生看透。
——阿诺德[英国]

人生如集市,众人在此相聚,却不久留;人生如客栈,路人在此歇脚,而后又走。
——艾霍·布朗[美国]

即使断了一根弦,其余的三根弦还是要继续演奏,这就是人生。
——爱默生[美国]

人的一生就是进行尝试,尝试得越多,生活就越美好。
——爱默生[美国]

人生的价值,应当看他贡献什么,而不应当看他取得什么。
——爱因斯坦[美国]

我评定一个人的真正价值只有一个标准,即看他在多大程度上摆脱了"自我",他摆脱了"自我"又是为什么。
——爱因斯坦[美国]

一个人的年轻时代是诗的时代。
——安徒生[丹麦]

人生不是一个悲剧,就是一个喜剧。人们在悲剧中灭亡,但在喜剧中结为眷属。
——安徒生[丹麦]

人的一生可能燃烧,也可能腐朽,我不能腐朽,我愿意燃烧起来!
——(尼)奥斯特洛夫斯基[苏联]

凡是历尽人间辛酸的人,都是靠他的经历而不是年龄来领悟人生的真谛。
——拜伦[英国]

人也跟书籍一样,有时到了为人所赏识时,已经为时过晚。
——巴尔扎克[法国]

胜利和眼泪!这就是人生!
——巴尔扎克[法国]

在人生的大风浪中,我们常常学船长的样子,在狂风暴雨之下把笨重的货物扔掉,以减轻船的重量。
——巴尔扎克[法国]

人在很多情况下不仅不同于别人,而且在各时期中的自我也是各异的。

——巴斯卡[法国]

从不充分的前提中推断出充分的结论,这种技术就是人生。

——巴特勒[英国]

人生就好像一本书,傻瓜们走马观花式地随手翻阅它;聪明的人用心地阅读它,因为他知道这本书只能读一次。

——保罗[德国]

青春在人的一生中只有一次,青年时代要比其他任何时代更能接受高尚的和美好的东西。

——别林斯基[俄国]

世界上有两种人,一种人虚度年华,另一种人过着有意义的生活。

——别林斯基[俄国]

人生如同在浩瀚的大海中航行,理想是罗盘针,热情是疾风。

——波普尔[英国]

最先和最后的胜利是征服自我,只有科学地认识自我,正确地设计自我,严格管理自我,才能站在历史的潮头去开创崭新的人生。

——柏拉图[古希腊]

四十岁是青春的暮年,五十岁是暮年的青春。被青春看作水晶的东西,在老年看来只是露珠。

——勃朗宁[英国]

人生的最大悲痛莫过于辜负青春。

——薄伽丘[意大利]

年轻人是春天的美,而老年人则能使人体味到一种秋天的成熟和坦率。

——池田大作[日本]

人生恰恰像马拉松赛跑一样……只有坚持到最后的人,才能称为胜利者。

——池田大作[日本]

没有希望的人生不算人生,没有未来的人生最空虚。

——池田大作[日本]

青春是为一生奠定基础的时期。

——池田大作[日本]

没有向上心的青年不能叫青年,"向上"二字就是青年的别名,青年的特点也在于此。

——池田大作[日本]

精神上的童年是更美好的东西,不管你是多么聪明睿智的人,都得有这个时期,将来回忆起来才觉得这是人生最幸福的一个阶段。

——狄更斯[英国]

人的一生有许多苦难,然而我们在这人生的大海里,借神的使者、爱的天使,获得慰藉。

——梵高[荷兰]

爱是阳光,恨是阴影,人生是光阴的交错。

——费迪拉[美国]

平凡才是真正的人生。因为唯有远离虚饰、特异之处才有真实。

——费迪拉[美国]

人生如同道路,最近的捷径通常是最坏的路。

——弗兰西斯·培根[英国]

人生,对痛苦的人来说,是漫长的岁月;对幸福的人是短暂的片刻。

——弗兰西斯·培根[英国]

青年长于创造而短于思考,长于猛

干而短于讨论,长于革新而短于守成。
——弗兰西斯·培根[英国]

人生就像弈棋,一步失误,全盘皆输,这是令人悲哀之事;而且人生还不如弈棋,不可能再来一局,也不可能悔棋。
——弗洛伊德[奥地利]

一生中最光荣的一天并非功成名就的那一天,而是从悲叹与绝望中产生对人生挑战与勇敢迈进的意志的那一天。
——福楼拜[法国]

人生应为生存而食,不应为食而生存。
——富兰克林[美国]

我认为忍耐是我们人生过程中任何人都要经受的最困难的一件事,等待比做事要难得多。
——盖斯凯尔夫人[英国]

人的一生就如同下棋一样,每一个棋子都有自己的走法,如果没有这个规则——棋也就下不成了。
——高尔基[苏联]

人的一生是很短的,短暂的岁月要求我好好领会生活的进程。
——高尔基[苏联]

只有在童年时代人们才生活得幸福,因为孩子们的生活是无忧无虑的。
——高尔基[苏联]

要爱惜自己的青春!世界上没有再比青春更美好的了,没有再比青春更珍贵的了!
——高尔基[苏联]

青春是一个普通的名称,它是幸福美好的,但它也充满着艰苦的磨炼。
——高尔基[苏联]

只有经历过人生的辛劳,才知道人生的真正价值。
——歌德[德国]

谁要是游戏人生,他就一事无成;谁不能主宰自己,就永远是一个奴隶。
——歌德[德国]

如果有哪位人到中年还想去实现自己青春初年的愿望和理想,那他无疑是在自欺欺人。人生的每一个十年都有它自己的命运、希冀和渴望。
——歌德[德国]

我认为人生在世,仅此一遭,一个人要有力量和前途,也仅此一遭!谁不好好利用一番,谁不好好大干一场,那就是傻瓜。
——歌德[德国]

二十岁的人是孔雀,三十岁是狮子,四十岁是骆驼,五十岁是蛇,六十岁是狗,七十岁是猿,八十岁什么也不是。
——格拉西安[西班牙]

人生里有价值的事,并不是人生的美丽,却是人生的酸苦。
——哈代[英国]

二十岁的人,意志支配一切;三十岁时,机智支配一切;四十岁时,判断支配一切。
——哈代[英国]

人生是一匹马,轻快而健壮的马。人,要像骑手那样大胆而细心地驾驭它。
——海赛[德国]

人生包括两部分:过去的是一个梦,未来的是一个希望。
——霍桑[美国]

对于那些实际上影响我们一生的前途和我们的最后归宿的事件,我们甚至也只能知道其中的一部分。还有数不清的大事——假如称之为大事的话——差点儿发生在我们身上。然而却在我们身边擦过,没有产生什么实际效果。甚至也没有反射任何亮光或阴影到我们的心上,使我们察觉到它们的接近。 ——霍桑[美国]

人生好像一盒火柴,严禁使用是愚蠢的,滥用则是危险的。
——芥川龙之介[日本]

我们要把人生变成一个科学的梦,然后再把梦变成现实。
——居里夫人[法国]

老年时像青年一样高高兴兴吧!青年好比百灵鸟,有它的晨歌;老年好比夜莺,应该有它的夜曲。
——康德[德国]

越来越老并不可怕,可怕的是让人觉得越来越老。
——肯尼·罗杰斯[美国]

青年人应当小心地防备一切腐败的根源,例如不良的社交、不良的谈话、没有价值的书籍之类。
——夸美纽斯[捷克]

不论人生多不幸,聪明的人总会从中获得一点益处;不论人生多么幸福,愚蠢的人总觉得无限悲哀。
——拉罗什富科[法国]

青春是一种不断的陶醉,是理性的热病。 ——拉罗什富科[法国]

不要在悲伤的诗句里对我说:人生不过是一场幻梦!——昏睡的灵魂等于是死的,事物的真相和外表不同。
——朗费罗[美国]

青春是多么美丽!发光发热,充满了彩色与梦幻。青春是书的第一章,是永无终结的故事。 ——朗费罗[美国]

人生的价值并不是用时间,而是用深度去衡量。
——列夫·托尔斯泰[俄国]

人生有两种很真实的罪过:后悔和生病。唯一的好事是没有这两种罪过。
——列夫·托尔斯泰[俄国]

人就是一条河,河里的水流到哪里都还是水,这是无异议的。但是,河有窄、有宽、有平静、有清澈、有冰冷、有混浊、有温暖等现象,而人也一样。
——列夫·托尔斯泰[俄国]

人生的一切变化,一切魅力,一切美都是由光明和阴影构成的。
——列夫·托尔斯泰[俄国]

所谓人生的价值,是一种如何生存的质量问题。 ——铃木健二[日本]

人生的价值,是由人自己决定的。
——卢梭[法国]

任何一个人,只要他的心和他的爱好遭到了破坏,他如花似锦的年华就会像春梦似的消磨过去。
——卢梭[法国]

十岁时被点心、二十岁被恋人、三十岁被快乐、四十岁被野心、五十岁被贪婪所俘虏。人,到什么时候才能只追求睿智呢? ——卢梭[法国]

为了在生活中努力发挥自己的作用,热爱人生吧。 ——罗丹[法国]

人是世界的主人,年轻、美丽,征服了世界,改造了大地;会使草木生长,能和树木、野兽、天神谈心。
——罗曼·罗兰[法国]

人生的一切都是用痛苦赚得的。在大自然之中,任何幸福都是建立在废墟之上的。最后,一切都归于废墟。但愿你能加以建筑。
——罗曼·罗兰[法国]

人生的钟摆永远在两极中摇晃,幸福仅是其中的一极;要使钟摆停止在它的一极上,只能把钟摆折断。
——罗曼·罗兰[法国]

只有在到达终点之时,人们才能更好地享受走过的道路的乐趣。
——罗曼·罗兰[法国]

人生不出售返程车票,一旦出发了,绝不能返回。
——罗曼·罗兰[法国]

没有意义的人生等于提前死亡。
——罗曼·罗兰[法国]

以嘲弄的眼光看待人生,是最颓靡的。
——罗斯福[美国]

如果人类生活要想不变得无聊和肃然无趣的话,重要的就是认识到存在着各种其价值完全不依赖于效用的东西。
——罗素[英国]

人的一生有两大目标:第一,得到你想要的东西;第二,享有你得到的东西。只有最聪明的人才能实现第二目标。
——洛根[美国]

在人生的前半,有享乐的能力而无享乐的机会;在人生的后半,有享乐的机会而无享乐的能力。
——马克·吐温[美国]

人只有为自己同时代人的完善,为他们的幸福而工作,他才能达到自身的完美。
——马克思[德国]

人生像一张洁白的纸,全凭人生之笔去描绘。玩弄纸笔者,白纸上只能涂成一摊胡乱的墨迹;认真书写者,白纸上才会留下一篇优美的文章。
——梅特林克[波兰]

人生如梦……我们醒而睡着,睡而醒着。
——蒙田[法国]

世界上最难学懂学透的科学就是知道如何享乐此生,知道如何顺应自然。
——蒙田[法国]

所谓活着的人就是不断挑战的人,不断攀登命运高峰的人。
——蒙田[法国]

人生在世,并非遂己所愿,而是尽己所能。
——米南德[古希腊]

人生并不如想象的那么美丽,亦不如想象的那样丑恶。
——莫泊桑[法国]

人生的第一要义,在于发展自己所有的一切、所能成就的一切。
——莫洛亚[法国]

没有爱情的人生,不是真正的人生。
——莫里哀[法国]

人应当是聪明、朴实、公正、勇敢和善良的,只有这样,他才有权拥有"人"这个崇高的称号。
——帕乌斯托夫斯基[苏联]

在美丽的希望的星光下,未来正如仙女的花园。可是一踏进了嘈杂的人生,我们才知道这是错误的意见。
　　　　　　——裴多菲[匈牙利]
　　人生只有两分半钟的时间:一分钟用于笑,一分钟用于叹,半分钟用于爱,因为人在第三分钟里死去。
　　　　　　——普卢塔克[古罗马]
　　人生不是一个待解决的问题,而是必须经历的事实。——祁克果[丹麦]
　　欲了解人生只能向后追溯;但是要度过人生则应向前瞻望。
　　　　　　——祁克果[丹麦]
　　要是已经活过来的那一段人生只是一个草稿,另有一段誊写的人生,该有多好! ——契诃夫[俄国]
　　一个人年轻的时候年轻,固然有福,可是把自己的青春保持到进入坟墓为止,那就更加百倍地有福。
　　　　　　——契诃夫[俄国]
　　人生一世,总有些片段当时看着无关紧要,而事实上却牵动了大局。
　　　　　　——萨克雷[英国]
　　最明亮的欢乐火焰大概都是由意外的火花点燃的。人生道路上不时散发出芳香的花朵,也是从偶然落下的种子自然生长起来的。
　　　　　　——塞缪尔·巴特勒[英国]
　　人生如同一出戏,重要的不是长度,而是表演的出色。
　　　　　　——塞涅卡[古罗马]
　　让我们珍惜并热爱晚年吧。如果人们懂得如何安度晚年,那么晚年的生活将充满快乐和幸福。最美的佳肴往往留在最后享用。
　　　　　　——塞涅卡[古罗马]
　　青春时代是一个短暂的美梦,当你醒来时,它早已消失得无影无踪。
　　　　　　——莎士比亚[英国]
　　人的一生是短暂的,但如果虚度年华,则短暂的人生又太长了。
　　　　　　——莎士比亚[英国]
　　像季节的飞逝一样,人生的哀乐也是变换不停的。——莎士比亚[英国]
　　在人生的道路上每跌一跤,就会增加一道皱纹。平静的心境,只有在渐入老境中才能产生。
　　　　　　——石川达三[日本]
　　人生目标有二:首先是得到所要的,然后是享受所得的,而后者唯有最聪明之人方能得到它。
　　　　　　——史密斯[英国]
　　人身上最坏的品性要算"损人为快"之心境,即在他人不幸时感到万幸和欣慰。这与残忍相差无几,二者的区别,只不过是理论与实践的区别罢了。
　　　　　　——叔本华[德国]
　　人虽然能够做他所想做的,但不能要他所想要的。 ——叔本华[德国]
　　人在一生当中的前四十年,写的是正文;在往后的三十年,则不断地在正文中加添注解。 ——叔本华[德国]
　　在人生开始的时候,我们眼前展现出一片宏伟的未来;而到人生结束时,我们所看到的是一片漫长的过去。
　　　　　　——叔本华[德国]
　　人生就像一些低劣的商品,总在外

表包上一点光彩的东西。
——叔本华[德国]

人生就是石材。要把它雕刻成神的姿态,或是雕刻成魔鬼的姿态,悉听个人的自由。
——斯宾塞[荷兰]

人的一生,或多或少总是难免有沉浮,不会永远如旭日东升,也不会永远痛苦潦倒。反复地一浮一沉,对一个人来说正是磨炼。因此,浮在上面的不必骄傲,沉在底下的更用不着悲观。必须以率直、谦虚的态度,乐观进取,向前迈进。
——松下幸之助[日本]

人生虽然只有几十个春秋,但它绝不是梦一般的幻灭,而是有着无穷可歌可泣的深长意义。附和真理,生命便会得到永生。
——泰戈尔[印度]

人生的道路就像一条大河,由于急流本身的冲击力,在从前没有水流的地方,冲刷出崭新的意料不到的河道。
——泰戈尔[印度]

一个人的青春时期一过,就会出现像秋天一样的优美的成熟时期,这时生命的果实像熟稻子似的在美丽的平静的气氛中等待收获。
——泰戈尔[印度]

在人生的道路上,所有的人并不站在同一场所。——有的在山前,有的在海边,有的在平原边上。但是没有一个人能够站着不动,所有的人都得朝前走。
——泰戈尔[印度]

人生是过去和未来之间的一刹那,既受过去影响又影响着未来。要想人生过得有意义,唯一的办法就是高瞻远瞩放眼量。
——威·埃·钱宁[美国]

对于那些运用思考的人,人生是个喜剧;对于那些多愁善感的人,人生是个悲剧。
——沃波尔[英国]

要探索人生的意义,体会生命的价值,就必须去追寻能使自己值得献出生命的某个东西。
——武者小路实笃[日本]

人生是一次航行。航行中必然遇到从各个方面袭来的劲风,然而每一阵风都会加快你的航速。即使有暴风雨,也不会使你偏离航向。
——西·切威廉斯[美国]

春天是自然界一年中的新生季节,而人生的新生季节,就是一生只有一度的青春。
——西塞罗[古罗马]

人生中,有两条道路是畅通的:一条通向理想,一条通向死亡。
——席勒[德国]

人生不是一支短短的蜡烛,而是一支由我们暂时拿着的火炬,我们一定要把它烧得十分光明灿烂,然后交给下一代的人们。
——萧伯纳[爱尔兰]

人生好比两瓶必喝的啤酒,一瓶是甜蜜的,一瓶是酸苦的,先喝了甜蜜的,其后必然是酸苦。
——萧伯纳[爱尔兰]

一个尝试错误的人生不但比无所事事的人生更荣耀,并且更有意义。
——萧伯纳[爱尔兰]

人生真美好,看你戴什么眼镜去看。
——小仲马[法国]

同人生相比,帝国兴衰、王朝更迭

何足挂齿！同人生相比,宗教体系、政治体制的兴亡又何足轻重！同人生相比,日月星辰的运转与归宿又算得了什么？人生,这伟大的奇迹,我们叹为观止,只因你如此奇妙无比。

——雪莱[英国]

在时间的长河里,一直能让自己不下沉,脚也不沾湿,这就是人生。

——易卜生[挪威]

人生的旅途,前途很远,也很暗,然而不要怕,不怕的人面前才有路。

——有岛武郎[日本]

没有风浪,就不能显示帆的本色；没有曲折,就无法品味人生的乐趣。

——雨果[法国]

无论在哪里,人生都是一样,要忍受的多,可享受的少。

——约翰生[英国]

人生的全部意义在于无穷地探索尚未知道的东西,在于不断地增加更多的知识。　　——左拉[法国]

2　生命；死亡

未知生,焉知死？①

——[春秋]《论语》

志士仁人,无求生以害仁,有杀身以成仁。　　——[春秋]《论语》

仁以为己任,不亦重乎？死而后已,不亦远乎？②　　——[春秋]《论语》

风萧萧兮易水寒,壮士一去兮不复还。③　　——[战国]荆轲

舍生而取义。④

——[战国]《孟子》

亦余心之所善兮,虽九死其犹未悔。⑤　　——[战国]屈原

祸与福相贯,生与亡为邻。

——[战国]《战国策》

士为知己者死,女为悦己者容。⑥

——[战国]《战国策》

君子生以辱,不如死以荣。

——[汉]《春秋繁露》

死人无知,厚葬无益。

——[汉]《论衡》

千人所指,无病而死。⑦

——[汉]《汉书》

人固有一死,或重于太山,或轻于鸿毛。⑧　　——[汉]司马迁

君子以义死难,视死如归。⑨

——[汉]司马迁

有生者,必有死；有始者,必有终。

——[汉]扬雄

---

①焉：表示疑问,相当于"哪里""怎么"。
②已：止；停止。
③萧萧：形容风声。易水：河北大清河支流。勇士荆轲前去行刺秦王,燕太子丹率众在易水边为他送行。
④舍：舍弃。生：生命。取：选择。
⑤善：正确。兮：同"啊"。虽：即使。
⑥悦：喜欢。容：修饰面容；梳妆打扮。
⑦指：指责；斥责。
⑧固：本来；原来。或：有的。重：分量重,比喻重要而有价值。太山：在山东,一作"泰山"。轻：轻微而不足道。鸿毛：大雁的羽毛。
⑨义：正义；道义。

露晞明朝更复落,人死一去何时归。① ——[汉]乐府古辞《薤露》

人生处一世,去若朝露晞。② ——[三国]曹植

谁言捐躯易,杀身诚独难。③ ——[三国]曹植

生为百夫雄,死为壮士规。④ ——[三国]王粲

日薄西山,气息奄奄,人命危浅,朝不虑夕。⑤ ——[晋]李密

人寿几何? 逝如朝霜。时无重至,华不再阳。 ——[晋]陆机

临难不顾生,身死魂飞扬。 ——[晋]阮籍

男儿要当死于边野,以马革裹尸还葬耳。⑥ ——[南朝]《后汉书》

人之短生,犹如石火,炯然以过。⑦ ——[北朝]刘昼

生,不可不惜,不可苟惜。涉险畏之途,干祸难之事,贪欲以伤生,谗慝(tè)而致死.此君子之所惜者;行诚孝而见贼,履行义而得罪,丧身以全家,泯躯而济国,君子不咎也。⑧ ——[北朝]《颜氏家训》

非其义,君子不轻其生;得其所,君子不爱其死。 ——[唐]白居易

死有重于太山,贵其理全也;生有轻于鸿毛,贵其义全也。⑨ ——[唐]《北史》

凭君莫话封侯事,一将功成万骨枯。 ——[唐]曹松

存者且偷生,死者长已矣。⑩ ——[唐]杜甫

生而不淑,孰谓其寿? 死而不朽,孰谓之夭?⑪ ——[唐]韩愈

生者为过客,死者为归人;天地一逆旅,同悲万古尘。 ——[唐]李白

乍向草中耿介死,不求黄金笼下生。⑫ ——[唐]李白

古人不惧死,所惧死无益。 ——[唐]姚合

忠臣不顺时而取宠,烈士不惜死而偷生。 ——[五代]《旧唐书》

菊花到死犹堪惜,秋叶虽红不耐观。⑬ ——[宋]戴复古

---

①晞:晒干;干燥。
②此句指人生短暂,应该珍惜。
③捐躯、杀身:牺牲生命。
④百夫:众多男子。雄:英雄。规:楷模;典范。
⑤薄:迫近;靠近。奄奄:形容气息微弱的样子。危浅:危险而临近死亡。朝不虑夕:早晨无法预料晚上的状况。
⑥耳:助词,相当于"罢了"。
⑦石火:燧石相击发出的火光。炯然:明亮的样子。过:一闪而消逝。
⑧生:生命。慝:邪恶;罪恶。泯躯:捐躯。咎:责备。
⑨太山:同"泰山"。理全:顺应规律。义全:合乎正义。
⑩偷生:苟且地活着,得过且过。
⑪淑:善良;美好。孰:谁;什么。夭:夭折,早亡。
⑫乍:宁,宁可。耿介:正直,不同于流俗。生:指屈辱求生。
⑬惜:怜惜;不忍舍弃。观:观看;观赏。

生当作人杰,死亦为鬼雄。①
——[宋]李清照

但忧死无闻,功不挂青史。②
——[宋]陆游

壮心未与年俱老,死去犹能作鬼雄。
——[宋]陆游

死去元知万事空,但悲不见九州同。王师北定中原日,家祭无忘告乃翁。③
——[宋]陆游

盛必有衰,而生必有死。
——[宋]欧阳修

人生自古谁无死,留取丹心照汗青。④
——[宋]文天祥

文官不爱钱,武将不惜死。
——[宋]岳飞

慷慨杀身者易,从容就义者难。
——[宋]朱熹

生无益于时,死无闻于后,是自弃也。⑤
——[宋]《资治通鉴》

便是牡丹花下死,做鬼也风流。⑥
——[元]珠帘秀

老不足叹,可叹是老而虚生;死不足悲,可悲是死而无补。
——[明]陈继儒

生得其名,死得其所。
——[明]罗贯中

莫道古人多玉碎,盖棺定论未嫌迟。⑦
——[明]张煌言

文死谏,武死战。⑧
——[清]《红楼梦》

与其忍耻贪生,遗臭万年,何如含笑就死,流芳百世。
——[清]《镜花缘》

达人观之,生死一耳。何必生之为乐,死之为悲?⑨
——[清]蒲松龄

我自横刀向天笑,去留肝胆两昆仑。
——[清]谭嗣同

生命的意义在于付出,在于给予;而不在于接受,也不在于索取。
——巴金

为着追求光和热,人宁愿舍弃自己的生命。生命是可爱的,但寒冷的、寂寞的生,却不如轰轰烈烈的死。
——巴金

要交出生命是很容易的事情,但是困难却在如何使这生命像落花一样化着春泥,还可以培养花树,使来春再开出灿烂的花朵。
——巴金

那么就让我作一块木柴罢。我愿意把我从太阳那里受到的热放射出来,我愿意把自己烧得粉身碎骨给人间添

---

①人杰:人中豪杰。鬼雄:鬼中英雄,用于称颂壮烈而死的人。
②青史:史书。
③元知:同"原知",原本知道。九州:指国家。同:统一。王师:指宋朝的军队。定:平定。中原:指淮河以北沦陷于金人手中的地区。乃翁:你的父亲。这里的"乃翁",为作者陆游自称。
④丹心:赤诚的心。汗青:史册。
⑤自弃:自暴自弃。
⑥牡丹花:喻指美女。
⑦盖棺定论:指一个人的是非功过到死后做出结论。
⑧谏:规劝(帝王、尊长等),使改正错误。
⑨达人:通达事理的人。一:相同;一样的。

一点点温暖。　　　　——巴金

为着追求光和热,将身子扑向灯火,终于死在灯下,或者浸在油中,飞蛾是值得赞美的。在最后的一瞬间它得到光,得到了热。　　——巴金

生命对于每个人,都是上苍只有一次的馈赠。　　　　——毕淑敏

假如生命是无味的,我不要来生;假如生命是有趣的,今生已是满足的了。　　　　——冰心

一个真正的人,应该为人民用尽自己的才智、专长和精力,再离开人间。不然,他总会感到遗憾,浪费了有限的生命。　　　　——曹禺

死其实并不可怕,可怕的是像死一样地活着。　　　　——陈染

昨天的太阳,照不到今天的树叶。每一个属于我们生命的太阳是多么美好呀!珍惜生命,不在乎得多少钱财和权势,而是生命有没有充分燃烧。
　　　　——程乃珊

一个人不怕生前有人评论,而怕在死后遭到非议。更可悲的是一个人生前为众人所不敢评论,只能称好,但在死后却有人暗地称快。　　——丁玲

人生只有一生一死,要生的有意义,死的有价值。　　——邓中夏

死亡并非凄惨,并非一片空茫。死亡也是诗,是生命化入永恒的延续。
　　　　——冯骥才

生命的花,不是为空想的人开的。美好的果实,不在云中,而在地上。
　　　　——郭枫

生死本是一条线上的东西。生是奋斗,死是休息;生是活跃,死是睡眠。
　　　　——郭沫若

凡是一个有见识的人,能够辨别得出生死的分寸,有的时候,死是永生;有的时候,生不如死。　　——郭沫若

委曲求全的苟活决不是真正的生。
　　　　——郭沫若

生要生得光明,死要死得磊落。
　　　　——郭沫若

只要生命存在,失去的永远不是全部。　　　　——郭延庆

在死的面前,一切重的东西都变轻了,轻得鸿毛不抵;一切轻的东西又都变得凝重了,凝重得化解不开。
　　　　——郝华忠

劝君莫惜头颅贵,留得中华史上名。　　　　——何香凝

与其忍辱生,毋宁报国死。
　　　　——何香凝

人生的棋局,只有到死亡才算下完。若是生命还存在,就有挽回棋局的可能。　　——胡廷楣

我们最好把自己的生命看作前人生命的延续,是现在共同生命的一部分,同时也是后人生命的开端。如此延续下去,科学就会一天比一天灿烂,社会就会一天比一天更美好。
　　　　——华罗庚

人的生命是有限的,可是,为人民服务是无限的。我要把有限的生命,投入到无限的为人民服务之中去。
　　　　——雷锋

自己活着,就是为了使别人过得更美好。　　　　　　　　——雷锋

人生的目的在于发展自己的生命。可是也有为发展必须牺牲生命的时候,因为平凡的发展,有时不如壮烈的牺牲足以延长生命的音响和光华。绝美的风景、悲凉的韵调、高尚的生活,常在壮烈的牺牲中。　　　　　——李大钊

人类最大的悲哀,除了衣食诸事能由科学或人事满足者外,便是找不到此生的归宿,不晓得此生的意义。
　　　　　　　　　　　——林风眠

萎落的花并非死亡,而是一种成长,一种等待,等待下一个季节。
　　　　　　　　　　　——林清玄

个人的生命是可宝贵的,但一代的真理更可宝贵,生命牺牲了而真理昭然于天下,这死是值得的。　——鲁迅

死者倘不埋在活人的心中,那就真真地死掉了。　　　　　——鲁迅

只要能培一朵花,就不妨做做会朽的腐草。　　　　　　　——鲁迅

成千上万的先烈,为着人民的利益,在我们的前头英勇地牺牲了,让我们高举起他们的旗帜,踏着他们的血迹前进吧!　　　　　　　——毛泽东

一个人如果只想到自己,那是可耻的;一个人如果只为自己活着,那就不如死掉。　　　　　——彭德怀

人的生命是一个灿烂的过程,每个人都是世上的一个过客。要做怎样的过客,那是每个人的选择。——秦文君

一腔热血勤珍重,洒去犹能化碧涛。　　　　　　　　——秋瑾

衡量一个人活得有没有意义,不在于这个人在世界上取得了多少物质享受,而在于他向世界贡献了多少。
　　　　　　　　　　　——曲啸

出生是最明确的一场旅行,死亡难道不是另一场出发?　——三毛

生命的意义就在于你能创造这过程的美好与精彩。　——史铁生

假如没有死的催促和提示,我们准会疲疲沓沓地活得没了兴致没了胃口。　　　　　　——史铁生

生命是可贵的,可是,为了比生命更可贵的,生命是可以舍弃的。
　　　　　　　　　　　——舒乙

为国家效死,死重于泰山。
　　　　　　　　　　——孙中山

人类牺牲的价值,有比生命还要贵重的,就是真理和名誉。　——孙中山

砍头不要紧,只要主义真。杀了夏明翰,还有后来人。　——夏明翰

生命开始的一瞬间就带着斗志而来的草才是坚韧的草,也只有这种草,才可以傲然对那些玻璃棚中的盆花耻笑。　　　　　　　　——夏衍

一个人从生以后一直到死,都要做对人民有益的正大光明的事,虽然肉体死去,而精神是不灭的。——萧楚女

我掌握不了自己如何死法,但我能掌握自己如何活法。
　　　　　　　　　　——萧乾

死亡是一所黑色的学校,教我们认识光明、快乐和生活的美好;教我们认识人生的短暂、脆弱和不堪一击;教我

们学会爱、宽容、珍惜和赶紧生活。
——杨东平

生命如流水,只有在他的急流与奔向前去的时候,才美丽,才有意义。
——张闻天

总把死者看得比活人还重,也没意思。我们所有的人总有一天要死的。我想——最好人们先就看重我们,不要等我们死后才开始尊重,给去年的庄稼灌溉有什么用处? ——艾略特[英国]

人只有献身于社会,才能找出那短暂而有风险的生命的意义。
——爱因斯坦[美国]

记住,死就是一个伟大的搬家日。
——安徒生[丹麦]

丧礼、墓地与葬仪,与其说是安置死者,毋宁说是抚慰活人。
——奥古斯丁[古罗马]

人最宝贵的是生命,生命对每个人只有一次。人的一生应当这样度过:当回忆往事的时候,他不会因为虚度年华而悔恨,也不会因碌碌无为而羞愧;在临死的时候,他能够说:"我的整个生命和全部精力,都已经献给了世界上最壮丽的事业——为人类的解放而斗争。"
——(尼)奥斯特洛夫斯基[苏联]

人的生命,似洪水在奔流,不遇着岛屿、暗礁,难以激起美丽的浪花。
——(尼)奥斯特洛夫斯基[苏联]

死是一个人的旅行到了终点。
——巴尔扎克[法国]

生命的长短用时间计算,生命的价值用贡献计算。 ——贝多芬[德国]

也许,人的生命是一场正在燃烧的"火灾",一个人所能做、也必须去做的就是竭尽全力要在这场"火灾"中去抢救点什么东西出来。
——比尔·盖茨[美国]

生命在闪耀中现出绚烂,在平凡中现出真实。 ——埃德蒙·伯克[英国]

如果死后没有知觉,就像无梦的睡眠,死就一定是一个奇妙的境界。
——柏拉图[古希腊]

如果你以为一个有价值的人会把时间花费在权衡生与死的问题上,那你就错了。一个有价值的人在进行抉择时只考虑一件事,那就是他行动的是与非,他行为的善与恶。
——柏拉图[古希腊]

死亡使一个伟大的声音沉寂之后,他生前平淡无奇的话,都成了至理名言。 ——勃朗宁[英国]

生命的尊严是普遍的绝对的准则。生命的尊严是没有等价物的,是任何东西都不能代替的。
——池田大作[日本]

可怕的不是死,而是临死。
——菲尔丁[英国]

据说,一个聪明人自杀是有道理的,但是一般来说,任何人剥夺自己的生命都没有充分理由。
——伏尔泰[法国]

我们在哭声中出世,抱怨中生活,失望中死去。 ——富勒[英国]

生由死而来。麦子为了萌芽,它的

种子必须要死了才行。

——甘地[印度]

人自生下那天起就一天天地接近死亡。 ——高尔基[苏联]

一个老年人的死亡,等于倾倒了一座博物馆。 ——高尔基[苏联]

一生要珍重,生命是高于一切的至宝。一切财宝都不可靠。

——歌德[德国]

死,对于智者并不是恐怖,对于善者并非是终点。 ——歌德[德国]

人活到七十五岁,总不免时时想到死,不过我对此处之泰然。因为我深信人类精神是不朽的,它就像太阳,用肉眼来看,像是沉落下去了,实际上它不是沉落,而是永远不停地在照耀着。

——歌德[德国]

死使善者坚强,使智者认识生,教他如何行动。死使智者和善者永生。

——歌德[德国]

结束自己生命的力量是我们的许多天赋能力之一,所以正如其他各种能力一样,也是道德规范的对象。

——葛德文[英国]

因寒冷而打战的人,最能体会到阳光的温暖。经历了人生烦恼的人,最懂得生命的可贵。 ——惠特曼[美国]

当你了解生命的一切奥秘,你就渴望死亡,因为它不过是生命的另一个奥秘。生与死是勇敢的两种最高贵的表现。 ——纪伯伦[黎巴嫩]

死亡与老人的距离,并不比与婴儿的距离更近,生命也是如此。

——纪伯伦[黎巴嫩]

懦夫在他未死之前,已身历多次死的恐怖了。 ——恺撒[古罗马]

活在活着的人的心里,就是没有死去。 ——坎贝尔[澳大利亚]

自杀是可恶的,因为上帝禁止这样做;上帝禁止自杀,因为这样做是可恶的。 ——康德[德国]

当人的心愿得到满足的时候,溘然长逝是最幸福不过的了,这宛如一只苦果瓜熟蒂落一般。 ——劳伦斯[英国]

生存和苦恼,都是战斗行为。只有和苦恼战斗,并且表现出坚韧气概的人,才算是一个顶天立地的人。

——罗曼·罗兰[法国]

生命是人的光。光在黑暗中照耀,黑暗却不理会它。

——列夫·托尔斯泰[俄国]

生命,真正的生命永远存在着,因而对于人来说它不能生,也不能死。

——列夫·托尔斯泰[俄国]

如果没有任何目的,如果我们只是为了活而活,那活着大可不必。

——列夫·托尔斯泰[俄国]

衡量生命的尺度是思想和行为,而不是时间。 ——卢伯克[英国]

有人可能一百岁时走向坟墓,但是他可能生下来就已经死亡。

——卢梭[法国]

生命不可能有两次,但许多人连一次也不能够很好地度过。

——吕凯特[法国]

生命是无尽的享受,永久的快乐,强烈的陶醉。　——罗丹[法国]

世界上只有一种英雄主义,那就是了解生命而且热爱生命的人。

——罗曼·罗兰[法国]

累累的创伤,就是生命给你留下的最好的东西,因为在每个创伤上面,都标志着前进的一步。

——罗曼·罗兰[法国]

我们可以设法延长我们的生命,而且在一定限度内,每一个正常的人都可以这样做,然而我们不能最终免于一死。因此,沉思死亡是一个无益的问题。再说,它会泯灭人们对别人和别事的兴趣,唯有对外界事物抱有兴趣才能保持人们精神上的健康。

——罗素[英国]

一个老年人如果能有广泛的兴趣,学会关心他人,使自己的生活汇入到整个世界的生活中去,他就会像一滴水归入大海,慢慢地忘记了自己的存在,最终,也不会再有对死的恐惧了。

——罗素[英国]

生命的意义在于活得充实,而不是在于活得久长。

——马丁·路德·金[美国]

人的生命在于现在。

——马可·奥勒利乌斯[古罗马]

既有生,必有死;终了是开始的结果。　　——马尼利乌斯[意大利]

假如我的生命重新开头,我要像过去一样生活,既不后悔过去,也不恐惧未来。　　　　——蒙田[法国]

生命的用途并不在长短,而在于我们怎样利用它。许多人活的日子并不多,却活了很长久。　——蒙田[法国]

生命的价值不在于能活多少天,而在于我们如何使用这些日子。

——蒙田[法国]

人生是一道山坡。大家正上着的时候,都望着顶上,并且都觉得快乐;但是走到了高处的时候,就忽然望见了下坡的道儿和那个以死亡作结束的终点。上坡的时候是慢慢走的,但是下坡就得快了。　　　　——莫泊桑[法国]

死神时时刻刻在暗算人类;当它袭击人的时候,是不预先提醒我们的。

——莫里哀[法国]

生命在于运动,不运动等于死亡。

——莫里斯[英国]

生命的爱惜,往往要看一个人对于日夜的来复、寒暑的递邅,以及由此递嬗得来的快乐是否感到有兴趣而定。一朝兴尽之后,人生便只是痛苦的重负罢了。　　——莫洛亚[法国]

死亡为他有限的尘世生命落了幕,同时又揭起另一个幕,使他的光芒耀眼的一面永垂不朽。　——聂鲁达[智利]

隆重的葬礼不过是活着的人的一种虚荣。　——欧里庇得斯[古希腊]

人的生命总是沿着一个完整的圈在运动……任何人都无法脱离自己的轨道。　　　　——欧文[英国]

生命的多少用时间计算,而生命的价值用贡献来计算。

——裴多菲[匈牙利]

如果死后还有一个世界,他如今生活在福中;如果没有第二个世界,他已充分利用了此生。 ——彭斯[苏格兰]

当灵魂离开你的躯壳,何在乎死于宝座或是荒郊? ——萨迪[波斯]

一朝生命告了终结,帝王、奴隶毫无区别。 ——萨迪[波斯]

内容充实的生命就是长久的生命。我们要以行为而不是以时间来衡量生命。 ——塞涅卡[古罗马]

生命是一篇小说,不在于长,而在于好。 ——塞涅卡[古罗马]

生和死是无法挽回的,唯有享受其间的一段时光。死亡的黑暗背景衬托出生命的光彩。 ——桑塔亚那[美国]

生命是每一个人所重视的,可是高贵的人重视荣誉远过于生命。
——莎士比亚[英国]

懦夫一生数死,丈夫只死一遭。
——莎士比亚[英国]

死的惨痛大部分是心理上造成的恐怖,被我践踏的一只无知的甲虫,它的肉体上的痛苦,和一个巨人在临死时所感到的并无异样。
——莎士比亚[英国]

只要活在世上,无论衰老、病痛、穷困和监禁给人怎样的烦恼苦难,比起死的恐怖来,也就像天堂一样幸福了。
——莎士比亚[英国]

我们谁都免不了一死,世上偷生苟活,拖延着日子,还不如轰轰烈烈地死去。 ——莎士比亚[英国]

生存还是毁灭,这是一个值得考虑的问题,默然忍受命运的暴虐的毒箭,或是挺身反抗人世的无涯的苦难,通过斗争把它们扫清,这两种行为,哪一种更高贵?死了,睡着了,什么都完了,要是在这一种睡眠之中,我们心头的创痛,以及其他无数血肉之躯所不能避免的打击,都可以从此消失,那正是我们求之不得的结局。死了,睡着了,睡着了也许还会做梦,嗯,阻碍就在这儿,因为当我们摆脱了这一具朽腐的皮囊以后,在那死的睡眠里,究竟将要做些什么梦,那不能不使我们踌躇顾虑。
——莎士比亚[英国]

望见了海岸才溺死,是死得双倍凄惨。 ——莎士比亚[英国]

为了惧怕可能发生的祸患而结束了自己的生命,是一件懦弱卑劣的行为。 ——莎士比亚[英国]

你本是尘土,仍要归于尘土。
——《圣经》

我们都是必死的,如同水泼在地上,不能收回。 ——《圣经》

一个人只要不怕死,就什么也难不倒他。 ——司各特[英国]

死亡是造物者为人类安排的一种自然的、需要的、普遍的灾害。
——斯威夫特[英国]

假如死后可以上天堂,我就可以和敬仰的前贤坐而论道,或与故去的老友重逢,这让我高兴还来不及。假如死亡是一场永不醒来的黑甜乡,那么死亡有什么可怕呢? ——苏格拉底[古希腊]

让你的生命轻捷地在时间的边缘

上跳舞,就像树叶尖端上的露水那样。
——泰戈尔[印度]

没有一个人长生不老,也没有一件东西永久长存。——泰戈尔[印度]

死像大海的无限的歌声,日夜冲击着生命的光明岛的四周。
——泰戈尔[印度]

死亡隶属于生命,正与生一样。举足是走路,正如落足也是走路。
——泰戈尔[印度]

生命像个孩子,边笑边摇动死亡的拨浪鼓向前奔跑。 ——泰戈尔[印度]

死叶消失于土壤中时,便渗透在森林的生命里了。 ——泰戈尔[印度]

我们的生命虽然短暂而且渺小,但是伟大的一切都正由人的手所造成。人生在世,意识到自己的这种崇高的任务,那就是他的无上的快乐。
——屠格涅夫[俄国]

谁把生死置之度外,他就会成为新人;谁能战胜痛苦和恐惧,他自己就能成为上帝。
——陀思妥耶夫斯基[俄国]

什么是伟大的一生?少年时的志愿在寿终前得以实现就是伟大的一生。
——维尼[法国]

给活着的人一朵玫瑰,胜于在他死后献上众多华美的花圈。
——沃特曼[英国]

生命要求人类有认真的精神,要求有踏踏实实的生活、兢兢业业的工作、实实在在的爱情。
——武者小路实笃[日本]

唯有精神生活丰富的人,才能品尝来自自然的纯真的生命喜悦。
——武者小路实笃[日本]

懂得生命真谛的人,可以使短促的生命延长。 ——西塞罗[古罗马]

这是生命中真正的喜悦:生命为自己认为崇高的目标所利用;生命在自己被丢到废物堆上之前,就已经完全用尽;生命是大自然的一股力量,而不是愁病交缠,狂热的自私的小肉体,只会抱怨这世界没有尽力使你快乐。
——萧伯纳[爱尔兰]

死亡并不困难,生存则是非常艰难的。
——萧伯纳[爱尔兰]

不知如何生活的人,应该把死当成好事。 ——萧伯纳[爱尔兰]

人皆有死,最重要的第一是健康,第二是天生性情温和,第三是有一份并非来之不易的财产,第四是有一批朋友欢度春光。
——《幸福四季素》[古希腊]

地狱和天堂将化为乌有,留给你的只是永恒的宇宙。 ——雪莱[英国]

死亡是不可避免的,也绝不是人力和金钱所可以转移或挽救的。
——《一千零一夜》[阿拉伯]

死不是死者的不幸,而是生者的不幸。 ——伊壁鸠鲁[古希腊]

死亡,这最可怕的坏事,其实对我们并无关紧要。因为当我们存在时,死亡并未来到;而当死亡来到时,我们已不复存在。 ——伊壁鸠鲁[古希腊]

在我们的生命临近结束时,死去只

是意味着离去;在我们的生活刚刚开始时,离去便意味着死去。

——雨果[法国]

生命的意义并不是你偶然的发现,就像发现谜底或找到宝藏。生命的意义需在生活中去体验。

——约翰·加德纳[英国]

生命的最大用处是将它用于能比生命更长久的事物上。

——詹姆斯[美国]

看到别人死,是最能使我们感到充满生命力的。那是生命的感觉——感到我们还留在世上。

——詹姆斯[美国]

悟道,是要在任何情况下都能心胸宽广地活着。　　——正冈子规[日本]

3　生　活

三年奔走空皮骨,信有人间行路难。[1]　　——[唐]杜甫

无丝竹之乱耳,无案牍之劳形。[2]

——[唐]刘禹锡

时倚檐前树,远看原上村。[3]

——[唐]王维

松风吹解带,山月照弹琴。[4]

——[唐]王维

终年无客常闭关,终日无心长自闲。　　——[唐]王维

扫地开窗置书几,此生随处便为家。　　——[宋]晁补之

石作枕,醉为乡,藕花菱角满池塘。[5]　　——[宋]向子諲

醉来深入荷花去,卧看青天飞白鸥。　　——[元]白廷

人生亦大难,安用苟生活。[6]

——[明]吕坤

我跟所有的人一样,生活在这世界上,是为着来征服生活。　——巴金

爱真理、忠实地生活,这是至上的生活态度。　　——巴金

这个世界是自己走路的,没有人能帮你选择,无论多么懂得你、心疼你的人,都无法替代你去生活去感受。

——陈染

生活从来是斗争,认真体验即分明。庸夫总欲平平过,实境偏多曲曲程。　　——董必武

把爱情看作生活中的调料,那调出来的生活一定是悲剧。——敦源

清贫、洁白朴素的生活,正是我们革命者战胜许多困难的地方。

——方志敏

生活是欺骗不了的,一个人要生活得光明磊落。　　——冯雪峰

独立自足的生活,即是合理的幸福。　　——冯友兰

生活,留心处处皆学问。只要认真地学习,潜心地钻研,就会学有所得,学

---

[1]此句描写颠沛流离的生活。
[2]此句描写悠闲恬静的生活。
[3]倚:靠着。此句描写幽居山林的闲适生活。
[4]此句描写幽居山林的闲适生活。
[5]此句描写悠闲自在的生活和心境。
[6]安:哪里;怎么。苟:随便。

有所长。　　　　　——高士其

生活也是一条河,一条流着欢乐也流着痛苦的河,一条充满着凶险而又兴味无穷的河。　　　　　——古华

真正善于生活的勇敢者并不是只会一味开快车的人。　——顾晓鸣

生活真像这杯浓酒,不经三番五次的提炼呵,就不会这样可口!
　　　　　　　　　——郭小川

凡是有生活的地方就有快乐和宝藏。　　　　　　——何其芳

享受平凡质朴的生活,便是人间至幸至福。　　　　——郝华忠

兴趣的发生,即是新能力发生的表示,即是新生活的起点。——胡适

保险的意义只是今日作明日的准备,生时作死时的准备,父母作儿女的准备,儿女幼小时作儿女长大时的准备,如此而已。今天预备明天,这是真稳健;生时预备死时,这是真豁达;父母预备儿女,这是真慈爱。能做到这三步的人,才能算作是现代人。——胡适

生活就是这么回事,你必须学会妥协。在一个又一个十字路口选择一条道路,放弃其他的道路;为了一点的满足,放弃很多其他的满足。——黄茵

许多大师,恰恰是有很好的生活质量,才保证了卓越的生命质量和工作质量。　　　　　——蒋子龙

生活并不都是微笑,生活也不相信眼泪。　　　　　——景克宁

在生活中没有找到位置的人,多半是因为没有找到自己。——赖怀敏

顺着天时地利与人和,各有各的办法,各有各的味道,才能算作生活的艺术。　　　　　——老舍

好的习惯千头万绪,"勿以善小而不为"。习惯养成之后,便毫无勉强,临事心平气和,顺理成章。充满好习惯的生活,才是合于"自然"的生活。
　　　　　　　　　——梁实秋

无论如何,人类的一切智能和知识所要解决的问题都是:人类如何保养自己,如何最大程度地享受生活。
　　　　　　　　　——林语堂

享受悠闲的生活绝不需要金钱,有钱的阶级不会真正领略悠闲生活的乐趣。　　　　　——林语堂

悠闲的生活始终需要一个怡静的内心,乐天旷达的观念和尽情欣赏大自然的胸怀。　　——林语堂

生活的目的就在于生活本身的道理过于简单明了,以至于我们从未认真去想它。　　　　——林语堂

生活对一切人都是公平的。愚弄生活的人,最终将被生活愚弄。
　　　　　　　　　——刘吉

我微笑地看待生活,于是生活也对我呈现出一个微笑。——刘心武

在诚实劳动、竭诚奉献的前提下,自自然然地享受单属于自己的那一份生活。　　　　——刘心武

人的生活只有在精神和物质两方面都达到丰富和美好,这才是幸福的。
　　　　　　　　　——刘心武

快乐也好,不幸也好,即便不是命

定的,也已构成一种存在,你就得承认它、接受它。这样,你不但不会受到妨碍,而且已经把这种生活的原料——快乐或痛苦,酿成了诗的美酒。

——刘湛秋

在生活的路上,将血一滴一滴地滴过去,以饲别人,虽自觉渐渐瘦弱,也以为快乐。 ——鲁迅

生活太安逸了,工作就被生活所累。 ——鲁迅

生活就是找到位置——寻找你的位置。有了位置才能体现价值,生活才有意义。 ——陆星儿

生活就是我们的字典。 ——茅盾

太如意的生活便是平凡的生活,太容易获得的东西便不是贵重的东西。

——茅盾

不是你战胜生活,就是生活将你压碎。 ——茅盾

生活,是一本最大最厚的书,是一本最生动、最激动人心,似乎好懂,其实难懂的书。 ——秦兆阳

优裕的生活是我们的理想,但沉溺其中也可能一辈子没出息。

——沈嘉禄

生活中无所谓单调,单调的恰恰是我们自己的心态。 ——盛晓明

体验生活和生活体验是两回事。

——史铁生

外界再严酷的束缚,内心再迂腐的观念,都不是生活本身的对手。

——史铁生

感受到生活的严峻,懂得了生命的重量,人就不忍再轻佻和肤浅。

——素素

一个人只有物质生活没有精神生活是不行的;而有了充实的精神生活,就算物质生活差些,就算困难大些,也能忍受和克服。 ——陶铸

我微笑着走向生活,无论生活以什么方式回敬我。 ——汪国真

生活的道路,有时需要两手着地爬、滚、攀、挣扎、搏斗。 ——王安忆

生活需要一颗感恩的心来创造,一颗感恩的心需要生活来滋养。

——王符

生活不能改变,我就改变,谁都不能改变我的好心情。 ——王朔

信仰,劳动,恋爱,这三者融和一致的生活才是我们的理想生活。

——夏丏尊

生活就是这样严峻,如果你不去战胜困难,困难就会吞没你。 ——徐悲鸿

正常的生活就像围棋的"定式",非正常的生活就是不按"定式"出奇投子,以求制胜,更可能的结果则是出奇制败。

——杨炳章

生活中总会遇到压力,须学会具备弹簧的属性:向下的压力越大,向上的冲力也就越强。 ——杨小海

生活对每个人都一样:他既沉重又美好,当你走出个人患得患失的小天地,你便会得到一片更宽广明丽的世界。 ——杨晓辉

谋取功名、成"才"之外,还有十分广阔的道路和多种选择。那就是首先

追求成"人",做一个身体和心理健康、富于情趣、热爱生活、有个性因而有魅力的人,同时追求过一种符合自己个性、因而也是符合人性的生活。
——张君劢

大家要过好每一天,因为你们的每一天都要比几百万年一遇的日全食更精彩。 ——张贤亮

生活中的大磨难,也时常会把人换一个样子,其结果往往非始料所及。
——赵健雄

过久地呆在诗的感情世界,心会烧焦;过久地存在科学的理性世界,心又会冻僵。于是,最理想的人的精神生活,便是在这两个端点之间作往返的摆动,寻找平衡与和谐。 ——赵鑫珊

最大的悲哀是生活中缺少选择的机会,人到老年所以迟暮,也在于他们已经无力选择了。 ——周国平

我们的生活丰富不丰富,全在我们对于生活的处置如何,不在于环境的寂寞不寂寞。 ——宗白华

生活是个富于创造性的历程,它提供了许多机会,却没有不可克服的困难。 ——阿德勒[奥地利]

生活比胆汁还要苦,但如果没有胆汁,就谁也没有生活。
——阿尔特[奥地利]

没有了目的,生活便郁闷无光。
——艾略特[英国]

越是无所求的生活,就越是有幸福;越是被厌弃的生活,就越是有价值。 ——爱·扬格[英国]

生活的乐趣取决于生活本身,而不是取决于工作或地点。
——爱默生[美国]

生活中会遇到许多意想不到的事情,如果不是这样,生活还有何意义?
——爱默生[美国]

生活中有挚友,人们就能鼓起勇气,变得积极,年轻人就有精神支柱来表现自己的个性,中老年人则会怀着乐观主义和生活情趣步入晚年。
——爱默生[美国]

生活是一辆永无终点的公共汽车,当你买票上车后,很难说你会遇见什么样的旅伴。 ——爱默生[美国]

生活充实就是幸福。
——爱默生[美国]

重要的是生活的深度,而不是虚有其表的广度。 ——爱默生[美国]

我们生活在冰的表层,真正的人生艺术就是在冰上滑行自如。
——爱默生[美国]

凡是认为他自己的生命和人类的生命是无意义的人,他不仅是不幸得很,而且难以适应生活。
——爱因斯坦[美国]

只要你有一件合理的事去做,你的生活就会显得特别美好。
——爱因斯坦[美国]

一个人很难知道他自己的生活中什么是有意义的,当然也不应当以此去打扰别人。鱼对于它终生都在其中游泳的水又知道些什么呢?
——爱因斯坦[美国]

一个人的兴趣爱好极其深邃,以致他同别的人多少有点疏远,这也是件好事,因为如果不是这样的话,就很难保持这种生活的乐趣。

——爱因斯坦[美国]

生活本身就是一个最美丽的童话。

——安徒生[丹麦]

生活之术,像角斗术,而不像舞蹈艺术。因而,它应该心甘情愿、坚定地迎接突然出现、未预料到的袭击。

——奥勒留[古罗马]

生活有时候就是这样变幻莫测,一会儿是满天云雾,转眼间又现出鲜明的太阳。

——(尼)奥斯特洛夫斯基[苏联]

无中不能生有,无缝的石头流不出水来。谁不能燃烧,就只有冒烟——这是定理。生活的烈火万岁。

——(尼)奥斯特洛夫斯基[苏联]

生活赋予我们一种巨大的和无限高贵的礼品,这就是青春,充满着力量,充满着期待、志愿,充满着求知和斗争的志向,充满着希望、信心的青春。

——(尼)奥斯特洛夫斯基[苏联]

生活的花朵只有付出劳力才会开的。 ——巴尔扎克[法国]

每一个充满智能的人迈入生活的门槛时,他的思想一尝试着展开翅膀,就会用目光抚摩着诗意,用眼睛抚育着诗意。可是一碰到常见的坚硬的障碍,这诗意的卵就破碎了,对于几乎所有的人来说,现实生活的脚步一落地,便踩在这几乎永不破壳出雏的神秘的卵上了。 ——巴尔扎克[法国]

生活是一种艺术,要在不充足的前提下得出充足的结论。

——巴特勒[英国]

人不像动物,人生活的唯一目的就是享受生活。 ——巴特勒[英国]

一切饱尝人间辛酸的人们,都以其经历,而不是以其寿龄,悟出生活的真谛。 ——拜伦[英国]

生活是不公平的,你要去适应它。

——比尔·盖茨[美国]

在生活中,你不会永远有特权去做你高兴的事,但是你有权利从你的所作所为中得到最多的乐趣。

——比尔·利特尔[美国]

如果我们生活的全部目的仅在于我们个人的幸福,而我们个人的幸福又仅仅在于一个爱情,那么生活就会变成一个遍布荒墓枯冢和破碎心灵的真正阴暗的荒原,变成一座可怕的地狱。

——别林斯基[俄国]

真正重要的不是活着,而是活得好。 ——柏拉图[古希腊]

生活从不简单容易,即使你活在愉悦顺遂的境遇中,也会遇到你要克服的困难。 ——柏拉图[古希腊]

不经历感情的青春、战斗的成年和思考的晚年,生活就不会十全十美。

——布伦特[英国]

平庸的生活使人感到一生不幸,波澜万丈的人生才能使人感到生存的意义。 ——池田大作[日本]

人按照本来面目生活是最快乐的,

歪曲和遮掩就势必勉强。

——池田大作[日本]

应该让别人的生活因为有了你的生存而更加美好。 ——茨巴尔[苏联]

一旦你知道,你对别人也还有些用处,这时候你才感到自己生活的意义和使命。 ——茨威格[奥地利]

生活中美好的情景都是短暂的,而艰辛则是永远伴随着的。

——德莱塞[美国]

有所作为是生活中的最高境界。

——恩格斯[德国]

生活本身就是幸福。

——费尔巴哈[德国]

应该笑着面对生活,不管一切如何。 ——伏契克[捷克斯洛伐克]

充分利用你的时间,如果你希望获得闲暇的生活。 ——富兰克林[美国]

生活中并非全是玫瑰花,还有刺人的荆棘。 ——冈察洛夫[俄国]

没有牺牲,不作努力,不经艰难困苦便不能在世上生存;生活不是一个只生长鲜花的花园。

——冈察洛夫[俄国]

任何人都没有权利不了解生活。生活本身将触动您、碰到您,把您从享清福的安乐中唤醒——有时候甚至是很粗暴的。 ——冈察洛夫[俄国]

生活的美妙就在于它的丰富多彩,要使生活变得有趣,就要不断地充实它。 ——高尔基[苏联]

生活在前进,谁跟不上它的步伐,谁就会孤零零地落在后头。

——高尔基[苏联]

当劳动是一种快乐时,生活是美的;当劳动是一种责任时,生活就是奴役。 ——高尔基[苏联]

世界上只有两种生活方式:腐烂和燃烧。胆小如鼠、贪得无厌之徒选择前者,见义勇为、慷慨无私之士选择后者。

——高尔基[苏联]

不应该向任何人抱怨生活,安慰的话语中很少包含着人们寻找的那种东西。 ——高尔基[苏联]

一些人逃避生活,另一些人则全心全意地献身它。前一些人到了晚年精神贫乏而少有值得回忆的往事,而后一种人则在这两方面都是富有的。

——高尔基[苏联]

生活给人结出了果实,但挂在枝头,罕见红艳而可喜,像苹果那样引人。

——歌德[德国]

谁可以信任?诚实的朋友,我可以告诉你:信任生活!它比演说家和书本教得好。 ——歌德[德国]

只有每天不得不为自由和生活而奋斗的人,才配享受自由和生活。

——歌德[德国]

生活是人人必须学会的艺术,而这种艺术却没有人能够教你。

——哈夫洛克·埃利斯[英国]

放聪明点:开始吧!谁如果拖迟生活的开始,谁就像等河水淌干后再过河的傻瓜。然而河水是无情的,它永远不会停流。 ——贺拉斯[古罗马]

生活的伟大艺术不是在尽量享受，而是在其中尽量挖掘出东西来。
——纪德[法国]

生活有千百种形式，每个人只能经历一种。羡慕别人的幸福那是想入非非，即使得到也不会享那个福。
——纪德[法国]

生活是很艰难的。小娃娃吸第一口气的时候很痛苦，老年人喘最后一口气的时候也很痛苦，可是当他向死神怀抱里走去的时候，很不情愿，颠颠踬踬，跌跌绊绊，回头看了又看，一直挣扎到底。
——杰克·伦敦[美国]

我发现，大多数人对生活所要求的是拥有选择的机会，这比任何其他的事情都重要得多。最坏的生活可能是没有选择的生活，对新事物没有任何希望的生活，走进死胡同的生活。相反，最愉快的生活是具有最多机会的生活。
——坎贝尔[英国]

"想得越多，做得越多，你就会活得越长久。"生活就会以这样一种心满意足而结束。
——康德[德国]

只有向后看才能理解生活，但要生活好，则必须向前看。
——克尔凯郭尔[德国]

生活的确是很美好的，你确实有过相当多的机会，不管你是否利用过它们。
——库尔特·冯尼古特[美国]

人最稀罕但又最不经心的东西就是生活。
——拉布吕耶尔[法国]

生活中既有阳光，又有阴影。
——朗费罗[美国]

假如你觉得自己的日常生活很贫乏，不要去指责生活，而应该指责你自己。
——里尔克[德国]

生活就像一叶扁舟，摇摇晃晃；又像山中的一条小路，忽上忽下。
——列·拉捷米沙[马达加斯加]

生活得最有意义的人，并不是寿命最长的人，而是对生活最有感受的人。
——卢梭[法国]

做有意义的事情，其本身就是对生活的享受。
——卢梭[法国]

不管到了哪里，我都一直留恋那令人愉快的悠闲生活，对唾手可得的富贵荣华毫无兴趣，甚至厌恶。
——卢梭[法国]

生活是一阕交响乐，生活的每一时刻，都是几重唱的结合。
——罗曼·罗兰[法国]

不管一切如何，你仍然要平静和愉快。生活就是这样，我们也就必须这样对待生活，要勇敢、无畏、含着笑容地不管一切如何。
——罗莎·卢森堡[德国]

生活生活，就是要活，必须活得兴致勃勃，充满好奇心，无论如何也决不要背对着生活。
——罗斯福[美国]

生活好比橄榄球比赛，原则就是：奋力冲向底线。
——罗斯福[美国]

过分完美的幸福生活，有可能使我们追求认识和改造世界的激情减色。
——罗素[英国]

对绝大多数人来说，真正的生活是

理想与可能两者之间不断的妥协。

——罗素[英国]

美好的生活是受爱所激励,并由知识所引导的生活。 ——罗素[英国]

人的真实生活不在于穿衣吃饭,而在艺术、思想和爱,在于美的创造和冥想以及对于世界的合乎科学的了解。

——罗素[英国]

生活本身既不是祸,也不是福,它是祸福的容器,也看人自己把它变成什么。 ——蒙田[法国]

人类伟大而光荣的杰作就是知道如何恰如其分地生活。

——蒙田[法国]

对任何事都漠不关心的人是不会懂得生活的,在任何年龄阶段,生活都是值得花时间与经历的。

——纳撒尼尔·布拉登[美国]

要是一个人老是考虑生活中的种种"如果……会如何",那他就会寸步难行。 ——尼克松[美国]

生活好似演戏——成功与否不在情节有多长,而在演技有多好。

——塞涅卡[古罗马]

仅仅活在世上并不值得称道,值得称道的是生活得美好。

——塞涅卡[古罗马]

生活的最大缺陷,在于它永远不是十全十美的。 ——塞涅卡[古罗马]

生活就像洋葱,你一层一层地剥开,总有一层会让你流泪。

——桑德伯格[英国]

我们的生活样式,就像一幅油画,从近看,看不出所以然来,要欣赏它的美,就非站远一点不可。

——叔本华[德国]

年少时,当我们思量未来的生活,我们就如同在开幕之前坐在剧场里的儿童一样,兴奋而急切地等待着戏的开演。 ——叔本华[德国]

从青年人的角度看,生活是一个无穷无尽的遥远未来;从老年人的角度看,生活却宛如一个非常短暂的往昔。

——叔本华[德国]

生活如山路,向前跨一步,便可发现一条更好的路,使生活更充实,更有乐趣。 ——松下幸之助[日本]

爱你自己现在的生活。即使在穷人家里,你也可能拥有一些愉快的、令人悸动的、光耀的时刻。映照在贫民院窗户上的落日,与映照在富人屋宇上的,是一样的灿烂。 ——梭罗[美国]

生活本身就是五花八门的矛盾集合——有自然的也有人为的,有想象的也有现实的。 ——泰戈尔[印度]

生活不是苦难,也不是享受,而是我们应当为之奋斗并坚持到底的事业。

——托克维尔[法国]

生活中有两个悲剧:一个是失去你心中的欲念,另一个就是得到欲念。

——萧伯纳[爱尔兰]

如果我们不能建筑幸福的生活,我们就没有任何权利享受幸福,这正如没有创造财富就无权享受财富一样。

——萧伯纳[爱尔兰]

生活是可爱的,这要看你戴什么眼

镜去看它。　　——小仲马[法国]

我们生活里总是有各种各样的刺！这些刺倒不至于使你受伤，可是能把你扎痛。　——尤里·邦达列夫[俄罗斯]

只有骤然而至的冲动和百折不挠的顽强精神还不是生活，生活中还包括了妥协和忘却。　——尤瑟纳尔[法国]

生活就是理解；生活就是面对现实微笑，就是越过障碍注视将来；生活就是自己身上有一架天平，在那上面衡量善与恶，就是忠贞不渝、诚实不欺、表里如一、心智纯正，并且对权利与义务同等重视；生活就是知道自己的价值、自己所能做到的与自己所应该做到的；生活就是理智。

——雨果[法国]

生活中最大的幸福是坚信有人爱我们。　　　　——雨果[法国]

要想生活得快乐，就必须热爱生活。　　　　——约翰生[英国]

生活并不像一条小溪那样总是有节奏地平静地潺潺流动着。生活中会有激动和震荡，有高潮和低潮。

——赞科夫[苏联]

善用机会里的黄金时刻，并抓住自己能力之内的好处，是生活的一大艺术。　　　　——詹森[美国]

用特写的镜头看生活，生活是一个悲剧；但用长镜头看生活，生活则是个喜剧。　　——卓别林[英国]

生活的道路一旦选定，就要勇敢地走到底，决不回头。　——左拉[法国]

4　憎恨；悔恨

忘我大德，思我小怨。

——[春秋]《诗经》

镜无见疵之罪，道无明过之怨。①

——[战国]《韩非子》

恩甚则怨生，爱多则憎至。

——[战国]《亢仓子》

好憎者，心之过也；嗜欲者，生之累也。②

——[战国]《文子》

自知者不怨人，知命者不怨天；怨人者穷，怨天者无志。③

——[战国]《荀子》

怨之所聚，乱之本也。④

——[战国]《左传》

我闻忠善以损怨，不闻作威以防怨。　　　　——[战国]《左传》

爱而知其恶，憎而知其善。

——[汉]《礼记》

正己而不求于人则无怨：上不怨天，下不尤人。⑤　——[汉]《礼记》

好称人恶，人亦道其恶；好憎人者，亦为人所憎。　——[汉]刘向

体曲者忌绳墨之容，夜裸者憎明烛

---

①疵：毛病。
②好：喜好；喜爱。过：毛病；疾病。嗜：嗜好。欲：欲望；享受。生：生活。累：负担。
③穷：困窘；不得志。
④怨：怨恨。聚：集中。乱：动乱。本：根源。
⑤正：使品行端正。求：苛求。尤：责怪。

憎恨；悔恨

之来。① ——[晋]《抱朴子》

畜水覆舟,养兽反害,悔之噬(shì)脐,将何所及。② ——[晋]苻坚

爱之则不觉其过,恶之则不知其善。 ——[南朝]《后汉书》

思悠悠,恨悠悠,恨到归时方始休。 ——[唐]白居易

不分(fèn)桃花红似锦,生憎柳絮白于棉。③ ——[唐]杜甫

商女不知亡国恨,隔江犹唱《后庭花》。④ ——[唐]杜牧

君子当有所好恶,好恶不可不明。⑤ ——[唐]韩愈

无情有恨何人觉,月晓风清欲堕时。 ——[唐]秦韬玉

不可以己心之爱憎,诬人以善恶。 ——[唐]魏徵

多忿害物,多欲害己,多逸害性,多忧害志。⑥ ——[宋]崔敦礼

恨芳菲世界,游人未赏,都付与、莺和燕。⑦ ——[宋]陈亮

二十五弦多少恨,算世间,那有平分月。胡妇弄、汉宫瑟。⑧ ——[宋]陈亮

江声不尽英雄恨,天意无私草木秋。 ——[宋]陆游

平生不作皱眉事,天下应无切齿人。⑨ ——[宋]邵雍

旧恨春江流不尽,新恨云山千叠。 ——[宋]辛弃疾

怨无大小,生于所爱;物无美恶,过则为灾。⑩ ——[宋]辛弃疾

沉恨细思,不如桃杏,犹解嫁东风。⑪ ——[宋]张先

红杏枝头花几许?啼痕止恨清明雨。⑫ ——[宋]赵令畤

不善操舟者,恶河之曲。⑬ ——[宋]周密

两悔无不释之怨,两求无不合之交,两怒无不成之祸。⑭ ——[明]吕坤

---

①体曲:身体弯曲不直。绳墨:木匠画直线的工具。

②畜:同"蓄",积蓄。覆:倾覆。噬:咬。脐:肚脐。及:达到。此句喻指自作自受,后悔莫及。

③分:通"忿",怨恨。锦:色彩绚丽的丝织品。

④商女:歌女。后庭花:即《玉树后庭花》,乐曲名,南朝陈后主所作,后人视为亡国之音。

⑤好:喜好;喜爱。恶:厌恶;讨厌。

⑥忿:怨恨。

⑦芳菲:芬芳的花草。未赏:没有机会观赏。此句喻指美好的国土被外族侵略者占领。

⑧二十五弦:指瑟,乐器。平分月:月亮被一分为二,喻指国土南北分裂。胡妇:指金国女子。弄:弹奏。汉宫:指北宋皇宫。

⑨皱眉事:亏心事,昧良心的事。切齿:咬牙切齿,形容极端愤恨或仇恨。

⑩怨:怨恨。过:过分。

⑪沉:深沉,深深。恨:悔恨。细思:细细思量。犹:还。解:明白;知晓。嫁东风:随着春风开放。

⑫止:同"只"。只是。

⑬善:擅长。操舟:掌舵,划船。恶:厌恶。曲:弯曲。

⑭悔:悔恨。释:化解;消除。求:要求。交:交情。怒:愤怒。

有了深沉的爱,才可能有深刻的憎。　　　　　　　　——艾煊

爱比恨更有力量。　　——巴金

忠实地生活,正直地奋斗,爱那需要爱的,恨那摧残爱的。　——巴金

爱与恨是一件事物的两面。宗教家们忘掉恨,道德家们反对恨,伪善的人们装着不恨。　　　　——柏杨

恨如果建筑在爱——不自私的爱上,恨就跟爱一样的美。　——柏杨

恨其实不是爱的对立物,而是爱的延续。　　　　　　——陈祖芬

愤世嫉俗并不能解决矛盾,也就不能使自己往前迈进一步。——傅雷

播种仇恨只会结成循环报复的恶果。　　　　　　　　——柯灵

有胆子的、有正义感的,才会恨。
　　　　　　　　　　——老舍

仇的另一端是爱,它们的两端是可以折回来碰到一处,成为一个圈圈的。
　　　　　　　　　　——老舍

推诚相见,和蔼共济,不要把愤怒留在心里,使它生霉、发酵。
　　　　　　　　　——林语堂

人在天性上不能没有憎,而这憎,又或根于广大的爱。——鲁迅

对于丑恶没有强烈憎恨的人,也不会对于美善有强烈的执着。——茅盾

不要长久地仇恨任何人与事。这种心态——焚烧如同炼狱的苦痛,真正受伤害的,只有自己。——三毛

不能憎人,也将不能爱人;憎的极境也就是爱的极境。　——王任叔

爱常常比恨更为强有力得多。
　　　　　　　　　——王朝闻

爱与恨是人类的两种基本情感,也是最容易偏离理性轨道的两种难以驾驭的情感。　　　　——文清愿

爱与恨是一双互通有无的孪生姐妹。她们彼此渗透,亲密无间。
　　　　　　　　　——谢选骏

爱是比恨更有利的抵抗方式,它能达到恨所难以企及的抵抗高度。
　　　　　　　　　——谢选骏

能够有着风暴一样强烈的恨,有着像云彩一样光辉的爱的人,一定是一个胸襟宽广的人,一个志向远大的人,一个有着理想和追求的人。——曾卓

真正达到了解,一定是从爱而来的,但是恨也有它的一种奇异的彻底的了解。　　　　　　——张爱玲

世界上只有能憎的人才能爱。
　　　　　　　　　——朱自清

恨是一种追求破坏的热切欲望,爱则是一种对某一对象热切的肯定。
　　　　　　——埃·弗洛姆[美国]

怨恨是一种自我惩罚。
　　　　　　　　——巴罗[法国]

爱的反面不是恨,而是冷漠无情。冷漠无情就是毫无反应。谁要恨我,首先要对我有感情,否则便无法恨。所以仇恨也可以使人交流。
　　　　　　——巴士卡里雅[美国]

人的恨比爱更坚定。如果我讲过一句话曾伤害了某个人,我再对他说多

少好话也无济于事。

——博斯威尔[英国]

永远不要欺侮弱者！因为被欺侮的痛苦会激发复仇的欲望。

——达·芬奇[意大利]

一个念念不忘旧仇的人，他的伤口将永远难以愈合，尽管那本来是可以痊愈的。 ——弗兰西斯·培根[英国]

不能恨就不能真挚地爱，必须把灵魂分作两半，一定要透过恨才能爱。

——高尔基[苏联]

看到一个你认为不如自己和低于自己的人，他的爱和恨竟然同你的一样，因而显得和你相同了，这可总是件不愉快的事。 ——高尔基[苏联]

憎恨是积极的不快，妒忌是消极的不快。所以妒忌很容易转化成为憎恨，就不足为怪了。 ——歌德[德国]

爱与憎在本质上是同一种感情，只不过前者是积极的，而后者是消极的而已。 ——格庞斯[德国]

玩笑常常能比严肃更有效地消除人们之间的怨恨。

——贺拉斯[古罗马]

我们永远不会原谅那些使我们脸红的人。 ——拉阿尔普[法国]

与最高尚的美德以及最凶恶的狗一样，最大的仇恨也是默不作声的。

——理克特[美国]

恨和爱一样，是容易使人轻信的。

——卢梭[法国]

邪恶进攻正直的心灵，从来不是那么大张旗鼓的，它总是想法子来偷袭，总戴着某种诡辩的面具，还时常披着某种道德的外衣。 ——卢梭[法国]

已经失去的一件不足轻重的东西，能引起令人心神不宁的悔恨！这件不足轻重的东西可以变成一切，一切也可以变成不足轻重的东西。好比在生命的瓷瓶上有一条难以察觉的裂痕，一条裂痕，于是一切都从这儿漏失。

——罗曼·罗兰[法国]

愤怒会把惩罚施加于他人，同时它也折磨着本人。

——马尔提阿里斯[古罗马]

谁若怨天尤人，谁就是愚蠢，就是违反了掌握万物的上帝。

——乔叟[英国]

一个人一旦被人憎恨，他的善举和恶行就会一起压迫着他。

——琼森[英国]

我痛恨人们的忘恩，比之痛恨说谎、虚荣、饶舌、酗酒，或是其他存在于脆弱的人心中的陷入的恶德还要厉害。

——莎士比亚[英国]

恨能挑起争端，爱能遮掩一切过错。 ——《圣经》

出卖过朋友的人，永远不能和我同宿一间屋，同乘一条船。

——斯威夫特[英国]

亲友一旦反目，其仇恨必定是最深的。 ——塔西佗[古罗马]

不可稍存仇恨心理，随时避免嫌疑，消除别人的疑虑，这是求安全的途径。 ——《一千零一夜》[阿拉伯]

出卖亲属的人，不仅为被害者所憎

恨,也为收买者所厌恶。

——伊索[古希腊]

5 爱;热爱

爱其人者,爱其屋上之乌;憎其人者,憎其馀胥。①

——[周]《太公六韬》

欲人之爱己也,必先爱人;欲人之从己也,必先从人。

——[春秋]《国语》

爱之欲其生,恶之欲其死。

——[春秋]《论语》

爱者,憎之始也;德者,怨之本也。

——[战国]《管子》

爱人不私赏,恶人不私罚。②

——[战国]《管子》

虽有慈父,不爱无益之子。

——[战国]《墨子》

仁者爱人,有礼者敬人。爱人者,人恒爱之;敬人者,人恒敬之。③

——[战国]《孟子》

老吾老以及人之老,幼吾幼以及人之幼。④ ——[战国]《孟子》

爱人者必见爱也,而恶人者必见恶也。⑤ ——[战国]《墨子》

爱人者不阿(ē),憎人者不害,爱恶(wù)各以其正,治之至也。⑥

——[战国]《商君书》

爱恶亲疏,兴废穷达,皆可以成义。⑦ ——[战国]《尸子》

积爱成福,积憎成祸。

——[战国]《文子》

父母之爱子,则为之计深远。

——[战国]《战国策》

仁之法在爱人,不在爱我;义之法在正我,不在正人。⑧

——[汉]董仲舒

积爱成福,积怨成祸。

——[汉]《淮南子》

慈父之爱子,非为报也。

——[汉]《淮南子》

用百人之所能,则得百人之力;举千人之所爱,则得千人之心。⑨

——[汉]《淮南子》

君子之爱人也以德,细人之爱人也以姑息。⑩

——[汉]《礼记》

人必其自爱也,然后人爱诸;人必

---

① 乌:乌鸦。馀胥:墙壁。
② 爱:指偏爱。恶:憎恶。
③ 恒:持久,经常。
④ 老吾老:前边的"老",义为赡养;后边的"老",指父母。及:推及。幼吾幼:前边的"幼",义为抚育;后边的"幼","人之幼"的"幼",均指子女。
⑤ 见:助词,表示被动。恶:憎恶。
⑥ 阿:迎合;徇私情。恶:憎恶。
⑦ 爱恶:宠爱和厌恶。亲疏:亲近和疏远。兴废:兴盛和衰败。穷达:窘困和发达。义:道义。
⑧ 法:准则。正:规范。
⑨ 用:任用。所能:能做到的。力:力量。举:举荐。所爱:拥戴的。心:忠心。
⑩ 细人:见识短浅的人。姑息:无原则地宽容。

其自敬也,然后人敬诸。①
——[汉]扬雄

长者能博爱,天下寄其身。②
——[三国]曹植

不以爱之而苟善,不以恶之而苟非。③ ——[三国]嵇康

爱之则不觉其过,恶之则不知其善。④ ——[南朝]《后汉书》

爱毛反裘,甚无谓也。⑤
——[北朝]《魏书》

爱而不教,适所以害之。⑥
——[宋]司马光

爱心之偏,其辞溢妍(yán);恶心之厚,其辞溢丑。⑦ ——[宋]苏轼

爱己者,仁之端也,可推以爱人也。
——[宋]王安石

朋友深交者易怨,父子滞爱者多愆(qiān)。⑧ ——[宋]《新唐书》

爱极则纵,纵则难堪。⑨
——[明]吕坤

情爱过义,子孙之灾。⑩
——[明]吕坤

人不自爱,则无所不为;过于自爱,则一无所为。 ——[明]吕坤

溺爱姑息,教所难也。
——[明]吕新吾

爱而不教,禽犊之爱。⑪
——[明]戚继光

恩不能偏,爱不可溺。⑫
——[明]徐祯稷

父爱者,子多过;母爱者,子多病。⑬
——[明]徐祯稷

爱我者之言恕,恕故匿非;憎我者之言刻,刻必当罪。⑭ ——[清]陈确

偏于爱者,儿受其害。
——[清]李西沤

凡生养子女,固不可不爱惜,亦不可过于爱惜。爱之太过,则爱之实所以害之。⑮ ——[清]唐彪

因为受到了爱,认识了爱,才知道把爱分给别人,才想对自己以外的人做一些事情。 ——巴金

爱的力量要超过死,爱才是永生的。 ——巴金

我爱我的祖国,爱我的人民,离开了她,离开了他们,我就无法生存,更无

---

① 自爱:自重。诸:代词"之"和语气助词"乎"的合音。敬:尊敬;尊重。
② 长者:指年纪大、德行高的人。天下:指全天下的百姓。寄其身:把厚望寄托在他的身上。
③ 苟:随便。恶:厌恶。
④ 过:过失;过错。恶:憎恶;厌恶。
⑤ 裘:皮衣。反裘:把皮衣反着穿。毛在内,皮革在外。
⑥ 适:恰好;正好。
⑦ 妍:美丽;美好。恶:厌恶;憎恨。
⑧ 怨:怨恨,指产生矛盾。滞:停滞,不流动,指缺少。愆:罪行;过失。
⑨ 纵:放纵。堪:经得起。
⑩ 过义:超过适当的分寸。
⑪ 犊:小牛。
⑫ 偏:偏心。溺:过分,无节制。
⑬ 爱:指溺爱。
⑭ 恕:仁爱。匿:隐藏。非:错误。刻:冷酷,不宽厚。罪:谴责。
⑮ 固:本来;原来。

法写作。　　　　　　——巴金

有了爱,就有了一切。　——冰心

爱你自己,同时不要忘记爱人,不能爱人的人决不能理解爱自己的意义。
　　　　　　　　　　——泰姆普

天伦之爱的特质,为爱而爱,没有条件。　　　　　　　——柏杨

我对于生命的前途,并没有一点别的愿望,只愿我能在一切的爱中陶醉、沉没。这情爱之杯,我要满满的醉,满满的饮。　　　　　　——冰心

爱在右,同情在左,走在生命路的两旁,随时撒种,随时开花,将这一径长途,点缀得香花弥漫,使穿枝拂叶的行人,踏着荆棘,不觉得痛苦,有泪可落,也不是悲凉。　　　　　——冰心

人生其实很简单,就是学会爱。你对社会有多爱,决定你的人生成就有多高;你对亲人有多爱,决定你的家庭有多幸福。　　　　　　——陈云英

对世界我们不过是一介尘埃,但在爱我们的人心目中,却是那样珍贵重要。　　　　　　　　——程乃珊

醉过方知酒浓,爱过方知情重。
　　　　　　　　　　——楚楚

一个人不一定要是诗人,但必须培养一颗诗心;不一定要是艺术家,但必须拥有艺术的感觉;不一定要是宗教信徒,但必须怀抱一颗虔诚的爱心。
　　　　　　　　　　——楚楚

我是中国人民的儿子,我深情地爱着我的祖国和人民。——邓小平

爱是一首美丽的歌,只有用心演奏,才能弹出醉人的旋律。——丁凯隆

能够使人不断变得善良和美丽的,只有爱;美是一朵花,爱是它生长的深厚的土壤。　　　　　——丁凯隆

珍惜才是最极致的爱。
　　　　　　　　　　——冯骥才

诗人常说爱是盲目的,但不盲目的爱毕竟更健全更可靠。——傅雷

为了求爱成功而尽量隐藏自己的缺点的人,其实是愚蠢的。——傅雷

爱者的酬报是上帝给他的,他在心灵中感到的温暖和安慰,那就是丰富的收获。　　　　　　　——郭枫

在人类一切感情中,只有一种是不需要任何一种理由的,这就是爱。
　　　　　　　　　　——勒凡

爱的法则,即是牺牲的法则。
　　　　　　　　　　——李大钊

爱是最复杂的情感,但是也可能最单纯;爱是恒久忍耐,但也可能容不了一粒尘埃。　　　　　——刘墉

人必生活着,爱才有所附丽。
　　　　　　　　　　——鲁迅

当你真爱一个人的时候,你是会忘记自己的苦乐得失,而只是关心对方的苦乐得失的。　　　　　——罗兰

爱人不仅仅是爱优点,还会爱许多说不清的东西。爱太复杂,太复杂。
　　　　　　　　　　——秦文君

爱是双方面的事,要彼此付出,彼此吸收。　　　　　　　——琼瑶

爱的本质是给予,而不是获得。
　　　　　　　　　　——曲啸

爱在心底的是深的,专疼表面的是假的。　　　　　——柔石

"爱"与"不忍"会使人不敢堕落,不能堕落。　　　　——沈从文

在爱的名义下,一切的荒谬也可以变得中规中矩,合情合理,都是应该原谅的。　　　　　——沈嘉禄

为爱而牺牲是动人的,但为爱而避免牺牲却更加合理。　——苏青

一个人既享有爱的生活,即使在社会活动上有时失败,亦可因爱力的激励而重振奋斗的勇气。——苏渊雷

爱是发自心灵深处的脉动,更应该是富于高超学问的艺术。——孙士杰

不是不想爱,不是不去爱,怕只怕,爱也是一种伤害。　——汪国真

知道了自己能够给予他人爱的温暖,这比自己获得许多更觉幸福。
　　　　　　　　　——王小鹰

爱是一种惟有经过艰苦的锻炼而获得的一种"精神本能",一个人对世界的爱不是因为世界"可爱",而是他能爱。　　　　　——吴伯凡

爱到痴迷的人,是真正的爱人。
　　　　　　　　　——吴伯箫

爱的价值,不仅仅在于拥有。有时,牺牲了爱,却可能让爱成为永恒。
　　　　　　　　　——肖复兴

人们通常都以为只有被爱才幸福,都希望别人能爱自己,事实上,能主动地爱别人才是真正的乐趣。
　　　　　　　　　——叶兆言

人在热爱某物或某人的时候,往往不那么客观,不那么理智。——张洁

没有东西比健全的爱更伟大,它导引着一切。　　　——郑振铎

我们爱我们的民族,这是我们自信心的泉源。　　　——周恩来

如果我们深爱着我们的伴侣,如果我们致力于充裕我们爱侣的生活,我们自然会竭尽所能地表现出自己的才华。
　　　　　——阿德勒[奥地利]

倘若你爱,你会受苦;而若不爱,你就不懂得一个基督徒的生命的意义。
　——阿加莎·克里斯蒂[英国]

爱本质上应是一种意志行为,用自己的生命完全承诺另一个生命的决心。
　　　　　——埃·弗洛姆[美国]

关心和责任是爱的组成因素,但是没有对所爱者的尊重和认识,爱就会坠落成统治和占有。
　　　　　——埃·弗洛姆[美国]

爱是一门艺术,正如生活是一门艺术一样。　——埃·弗洛姆[美国]

真诚地爱一个人意味着爱所有的人,爱世界,爱生活。
　　　　　——埃·弗洛姆[美国]

只有痛苦的离别才能使我们爱得深沉。　　　——艾略特[英国]

所谓永恒的爱,是从红颜到白发,从花开爱到花残。——爱德华[美国]

为爱牺牲一切,服从你的心,朋友、亲戚、时日、名誉、财产、计划、信用与灵感,什么都能放弃。——爱默生[美国]

爱是火热的友情,沉静的了解,相互信任,共同享受和彼此原谅。爱是不

受时间、空间、条件、环境影响的忠实。爱是人们之间取长补短和承认对方的弱点。　　——安恩·拉德斯[英国]

爱能化阻力为助力。
　　——奥格·曼狄诺[美国]

只要有爱,就值得去战斗和歌唱,就值得活在世上。
　　——巴·聂鲁达[智利]

爱以相互信任为前提——做父亲的也同做孩子信任父亲一样,父亲也必须信任儿女。　　——别林斯基[俄国]

一个人总是最爱那些他认为和自己有一致利益,和自己得失祸福与共的东西的。　　——柏拉图[古希腊]

只有拥有高尚目标的爱才是崇高的,值得赞美的。——柏拉图[古希腊]

我是幸福的,因为我爱,因为我有爱。　　——勃朗宁[英国]

地球无爱则犹如坟墓。
　　——勃朗宁[英国]

情人的爱会冷却,丈夫会厌恶妻子,唯独父母之爱,与我们终生同在。
　　——勃朗宁[英国]

爱,就是把所爱的人的幸福置于自己的幸福之上。　　——博尔顿[美国]

爱一个人意味着什么?这意味着为他的幸福而高兴,为使他能够更幸福而去做需要做的一切,并从这当中得到快乐。　　——车尔尼雪夫斯基[俄国]

典型的具有献身精神的爱是母爱。将自己的一切奉献给孩子——母爱就是如此彻底,也可以说是生命的本能。
　　——池田大作[日本]

爱的痛苦要比其他一切欢乐都要甜美。　　——德莱顿[英国]

爱是女人出行的勇气,爱是女人凝视的星星,爱是女人航行的罗盘。
　　——丁克拉格[法国]

宁肯爱过而又失却,也不愿做从未爱过的人。　　——丁尼生[英国]

爱就是了解。　　——法朗士[法国]

爱之花开放的地方,生命便能欣欣向荣。　　——梵高[荷兰]

会爱的人才会生活,会生活的人才会工作。　　——梵高[荷兰]

假如你不让树木长叶、开花、结果,它便会枯死;假如你不让爱表现自己,爱便会呛死于自己的血液中。
　　——费尔巴哈[德国]

只有爱给你解开不死之谜。
　　——费尔巴哈[德国]

夫妻的爱,使人类繁衍;朋友的爱,给人以帮助;但那荒淫纵欲的爱,却只会使人堕落毁灭啊!
　　——弗兰西斯·培根[英国]

因结婚而产生的爱造就儿女,因友情而产生的爱造就一个人。
　　——弗兰西斯·培根[英国]

那种只知自爱却不知爱人的人,最终总是没有好结局的。虽然他们时时在谋算怎样为了自己而牺牲别人,而命运之神却常常使他们最终也成为自己的牺牲品。
　　——弗兰西斯·培根[英国]

为了不做滥施仁爱的傻子,我们就要注意,不要受有些人的假面具和私欲

的欺弄,而变得太轻信和软心肠。轻信和软心肠其实常常是束缚老实人的枷锁。　　——弗兰西斯·培根[英国]

同生存所必需的东西相比,爱是伟大的导师。　　——弗洛伊德[奥地利]

在整个人类的发展进程中,如同在个人的发展进程中一样,唯有爱才是促进文明的因素。因为它使人从利己主义走向利他主义。这不仅是指以遵守所有不损害妇女心爱之物的义务而表现出来的对妇女的性爱,而且还指在共同的工作中建立起来的对其他男人的非性欲的、崇高的同性爱。
——弗洛伊德[奥地利]

希望被人爱的人首先要爱别人,同时也要使自己可爱。
——富兰克林[美国]

真诚的爱在奉献的时候最为丰富。如果认为这是牺牲的话,就已经不是真正的爱了。　　——盖贝尔[美国]

如果缺少了爱,一切的美妙景象都将黯然无光。　——冈察洛夫[俄国]

只有对人类强烈的爱,才能激化出一种必要的力量,来探求和领会生活的意义。　　　　——高尔基[苏联]

没有爱的生活不是生活,而是生存。　　　　　　——高尔基[苏联]

没有太阳,花朵不会开放;没有爱,便没有幸福;没有妇女,也就没有爱;没有母亲,既不会有诗人,也不会有英雄。
——高尔基[苏联]

世间的流逝,许多往事已经淡化了。可在历史的长河中,有一颗星星永远闪亮,那便是亲情。世间可以让人丢失一切,可是亲情是割舍不去的。即使有一天,亲人离去,但他们的爱却永远留在子女灵魂的最深处。
——高尔基[苏联]

爱使生命燃烧,使生活充实。
——歌德[德国]

还有什么比两性相爱更美丽的?
——格兰维尔[法国]

关于爱,我们可以说,越纯洁,越含蓄。　　　　　——哈代[英国]

我是尘世的一个凡人。我有爱,也必然有烦恼。　——荷尔德林[德国]

只有爱能够创造真正生命的坚实东西。　　　　——赫尔岑[俄国]

过分地爱一个男人或女人是痛苦的事情,但那给你一种满足感,那是一种伟大的行径。　——惠特曼[美国]

爱除自身外无施与,除自身外无接受。爱不占有,也不被占有,因为爱在爱中满足了。当你爱的时候,你不要说"上帝在我心中",却要说"我在上帝的心里",不要想你能引导爱的路程,因为若是他觉得你配,他就引导你。
——纪伯伦[黎巴嫩]

爱虽给你加冕,他也把你钉在十字架上。他虽栽培你,他也刈剪你。
——纪伯伦[黎巴嫩]

你是你所爱的人的奴隶,因为,你爱了他;你也是爱你的人的奴隶,因为,他爱了你。　——纪伯伦[黎巴嫩]

除非临到了别离的时候,爱永远不

会知道自己的深浅。
　　　　　——纪伯伦[黎巴嫩]

爱的构造是矛盾的,在不同的场合下,它既是生命力的昂扬,同时又含有生命的危机。　　——今道友信[日本]

爱是连生命都要夺取的、燃遍全身的热望。　　　　——今道友信[日本]

我们可以把一切的憧憬全舍弃,却舍弃不了爱的憧憬。
　　　　　——今道友信[日本]

现实生活中的爱是有起伏的、无常的,很可能不是永恒的。
　　　　　——今道友信[日本]

爱是不可抑制的欣悦,同时它又与令人心碎的痛苦相连。
　　　　　——今道友信[日本]

爱是自然流溢出来的奉献。
　　　　　——今道友信[日本]

爱是不容欺骗的信任,爱是永不熄灭的希望之火,爱决不追求自身利益。
　　　　　——克尔恺果尔[丹麦]

爱着一个不再爱你的人是很难过的,但是被一个你不再爱的人所爱,更加糟糕。　　——库特林[法国]

对于大海来说,陆地是可爱的;对于海岸来说,大海是可爱的。
　　　　　——拉科姆[英国]

爱的欢乐寓于爱之中,享受爱情比唤起爱情更加令人幸福。
　　　　　——拉罗什富科[法国]

爱那些我们不尊敬的人是困难的,但是爱那些我们尊敬他们远胜于尊敬自己的人也同样困难。
　　　　　——拉罗什富科[法国]

爱是一种旅程、一种运动、一种聚合的速度,爱是一种创造力。
　　　　　——劳伦斯[英国]

爱得愈深,苛求得愈切,所以爱人之间不可能没有意气的争执。
　　　　　——劳伦斯[英国]

人只应当忘记自己而爱别人,这样才能安静、幸福和高尚。
　　　　——列夫·托尔斯泰[俄国]

只有肚子饿的时候,吃东西才有益无害;同样,只有当你有爱心的时候,去同人打交道才会有益无害。
　　　　——列夫·托尔斯泰[俄国]

上帝必定爱穷人,否则他不会创造这么多穷人;他必定爱富人,否则他不会分给为数这般少的富人这么多钱。
　　　　　——林肯[美国]

只有对伟大、对真、对美的爱,才能激发我的天才。　——卢梭[法国]

爱欲永远推动我们超越自身。
　　　　　——罗·洛海[美国]

爱是生命的火焰,没有它,一切都将变成黑夜。——罗曼·罗兰[法国]

爱是一种甜蜜的痛苦。
　　　　　——罗曼·罗兰[法国]

爱是需要彼此牺牲的,单方面的牺牲只能造成单方面的爱。
　　　　　——罗曼·罗兰[法国]

只要爱是自由和自然的,它必然兴旺茂盛;而如果爱是一种责任,那它只能凋谢枯萎。　——罗素[英国]

我的所有心事,所有的想法和念头,一切一切,过去、现在、将来,只归结为一个声音、一个象征、一个语调,如果它响起来,那么它只能是:我爱你!
　　——马克思[德国]
　　被爱的对象既是病又是药,这种药使疾病缓解或加剧。
　　——马塞尔·普鲁斯特[法国]
　　生活的一大悲剧不是人类将消亡,而是爱的枯竭。　　——毛姆[英国]
　　爱并不是谁为谁牺牲,谁为谁做什么,一旦爱变成这样,这就不是爱。
　　——梅尔勒·塞恩[加拿大]
　　自爱者方能为人所爱。
　　——蒙田[英国]
　　母爱是世间最伟大的力量。
　　——米尔[英国]
　　为爱而饱受无情打击的人,总比从未爱过的人幸运一千倍。
　　——米尔恩斯[英国]
　　爱冲破了时间的限制,使未来和过去相连。　　——缪勒[德国]
　　爱,人与人之间纯真、挚诚的爱产生了温暖,这种温暖将激励人们顶狂风、冒暴雪,顽强地踏上一条富有深刻含意的人生之路。
　　——穆尼尔·纳素夫[科威特]
　　失去了爱,你的生活就离开了轨道。　　　　——拿破仑[法国]
　　真正的爱并不要求是互惠的。
　　——尼采[德国]
　　爱是建立在一种和另一个人"共属"的感觉,而不是"属于"另一个人。
　　——尼娜·欢尼尔[美国]
　　爱本身就是一块领地。它有自己的绿荫、小道和房屋,甚至有自己的太阳、月亮和星辰。　　——欧文[英国]
　　什么是爱?爱就是无限的宽容,些许之事亦能带来的喜悦,爱就是无意识的善意,自我的彻底忘却。
　　——萨尔丹[法国]
　　不论是白银,是黄金,都不是我所恋慕的东西,我只恋慕着你,心上人,只要我依旧活在人世,我要发誓向你保证我的全部爱情、名誉和忠实。
　　——萨克斯[德国]
　　勉强爱一个崇拜你的人还容易,要叫嫌弃你的人转过来热爱你可就难了。
　　——塞万提斯[西班牙]
　　爱和死有点相同:不论帝王的高堂大殿,或牧人的茅屋草舍,它都闯进去。
　　——塞万提斯[西班牙]
　　爱,可以创造奇迹。
　　——莎士比亚[英国]
　　爱是永恒的灯塔,它定睛望着风暴却毫不动摇。　　——莎士比亚[英国]
　　大海有崖岸,热烈的爱却没有边界。　　　　——莎士比亚[英国]
　　"爱"和炭相同,烧起来,得设法叫它冷却。让它任意着,那就要把一颗心烧焦。　　　　——莎士比亚[英国]
　　即使用二十把锁,把"美"牢牢地锁在密室,"爱"也照旧能把锁各个打开而斩关直入。　　——莎士比亚[英国]

可以量深浅的爱是贫乏的。
——莎士比亚[英国]

爱叫懦夫变得大胆,却叫勇士变成懦夫。 ——莎士比亚[英国]

爱的力量是和平,从不顾理性、成规和荣辱,它能使一切恐惧、震惊和痛苦在身受时化作甜蜜。
——莎士比亚[英国]

爱像一盏油灯,灯芯烧枯以后,它的火焰也会由微暗而至于消灭。
——莎士比亚[英国]

爱的力量大于死亡。 ——《圣经》

人类在某种程度上就像小孩一样,如果你过度溺爱,他就变得很不听话,所以你对任何人都不能过于随和、过于亲切。 ——叔本华[德国]

有一个词,能使我们摆脱人生的一切重负和苦痛,这个词就是"爱"。
——索福克勒斯[古希腊]

爱意味着献出,意味着把自己心灵的力量献给所爱的人,为所爱的人创造幸福。 ——苏霍姆林斯基[苏联]

只有爱人,才真实地知道他是被爱的。 ——泰戈尔[印度]

爱就是充实了的生命,正如盛满了酒的酒杯。没有表现出来的爱是神圣的,它像宝石般在隐藏的心的朦胧里放光。 ——泰戈尔[印度]

不知节制的爱不能持久,它像溢出杯盏的酒浆的泡沫,转瞬便化为乌有。
——泰戈尔[印度]

我爱你,我爱的只有你,我的爱永不熄灭——直到太阳冷却,星星老去。
——泰勒[美国]

爱是人生的本性,就像太阳要放射光芒。它是人类灵魂最惬意、最自然的受用,没有它,人就蒙昧而可悲。没有享受过欢乐的人,无异于白活一辈子,空受煎熬。 ——特拉赫恩[法国]

爱可以战胜死亡和对死亡的恐惧,只有爱才能使生命维持和延续下去。
——屠格涅夫[俄国]

没有完全的平等,就没有爱。
——屠格涅夫[俄国]

爱,我想,比死和死的恐惧更强大。只有依靠它,依靠这种爱,生命才能维持下去,发展下去。
——屠格涅夫[俄国]

爱的继续像一把神奇的钥匙,可以打开被爱者心灵的迷宫。
——瓦西列夫[保加利亚]

只有爱的烦恼消失时仍然能深爱的男人,才真正懂得爱。
——席勒[德国]

有时候,爱比人的坚定信念更强大。 ——辛格[爱尔兰]

爱的需求或力量一旦死去,人就成为一个活着的墓穴,苟延残喘的只是一副躯壳。 ——雪莱[英国]

爱的表现是无保留地奉献,而其本质却是无偿地索取。
——有岛武郎[日本]

人生是花,而爱是花蜜。
——雨果[法国]

爱是人们心里的火头,它是无尽

期、无止境的、任何东西所不能局限、任何东西所不能毁灭的。人们感到它一直燃烧到骨髓,一直照耀到天际。

——雨果[法国]

爱是感情的升华,它有如阳光照耀大地,给万物一股生长的力量,使其欣欣向荣。 ——雨果[法国]

爱是不知足的。有了幸福,还想极乐园;有了极乐园,还想天堂。

——雨果[法国]

爱是不会老的,它留着永恒的火焰与不灭的光辉,世界的存在就以它为养料。 ——左拉[法国]

6 恋爱

窈窕淑女,君子好逑。①

——[春秋]《诗经》

愿得一心人,白头不相离。

——[汉]乐府古辞《白头吟》

我欲与君相知,长命无绝衰。②

——[汉]乐府古辞《上邪》

愿为双飞鸟,比翼共翱翔。

——[三国]阮籍

一寸同心缕,千年长命花。③

——[北朝]庾信

在天愿作比翼鸟,在地愿为连理枝。④ ——[唐]白居易

身无彩凤双飞翼,心有灵犀一点通。⑤ ——[唐]李商隐

得成比目何辞死,愿作鸳鸯不羡仙。⑥ ——[唐]卢照邻

梧桐相待老,鸳鸯会双死。⑦

——[唐]孟郊

月上柳梢头,人约黄昏后。

——[宋]欧阳修

系春心情短柳丝长,隔花阴人远天涯近。⑧ ——[元]《西厢记》

初恋在现实中虽没有结果,但在回忆中却是朵永不凋谢之花。

——白石浩

恋爱的人,展现给对方的都是自己最美的羽毛,一颦一笑,一举一动,都是最中人意的,哪怕是小小的争执,都以爱的方式传递,都有一种诱人的魅力,

---

①窈窕:文静;美好。淑女:美好的女子。逑:配偶;伴侣。

②相知:指相亲相爱。

③一寸:形容小巧。同心缕:一种表示爱情的心形编织物。

④比翼鸟:古代传说中的一种鸟,生活在南方,雌雄在一起,飞翔时翅膀挨着翅膀。连理枝:两棵树交互生长在一起的枝条,犹如一棵树。

⑤灵犀:古代传说,犀牛角中心色白,根末相通,感应灵敏,被视为灵异之物。心有灵犀一点通:比喻男女双方彼此心领神会,感情共鸣。

⑥比目:古代传说中的一种鱼,只有一只眼睛,必须两条鱼并排在一起才能向前游动。比喻形影不离的情侣或朋友。也叫比目鱼。

⑦此句表达生死与共、坚贞不渝的爱情。

⑧春心:指爱慕异性的心情,多用于女性。花阴:花丛。

而这些,其实并不都是准确的实在的。
——谌容

恋爱的过程,其实也就是人生走向充实、走向丰满、走向成熟与美丽的过程。
——丁凯隆

恋爱是火,火是不能随便玩的。
——丁玲

恋爱或夫妻生活,如果没有精神上的一致,意志的契合,在精神力非常强的人,那是最大的悲剧。
——冯雪峰

没有一株杨柳不为杏花而癫狂,没有一水不为东风吹皱,没有一个恋人不为恋人恼着。
——冯雪峰

恋人的话语有时比父母的忠言有效得多。而事实上,也只有两人长相厮守,才能帮得了身旁的伴侣。
——傅雷

一个人如果曾经进入过情感世界里,这是一种至高至上的境界,而一旦失去它,就会像从云端里跌落下来。
——关鸿

失恋是一剂奇妙的蒙药。越是失望,越是激情难抑,幻想联翩。
——关鸿

失恋而不失德,才是生活的勇士,爱情的强者。
——蒋元明

两性相爱,是人生最重要的部分,应该保持他们的自由、神圣、纯洁、崇高,不可强制他、侮辱他、污蔑他、屈抑他,使他在人间社会丧失了优美的价值。
——李大钊

老头子恋爱,听说像老房子着了火,烧起来是没有救的。
——钱锺书

性吸引从来不是一对一的,从来是多向的,否则物种要在无竞争中衰亡。
——史铁生

对于弱者,一次真正的失恋经历足以摧毁一个世界;对于强者,则会获得一个世界。
——赵鑫珊

过分亲昵的后果,常常是在情侣们最需要含蓄的时刻过早丧失了神秘感,减弱甚至消除了恋爱阶段最可宝贵的对朦胧意念的心理追求,降低了对方的性爱想象力,因而也降低了自己的审美价值。
——朱一强

恋爱原是一种可以提高生命价值的很华贵的东西。
——霭理士[英国]

恋爱是一个谜,它只活在人们心中。
——巴尔扎克[法国]

在少女身上,恋爱本来就是自然法则在起作用,当钟爱的对象是一位出类拔萃的男人时,热情就会在少女的芳心泛滥。
——巴尔扎克[法国]

既然失恋,就必须死心,断线而去的风筝是不可能追回来的。
——巴尔扎克[法国]

恋爱是艰苦的,不能期待它像美梦一样出来。
——拜伦[英国]

恋爱使人坚强,同时也使人软弱。友情只使人坚强。
——勃纳尔[法国]

爱神奏出无声旋律,远比乐器奏出的悦耳动听。
——布朗[英国]

幸好初恋的狂热不会发生第二次,那确实是种狂热。另外,不管诗人怎么描写,初恋同时又是一种负担。
——达夫妮·杜穆里埃[英国]

恋爱是开启人生秘密的钥匙。
——岛崎藤村[日本]

人们之所以对初恋感到神秘,是因为不知道爱情迟早要终止。
——迪斯累里[英国]

恋爱是盲目的,恋人们瞧不见他们自己所干的傻事。
——弗兰西斯·培根[英国]

恋爱能使生命燃烧,使生活充实。
——歌德[德国]

我希望获得一切,而跟她分享一切;我情愿抛弃一切,如果她,唯一者,属于我。
——歌德[德国]

青年男子谁个不钟情?妙龄女人谁个不善怀春?这是我们人性中的至圣至神。
——歌德[德国]

恋爱是人的第二生命。
——歌德[德国]

谁要是第一次钟情,尽管不幸,也是个神;可是如果再陷情网,依然很不幸,那就是蠢。
——海涅[德国]

初恋自古有之,但它永远是新鲜的。
——海涅[德国]

一个恋爱着的人,可比魔鬼和天使更有力量,能够做到一切。
——海泽[德国]

我不知道人们为什么给初恋的回忆以某种专利,而忽视了青年友情的回忆。初恋的芬芳在于它忘记了性别,在于它是热烈的友情。另一方面,青年间的友情有着爱情的全部热情和爱情的一切特点:同样不好意思地害怕用言语谈到自己的感情,同样不信任自己,同样无条件的忠诚,同样离别时的万分痛苦,同样完全独占的嫉妒的欲望。
——赫尔岑[俄国]

彼此恋爱,却不要做爱的锁链。
——纪伯伦[黎巴嫩]

初恋时女人爱的是人,而这以后,她们爱的只是情。
——拉罗什富科[法国]

很少有人在恋爱过后为自己曾经恋爱而感到羞愧。
——拉罗什富科[法国]

恋爱是将我们的幸福放进别人的快乐里。
——莱布尼茨[英国]

好的记忆是友谊的基础,却是恋爱的毁灭。
——雷马克[德国]

我们平等地相爱,因为我们互相了解,互相尊重。
——列夫·托尔斯泰[俄国]

当你真正感到对方的舌是肺腑之言的时候,自己的心灵也一定会敞开来接受一个陌生心灵的真情的流露;一个教育家的全部箴言也赶不上你所爱恋的一个聪明女人情意缠绵的话语。
——卢梭[法国]

没有一场深刻的恋爱,人生等于虚度。
——罗曼·罗兰[法国]

恋爱是我们第二次的脱胎换骨。
——罗曼·罗兰[法国]

失恋可能会带来些痛苦,它伤害脆弱者的心灵,毁掉幸运者的前途;但倘若他是个有活力的人,他的苦恼就在各种事物的忙碌中得到解脱。
——欧文[英国]

当着情人的面,最坚决的心也会游移,最勇敢的舌头也会懦怯。
——塞万提斯[西班牙]

恋爱是戴着眼镜看东西的,会把黄铜看成金子,贫穷看成富有,眼睛里的斑点看成珍珠。
——塞万提斯[西班牙]

恋爱淹没了人的聪明,使人变得愚蠢。 ——莎士比亚[英国]

恋人们总是赶在时钟的前面的。
——莎士比亚[英国]

青春的恋爱就像阴晴不定的四月天气,太阳的光彩刚刚照耀大地,片刻间就遮上了黑沉沉的乌云一片!
——莎士比亚[英国]

一个女人要是以为恋爱在达到目的以后,还是像热情未获满足以前一样甜蜜,那么她一定从来不曾有过恋爱的经验。 ——莎士比亚[英国]

情欲犹如炭火,必须使它冷却,否则那烈火会把心儿烧焦。
——莎士比亚[英国]

恋爱总是比婚姻更令人愉快,恰似小说总比历史更令人愉快。
——尚福尔[法国]

恋爱是生命的开始,也是生命的终结。 ——司各特[英国]

恋爱中,两个人分着用钱能增加爱情,给钱却会扼杀爱情。
——司汤达[法国]

恋爱是人生永久的音乐,它给青年以灿烂的光辉,给老人以圣洁的灵光。
——斯迈尔斯[英国]

绿叶恋爱时便成了花,花崇拜时便成了果实。 ——泰戈尔[印度]

单恋即使能触发人的感情,也必然会给人带来严重的创伤,使人自卑和失望。 ——瓦西列夫[保加利亚]

在情人眼中,他所爱的人总是独一无二的。 ——沃尔特·本耶明[英国]

真正的恋爱具有提高人们人格的能力,而决不会使之降低。因而,态度卑劣又恬不知耻的人,不配享受真正的爱情。 ——武者小路实笃[日本]

恋爱是人生的诗,是花,是喜悦,是美。 ——武者小路实笃[日本]

人生倘若没有恋爱,就会变得枯燥乏味,文学、美术也就黯然失色了。
——武者小路实笃[日本]

由于失恋而一蹶不振,这有失体统。深深的愁苦、悲痛,都是为了磨炼你的意志。这种磨炼越是痛苦,越应该忍耐,一旦克服、战胜了它,你人生的价值就会比原来提高一大步。
——武者小路实笃[日本]

恋爱是一种生命力,人受了生命力的驱使而发扬恋爱的本能。
——萧伯纳[爱尔兰]

初恋不过是一分傻气加上九分好奇。 ——萧伯纳[爱尔兰]

恋爱不是慈善事业,所以不能慷慨施舍。 ——萧伯纳[爱尔兰]

不论是月光或雨声,唯有恋爱,才会产生新的颜色和音乐。
——永井荷风[日本]

如果你是石头,便应当做磁石;如

果你是植物,便应当做含羞草;如果你是人,便应做意中人。——雨果[法国]

7 爱 情

相思相见知何日,此时此夜难为情。 ——[唐]李白

东边日出西边雨,道是无晴却有晴。① ——[唐]刘禹锡

此去经年,应是良辰好景虚设。便纵有千种风情,更与何人说。② ——[宋]柳永

两情若是久长时,又岂在朝朝暮暮。 ——[宋]秦观

多情却被无情恼。 ——[宋]苏轼

多情应笑我,早生华发。 ——[宋]苏轼

含情欲说独无处,传于琵琶心自知。 ——[宋]王安石

问世间,情为何物? 直教生死相许。③ ——[金]元好问

在爱情里只有相信不相信的问题,并没有什么配不配。 ——巴金

抑制久了的爱情,一旦到了爆发的时候,变成了不可克制的激情了。
——巴金

世界上只要有男女存在的一天,爱情就会永远存在。 ——白石浩

爱情是不按逻辑发展的,所以必须时时注意它的变化;爱情更不是永恒的,所以必须不断地追求。 ——柏杨

天地间真正不能替代的,恐怕只有爱情。金钱、权势、地位、荣誉,可以满足任何一方面,但不能填补心灵的空虚。 ——柏杨

在巨大的物质财富面前,爱情的浪漫只是一时的激情而已,当一切回归现实,真正决定爱情的方向和质量的还是金钱。 ——崔浩

真挚而纯洁的爱情,一定掺有对心爱的人的劳动和职业的尊敬。
——邓颖超

爱情能够天长地久,往往不是由于本身的完美,而是由于双方都有一片宽阔的胸怀,能容纳对方的不完美。
——丁凯隆

没有爱情的滋润,美会容易凋零;而没有美的内涵,爱情便会沉沦为庸俗的情欲。爱情常常排斥友谊,然而只有当爱情同时融合着友谊时,爱情之美才会纯洁无瑕。 ——丁凯隆

懂得爱情的人,即使外表不美,心灵总是美的。与美相比,爱情与善良更接近。 ——丁凯隆

并不是美貌的女人都拥有美丽的爱情。有时恰恰相反,越美丽的女人距爱情越远。 ——丁凯隆

爱情的魔力再大,也无法使一颗卑劣的心化为一片圣洁。 ——丁凯隆

爱情之花并非生长于含情脉脉的絮语里或小心谨慎的防范中,她像那并

---

①晴:天晴,谐音感情的"情"。
②经年:过了一年。风情:恋情,男女相爱的感情。
③教:同"叫",使;令。

蒂的雪莲、傲雪的红梅一样,需要阳光的照拂和风雨的洗礼。　　——杜卫东

从心跳开始的爱情,才是爱情;从眼热开始的爱情,只是买卖。——郭因

爱情使人变傻:情话是一堆傻话,情书是傻话连篇,情人是一个个小傻瓜。　　　　　　　　——何怀宏

爱情的代价是痛苦,爱情的方法是要忍得住痛苦。　　　——胡适

真正的爱情是用整个生命去爱,是用整个灵魂去探索和追求。
　　　　　　　　——黄秋耘

爱情是支配生活的一种力量。
　　　　　　　　——李霁野

爱情若是一座辉煌的大厦,忠贞就是它的地基;爱情若是一朵绚丽的鲜花,忠贞则是它扎根的沃土。
　　　　　　　　——刘大昌

爱情可以经受外界的阻挠和干涉,而经不起彼此之间的猜疑、冷漠和嫉妒。　　　　　　——刘启林

脱离了男女双方在思想上、情感上、情味和气质等方面的共鸣倾慕,仅是单纯的两性关系,是不能称之为爱情的。　　　　　　　——刘心武

既然自古就有爱情这么一种东西,那么,它那最恒定的内核,一定是单纯而质朴的。　　　——刘心武

爱情必须是时时更新、生长、创造。
　　　　　　　　——鲁迅

如果一个人没有能力帮助他所爱的人,最好不要随便什么爱不爱。当然,帮助不等于爱情,但爱情不能不包括帮助。　　　　　　——鲁迅

爱情的两方不在于相互媲美,在于合适,就如瓶盖与瓶身,尺寸对头才能拧紧。　　　　　　——秦文君

真正的爱情绝对是天使的化身,一段孽缘不过是魔鬼的玩笑。——三毛

爱情有如佛家的禅——不可说,不可说,一说就是错。　　　——三毛

爱情是不能够靠结婚来保障的。
　　　　　　　　——苏青

如果说嫉妒是友谊的不可逾越的障碍,那么猜疑就是爱情的最危险的敌人。在爱情上,没有相互的忠诚,就没有相互的信任。　　　——孙泱

真正的爱情不在于金钱,但金钱却是考验爱情的试金石。　——杨楚民

没有爱情的性欲与没有性欲的爱情同样荒谬。　　　——张乐天

好的爱情,是性的吸引与人的吸引的统一;好的婚姻,是性的和谐与人的和谐的统一。　　　——周国平

爱情犹如洞庭湖里的小波,你要不控制它,它会淹没你的志向、事业、精力,甚至生命;要是控制得当,不让它泛滥,就会从它身上得到年年岁岁的丰收。　　　　　　——周立波

爱情走入婚姻不外乎三种下场:沉淀、溶解、挥发。　　——朱德庸

异性之间的崇拜、喜欢、欣赏……容易导致爱情,也容易被自己错认为是爱情。崇拜居于爱情之上,喜欢居于爱情之下,欣赏居于爱情之畔,它们都不是爱情。但是爱情一旦发生,能够将它

们囊括其中。　　——朱苏进

爱的失意者,往往比爱情满足者更宽容更深刻地认识人间,也比过去更痛彻更不宽容地鞭策着自己。

——朱苏进

青春短暂,美貌也同鲜花一样命薄,但爱情却如同珠宝,与世长存。

——奥尼尔[英国]

爱情是魔鬼,是烈火,是天堂,是地狱;那里有欢乐,有痛苦,也有苦涩的忏悔。　　——巴恩菲尔德[法国]

爱情本身就是生命,它不会死亡,只会迁徙。　　——巴尔德斯[西班牙]

爱情很难抵得住家务的烦恼,必须一方具有极坚强的品质,夫妻才能幸福;夫妻间首要的是彼此理解,因此夫妻的一方不能比他方懂得更多的东西。

——巴尔扎克[法国]

爱情像大海,粗浅的人说它是单调的,而高尚的人却可以从中寻到丰富多彩的生活情趣。　——巴尔扎克[法国]

爱情会给忧伤的眼睛里注入生命,使苍白的面孔泛起玫瑰色的红润。

——巴尔扎克[法国]

爱情是人类所有感情中最复杂微妙而强烈的一种。　　——巴伦[英国]

只有在想象中,爱情才能永世不灭,才能永远环绕着夺目的诗的光轮。

——巴乌斯托夫斯基[苏联]

爱情中的欢乐和痛苦是交替出现的。　　　　　　——拜伦[英国]

关于爱情,人们有许多定义;爱情是生活中的诗歌和太阳。

——别林斯基[俄国]

爱情需要合理的内容,正像熊熊烈火要油来维持一样;爱情是两个相似的天性在无限感觉中的和谐的交融。

——别林斯基[俄国]

爱情,只有爱情,可以使人敢于为所爱的人献出生命;这一点,不但男人能做到,而且女人也能做到。

——柏拉图[古希腊]

纯洁的爱情是人生中的一种积极的因素、幸福的源泉。

——薄伽丘[意大利]

真正的爱情能够鼓舞人,唤醒他内心沉睡的力量和潜藏的才能。

——薄伽丘[意大利]

什么是爱情?爱情是大自然的珍宝,是欢乐的宝库,是最大的愉快,是从不使人生厌的祝福。

——查特顿[英国]

女人拒绝异性的追求,是先天性的特权,即使拒绝了一个最热烈的爱情,也不会认为残酷。但是,如果命运女神错乱了安排,让女人打破了羞怯的本性,不顾一切地向一个并无把握的异性献出她的热爱,而对方表示着冷淡和拒绝时,那结果就不堪设想了。男人拒绝女人的追求,等于损伤了她的最高贵的自尊。　　——茨威格[奥地利]

爱情激荡着活跃的情绪,它可以使死亡的心复活,它可以使沙漠里有人居住,它可以使爱人的幻影重新显现。

——大仲马[法国]

忠诚和互相信任是爱情的首要条件。　　　　　　——邓肯[美国]

爱情埋在心灵深处,并不居住在双唇之间。　　　　——丁尼生[英国]

对爱情来说,严峻的生活考验以及对初恋的生动回忆,都是同样不可缺少的。前者把人联系在一起,后者令人永葆青春。　　　——法捷耶夫[苏联]

相互信赖、尊重、真诚相待——这才是真正爱情赖以建立的基础。
　　　　　　——菲纳谢德金[苏联]

谁的爱情宫殿是用美德奠基,用财富筑墙,用美丽发光,用荣耀铺顶,谁就是最幸福的人。
　　　　　　——弗·夸尔斯[美国]

爱情是所有人类感情中最脆弱的一环。　——弗兰西斯·培根[英国]

爱情的视觉不是眼睛,而是心灵。
　　　　　——弗兰西斯·培根[英国]

爱情无孔不入,它不仅能钻进敞开着的心扉,而且还能钻进戒备森严却偶有疏忽的方寸。
　　　　　——弗兰西斯·培根[英国]

在爱情里,人们可以原谅严重的不谨慎,但不能饶恕那些不忠实。
　　　　　　　——福楼拜[法国]

不懂爱情就不懂生活。
　　　　　　　　——盖伊[英国]

爱情就像人的食欲一样,它与人的教养、学历、年龄、性别、种族、宗教信仰是毫无关系的,是人皆有之的人类的普遍欲望。　　——国分康孝[日本]

在爱情里,一旦有了争风吃醋的成分,一个人就会变得非常毒辣凶狠。
　　　　　　　——哈代[英国]

爱情有着奇妙的魔力,它使一个人为另一个人所倾倒。——怀特[美国]

爱情是一种信仰,它贮存在人最珍贵、最真诚的地方——贮存在心里,它和生命同在,和灵魂同在。
　　　　　　　——霍达[英国]

有限的爱情要求占有对方,而无限的爱情则只要求爱的本身。
　　　　　　——纪伯伦[黎巴嫩]

爱情在一切感情中最可怕,同时也最慷慨。它是唯一的一种在其自身的梦幻中含有另外一个人的幸福的情感。
　　　　　　　——卡尔[美国]

真正的爱情不是靠一个男人和一个女人之间盲目的利己的情欲就可以建立起来的,它必须建立在互相了解、友谊和温存的基础上。
　　　　　　——拉福雷特[英国]

经过患难的火的洗礼的爱情才是坚贞的爱情。——拉格洛夫[瑞典]

真正的爱情世上只有一种,而模仿出来的爱情却有千种万种。
　　　　　　——拉罗什富科[法国]

真正的爱情就像鬼魂一样,并且人体验这种激情比激发这种激情更幸福。
　　　　　　——拉罗什富科[法国]

在爱情中施以很少的爱,是保证被爱的一个可靠手段。
　　　　　　——拉罗什富科[法国]

如果从表面效果来判断,爱情与其

说像友谊,不如说像仇恨。

——拉罗什富科[法国]

真心实意的爱情是人生成熟的果实。 ——拉马丁[法国]

爱情是一根魔杖,能使最无聊的生活也点化成黄金。 ——劳伦斯[英国]

爱情是一片炽热的狂迷的痴心,一团无法扑灭的烈火,一种永不满足的欲望,一份如糖似蜜的喜悦,一阵如痴如醉的疯狂,一种没有安宁的劳苦和没有苦劳的安宁。

——理查德·弗尼维尔[英国]

没有什么绳索能比爱情拧成的双股线更经拉、经拽。

——罗·伯顿[英国]

爱情是一场决斗。如果你左顾右盼,你就完蛋了。

——罗曼·罗兰[法国]

爱情是一盏可以变换光度的灯。

——罗曼·罗兰[法国]

毫无经验的初恋是迷人的,但经受得起考验的爱情是无价的。

——马尔林斯基[俄国]

爱情是个变幻莫测的家伙,它渴望得到一切,却又几乎对一切都感到不满。 ——马德莱娜[英国]

真正的爱情是表现在恋人对他的偶像采取含蓄、谦恭甚至羞涩的态度,而绝不是表现在随意流露热情和过早的亲昵。 ——马克思[德国]

在爱情中永远没有精神的安宁,因为一方已经占据的优势不过是进一步欲望的新起点。

——马塞尔·普鲁斯特[法国]

爱情是耗尽锐气的激情,爱情是置意志于一炬的火焰,爱情是把人骗入泥潭的诱饵,爱情将剧毒抹在命运之神的箭上。 ——梅斯菲尔德[英国]

爱情是生活中唯一美好的东西,但却往往因为我们对它提出过分的要求而被毁坏了。 ——莫泊桑[法国]

普通的花卉必须经过相当时间的栽培才会吐露芬芳,爱情的花朵更不会突然开放,所以一见钟情的爱是靠不住的。 ——莫泊桑[法国]

爱情更能承受的是生离和死别,而不是猜疑和欺骗。 ——莫洛亚[法国]

真正的爱情必定是在倾慕对方外表和心灵的基础上建立起来的,缺乏内涵的外表美是容易凋谢的花朵。

——莫洛亚[法国]

伟大的爱情能使最平庸的人变得敏锐,勇于献身,充满信心。

——莫洛亚[法国]

爱情的聪慧在于要使对方永远保持新鲜感。 ——莫洛亚[法国]

植根于沃土中的爱情大树是风吹不摇、雨打不动的。

——穆尼尔·纳素夫[科威特]

爱情和怨恨往往是同时存在,形影不离。有时爱得真挚,便恨得真切。

——穆尼尔·纳素夫[科威特]

爱情是人生的盐,借助于它,人们才体味得出人世间的情趣。

——欧文[英国]

没有爱情的人生是什么？是没有黎明的长夜！
——彭斯[苏格兰]

爱情充满蜜汁。它先让你尝点甜头,然后趁你还没过瘾就溢出苦涩的胆汁来。
——普劳图斯[古罗马]

适当地用理智控制住爱情,有利无弊;发疯似的滥施爱情,有弊无利。
——普劳图斯[古罗马]

一见钟情的事确实是有的！这种爱情到后来不是在逐渐熄灭,就是在逐渐燃烧起来。
——普里列扎耶娃[苏联]

爱情和情欲之间的区别,就像黄金和玻璃一样。 ——普列姆昌德[印度]

堕入情网者的眼睛都是瞎的。
——普洛佩提乌斯[英国]

谁能在爱情中最有耐心,谁就有最大的成功。 ——乔叟[英国]

那种用美好的感情和思想使我们升华并赋予我们力量的爱情,才算是一种高尚的热情。 ——乔治·桑[法国]

青年人无法无天,玩弄爱情;中年人食髓知味,追求爱情;老年人寂寞无聊,回忆爱情。 ——秋田雨雀[日本]

有的爱情是奔跑的,有的爱情是踱步的;有的冷静,有的热烈。
——塞万提斯[西班牙]

爱情是生命的火花,友谊的升华,心灵的吻合。如果说人类的感情能区分等级,那么爱情该是属于最高的一级。 ——莎士比亚[英国]

爱情的三角绞刑台,专叫傻瓜送命。 ——莎士比亚[英国]

爱情不是用眼睛,而是用心灵看的,所以长翅膀的爱神被画成瞎子。
——莎士比亚[英国]

爱情不是花荫下的甜言,不是桃源中事,不是轻绵的眼泪,更不是死硬的强迫,爱情是建立在共同的基础上的。 ——莎士比亚[英国]

最甜的蜜糖可以使味觉麻木,不太热烈的爱情才会维持久远;太快和太慢,结果都不会圆满。
——莎士比亚[英国]

我的慷慨像海一样浩渺,我的爱情也像海一样深沉;我给你的越多,我自己也越是富有,因为这两者都是没有穷尽的。 ——莎士比亚[英国]

真诚的爱情之路永不会是平坦的。
——莎士比亚[英国]

爱情是一本永恒的书,有人只是信手拈来,浏览过几个片段;有人却流连忘返,为它洒下热泪斑斑。
——施企巴乔夫[苏联]

眼泪是爱情的香料,浸在眼泪中的爱情是最可爱的爱情。
——司各特[英国]

人人都有享受人生幸福的权利,而获得爱情是人生的一种幸福。
——司汤达[法国]

爱情是一朵开在悬崖绝壁上的芬芳的花,摘取它必须有足够的勇气。
——司汤达[法国]

爱情对于人的一生来说,应当永远是最欢乐、最隐秘和最不受侵犯的。
——苏霍姆林斯基[苏联]

爱情如果是理智的、聪明的、审慎的,它才是高尚的。

——苏霍姆林斯基[苏联]

纯洁的爱情使青年人健康成长,轻浮的爱情、消愁解闷的爱情使他们堕落。——苏霍姆林斯基[苏联]

要记住,爱情是意味着对你爱侣的命运承担责任。

——苏霍姆林斯基[苏联]

爱情是理解和体贴的别名。

——泰戈尔[印度]

爱情能在平凡的事物中发现不平凡。——泰戈尔[印度]

爱情的可贵就因为它能使没有价值的人享受到它的慷慨。

——泰戈尔[印度]

友谊与爱情的区别在于:友谊意味着两个人和世界。然而,爱情意味着两个人就是世界。在友谊中一加一等于二,在爱情中一加一还是一。

——泰戈尔[印度]

看中了就不应太挑剔,因为爱情不是在放大镜下做成的。

——托·布朗[英国]

在爱情上最初的一瞥往往只是一颗火星,长期观察,才能点燃情感的火焰,形成燎原之势。

——瓦西列夫[保加利亚]

突发的爱情,并不都能得到深情的回报。 ——瓦西列夫[保加利亚]

不知道赞美的人,不会有爱情。

——瓦西列夫[保加利亚]

情人,尤其是真心相爱的情人,必须同时也是朋友。

——武者小路实笃[日本]

爱情要彼此给予,然后去丰富两人共享的世界。 ——西蒙·波娃[法国]

年轻人对于爱情,要提得起放得下,那才是一个智者。

——西塞罗[古罗马]

真正的爱情是专一的,爱情的领域是非常的狭小,它狭小到只能容下两个人生存;如果同时爱上几个人,那便不能称作爱情,它只是感情上的游戏。

——席勒[德国]

爱情在本质上既是最慷慨的,又是最自私的。 ——席勒[德国]

爱情,这不是一颗心去敲打另一颗心,而是两颗心共同撞击的火花。

——伊萨科夫斯基[苏联]

爱情是人类整个感情世界中欲望最为强烈的一种情感。

——尤里·留利柯夫[苏联]

初萌的爱情看到的仅是生命,持续的爱情看到的是永恒。

——雨果[法国]

真的爱情是永不凋谢的。

——雨果[法国]

爱情——天作之合,心灵纯洁的联系!当两颗心在倾爱中渐渐老去……尽管失去了火焰,却依然保持着光辉。

——雨果[法国]

爱情从回顾过去与憧憬未来中吸取养料。 ——雨果[法国]

爱情离开了幻想,好像人没有食粮一样。爱情需要热情的培养,不管是生理上的爱情也好,精神上的爱情也好。

——雨果[法国]

人出生两次吗?是的。头一次是在人开始生活的那一天,第二次则是在萌发爱情的那一天。 ——雨果[法国]

姑娘们的灵魂的白洁是由冷静和轻松愉快构成的,像雪,它遇到爱情便融化,爱情是它的太阳。

——雨果[法国]

建筑在美貌上的爱情定会如美貌一样很快地消失。

——约·多恩[美国]

在爱情的季节里,最值得回味的是初恋,最难驾驭的是初恋,最恼人烦人的也是初恋,爱情是生命的盐。

——约·谢菲尔德[法国]

8 婚姻;夫妻

死生契阔,与子成说;执子之手,与子偕老。① ——[春秋]《诗经》

男女居室,人之大伦也。②

——[战国]《孟子》

夫妇之道,有义则合,无义则离。③

——[汉]《汉书》

婚姻者,居室之大伦也。

——[汉]《史记》

结发为夫妻,恩爱两不疑。

——[汉]苏武

贫贱之知不可忘,糟糠之妻不下堂。④ ——[南朝]《后汉书》

婚姻勿贪势家。⑤

——[北朝]《颜氏家训》

诚知此恨人人有,贫贱夫妻百事哀。⑥ ——[唐]元稹

忽闻河东狮子吼,拄杖落手心茫然。⑦ ——[宋]苏轼

夫妻本是同林鸟,大限来时各自飞。⑧ ——[元]冯玉兰

好姻缘配偶,望天长地久。

——[明]刘兑

男大须婚,女大须嫁。

——[明]《水浒传》

千里姻缘一线牵。

——[清]《红楼梦》

夫妻无隔宿之仇。

——[清]《儒林外史》

少年夫妻老来伴,一日不见问三遍。 ——[清]史襄哉

夫妇和而后家道成。

——[清]《幼学琼林》

婚姻生活者,半睁眼半闭眼地生

---

①契:符合;聚集。阔:疏远;分散。子:代词,对女子或男子的称呼。说:誓言。偕老:白头到老。

②伦:人伦,社会道德规定的人与人之间的正常关系。

③道:准则。义:情义。

④糟糠:酒糟、米糠等粗劣食物。糟糠之妻:指贫困时共患难的妻子。堂:古代指正室或正房。下堂:比喻妻子被丈夫抛弃。

⑤势家:有钱有势的人家。

⑥诚:确实。此恨:指夫妻生离死别。

⑦河东狮吼:常喻指妇人大发淫威。

⑧大限:旧指寿数已尽、注定死亡的期限(迷信)。

活。天下没有十全十美的男女,如果眼睛睁得太久,或用照妖镜照得太久,恐怕连上帝身上都能挑出毛病。

——柏杨

婚姻乃是一条空船,靠着两种东西为它压舱,一是爱情,一是子女。

——柏杨

夫妻间的事,有一半以上不足为外人道,有他们所特有的秘密,也有他们所特有的对问题的解决方法,局外人不知道内幕,最好勿加干涉。 ——柏杨

离婚是解决错误爱情和错误婚姻的最妙良法。 ——柏杨

无论什么鞋,最重要的是合脚;不论什么样的姻缘,最美妙的是和谐。

——毕淑敏

夫妻关系是人际关系中最密切最长久的一种。 ——冰心

丈夫和妻子的平等应该像雨后的水洼,倒映着特别蓝的天、特别美丽的阳光和特别绿的树叶,这里有许多温柔的爱和同情,这是世界上所有平等中最好的一种。 ——陈丹燕

真正的婚姻结合,当然应该是宜人的内心的结合,换句话说,就是该以恋爱为基础,而且该以恋爱为借鉴。

——陈望道

男女的结合,不重在仪式的如何严肃,应全以恋爱为基础。无恋爱的婚姻,不管它是"百年偕老",也不过是长期的奸淫。 ——陈望道

吵架也是一种宣泄和沟通。可是当一对夫妻连吵架的热情也没有了,他们的婚姻必已濒临死亡。 ——陈祖芬

一位好配偶极有可能使人多活十几年。 ——邓伟志

问题不在于找一个全无缺点的对象,而是要找一个双方缺点都能各自认识,各自承认,愿意逐渐改,同时能彼此容忍的伴侣。 ——傅雷

以为恋爱时期的感情的高潮也能在婚后维持下去,这是违反规律的妄想。 ——傅雷

对终身伴侣的要求,正如对人生一切的要求一样不能太苛刻。 ——傅雷

无爱的婚姻是痛苦的,婚后的无爱是十倍的痛苦。 ——秋庸

社会对婚姻问题的开明,提供了改正错误的自由,也提供了增加错误的自由。 ——韩少功

离异只是婚姻关系的结束,并不意味着人与人关系的断绝。 ——萨思夫

婚姻是爱的结束,也是爱的尝试,也是爱的起头。 ——老舍

婚姻不可能给人带来真正的满足,对男人来说尤其如此,因为婚姻本身就是人类妥协的产物。 ——季光斗

在婚姻的围城里,你很容易羡慕城外的风景,那是很美;可那对你也许只是海市蜃楼,你抓不住啊!即使抓住了,你能保证回过头来看城内,不是另一座海市蜃楼吗? ——李红

在明了爱的艺术的人,结婚不是爱情的终结,却是爱情的延续。

——李霁野

愈把"性"神秘化了,愈想阻止性的

自然表达,性的禁忌就愈多,性的正确知识就愈被歪曲,倒过来就反而助长了无知的性行为。　　　——李亦圆

夫妻本是生活的伴侣,相伴生活,互相体恤,最难是常存感激之心,对方的付出、对方的存恤、相让、谅解和痛惜,都不是应该的,而是他(她)基于爱付出的体贴。　　　——廖辉英

没有爱情的婚姻与没有婚姻的爱情都是可悲的。　　　——刘吉

婚姻是杆秤,理由和期待太多,注定投入要同样的多,期待和付出不平衡时,婚姻必定失衡。　　　——马笑虹

夫妇间的恩爱,两个人的灵魂的合一,也只有这默然相对忘言的当儿,才是人生中最难得的真味。　　——茅盾

人生伴侣不是选择最好的和最爱的,而是选择最适合自己的和互相相爱的。　　　——孟非

婚姻是生命的赞歌,它需要爱心、责任、理智、勇气和牺牲这些多声部的配合,才能伴随你的一生。　——沫沫

婚姻仅仅靠一种责任来维系是很危险的,没有爱,责任将会变得相当脆弱易碎。　　　——沫沫

有时婚姻也会使一个女性迷失自己——不然,世界上杰出的女性原应多得多。　　　——三毛

两个人的世界,是不应该有一个人向隅而泣的。　　　——沈嘉禄

结婚这件事,与其认为男女两性间的相互权利,毋宁认为是带有社会性的一种必要协同的义务;与其认为男女两性间的绝对自由,毋宁认为是在人类继续进展中必要履行的某种条件。
　　　　　　　　　——沈钧儒

婚姻是理性的结合。　——沈扬

婚姻是人世的一项工作,在流水的时光里,用柴米油盐点燃几十年的人间烟火,年年月月,讲究的是两个人同舟共济、精诚合作。　　——素素

结婚是一份情,更是一份缘。唯其情也有限,缘也有终,才要格外珍惜,牢牢守护。　　　——素素

夫妻一旦争吵,头一个退出"战场"的,不是逃兵,而是理智的强者。
　　　　　　　　　——泰生

婚前只是爱情,婚后是爱情加义务。　　　——汤祷

爱情是花,婚姻是果实。花总是美丽的,而果实却不一定都是美好的。
　　　　　　　　　——汪国真

恋爱是一首可长可短的抒情诗,婚姻通常是一本凑不成言情小说的流水账。　　　——吴淡如

一见钟情的婚姻往往潜伏着悲剧。
　　　　　　　　　——吴冠中

婚姻是社会的规范,是对个人的自由的一种束缚。　　——谢选骏

没有爱情的婚姻是一种可怕的束缚。它的可怕在于,使人痛苦献身的同时,却不给人提供一个哪怕是虚幻的归宿感。　　　——谢选骏

在结婚前要睁开眼,在结婚后要闭上眼。　　　——宣永光

精神恋爱的结果永远是结婚,而肉

体之爱往往就停顿在某一阶段。

——张爱玲

能够白头偕老的夫妻,大概就是能够掌握适度的感情的夫妻。

——张贤良

整天哪有那么多爱呀、情呀,凡是要死要活的大多长不了,一时一阵行,可那不叫婚姻。——赵忠祥

婚姻关系中,性的关系既属中心,但并不是唯一的关系。许多婚姻的研究都认为性情投合是婚姻幸福的最大钥匙。——霭理士[英国]

婚姻不是一个未定的问题么?自从开天辟地就有人说,在婚姻制度内的人想要出来,而在婚姻制度外的人想要进去,有人问苏格拉底他是否应当娶妻,苏格拉底至今也还是很有理由:"不论他娶不娶,他都会懊悔的。"

——爱默生[美国]

有爱情的婚姻是心灵结合的最美的外部象征,没有爱情的婚姻是亵渎世界的最不干净的买卖。

——奥·旭莱纳[南非]

在婚姻上,最具毁灭性的问题在于缺乏沟通,尤其是爱情、性和金钱方面。

——奥茨[荷兰]

在婚姻大事上,机会和命运常常良莠不分,叫人难以捉摸。

——奥斯丁[英国]

幸福的婚姻不仅需要交流思想,也要感情交流,把感情关在自己心里,也就把妻子推到自己的生活之外了。

——奥斯丁[英国]

人生最大的幸福是美满的婚姻,不幸的婚姻无异于活着下地狱。

——奥斯瓦尔德·施瓦茨[奥地利]

许多不幸的婚姻都只不过是情爱死亡后的漫长挣扎罢了。

——奥斯瓦尔德·施瓦茨[奥地利]

婚姻的幸福并不完全建筑在显赫的身份和财产上,却建筑在互相崇敬上。这种幸福的本质是谦逊和朴实的。

——巴尔扎克[法国]

恋爱视快乐为目的,而结婚视整个人生为目标。——巴尔扎克[法国]

婚姻成功的秘诀存在于"顺从"和"忠诚"两个词中。

——巴尔扎克[法国]

结婚不是互相凝视对方的眼睛,而是互相凝视共同的目标,共同前进。我觉得这是至理名言。

——池田大作[日本]

恋爱不会因结婚而终止,爱的事业是永无止境的。——大仲马[法国]

不但是我们,就是全地球,实在都被结婚的情欲所推动,而且凡是属于地上的一切,都是有这一条共同的道路才得以存在的。——德莱塞[美国]

双方的互相爱慕,应当高于其他一切而成为婚姻的基础。

——恩格斯[德国]

没有失败的婚姻,只有失败的人,所有婚姻都反映出人的本性。

——福斯迪克[美国]

哪里有没有爱情的婚姻,哪里就有不结婚的爱情。——富兰克林[美国]

结婚前眼睛要睁圆,结婚后眼睛要半睁。——富兰克林[美国]

夫妻之争没有胜者,只能是两败俱伤。——盖伊[英国]

婚姻是两个人精神的结合,目的就是要共同克服人世的一切艰难困苦。
——高尔基[苏联]

结婚就其实质而言,既有避风港的一面,同时它又是一个自我磨炼的沙场。——国分康孝[日本]

结婚是青春的终点,也是奔向幸福人生的出发点。为了让它结出美好果实,千万不要焦急,要慎重,要有诚意。
——国分康孝[日本]

婚配是两个相爱的强者同舟共济,以便一道战胜岁月征途上的风风雨雨。
——纪伯伦[黎巴嫩]

婚姻中的爱应该是一个美梦的达成,不该如它通常那样,是一个结束。
——卡尔[美国]

对同床共枕的人,永远应该推心置腹,这是使婚姻美满的基本条件。
——奎恩[美国]

只有爱情才能使婚姻神圣,只有使爱情神圣的婚姻才是真正的婚姻。
——列夫·托尔斯泰[俄国]

只有建立在理性上的婚姻,才是幸福的婚姻。
——列夫·托尔斯泰[俄国]

已婚的人从对方获得的那种快乐,仅仅是婚姻的开头,决不是其全部意义。婚姻的全部含义蕴藏在家庭生活中。——列夫·托尔斯泰[俄国]

我不仅把婚姻描写为一切结合之中最甜蜜的结合,而且还描写为一切契约之中最神圣不可侵犯的契约。
——卢梭[法国]

甜蜜的结合既是你心地善良的报偿,也是你忠实于爱情的报偿。
——卢梭[法国]

如果我们结婚之后仍然能保持爱情的甜蜜,我们在地上也等于进了天堂。——卢梭[法国]

永不结婚的人,那是他的地狱;结了婚的人,那是上帝对他的惩罚。
——罗伯特[法国]

只追求容貌的婚姻,通常只是一种庸俗的交易。——罗格林[英国]

婚姻是两心相印、相忍、相让的结合。——罗曼·罗兰[法国]

离婚是婚姻的安全阀。
——罗素[英国]

没有生育的婚姻容易破裂,因为只有通过孩子,性关系才能对社会产生重要意义。——罗素[英国]

如果男人与男人之间,女人与女人之间均差别甚小,那就没有什么特别的理由后悔同这个人结婚而没有同别人结婚,但是如果人们的兴趣、职业、爱好都各种各样,那么就会要求其伴侣是情投意合的,而且当他们发现已得到的比可以得到的要少时,就会产生不满足的感觉。 ——罗素[英国]

要想美好地度过一生,就只有两个人结合,因为半个球是无法滚动的,所以每个成年人的重要任务就是找到和

自己相配的一半。——马克思[德国]

离婚仅仅是对下面这一事实的确定:某一婚姻已经死亡,它的存在仅仅是一种外表和骗局。
——马克思[德国]

婚姻可以比作笼子,笼外的鸟儿拼命想进去,笼内的拼命想出来。
——门肯[美国]

只有视而不见的妻子和充耳不闻的丈夫才能有美满的婚姻。
——蒙田[法国]

为了处世,我们人人都全副武装。但是,紧密连接在一起的夫妻,就无需穿戴铠甲了。——摩洛瓦[法国]

人们多半在狂热中结婚,到头来造成一生的懊悔。——莫里哀[法国]

在幸福的婚姻中,每个人应尊重对方的趣味与爱好。以为两个人可有同样的思想、同样的判断、同样的欲望,是最荒唐的念头,这是不可能的,也是要不得的。——莫洛亚[法国]

婚姻的悲剧,如同其他许多悲剧一样,在于一个人所看到的对方的一切并非全都是事实。——莫洛亚[法国]

和睦夫妻间的谈话是亲切、平凡、饶有滋味的,如同这些菜肴,虽配料简单,但比珍奇美味更受欢迎。
——莫洛亚[法国]

过于狂热的爱人对于婚姻期望太奢,以至往往失望。——莫洛亚[法国]

婚姻固然带来甜то蜜月,却也少不了烦雾愁云。 ——莫扎特[奥地利]

婚姻的失败,对于一个家庭来说,其影响就是灭顶之灾。
——穆尼尔·纳素夫[科威特]

婚姻是一本书,第一章写的是诗篇,其余则是平淡的散文。
——尼克斯[匈牙利]

婚姻成功最大的秘诀便是把所有的灾难看成意外的事件,而任何意外事件都不当作灾难。
——尼寇尔泰[德国]

信任是婚姻关系中两个人所共享的最重要特质,也是建立愉快的、成长的关系所不可短缺的。
——尼娜·欧尼尔[美国]

选这样的女人做你的妻子:如果她是一个男的,你会选他做朋友。
——诺贝尔[瑞典]

人们求爱的时候做着美梦,一旦结婚就从梦中醒来。 ——蒲柏[英国]

充满矛盾的结合还不如地狱,互敬互爱的婚姻可与天堂媲美。
——乔·库克[美国]

一个好妻子,心地光明,行动正直,就不该监视;至于一个坏妻子,监视她也是白花了功夫,守也守不住。
——乔叟[英国]

婚姻是青春的结束,人生的开始。
——莎士比亚[英国]

不如意的婚姻好比是座地狱,一辈子鸡争鹅斗,不得安生,相反地,选到一个称心如意的配偶,就能百年谐和,幸福无穷。 ——莎士比亚[英国]

切莫失去与聪明贤惠的女子结亲

的良机,一位贤妻的价值赛过黄金。
——《圣经》

婚姻就像一把剪刀,两片刀锋不可分离,虽然使用的方向相反,但是对介入其中的东西总是联合起来对付。
——史密斯[英国]

恋爱是结婚的过程,结婚是恋爱的目的。——叔本华[德国]

结婚就意味着平分个人权益,承担双份义务。——叔本华[德国]

贤妻和健康是一个男子最宝贵的财富。——斯珀吉翁[美国]

结婚就是两颗心结合在一起。
——泰戈尔[印度]

打算讨老婆的男人,应有如下的觉悟:权利将减半,义务将倍增。
——汤川秀树[日本]

夫妻间的和睦也同友情一样,最美满的是双方都既不掩饰自己,又能协调相处。欺骗性的结婚是不幸的。
——武者小路实笃[日本]

婚姻是社会中的第一约束。
——西塞罗[古罗马]

婚姻确乎改变了某些情况,其中包括时间的支配和使用。
——夏洛蒂·勃朗特[英国]

给丈夫带来财富的妻子,往往也带来自命不凡的意念,并且力争她自认为属于她的权利,这都不利于婚后生活的幸福。——夏洛蒂·勃朗特[英国]

任何一个做丈夫的都不应成为妻子施舍的对象,反过来,妻子对丈夫也一样。——夏洛蒂·勃朗特[英国]

如果两个人的结合只是性意义上的结合的话,那么他们的幸福只能是短暂的一瞬间。度过灿烂辉煌的一瞬间之后,接踵而来的是空虚和漠然。
——箱崎总一[日本]

婚姻的持久靠的是两颗心,而不是双方的肉体。——绪儒斯[英国]

恋爱是美丽的,婚姻却是神圣的。
——伊丽莎白[英国]

既然上帝预许了永恒,所以他要人们成双成对。——雨果[法国]

夫妻社会是基于男女之间的自愿和约构成的。——约翰·洛克[英国]

只为金钱而结婚的人其恶无比,只为恋爱而结婚的人其愚无比。
——约翰生[英国]

结婚有不少痛苦,单身却没有乐趣。——约翰生[英国]

婚姻永远不会十全十美,不管人类怎样想方设法地改变它。婚姻是一种妥协,需要大量的忍让、同情和相互间的理解。

——约瑟夫·布雷多克[美国]

9 家庭;亲属

积善之家,必有余庆;积不善之家,必有余殃。① ——[周]《周易》

哀哀父母,生我劬(qú)劳。②
——[春秋]《诗经》

---

① 庆:吉祥;幸福。
② 劬劳:非常辛苦劳累。

兄弟阋(xì)于墙,外御其务。①
——[春秋]《诗经》
父母在,不远游,游必有方。②
——[春秋]《论语》
父母之年,不可不知也。一则以喜,一则以惧。③
——[春秋]《论语》
知子莫如父。
——[战国]《管子》
一家二贵,事乃无功。④
——[战国]《韩非子》
慈母有败子。
——[战国]《韩非子》
家必自毁,而后人毁之。
——[战国]《孟子》
人人亲其亲,长(zhǎng)其长(zhǎng),而天下平。⑤
——[战国]《孟子》
父母之心,人皆有之。⑥
——[战国]《孟子》
不孝有三,无后为大。⑦
——[战国]《孟子》
夫孝者,天之经也,地之义也,人之本也。——[战国]《孝经》
爱亲者,不敢恶于人;敬亲者,不敢慢于人。⑧ ——[战国]《孝经》
君子之于子,爱之而勿面,使之而勿貌,导之以道而勿强。⑨
——[战国]《荀子》
兄弟虽有小忿,不废懿亲。⑩
——[战国]《左传》
孝在于质实,不在于饰貌。⑪
——[汉]桓宽

建大功于天下者,必先修于闺门之内。⑫
——[汉]陆贾
孝者,天下之大经也。⑬
——[汉]《礼记》
父子笃,兄弟睦,夫妇合,家之肥也。⑭
——[汉]《礼记》
父母之所爱亦爱之,父母之所敬亦敬之。
——[汉]《礼记》
父母者,人之本也。
——[汉]《史记》

---

①阋:争吵;争斗。墙:门内的屏障,引申为家庭内部。御:抵御;对付。务:通"侮",欺凌,一作"侮"。
②在:健在;活着。方:去处。
③年:指年纪、岁数。喜:指喜其高寿。惧:指惧其衰老。
④贵:地位尊贵,指当家人。
⑤亲其亲:前边的"亲"义为爱,后边的"亲"义为父母。长其长:前边的"长"义为尊敬,后边的"长"义为年纪大的人。平:太平。
⑥父母之心:指对子女的疼爱之情。
⑦后:后代;子孙。
⑧亲:指双亲,即父母。恶:厌恶,对人不好。慢:轻慢。
⑨子:子女。面:表现在脸上。貌:哄骗。导:教导。道:道理。强:强制。
⑩忿:怨恨。懿亲:至亲。
⑪孝:孝敬。质实:朴素真诚。饰貌:装样子;做表面文章。
⑫闺门:内室的门,指家庭。
⑬经:通行的义理、法则。
⑭笃:(感情)深厚。

父慈子孝,夫信妻贞,家之福也。①

——[汉]《史记》

丈夫虽有志,固为儿女忧。②

——[晋]陶潜

求忠臣必于孝子之门。

——[南朝]《后汉书》

树文德于庭户,立操学于衡门。③

——[南朝]谢晦

父不慈则子不孝,兄不友则弟不恭,夫不义则妇不顺也。

——[北朝]《颜氏家训》

父母威严而有慈,子女畏慎而生孝。④　　——[北朝]《颜氏家训》

父子之严,不可以狎;骨肉之爱,不可以简。⑤　　——[北朝]《颜氏家训》

兄弟不睦,则子侄不爱。⑥

——[北朝]《颜氏家训》

乌鸟私情,愿乞终养。⑦

——[唐]《晋书》

君不见高堂明镜悲白发,朝如青丝暮成雪。⑧　　——[唐]李白

慈母手中线,游子身上衣。

——[唐]孟郊

谁言寸草心,报得三春晖?⑨

——[唐]孟郊

父子不信,则家道不睦。⑩

——[唐]武则天

遗汝子孙清白在,不须厦屋太渠渠。⑪　　——[宋]陈正献

江山千里俱头白,骨肉十年终眼青。⑫　　——[宋]黄庭坚

祭而丰不如养之薄也。⑬

——[宋]欧阳修

国清才子贵,家富小儿骄。

——[宋]普济

慈孝之心,人皆有之。⑭

——[宋]苏辙

儿孙自有儿孙计,莫与儿孙作马牛。　　——[宋]徐守信

读书,起家之本;循礼,保家之本;和顺,兴家之本。

——[宋]朱熹

儿孙自有儿孙福,莫为儿孙作远忧。　　——[元]关汉卿

---

①信:诚实可靠。贞:旧时指女子不失身、不改嫁等。

②丈夫:大丈夫,指胸怀大志的人。固:本来;原来。

③文德:文化道德。操学:节操学问。衡门:简陋的房屋,也指隐者居住的地方。此句常形容家庭有文化传统。

④畏慎:敬畏、谨慎。

⑤狎:亲近而不庄重。简:疏忽怠慢。

⑥子侄:儿子、侄子,泛指下一代。爱:友爱。

⑦乌鸟私情:指乌鸦哺育雏鸟,小乌鸦长大后又寻食喂养老乌鸦。乞:乞求。终养:为长辈亲属养老送终。

⑧高堂:指年迈的父母。青:黑色。

⑨寸草:小草,比喻游子、子女。晖:阳光。三春晖:比喻慈母博大无私的养育之恩。

⑩信:相信;信任。家道:家庭成员共同遵守的道德规范。睦:和睦。

⑪厦屋:高大的房子。渠渠:高大宽敞的样子。

⑫眼青:青眼相看,比喻对人喜爱或重视。

⑬祭:祭奠。丰:丰盛。养:赡养。薄:微薄。

⑭慈:慈爱;怜爱。孝:孝敬;孝顺。

治家者先修己,修己者先正心。①
——[元]《宋史》

家多孝子亲安乐,国有忠臣世太平。
——[明]冯梦龙

家丑不可外扬。②
——[明]冯梦龙

妻贤夫祸少,子孝父心宽。
——[明、清]《增广贤文》

家和万事兴。
——[清]《二十年目睹之怪现状》

勤俭,治家之本;和顺,齐家之本;谨慎,保家之本;诗书,起家之本;忠孝,传家之本。
——[清]金缨

欲得儿孙孝,无过教及身。③
——[清]《全唐诗补遗》

清官难断家务事。
——[清]《儒林外史》

成家子,粪如宝;败家子,钱如草。
——[清]石天基

当家才知柴米贵,养儿方知父母恩。
——[清]史襄哉

兄弟和顺,家必昌。
——[清]史襄哉

只觉当初欢侍日,千金一刻总蹉跎。④
——[清]袁枚

凡一家之中……和字能守几分,未有不兴;不和未有不败者。
——[清]曾国藩

治家严,家乃和;居乡恕,乡乃睦。⑤
——[清]张鉴

朋友是暂时的,家庭是永久的。
——巴金

家庭里充满着层出不穷的小小情趣,才是一个正常的和健康的家庭。
——柏杨

一个人的悲剧,往往是个性造成的,一个家庭的悲剧,更往往是个性的产物。
——柏杨

如果自己爱子女超过爱父母,那就不必指望自己的子女例外。
——柏杨

家庭的基础有两个码,一曰爱情,一曰金钱,缺一不可。
——柏杨

一个美好的家庭,乃是一切幸福和力量的根源。
——冰心

家庭者,人生最初之学校也。
——蔡元培

在我们刚刚降生到这个世界时,其实这世界并没有预备给我们任何的位置,是无知使我们从来没有感觉到硬要挤进这个世界的尴尬,是家庭在我们生命脆弱时提供的保护,使我们全然无知地度过这一危机。
——曹明华

只要能回家,不幸便会过去。
——陈村

我们固然希望我们胜过我们的父亲,我们更希望我们不如我们的儿子。
——陈独秀

爱像一颗种子埋在了地下,爱的须根深埋在家庭的泥土里,延伸到家庭生

---

①修己:提高自身修养。正心:端正思想。
②家丑:家庭内部的不体面的丑事。
③教:教导;教育。
④侍:侍奉父母。蹉跎:光阴白白地过去了。此句用于追思已故的父母。
⑤和、睦:和睦。恕:宽容。

活的每一个角落。　　——谌容

人生是舞台,是前线,而你的家庭、你的朋友们,则是你的后台,你的宿营地。　　——程乃珊

事业是飞翔的天空,家庭是栖息的枝头。　　——丛珊

在父母的眼中,孩子常是自我的一部分,子女是他理想自我再来一次的机会。　　——费孝通

家并不排斥爱情,它只是给爱情提供一个扎根的地方。　　——高竟轩

人往往把理想寄托在尚未建立的生活中,以为恋爱一结婚就会解除原来生活的苦恼,其实这更多或往往不过是进入一个新的自己家庭的苦恼。
　　——耿庸

经过坎坷生活的家庭,都往往有着最丰富的情感体验和天伦之乐。
　　——顾小鸣

如果人的一生从来没有离开过家,他就无从体验恐惧的意义,他就无从获得发展自我所必需的人生经验。
　　——何新

子女可以接着父母的路走,但不必跟在父母后面走。　　——金克木

家庭是一架琴,既能奏出和谐动人的音乐,也会奏出刺耳触心的噪声。
　　——李伦新

世界上没有一个地方比自己的家更舒适,无论那个家是多么简陋、多么寒伧。　　——梁实秋

夫妻间平等相待,是创造幸福家庭的基础。在一个家庭无论是男尊女卑,还是女尊男卑,都不可能有夫妻关系的和谐与幸福、美满。　　——廖沫沙

家庭生活能否幸福美满,在很大程度上取决于丈夫,丈夫应该自觉承担开辟幸福家庭生活的重担。　——列忠信

当闲情逸致和柔情蜜意存在之时,家居生活才能成为一种艺术和享受。
　　——林语堂

一个人一生出发时所需要的,除了健康的身体和灵敏的感觉之外,只是一个快乐的孩童时期——充满家庭的爱情和美丽的自然环境便够了。
　　——林语堂

娇惯出危梁,溺爱终是害,放纵如养痈,包庇祸无穷。①　　——刘吉

家庭生活不像谈恋爱那样轻松、愉快、迷人,它是以沉重的步伐向前迈进的。　　——刘忠信

无情未必真豪杰,怜子如何不丈夫。②　　——鲁迅

父亲的教育方法是鼓励,而不是逼迫和苛求;是随我们的个性发展,而决不强迫我们铸成固定的模式。
　　——罗兰

一个没有住宅保证的家庭总会缺少踏实和安全感,仿佛使人无依无靠地漂浮在时间之流中。　　——萌萌

家,对每一个人,都是欢乐的泉源啊!再苦也是温暖的,连奴隶有了家,

---

①痈:恶性脓疮。
②丈夫:大丈夫,指胸怀大志的人。

都不觉得他过分可怜了。　——三毛

家，顶顶重要的是有爱情,有亲情，有同这些情感血肉相连的甜酸苦辣。
　　——孙士杰

没有什么东西可以与健康相比,但是家庭可以。　——王蒙

女人,只有在做了母亲,才更有女人味,更成熟,对人生的理解也才更深刻。　——王英琦

孩子是世界上最天真、最纯洁、最轻信、最容易被感动的。——杨晓辉

有一个幸福的家庭,你可以心情愉快地生活,精神振奋地工作；相反,如果家庭不和,就会感到痛苦,无法集中精力搞好工作。　——杨越

以德传家,这个家庭是幸福的,因为美德是一个美好家庭的灵魂。
　　——杨越

家庭也是个小世界。一方面互相依存,另一方面又难免冲突。
　　——赵健雄

成功的时候,谁都是朋友。但只有母亲——她是失败时的伴侣。
　　——郑振铎

家,是父亲的王国,母亲的世界,儿童的乐园。　——爱默生[美国]

一个人真正在自己家里是永远不会感到冷清的。——奥尼尔[美国]

每种动物都有本能,人的本能是家庭观念。　——巴尔扎克[法国]

家庭将永远是人类社会的基础。权力和法律的作用是在这儿开始的。
　　——巴尔扎克[法国]

尊重是一道栅栏,既保护着父母,也保护着子女。——巴尔扎克[法国]

父亲的名声有时无助于儿子,反而会淹没他：他们彼此站得太近,阴影扼杀了成长。　——巴尔扎克[法国]

父亲和母亲的一切生活,一举一动,应该作为儿女的榜样,也是父母对儿女互相关心的基础。
　　——别林斯基[俄国]

爱人至少要在心灵方面没有欠缺,如果只是身体的欠缺,那还不失其为可爱。　——柏拉图[古希腊]

保障家庭安全,提高家庭生活水平是社会文明的首要目标,也是一切努力的最终目的。
　　——查·埃利奥特[美国]

家庭是心灵唯一的绿洲和安息之地。　——池田大作[日本]

对孩子来说,家庭应该是歇息的场所,培养丰富的人性的土壤,以及明亮无比的孩子之梦的温床。
　　——池田大作[日本]

没有和睦的家庭,便没有安定的社会。　——池田大作[日本]

一家的幸福,是一国安定的基础。
　　——池田大作[日本]

理想的幸福的家庭既不遥远,也不会自天而降。它应靠自己的力量去求得,靠全家人齐心协力去建立。
　　——池田大作[日本]

对男子来说,社会是战场,是令人不断处于紧张状态的舞台,而家庭则是

心灵唯一的绿洲和安息之地。

——池田大作[日本]

家庭和睦金不换。

——池田大作[日本]

无论对谁来说,母亲都是灵魂的故乡,生命的绿洲。——池田大作[日本]

对孩子们来说,父母的注意和赞赏是最令他们高兴的。

——戴尔·卡内基[美国]

和睦的家庭空气是世界上的一种花朵,没有东西比它更温柔,没有东西比它更知道把一家的天性培养得坚强、正直。人生真正的幸福和快乐,浸透在亲密无间的家庭关系中。

——德莱塞[美国]

我们给子女最好的遗产就是放手让他自奔前程,完全依靠他自己的两条腿是自己的路。 ——邓肯[美国]

成了家的人,可以说对于命运之神付出了抵押品。因为家庭难免拖累于事业,使人的许多抱负难以实现。

——弗兰西斯·培根[英国]

什么叫家?一个当你想回去而别人不能拒你于门外的地方。

——弗罗斯特[美国]

对于亚当而言,天堂是他的家;然而对于亚当的后裔而言,家是他们的天堂。 ——伏尔泰[法国]

亲人是不会拿你的生活开玩笑的,也不会把你的幸福视作儿戏。

——高尔基[苏联]

家庭和睦是人生最快乐的事。

——歌德[德国]

能在自己的家庭中寻求到安宁的人是最幸福的人。 ——歌德[德国]

浪迹天涯的游子最终又会思念故土,并在自己的茅屋内,在妻子的怀抱里,在儿女们的簇拥下,在为维持生计的忙碌操劳中,找到他在广大的世界上不曾寻得的快乐。 ——歌德[德国]

我宁愿用一小杯真爱织成一个美满的家庭,不愿用几大船的家具组成一个索然无趣的家庭。 ——海涅[德国]

家是爱情的中心地,我们心灵中最好的期望都环绕着这个中心地。

——荷尔[英国]

父母的美德是最大的财富。

——贺拉斯[古罗马]

一个美满的家庭,有如沙漠中的甘泉,涌出宁谧与安慰,使人洗心涤虑,怡情悦性。 ——黑格尔[德国]

家庭不单是身体的住所,也是心灵的寄托处。 ——黑塞[德国]

父母无论装得多么了不起,只要他们在"背后的形象"中存在着不严肃的生活方式的真面貌,那么孩子将不会从内心尊重父母。 ——井深大[日本]

不要太注意家庭的外观及形式,最主要的是要注重家庭里特有的,充满了爱、温暖与明朗的气氛。

——卡内基夫人[美国]

家庭是每个人的城堡。

——柯勒律治[英国]

爱家的人才会爱国。

——柯勒律治[英国]

你将拥有的家庭,比你出身的那个

家庭重要。　　——劳伦斯[英国]

幸福的家庭都是相似的,不幸的家庭各有各的不幸。

——列夫·托尔斯泰[俄国]

家庭生活的乐趣,是抵抗坏风气的毒害的最好良药。　——卢梭[法国]

你知道用什么方法一定可以使你的孩子成为不幸的人吗? 这个方法就是对他百依百顺。　——卢梭[法国]

一个受了不良教育的孩子,远远不如没有受过任何教育的孩子聪明。

——卢梭[法国]

男人的最好财富就是拥有一个爱妻。　　　　——罗·伯顿[英国]

家……是抵御一切可怕的东西的托庇所。阴影、黑夜、恐怖、不可知的一切都给挡住了。

——罗曼·罗兰[法国]

如果想让孩子长成一个快乐、大度、无畏的人,那这孩子就需要从他周围的环境中得到温暖,而这种温暖只能来自父母的爱情。　　——罗素[英国]

做父母的无论怎样忙,她必须找时间教养孩子,即使影响了自己的休息或者家务操作。　　——马霍娃[俄国]

心平气和的、认真的和实事求是的指导,才是家庭教导技术的应有的外部表现,而不应当是专横、愤怒、叫喊、央告、恳求。　——马卡连柯[苏联]

父母对自己的子女爱得不够,子女就会感到痛苦。但是,过分的溺爱虽然是一种伟大的情感,却会使子女遭到毁灭。　　　　——马卡连柯[苏联]

以溺爱这种方式去对待儿童,只会造成儿童的不诚实、虚伪和自私自利。

——马卡连柯[苏联]

用殴打来教育孩子,不过和类人猿教养它的后代相类似。

——马卡连柯[苏联]

要想建立爱的家庭,必须先有爱家的思想。　　　——梅恩[法国]

一个家也没有的人是流浪汉,有两个家的人是放浪者。——门福[美国]

只有做母亲的人,才懂得母亲的爱心。　　　——蒙塔古夫人[英国]

管理一个家庭的麻烦,并不少于治理一个国家。　——蒙泰格尼[法国]

家庭是我们自己的小天地,我们在这里制定自己的生活法则,在这里播种幸福的种子,灌溉快乐的秧苗,并将它们散布到世界的大园圃中。

——米勒[法国]

家庭成员的平等是家庭和睦幸福的基础。家是呼吁不平、治疗愤懑最好的地方。　　　　——米勒[法国]

家庭生活中的乐趣是抵抗坏风气毒害的最好良剂。一个充满庸俗化习气的家庭里,也最容易培养出骗子、恶棍和不务正业的东西来。

——摩洛瓦[法国]

一个朋友能因你的聪慧而爱你,一个情夫能因你的魅力而爱你,但一个家庭能不为什么而爱你,因为你生长其中,你是它的血肉之一部分。

——莫洛亚[法国]

人生真正的幸福和欢乐,浸透在亲

密无间的家庭关系之中。

——穆尼尔·纳素夫[科威特]

母亲的教育决定子女未来的前途。

——拿破仑[法国]

使孩子们愿意待在家里最好的办法,就是培养家庭的愉快气氛,并且把汽车轮胎的气放掉。 ——派克[英国]

用恐吓约束小孩,不仅犯着一种错误,也犯着一种可悲的道德过失。

——裴利安民[法国]

每个家庭都有不愿外人知道的秘密。 ——萨克雷[英国]

在孩子们的口中和心底,母亲就是上帝的名称。 ——萨克雷[英国]

任何家庭都有摩擦,人生之路从不平坦。婚姻是一条绳索,套上脖子就打成死结,永远解不开了,除非镰刀才能割得断。在和睦的家庭里,每对夫妻至少有一个是"傻子"。女人应当具有使家庭生活舒适的天性。从来没有什么十足的美满,因为两个人永远也不会真正地成为一个人。

——莎士比亚[英国]

家庭不仅是舒适的住宿、工作业余休息的地方,而且首先是丰富多彩的精神生活场所。

——苏霍姆林斯基[苏联]

建立和巩固家庭的力量——是爱情,是父亲和母亲、父亲和孩子、母亲和孩子相互之间的忠诚的、纯真的爱情。

——苏霍姆林斯基[苏联]

在良好的家庭中,父母善良和睦、互敬互爱和互让是教育影响的主要力量。 ——苏霍姆林斯基[苏联]

在一个家庭里,若把孩子的愿望逐渐发展成任性,那么这些孩子是不会有真正的幸福的。

——苏霍姆林斯基[苏联]

父母之间道德高尚的爱情是孩子们健康的、生气勃勃的、丰富的精神生活的保证。 ——苏霍姆林斯基[苏联]

在充满着体贴和关心的家庭中,永远不会为鸡毛蒜皮的事情发生争执,伤感情。 ——苏霍姆林斯基[苏联]

如果我们孜孜以求的,是让孩子心灵的全部活力都耗费在各门功课上,那他的生活就会变得不堪忍受。

——苏霍姆林斯基[苏联]

家庭是学习举止礼貌的好场所。如果你的孩子成人后有良好的举止,这会使他们生活更加惬意舒适。

——索菲娅·罗兰[意大利]

屋是墙壁与梁所组合,家是爱与梦想所构成。 ——泰戈尔[印度]

家庭是用孜孜不倦的爱情的劳动建立起来的。

——陀思妥耶夫斯基[俄国]

世界上最幸福的事情,就是拥有一个美满的家庭,家庭的每一分子都应该和睦相处,而且彼此属于对方。

——维斯冠[德国]

家庭是社会的一个单位,我们对它都义不容辞地负有责任。不要给他人添麻烦,应该凭自己的力量使家庭美满幸福。 ——武者小路实笃[日本]

相亲相爱和家庭和睦乃是无价之

宝,远比那些会生锈朽坏、蠹咬蛾蚀的财物为可取。

——夏洛蒂·勃朗特[英国]

母子之爱是人世间最神圣的感情,践踏这种感情的人是不幸的。哪怕是杀人犯,只要他敬爱自己的母亲,那他便还没有丧尽天良。一个人如果使自己的母亲伤心,无论他的地位多么显赫,无论他多么有名,他也是一个卑劣的人。　　——亚米契斯[意大利]

如果有人问我:教养孩子需要哪一种资格?我会说,那需要异乎寻常的耐心和适量的爱心。——伊罗丝[美国]

你希望子女将来怎样待你,你就怎样待你的父母。——伊索[古希腊]

家庭是社会的核心。

——易卜生[挪威]

10 社 会

至治之世,其民不好空言虚辞。①

——[战国]《吕氏春秋》

治则强,乱则弱。②

——[战国]《商君书》

世治则愚者不能独乱,世乱则贤者不能独治。　　——[战国]《文子》

义胜利者为治世,利克义者为乱世。③　　——[战国]《荀子》

天下昏乱,忠臣乃见(xiàn)。④

——[汉]《汉书》

入竟而问禁,入国而问俗。⑤

——[汉]《礼记》

门不夜关,道不拾遗。⑥

——[汉]《史记》

木朽不雕,世衰难佐。⑦

——[晋]《三国志》

愿人之相美,不乐人之相伤。⑧

——[南朝]《后汉书》

途穷见交态,世梗悲路涩。⑨

——[唐]杜甫

耳濡目染,不学以能。⑩

——[唐]韩愈

有事之世易为功,无为之时难为名。　　——[唐]《晋书》

任贤使能以清官曹,养老慈纫以厚风俗。⑪　　——[宋]陈亮

---

①至治:社会治理得很好。好:喜欢。空言虚辞:说空话、说假话。
②治:社会安定。乱:社会动荡。
③义:道义。胜、克、强:超过。利:利益。
④昏乱:混乱。见:同"现",出现。此句指时势造英雄。
⑤竟:通"境"。问:询问;了解。禁:禁令;禁忌。俗:习俗。
⑥遗:遗失的物品。
⑦朽:腐烂。雕:雕刻。世:世道。衰:衰败。佐:辅佐。
⑧美:友爱;和睦。伤:伤害;仇恨。
⑨途穷:无路可走。交态:交情的深浅程度。梗:阻塞;阻碍。涩:不光滑,指道路坎坷,处境困窘。
⑩濡:沾湿,引申为听到。能:懂得;掌握。
⑪任、使:任用。贤:品行好的人。能:有才能的人。清:使清正廉洁。官曹:官府。慈:慈爱。厚:使宽厚。

人海阔,无日不风波。
——[元]姚燧

途穷天地窄,世乱死生微。①
——[明]沈钦圻

九州生气恃风雷,万马齐喑究可哀。②
——[清]龚自珍

个人自然在和社会的接触中才能发生自己的主见的力量,即所谓的生活力、工作力、战斗力等等。——鲁迅

野蛮社会,体力可以统御财力和智力;资本社会,财力可以雇用体力和智力;信息社会,智力可以整合财力和体力。
——牛根生

所谓活下来"四平八稳"的人物,生存时自己无所谓,死去后他人对之亦无所谓。但有一点应当明白,即"社会"一物,是有这种人支持的。——沈从文

社会即学校。 ——陶行知

人毕竟是社会性的动物,毕竟要受到一定社会环境的制约的——即使是最伟大的天才,他的个性也不可能发挥到极致。 ——王英琦

社会和世界就像是一个图书馆,一眼望去井然有序,一切书籍都按照形状和尺寸排列的整整齐齐。然而走进细看,却发现完全是一片混乱,因为各种书籍并没有按主题、类别或是作者进行归类。 ——尚富尔

自己无论怎样"进步",不能使周围的人们随着进步,这个人对于社会的贡献是极有限的,甚至可以说是等于零的! ——邹韬奋

我们根据其推动社会文明的力量来衡量一切宗教。 ——爱默生[美国]

社会要求人克制本能。
——巴尔扎克[法国]

创造人的是自然界,启迪和教育人的却是社会。 ——别林斯基[俄国]

凡人以自己如何适应既定社会为天职,而天才则开拓适合于自己的社会。 ——长与善郎[日本]

新的社会是信息社会,也是智力和知识社会。 ——富勒[英国]

假如社会不重视个人的价值,那就等于赋予个人以敌视社会的权利。
——高尔基[苏联]

人不能孤独地生活,他需要社会。
——歌德[德国]

进入一个角色,我们顿时就像一个球一样滚动起来,而且从此再不停歇。
——海涅[德国]

人的思维应当开放,应当面向自己所属的世界,但是又不应当盲目从众,人云亦云,因为一个社会如果无个性就会变成蚁群。 ——科恩[美国]

个人离开社会不能得到幸福,正如植物不能离开土地,而被扔到荒漠上不可能生存一样。
——列夫·托尔斯泰[俄国]

社会就是书,事实就是教材。
——卢梭[法国]

---

①世乱:世道混乱。
②九州:指中国。生气:有活力。恃:依靠。风雷:喻指剧烈的社会变革。喑:哑;不出声。究:究竟;到底。哀:悲哀;可哀。

社交场中的闲逸是令人厌恶的,因为它是被迫的;孤独生活中的闲逸是快乐的,因为它是自由的、处于自愿的。

——卢梭[法国]

人经过努力改变世界,这种努力可以使人类达到新的、更美好的境界。没有人仅凭闭目、不看社会现实就能割断自己与社会的联系。他必须敏感,随时准备接受新鲜事物;他必须有勇气与能力去面对新的事实,解决新问题。

——罗斯福[美国]

社会偏见屡见不鲜,它长得如此硕壮,即使它的受害者也很快就把它看作理所当然的事情。

——马·埃梅[法国]

在一个国家里,也就是说在一个有法律的社会里,自由仅仅是:一个人能够做他应该做的事情,而不被强迫去做他不应该做的事情。

——孟德斯鸠[法国]

社交的乐趣才是生活的根本。

——莫洛亚[法国]

新经济时代,不是大鱼吃小鱼,而是快鱼吃慢鱼。

——钱伯斯[美国]

社交犹如空气,人离不了它,但光靠它来维持生命也是不够的。

——桑塔亚那[美国]

整个社会由于科学迅速发展得到的好处得以弥补其所造成的损害。

——斯坦普[美国]

有勇气在自己生活中尝试解决人生新问题的人,正是那些使社会臻于伟大的人!那些仅仅循规蹈矩过活的人,并不是在使社会进步,只是在使社会得以维持下去。

——泰戈尔[印度]

在个人跟社会发生任何冲突的时候,有两件事必须考虑:第一是哪方面对,第二是哪方面强。

——泰戈尔[印度]

社会犹如一条船,每个人都要有掌舵的准备。

——易卜生[挪威]

社会是肉体的世界,自然是灵魂的世界。

——雨果[法国]

11 养生;长寿

君子有三戒:少之时,血气未定,戒之在色;及其壮也,血气方刚,戒之在斗;及其老也,血气既衰,戒之在得。

——[春秋]《论语》

食不语,寝不言。

——[春秋]《论语》

今之养生者,谷肉菜臭,顺其自欲。唯恐儿之饥也,儿不知节,必至饱方足。宝贵之儿,脾胃之病,多伤饮食也。

——[战国]扁鹊

勿烦勿乱,和乃自成。①

——[战国]《管子》

起居时,饮食节,寒暑适,则身利而寿命益;起居不时,饮食不节,寒暑不适,则形体累而寿命损。

——[战国]《管子》

---

① 和:和谐。

春夏养阳,秋冬养阴。①
——[战国]《黄帝内经》

饮食有节,起居有常,不妄劳作,故能形与神俱,而终尽其天年。②
——[战国]《黄帝内经》

肥肉厚酒,务以自强,命之曰烂肠之物。——[战国]《吕氏春秋》

食能以时,身必无灾;无饥无饱,是之谓五藏(zàng)之宝。③
——[战国]《吕氏春秋》

居移气,养移体。④
——[战国]《孟子》

乐易者常寿长,忧险者常夭折。
——[战国]《荀子》

安时而处顺,哀乐不能入也。
——[战国]《庄子》

喜怒哀乐不入胸次。⑤
——[战国]《庄子》

人之所取畏者,衽席之上,饮食之间。而不知为之戒者,过也。⑥
——[战国]《庄子》

心治则百节皆安,心忧则百节皆乱。——[汉]《淮南子》

大德必得其寿。⑦
——[汉]《礼记》

晚食以当肉,安步以当车,无罪以当贵。——[汉]刘向

无以所好害身,无以嗜欲妨生。⑧
——[汉]刘向

养气自守,适时而节,闭眼塞聪,爱精自保,适辅药物,性命可延,斯须不老。⑨——[汉]《论衡》

盈缩之期,不但在天,养怡之福,可得永年。⑩——[三国]曹操

不极饥而食,食不过饱;不极渴而饮,饮不过多。——[晋]《抱朴子》

冬不欲急温,夏不欲穷凉;不露卧星下,不眠中见肩。⑪
——[晋]《抱朴子》

知好生而不知有养生之道,知饮食过度只蓄疾病,而不能节肥甘于口也,知其纵欲之致枯损,而不知割怀于欲也。——[晋]葛洪

欲得长生,肠中当清;欲得不死,肠中无渣。——[晋]葛洪

口之所嗜,不可随也;心之所欲,不可恣也。⑫——[晋]葛洪

善养生者,食不过饱,欲不过多,冬不极温,夏不极凉。——[晋]葛洪

先寒而衣,先热而解。
——[晋]葛洪

食慎勿使多,多则生病;饱慎便卧,

---

①阳:阳气。阴:阴气。
②天年:指人的自然寿命。
③五藏:同"五脏"。
④居:住处;环境。移:改变。气:气质。养:供生活所需的钱物。体:体质。
⑤胸次:心里。
⑥衽席:睡觉时铺在身下的席子。
⑦寿:长寿;高寿。
⑧以:因为。好、嗜:嗜好。妨生:妨害健康。
⑨斯须:同"须臾",片刻;一会儿。
⑩盈缩:指人的寿命长短。养:保养。怡:快乐;愉快。永年:延寿。
⑪穷:尽。
⑫随:听任;顺从。恣:放纵;纵容。

卧则心荡。　　——［南朝］陶弘景

息精息气养精神，精养丹田气养身。有人学得这般术，便是长生不死人。　　——［唐］吕岩

多思则神殆，多念则智散，多欲则智昏，多事则劳形。①　——［唐］孙思邈

莫忧思，莫大怒，莫悲愁，莫大惧，莫跳踉，莫多言，莫大笑，勿汲汲于所欲，勿悄悄怀仇恨……则得长生也。②
　　——［唐］孙思邈

养老之要，耳无妄听，口无妄言，身无妄动，心无妄念，此皆有益老人也。
　　——［唐］孙思邈

养性之道常欲小劳，但莫大疲及所不能堪耳。且流水不腐，户枢不蠹，以其运动故也。③　——［唐］孙思邈

养性必先知自慎。　　——［唐］孙思邈

爱精保神，如持盈之器，不慎而动，则倾泻天真。　　——［唐］王冰

培根而去蠹，木之寿矣；清心而寡欲，人之寿矣。④　——［宋］崔敦礼

乍暖还寒时候，最难将息。⑤
　　——［宋］李清照

饱肥甘，衣轻暖，不知节者损福；广积聚，骄富贵，不知止者杀身。
　　——［宋］林逋

神静而心和，心和而形全。神躁而心荡，心荡而形伤。　——［宋］刘昼

妙于服食，不如寡欲。⑥
　　——［宋］陆游

以自然之道，养自然之生。⑦
　　——［宋］欧阳修

劳其形者长年，安其乐者短命。
　　——［宋］欧阳修

凡食，温胜冷，少胜多，熟胜生，淡胜盐。　　——［宋］蒲处贯

养生治性，行义求志。
　　——［宋］苏轼

善养生者，慎起居，节饮食，导引关节，吐故纳新。　——［宋］苏轼

安则物之感我者轻；和则我之应物为顺，外轻内顺，而生理备矣。
　　——［宋］苏轼

一曰安分以养福，二曰宽慰以养气，三曰省费以养财。　——［宋］苏轼

已饥方食，未饱先止。
　　——［宋］苏轼

每食已，以浓茶漱口，烦腻既出，而脾胃不知，肉在齿间，消缩脱去。
　　——［宋］苏轼

养生者不过慎起居饮食，节声色而已。节慎在未病之前，而服药在已病之后。　　——［宋］苏轼

善养身者，使之能逸而能劳，步趋

---

① 殆：通"怠"，怠惰；懈怠。
② 跳踉：跳跃。汲汲：心情急切地追求的样子。
③ 户：门。枢：门的转轴，用于固定和开合。蠹：蛀蚀；损害。户枢不蠹：比喻经常运动的东西不易被腐蚀。
④ 蠹：蠹虫，指蛀蚀树木的害虫。
⑤ 乍暖还寒：忽暖忽寒。将息：调养休息。
⑥ 服食：指道家服用丹药的养生方法。
⑦ 道：规律；法则。

动作,使其四体忸(niǔ)于寒暑之变,然后可以刚健强力,涉险而不伤。①
——[宋]苏轼

夏季天气寒暄不一,不可顿去棉衣,老人气弱骨疏体怯,风冷易伤腠理,时备夹衣,遇暖易之。一重渐减一重,不可暴去。②
——[金]丘处机

静中念虑澄澈,闲中气象从容。③
——[明]《菜根谭》

留七分正经以度生,留三分痴呆以防死。
——[明]陈继

酒是烧身硝烟,气是无烟火药。
——[明]冯梦龙

不贪花酒不贪财,一世无灾无害。
——[明]冯梦龙

色欲火炽,而一念及病时,便兴似寒灰;名利饴甘,而一想到死地,便味如嚼蜡。④
——[明]洪应明

心要常操,身要常劳,心愈操愈精明,身愈劳愈强健,但自不可过耳。
——[明]吕坤

大怒不怒,大喜不喜。
——[明]钱琦

吃饭防噎,行路防跌。
——[明]《水浒传》

养生在初,固根在始。
——[明]庄元臣

善养鱼者活其水,善养人者治其气。
——[明]庄元臣

热食伤骨,冷食伤肺,太饥伤脾,太饱伤气。
——[清]曹庭栋

食取称意,衣取适体,即是养生之妙。
——[清]曹庭栋

世人各个学长年,不悟长年在目前;我得宛丘平易法,只将食粥致神仙。⑤
——[清]曹庭栋

冬寒犹可近火,火在表也;夏热必纳凉,凉如里也。
——[清]曹庭栋

欲延生者,心神宜恬静而无躁扰,饮食宜适中而勿过伤。
——[清]程杏轩

戒久睡,久睡倦神。
——[清]金缨

饥饱之度,不得过于七分是已。
——[清]李渔

发宜多梳,齿宜多叩,液宜常咽,气宜常练,手宜在面。此五者,所"子欲不死修昆仑"也。⑥
——[清]梁章钜

食过则成积聚,饮过则成痰癖。
——[清]梁章钜

虽富贵不以养伤身,虽贫贱不以利累形。
——[清]梁章钜

所食欲少,心愈开,年愈益;所食欲多,心愈塞,年愈损。
——[清]梁章钜

嗜酒则腐肠,恋色则伐性,贪财则

---

①忸:通"狃",习惯;适应。
②暄:温暖;暖和。腠理:中医指皮肤的纹理和皮下肌肉之间的空隙。暴:急骤;过急。
③念虑:思虑。气象:气度。
④火炽:像火一样旺盛。饴甘:像饴糖一样甘甜。
⑤宛丘:古地名,在今河南淮阳。平易法:指宋代张耒所倡导的食粥法。
⑥昆仑:道教指头脑。

丧志,尚气则戕生。① ——[清]《明史》

晚饭少吃口,活到九十九。
——[清]钱大昕

居心要宽,持身要严。
——[清]申居郧

身安不如心安,心宽强如屋宽。
——[清]石成金

人之养身,饮食为要。
——[清]爱新觉罗·胤禛

不见闲人精力长,但见劳人筋骨实。 ——[清]徐荣

养生之法,顺其自然之意。
——[清]曾国藩

每日饭后走数千步,是养生家第一秘诀。 ——[清]曾国藩

性静情逸,性动神疲。
——[清]周行嗣

睡侧而屈,觉正而伸,早晚以时。先睡心,后睡眼。 ——蔡季通

养生在动,养心在静;知足常乐,无求常安。 ——陈立夫

养身者以练气为宝,安国者以积贤为道。 ——范华

一个民族,老当益壮的人多,那个民族一定强;一个民族,未老先衰的人多,那个民族一定弱。 ——郭沫若

基本吃素,坚持走路,遇事少怒,劳逸适度。 ——毛泽东

睡眠和休息丧失了时间,却换取得了明天工作的精力。 ——毛泽东

我们在坚持工作的时候,还必须养成坚持休息的习惯。 ——梅兰芳

精神畅快,心气和平。饮食有节,寒暖当心。起居以时,劳逸均匀。
——梅兰芳

常动常走,戒色戒酒;饮食均匀,粗细适口;早睡早起,烫脚洗手;不急不躁,常开笑口;开阔心胸,勿恼勿愁;持之以恒,摄生有求。 ——米觉民

节饮食,戒偏嗜,保脾胃,是养生延年一大关键。 ——孙允中

适当的休息,是健身的主要秘诀之一。 ——陶行知

吃饭莫饱,走路莫跑,说话要少,睡觉要早,遇事莫恼,经常洗澡。
——谢觉哉

不贪名,不图利,不争权,方能心平气和;不贪吃喝,不养尊处优,心胸豁达,方能知足常乐。顺乎天地之规律者,必能长寿。 ——熊式一

休息和工作是同等重要的,妨碍休息和睡眠是直接自杀。 ——徐特立

养生宜动,养心宜静,动静适当,形神共养,培元固本,才能使身心健康。
——杨志才

所谓养生之道,其本身当为平衡之道。从生理到心理失去平衡的人便呈病态,一旦恢复平衡,就可大胆地向前迈进了。 ——张冰隅

健全自己的身体,保持合理的规律生活,这是自我修养的物质基础。
——周恩来

---

①腐:朽烂;臭败。伐:砍伐;损害。尚气:过分生气。戕:残害。生:生命。

忙里偶然偷闲,闹中偶然习静,于身于心,都有极大裨益。
——朱光潜

通往长命百岁之路,除了家庭的遗传因素和意外的灾祸之外,主要要看自己是否注意养生。
——阿茜木阿吉[法国]

休闲给身体和头脑提供养料。
——奥维德[古罗马]

谁要想寿命和钱财两旺,请你从今天开始即早睡早起。 ——拜伦[英国]

身体最强健的人不容易受饮食或劳作的影响,最壮的草木也不容易受风雨之类影响。 ——柏拉图[古希腊]

不论有多么出众的才能和力量,不论有多么高明的见识,一旦卧床不起,人生就将化为乌有。
——池田大作[日本]

发一次怒对于身体的损害,比发一次热还厉害,所以一个常常心怀不平的人不能得到健康的身体。
——大仲马[法国]

对于一切沉溺于口腹之乐,并在吃喝、情爱方面过度的人,快乐的时间是短的。 ——德谟克里特[古希腊]

克制了食欲,你便征服了人的本能。 ——狄更斯[英国]

给你的朋友以时间,给你的妻子以闲暇,放松你的头脑,让你的身子休息,这样你就能更好地完成你所习惯的工作。 ——费德鲁斯[法国]

要是你一直把弓弦绷得太紧,你的弓很快就会断裂。
——费德鲁斯[法国]

食物之于人好像油之于灯,油很多,灯就会亮;油太少,灯就会熄灭。
——弗莱明[英国]

人在身强力壮的青年时代所养成的不良嗜欲,将来到了晚年是要一并结算总账的。
——弗兰西斯·培根[英国]

经常保持心胸坦然、精神愉快,这是延年益寿的秘诀之一。人尤其应当克服嫉妒、暴躁以至埋在心里的怒火、积郁不解的思考、无节制的狂欢、内心的隐痛等。
——弗兰西斯·培根[英国]

饮食节制常常使人头脑清醒,思维敏捷。 ——富兰克林[美国]

放纵食欲的人从某种意义上说等于用自己的牙齿挖掘自己的坟墓。
——富勒[英国]

半夜前睡一小时,抵得上半夜后睡三小时。 ——赫伯特[英国]

保持一生壮健的真正方法是延长青春的心。 ——柯林斯[英国]

能做到快乐、节制和静养,就可把医生拒之门外。 ——朗费罗[美国]

谁不会休息,谁就不会工作。
——列宁[苏联]

如何享有空闲的时间和如何工作,是同等的重要。
——罗曼·罗兰[法国]

一种美好的心情,比十服良药更能解除生理上的疲惫和痛楚。
——马克思[德国]

有健全的身体才有健全的精神。
————马克思[德国]

应该使孩子面带笑容入睡。无论大人还是小孩,都应抱着对明天的欢乐期望而入睡。同时,也应以愉快的心情早起,这是长寿的秘诀。
————木村久一[日本]

心情愉快是肉体和精神的最佳卫生法。
————乔治·桑[法国]

睡眠是医治醒时所遇烦恼的最佳药方。
————塞万提斯[西班牙]

旷达的人长寿。
————莎士比亚[英国]

吃得太急了,难保食物不会哽住喉咙。
————莎士比亚[英国]

世上最高级的三个医生:节食博士、安宁博士、快乐博士。
————斯威夫特[英国]

休息与工作的关系,正如眼睑与眼睛的关系。
————泰戈尔[印度]

乐观是养生的唯一秘诀。常常忧思和愤怒,足以使健康的身体变得衰弱而有余。
————屠格涅夫[俄国]

睡眠真是一种灵丹妙药!它不仅能恢复人的体力,而且在一定程度上也能恢复人的心灵,使它返璞归真。
————屠格涅夫[俄国]

强忍着自己的眼泪,就等于慢性自杀。
————威廉·弗雷[美国]

当你没有空休息的时候,就是你该休息的时候。
————西德尼[英国]

闲暇的目的不是为了心灵获得充足,而是为了心灵获得休息。
————西塞罗[古罗马]

饥饿是最好的调味品。
————西塞罗[古罗马]

真正的闲暇并不是说什么也不做,而是能够自由地做自己感兴趣的事情。
————萧伯纳[爱尔兰]

精力旺盛的人与疲惫懒散的人在生命的二分之一时间中是不相上下的,因为所有的人在睡着时都是一样的。
————亚里士多德[古希腊]

平平静静地吃粗茶淡饭,胜于提心吊胆地吃大酒大肉。
————伊索[古希腊]

对逐渐衰老的人,要时刻吸引着你的大脑皮层处于活跃状态;老年人延年益寿的方法,是让其去做有益的脑力活动。
————约翰·波特斯[英国]

12 健 康

健康长寿必得看淡名利得失,要使自己安静下来,规律、乐观地生活,专心致志去努力实现美好的事业。
————冰心

拥有健康并非拥有一切,失去健康就会失去一切。
————丁明月

健康对于生命,犹如空气对于飞鸟。有了空气,鸟儿才能展翅飞翔。珍惜生命,就必须爱护健康。————顾方舟

青年人有的是健康,因而他也就浪费健康。一旦觉得健康值得宝贵的时候,那犹如已经把钱失掉了的败家子,

是已经失掉健康了。　　——郭沫若

要说保持健康有什么秘诀的话,那就是思想开朗,精神乐观,不计较个人得失。　　——李贞

人的精神面貌很重要,什么时候精神也不能垮,这是健康长寿的又一个重要条件。　　——林启武

伟大的事业基于高深的学问,坚强的意志在于强健的体魄。　　——孙中山

忽略健康的人,就是等于在与自己的生命开玩笑。　　——陶行知

人世间最大的财富,便是年轻和健康。　　——王幅明

凡是有志为社会出力、为国家成大事的青年,一定要十分珍惜自己的健康。　　——徐特立

当健康存在的时候,像阳光、空气一样不足为奇,似乎天经地义,享用不尽;而当它一旦丧失,则无异于天塌地陷,任何事业、财富、情感都毫无意义。
　　——杨东平

健康是人生的第一财富。
　　——爱默生[美国]

健康使人快乐,快乐使人健康。
　　——爱默生[美国]

有规律的生活原是健康与长寿的秘诀。　　——巴尔扎克[法国]

愉快可以使你对生命的每一跳动,对生活的每一印象易于感受,不论躯体和精神上的愉快都是如此,可以使身体发展,身体健康。——巴甫洛夫[苏联]

人们并非像想象的那样脆弱,把生活节奏安排适度紧张些,人只会从紧张状态中有所收益,有利于健康长寿。
　　——拜伦[英国]

疾病有千百种,而健康只有一种。
　　——贝克尔[美国]

第一财富是健康,第二财富是美丽,第三财富是财产。
　　——柏拉图[古希腊]

健康加富裕就能创造出美来。
　　——博恩[英国]

健康在人的心目中永远不会失去它的价值。
　　——车尔尼雪夫斯基[俄国]

生命是美丽的,对人来说,美丽不可能与人体的正常发育和人体的健康分开。　　——车尔尼雪夫斯基[俄国]

人们的健康是幸福和国力的真正基础。　　——迪斯累里[英国]

健康的身体是灵魂的客厅,病弱的身体是灵魂的监狱。
　　——弗兰西斯·培根[英国]

保持健康,这是对自己的义务,甚至也是对社会的义务。
　　——富兰克林[美国]

失去了健康,什么爱情、荣誉、财富、权力,就都不能使人振奋。识利害者为俊杰! 没有健康,一切喜悦都将无从谈起。　　——盖伊[英国]

健康就是金子一样的东西。
　　——高尔基[苏联]

欢乐就是健康,忧郁就是病魔。
　　——哈利伯顿[加拿大]

一个国家最宝贵的财产,并不是它储备的大量黄金或外汇,更不是它的地

下资源或工业,而是人民的健康。

——哈桑二世[摩洛哥]

如果没有健康,智慧就不能表现出来,文化无从施展,力量不能战斗,财富变成废物,知识也无法利用。

——赫拉克利特[古希腊]

在男人或女人身上,一个洁净、健强而坚实的肉体,比最美丽的面孔更美丽。

——惠特曼[美国]

我们相互为别人的健康干杯,却损坏了自己的健康。 ——杰罗姆[美国]

健康人不知道健康的珍贵,只有病人才知道——这是医生的格言。

——卡莱尔[英国]

最穷苦的人也不会为了金钱而放弃健康,但是最富有的人为了健康心甘情愿放弃所有的金钱。

——柯尔顿[美国]

以过分严格地控制饮食为代价来保持健康,实在是一种令人厌烦的毛病。 ——拉罗什富科[法国]

健康确实是珍宝,为了找回它,保住它,我们忍受一切痛苦,吞服苦药,慷慨施予。 ——罗·伯顿[英国]

如果你能使一个人懂得健康,那他的钱财可以任你拿取。

——罗·伯顿[英国]

世界上没有任何一件衣裳能比健康的皮肤和发达的肌肉更美丽。

——马雅可夫斯基[苏联]

健康是自然所能给我们准备的最公平、最珍贵的礼物。——蒙田[法国]

健康的价值,贵重无比。它是人类为了追求它而唯一值得付出时间、血汗、劳力、财富——甚至付出生命的东西。只要失去健康,生活就充满痛苦和压抑。没有健康,快乐、智慧、知识和美德都黯然失色,并化为乌有。

——蒙田[法国]

愉快的笑声——这是精神健康的可靠标志。 ——契诃夫[俄国]

消化为健康而存在,健康为生命而存在,生命为音乐和美好的事物之爱而存在。 ——切斯特顿[英国]

如果损害了心理健康,不辞烦劳地试图保持躯体健康也是徒劳的。

——切斯特顿[英国]

要保持健康的身体,除了节食、安静这两位医生外,还有一位,就是快乐。

——丘吉尔[英国]

通往健康的最可靠的路就是:切莫假设自己有病,医生的话令人胡思乱想,我们切不可轻易相信。

——丘吉尔[英国]

健康——富人的幸福,穷人的财富! ——琼森[英国]

健康的乞丐比有病的国王幸福。

——叔本华[德国]

人类所能犯的最大错误,就是拿健康来换取其他身外之物!

——叔本华[德国]

良好的健康和充沛旺盛的精力,这是朝气蓬勃感知世界、焕发乐观精神、产生战胜一切艰难险阻的意志的一个极重要的源泉。

——苏霍姆林斯基[苏联]

体力劳动有益于身体健康,脑力劳动有益于心智健全。 ——梭罗[美国]

当我们健康的时候,我们都会给生病的人出好主意。

——泰伦提乌斯[古罗马]

很多健康的人并不美,但是没有一个美的人是不健康的。

——瓦西列夫[保加利亚]

人通常总是不重视健康和光明,除非到了他失去它们的时候。

——微拉·妃格念尔[法国]

民族的健康比国家的财富重要。

——威尔·杜兰特[美国]

没有一个朋友能够比得上健康,没有一个敌人能够比得上疾病。

——《五卷书》[古印度]

保持健康的秘密就是适当地节制食物、饮料、睡眠和爱情。

——雨果[法国]

健康是为我们的事业和我们的福利所必需的,没有健康,就不可能有什么福利、有什么幸福。

——约翰·洛克[英国]

身体的健康在很大程度上取决于精神的健康。 ——约翰·洛克[英国]

身体健康的主要标准在于能忍耐劳苦,心理健康的标准也是一样。

——约翰·洛克[英国]

人们要能工作,要有幸福,须先有健康;人们要能出人头地,也必须先有强健的身体。 ——约翰·洛克[英国]

健康当然比金钱更为可贵,因为我们所赖以获得金钱的,就是健康。

——约翰生[英国]

13 运动;锻炼

人体欲得劳动,但不当使极尔。①

——[晋]《三国志》

身体常使小劳,则百达和畅,气血常养,精神内生,外邪难袭,譬如水流不腐,户枢不朽,皆因运动是也。②

——[唐]孙思邈

养性之道,常欲小劳,但莫大疲及强所不能堪耳。③ ——[唐]孙思邈

身怕不动,脑怕不用。

——[明、清]《增广贤文》

水之生不杂则清,封闭而不流,亦不能清,此养神之道也,散步所以养神。

——[清]曹庭栋

常有小病则慎疾,常亲小劳则身健。④ ——[清]申涵光

一身动,则一身强;一家动,则一家强;一国动,则一国强;天下动,则天下强。 ——[清]颜元

艰苦筋骨强,娇养精力弱。

——[清]曾国藩

---

①欲:需要。劳动:活动;运动。极:过度。尔:词的后缀,无实义。

②户:门。枢:门的转轴,用于固定和开合。

③大疲:过于疲劳。强:勉强。堪:胜任;能够。耳:语气词。

④慎疾:对疾病注意预防和治疗。小劳:适度劳动。

轻快活动如散步,是一种"主动休息",可以调换脑子活动区域。
——蔡翘

人的健全,不但靠饮食,尤靠运动。
——蔡元培

要让身体健,必须天天练;手舞足蹈,九十不老。——陈盛甫

发展体育运动,增强人民体质。
——毛泽东

坚实在于锻炼,锻炼在于自觉。
——毛泽东

你不能赤手空拳地开始你的行程,你必须用知识把自己武装起来,你必须锻炼出健壮的身体和足够的勇气。
——宋庆龄

锻炼身体,短时间内效果不显,但持之以恒,其力自见。就像储蓄一样,零存整取,积久即成巨款。——孙允中

生命在于运动,也在于静养。养生宜动,养心宜静,动静适当,形神共养,培元固本,才能使身心健康。
——杨志才

强国必先强种,强种必先强身。
——张伯苓

健身之术在于"动",换言之:有路自己走,有活自己干。——张镜玄

锻炼身体要经常,要坚持,人同机器一样,经常运动才能不生锈。
——朱德

面色红润的健康之神在阳光里生活,在大海里游泳,在野外呼吸着清新的空气。——爱默生[美国]

对我而言,旅游是恢复青春活力的秘方。——安徒生[丹麦]

运动是一切生命的源泉。
——达·芬奇[意大利]

水若停滞即失其纯洁,心不活动精气立消。——达·芬奇[意大利]

为了金不换的健康,到野外去打猎吧!不要等到病了再去求医吞药。聪明人治病靠运动,上帝是不会给人类炼制补品的。——德莱顿[英国]

生命在于运动。
——伏尔泰[法国]

早眠早起,使人健康、富有而明智。
——富兰克林[美国]

一个人如果不断地锻炼自己的身体,他就会变得健康、坚忍和敏捷。
——高尔基[苏联]

生命在于矛盾,在于运动。一旦矛盾消除,运动停止,生命也就结束了。
——歌德[德国]

我最宝贵的思维及其最好的表达方式,都是当我散步时出现的。
——歌德[德国]

走路对脑力劳动者,特别是对创造性劳动的人来说,是一种生理活动的最好方式。——哈拉里德[英国]

干一点活,多一点健康。
——赫伯特[英国]

轻快的步行,如同其他形式的运动一样,是治疗情绪紧张的一服理想的"解毒剂",并能改善人们的一般健康。
——怀特[美国]

若要培养出健康、强壮、灵敏、机智、勇敢,既善于克服困难,又满怀信心

正视前面的人,则体育和运动乃是很重要的因素。　　——加里宁[苏联]

体育和运动可以增进人体的健康和人的乐观精神,而乐观情绪却是长寿的一项必要的条件。
　　　　——勒柏辛斯卡娅[苏联]

一切都在运动之中,人本身也在不断地运动,因此人的一切也只能解释为运动。　　——列夫·托尔斯泰[俄国]

你每天一定要抽出一两个小时散步。这样埋头用心做功课,是会损害健康的。　　　　——列宁[苏联]

散步促进我的思想。我的身体必须不断运动,脑筋才会开动起来。
　　　　　　　　——卢梭[法国]

从锻炼角度看,躺着不如坐着,坐着不如站着,站着不如走着。
　　　　　　　　——卢梭[法国]

凡不锻炼身体的人,就不能执行身体所应执行的任务;同样,凡不锻炼心灵的人,也不可能执行心灵所应执行的任务。这样的人既不能做他们所应当做的,也不可能抑制住自己不做他们所不应当做的。　　——色诺芬[古希腊]

运动是健康的源泉,也是长寿的秘诀。　　　　——马·约翰[英国]

我首先要请你注意自己的身体健康。时代在好转,它将对你的身体提出很多的要求。所以你要锻炼它,而不要损害它。　　——马克思[德国]

人生的本质在于运动,安谧宁静就是死亡。　　——帕斯卡[法国]

健康是幸福的主要因素,锻炼是健康的重要保证。　　——汤姆逊[英国]

运动和节欲能使人在暮年还保持青春的活力。　　——西塞罗[古罗马]

绝不是非得参加马拉松比赛才能增强体质。即使一周参加三次锻炼,每次快走三十分钟,就可延长十年寿命。
　　　　　　　　——谢勃德[法国]

运动太多和太少,同样损伤体力;饮食过多与过少,同样损害健康;唯有适度可以产生、增进、保持体力和健康。
　　——亚里士多德[古希腊]

14　疾病;医疗

同病相救,同情相成。①
　　　　——[周]《太公六韬》

人处疾则贵医。
　　　　——[战国]《韩非子》

不治已病治未病,不治已乱治未乱。　　——[战国]《黄帝内经》

疾万变,药亦万变。
　　　　——[战国]《吕氏春秋》

良医者,常治无病之病,故无病;圣人者,常治无患之患,故无患。
　　　　　　　　——[汉]刘向

人之所病,病疾多;医之所病,病道少。②　　　——[汉]《史记》

―――――――

①同情:情趣相同。

②人之所病:一般人所担心的。病疾:疾病。医之所病:医生所担心的。病道:治病方法。

同病相怜,同忧相救。
　　　　——[汉]《吴越春秋》
饮食不节,以生百病。
　　　　——[三国]嵇康
体无纤微疾,安用问良医。
　　　　——[三国]毋丘俭
百病不愈,安得长生。
　　　　——[晋]《抱朴子》
内疾不生,外患不入。
　　　　——[晋]《抱朴子》
病从口入,祸从口出。
　　　　——[晋]傅玄
治疾及其未笃,除患贵其未深。①
　　　　——[晋]《三国志》
良医不能救无命,强梁不能与天争。②　　——[南朝]《后汉书》
不须忧老病,心是自医王。③
　　　　——[唐]白居易
以食噎而得病者,欲绝食以去病,乃不知食绝而身毙。④
　　　　——[唐]陈子昂
多病所需惟药物,微躯此外更何求。　　——[唐]杜甫
良药效于瘳(chōu)疾,未若无病之为贵矣。⑤　　——[唐]《晋书》
医得眼前疮,剜却心头肉。
　　　　——[唐]聂夷中
人欲劳于形,百病不能成。
　　　　——[唐]孙思邈
凡大病治病,必当安神定志,无欲无求。　　——[唐]孙思邈
饱食即卧,乃生百病。
　　　　——[唐]孙思邈

壮心与身退,老病随年侵。⑥
　　　　——[唐]王维
口腹不节,致疾之因。
　　　　——[宋]李邦献
心安病自除。　——[宋]陆游
善治病者,必医其受病之处;善救弊者,必寻其起弊之源。
　　　　——[宋]欧阳修
病身最觉风霜早。
　　　　——[宋]王安石
养身以却病为急。——[明]高濂
人有贵贱少(shào)长(zhǎng),病当别论;痾有新久虚实,理当别药。
　　　　——[明]李时珍
大凡快意处,即是受病处。老年人随事预防,当于快意处发猛醒。⑦
　　　　——[清]曹庭栋
病至宜忘病,病去不宜忘病。
　　　　——[清]陈确
病来如山倒,病去如抽丝。
　　　　——[清]《红楼梦》
心病终须心药医,解铃还须系铃人。⑧　　——[清]《红楼梦》

---

①笃:(病)重。
②强梁:强劲;勇武。
③自医王:自己最好的医生。
④噎:食物堵塞食道。毙:倒下去;死。
⑤瘳疾:把疾病治好。未若:不如。
⑥侵:侵入,(外来的或有害的事物)进入(内部)。
⑦快意:心情爽快舒适。
⑧系:拴;绑。

服药千服,不如一宵独卧;服药千朝,不如独卧一宵。 ——[清]梁章钜

无病之身,不知其乐也;病生,始知无病之乐。 ——[清]《史典》

其居之不时,饮食之无节,侈于嗜欲,而吝于运动,此数者,致病之大源也。① ——[清]王国维

不乱离不知太平之难,不疾痛不知无病之福。② ——[清]魏源

生病是生活里的一部分,是生命的一种体验。许多大智者都是在一次次生命的重创与濒临死亡的绝境之后,茅塞顿开,豁然开朗的。 ——陈染

防病如防火,防之于先,则不救之于后。 ——熊式一

紧张与弹力,这就是由生活发动的两种相辅相成的力量。如果我们的身体严重地缺乏这两种力量,那就会出现各式各样的意外,发生残废或疾病。
——柏格森[法国]

无病时不要滥用药物,否则疾病降临,药就可能不生效了。但也不要忽视身体中的小毛病,应当注意防微杜渐。
——弗兰西斯·培根[英国]

体弱病欺人,体强人欺病。
——费德鲁斯[法国]

性是开启心理病症难题之门的锁匙,轻视此锁匙的人决不能开启那扇门。 ——弗洛伊德[奥地利]

不能真正满足一种实在的性欲需要,是心理病症最基本的因素之一。
——弗洛伊德[奥地利]

疾病能感觉到,而健康则一点感觉不到。 ——富勒[英国]

身体上的疾病,我们往往以为仅仅与身体有关,然而说到底,它也许只是心灵有恙的一个症结。
——霍桑[美国]

我只知道人生有两种很真实的罪过:后悔和生病。唯一的好事是没有这两种罪过。
——列夫·托尔斯泰[俄国]

疾病乃谦逊之母,因其使我们想起自己并非永寿不死。当我们在尘世事务中煊赫盛极之时,她揪住我们的耳朵,让我们认识自己。
——罗·伯顿[英国]

世界上最出色的医生是兽医,他无法向他的患者询问病痛——他必须得找出病情。 ——罗杰斯[美国]

对病人来说,一位能干的医生要比最忠实的朋友更为有用。
——罗素[英国]

人类的温暖也可以治病。
——罗佐夫[俄罗斯]

你在健康时要为病时着想,你活着时当为死后着想。
——穆罕默德·艾玛勒[埃及]

疾病是加在悲惨的人生上的赋税,有的人纳税多一些,有的人纳税少一些,但每个人都要纳税。
——查斯特菲尔德[英国]

---

① 不时:不按时。无节:没有节制。侈:过分。吝:舍不得。
② 乱离:因遭战乱而流离失所。

最伟大的药方就是大自然,自然界里蕴藏着治疗一切疾病的秘诀。

——欧文[英国]

心理常常保持快乐,这样就能防止疾病,延长寿命。

——莎士比亚[英国]

医药虽然可以延长生命,毕竟医生也是不免一死的。

——莎士比亚[英国]

长期的身体毛病使最光明的前途蒙上阴暗,而强健的活力就使不幸的境遇也能放金光。 ——斯宾塞[英国]

不能很好地处理情感的人,经常会代之以身体上的疾病。

——斯摩勒[美国]

医治一切病痛最好的最宝贵的药品,就是劳动。

——苏霍姆林斯基[苏联]

对于一个病人来说,仁爱、温和、兄弟般的同情,有时甚至比药物更为重要。

——陀思妥耶夫斯基[俄国]

对创伤深痛者,不能跟一般人有同样的要求,不仅应当谅解他,还应当用恭顺去医治他的创伤,使他重新站起来。 ——陀思妥耶夫斯基[俄国]

河川的泛滥会产生掘土耕田的作用。同理,疾病对心灵也会发生掘土耕田的作用。正视疾病,勇于忍受的人,将变得更坚强、壮大。

——希尔泰[瑞士]

人们能隐藏心灵的疾病,但侵袭肉体毁坏官能的疾患却是掩盖不住的。

——夏洛蒂·勃朗特[英国]

15 志向;理想

道不行,乘桴浮于海。①

——[春秋]《论语》

宁与黄鹄比翼乎?将与鸡鹜争食乎?② ——[战国]《楚辞》

得志,泽加于民;不得志,修身见(xiàn)于世。③ ——[战国]《孟子》

穷则独善其身,达则兼善天下。④

——[战国]《孟子》

燕雀安知鸿鹄之志哉?⑤

——[汉]《史记》

志者,学之师也;才者,学之徒也。学者不患才之不赡,而患志之不立。是以为之者亿兆,而成之者无几,故君子必立其志。⑥

——[汉]徐幹

老骥伏枥,志在千里;烈士暮年,壮

---

①道:指理想。桴:木筏。
②黄鹄:天鹅。比翼:翅膀挨着翅膀飞。鹜:鸭子。
③泽:恩惠。见:同"现",显露;露出。
④穷:困窘,指不得志。善:妥善对待。达:显达、显贵,指得志。
⑤燕雀:燕子、麻雀一类的小鸟,比喻目光短浅、胸无大志的人。安:哪里;怎么。鸿鹄:天鹅,比喻志向高远的杰出人物。
⑥才:才能。患:担心。赡:丰富;充足。亿兆:数词,极言数量多。成:有成就。无几:没有多少;不多。

心不已。① ——[三国]曹操

丈夫志四海,万里犹比邻。②
——[三国]曹植

志当存高远。 ——[三国]诸葛亮

坚志者,功名之主也;不惰者,众善之师也。 ——[晋]《抱朴子》

雄心志四海,万里望风尘。
——[晋]傅玄

人各有志,所规不同。③
——[晋]《三国志》

驽马恋栈豆。④
——[晋]《三国志》

丈夫立志,穷当益坚,老当益壮。⑤
——[南朝]《后汉书》

志不求易,事不避难。
——[南朝]《后汉书》

弃燕雀之小志,慕鸿鹄以高翔。⑥
——[南朝]丘迟

惊蝉也解求高树,旅雁还应厌后行。⑦ ——[唐]岑参

大丈夫必有四方之志。
——[唐]李白

少年负壮气,奋烈自有时。⑧
——[唐]李白

寄言燕雀莫相啅,自有云霄万里高。⑨ ——[唐]李白

昂昂独负青云志,下看金玉不如泥。⑩ ——[唐]李渤

壮志未酬三尺剑,故乡空隔万重山。 ——[唐]李频

腹中贮书一万卷,不肯低头在草莽。⑪ ——[唐]李颀

心随朗月高,志与秋霜洁。
——[唐]李世民

丈夫清万里,谁能扫一室?⑫
——[唐]刘希夷

志适不期贵,道存岂偷生。⑬
——[唐]柳宗元

目在足下,不可以远视,虽明何益!⑭

——[唐]马总

业广因功苦,拳拳志士心。

——[唐]孟简

---

① 骥:骏马。枥:马槽,一说马棚。烈士:有志于建功立业的人。暮年:晚年。壮心:雄心。已:止;停止。
② 丈夫:大丈夫,指胸怀大志的人。四海:古人认为我国四面环海,故指全天下。万里:指非常遥远。比邻:近邻;街坊。
③ 规:追求;打算。
④ 驽马:劣马。恋:贪恋。栈豆:马槽中的饲料。此句喻指才智短浅的人贪图眼前小利,没有远大志向。
⑤ 穷:困窘;不得志。
⑥ 弃:舍弃。燕雀:燕子、麻雀一类的小鸟。慕:钦佩。鸿鹄:天鹅。
⑦ 解:知道。求:寻求,指飞往。厌:厌恶;不愿意。后行:落在后边。
⑧ 奋烈:建功立业。
⑨ 啅:吵闹。
⑩ 昂昂:形容精神振奋、很有气魄的样子。
⑪ 草莽:草丛,比喻民间。
⑫ 丈夫:大丈夫。一室:比喻个人小家庭。
⑬ 志适:切合自己的理想。期:期望;希望。道存:坚持自己的思想观念或政治主张。
⑭ 目在足下:目光只盯着脚下的地方。

志士贫更坚,守道无异营。①

——[唐]孟郊

老当益壮,宁移白首之心?穷且益坚,不坠青云之志。②

——[唐]王勃

中原初逐鹿,投笔事戎轩,纵横计不就,慷慨志犹存。③

——[唐]魏徵

必有天下之大志,而后立天下之大事。

——[宋]陈亮

志不笃者,不能力行。④

——[宋]程颢

治天下者,必先立其志。正志先立,则邪说不能移,异端不能惑。

——[宋]程颢

气大者声必闳,志高者意必远。⑤

——[宋]范开

纵使岁寒途远,此志应难夺。⑥

——[宋]李纲

心不清则无以见道,志不确则无以立功。

——[宋]林逋

物情大忌不量力,立志亦复嘉专精。

——[宋]刘过

男儿无英标,焉用读书博。⑦

——[宋]刘过

君子志于泽天下,小人志于荣其身。⑧

——[宋]刘炎

人惟患无志,有志无有不成者。

——[宋]陆九渊

学者须先立志。——[宋]陆九渊

鬓虽残,心未死。⑨——[宋]陆游

有志诚可嘉,及时宜自强。

——[宋]欧阳修

志其大,舍其细;先其急,后其缓。⑩

——[宋]司马光

宜守不移之志,以成可大之功。

——[宋]苏轼

骐骥者,其志常在千里也,夫岂以一饱而废其志哉。⑪

——[宋]苏洵

男子千年志,吾生未有涯。

——[宋]文天祥

莫为一身之谋,而为天下之志。

——[宋]谢良佐

立志欲坚不欲锐,成功在久不在速。

——[宋]张孝祥

立志不坚,终不济事。

——[宋]朱熹

百学须先立志。——[宋]朱熹

士之所以能立天下之事者,以其有志而已。——[宋]朱熹

书不记,熟读可记;义不精,细思可

---

①守道:遵守正道。异营:指不守道义的行为。

②宁:岂、难道,表示反问。白首:指头发已白的老年人。穷:困厄,处境艰难。坠:落;掉下来。

③逐鹿:喻指争夺天下。投笔:放弃文牍之事。事戎轩:从军。纵横:指合纵、连横两种策略。就:成功。存:坚定不移。

④笃:忠实,坚定。力行:努力做事。

⑤闳:宏大;高昂。又作"宏"。

⑥夺:使丧失。

⑦英标:远大目标或志向。

⑧泽:施恩泽。荣:获得荣耀。

⑨残:指衰老,斑白。

⑩舍:舍弃;放弃。

⑪骐骥:古代名马。

精。唯有志不立,直是无着力处。①

——[宋]朱熹

不安于小成,然后足成大器;不诱于小利,然后可以立远功。②

——[明]方孝孺

不可以一时之得意而自夸其能,亦不可以一时之失意而自坠其志。③

——[明]冯梦龙

英雄者,胸怀大志,腹有良谋,有包藏宇宙之机,吞吐天地之志者也。

——[明]《三国演义》

志不立,如无舵之舟,无衔之马,漂荡奔逸,终亦何所底乎。④

——[明]王守仁

丈夫之志,能屈能伸。

——[清]程允生

经一番挫折,长一番识见;多一分享用,减一分志气。——[清]申涵光

品卑由于无志,无志由于识低。⑤

——[清]申居郧

有志不在年高,无志空长百岁。

——[清]石成金

志正则无不可用,志不持则无一可用。⑥ ——[清]王夫之

良骥不好枥,美瑜不恋山。⑦

——[清]吴嘉纪

志不真则心不热,心不热则功不紧。⑧ ——[清]颜元

立志要远大,持身要严谨。⑨

——[清]张履祥

理想不抛弃苦心追求的人,只要不停止追求,你们就会沐浴在理想的光辉之中。 ——巴金

单调的生活中,梦是个更换;乱离的生活中,梦是个慰安;困苦的生活中,梦是个娱乐;劳瘁的生活中,梦是个休息。 ——冰心

没有志向的人往往是一生安宁,充满活力的人往往一生艰辛。

——陈祖芬

世上多少辉煌的成就,说穿了其实也很简单:把每一步都认作目标。

——陈祖芬

理想是可以捉住的希望。

——敦源

理想多、向往杂的人,满树都是乱枝,怎么也得不到花果的丰收。

——敦源

真正的抱负用不着伟大。

——郭沫若

理想是征服现实的指南针。理想是陶铸现实的模型,是创造现实的图案,是建立现实的设计。 ——贺麟

---

① 直:简直。着力:用力;致力。处:指补救的办法。
② 大器:指钟、鼎等国家重宝,比喻有大才能、能干大事业的人。
③ 以:因为。坠:从高处掉落下来,比喻灰心丧气,意志变得消沉。
④ 衔:马嚼子。漂荡:同"飘荡"。何所底:到什么地方。
⑤ 识:见识,见闻和知识。
⑥ 持:守住不变。
⑦ 骥:骏马。枥:马槽;马棚。瑜:美玉。
⑧ 真:真诚。功不紧:不努力做事。
⑨ 持身:对待自己;要求自己。

向导指方向,路靠自己走。
——侯外庐

人的生命是生活在不断的理想和希望里。
——柯蓝

如果确信自己的理想崇高美好,就孜孜以求地去做,不必害怕别人反对。
——柯灵

理想使现实透明,美好的憧憬使生命充实,而人生也就有所寄托,使历史岁月延续于无穷。
——柯灵

人人会走路,但不一定能走正路。人人都有理想,但不同的理想会引向不同的路。光明的路只有一条,那是靠崇高的理想来照亮的。
——蓝翎

有理想、有出息的青年人必定是乐于吃苦的人。
——雷锋

人生最高之理想,在求达于真理。
——李大钊

梦想无论怎样模糊,总潜伏在我们的心境永远得不到宁静,直到这些梦想成为事实。
——林语堂

有志者立长志,无志者常立志。
——刘吉

理想不是一只细瓷碗,破碎了不能够补;理想是朵花,谢落了可以重新开放。
——刘心武

少年幻梦的破灭诚然令人心酸,但没有幻梦、没有破灭、没有酸楚的人生才是最可怕的。
——刘心武

理想是罗盘,给船舶导引方向;理想是船舶,载着你出海远航;但理想有时候又是海天相吻的弧线,可望不可即,折磨着你那进取的心。
——流沙河

理想是石,敲出星星之火;理想是火,点燃熄灭的灯;理想是灯,照亮夜行的路;理想是路,引你走到黎明。
——流沙河

理想使忠厚者常遭不幸,理想使不幸者绝处逢生。平凡的人因理想而伟大,而理想就是一个"大写的人"。
——流沙河

世界上总有人抛弃理想,理想却从来不抛弃任何人。给罪人新生,理想是还魂的仙草;唤浪子回头,理想是慈爱的母亲。
——流沙河

自古能成功成名的无一不是靠理想和抱负,没有一个庸才能靠人事关系而名垂青史。
——罗兰

人贵立志……立了志,我们学习起来才有动力,才有毅力,才会发愤,才会持之以恒。
——钱伟长

君子图远大,小人计目前。
——《清史稿》

雄心壮志销难尽,惹得旁人笑热魔。
——秋瑾

水激石则鸣,人激志则宏。①
——秋瑾

很多的人,分不清理想与梦想的不相同。理想,是一种可能实现也可能不实现的观念;而梦想,可以想得天花乱坠,随人怎么想,要实现起来,大半是不成的。
——三毛

---

①第一个"激":冲击。第二个"激":激励;激发。鸣:发出响声。宏:广大;宏大。

苍穹中一把细碎星子闪烁着细碎的光明。从冷静星光中,我看出一种永恒、一点力量、一点意志。诗人或哲人为这个启示,反映于纯洁心灵中即成为一切崇高理想。 ——沈从文

立志须存千载想,闲谈无过五分钟。 ——沈钧儒

以天下为己任。 ——孙中山

一个精神生活很充实的人,一定是一个很有理想的人,一定是一个很高尚的人,一定是一个只做物质的主人而不做物质的奴隶的人。 ——陶铸

立大志,做大事,探讨大学问。
——陶行知

没有志向的人,就好比没有动力的船,只能随波逐流。 ——魏琼

你既踏上了人生的道路,你就要严肃地考虑你究竟是抱着什么样的生活目的。因为它将主宰你一生的行为,并且将从"人"的价值上给你短促的一生作出严峻的结论。 ——魏巍

能够献身于自己祖国的事业,为实现理想而斗争,这是最光荣不过的事情了。 ——吴玉章

革命理想,不是可有可无的点缀品,而是一个人生命的动力。有了理想,就等于有了灵魂。 ——吴运铎

不同的生活理想,不同的生活态度,决定一个人在战斗中站的位置。
——吴运铎

没有崇高的生活理想的人,像大海里的一片小舟一样,它时刻都会被狂风巨浪袭击而沉没海底。 ——吴运铎

理想是一种特殊的阳光,没有阳光的赋予生命的作用,地球会变成石头。
——谢德林

一个人若没有远大的目标,他一定只注意眼前个人琐事。一个仅仅注意个人琐事的人,永远达不到远大的目标。 ——谢德林

一个人有无成就,决定于他青年时期是不是有志气。 ——谢觉哉

一个人有了远大的理想,就是在最艰苦困难的时候,也会感到幸福。
——徐特立

台阶是一层一层筑起的,目前的现实是未来理想的基础。只想将来,不从近处现实着手,就没有基础,就会流于幻想。 ——徐特立

理想过于遥远而难以企及,就会导致现实的人疲于追求而丧失信念。
——叶难客

理想是事业之母。 ——叶圣陶

人生的奋斗目标不要太大,认准了一件事情,投入兴趣与热情坚持去做,你就会成功。 ——俞敏洪

每个人的生命都是一条小船,理想是小船的风帆。 ——张海迪

一个没有远大理想和崇高生活的人,就像一只没有翅膀的鸟,一台没有马达的机器,一盏没有钨丝的灯泡。
——张华

生活的理想,就是为了理想的生活。 ——张闻天

没有崇高的理想就没有伟大的目标。 ——张治中

每一个人要有做一代豪杰的雄心壮志！应当做一个开创一代的人。
——周恩来

理想是需要的,是我们前进的方向。现实有了理想的指导才有前途;反过来,也必须从现实的努力奋斗中才能实现理想。
——周恩来

志气太大,理想太多,事实迎不上头来,结果自然是失望烦闷;志气太小,因循苟且,麻木消沉,结果就必至于堕落。
——朱光潜

众所周知,胸有大志者能屈能伸。
——埃德蒙·伯克[英国]

任何黑暗要比光明更容易使人产生崇高的理想。
——埃德蒙·伯克[英国]

心中没有理想,生活便然无味。
——艾略特[英国]

或许正因为有了理想,生活才显得这样甜蜜;或许正因为有了理想,生活才显得如此宝贵。
——艾特玛托夫[吉尔吉斯斯坦]

那些出类拔萃的人正是在生活的早期就清楚地辨明了自己的方向,并且始终如一地把他的能力对准这一目标的人。
——爱德华[英国]

对于每一个人,他所能选择的奋斗方向是宽广的。
——爱因斯坦[美国]

每个人都有一定的理想,这种理想决定着他的努力和判断的方向。就在这个意义上,我从来不把安逸和快乐看作是生活目的本身——这种伦理基础,我叫它猪栏的理想。
——爱因斯坦[美国]

有些理想曾为我引过道路,并不断给我新的勇气以欣然面对人生,那些理想就是真、善、美。
——爱因斯坦[美国]

人们努力追求的庸俗的目标——财产、虚荣、奢侈的生活,我总觉得都是可鄙的。
——爱因斯坦[美国]

理想对我来说,是一种非凡的魅力。我的理想……总是充满着生活和泥土的气息。我从来都不去空想那些不可能实现的事情。
——(尼)奥斯特洛夫斯基[苏联]

立志、工作、成功,是人类活动的三大要素。立志是大事,工作随立志而来,成功随工作而来。
——巴斯德[法国]

无论在斗争中或牺牲中,我们都只对准一个目标,坚守一个信念,这样我们就可以克敌制胜。
——白求恩[加拿大]

人生应该树立目标,否则你的精力会白白浪费。
——彼德斯[美国]

在这一人航海的人生浩瀚大海中,理想是罗盘针,热情是疾风。
——波普尔[英国]

雄心壮志是茫茫黑夜中的北斗星。
——勃朗宁[英国]

人的活动如果没有理想的鼓舞,就会变得空虚而渺小。
——车尔尼雪夫斯基[俄国]

生活没有目标就像航海没有指南

针。　　　　　——大仲马［法国］

理想是人生的太阳。
　　　　　　　　——德莱塞［美国］

人生的最高理想是为人民谋利益。
　　　　　　　　——德莱塞［美国］

一切都靠一张嘴来谈理想而丝毫不实干的人，是虚伪和假仁假义的。
　　　　　　——德谟克里特［古希腊］

没有目的就做不成任何事情，目的渺小就做不成任何大事。
　　　　　　　　——狄德罗［法国］

幻想固然美，但并不能比这甜蜜的现实更美。　　——狄更斯［英国］

伟大的抱负造就伟大的人。
　　　　　　　　——富勒［英国］

幻想能害人，也能救人。
　　　　　　　　——富勒［英国］

理想，能给天下不幸者以快乐。
　　　　　　　　——高尔基［苏联］

生命里最重要的事情是要有个远大的目标，并借助才能与坚持来完成它。　　　　　——歌德［德国］

理想———一串跳荡的音符，奏响了我们心中青春的乐章；理想———一束心灵的阳光，点燃了我们胸膛里的火焰。
　　　　　　　　——歌德［德国］

每走一步都走向一个终于要达到的目标，这并不够，应该每一步就是一个目标，每一步都自有价值。
　　　　　　　　——歌德［德国］

尚未实现的崇高目标，要比已经达到的渺小的目的尤为珍贵。
　　　　　　　　——歌德［德国］

目标越接近，困难越增加。但愿每一个人都像星星一样安详而从容地不断沿着既定的目标走完自己的路程。只有这样的人才配生活和自由，假如他每天为之而奋斗。　——歌德［德国］

成功的经理人员在确定组织和个人的目标时，一般是现实主义的。他们不是害怕提出高目标，而是不让目标超出他们的能力。
　　　　　　——亨利·艾伯斯［美国］

一个崇高的目标，只要不渝地追求，就会成为壮举。
　　　　　　　　——华兹华斯［英国］

让你的理想高于你的才干，你的今天才有可能超过昨天，你的明天才有可能超越过今天。　——纪伯伦［黎巴嫩］

无论哪个时代，青年的特点总是怀抱着各种理想和幻想。这并不是什么毛病，而是一种宝贵的品质。
　　　　　　　　——加里宁［苏联］

人若没有目标，很快会成为一无所有。有个低微的目标也胜似毫无目标。
　　　　　　　　——卡莱尔［英国］

没有目标而生活，恰如没有罗盘而航行。　　　　　——康德［德国］

现实是此岸，理想是彼岸，中间隔着湍急的河流，行动则是架在川上的桥梁。　　　　——克雷洛夫［俄国］

一个人如果胸无大志，即使再有壮丽的举动也称不上是伟人。
　　　　　　——拉罗什富科［法国］

目光远大的人应当将自己的每一个愿望摆好位置，然后逐一地去实现

它。贪得无厌常常把这种秩序打乱,使我们同时去追逐许多目标,以至贪小失大。 ——拉罗什富科[法国]

走得最慢的人,只要他不丧失目标,也比漫无目的地徘徊的人走得快。
——莱辛[德国]

只要坚定不移地向着目标前进,就一定会达到目的。
——列夫·托尔斯泰[俄国]

凡是以追求自己的幸福为目标的人,是坏的;凡是以博得别人的好评为目标的人,是脆弱的;凡是以使他人幸福为目标的人,是有德行的。
——列夫·托尔斯泰[俄国]

要向大的目标走去,就得从小的目标开始。 ——列宁[苏联]

如果一个目的是正当而必须做的,则达到这个目的的必要手段也是正当而必须采取的。 ——林肯[美国]

理想失去了,青春这花也便凋零了,因为理想是青春的光和热。
——罗曼·罗兰[法国]

暂时的是现实,永生的是理想。
——罗曼·罗兰[法国]

一种理想,就是一种动力。
——罗曼·罗兰[法国]

实现明天理想的唯一障碍是今天的疑虑。 ——罗斯福[美国]

失败不是罪过,目标太低才是罪过。 ——洛厄尔[美国]

昨天的不可能,成为今天的可能;前个世纪的幻想,今天已成为真实摆在我们的眼前。令人惊讶的是人类努力的伟大。 ——马可尼[意大利]

具有新想法的人在其想法实现之前是个怪人。 ——马克·吐温[美国]

一个人若是没有确定航行的目的港,任何风向对他来说都不是顺风。
——蒙田[法国]

灵魂如果没有确定的目标,它就会丧失自己,因为俗语说得好:"无所不在等于无所在。" ——蒙田[法国]

不想当将军的士兵不是好士兵。
——拿破仑[法国]

有人活着没有任何目标,他们在世间行走,就像河中的一棵小草,他们不是行走,而是随波逐流。
——塞涅卡[古罗马]

若欲到达指定的目的地,必须循由一条道路前进,不要在许多路上徘徊。
——塞涅卡[古罗马]

理想如辰星——我们永不能触到,但我们可以像航海者一样,借星光的位置而航行。 ——舒尔茨[美国]

一个没有理想和目标的人,在思想上往往偏于保守,在行动上常常想维持现状。 ——土光敏夫[日本]

使人年老的不是岁月,而是理想的失去。 ——乌尔曼[匈牙利]

人有了物质才能生存,人有了理想才谈得上生活。你要了解生存与生活的不同吗?动物生存,而人则是生活。
——雨果[法国]

梦想就是创造,希望就是召唤,制造幻想就是促成现实。
——雨果[法国]

16　信念；信仰

不得志，独行其道。
　　　　——［战国］《孟子》

自信者，不可以诽誉迁也；知足者，不可以势利诱也。①
　　　　——［汉］《淮南子》

苟余行之不迷，虽颠沛其何伤。②
　　　　——［唐］韩愈

丹心终不改，白发为谁新。
　　　　——［唐］胡皓

立身存笃信，景行胜将金。③
　　　　——［清］《全唐诗补遗》

我的一生始终保持着这样一个信念：生命的意义在于付出，在于给予，而不是接受，也不是在于争取。
　　　　——巴金

我有我的爱，有我的恨，有我的欢乐，也有我的痛苦。但是我并没有失去我的信仰，对生活的信仰。
　　　　——巴金

支配战士行动的是信仰，他能够忍受一切艰难、痛苦，而达到他所选定的目标。
　　　　——巴金

如果把人生比之为杠杆，信念则好像是它的"支点"，具备这个适当的支点，才可能成为一个强而有力的人。
　　　　——薄一波

各备愚公之愿，即可移山；共怀精卫之心，不难填海。——蔡锷

投身革命即为家，血雨腥风应有涯。取义成仁今日事，人间遍种自由花。
　　　　——陈毅

人只要有一种信念，有所追求，什么艰苦都能忍受，什么环境也都能适应。
　　　　——丁玲

敌人只能砍下我们的头颅，决不能动摇我们的信仰！因为我们信仰的主义，乃是宇宙的真理！——方志敏

凡是轻易灰心失望的人，都只是不曾认清他挑的是一个百斤的重担，走的是一条万里的长路。——胡适

要使民族自立于世界之林，就要自己看得起自己。
　　　　——吉鸿昌

最坚强的意志，产生于最坚强的信念和对新的向往。
　　　　——柯蓝

明天的渺茫全仗昨天的实在撑持着，新梦是旧事的拆洗缝补。——老舍

只有对前途乐观的人，才能不怕黑暗，才能有力量去创造光明。
　　　　——李广田

信念、理想，是使人苦斗的精神支柱和力量。
　　　　——孙叔阳

自己的信念未建立以前，则最重要的工作是虚心的热忱的把自己的信念树立起来。
　　　　——陶行知

永远打不断的是脊梁，永远撕不碎的是信念。
　　　　——汪国真

信仰、劳动、恋爱，这三者融和一致

---

①诽誉：诽谤和赞誉。迁：变动；改变。势利：权势和利益。
②苟：如果。余：我。颠沛：受挫折。伤：损伤。
③立身：做人。笃：忠实。信：信念。景行：大道，比喻高尚的德行。将：拿。

的生活才是我们的理想生活。
　　　　　　　　　——夏丏尊

信仰是努力的先导,而努力却是成功的要素。　　　　　——杨贤江

人活着,总得有一个坚定的信仰,不光是为了自己的衣食住行,还要对社会有所贡献。　　　——张志新

可以牺牲我的生命,决不可放弃我的信仰。　　　　　　——张志新

信念对支撑一个人是至关重要的。即使是寿命的长短也往往取决于信念。
　　　　　　　　　——赵鑫珊

由大智中产生大勇,由理解中加强信心,是最坚毅的大勇与最坚强的信心。　　　　　　　　——邹韬奋

信念!有信念的人经得起任何风暴。　　　　——奥维德[古罗马]

以利益为主的阵营总是会动摇的,但以信念为主的是分化不了的。
　　　　　　　——巴尔扎克[法国]

聪明人说,只有人们自愿做的事才做的好。——车尔尼雪夫斯基[俄国]

信仰不是逢场作戏,不是作为形式上的信仰,而是生平一贯地作为精神支柱的信仰。　　　——池田大作[日本]

你有信仰就年轻,疑惑就年老;有自信就年轻,畏惧就年老;有希望就年轻,绝望就年老;岁月使你皮肤起皱,但是失去了热忱,就损伤了灵魂。
　　　　　　——戴尔·卡内基[美国]

失去信仰比失去家产更严重,因为家产尚可复得,而信仰不可重立。
　　　　　　　　——狄金森[美国]

真正的信仰是建立在岩石上的,而其他的一切都颠簸在时间的波浪上。
　　　　　——弗兰西斯·培根[英国]

信仰是人类认识自己智慧的力量的结果,这种信仰创造英雄,却并不创造而且将来也不会创造上帝。
　　　　　　　　——高尔基[苏联]

信仰是伟大的情感,一种创造力量。　　　　　　——高尔基[苏联]

通向真正信仰的道路,是要经过无信仰的沙漠才会达到的。
　　　　　　　　——高尔基[苏联]

每个人都应该坚持走他为自己开辟的道路,不被权威所吓倒,不受现实的观点所牵制,也不被时尚所迷惑。
　　　　　　　　　——歌德[德国]

人的尊严可用一句话来概括:即他的信念。它比金钱、地位、权势,甚至比生命都更有价值。——海卡尔[埃及]

信心是命运的主宰。
　　　　　　——海伦·凯勒[美国]

信仰与怀疑相辅相成,没有怀疑就没有真正的信仰。——海塞[德国]

信仰是没有国土和语言界限的,凡是拥护真理的人,就是兄弟和朋友。
　　　　　　——亨利希·曼[德国]

坚持你一定会成功的信念,不论有多大困难。同时要面对现实中最残酷的事实,无论它们是什么。
　　　　　　　　——柯林斯[英国]

信念是储备品,行路人在破晓时带着它登程,但愿他在日暮以前足够使用。　　　　　——柯罗连科[俄国]

高度的自尊心不是骄傲、自大或缺乏自我批评精神的同义词。自尊心强的人不是认为自己比别人优越,而只是对自己有信心,相信自己能够克服自己的缺点。　　　——科恩[美国]

信仰是生命的力量。信仰所给予人生之谜的答复含有人类的最深刻的智慧。　　——列夫·托尔斯泰[俄国]

人的信仰愈是坚决,其生活愈不致动摇。没有信仰的人的生活,无非是动物的生活。
　　　　——列夫·托尔斯泰[俄国]

喷泉的高度不会超过它的源头。一个人的事业也是这样,他的成就决不会超过自己的信念。　——林肯[美国]

每一个人都应该有这样的信心:人所能负的责任,我必能负;人所不能负的责任,我亦能负。如此,你才能磨炼自己,求得更高的知识而进入更高的境界。　　　　　　——林肯[美国]

怀疑与信仰,两者都是必需的。怀疑能使昨天的信仰摧毁,替明日的信仰开路。　　　——罗曼·罗兰[法国]

如果迷上那种空中楼阁似的信仰,便会像染上一种不良的嗜好,毁掉一生。　　　　——罗曼·罗兰[法国]

信念的力量是神奇的,它可以使千千万万的老弱信徒和衰弱的年轻人毫不迟疑、毫无怨言地从事那种艰苦不堪的长途跋涉,毫不懊悔地忍受因此而来的痛苦。　　　——马克·吐温[美国]

信仰与迷信不同。维护信仰到了迷信的程度,相反却使信仰毁灭。
　　　　　　　——帕斯卡[法国]

当喉咙发干时,会有连大海也可以一饮而尽的气概——这便是信仰;一等到喝时,至多只能喝两杯——这便是科学。　　　　——契诃夫[俄国]

为某个信念而死并不难,难的是实践信念。　　——萨克雷[英国]

缺乏信心并不是因为出现了困难,而出现困难是因为缺乏信心。
　　　　　　——塞涅卡[古罗马]

自信是走向成功之路的第一步,缺乏自信是失败的主要原因。
　　　　　　——莎士比亚[美国]

缺乏自信常常是性格软弱和事业不能成功的主要原因。
　　　　　　——索洛维契克[苏联]

信念是鸟,它在黎明仍然黑暗之际,感觉到了光明,唱出了歌。
　　　　　　——泰戈尔[印度]

信仰坚定的人是一刻也不会迷失方向的,他的灵魂将冲破炼狱的烈焰,直奔天堂极乐世界。
　　　　　　——温塞特[挪威]

如果一个人有足够的信念,那么他就能创造奇迹。　——温塞特[挪威]

有信心的人,可以化渺小为伟大,化平庸为神奇。　——萧伯纳[爱尔兰]

信仰是事业的千斤顶,失去了它,就失去了人生前进的精神支柱。
　　　　　　——亚米契斯[意大利]

信仰是人们所必需的,什么也不信的人不会有幸福。　——雨果[法国]

我们靠信仰生活,比自己所想到的多;我们靠信仰获得的成就,也比自己所意识到的多。我相信,信仰是我们一切思想的先行官。如果没有信仰,就不可能有假设、真理、科学或数学。我相信,信仰是思想的延展。有了信仰,我们才可以承认有不可能的事情。否定信仰,即等于反对自己,反对我们一切创造力的精神源泉。

——卓别林[英国]

信仰是力量的源泉。

——卓别林[英国]

17 希望;欲望

己所不欲,勿施于人。①

——[春秋]《论语》

节欲则民富,中听则民安。②

——[春秋]《晏子春秋》

祸难生于邪心,邪心诱于可欲。

——[战国]《韩非子》

欲刚必以柔守之,欲强必以弱保之。积于弱必强。 ——[战国]《列子》

事随心,心随欲。欲无度者,其心无度。心无度者,则其所为不可知矣。

——[战国]《吕氏春秋》

欲知平直,则必准绳;欲知方圆,则必规矩。③ ——[战国]《吕氏春秋》

养心莫善于寡欲。

——[战国]《孟子》

食、色,性也。④

——[战国]《孟子》

鱼我所欲也,熊掌亦我所欲也;二者不可得兼,舍鱼而取熊掌者也。

——[战国]《孟子》

路曼曼其修远兮,吾将上下而求索。⑤ ——[战国]屈原

民之性,饥而求食,劳而求佚,苦则索乐,辱则求荣。⑥

——[战国]《商君书》

同欲者相憎,同忧者相亲。

——[战国]《战国策》

患生于多欲,害生于未备。

——[汉]《淮南子》

多欲亏义,多忧害智。

——[汉]《淮南子》

省事之本在节欲。

——[汉]《淮南子》

饮食男女,人之大欲存焉;死亡贫苦,人之大恶存焉。 ——[汉]《礼记》

欲速则不达,见小利则大事不成。

——[汉]《礼记》

欲穷千里目,更上一层楼。⑦

——[唐]王之涣

---

①欲:想要;希望。施:施加;给予。
②中听:不偏听偏信。
③准:水准器,测定平面的工具。绳:取直线用的工具。规:画圆形的工具。矩:画方形或直角的工具。
④食:吃饭。色:性生活。性:人的自然本能,也是基本欲望。
⑤曼曼:形容距离远,又作"漫漫"。修:长。兮:同"啊"。
⑥佚:同"逸",安闲。
⑦欲:想要。穷:穷尽。千里:泛指极远、很远。更:再;又。

公道溺于私情,礼节亏于嗜欲。①
——[唐]魏徵

一念之欲不能制,而祸流于滔天。
——[宋]程颐

修身以寡欲为要,行己以恭俭为先。②
——[宋]胡宏

保生者寡欲,保身者避名。
——[宋]林逋

与其有求于人,不若无欲于己。
——[宋]楼钥

心安由自足,身贵为无求。
——[宋]陆游

俭则寡欲。君子寡欲则不役于物,可以直道而行;小人寡欲则能谨身节用,远罪丰家。
——[宋]司马光

君子之所取者远,则必有所待;所求者大,则必有所忍。
——[宋]苏轼

衣不求华,食不厌疏。③
——[宋]王安石

欲利己者,必损人;欲利财者,必敛怨。
——[宋]杨时

广欲莫如少取,多贪莫如寡愿,有得莫如无争。
——[宋]叶适

人到无求品自高。
——[宋]俞文豹

人有欲,则无刚,刚则不屈于欲。④
——[宋]朱熹

溺爱者不明,贪得者无厌。
——[宋]朱熹

共在人间说天上,不知天上忆人间。⑤
——[明]边贡

人心不足蛇吞象。
——[明]冯梦龙

欲人勿恶,必先自美;欲人勿疑,必先自信。
——[明]冯梦龙

鱼不忍饥钩上死,鸟因贪食网中亡。
——[明]韩贞

谿壑易填,人心难满。⑥
——[明]洪应明

吃着碗里,看着锅里。
——[明]《金瓶梅词话》

贪欲者,众恶之本;寡欲者,众善之基。
——[明]王廷相

节嗜者,卫生之经;笃利者,危身之道。⑦
——[明]徐祯稷

欲求真受用,须下死功夫。⑧
——[清]陈世仪

福寿康宁,固人之同欲;死亡疾病,亦人所不能无。
——[清]程登吉

人之心胸,多欲则窄,寡欲则宽。
——[清]金缨

寡欲以清心,寡染以清身,寡言以清口。
——[清]颜元

想象是风筝,而现实是手中的线,放得好,风筝便飞起来。
——艾青

希望是人生之需要。人如没有希

---

①溺:沉溺。嗜:爱好。
②要:重大的值得重视的内容。
③疏:粗;粗劣。
④刚:刚强。
⑤说:指向往。忆:思念。
⑥谿、壑:山谷。
⑦节:节制。嗜:嗜好。卫生:保护生命。笃:注重;追逐。
⑧受用:享用;得益。

望,何异江河干涸了流水? ——巴金

鼓舞人前进的是希望,而不是失望。 ——巴金

人类所追求的都是同样的东西——青春、生命、活力、爱情,不仅为他们自己,而且也为别的人。失去了这一切以后所产生的悲哀,乃是人类共有的悲哀。 ——巴金

欲望使我们勇敢,欲望也使我们迷失。 ——毕淑敏

现实终归是现实,你在现实中不能获得的东西,也别想在梦里得到。
——陈荒煤

凡是人渴望得到的东西,带给人的痛苦总大于快乐。 ——陈家琪

人们首先需要的,是弄清自己到底需要什么。这是多少人活了一辈子也未必清楚的。 ——陈祖芬

对精神的追求、对物质的追求都是无止境的。但是脱离了前者的后者,是空虚、堕落;脱离了后者的前者,是虚假、倒退。 ——陈祖芬

潇洒和浪漫后边必有对某些事物的执着追求。 ——冯世则

我对于一切享受的欲望都非常淡薄,惟独知识欲却是极端的旺盛。
——顾颉刚

希望是努力的母亲。 ——老舍

从绝望中寻找希望,人生终将辉煌。 ——李开复

克制自己欲望的这一套功夫,要从小时候开始锻炼。 ——梁实秋

人生不可无梦,世界上做大事业的人,都是由梦得来;无梦则无望,无望则无成,生活也就没有生趣。 ——林语堂

希望是本无所谓有,无所谓无的。这正如地上的路,其实地上本没有路,走的人多了,也便成了路。 ——鲁迅

人之所以异于禽兽,就因为人知道希望。 ——鲁迅

人类本来是奇怪的动物。"希望"时时刺激它向前,但当"希望"转成了"事实"而且过去以后,也就觉得平淡无奇。特别是那些快乐的希望,总不叫人满意,承认是恰如预期的。 ——茅盾

人生虽痛苦,却不悲观,因为它终抱着快乐的希望。 ——钱锺书

枯燥冗长的生活犹如沙漠,人能生存下去,不被吞噬,细细寻去,必是那人心里有些希望和欢乐。 ——秦文君

人活得愈简单愈轻松,欲望愈低愈富足。 ——三毛

已存在的,比未产生的更值得我们注意和希望。 ——沈从文

追求使你充实,失败和成功都是伴奏。 ——史铁生

梦想虽不见得都是伟大的事业的起点,但每种伟大的事业必定源于一种梦想。 ——王小波

人有时需要清醒和理智,有时却需要梦幻。 ——章舍之

欲求是一个不断成长的巨人,"现状"的外套对他永远也不够大。
——爱默生[美国]

只要一个人还有所追求,他就没有

老。直到后悔取代了梦想,他才算老。
——巴里穆尔[美国]

必须对生活先有信心,然后才能使生活延续下去,而所谓信心就是希望。
——保罗·朗万[法国]

希望是忧愁的最佳音乐。
——波温[美国]

希望往往会落空,并且是在最有希望的时候。 ——查斯特菲尔德[英国]

今天的希望幻灭了,另一个希望又随着明天的到来而萌芽。
——狄更斯[英国]

希望是顿美味的早餐,但却是顿糟糕的晚餐。
——弗兰西斯·培根[英国]

人类最可宝贵的财富是希望。希望减轻了我们的苦恼,为我们在享受当前的乐趣中描绘出来日乐趣的远景。
——伏尔泰[法国]

人类最宝贵的财富是希望。如果只着眼于当前,我们就不会去播种。
——伏尔泰[法国]

希望是生命的源泉,失去它,生命就会枯萎。 ——富兰克林[美国]

如果你的欲求无穷尽,那么你的心事和担忧也会无穷尽。
——富勒[英国]

瞄得太高如同瞄得太低一样,都会射不中目标。 ——富勒[英国]

人的心灵是有翅膀的,会在梦中飞翔。 ——高尔基[苏联]

希望是生命的灵魂、心灵的灯塔、成功的向导。 ——歌德[德国]

希望是不幸者的第二灵魂。
——歌德[德国]

当我们自以为达到了所希望的目的的时候,那恰恰是离我们的希望最远的时候。 ——歌德[德国]

对任何事情,抱希望总比绝望好。
——歌德[德国]

昨日只是今日的回忆,而明日只是今日的梦想。 ——纪伯伦[黎巴嫩]

希望和忧虑是分不开的。没有希望就不会有忧虑,没有忧虑也就没有希望。 ——拉罗什富科[法国]

如果你想射中目标,你就必须瞄得略高一些,因为脱弦之箭都受到地心引力的影响。 ——朗费罗[美国]

不要离开幻想,一旦幻想消失,你也许可以继续安在,但生活将从此和你无缘。 ——马克·吐温[美国]

蚊子和大象为同样的欲望所苦。
——蒙田[法国]

希望是人在逆境中的救星。
——米南德[古希腊]

填不满的是欲海,攻不破的是愁城。 ——乔治·桑[法国]

最有把握的希望,往往结果终于失望;最少希望的事情,反而出人意外地成功。 ——莎士比亚[英国]

切莫垂头丧气,即使失去了一切,你还握有未来。 ——王尔德[英国]

18 事 业

能周小事,然后能成大事;能积小

物,然后能成大物。①

——[春秋]《关尹子》

利不十者不易业,功不百者不变常。② ——[汉]《汉书》

论至德者不和于俗,成大功者不谋于众。 ——[汉]《史记》

行非常之事,乃有非常之功。③

——[晋]《三国志》

建大事者,不忌小怨。

——[南朝]《后汉书》

事业功德,老而益明,死而益光。

——[唐]韩愈

自古创业而失之者寡,守成而失之者多。④ ——[宋]范祖禹

只取人看好,何益百年身?⑤

——[宋]黄庭坚

人生在世,不出一番好议论,不留一番好事业,终日饱食,无所用心,何自别于禽兽? ——[宋]苏辙

事如芳草春常在,人似浮云影不留。 ——[宋]辛弃疾

成立之难如升天,覆坠之易如燎毛。⑥ ——[宋]《新唐书》

志于事业,则富贵不足道;志于富贵,则其人不足道。 ——[宋]俞文豹

论大计者,不可惜小费。⑦

——[宋]《资治通鉴》

欲为天下第一等人,当作天下第一等事。 ——[明]胡居仁

事不可易成,名不可易得。

——[明]徐祯稷

三百六十行,行行出状元。

——[明、清]《增广贤文》

受不得屈,做不得事。

——[清]申居郧

成大事功,全仗着秤心斗胆;有真气节,才算得铁面铜头。

——[清]王永彬

无论想在什么行业成功,你需要有成功的欲望,实现这个欲望的知识及应用这些知识的毅力。 ——陈江挺

事业是雷,爱情是电,雷鸣电闪才构成灿烂夺目的人生。 ——丁玍澜

对事业达到入迷的时候,才智恰恰最清醒。 ——敦源

由预想进行于实行,由希望变为成功,原是人生事业展进的正道。

——丰子恺

人的生活中,最能吸引人的力量,最能激发人经久不懈热情的是什么呢?那就是事业。 ——冯定

人是生活的主人,透过事业的棱镜,人才能看到自我生存的价值。

——冯定

一个人对人民的服务不一定要站

---

①周:谨慎地做到。

②利:利益。十:十倍。易:改变。业:事业;职业。功:功效。百:百倍。常:常规。

③行:做。非常:不平常。功:功业。

④守成:在事业上保持前人已有的成就。

⑤取:为了。好:舒服。益:有益。百年身:指终身事业。

⑥成立:指创立事业。覆坠:指毁掉、垮掉。燎:烧。

⑦大计:大事业。

在大会上讲演或是做什么惊天动地的大事业,随时随地、点点滴滴地把自己知道的、想到的告诉大家,无形中就是替国家播种、耕植。
——傅雷

一个人要干成一番事业,其中放开眼界、抓紧时机、百折不挠、艰苦创业占百分之九十五的因素。 ——霍英东

注重自己的名声,努力工作,与人为善,遵守诺言,这样对你们的事业非常有帮助。 ——李嘉诚

创业的过程,实际上就是恒心和毅力坚持不懈的发展过程,这其中并没有什么秘密,要真正做到中国古老的格言所说的勤和俭也不太容易。
——李嘉诚

把顾客的事当作自己的事来办,设身处地多为顾客的需求和利益着想,没有不成功的事业。 ——林玉梨

只有初恋般的热情和宗教般的意志,人才有可能成就某种事业。
——路遥

创事业者,需要有大刀阔斧的魄力、众醉独醒的精神,潮流影响不了他,风气麻醉不了他。 ——罗兰

古往今来,凡成就事业,对人类有所作为的,无一不是脚踏实地、艰苦攀登的结果。 ——钱三强

一个人自己不能控制自己,不能支配自己,却让社会习气造成的机会左右安排,这就是个不配活下去也不可能在事业上成功的人。 ——沈从文

天下事业的进步都是靠行。
——孙中山

人生为一大事来,做一大事去。
——陶行知

应该记住,我们的事业,需要的是手,而不是嘴。 ——童第周

古今之成大事业、大学问者,必经过三种之境界:"昨夜西风凋碧树,独上高楼,望尽天涯路",此第一境也;"衣带渐宽终不悔,为伊消得人憔悴",此第二境也;"众里寻他千百度,蓦然回首,那人却在灯火阑珊处",此第三境也。
——王国维

做生意只要能对未来确实有信心,从何时开始都是一样的。或许也可以说,与其预料将碰上热潮而开业,倒不如在创业初期先尝试一点苦头。
——王永庆

人生在世,事业为重。一息尚存,绝不松劲。东风得势,时代更新。趁此时机,奋勇前进。 ——吴玉章

创业难,守业更难。要把革命前辈打下的江山很好地接过去,不通过艰苦工作是不行的。 ——徐特立

要想在事业上真正干出名堂来,首要的是有一颗强烈的事业心,以及在这种事业心支配下产生的钻劲和出奇的迷劲。 ——袁伟民

创业总是艰难的,敢于创业的人,便不应计较艰难。世界上没有一帆风顺的革命。 ——恽代英

聪明才智往往靠不住,真正要干出一番事业,得靠自己顽强的意志。
——张之俭

成大事业者,往往有比常人更加健

全的自我,唯其更加健全,反而几近无我,即很少在意识中感觉自己的存在,他已把一个更大的世界当成自己。

——赵健雄

有志于某种事业者,与其临渊羡鱼,毋宁退而结网。结网无他,即当对于此事业所需要之能力先加以充分的准备。 ——邹韬奋

在创业时期中必须靠自己打出一条生路来,艰苦困难即此一条生路上必经之途径,一旦相遇,除迎头搏击外无他法,若畏缩退避,即等于自绝其前进。

——邹韬奋

一个人只有以他全部的力量和精力致力于某一种事业时,才能成为一个真正的大师。 ——爱因斯坦[美国]

对一个人来说,所期望的不是别的,而仅仅是他献身于一种美好的事业。 ——爱因斯坦[美国]

任何事业都可能遭到挫折,虽然为事业而奋斗的人是伟大的。

——本涅特[英国]

在事业上为了获得成功,并没有什么十全十美的方式,如果要说有的话,可从拼图游戏的经验中,被证明为众所周知的基本原则有二、三条,具有果断力就是其中之一。

——查斯特菲尔德[英国]

大多数人想要拥有自己的事业有三个理由:第一赚钱,同时品尝伴随金钱而来的喜悦;第二不想接受他人的支配;第三在主持事业时感到非常兴奋和具有挑战性。

——查斯特菲尔德[英国]

人必有一个无法放弃、无法搁下的事业,才能变得无比坚强。

——车尔尼雪夫斯基[俄国]

一旦你的事业获得成功,你将发现正是你自己掌握了实现你的希望所需要的时机。 ——戴尔·卡内基[美国]

一个注意小事情的人,永远不会成功大事业。 ——戴尔·卡内基[美国]

事业像人一般,是一种有机体,除了创业人自己的以外,还能吸引别人的思想和精力。而且事业雇佣年轻人,也使事业和年轻的力量联合了起来,即使创业人的精力、智能都在消逝,这些力量还能维持事业的生存。

——德芙塞[美国]

不经巨大的困难,不会有伟大的事业。 ——伏尔泰[法国]

伟大的事业需要始终不渝的精神。

——伏尔泰[法国]

如果你想永远做个雇员,那么下班的汽笛吹响时,你就可以暂时忘掉手中的工作;如果你想继续上进,去开创一番事业,那么汽笛仅仅是你开始思考的信号。 ——福特[美国]

事业是栏杆,我们扶着它在深渊的边沿上走路。 ——高尔基[苏联]

一切伟大的事业,或者是说一切大事,都是由小事组成的。

——高尔基[苏联]

事业是一切,名声是虚幻。

——歌德[德国]

今天所做之事,勿候明天;自己所做之事,勿候他人。要做一番伟大的事业,总得在青年时代开始。

——歌德[德国]

要成就一件大事业,必须从小事做起。——列宁[苏联]

不会做小事的人,也做不出大事来。 ——罗蒙诺索夫[俄国]

敢于开创伟大的事业,赢得光荣凯旋的人,即使要经受失败的考验,也比那些既不遭受什么风险,也享受不了什么欢乐的可怜虫要好得多。

——罗斯福[美国]

对什么都有兴趣的人是讨人喜欢的。但是干事业,就应在一定的时间内,专心致志于一个目标。

——莫洛亚[法国]

不论从事什么事业,都能打破现状。安于现状就是退步,自以为现状已经很好,就无法再突破。不求发展,明日就会失败,必须不断破坏现状,而后才能创出新的天地。

——坪内寿夫[日本]

事业常成于坚韧,毁于急躁。

——萨迪[波斯]

即便是世界上最伟大、最壮丽的事业,兴许也常常需要瘦弱的手去扶掖。

——斯宾塞[英国]

从不抛头露面的人能干成大事业。

——塔西佗[古罗马]

果实的事业是尊贵的,花的事业是甜美的,但是让我做叶的事业吧,叶是谦逊地、专心地垂着绿荫的。

——泰戈尔[印度]

宏伟的事业,只有靠着实实在在的微不足道的一步步的积累,才能获得成功。

——稻盛和夫[日本]

凡献身于一种事业的人,就会从那里找到一个向导、一个支柱、一个仿佛能规定他胸内心跳的调整器。

——左拉[法国]

19 工 作

无为而无不为。

——[春秋]《老子》

工欲善其事,必先利其器。

——[春秋]《论语》

大事不得,小事不为者必贫。①

——[春秋]《晏子春秋》

人有不为也,而后可以有为。

——[战国]《孟子》

一夫不耕,或受之饥;一女不织,或受之寒。 ——[汉]《汉书》

在官言官,在府言府,在库言库,在朝言朝。②

——[汉]《礼记》

造远者莫能兼通于歧路,有为者莫

---

①不得:做不了。贫:贫困;困窘。
②官:官府。言:谈论。府:储藏物资的地方。库:储藏兵器的地方。朝:朝廷。此句指各司其职,研习并做好本职事务。

能并举于耕学。① ——[晋]《抱朴子》

一夫不耕,天下受其饥;一妇不织,天下受其寒。 ——[南朝]《后汉书》

尽职者无他,正己格物而已。② ——[唐]颜真卿

论事易,作事难;作事易,成事难。③ ——[宋]苏轼

食人之禄而任人之事。④ ——[宋]《新五代史》

事到手,切莫急,便要缓缓想;想得时,切莫缓,便要急急行。 ——[明]吕坤

我不想多说空话,多说大话,我愿意一点一滴的做点事情,留点痕迹。 ——巴金

一个人,只要他能胜任自己的本职工作,能在貌似平凡的生活中追求过,思索过,感情燃烧过,他就成功了。 ——程乃珊

少说空话,多做工作,扎扎实实,埋头苦干。 ——邓小平

美好的前景如果没有切实的措施和工作去实现它,就有成为空话的危险。 ——邓小平

当一个人用工作去迎接光明,光明很快就会来照耀着他。 ——冯雪峰

身为老板,若不全心全意地去干,又有谁来替我们打点一切呢? 相反地,假若职员看见我们如此卖力,他们也会精神抖擞起来。 ——郭少明

一个人这一生是否成功,不在你做哪一类的工作,而在你是否肯认真地把自己发动起来,花力气和功夫去工作。 ——罗兰

如果你将来成为国家栋梁,能把国家管理好,这是最好的;若是你不能出人头地,但也不要灰心,把自己的家庭管好,也是很美好的;如果你的家庭最后也破碎了,那也不要紧,你得管好自己,做一个好人。 ——秦文君

我做事的态度,便是把每件事都做好,即使是微细的部分,也要彻底做好。一样事情不做到十全十美,我是绝对不放松的。 ——邵逸夫

我不知道自己有多少贡献,我还是每天老老实实地工作。 ——汪懋华

年轻人刚踏入社会之时,不要东挑西挑,任何工作都可以做,都有前途;特别在企业界,只要你努力学,一年就可以得其要领,而三年有成,可以一展雄才大略。 ——王永庆

一个人只能把他的才智、力量,全部地勤恳地用在工作上、事业上,并且做出成绩来,这样的生活才有价值,才有意义。 ——吴玉章

神圣的工作在每个人的日常事务

---

① 造:前往;到达。莫:不。兼:并;同时做。歧路:分歧的两条路。有为者:有作为的人。举:做;从事。耕:农耕。学:学习。
② 尽职:做好本职工作。无他:没有其他原因。正己:使自己具有好的品德。格物:探索事物的道理。
③ 论:议论;谈论。成:完成;成功。
④ 任:担任;承担。

里,理想的前途在于一点一滴地做起。
——谢觉哉

最好不要在夕阳西下的时候幻想什么,而要在旭日初升的时候就投入工作。
——谢觉哉

假如你一开始就想做比尔·盖茨,学哲学的一上来就想超过黑格尔,忽略手头的工作,最终可能会一事无成。可以骑驴找马,但不要虐待那头驴。
——徐小平

把每一件简单的事做好就是不简单,把每一件平凡的事做好就是不平凡。
——张瑞敏

谁若只做了一半,就等于没有做。
——巴比塞[法国]

提出目标是管理人员的责任,实际上这是他的主要责任。
——巴纳德[美国]

工作的起步至关重要。
——柏拉图[古希腊]

即使有需要及时处理的工作,也应时刻留意,不可因心急而把事情弄的乱七八糟。
——查斯特菲尔德[英国]

假如你一次只做一件事,那么一天当中就有足够时间做每件事情;但假如你一次做两件事情,一年当中也没有足够时间。
——查斯特菲尔德[英国]

最好的职位也免不了有些最令人烦恼的困难,因为大责任总是跟着大机会一块儿来的。
——德莱塞[美国]

管理者的任务在于运用每一个人的才干,以一当十,以十当百,发生相乘的效果。
——德鲁克[美国]

管理者好比是交响乐队的指挥,通过他的努力、想象和指挥,使整个乐器融合为一幕精彩的音乐表演。
——德鲁克[美国]

永远不要把你今天可以做的事留到明天做。
——狄更斯[英国]

过于求速为做事上最大的危险之一。
——弗兰西斯·培根[英国]

做事是否快捷,不在一时奋发,而在能否持久。
——弗兰西斯·培根[英国]

真正敏捷的人,并非事情仅仅做得快,而且是做得快而好的人。
——弗兰西斯·培根[英国]

丰功伟绩都是从点点滴滴做起的。
——弗兰西斯·培根[英国]

把志趣和职业结合成一体,就像两只眼睛合成一条视线。
——弗罗斯特[美国]

任何工作都是体面的,丢脸的是懒惰。
——富兰克林[美国]

人没有了操心的事,就跟狗没有了主人一样。
——高尔基[苏联]

为了明天把工作干好的最好准备,就是今天把工作干好。
——哈伯德[美国]

管理就是把复杂的问题简单化,混乱的事情规范化。
——杰克·韦尔奇[美国]

看不出做成了什么,只能看出还应做什么。
——居里夫人[法国]

人生的要旨是脚踏实地地做好眼前的事,而不是把眼睛盯在远处朦胧之

物上。　　　——卡莱尔[英国]

工作是使生活得到快乐的最好方法。　　　——康德[德国]

如果有工作要做，就应该立刻做好；如果交运时你发现自己毫无防备，就不该怪命运女神，而应当埋怨自己。

——克雷洛夫[俄国]

每一种工作都蕴藏着无穷的乐趣，只是有些人不懂得怎样去发掘他们罢了。

——卢梭[法国]

工作就是人生的价值、人生的欢乐，也是幸福之所在。——罗丹[法国]

在工作与游乐之间，存在着一种和谐，两者巧妙地结合起来，生活的艺术就在其中了。　——罗曼·罗兰[法国]

伟大的事业根源于坚韧不拔的工作，以全副精神去从事，不避艰苦。

——罗素[英国]

不能爱哪行才干哪行，要干哪行爱哪行。　　　——丘吉尔[英国]

要是一年四季全是游戏的假日，那么游戏也会变得像工作一般令人烦厌。

——莎士比亚[英国]

做少许事情而做得很好，胜于做许多事情而做得很糟。

——苏格拉底[古希腊]

有耐心圆满完成简单工作的人，才能够轻而易举地完成困难的事。

——席勒[德国]

工作对于人来说是一种享受。

——伊索[古希腊]

20　奋斗；进取

天行健，君子以自强不息。①

——[周]《周易》

百万之众不用命，不如万人之斗也；万人之斗，不如百人之奋也。②

——[战国]《尉缭子》

求之而后得，为之而后成。

——[战国]《荀子》

筚路蓝缕，以启山林。③

——[战国]《左传》

一鼓作气，再而衰，三而竭。④

——[战国]《左传》

鞠躬尽力，死而后已。⑤

——[三国]诸葛亮

精诚所加，金石为开。⑥

——[南朝]《后汉书》

功名只向马上取，真是英雄一丈夫。⑦　　　——[唐]岑参

---

①天：天体；自然界。行：运行。健：刚健；有活力。君子：品德高尚的人。以：因此。息：停止。

②奋：奋力。

③筚路：柴车。蓝缕：破旧的衣服。启：开辟。

④鼓：指击鼓发动进攻。作：振作；振奋。再：第二次。衰：衰减。三：第三次。竭：竭尽；用尽。

⑤鞠躬：形容小心谨慎的样子。尽力：贡献出全部精力。又作"尽瘁"。已：止；停止。

⑥精诚：至诚；真心诚意。加：施加。金石：金属和石头，泛指坚硬的东西。

⑦丈夫：大丈夫，指胸怀大志的人。

长风破浪会有时,直挂云帆济沧海。①
——[唐]李白

策马前途须努力,莫学龙钟虚叹息。②
——[唐]李涉

好事尽从难处得,少年无向易中轻。③
——[唐]李咸用

千淘万漉虽辛苦,吹尽黄沙始到金。④
——[唐]刘禹锡

弄潮儿向涛头立,手把红旗旗不湿。⑤
——[宋]潘阆

努力图树立,庶几终有成。⑥
——[宋]欧阳修

强者不自勉,或死而泯灭于无闻;弱者能自立,则必有称于后世。⑦
——[宋]欧阳修

百尺竿头须进步。
——[宋]释道原

将相本无种,男儿当自强。
——[宋]汪洙

天下事无不可为,但在人自强如何耳。
——[宋]朱熹

百尺竿头,更进一步。
——[宋]朱熹

水不激不跃,人不激不奋。
——[明]冯梦龙

把意念沉潜得下,何理不可得?把志气奋发得起,何事不可做?
——[明]吕坤

事在人为。
——[清]《官场现形记》

天下事有难易乎? 为之,则难者亦易矣;不为,则易者亦难矣。
——[清]彭端淑

奋斗就是生活,人生唯有前进。
——巴金

成功的花,人们只惊羡它现实的明艳,然而当初的芽儿浸透了奋斗的泪泉,洒满了牺牲的血雨。 ——冰心

在这个世界上,真正可以信赖的首先是自己——是自己在向着一种光明的目标奋斗中付出的努力与血汗!
——陈大超

泪是酸的,血是红的,奋斗来的生命是美丽的。
——陈衡哲

攀登科学高峰,就像登山运动员攀登珠穆朗玛峰一样,要克服无数艰难险阻,懦夫和懒汉是不可能享受到胜利的喜悦和幸福的。 ——陈景润

我相信将来可以有更合理的社会,更幸福的人生;但这社会这人生是要我们努力去开拓去铺设的。 ——陈望道

青年是时代的先锋,先锋责任的完成,只有从斗争中锻炼可以得到。
——陈毅

哪有斩不掉的荆棘? 哪有打不死

---

①济:渡过(江河湖海)。

②策马:用鞭子赶马。龙钟:衰老的样子。

③无:同"毋",不要;不可以。

④淘:用水冲洗以除去泥沙。漉:过滤。始:才。

⑤弄潮儿:原指钱塘江观潮时江中戏水者,现多指游泳健儿。

⑥庶几:将;可。

⑦自勉:激励自己。泯灭:消灭;消失。无闻:不被人们知道。自立:自己努力奋斗。称:称誉。

的豺虎？哪有推不翻的山岳？你必须奋斗着，勇猛地奋斗着，胜利就是你的。
——邓中夏

坚持到底，一倒能起，再倒再起。
——冯玉祥

惟其当时肯耗费觅路的功夫，才能在日后得到该走的大道。——顾颉刚

青年需要经受各种锻炼。所谓百炼成钢，在暴风雨中成长，就是这个道理。希望不经过困难、波折、轻而易举地成名，那是不长进、没出息的幻想。
——郭沫若

奋斗之心，人皆有之。
——弘一法师

科学上没有平坦的大道，真理长河中有无数礁石险滩。只有不畏攀登的采药者，只有不怕巨浪的弄潮儿，才能登上高峰采得仙草，深入水底觅得骊珠。——华罗庚

发愤早为好，苟晚休嫌迟。最忌不努力，一生都无知。——华罗庚

追悔不如更新。——老舍

宇宙进化的大路，只是一个健行不息的长流，只有前进，没有反顾，只有开新，没有复旧。——李大钊

愿今人奋力，以告慰先驱。
——李大钊

凡在竞争中的强者，没有一个不是追求卓越、超越自己的勇者。——李虹

你要别人信服，就必须付出双倍使别人信服的努力。——李嘉诚

"不耻最后。"即使慢，驰而不息，纵令落后，纵令失败，但一定可以达到他所向的目的。——鲁迅

巨大的建筑，总是由一木一石叠起来的，我们何妨做做这一木一石呢？我时常做些零碎事，就是为此。——鲁迅

什么是路？就是从没路的地方践踏出来的，从只有荆棘的地方开辟出来的。——鲁迅

路是从没有路的地方走出来的，只有善于披荆斩棘、历尽艰苦的人，才能走到幸福的天堂。——马铁丁

别人可以拷贝我的模式，但是不能拷贝我的苦难，不能拷贝我不断往前的激情。——马云

一切新的东西都是从艰苦斗争中锻炼出来的。——毛泽东

世上无难事，只要肯登攀。
——毛泽东

红军不怕远征难，万水千山只等闲。——毛泽东

江山如此多娇，引无数英雄竞折腰。——毛泽东

人生之天职，即为奋斗；无奋斗力者，百无成就。——茅盾

必须在奋斗中求生存、求发展。
——茅盾

困难只能吓倒懦夫懒汉，而胜利永远属于敢于攀登科学高峰的人。
——茅以升

挣扎的本身便是光明，能够跟生活正面斗争的人就是接近光明的人。
——梅娘

如果缺乏必要的竞争壁垒，"先驱"

变"先烈",也是极有可能的事情。
——牛根生

我们要抱着乐观去奋斗,我们往前一步,就是前进。——瞿秋白

人生是时时在追求挣扎中,虽明知是幻想虚影,然终不能不前去追求;明知是深渊悬崖,然终于不能不勉强挣扎。——石评梅

奋斗的过程中,常会遭受挫折,唯有坚持到底,才能获得最后的成功。
——舒勒

奋斗这一件事是自有人类以来天天不息的。——孙中山

不断的奋斗就是走上成功之路。
——孙中山

人类要在竞争中求生存,便要奋斗。所以奋斗这一件事,是自有人类以来天天不息的。——孙中山

奋斗是万物之父。——陶行知

先天环境的好坏,并不足奇,成功的关键完全在于一己之努力。
——王永庆

我从来不知道什么是苦闷,失败了再来,前途是自己努力创造出来的。
——徐特立

有竞争才有进步。——颜文梁

只有天天看到不足,天天感到不安,才能天天去竞争。——袁伟民

即使到今天,人们求知若渴,求贤若渴,但竞争到最后,仍然是心灵的较量。——原野

我的态度是一息尚存,还是要干。干到不怕失败的人,才是能够取得胜利的人。——恽代英

所谓自我实现,就是把人的潜能发挥、发展出来。——张岱年

即使跌倒一百次,也要一百零一次地站起来。——张海迪

奋斗并不仅仅是为了成功。奋斗使我们找到生命的意义和存在的价值。
——张抗抗

晚起步不如早起步,晚行动不如早行动,踟蹰不如当机立断,唉声叹气不如奋发图强。①——张抗抗

人生与弈棋、赛球并无二致。只要入局,就应该是一场志在必得的壮烈斗争。——赵宁

只要奋斗,就有出路;不奋斗,就无法生存。——周恩来

在惊涛骇浪中,拿稳着舵,虽千转百折,仍朝着正确的方向前进,才终有达到彼岸的时候。——邹韬奋

什么是成功的秘诀,很简单,无论何时,不管怎样,我也绝不允许自己有一点点灰心。——爱迪生[美国]

凡事欲其成功,必要付出代价——奋斗。——爱默生[美国]

奋斗能使我们解脱自身的束缚,并使我们成为最优秀、最伟大的人物的同伴。——爱因斯坦[美国]

对真理和知识的追求并为之奋斗,是人的最高品质之一。
——爱因斯坦[美国]

---

①踟蹰:心里迟疑,要走不走的样子。

没有牺牲,也就绝不可能有真正的进步。
————爱因斯坦[美国]

愿你坚强地保持你的荣誉,愿你坚强地参加生活的斗争!愿你拥抱着真理,向真理的国度飞去!
————安徒生[丹麦]

一个人必须经过一番刻苦奋斗,才会有所成就。
————安徒生[丹麦]

有了一些小成绩就不求上进,这完全不符合我的性格。攀登上一个阶梯,这固然很好,只要还有力气,那就意味着必须再继续前进一步。
————安徒生[丹麦]

钢是在烈火和急剧冷却里锻炼出来的,所以才能坚硬和什么也不怕。我们的一代也是这样在斗争中和可怕的考验中锻炼出来的,学习不在生活面前屈服。
————(尼)奥斯特洛夫斯基[苏联]

不停顿地走向一个目标,这就是成功的秘诀。
————巴甫洛夫[苏联]

伟大的人物都是走过了荒沙大漠,才登上光荣的高峰。
————巴尔扎克[法国]

一切真正美好的东西都是从斗争和牺牲中获得的,而美好的将来也要以同样的方法来获取。
————车尔尼雪夫斯基[俄国]

为了一个伟大的神圣目的,去千方百计、历尽艰辛地奋斗,是完全值得的。
————狄更斯[英国]

事实上,竞争似乎是不协调的因素,但它实际上是使社会一切组成部分联合起来的可靠纽带。
————杜诺欧[法国]

要获得事业的成功,必须奋斗,而不是乞求。
————菲·马辛杰[英国]

"凡事起头难",这句话在某些时候的确有它的道理。但是一般而言,凡事起头易,最难的该是最后阶段的冲刺,能够克服这一关的人真是少之又少。
————歌德[德国]

不要去同那些没有任何东西可失去的人竞争。
————格拉西安[西班牙]

奋斗在人,成功在天。
————荷马[古希腊]

攀登顶峰,这种奋斗的本身就足以充实人的心。人们必须相信,登山不止就是幸福。
————加缪[法国]

速度就是一切,它是竞争不可或缺的因素。
————杰克·韦尔奇[美国]

生命不止,奋斗不息。
————卡莱尔[英国]

只有那不惧艰险,在风浪中英勇搏击的人,才能领悟大海的奥秘。
————朗费罗[美国]

高山的顶峰不是一夜之间就能到达的。当他人还在夜晚梦乡的时候,勇敢无畏的爬山者仍在继续攀登。
————朗费罗[美国]

人生的乐趣不仅在于达到某一目标的那一刻,而更在于继续不断努力追求的过程中,我们觉得生命有意义,活着有价值。
————罗曼·罗兰[法国]

青春的光辉、理想的钥匙、生命的意义,乃至人类的生存、发展……全包括在这两个字之中——奋斗! 只有奋斗,才能治愈过去的创伤;只有奋斗,才是我们民族的希望和光明所在。

——马克思[德国]

不管遇到什么障碍,我都要朝着我的目标前进。 ——马克思[德国]

自暴自弃,这是一条永远腐蚀和啃噬着心灵的毒蛇,它吸走心灵的新鲜血液,并在其中注入厌世和绝望的毒汁。

——马克思[德国]

胜利属于自强不息的人。

——蒙田[法国]

我们应当努力奋斗,有所作为。这样,我们就可以说,我们没有虚度年华,并有可能在时间的沙滩上留下我们的足迹。 ——拿破仑[法国]

人生的光荣,不在于永不失败,而在于能够屡败屡战。

——拿破仑[法国]

如果你想走到高处,就要使用自己的两条腿!不要让别人把你抬到高处,不要坐在别人的背上和头上。

——尼采[德国]

我怎样才能最顺当地上山?——别去犹豫,只顾登攀! ——尼采[德国]

无论做什么事情,只要肯努力奋斗,是没有不成功的。——牛顿[英国]

没有播种,何来收获? 没有辛劳,何来成功? 没有磨难,何来荣耀? 没有挫折,何来辉煌? ——佩恩[英国]

新经济时代,不是大鱼吃小鱼,而是快鱼吃慢鱼。 ——钱伯斯[美国]

凡事皆需尽力而为,半途而废者永无成就。 ——莎士比亚[英国]

光荣的路是狭窄的,一个人只能前进,不能后退。你应该继续在这一条窄路上迈步前进,无数竞争的人都在你背后,一个紧追着一个,如果你略微退让或闪在路旁,他们就会像汹涌的怒潮一样直冲过来,把你遗弃在最后。

——莎士比亚[英国]

只有经过地狱般的磨炼,才能炼出创造天堂的力量;只有流过血的手指,才能弹奏出世间的绝唱。

——泰戈尔[印度]

要有自信,然后全力以赴——假如具有这种观念,任何事情十之八九都能成功。 ——威尔逊[美国]

进步意味着目标不断前移,阶段不断更新,它的视野总是不断变化的。

——雨果[法国]

每一发奋努力的背后,必有加倍的赏赐。 ——詹姆斯[美国]

21 发明;创造

善作者不必善成,善始者不必善终。① ——[战国]《战国策》

人情滞常,难与虑始。②

——[南朝]《宋书》

苟利于人,不必法古;必害于事,不

---

①作:兴起,引申为开创。必:一定。成:成功。

②滞:停滞;不灵活。滞常:拘泥于常规。虑始:谋划变革。

可循旧。① ——[北朝]刘昼

随事制法,因事制宜,自我而作,何必师古?② ——[五代]《旧唐书》

天变不足畏,祖宗不足法,人言不足恤。③ ——[元]《宋史》

但开风气不为师。④
——[清]龚自珍

想象是创造的先导,想象力越丰富,创造力就越强。 ——陈福民

致富的秘诀,在于"大胆创新、眼光独到"八个大字。 ——陈玉书

掌握新技术,要善于学习,更要善于创新。 ——邓小平

我们的国家越发展,越要抓艰苦创业。 ——邓小平

没有信念、纪律以及合理的学习程序,很少人能真有什么创造性。
——杜维明

科学也需要创造,需要幻想——有幻想才能打破传统的束缚,才能发展科学。 ——郭沫若

创造只是模仿到十足时的一点点新花样。 ——胡适

凡富于创造性的人必敏于模仿,凡不善于模仿的人决不能创造。
——胡适

独立思考能力,对于从事科学研究或其他任何工作,都是十分必要的。在历史上,任何科学上的重大发明创造,都是由于发明者充分发挥了这种独创精神。 ——华罗庚

人之所以可贵就在于会创造。
——华罗庚

一切发明创造都是经过许多失败的经历而后成功的。 ——华罗庚

如果没有独创精神,不去探索更新的道路,只是跟着别人的脚印走路,也总会落后别人一步;要想赶过别人,非有独创精神不可。 ——华罗庚

只有先声夺人,出奇制胜,不断创造新的体制、新的产品、新的市场和压倒竞争对手的新形势,企业才能立于不败之地。 ——黄汉清

智商很高的学生可以赢得国际奥林匹克知识竞赛奖,但是唯有创造力极强的人才具备获取诺贝尔奖的前提。
——黄全愈

创新是一个民族进步的灵魂,是国家兴旺发达的不竭动力。 ——江泽民

生活也应该充满了创造。没有创造的生活如同一个人在精神上得了贫血症,苍白无力,充满痛苦!
——蒋子龙

独创有两方面:一是形式的新颖,一是个人人格的化入。 ——金克木

越是富有想象力的人越易触犯常规,越是伟大的创造就越是对既成事物和观念的重大突破。
——金忠明

人类一切创造性的活动,都是以想象为支柱的。 ——柯灵

---

①苟:如果。法:效法;遵循。害:妨碍。旧:指传统。
②师古:效法古代。
③法:固守。恤:顾虑。
④开:开创。

生活是一本最大、最厚的书,人生最有趣的事情就是送旧迎新,因为人类最高的欲求是在时时创造新生活。
　　　　　　　　——李大钊

科学的存在全靠它的新发现,如果没有新发现,科学便死了。 ——李四光

缺乏创造精神与创造成果的人生是不完美的人生。　　——刘吉

生活的磨炼,会使一部分人的眼睛渐渐进入自觉状态,能透过平凡琐细的表象,有所发现。　　——刘心武

要进步或不退步,总须时时自出新裁。　　　　　　　　——鲁迅

无羁的心灵是创造的源泉。
　　　　　　　　——陆晓文

发明、创造的本身,并无任何成见,它愿意向每一个勤奋的人、也向敢说敢干的人招手。 ——马铁丁

没有学习,不会有创造;没有继承,不会有发展。　　——马铁丁

人民,只有人民,才是创造世界历史的动力。　　　　——毛泽东

继承和借鉴决不可以变成替代自己的创造。　　——毛泽东

我们需要的是开荒的人,不是坐待广厦万间庇荫的人,是觉悟了自己的权利而忘了自己的义务的人!①
　　　　　　　　——茅盾

学术上的许多突破和创见,无不是从大胆的怀疑或设想开始的。
　　　　　　　　——茅以升

从书本上吸收,同时也就创造;在生活上学习,同时也就享受。
　　　　　　　　——沈从文

美的一个主要的特征,就是创造性。没有创造性的东西,也就不美。
　　　　　　　　——施昌东

开路,这就意味着我们要有崇高的理想,敢于革新,敢于创造,闯前人未经之道,辟前人未历之境。 ——唐弢

敢探未发明的新理,即是创造精神;敢入未开化的边疆,即是开辟精神。创造时,目光要深;开辟时,目光要远。总起来说,创造、开辟都要有胆量。
　　　　　　　　——陶行知

像屋檐水一样,一点一滴,滴穿阶沿石。点滴的创造固不如整体的创造,但不要轻视点滴的创造而不为,呆望着大创造从天而降。 ——陶行知

守旧的头脑是一切进步的大障碍。
　　　　　　　　——陶行知

正确的仿效非但不与创新冲突,非但不排斥创新,而且往往是创新的酵母,是创新的前提条件。 ——王彬彬

任何研究工作都应有所创新。创新的基础,一是新概念的指导,二是新方法的突破。　　——王鸿祯

标新立异的目标无非是为了开拓。
　　　　　　　　——王蒙

凡事力争最好的可能性,但必须做最坏的准备。做创新的科研工作更是

---

①庇荫:遮蔽阳光。比喻安于现状,贪图享受,缺少开拓精神。

如此。　　　　　　——王世真

要创新需要一定的灵感,这灵感不是天生的,而是来自长期的积累与全身心的投入。没有积累就不会有创造。
　　　　　　　　　　——王业宁

重复现成的东西并不困难,微小的创造却不容易。　　　——王朝闻

所谓革命精神就是创造性,要懂得世界上的一切都需要创造,要前进就不能坐着等待,就要去创造。——徐特立

要继承才能创造发展,继承是创造发展的基础。最能创造发展的人,也是最会继承的人。　　　——徐特立

只有广泛地得到教益,自己才能兼容并蓄,融会贯通,然后才能独创一格。
　　　　　　　　　　——荀慧生

只要持之以恒,知识丰富了,终能发现奥秘。　　　　——杨振宁

厌恶创造,也就是厌恶生命;热爱创造,也就是热爱生命。——俞吾金

新世界是属于创造者和开拓者的。
　　　　　　　　　　——俞吾金

不敢梦想的人,是没有奇迹可创造的。　　　　　　　——翟墨

创新是企业的灵魂,是企业持续发展的保证。　　　——张瑞敏

具有精神勇气和智力并立志于创造的人是幸福的。　——赵鑫珊

今天的现实是不够美满的,但是美满的现实需要我们大家共同去创造。
　　　　　　　　　　——周恩来

只有死功夫固然不尽能发明或创造,但是能发明创造者却大半是下过死功夫来的。　　　　——朱光潜

提出一个问题往往比解决一个问题更重要。因为解决问题也许仅是一个数学上或实验上的技能而已,而提出新的问题,却需要有创造性的想象力,而且标志着科学的真正进步。
　　　　　　　——爱因斯坦[美国]

发明是百分之一的灵感加上百分之九十九的勤奋。 ——爱迪生[美国]

发明家全靠一股了不起的信心支持,才有勇气在不可知的天地中前进。
　　　　　　　——巴尔扎克[法国]

科学的进步,取决于科学家的劳动及其发明创造的价值。
　　　　　　　——巴斯德[法国]

发现者,尤其是一个初出茅庐的年轻发现者,需要勇气才能无视他人的冷漠和怀疑,才能坚信自己发现的意义,并把研究继续下去。
　　　　　　——贝弗里奇[英国]

独创性不是为天才可有可无的东西,而是天才必要的属性,是区别天才和单纯的才能或才赋的界线。
　　　　　　——别林斯基[俄国]

我们越是分析时间的自然性质,我们就越懂得时间的延续就意味着发明,就意味着新形式的创造,就意味着一切新鲜事物连续不断地产生。
　　　　　　　——柏格森[法国]

独辟蹊径才能创造出伟大的业绩,在街道上挤来挤去不会有所作为。
　　　　　　　——布莱克[英国]

有所发明的人,沟通自然和人类的

人好像镜子前面的实物,一味背诵、吹嘘别人著作的人则好像镜子里面的物影。 ——达·芬奇[意大利]

一个没有任何个性的人,只能做出一般的产品。只有在工作中发挥个性,才能有新的点子,找出新的方向。
——大松博文[日本]

科学幻想归根结底是科学和技术的大胆创造。 ——费定[英国]

所谓创造的能力,就是经过深思的模仿。 ——伏尔泰[法国]

我们必须先使自己处在自己时代的水平上,然后才可能超越它。
——伏尔泰[法国]

人类的生活就是创造。
——高尔基[苏联]

生活的意义在于创造,而创造是独立存在的,没有止境的。
——高尔基[苏联]

我们要获得现有的一切,而且要创造现在还没有的新事物!
——高尔基[苏联]

独创性的一个最好的标志就在于选择题材之后,能把它加以充分的发挥,从而使得大家承认压根儿想不到会在这个题材里发现那么多的东西。
——歌德[德国]

从生命中创造新的生命,就靠生动的血液鼓足干劲。那里一切在活动,有所成功,弱者倒下,有为者奋勇前冲。
——歌德[德国]

每一秒都应该有所创造。
——歌德[德国]

不经过迷惑,你总不会聪明!要成长你总要独创才行。 ——歌德[德国]

对于一个正直的科学家来说,最不起眼的东西可以成为发现的源泉。
——格拉宁[苏联]

你不能等别人为你铺好路,而是自己去走,去犯错,而后创造一条自己的路。 ——古祖特[法国]

天才就是创造前无古人的业绩——第一个做正确事情的才能。
——哈伯德[美国]

常人长于重复,天才长于创造。
——惠尔普[美国]

天才是创造不能按既定规则去创造的那种东西的才能,它不是可以根据某种规则学习到的那种技巧本领,因此,独创性必然是天才的基本特性。
——康德[德国]

向还没有开辟的领域进军,才能创造新天地。 ——李政道[美国]

如果学生在学校里学习的结果是使自己什么也不会创造,那他的一生将永远是模仿和抄袭。
——列夫·托尔斯泰[俄国]

伟大的天才不屑别人走过的路,他要探索迄今尚未开发的领域。
——林肯[美国]

一个人有了发明创造,他对社会作出了贡献,社会也就会给他尊敬和荣誉。 ——罗·特雷塞尔[英国]

人生所有的欢乐是创造的欢乐:爱情、天才、行动——全都是靠创造这一团烈火迸射出来的。

——罗曼·罗兰[法国]

天才免不了有障碍,因为障碍会创造天才。　——罗曼·罗兰[法国]

创造能力既不是遗传的,也不是教得会的,正如不管怎样完美制作的洋娃娃,也不能够变成一个会呼吸的活的婴儿。　　——罗森[美国]

想出新办法的人在他的办法没有成功以前,人家总说他是异想天开。

——马克·吐温[美国]

我们的天父之所以创造人,是因为猴子使他失望了。

——马克·吐温[美国]

所有现存的好东西都是创造的果实。　　　　　——米尔[英国]

独创性并不是首次观察某种新事物,而是把旧的、很早就是已知的,或者是人人都视而不见的事物当新事物观察,这才证明是有真正的独创头脑。

——尼采[德国]

发明的秘诀在于不断地努力。

——牛顿[英国]

简单的事情考虑得很复杂,可以发现新领域;把复杂的现象看得很简单,可以发现新定律。　——牛顿[英国]

领袖和跟风者的区别就在于创新。

——史蒂夫·乔布斯[美国]

并不是每个人都需要种植自己的粮食,也不是每个人都需要做自己穿的衣服,我们靠着别人发明的语言,使用别人发明的数学……我们一直在使用别人的成果。使用人类的已有经验和知识来进行发明创造是一件很了不起的事情。　——史蒂夫·乔布斯[美国]

从今天起,强迫自己每天想一个创意,你将不难发现到处都有赚钱的机会。　　　　——藤田田[日本]

天才的发现之所以伟大,正在于这些发现成了千万人的财富。

——屠格涅夫[俄国]

企业的出路在于产品更新换代。

——土光敏夫[日本]

天才的主要标记不是完美而是创造,天才能开创新的局面。

——亚瑟·柯斯勒[英国]

已经创造出来的东西比起有待创造的东西来说,是微不足道的。

——雨果[法国]

即使你很成功地模仿了一个有天才的人,你也缺乏他的独创精神。

——雨果[法国]

在泥土下面,黑暗的地方,才能发现金刚钻;在深入缜密的思考中,才能发现真理。　　——雨果[法国]

模仿不能成大器。

——约翰生[英国]

22　成　功

狐埋之而狐搰(hú)之,是以无成功。①　　　　——[春秋]《国语》

---

① 搰:挖掘。此句比喻做事疑虑太多,就不能成功。

生而不有,为而不恃,功成而不居。① ——[春秋]《老子》

功遂身退,天之道。② ——[春秋]《老子》

为山九仞,功亏一篑。③ ——[春秋]《尚书》

以众人之力起事者,无不成也。 ——[战国]《管子》

众怒难犯,专欲难成。④ ——[战国]《左传》

事之成败,必由小生。 ——[汉]《淮南子》

得其所利,必虑其所害;乐其所成,必顾其所败。 ——[汉]刘向

将治大者,不治小;成大功者,不小苛。⑤ ——[汉]刘向

物之相胜,或以筋力,或以气势,或以巧便。⑥ ——[汉]《论衡》

智者举事,因祸为福,转败为功。 ——[汉]《史记》

规小节者不能成荣名,恶小耻者不能立大功。⑦ ——[汉]《史记》

赏于无功者离,罚于无罪者怨。 ——[三国]诸葛亮

计疑无定事,事疑无成功。⑧ ——[三国]诸葛亮

成功于千载者,必以近察远;智周于独断者,不耻于下问。⑨ ——[晋]《三国志》

功冠天下者不安,威震人主者不全。⑩ ——[南朝]《后汉书》

丈夫贵不挠,成败何足论。⑪ ——[宋]陆游

功之成,非成于成之日,盖必有所由起。⑫ ——[宋]苏洵

事出于正,则其成多,其败少。 ——[宋]苏辙

千年成败俱尘土,消得人间说丈夫。 ——[宋]文天祥

早成者未必有成,晚达者未必不达。⑬ ——[明]冯梦龙

成则公侯,败则贼。 ——[清]《红楼梦》

修养的花儿在寂静中开过去了,成功的果子便要在光明里结实。 ——冰心

"宏"则希望远大,"毅"则艰苦卓绝,百折不挠。青春修养果能做到"宏"

---

①恃:凭借;依靠。
②遂:成就;完成。
③仞:古代长度单位,一仞为七尺或八尺。篑:草编的筐子。
④犯:违犯;抵触。专欲:一意孤行。
⑤治:治理;处理。小苛:苛求细节。
⑥胜:竞争取胜。或:有的。以:凭借。筋力:力量。巧便:灵巧便捷。
⑦规:拘守;拘泥。荣名:好名声。恶:憎恶。
⑧计:谋划。疑:疑虑。
⑨智:智力。周:周全。
⑩冠:位居第一。威:威名;威信。人主:君主。全:保全。
⑪丈夫:大丈夫,指胸怀大志的人。挠:弯曲,比喻屈服。
⑫盖:连词,表示推测的理由或原因。由:从。起:始。
⑬成:有成就。达:取得成功。

"毅"二字,成功者盖十之八九也。
——陈独秀

成功的秘诀其实很简单,那就是绝对不要吝啬精力。——陈祖芬

过去的成功是我们的财富,过去的错误也是我们的财富。——邓小平

离成功最近的地方,也就是最困难的地方。——敦源

要是真正从零做起,那零就是成功的起点。——敦源

在通向成功的路上,荆棘将永远超过花朵。——敦源

成功往往是失败的"积累",反过来,成功也往往会成为失败的开头。
——冯英子

成功的大小、高低,是不在我们掌握之内的,一半靠人力,一半靠天赋。
——傅雷

衡量人的尺度,不在职位的高下,而在成就的多少。——郭沫若

成功的一个秘诀就是与众不同。
——何怀宏

自古成功在尝试。——胡适

凡有大成功的人,都是绝顶聪明而肯作笨功夫的人。——胡适

今日不能成功的,明日明年可以成功;前人失败的,后人可以继续成功。尽一份力便有一份的满意;无穷的进境上,步步都可以给努力的人充分的愉快。——胡适

我绝不同意为了成功而不择手段,如果这样,即使侥幸略有所得,也必不能长久。——李嘉诚

成功是我的责任。——冯小刚

成功的方法多种多样,别不接受你看不惯的方法。——李开复

人的知识、精力都是有限的,把有限的精力、时间集中起来办一件事,成功的几率就大。——李永英

努力未必会成功,努力得法才会成功。失败未必是成功之母,失败后能改进才是成功之母。——梁冼常

什么是成功的人?就是今天比昨天更有智慧的人,今天比昨天更慈悲的人,今天比昨天更懂得爱的人,今天比昨天更懂得宽容的人。——林清玄

一个想要成功的人必须做到下列二点:一、做他人所不愿做的事;二、集中精力完成一件事。——林信彦

成功的欲望和失败的恐惧,两者是差不多的东西。有了这个聪明的意念,成功的欲望就不会太热切了。
——林语堂

我们既已要做,就只有向前做的一条路;我们不必去问他几时能做成,我们只须把学问看作我们的坟墓,那么,即使不成功,也就是最大的成功了。
——刘半农

任何人走路,都必须在前人已获得的成果的基础上继续前进。只有十足的呆人,才会一切从头做起。
——马铁丁

一个成功的创业者应具备三个要素:眼光、胸怀和实力。——马云

任何一个成功,别人看到的都是表面的光芒,却看不到他背后付出的巨大

代价。　　　　　　　　——马云

人各有所长,有所短,能忠于其事,忠于自己,才会有真正的成就。

——沈从文

没有挫折,没有坎坷,没有望眼欲穿的期盼,没有撕心裂肺的煎熬,没有痛不欲生的痴癫与疯狂,没有万死不悔的追求与等待,当成功到来之时,你会有感慨万端的喜悦吗?在成功到来之后,还会不会有刻骨铭心的幸福?

——史铁生

成功是在对失败经验的积累中获得。　　　　　　　——史玉柱

我不去想,是否能够成功。既然选择了远方,便只顾风雨兼程……我不去想,未来是平坦还是泥泞。只要热爱生命,一切,都在意料之中。

——汪国真

成功的人很少会讥笑失败的人,因为在成功之前他也失败过。无所事事的人才喜欢嘲笑那些失败的人,以为他从来不懂得什么叫成功。——汪国真

成功与否主要取决于能否始终保持明智,而不取决于是否富有天才。

——王安

对成功的渴望往往成为妨碍成功的一大思想负担,或者时髦一点说,一大"心理障碍"。　　　——王蒙

一朵成功的花都是由许多苦雨、血泥和强烈的暴风雨的环境培养成的。不是一朝成功的人,他的事业也不是一朝可以破坏或失败的。——冼星海

牺牲小我,成功大我。——杨开慧

任何成就,都是整个过程里面一个段落的小结。它既是一次小结,也同时是新的开始。　　　——姚雪垠

成功的喜悦会使人产生一种满足感,容易遮住你发现问题的目光,容易使你安然处之,停滞不前。——袁伟民

只有付出超人的代价,才能取得超人的成绩。　　　　　——袁伟民

在网络时代,人可以随随便便出名,但不能随随便便成功。——张朝阳

成就就是毅力加耐性。

——张广厚

预备十二分的力量,才能希望有十分的成功。　　　　——张太雷

凡事去做,不一定成功;但不去做,则一定不成功。　　——张学良

在人生中还有比成功和幸福更重要的东西,那就是凌驾于一切成败、福祸之上的豁达胸怀。——周国平

不干,固然遇不着失败,也绝对遇不着成功。　　　　　——邹韬奋

成功的滋味最甜——从未成功者认为。需有急切的饥渴,才能品出蜜的甘美。　——艾米莉·狄金森[美国]

成功的秘诀很简单,无论何时,无论怎样,我也绝不允许自己有一点点灰心丧气。　　　　——爱迪生[美国]

有所成就是人生唯一的真正乐趣。

——爱迪生[美国]

如果你想获得成功,当以恒心为友,以经验为参谋,以当心为兄弟,以希望为哨兵。　　——爱迪生[美国]

自信是成功的第一秘诀。

——爱默生[美国]

成功 = 艰苦的劳动 + 正确的方法 + 少说空话。　　——爱因斯坦[美国]

暂时的成功较之原则性的考虑，对于几乎所有的人，都具有更大的说服力，时兴的东西总是使人迷惑，即使在一段时间内。　　——爱因斯坦[美国]

真正成功的人，本质上流着叛逆的血。　　——奥顿[英国]

在科学上功劳是归于使全世界信服的人，而不是第一个想起某个主意的人。　　——奥斯勒[加拿大]

成功容易使人滋长骄傲情绪，在顺利的时候保持清醒的头脑是不容易的。
　　——奥维德[古罗马]

在任何一个成功的后面都有着十五年到二十年的丰富生活经验，要是没有这些经验，任何才思敏捷恐怕也不会有，而且在这里恐怕任何天才也都无济于事。　　——巴甫连柯[苏联]

在成功面前，首先应该想到的是获得成功之前的挫折和教训，而不是成功的赞扬和荣誉。　　——巴甫洛夫[苏联]

成功很快便会失去兴味。最快乐的时光是当微风吹着我们的风帆，水声在船头下哗啦哗啦作响的时候。
　　——巴克斯顿[英国]

确定一次航行是否成功，不是在于出港，而是在于进港。
　　——比彻[美国]

生活就是建立功绩……人就在完成这个功绩中享自己的幸福。
　　——别林斯基[俄国]

一分钟的成功可以抵偿多年的失败。　　——勃朗宁[英国]

成功可以毁掉糊涂虫，也可以危及聪明人。　　——博恩[英国]

最成功的人往往就是敢冒大险的人。　　——柏格森[法国]

良好的开端，等于成功的一半。
　　——柏拉图[古希腊]

成功者与失败者之间的区别，常在于成功者能由错误中获益，并以不同的方式再尝试。
　　——戴尔·卡内基[美国]

成功的人都有浩然气概，他们都是大胆的、勇敢的。他们的字典上，是没有"惧怕"两个字的。
　　——戴尔·卡内基[美国]

具有识别能力和忍耐力，并且有热情的人，就是最成功的人。
　　——戴尔·卡内基[美国]

对于一个人来说，他的最大的敌人就是他自己的成功。
　　——丹尼尔[英国]

谁生活美满，笑口常开，爱得深沉，谁就是个成功者。自助是成功最好的方法。　　——狄斯金[英国]

成功的秘诀是始终如一的目标。
　　——迪斯累里[英国]

成功的秘密在于随时把握时机。
　　——迪斯累里[英国]

拼命去争取成功，但不要期望一定会成功。　　——法拉第[英国]

每一个要在社会得到地位的人，一定要经历巨大的困难与努力的时期，成功是一点一滴地积累起来的。

——梵高[荷兰]

凡把成功完全归于自己的人,常常得到不幸的终局。

——弗兰西斯·培根[英国]

知识给予人内在的力量,成就给予人外在的诱惑,因此许多人不是注重自身的真才实学,而是抵挡不住成就的诱惑。

——弗兰西斯·培根[英国]

成功是结果,而不是目的。

——福楼拜[法国]

最伟大的胜利——就是战胜自己。

——高尔基[苏联]

成功之道,在于你为获得成功所做出的积极努力,而不在于预先就衡量这种成功的价值。 ——哈里特[法国]

努力不懈的人,会在人们失败的地方获得成功。

——海格·门斯顿[德国]

凡不能获得他人信任的人,永远难求成功。 ——纪德[法国]

不在乎别人是否赏识他的人,必定成功。 ——金基尔[德国]

常向光明快乐的一面看,那就是我一生成功的秘诀。 ——柯克[法国]

如果你盼望有所成功,就得根据自己的才能,可不要好高骛远。

——克雷洛夫[俄国]

一个十分杰出的功绩的标志是:那些最嫉妒它的人也不得不赞扬它。

——拉罗什富科[法国]

成功的秘诀,是要养成迅速去做的习惯。要趁着潮水涨得最高的一刹那……非但没有阻力,并且能帮助你迅速地成功。 ——劳伦斯[英国]

成功与失败同样容易使人变得疲弱。 ——勒纳[美国]

成功孕育着成功,这个道理完全正确。一次小的成功将成为巨大成功的基石。 ——马尔兹[美国]

在别人藐视的事中获得成功,是一件了不起的事,因为它证明不但战胜了自己,也战胜了别人。

——蒙特兰[英国]

胜利者往往是从坚持最后五分钟的时间中得来成功。 ——牛顿[英国]

如果你问一个善于溜冰的人怎样获得成功时,他会告诉你:"跌倒了,爬起来。这就是成功。" ——牛顿[英国]

成功是垫脚石,即使不测量倒影,人站在上面也会显得高大。

——茹贝尔[法国]

只要肯做,任何事情都可以做到,但大部分人还没有去做,就说做不到。首先除去这种心理,一旦努力作为,七成以上的成功率是跑不了的。

——坪内寿夫[日本]

世事的起伏本来是波浪似的,人们要是能趁着高潮勇往直前,一定可以功成名就。 ——莎士比亚[英国]

成功的主要条件是:一个可辨认和有容纳力的市场、充足的资本、一个能力组合均衡的领导团队、不屈不挠的精神,以及深思熟虑的时机。

——史蒂文·布兰德[英国]

要想取得成功,就得顺应潮流,切

不可不知变通地逆流而动。
——斯长里[奥地利]

活得好、笑得多、爱得深的人就是成功者。　　——斯坦利夫人[英国]

人生如同郑骰子,如果你没有得到自己想要的点数,就必须尽力从你得到的点数中获得尽可能多的成功。
——忒壬斯[古罗马]

当人们感到自己没有能力获得巨大成功时,他们会鄙视伟大的目标。
——沃维纳格[法国]

促使成功的最大向导,就是从我们自己的错误中所得来的教训。
——约翰斯顿[美国]

少年得志,这正是人生的不幸。从内部来说,它会使他恃才自傲并阻碍他的成材;从外部来说,不论干什么事都会引起众人的妒忌。
——佐藤春夫[日本]

23　失　败

几事不密则害成。①
——[周]《周易》

小事之成,不若大事之废。
——[春秋]《晏子春秋》

九折臂而成医。②
——[战国]《楚辞》

天之所助,虽小必大;天之所违,虽成必败。③　　——[战国]《管子》

事以密成,语以泄败。④
——[战国]《韩非子》

败莫大于不自知。
——[战国]《吕氏春秋》

败莫大于愚,愚之患,在必自用。⑤
——[战国]《吕氏春秋》

疑行无成,疑事无功。⑥
——[战国]《商君书》

凡百事之成也,必在敬之;其败也,必在慢之。⑦
——[战国]《荀子》

事之成败,必由小生。⑧
——[汉]《淮南子》

凡事豫则立,不豫则废。⑨
——[汉]《礼记》

欲思其利,必虑其害;欲思其成,必虑其败。　　——[三国]诸葛亮

迟疑不断,未有能成事者也。
——[唐]韩愈

人心无算处,国手有输时。⑩
——[唐]裴说

---

① 几:同"机",机密。害成:失败。
② 九折臂:多次折断胳臂。此句比喻在某类事情中屡遭失败而后成为内行。
③ 天:指客观规律。
④ 事:指国家或军事方面的重要大事。语:指涉及机密的话。
⑤ 自用:自以为是。
⑥ 行:行动。
⑦ 敬:严肃认真;专心致志。慢:懈怠,松懈懒惰。
⑧ 生:产生;发生。
⑨ 豫:同"预",事先谋划、准备。立:成功。废:失败。
⑩ 国手:国内技艺最高的人。

成败极知无定势,是非元自要徐观。① ——[宋]陆游

功难成而易毁。 ——[宋]欧阳修

十年之力,废于一旦。 ——[元]《宋史》

君子论人物,当论是非,不当论成败。 ——[明]钱琦

周郎妙计安天下,赔了夫人又折兵。② ——[明]《三国演义》

英雄败于摧折者少,败于消磨者多。③ ——[清]李塨

只有经过失败考验的英雄,才是真正的英雄。 ——陈毅

人生最幸福的一刹那,不是成功的时刻,而恰恰是失败后省悟的一瞬。 ——敦源

人生的悲剧不在于这个人的失败,而在于他功败垂成。 ——房龙

碰到挫折时,我告诉自己,它里面一定藏了一个宝贝是你看不到的。 ——郝明义

对于一个科学家来说,失败和成功比较起来,失败是经常的,而成功只是少量的……科学研究的过程,是曲折上升的过程。在这中间,经常会出现这样的情况,就是眼看要成功了,但又失败了。眼看已经失败,但经过一番深思苦想以后,又是"柳暗花明又一村",呈现了希望。 ——华罗庚

失败有时会使人清醒、冷静,使人重新估量自己的存在;成功有时会使人昏然、陶醉,使人过高估计自己的价值。驾驭这二者,是在把握自己的人生之舵。 ——贾曦光

有识之士在成功时是不以为自己成功的,在失败时也不以为自己是失败;只有一知半解的人,才把成功和失败当作绝对真实的事情。 ——林语堂

"败不馁"这当然是十分对头的,然而要在失败中奋起,恐怕先得老老实实地承认失败,而后才会有卧薪尝胆的积聚生发。 ——凌河

成功时不要把自己看成巨人,失败时不要把自己看成矮子。 ——刘吉

轻敌,最容易失败。 ——鲁迅

最为悲哀的是永远倒在一个失败的终点上——要认识到,这绝不是终点,完全可能是通向目标的一个连接点。 ——路遥

对所有创业者来说,永远告诉自己一句话:从创业的第一天起,你每天要面对的是困难和失败,而不是成功。我最困难的时候还没有到,但有一天一定会到。 ——马云

有结果未必是成功,但是没有结果一定是失败。 ——马云

失败者成功之母,困难者胜利之基! ——毛泽东

迟疑是失败之母。 ——茅盾

---

①定势:一成不变的。元:本来。徐:缓慢地。观:观察。

②周郎:周瑜,三国时东吴大将。此句常用来形容弄巧成拙,损失惨重。

③摧折:挫折,困难。消磨:因懒惰、懈怠而虚度时光。

成功是优点的发挥,失败是缺点的积累。
——牛根生

有自信不一定会赢,但是没有自信一定会输。既然相信自己,就要全力以赴。
——牛根生

科学研究应当允许失败,假如硬要规定说,这项工作只能成功,不许失败,那就违反了规律。
——钱三强

成功固然可敬,失败也常令人钦佩,因为不论成功还是失败都说明人在追求,在干事业。
——汪国真

后退固然不是好事,但也并不丢脸。遇上了太强大的对手,有时也只能后退。
——王晓明

要警惕"成功是失败之母"。今天的巨大成功中常常隐藏着潜在危机,也即为失败之母。
——王选

每一个成功的探索者的背后都簇拥着一群失败的探索者,每一个失败的探索者都为后继者做出了特殊的贡献。
——文清源

人的价值,不在于最后成功的瞬间,而在于过程,在于这全过程中艰苦的跋涉,哪怕最后是以失败告终。
——肖复兴

科学常是在千百次失败后最后一次成功的。
——徐特立

诚恳坦然地承认奋斗后的失败,成功后的失落,我们只会更沉着。
——余秋雨

真正的英雄,正是善于从失败中取得经验,使失败转化为胜利的人。
——余心言

沿着大成功的一条路上,有许多小的失败排列着,最后的成功是在能用坚毅的精神、伶俐的眼光,从这许多小失败里面寻出教训,尽量地利用它,向前猛进。
——邹韬奋

我所得到的最好教训,都是来自我的错误的失败中——过去的愚蠢的错误,便是将来的智慧与成功。
——爱德华兹[英国]

失败也是我需要的,它和成功一样有价值。只有在我知道一切做不好的方法以后,我才知道做好一件工作的方法是什么。
——爱迪生[美国]

失败是通向成功的道路。
——巴尔福[英国]

失败是愚者的结论。
——巴尔扎克[法国]

最初进行伟大尝试的人通常以失败告终,但他们把通过失败获得的教益留给了后人。
——巴特勒[英国]

挫折是通向成功的门槛。
——拜伦[英国]

有些人之所以比别人成功的原因,在于当他们失败时,他们有毅力及勇气爬起来,重来一次。
——查斯特菲尔德[英国]

失败就自暴自弃,无异于自己放弃人生。
——池田大作[日本]

成功常会成为下一个失败的原因,反之,任何失败也都可能因智慧和努力而成为下一次大成功的原因。
——池田大作[日本]

失败是成功之母,它可以激励人们

去努力,去探索。如果失败指出了成功的方向,人们甚至可将其视为成功。

——戴埃[美国]

从失败中培养成功。障碍与失败,是通往成功的两块最稳靠的踏脚石。

——戴尔·卡内基[美国]

如果在自己非常想要做的事情上未能成功,不要立刻放弃并接受失败,试试别的方法,你的弓不会只有一根弦的,只要你愿意找到另一根弦。

——戴尔·卡内基[美国]

失败的次数愈多,成功的机会也愈近。成功往往是最后一分钟来访的客人。

——费德鲁斯[法国]

一时的成就是以多次失败为代价而取得的。 ——弗莱彻[英国]

一个人失败的最大原因,是对自己的能力不敢充分信任,甚至认为自己必将失败无疑。 ——富兰克林[美国]

人生最大的光荣,不在于永不失败,而在于能够屡败屡战。

——哥尔斯密[英国]

失败后,要诚实地对待自己,这是最关键的。只有坦率地处理好为什么失败这个问题,才能使失败成为成功之母。 ——海厄特[英国]

最大的失败,不是竞赛后输给对方的失败,而是在竞赛前弃权的失败。

——何蒙[美国]

当失败不可避免时,失败也是伟大的。 ——惠特曼[美国]

从不获胜的人很少失败,从不攀登的人很少跌跤。 ——惠蒂尔[美国]

失败往往是黎明前的黑暗,继之而出现的是成功的朝霞。

——霍奇斯[英国]

失败实在不是什么稀罕事——最优秀的人也会失败。可贵的是从失败中学到东西。 ——霍奇斯[英国]

人生求胜的秘诀,只有那些失败过的人才了若指掌。 ——柯林斯[英国]

失败可能是变相的胜利,最低潮就是高潮的开始。 ——朗费罗[美国]

不会从失败中寻找教训的人,他们的成功之路是遥远的。

——拿破仑[法国]

今天的失败孕育着明天的成功。

——塞万提斯[西班牙]

失败永远是使人们奋发的跳板,这样认识失败而又能努力的人,才是前途光明的人。 ——松本顺[日本]

没有遭受过失败和挫折,总是一帆风顺的人,无论他现在多么优秀,多么令人羡慕,都算不上强者。

——箱崎总一[日本]

每一步失败,都是接近成功的一步。 ——雨果[法国]

极少有人是绝对的胜利者或失败者。 ——詹姆斯[美国]

24 得 失

无丧无得。① ——[周]《周易》

---

①丧:丢掉;失去。

其未得之也,患得之;既得之,患失之。① ——[春秋]《论语》

圣人千虑,必有一失;愚人千虑,必有一得。② ——[春秋]《晏子春秋》

事者,生于虑,成于务,失于傲。③ ——[战国]《管子》

求则得之,舍则失之。 ——[战国]《孟子》

争之则失,让之则得;遵道则积,夸诞则虚。 ——[战国]《荀子》

以隋侯之珠,弹千仞之雀,世必笑之。④ ——[战国]《庄子》

欲而不知止,失其所以欲;有而不知足,失其所以有。⑤ ——[汉]《史记》

一发不中,百发尽息;一举不得,前功尽弃。⑥ ——[汉]《史记》

为者如牛毛,获者如麟角。 ——[晋]《抱朴子》

有而勿失,得而勿忘。 ——[晋]《三国志》

知得知失,可与为人;知存知亡,足别吉凶。⑦ ——[晋]《三国志》

墙高基下,虽得必失。⑧ ——[南朝]《后汉书》

天下皆知取之为取,而莫知与之为取。⑨ ——[南朝]《后汉书》

人皆知就利而避害,莫知缘害而见利;皆褒爱得而憎失,莫识由失以至得。 ——[北朝]刘昼

贪多务得,细大不捐。⑩ ——[唐]韩愈

进有退之义,存有亡之机,得有丧之理。 ——[唐]《贞观政要》

乘时投隙非谓才,苟得未必为汝福。⑪ ——[宋]陆游

有所取,必有所舍;有所禁,必有所宽。⑫ ——[宋]苏轼

论事易,作事难;作事易,成事难。⑬ ——[宋]苏轼

物之有成必有坏,譬如人之有生必有死。 ——[宋]苏轼

天下之事,急之则丧,缓之则得,而过缓则无及。⑭ ——[宋]苏辙

知得而不知丧,知存而不知亡,始若可喜而终不可久。⑮ ——[宋]苏辙

---

①患:忧虑;担心。
②圣人:品格最高尚、学识最渊博的人。千:形容很多。
③务:从事;致力于。
④隋侯之珠:传说中的珍贵明珠。弹:弹射。仞:古代长度单位,一仞为七尺或八尺。笑:嘲笑。此句指得不偿失。
⑤欲:欲望。止:停止。有:富有。
⑥发:射箭。一发:射出的第一箭。中:中的,射中目标。息:停止;懈怠。举:举动;举措。得:得手;成功。
⑦为人:立身处世。足:足以。
⑧基:基础,指地基。下:低下;低浅。
⑨取:获取。莫知:没有谁知道。与:给予。
⑩务:追求。细:微小。捐:舍弃。
⑪乘时:抓住时机。投隙:钻空子。苟:随便。
⑫舍:舍弃;丢弃。宽:放宽,使松缓。
⑬论:议论;谈论。成:完成;成功。
⑭丧:失。
⑮存:存在。亡:失去。始:开始时。若:好像。

先下手为强,后下手为殃。
——[元]纪君祥

以人言而得,必以人言而失。
——[元]《宋史》

昔日之所有,今日无之,不为不足。
——[明]刘基

得何足喜,失何足忧。
——[明]《三国演义》

早荣亦早枯,易得还易失。①
——[清]张廷玉

一个农民春种夏耘,到头一场灾害颗粒无收,他也不会为此而将劳动永远束之高阁;他第二年仍然会心平气静去春种夏耘,而不管秋天的收成如何。
——路遥

"以准备失败的心情去迎接胜利",这是一个人面临得失的时候所必须有的一种态度。假如只准备成功而不准备失败,当失败时就会措手不及。
——罗兰

太容易获得的东西便不是贵重的东西。
——茅盾

虽有苦乐,多由小小得失而来,也可望从小小得失得到补偿与调整。
——沈从文

失去总比从来没有过的好一些,因为前者还有甜蜜的回味与渺茫的期待。
——苏青

做事,不止是人家要我做才做,而是人家没要我做也争着去做。这样才做得有趣味,也就会有收获。
——谢觉哉

走出去就会有风险。不敢冒风险,就一点成功的机会都没有。不敢面对风险,其实就是最大的风险。
——张瑞敏

人生在世,必须习惯于失去。
——周国平

每一种挫折或不利的突变,是带着同样或较大的有利的种子。
——爱默生[美国]

一个获得成功的人,从他的同胞那里所取得的、总是无可比拟地超过他对他们所做的贡献。然而看一个人的价值,应当看他贡献什么,而不应当看他取得什么。 ——爱因斯坦[美国]

须知不尝试的损失与不成功的损失二者是无比较可言的:不尝试是根本抛弃了取得巨大利益的机会,不成功则不过损失了人们的小小的一点劳力。
——弗兰西斯·培根[英国]

付出多少,得到多少,这是一个众所周知的因果法则。回报也许无法立刻得到,却可能会在不经意间,以出人意料的方式出现。 ——哈伯德[美国]

给予不计较代价,战斗不顾伤亡,劳作而不寻求安逸,奉贤而不要求奖赏——只要我们履行上帝的旨意。
——罗耀拉·圣依纳爵[西班牙]

甜酸苦辣全得尝一尝,无论是谁,要打算在世界上有点成就,总得打这儿过。 ——马克·吐温[美国]

老鼠在船底打洞的时候,只想到自

---

①荣:(草木)茂盛。枯:(草木)失去水分。

己的爱好的方便,它看不到自己在这样大的房子里啃一个小洞得到的好处,比起它给大家带来的巨大损失简直是微不足道的。　　——泰戈尔[印度]

我更需要的是给予,不是收受。
　　——泰戈尔[印度]

得不到你所一心想要的东西,与什么也得不到几乎一样令人遗憾。
　　——亚里士多德[古希腊]

要记住:历史上所有伟大的成就,都是由于战胜了看来是不可能的事情而取得的。　　——卓别林[英国]

25　名声;名誉

钓名之士,无贤士焉。
　　——[战国]《管子》

不矜贵,何羡名;不要势,何羡位。①
　　——[战国]《列子》

名不徒生,而誉不自长。
　　——[战国]《墨子》

名不可简而成,誉不可巧而立。②
　　——[战国]《墨子》

不诱于誉,不恐于诽;率道而行,端然正己。③　　——[战国]《荀子》

自古及今而能虚成名于天下者,无有。　　——[战国]《战国策》

争名者于朝,争利者于市。④
　　——[战国]《战国策》

效小节者不能行大威,恶小耻者不能立荣名。　　——[战国]《战国策》

厚者不毁人以自益也,仁者不危人以要名。⑤　　——[战国]《战国策》

小人殉财,君子殉名。⑥
　　——[战国]《庄子》

众人重利,廉士重名。
　　——[战国]《庄子》

至乐无乐,至誉无誉。⑦
　　——[战国]《庄子》

壮士不死既已,死即举大名耳。王侯将相宁有种乎?⑧　　——[秦]陈涉

易为而难成者,事也;难成而易败者,名也。⑨　　——[汉]《淮南子》

小人之誉,人反为损。⑩
　　——[汉]《淮南子》

垂大名于万世者,必先行之于纤微之事。　　——[汉]陆贾

贪夫徇财,烈士徇名。⑪
　　——[汉]《史记》

---

①矜:注重。
②简:简单;随便。巧:巧诈;欺诈。
③诽:诽谤,说别人坏话。率:遵循。道:道义。端然:端正无私。正己:改正自己的过失。
④朝:朝廷和官场。
⑤厚:敦厚。毁:诋毁。自益:使自己受益。仁:仁慈。危:危害。要:求取。
⑥殉:为了达到某种目的而牺牲生命。
⑦至:极;最。
⑧宁:难道。种:种子,后代,指遗传因素。
⑨成:成功。事:事业。败:失败。名:名声;名节。
⑩誉:赞誉;称赞。反:反而。损:受损害。
⑪贪夫:贪婪的人。徇:同"殉",为达到某种目的而牺牲生命。烈士:有志于建功立业的人。

根深而枝叶茂，行久而名誉远。
　　——［汉］徐幹

慕虚名而处实祸。①
　　——［晋］《三国志》

吁嗟身后名，于我若浮烟。②
　　——［晋］陶潜

人患志之不立，亦何忧令名不彰?③
　　——［南朝］《世说新语》

得失一朝，而荣辱千载。
　　——［南朝］《后汉书》

《阳春》之曲，和(hè)者必寡；盛名之下，其实难副。④
　　——［南朝］《后汉书》

上士忘名，中士立名，下士窃名。
　　——［北朝］《颜氏家训》

千秋万岁名，寂寞身后事。
　　——［唐］杜甫

浮名浮利过于酒，醉得人心死不醒。⑤
　　——［唐］杜光庭

时无英雄，使竖子成名。⑥
　　——［唐］房玄龄

与其有誉于前，孰若无毁于其后；与其有乐于身，孰若无忧于其心。⑦
　　——［唐］韩愈

一登龙门，则声誉十倍。⑧
　　——［唐］李白

名利最为浮世重，古今能有几人抛?⑨
　　——［唐］廖匡图

名高毁所集，言巧智难防。
　　——［唐］刘禹锡

爱名之世忘名客，多事之时无事身。⑩
　　——［唐］刘禹锡

立身一败，万事瓦裂。⑪
　　——［唐］柳宗元

举大体而不论小事，务实效而不为虚名。
　　——［宋］苏轼

有名而无实，则其名不行；有实而无名，则其实不长。
　　——［宋］苏轼

劝君不用镌顽石，路上行人口似碑。⑫
　　——［宋］《五灯会元》

豹死留皮，人死留名。
　　——［宋］《新五代史》

———————

①处：遭受。
②吁嗟：叹词，表示感叹。身后：死后。
③令名：美名。彰：显扬。
④《阳春》：即《阳春白雪》，战国时代楚国的一种高雅的歌曲。和：和谐地跟着唱。寡：少。
⑤浮：空虚，不切实。
⑥时：当时。竖子：小子，对人的鄙称。
⑦誉：赞誉。孰若：不若；不如。毁：诋毁。乐：安乐。
⑧龙门：又称龙门口，古河口名，在今山西河津西北。有龙门山夹峙于黄河两岸，峭壁陡立如门，水流湍急。民间传说有"鲤鱼跳龙门"。每年春季许多大鱼从江海中游到这里，争着要逆流而上跳过龙门。如果跳得过，就能变龙腾空飞去。后用"登龙门"比喻得到有名望或有权势者的赏识和引荐，提高地位和声誉，也指功成名就或科举及第。
⑨浮世：世俗。
⑩名：指名利。
⑪立身：指赖以在社会上立足的品德名声。瓦裂：像瓦片一样容易破裂。
⑫镌：雕刻。顽：愚昧无知；不懂事理。

十年窗下无人问,一举成名天下知。——[金]刘祁

宁有求全之毁,不可有过情之誉。① ——[明]《菜根谭》

兰芳不厌空谷,君子不为名修。 ——[明]吕坤

己未善,人誉之,不足喜;己有善,人毁之,不足怒。② ——[明]薛瑄

不以一己之利为利而使天下受其利,不以一己之害为害而使天下释其害。 ——[清]黄宗羲

不能胜寸心,安能胜苍穹?③ ——[清]龚自珍

名之所在,则利归之。苟不求利,亦何慕名?④ ——[清]顾炎武

人生富贵驹过隙,唯有荣名寿金石。⑤ ——[清]顾炎武

使人有面前之誉,不若使人无背后之毁。⑥ ——[清]金缨

名不足以尽善,而足以策善。⑦ ——[清]刘熙载

存为善之心,不必邀为善之名。⑧ ——[清]王永彬

冠冕是暂时的光辉,是永久的束缚。 ——冰心

人我之际,须看得平;功名之际,须看得淡。⑨ ——蔡锷

身外之名只是社会上一般人所追求、惊叹的,与个人本身的渺小或伟大都不相干。 ——傅雷

名气就仿佛后脑勺的头发,本人是看不到,旁人却一目了然。 ——韩寒

名人以名而荣,名人也以名而毁。 ——贾平凹

名誉是我的第二生命,有时候比生命还要重要。 ——李嘉诚

一丝一毫关乎节操,一件小事、一次不经意的失信,可能会毁了我们一生的名誉。 ——林达生

社会上崇敬名人,于是以为名人的话就是名言,却忘记了他之所以得名是因为那一种学问或事业。 ——鲁迅

名利之心,不应不死,学术之心,不应不活。 ——潘天寿

成名易,成人难。⑩ ——《清史稿》

名誉为人生第二生命。 ——邵力子

在荣誉上不伸手,在待遇上不伸手,在物质上不伸手。 ——王杰

一切虚名都是经不起时间考验的。 ——姚雪垠

谁能早一点闯过不爱虚荣的关,谁就能更好的做出成绩。 ——姚雪垠

名次和荣誉,就像天上的云,不能

———————

①求全:过分。毁:诋毁。过情:不合实际。誉:赞誉。
②誉:称赞。毁:诋毁。
③苍穹:苍天。
④苟:如果。
⑤隙:裂缝。成语"白驹过隙":当马在细小的缝隙前一闪而过,比喻时间过得飞快。
⑥誉:称赞;表扬。毁:诽谤。
⑦尽:完全。策:促进。
⑧邀:求得;取得。
⑨际:彼此之间。平:平和。淡:淡泊。
⑩成人:做一个完人。

躺进去,躺进去就跌下来了。名次和荣誉其实是道美丽的风景,只能欣赏。

——俞敏洪

"人死留名,豹死留皮。"丧尽了古今多少豹,害尽了古今多少人。

——张申府

对名誉的欲望,是一切伟大心灵的本能。 ——埃德蒙·伯克[英国]

我们在荣誉中崛起,在骄傲中沉沦。 ——爱·扬格[英国]

荣誉感是一种优良的品质,因而只有那些禀性高尚、积极向上或良好教育的人才具备。 ——爱迪生[美国]

期望得到赞许和尊重,它根深蒂固地存在于人的本性中,要是没有这种精神刺激,人类合作就完全不可能。

——爱因斯坦[美国]

头脑简单的人有了虚荣心往往干出种种荒唐事,年轻姑娘最容易抱不切实际的幻想。 ——奥斯丁[英国]

当你做成功一件事,千万不要等待着享受荣誉,应该再做那些需要的事。

——巴斯德[法国]

获得名声的艺术家,常受名声之苦,这就造成他们的处女作往往是最高峰的结果。 ——贝多芬[德国]

什么叫作虚荣心?那就是当人家过高地看重你的时候,你不是感到问心有愧,却是沾沾自喜。

——车尔尼雪夫斯基[俄国]

荣誉有如萤虫之火,在黑暗的夜空里,它放着光,显示出美丽,极其可贵。但是靠近一看,立刻就会明白它是何等的软弱无力。 ——池田大作[日本]

通向荣誉的路上并不铺满鲜花。

——但丁[意大利]

尘世的称颂只是一阵风,一时吹到东,一时吹到西,改变了方向,改变了名字。 ——但丁[意大利]

荣誉就像河流,轻浮的和空虚的荣誉浮在河面上,沉重的和厚实的荣誉沉到河底里。——弗兰西斯·培根[英国]

最大的困难是:第一,获得荣誉;第二,活着的时候维持它;第三,死后还能保持它。 ——海顿[德国]

荣誉就像玩具,只能玩玩而已,绝不能永远守住它,否则就一事无成。

——居里夫人[法国]

世界上荣誉的桂冠,都是用荆棘编织而成的。 ——卡莱尔[英国]

年轻的姑娘,特别是你们,必须知道好名誉比任何修饰都来得宝贵,而且好名誉像春天的花朵一样,一阵风就能把它毁了。 ——克雷洛夫[俄国]

沿着撒满鲜花的道路前进,是得不到荣誉的。 ——拉封丹[法国]

该得到荣誉却未得到,比不该得到荣誉而得到好得多。

——马克·吐温[美国]

一个人的尊严并非在于获得的荣誉,而在于本身值得这荣誉。

——牛顿[英国]

虚荣是一件无聊的骗人的东西,得到它的人未必有什么功德,失去它的人也未必有什么过失。

——莎士比亚[英国]

爱好虚荣的人,用一件富丽的外衣遮掩着一件丑陋的内衣。

——莎士比亚[英国]

我不需要什么名誉来捞取什么,名誉不过是葬礼的点缀而已。

——莎士比亚[英国]

无瑕的名誉是世间最纯粹的珍宝。失去了名誉,人类不过是一些镀金的粪土、染色的泥块。

——莎士比亚[英国]

少量的邪恶足以勾销全部高贵的品质,害得人声名狼藉。

——莎士比亚[英国]

光荣如同水面上的水花一样,从一个小圆圈,不停地扩大,直到无可再大,归于消灭。

——莎士比亚[英国]

那些已经过去的功绩一转眼间就会在人们的记忆里消失,只有继续不断地前进,才可以使美好的名声永垂不朽。 ——莎士比亚[英国]

轻浮和虚荣是一个不知足的贪食者,它在吞噬一切之后,结果必然牺牲在自己的贪欲之下。

——莎士比亚[英国]

太重视名誉,正是一般人最常犯的错误。 ——叔本华[德国]

财富就像海水,饮得越多,渴得越厉害。名望实际上也是如此。

——叔本华[德国]

荣誉像萤火虫,远看闪闪发光,近看不热又不亮。 ——韦伯斯特[美国]

丧失一个好名声,比从未有过好名声更使人蒙羞。

——小普林尼[古罗马]

26 利益;地位

无欲速,无见小利。欲速,则不达;见小利,则大事不成。①

——[春秋]《论语》

君子喻于义,小人喻于利。②

——[春秋]《论语》

天下熙熙,皆为利来;天下壤壤,皆为利往。③

——[汉]《史记》

利不可以虚受,名不可以苟得。④

——[汉]挚峻

爵高者忧深,禄厚者责重。

——[晋]《三国志》

神龙失势,即还与蚯蚓同。

——[南朝]《后汉书》

四时之运,功成则退,高爵厚宠,鲜(xiǎn)不致灾。⑤

——[南朝]《后汉书》

人生贵得适意尔,何能羁宦数千里

---

①无:通"毋",不要;不可以。
②喻:明白,懂得。义:合宜的道德、行为或道理。
③壤壤:同"攘攘"(rǎngrǎng)。熙熙、攘攘:形容人来人往、喧闹嘈杂的样子。
④苟:随便;草率。
⑤四时:春夏秋冬四季。运:运行;变化。退:身退;辞官。鲜:少。灾:灾祸。

以要(yāo)名爵。①

——[南朝]《世说新语》

智者见利而思难,暗者见利而忘患。②

——[北朝]刘昼

进不求于闻达兮,退不营于荣利。③

——[北朝]阳固

不就利,不违害;不强交,不苟绝。

——[隋]王通

圣人非不好利也,利在于利万人;非不好富也,富在于富天下。

——[唐]白居易

营大者,不计小名;图远者,弗拘近利。④

——[唐]《北史》

丹青不知老将至,富贵于我如浮云。⑤

——[唐]杜甫

功名富贵若长在,汉水亦应西北流。⑥

——[唐]李白

功成身不退,自古多愆尤。⑦

——[唐]李白

南风不用蒲葵扇,纱帽闲眠对水鸥。

——[唐]李嘉祐

趋利不顾害,祸患安可息?

——[宋]梅尧臣

君子尚义,小人尚利。⑧

——[宋]邵雍

难行之言,当有所必行;而可取之利,当有所不取。⑨ ——[宋]苏轼

利之所在,天下趋之。⑩

——[宋]苏洵

任重者其忧不可以不深,位高者其责不可以不厚。⑪

——[宋]王安石

白衣苍狗变浮云,千古功名一聚尘。⑫

——[宋]张元幹

利名竭,是非绝,红尘不向门前惹。⑬

——[元]马致远

君子之为利,利人;小人之为利,利己。

——[明]方孝孺

好目睫之利者,利在害中而不弃;好终身之利者,利在目睫而不为。⑭

——[明]庄元臣

---

①适意:适合自己心意。尔:助词,表示无他。羁宦:因做官而受到束缚。要:同"邀",求取。名:名声。爵:官职。

②难:危难。暗者:愚者。患:忧患。

③进:进取。闻达:显达。退:退隐。营:谋求。荣:虚荣。利:私利。

④营:规划;经营。图:谋划;谋求。弗:不。拘:受束缚。

⑤丹青:指绘画。

⑥汉水:江水名。源于陕西,流经湖北,由汉阳入长江。东南流向。西北流:指江水倒流。

⑦功成:功成名就。退:离开很高的职位。愆尤:过失。

⑧尚:推崇;注重。义:道义。

⑨行:做到。取:获取。

⑩趋:追求。

⑪任重、位高:官职或地位高。忧:忧虑。责:责任。厚:大。

⑫白衣苍狗:形容变幻的云朵。变:变幻。一:指一粒或一小片。聚尘:聚集在一起的灰尘。

⑬利名竭:不计较名利。是非绝:不争是非。红尘:世间的纠纷和烦恼。惹:招惹。

⑭好:喜好;喜爱。目睫:眼睛和睫毛,比喻眼前。

人见利而不见害,鱼见食而不见钩。
——[清]《镜花缘》

人品之不高,总为一"利"字看不破。
——[清]王永彬

两害相形,则取其轻;两利相形,则取其重。
——[清]魏源

一个人的地位高低,要看行为而定。
——李嘉诚

假使在一个国家里面,那些牺牲生命、健康、幸福去保卫国家的勇士们,其社会地位反而不如大肚子的商人,那么这个国家的亡国就一定不冤枉。
——安东·约米尼[瑞士]

人为了谋取私利是不惜一切代价的。
——勃朗宁[英国]

人的天性,对于自己的事情总很难照一般的法则去判断,却喜欢为了本身的利益而破例。
——车尔尼雪夫斯基[俄国]

人不能像地球一样,把自己的利益定作绕以旋转的轴心。
——弗兰西斯·培根[英国]

人应当把利己之心与利人之心理智地分清。在为自己谋利益时,不要损害他人,更不能损害君王和国家。
——弗兰西斯·培根[英国]

追求功名几乎是崇尚优秀的代名词。
——赫兹里特[英国]

如果我们能替别人的利益着想,那么我们的事业才能繁荣。我们的事业繁荣了,就会给更多的人带来利益。
——吉田忠雄[日本]

理智、正义和平等都没有足够的力量统治地球上的人类,唯有利益有这种力量。
——杰弗逊[美国]

人类也需要梦想者,这种人醉心于一种事业的大公无私的发展,因而不能注意自身的物质利益。
——居里夫人[法国]

在你有权力有名望的时候,卑鄙的人是不敢抬起嫉妒的眼睛看你一眼的;然而到了你一落千丈的时候,显示最大的毒辣的就是他们。
——克雷洛夫[俄国]

利益以所有种类的语言发言:玩弄所有种类的人,甚至玩弄无私者。
——拉罗什富科[法国]

功名欲是人类一种不合情理的欲望,甚至连哲学家们自己似乎也极不愿意摈弃追求功名这个弱点。
——蒙日[法国]

世界上有两根杠杆可以驱使人们行动——利益和恐惧。
——拿破仑[法国]

诱惑你的是地位和名声 迷惑你的是主权。
——乔伊斯[爱尔兰]

人类的常情教训我们,一个人在位的时候,是为众人所钦佩的,等到他一旦去位,大家就对他失去了信仰;受尽冷眼的失势英雄,身败名裂以后,也会受到世人的爱慕。
——莎士比亚[英国]

高居于为众人所仰望的地位而毫无作为,正像眼眶里没有眼珠,只留下两个怪可怜的空洞的凹孔一样。
——莎士比亚[英国]

处处抢先,事事占便宜的人多半要付出更高的代价。

——索菲娅·罗兰[意大利]

功利是一部机器的目的和检验机器价值的根据,而善良只是人的目的和意愿。

——泰戈尔[印度]

和其他所有的东西一样,一个人是否举足轻重,在于他自身的身价。也就是说,在于他发挥多大的作用。

——托·霍布斯[英国]

我们的地位向上升,我们的责任心就逐步加重。升得愈高,责任愈重。权利的扩大使责任加重。

——雨果[法国]

27 道德;道义

仁之所在,天下归之;德之所在,天下归之。

——[周]《太公六韬》

不义而富且贵,于我如浮云。①

——[春秋]《论语》

不矜细行,终累大德。②

——[春秋]《尚书》

天下有道,以道殉身;天下无道,以身殉道。③

——[战国]《孟子》

以力服人者,非心服也,力不赡也;以德服人者,中心悦而诚服也。④

——[战国]《孟子》

仁者无敌。 ——[战国]《孟子》

农夫比粟,商贾比财,烈士比义。⑤

——[战国]《尸子》

人有德于我也,不可忘也;吾有德于人也,不可不忘也。⑥

——[战国]《战国策》

大(tài)上有立德,其次有立功,其次有立言。⑦

——[战国]《左传》

不以一眚掩大德。⑧

——[战国]《左传》

多行不义,必自毙。⑨

——[战国]《左传》

富润屋,德润身,心广体胖。⑩

——[汉]《礼记》

德无细,怨无小。 ——[汉]刘向

恃德者昌,恃力者亡。⑪

——[汉]《史记》

人心所归,惟道与义。

——[唐]《晋书》

钱财如粪土,仁义值千金。

——[明]冯梦龙

---

①不义:不讲道义;违背道义。
②矜:拘谨;慎重。累:连累;牵连。
③殉:为达到某种目的而牺牲生命。
④赡:丰富;充足。
⑤粟:粮食。烈士:有志于建功立业的人。
⑥德:恩德。
⑦大:同"太"。大上:最上;首先。
⑧眚:眼睛上的白斑,遮蔽视线,引申为过失。掩:掩盖;遮蔽。
⑨不义:违反道义。毙:仆倒,引申为失败、灭亡。
⑩润:润泽,修饰使有光彩;滋润、补益。身:自身。心广体胖:心情舒畅,身体健壮。
⑪恃:凭借;依靠。

铁肩担道义,辣手著文章。①
——[明]杨继盛

美德大部分包含在良好的习惯之内。——边礼

若无德,则虽体魄智力发达,适足助其为恶。——蔡元培

道德是人性的上限,法律是人性的下限。——曹明华

教导儿童服从真理、服从集体,养成儿童自觉的纪律性,这是儿童道德教育最重要的部分。——陈鹤琴

只为道德去爱一个人,可能是一种缺陷;而不顾道德去爱一个人,则可能是一场悲剧。——丁凯隆

道德是社会对个人行为的制裁力,使他们合于规定下的形式,用以维持该社会的生存和绵续。——费孝通

无论道德的观念如何变化,却从没有把说谎当作道德的信条的。
——刘半农

道德是生活这个大鱼缸的玻璃外壁,原以为看似透明无妨穿游,却原来无比坚硬不许超越。——刘心武

道德这事,必须普遍,人人应做,人人能行,又于自他两利,才有存在的价值。——鲁迅

养成他们有耐劳作的体力,纯洁高尚的道德,广博自由能容纳新潮流的精神,也就是能在世界新潮流中游泳,不被淹没的力量。——鲁迅

道德是做人的根本……没有道德的人,学问和本领愈大,就能为非作恶愈大。——陶行知

建筑人格长城的基础,就是道德。
——陶行知

道德无所谓新旧,唯真纯的人才能够说得上"道德"这两字,若言不顾行,行不顾言,那不管你天天在高叫道德,结果终是一个坏人。——郁达夫

即凡做一事,无论人言之是非,先求己心之安泰,必须以事业为前提。诉良心而无怍,方可坦然行之,以为规范。
——詹天佑

一切人类的价值的基础是道德。
——爱因斯坦[美国]

宁可贫乏而有德,不愿意巨富而犯罪。——但丁[意大利]

道德常常能填补智慧的缺陷,而智慧却永远填补不了道德的缺陷。
——但丁[意大利]

美德好比宝石,它在朴素背景的衬托下反而更华丽。
——弗兰西斯·培根[英国]

人的美德犹如名贵的香料,在烈火焚烧中会散发出最浓郁的芳香。
——弗兰西斯·培根[英国]

德行高的人们,其德愈增则受人嫉妒之机会愈减。
——弗兰西斯·培根[英国]

甘居下位不算美德,能往下降才是美德。承认低于我们的事物高于我们,也是一种美德。——歌德[德国]

---

①铁肩:比喻刚正不阿的肩膀。辣手:比喻顽强正直的手。

真正的美德如河流,越深越无声。
——哈利法克斯[英国]

品德和名誉,有如一棵树的生命和枝叶,枝叶是否茂盛,全看生命有无生气。 ——华伦[美国]

美德不是装饰品,而是美好心灵的表现形式。 ——纪德[法国]

美德在自我利益中失落自己,正如小溪在大海里失落了自己。
——拉罗什富科[法国]

如果我们必须在和平与正义之间做出选择,我选择正义。
——罗斯福[美国]

美德像奇丽的宝石一样,如果镶嵌得淡雅,就显得更有风采。
——尼尔[法国]

美德和学问犹如金子有其固有的价值,但如果它们不经加工润色,必然会黯然无光;即便是明亮的黄铜,也比粗糙的金子更受人喜欢。
——切斯特菲尔德[英国]

值得骄傲的是你自己的德行,而不是你的血统。 ——萨迪[波斯]

血统是从上代传袭的,美德是自己培养的;美德有本身的价值,血统只是借光。 ——塞万提斯[西班牙]

生命短促,只有美德能将它留传到遥远的后世。 ——莎士比亚[英国]

28 品格;节操

人不知而不愠,不亦君子乎?①
——[春秋]《论语》

君子和而不同,小人同而不和。②
——[春秋]《论语》

岁寒,然后知松柏之后凋也。
——[春秋]《论语》

不食嗟来之食。③
——[春秋]《论语》

举世皆浊我独清,众人皆醉我独醒。 ——[战国]《楚辞》

石可破也,而不可夺坚;丹可磨也,而不可夺赤。④
——[战国]《吕氏春秋》

人必自侮,然后人侮之。⑤
——[战国]《孟子》

鸷鸟之不群兮,自前世而固然。⑥
——[战国]屈原

岁不寒无以知松柏,事不难无以知君子。⑦ ——[战国]《荀子》

芷兰生于深林,非以无人而不芳。⑧
——[战国]《荀子》

耻不修,不耻见污;耻不信,不耻不

---

①愠:生气;怨恨。
②和:和顺;融洽。同:苟同,没有独立见解或个性。
③嗟:招呼声,相当于"喂"。成语有"嗟来之食",指带有侮辱性的施舍。此句指不接受带有侮辱性的施舍。
④赤:红;红色。
⑤侮:侮辱。
⑥鸷:凶猛的鸟。群:合群。兮:同"啊"。固然:本来如此。
⑦岁:时间。知:了解。
⑧芷兰:白芷,一种香草。也作"芝兰"。

见信;耻不能,不耻不见用。①
——[战国]《荀子》
言不取苟合,行不取苟同,行义不顾毁誉。②　——[战国]《战国策》
非淡薄无以明德,非宁静无以致远。③　——[汉]《淮南子》
立节者见难不苟免,贪禄者见利不顾身。　——[汉]《淮南子》
身修而后家齐,家齐而后国治,国治而后天下平。　——[汉]《礼记》
君子贵人而贱己,先人而后己。④
——[汉]《礼记》
士可杀而不可辱。
——[汉]《礼记》
士不以利移,不为患改。⑤
——[汉]刘向
岂不罹凝寒,松柏有本性。⑥
——[汉]刘桢
不以穷变节,不以贱易志。⑦
——[汉]《盐铁论》
君子好人之好,而忘己之好;小人好己之好,而忘人之好。——[汉]扬雄
宁作清水之沉泥,不为浊路之飞尘。⑧　——[三国]曹植
芝兰生于深林,不以无人而不芳;君子修道立德,不为困而改节。⑨
——[三国]《孔子家语》
宁与燕雀翔,不随黄鹄飞。⑩
——[三国]阮籍
贵而不骄,胜而不恃,贤而能下,刚而能忍。⑪　——[三国]诸葛亮
可使寸折,不能绕指柔。⑫
——[晋]刘琨

渴不饮盗泉水,热不息恶木阴。⑬
——[晋]陆机
良将不怯死以苟免,烈士不毁节以求生。⑭　——[晋]《三国志》
建大业者不拘小节。
——[晋]《三国志》
风霜以别草木之性,危乱而见贞良之节。　——[南朝]《后汉书》
志士不饮盗泉之水,廉者不受嗟来

---

①修:修养品德。见:表示被动,相当于"被"。见污:受到侮辱。信:诚信。见信:受到信任。不能:无能。见用:被任用。
②言:言论。取:采用。苟:随便;草率。合:一致。行:行为。同:相同。行义:做符合道义的事。毁:诋毁。誉:赞扬。
③淡薄:同"淡泊",不追求名利。明德:表明德操。宁静:专心。致远:达到远大目标。
④贵:以之为可贵,引申为尊重。贱:以之为低贱,引申为贬抑。
⑤利:利益。患:祸患。
⑥罹:遭受。凝寒:严寒。本性:天生的特性。
⑦穷:困厄;不得志。
⑧宁:宁可;宁愿。沉泥:淤泥。尘:尘土。
⑨困:困厄;境遇艰难。
⑩黄鹄:天鹅。此句比喻不趋炎附势。
⑪骄:自高自大;看不起别人。恃:凭借;依靠。下:谦逊待人。刚:刚烈。忍:忍耐。
⑫此句原形容剑的坚挺不弯,后多用来比喻宁折不阿的品格。
⑬盗泉:泉名,据说饮后会起贪心。息:歇息。恶木:不成材的树木。阴:树荫。此句指自重自爱,远离邪恶不正的事物。
⑭苟免:苟且求免。

之食。① ——[南朝]《后汉书》

贞操与日月俱悬,孤芳随山壑共远。② ——[南朝]沈约

疾风知劲草,严霜识贞木。③ ——[南朝]《宋书》

丹可磨而不可夺其色,兰可燔而不可灭其馨,玉可碎而不可改其白,金可销而不可易其刚。④ ——[北朝]刘昼

在火辨玉性,经霜识松贞。 ——[唐]白居易

无波古井水,有节秋竹竿。⑤ ——[唐]白居易

宁可玉碎,不能瓦全。 ——[唐]《北齐书》

在山泉水清,出山泉水浊。 ——[唐]杜甫

不为五斗米折腰。⑥ ——[唐]《晋书》

兰幽香风远,松寒不改容。 ——[唐]李白

安能摧眉折腰事权贵,使我不得开心颜。⑦ ——[唐]李白

猛石可裂不可卷,义士可杀不可羞。⑧ ——[唐]李朝威

不临难,不见忠臣之心;不临财,不见义士之节。 ——[宋]林逋

出淤泥而不染,濯清涟而不妖。⑨ ——[宋]周敦颐

吾头尽可断,吾节不可移。 ——[明]侯峒曾

闻人之谤当自修,闻人之誉当自惧。 ——[明]胡居仁

士气不可无,傲气不可有。 ——[明]吕坤

玉可碎而不可改其白,竹可焚而不可毁其节。 ——[明]《三国演义》

千锤万击出深山,烈火焚烧若等闲。碎骨粉身浑不怕,要留清白在人间。⑩ ——[明]于谦

蒲柳之姿,望秋而落;松柏之质,经霜犹茂。 ——[清]顾贞观

做人不可有傲态,不可无傲骨。⑪ ——[清]陆陇其

大雪压青松,青松挺且直。要知松高洁,待到雪化时。 ——陈毅

---

①嗟来之食:指带有侮辱性的施舍。

②壑:山谷。

③疾:迅猛。劲:坚韧;坚挺。贞:不改变本色。

④燔:焚烧。馨:香气。销:熔化(金属)。易:改变。刚:坚硬。

⑤无波古井水:比喻心地淳厚像古井水一样透明平和。有节秋竹竿:比喻节操像秋天竹子一样挺拔清峻。

⑥折腰:弯下腰,指屈身事人。

⑦摧眉:低着眉。事:侍奉。开心颜:心情快乐舒畅,眉头舒展。

⑧猛石:顽石;坚石。裂:破开;破碎。卷:卷曲。

⑨染:沾染;污染。濯:洗涤。清涟:清澈的水波。妖:妖艳,艳丽而不正派。

⑩浑:全,一作"全"。清白:一作"青白"。这里借赞美石灰来比喻志士仁人不怕牺牲的精神和廉洁品德。

⑪傲态:骄傲自大的言行举止。傲骨:高傲不屈的性格。

以冰霜之操自励,则品日清高;以穹隆之量容人,则德日广大。
——弘一法师

人都有两面,一面是自尊,一面是自卑,这两面永远矛盾的存在人的心灵深处。
——琼瑶

一个人有了崇高的伟大理想,还一定要有高尚的情操。没有高尚的情操,再崇高、再伟大的理想也是不能达到的。
——陶铸

海浪的品格,就是无数次被礁石击碎又无数次地扑向礁石。
——王建云

一个人不必要行走在高原大漠,但内心一定要海阔天空。
——魏克

一个人的胸怀能容得下多少人,才能赢得多少人。
——一凡

品格并不能用好与坏这种二级的看法来衡量。意志力、忍耐力、协调能力、眼界等都是品格的外在表现。
——原野

品格可以为青春增添光彩,为皱纹和白发增添威严。
——爱默生[美国]

衡量一个人是高贵还是低贱,要看他具有什么样的品质,而不是看他拥有多少财富。
——比彻[美国]

品行是一面镜子,从这上面可以照出每个人的形象。
——歌德[德国]

使人高贵的是人的品格。
——劳伦斯[英国]

一个人在讲述别人的品格时,最能暴露出他自己的品格。
——里克特[美国]

品格如同树木,名声如同树荫。我们常常考虑的是树荫,却不知树木才是根本。
——林肯[美国]

真正的英雄绝不是永远没有卑下的情操,只是永不被卑下的情操所屈服罢了。
——罗曼·罗兰[法国]

灵魂高尚的人必自尊。
——尼采[德国]

对人来说,最最重要的东西是尊严。
——普列姆昌德[印度]

一个人的人格可以从他的眼神、笑容、言语、热忱、态度显示出来。
——乔·吉拉德[美国]

且看那雄狮的高贵品质!一只苍蝇打扰他,咬他,他不过轻轻地摇一摇尾巴,将它赶走;原来他秉性高尚,不愿和一只小蝇计较,他绝不像恶狗或其他野兽那般一步不让。品行高贵的人就该有所节制,遇事能权衡轻重,从不忘记自己的身份。
——乔叟[英国]

并不是每一个外表美好的人都有完美的心灵,因为品德在于内心。
——萨迪[波斯]

假如你的品德十分高尚,莫为出身低微而悲伤,蔷薇常在荆棘中生长。
——萨迪[波斯]

患难可以试验一个人的品格,非常的境遇方才可以显出非常的气节。风平浪静的海面,所有船只都可以并驱竞胜;命运的铁拳击中要害的时候,只有大勇大智的人才能够处之泰然。
——莎士比亚[英国]

人假使没有自尊心,那就会一文不值。
——屠格涅夫[俄国]

一个不知自重的人,他的行径就跟一棵草一样,浑身没有骨气,卑躬屈膝、轻浮得左右动荡。

——《五卷书》[古印度]

做一件好事并不难,难的是养成一种做好事的习惯。

——亚里士多德[古希腊]

我宁愿靠自己的力量打开我的前途,而不愿求有力者垂青。

——雨果[法国]

优良的品行是内心真正的财富,而衬托这品行的是良好的教养。

——约翰·洛克[英国]

29 性　格

君子有三变:望之俨然,即之也温,听其言也厉。　　——[春秋]《论语》

君子坦荡荡,小人长戚戚。①

——[春秋]《论语》

吾善养吾浩然之气。②

——[战国]《孟子》

太刚则折,太柔则废。③

——[汉]《汉书》

人之性也如水焉,置之圆则圆,置之方则方。　　——[晋]傅玄

何意百炼刚,化为绕指柔。④

——[晋]刘琨

江山易改,本性难移。

——[元]《谢金吾》

能忍人之所不能忍,乃能为人之所不能为。　　——[清]胡林翼

咬定青山不放松,立根原在破岩中;千磨万击还坚劲,任尔东西南北风。⑤　　——[清]郑燮

不要论他人短处是非,也不必计较自己短处是非让人去论,不热羡,不怨恨,以自己的生命体验着走,这就是性格和命运。　　——贾平凹

韧,是成功的基础。——柯灵

表面上很轻微的轶事,往往比大事件更容易表现一个人的真性格。

——李雯野

幽默是一种人性修养,也是一种人生态度。　　——梁晓声

自信的性格是一个男子必需的性格,在爱或事业上,都依赖着这一种性格,才能有惊人的成绩。——沈从文

学问、才能等类只是属于一时间或一部分的需要,决不如性情关系结合全部的需要。　　——沈钧儒

人的性格并不是数学上的固定的已知数,而是具有极大的可塑性,它是环境、教育和机遇影响的结果。

——张中晓

真正有独特个性的人并不竭力显

---

①坦荡荡:非常直率、坦然的样子。长:同"常",总是;时常。戚戚:形容忧虑、害怕的样子。
②浩然之气:正大刚直的精神。
③刚:坚硬。废:失去用处。
④何意:谁知;哪里料到。刚:刚强。一作"钢"。柔:柔弱。
⑤劲:坚强有力;直立挺拔。任:任凭。尔:你。

示自己的独特,他不怕自己显得与旁人一样。　　　　　　——周国平

性格,既不坚固也不是一成不变,而是活动变化着的,和我们的肉体一样也可能会生病。　——爱略特[英国]

一个人无论做出多少件事来,我们都可以在里面认出同样的性格。
　　　　　　——爱默生[美国]

最可爱的人是心地单纯的人,谁也比不上他们。多交朋友主要不是靠头脑灵活,而是靠心地善良、单纯,性格热情、坦率,对这一点我深信不疑。
　　　　　——奥古斯丁[古罗马]

性格是由习惯演变而来。
　　　　　　——奥维德[古罗马]

个性和魅力是学不会,装不像的。
　　　　　　——伯尔[德国]

每个人都是他自己个性的工程师。
　　　　　　——布特曼[德国]

性情豪爽是一件好事,但是过于随便的人却难以获得别人的尊敬。
　　　　——查斯特菲尔德[英国]

不要以自己的"性格"作为借口。
　　　　——查斯特菲尔德[英国]

毫无主见的"好好先生"成不了大器。　　——查斯特菲尔德[英国]

一次的失误不会毁掉一个性格坚强的人。　——车尔尼雪夫斯基[俄国]

性情的修养,不是为了别人,而是为了自己增强生活能力。
　　　　　　——池田大作[日本]

脾气暴躁是人类较为卑劣的天性之一,人要是发脾气就等于在人类进步的阶梯上倒退一步。
　　　　　　——达尔文[英国]

不能长久保持已证明可靠的朋友的人,他的性格是不可爱的。
　　　　——德谟克里特[古希腊]

只要他和蔼可亲,那比他有学问要好得多。　　——狄更斯[英国]

那些在细心的抚育和亲切的教养之下成长起来的人,处于贫困而不沮丧,受了痛苦而能超脱,因为在他们心里就有快乐、满足和安宁的资料。
　　　　　　——狄更斯[英国]

好脾气是一个人在社交中所能穿着的最佳服饰。　——都德[法国]

最伟大的政治家最有个性。
　　　　　　——费尔巴哈[德国]

你不能凭梦想形成自己的个性,你一定要千锤百炼为自己构成个性。
　　　　　　——夫鲁德[法国]

要形成一个有道德的性格,既需要一种天赋的向善心,又需要良好的生活环境。　　——弗兰克梯利[美国]

人的天性虽然是隐而不露的,但却很难被压抑,更很少能完全根绝。即使勉强施以压抑,只会使它在压力消除后更加猛烈。
　　　　——弗兰西斯·培根[英国]

只有长期养成的习惯才能多少改变人的天生气质和性格。
　　　　——弗兰西斯·培根[英国]

人的性格是扎根在骨头和血液里的。　　　　——高尔基[苏联]

最足以显示一个人的性格的,莫过

于他所嘲笑的是什么东西。
　　　　　　　——歌德[德国]
　　无论大事还是小事,只要自己是认为办得到的,就坚定地去办,这就是性格。　　　　　——歌德[德国]
　　看一个家庭,立刻就看出主人的性格。　　　　　　——歌德[德国]
　　天才在孤独中最易培养,性格在暴风雨中最易形成。
　　　　　　　——歌德[德国]
　　如果你已养成耐性,请相信:你已干了许多事情。　　——歌德[德国]
　　一个人如果老是过着悠闲生活,是会变得孤僻、粗野起来的。
　　　　　　　——果戈理[俄国]
　　执拗的人是一个极聋的演说家。
　　　　　　——纪伯伦[黎巴嫩]
　　每个人都有三重性格:他所表现出来的性格,他所具备的性格和他认为自己所具有的性格。　——卡尔[美国]
　　造就那些中常才能的性格,与造就那些伟大天才的性格是截然相反的。
　　　　　　——拉罗什富科[法国]
　　最能够使一个人生动描绘出他自己性格的方法,无过于他描绘他人的态度。　　　　　——利希脱[法国]
　　卑劣的好恶之情只能支配软弱的人,而对性格坚强的人是起不了多大作用的。　　　　　——卢梭[法国]
　　青年期是豁达的时期,应该利用这个时期养成自己豁达的性格。
　　　　　　　——罗素[英国]
　　性格是一个人看不见的本质。
　　　　　　　——穆迪[德国]

　　人的性格不可能始终向前,有退潮也有涨潮。　　——帕斯卡[法国]
　　性格只不过是长期形成的习惯而已。　　　　　——普卢塔克[古希腊]
　　荣耀地位会改变习性。
　　　　　　——普卢塔克[古希腊]
　　过于卓越的性格常难容身于社会生活之中,因此我们不带金块而带小额款项去市场。　——桑弗[法国]
　　从一个单一而富有特点的行动中,可能获得对一个人性格的精确认识。
　　　　　　　——叔本华[德国]
　　就像从很小的孔穴能窥见阳光一样,细小的事情刻画出人的性格。
　　　　　　——斯迈尔斯[英国]
　　我们不必羡慕他人的才能,也不须悲叹自己的平庸。各人都有他的个性魅力,最重要的,就是认识自己的个性,而加以发展。——松下幸之助[日本]
　　个性,这是最重要的。一个人的个性应该像岩石一样坚强,因为所有的东西都建筑在它上面。
　　　　　　——屠格涅夫[俄国]
　　唯独具有最高尚的和最快乐的性格的人,才会具有感染周围的人的快乐。　　　——陀思妥耶夫斯基[俄国]
　　人的快乐——这是最能使人原形毕露的。有的人的性格您很久还捉摸不透,可是只要这个人由衷地纵声大笑起来,您对他的整个性格就会忽然了如指掌。　——陀思妥耶夫斯基[俄国]
　　性格是一种副产品,它产生于完成

日常事务的伟大过程之中。

——威尔逊[美国]

一个天生顺从的人,即使置身帝王的宝座也依然顺从。

——沃维纳格[法国]

修养之于心地,其重要犹如食物之于身体。

——西塞罗[古罗马]

理性和语言是人类交往过程的纽带。

——西塞罗[古罗马]

一个人的性格决定着他的命运。

——绪儒斯[英国]

恶劣的天性从不需要指导者。

——绪儒斯[英国]

所谓的性格是一种习惯,是那不加熟虑的自然而然从灵魂流露出来的一定的行为。

——伊卜恩·斯依恩那[英国]

习惯形成性格,性格决定命运。

——约·凯恩斯[英国]

人是无法超脱自己性格的。

——约·莫利[英国]

在每一个人的性格上,都可以找到一些小小的黑点。 ——詹姆斯[美国]

一个人的房子、一个人的家具、一个人的衣服、他所读的书、他所交的朋友,这一切都是他自身的表现。

——詹姆斯[美国]

30 意志;决心

三军可夺帅也,匹夫不可夺志也。①

——[春秋]《论语》

士不可不弘毅,任重而道远。②

——[春秋]《论语》

故天将降大任于斯人也,必先苦其心志,劳其筋骨,饿其体肤,穷乏其身,行拂乱其所为,所以动心忍性,曾益其所不能。③

——[战国]《孟子》

持其志,无暴其气。④

——[战国]《孟子》

无冥冥之志者,无昭昭之明;无惛惛之事者,无赫赫之功。⑤

——[战国]《荀子》

安危不二其志,险易不革其心。⑥

——[汉]仲长统

君子不恤年之将衰,而忧志之有倦。⑦

——[汉]徐幹

恢弘志士之气,不宜妄自菲薄。⑧

——[三国]诸葛亮

---

①三军:泛指军队。夺:强取;剥夺。匹夫:一个人;泛指普通人。志:意志。

②弘毅:宽宏坚毅,指担负远大,意志坚强。任重:担子沉重,指责任重大。道远:路途遥远。

③大任:重大使命或责任。斯:又作"是",此;这个。心志:内心;精神。拂乱:扰乱;搅乱。曾:同"增",增加。

④持:守。志:意志。暴:乱。气:意气;情感。

⑤冥冥:高远。昭昭:显著。惛惛:默默无闻。赫赫:显赫。

⑥不二:专一。革:改变。

⑦恤:忧:忧虑。年:年纪。衰:衰老。倦:懈怠。

⑧恢弘:发扬;扩大。妄自菲薄:过于自卑。

志行万里者,不中道而辍足。①
——[晋]《三国志》
有志者,事竟成。②
——[南朝]《后汉书》
丈夫为志,穷当益坚,老当益壮。③
——[南朝]《后汉书》
安得倚天剑,跨海斩长鲸。
——[唐]李白
男儿立身须自强。 ——[唐]李颀
烈火非不猛,不耗百炼金;寒霜非不严,不凋竹柏林。④ ——[宋]司马光
古之立大事者,不惟有超世之才,亦必有坚忍不拔之志。⑤
——[宋]苏轼
壮心欲填海,苦胆为忧天。
——[宋]文天祥
难胜莫如己私。⑥ ——[宋]杨时
一息尚存,此志不容少懈。
——[宋]朱熹
士人第一要有志,第二要有识,第三要有恒。⑦ ——[清]曾国藩
人而无恒,终身一无所成。
——[清]曾国藩
坚其志,苦其心,劳其力,事无大小,必所成。 ——[清]曾国藩
决心要成功的人,已经成功了一半。 ——陈祖芬
一个人的垮,不是垮在客观压力上,而是垮在自己的意志的不坚定上。
——邓友梅
从个人意志活动的趋向上,我们找到个性;从种族的意志活动力的趋向上,我们找到民族性;从全人类意志活动上,我们找到时代性。 ——林风眠
有人放弃了梦想,从前进的行列中败退下来,是因为失去了自己的意志。
——罗兰
下定决心,不怕牺牲,排除万难,去争取胜利。 ——毛泽东
我们中华民族有同自己的敌人血战到底的气概,有在自力更生的基础上光复旧物的决心,有自立于世界民族之林的能力。 ——毛泽东
为有牺牲多壮志,敢教日月换新天。 ——毛泽东
人必须有勇气,有朝气,有雄心壮志,有顽强不屈的斗争精神。
——彭德怀
水激石则鸣,人激志则宏。
——秋瑾
谚云:"世上无难事,只畏有心人。"有心之人,即立志之坚者也,志坚则不畏事之不成。 ——任弼时
吾志所向,一往无前,愈挫愈奋,再接再厉。 ——孙中山

———————
①中道:中途;半途。辍:停止。
②志:意志,指决心和毅力。竟:终于。成:成功。
③丈夫:大丈夫,指胸怀大志的人。穷:处境困窘。
④严:严酷。凋:凋零。
⑤立:成就。不惟:不但;不仅。超世:超过一般人。坚忍不拔:坚韧不拔,信念坚定,意志不可动摇。
⑥己私:自己的私心。
⑦恒:恒心。

只知道,确定了就义无反顾。要输就输给追求,要嫁就嫁给幸福。
——汪国真

人的生命及其精力都有极限,必须全神贯注并且持之以恒,才有可能追求卓越。 ——王永庆

就是有九十九个困难,只要有一个坚强的意志就不困难。 ——杨根思

工作上的执着实际上是人的一种意志。 ——张近东

我的态度是一息尚存,还是要干,干到不能再干为止,决不屈服。我认为挫折磨难是锻炼意志、增加能力的好机会。 ——邹韬奋

伟大人物的最明显标志,就是他坚强的意志,不管环境变幻到何种地步,他的初衷与希望仍不会有丝毫的改变,而终于克服障碍,达到期望的目的。
——爱默生[美国]

培养意志是我们生存的目标。
——爱默生[美国]

由百折不挠的信念所支持的人的意志,比那些似乎是无敌的物质力量有更强大的威力。 ——爱因斯坦[美国]

没有伟大的意志力,就不可能有雄才大略。 ——巴尔扎克[法国]

人类所有的力量,只是耐心加上时间的混合。所谓强者是既有意志,又能等待时机者。 ——巴尔扎克[法国]

字典里最重要的三个词,就是:意志、工作、等待。我将要在这三块基石上建立我成功的金字塔。
——巴斯德[法国]

艰苦能磨炼人的意志。
——布朗[英国]

如果一个人只是态度温和,而意志不坚定的话,这样的人将会变得只是和蔼可亲,但是卑躬屈膝,意志力软弱,个性消极。 ——查斯特菲尔德[英国]

如果一个人只是意志坚强,但是态度粗暴的话,这样的人将会变成粗暴而做事莽撞的人物。
——查斯特菲尔德[英国]

自己认准的路,不管谁说什么,都要挺起胸膛走到底。
——池田大作[日本]

伟人之所以伟大,关键在于:当他与别人共处逆境时,别人失去理智,他则下决心实现自己的目标。
——戴埃[美国]

朝着一定目标走去是"志",一鼓作气中途绝不停止是"气",两者合起来就是志气。一切事业的成败都取决于此。
——戴尔·卡内基[美国]

意志不可摧毁,就像火的天性一样,一旦障碍除去,便要恢复原状,实验一千次也不会改变。
——但丁[意大利]

只有满怀自信的人,才能在任何地方都怀有自信,沉浸在生活中,并实现自己的意志。 ——高尔基[苏联]

意志坚强的人能把世界放在手中,像揉泥块一样任意揉挫。
——歌德[德国]

一个人,即使驾着的是一只脆弱的小舟,但只要舵掌握在他的手中,他就

不会任凭波涛的摆布,而有选择方向的主见。　　　　　　——歌德[德国]

一旦有了意志,脚步也会轻松起来。　　　　　　——赫伯特[英国]

坚硬优质的钢条是经过千锤百炼而成的,瑰丽美观的贝壳是经过水冲日曝而得的。我们的意志和毅力也必须在火热的斗争中接受严峻的考验,去经受长期的锻炼。

——加里宁[苏联]

一只牛虻有意志力,就能征服一头优柔寡断的牛。

——卡赞扎基[古希腊]

意志薄弱的人不可能忠诚。

——拉罗什富科[法国]

决心即力量,信心即成功。

——列夫·托尔斯泰[俄国]

事情很少有根本做不成的。其所以做不成,与其说是条件不够,不如说是由于决心不够。

——罗切福考尔德[法国]

生活就像海洋,只有意志坚强的人,才能达到彼岸。——马克思[德国]

我成功是因为我有决心,从不踌躇。　　　　　　——拿破仑[法国]

意志自身在本质上是没有一切目的、一切止境的,它是一个无尽的追求。

——叔本华[德国]

意志是唯一不会耗竭的力量,也是人人永远具备的力量。

——叔本华[德国]

意志引人入坦途,悲伤陷人于迷津。　　　　　　——斯宾塞[英国]

一个没有原则和没有意志的人就像一艘没有舵和罗盘的船一样,他会随着风的变化而随时改变自己的方向。

——斯迈尔斯[英国]

太顽强的意志最容易受挫折。你可以时常看见最顽固的铁经过淬火炼硬之后,被人击成碎块和破片。

——索福克勒斯[希腊]

上天完全是为了坚强我们的意志,才在我们的道路上设下重重的障碍。

——泰戈尔[印度]

意志坚强的乐观主义者用"世上无难事"的人生观来思考问题,越是遭受悲剧打击,越是表现得坚强。

——西尼加[古罗马]

一千个满怀信心和决心的人,要比一百万个谨小慎微的和可敬的人强得多。　　　　　　——辛克莱[美国]

人们不缺少力量,而缺少意志。

——雨果[法国]

31　坚强;顽强

终始惟一,时乃日新。①

——[春秋]《尚书》

骐骥一跃,不能十步;驽马十驾,功在不舍。②　　——[战国]《荀子》

锲而舍之,朽木不折;锲而不舍,金

---

①惟一:如一。
②骐、骥:古代有名的骏马。驽马:劣马。驾:马拉车走一天的行程。舍:舍弃;停止。

石可镂。① ——[战国]《荀子》

苟日新,日日新,又日新。② ——[汉]《礼记》

井不达泉,则犹不掘;一步未至,则犹不往。 ——[晋]《抱朴子》

登山不以艰险而止,则必臻乎峻岭。③ ——[晋]《抱朴子》

播种有不收者矣,而稼穑不可废;仁义有遇祸者矣,而行业不可惰。④ ——[晋]《抱朴子》

精卫衔微木,将以填沧海。⑤ ——[晋]陶潜

穷当益坚,老当益壮。⑥ ——[南朝]《后汉书》

蒲柳之姿,望秋而落;松柏之质,经霜弥茂。⑦ ——[南朝]《世说新语》

自知者英,自胜者雄。⑧ ——[隋]王通

男儿立身须自强。 ——[唐]李颀

苟有恒,何必三更眠五更起;最无益,莫过一日曝十日寒。⑨ ——[明]胡居仁

世上无难事,只怕有心人。 ——[明]《西游记》

日日行,不怕千万里;常常做,不怕千万事。 ——[清]金缨

但是当做的事,切莫为难;任是难做的事,只要耐烦。⑩ ——[清]李西沤

不耐烦,干不得事;不忍事,做不得人。 ——[清]申涵煜

天下无难事,只怕有心人。天下无易事,只怕粗心人。 ——[清]袁枚

人而无恒,终身一无所成。⑪ ——[清]曾国藩

我很自信,因为只有自信才有成功的希望。如果没有自信,成功永远在你可望不可即的对岸嘲笑你。 ——包玉刚

攻克科学难关,需要巨大的动力。科学的献身精神,百折不回的毅力,这些都是攻关的科学战士所必须具备的品质。 ——陈景润

做成了了不起的事情需要了不起的精神,但有了了不起的精神,不一定就能做成了不起的事。没有做出了不起的事而始终保持一种了不起的精神,这就尤其了不起。 ——陈祖芬

难能的是始终如一,是在日复一日的无声不息中,日复一日地战胜一切软弱、消极的意识! ——陈祖芬

---

①镂:雕刻。舍:舍弃;停止。折:打断;损坏。金石:金属和石头。镂:镂空。
②苟:如果。新:自新。此句指进步贵在坚持不懈,持之以恒。
③以:因。止:中止。臻:至,到达。
④稼穑:种植和收割,泛指农业生产。废:废弃。惰:放弃。
⑤精卫:传说中的精卫鸟。
⑥穷:困窘。益:更加。坚:坚定。壮:精力旺盛。
⑦蒲柳:即水杨。落:凋零。弥:更加。
⑧英:才能出众。雄:强有力。
⑨苟:如果。恒:恒心。曝:晒。
⑩任:任凭。
⑪恒:恒心。

凡事总要有信心,老想着"行"。要是做一件事,先就担心着:"怕不行吧?"那你就没有勇气了。　　——盖叫天

人,只怕自己倒,别人骂不倒。
　　——郭沫若

只要脊梁不弯,就没有扛不起的山。　　——洪战辉

"难"也是如此,面对悬崖峭壁,一百年也看不出一条缝来。但用斧凿,能进一寸进一寸,得进一尺进一尺,不断积累,飞跃必来,突破随之。
　　——华罗庚

有时一个问题不是一下子就能学懂,没有坚韧的学习精神,往往就会半途而废。　　——华罗庚

天下无难事,惟"坚忍"二字,为成功之要诀。　　——黄兴

如果你认为毅力是每分每秒的"艰苦忍耐"式的奋斗,这是很不足的心理状态,毅力是一种心态,不是一种生活。
　　——李嘉诚

当你不懂得放弃的时候,你可以告诉自己,你还懂得坚持。　　——李开复

自信与骄傲有异:自信者常沉着,而骄傲者常浮扬。　　——梁启超

人之能有自信力者,必其气象阔大,其胆识雄远。　　——梁启超

有韧性的人对突如其来的变故能够镇定自若地应付,承受得住打击,不改变初衷。　　——刘景全

做一件事,无论大小,若无恒心,是很不好的。而看一切太难,固然能使人无成,但若看得太容易,也能使事情无结果。　　——鲁迅

不要失去信心,只要坚持不懈,就终会有成果。　　——钱学森

人生的第一桶金是自信。
　　——潘石屹

毅力,比一时的拼搏、冲刺重要得多。　　——秦牧

成熟与自信同步。　——王大海

自强和自信是一对孪生兄弟,总是联系在一起的。　　——王若谷

铁是愈锤炼愈坚韧的。
　　——闻一多

世界上力气最大的是植物的种子。一粒种子可以显现出来的力,简直是超越一切的。　　——夏衍

多一分耐性,即多一分效果。
　　——徐特立

攻城不怕坚,攻书莫畏难,科学有险阻,苦战能过关。　　——叶剑英

有恒心,有胆力,方能成。
　　——周恩来

天下决无一蹴即成之事,亦未有一学即能之业。　　——邹韬奋

自信是英雄的本质。
　　——爱默生[美国]

我们最大的光荣不在于永不跌倒,而在于每次跌倒之后都能起来。
　　——爱默生[美国]

所有坚韧不拔的努力迟早会取得报酬的。　　——安格尔[法国]

在你的心园种植忍耐吧!虽然它的根是苦的,但果实是甜的。
　　——奥斯丁[英国]

顽强的毅力可以克服任何障碍。

——达·芬奇[意大利]

艰苦是一把锋利的雕刀,时刻都在雕琢着人们的灵魂。

——大仲马[法国]

不要心存抱怨,对于无关紧要的事情要勇于屈服。小人对自己的过失顽固自负,生性伟大的人却愿意握手说他错了,并提议重新来过。

——戴尔·卡内基[美国]

你要是爬山,就爬到顶;一摔倒,就会跌到深渊里。 ——高尔基[苏联]

坚韧是成功的一大因素。只要在门上敲得够久,够大声,终必会把人唤醒的。 ——华兹华斯[英国]

我的最高原则:不论遇到什么困难,都绝不屈服。 ——居里夫人[法国]

滴水穿石,不是因其力量,而是因其坚韧不拔、锲而不舍。

——拉蒂默[法国]

忍耐是痛苦的,但它的果实是香甜的。 ——卢梭[法国]

一经打击就灰心泄气的人,永远是个失败者。 ——毛姆[英国]

要永远尽你所能,永远不要气馁,永远不要小看自己。

——尼克松[美国]

一个人如果做事没有恒心,他是任何事也做不成功的。 ——牛顿[英国]

斧头虽小,但经多次劈砍,终能将一棵最坚硬的橡树砍倒。

——莎士比亚[英国]

耐心等待!风车从不跑去找风。

——斯克利维斯[英国]

许多赛跑者失败,都是失败在最后的几步。跑"应该跑的路"已经不容易,"跑到尽头"当然更难。

——苏格拉底[古希腊]

别人放手,他仍然坚持;别人后退,他仍然前冲;每次跌倒,立刻站起来——这种人一定没有失败。

——雨果[法国]

成大事不在于力量的大小,而在于能坚持多久。 ——约翰生[英国]

历经沧桑的人是不会轻易气馁的。

——约翰生[英国]

32 勤奋;勤劳

发愤忘食,乐以忘忧,不知老之将至云尔。① ——[春秋]《论语》

功崇惟志,业广惟勤。② ——[春秋]《尚书》

克勤于邦,克俭于家。③ ——[春秋]《尚书》

民生在勤,勤则不匮。④ ——[战国]《左传》

---

①发愤:下定决心努力;振奋精神追求。云尔:语气助词,用于句尾,表示如此而已。将至云尔:将到何种程度。

②崇:高。惟:单单;只是。广:大。

③克:能够。勤:勤劳。于:在。邦:国家。俭:节俭。

④民生:人民的生计。匮:缺乏。

学不勤则不知道,耕不力则不得谷。① ——[三国]桓范

勤学如春起之苗,不见其增,日有所长;辍学如磨刀之石,不见其损,日有所亏。② ——[晋]陶潜

人生在勤,不索何获?③
——[南朝]《后汉书》

学业在勤。
——[南朝]《文心雕龙》

救烦无若静,补拙莫如勤。
——[唐]白居易

富贵必从勤苦得,男儿须读五车书。④ ——[唐]杜甫

业精于勤,荒于嬉;行成于思,毁于随。⑤ ——[唐]韩愈

书山有路勤为径,学海无涯苦作舟。⑥ ——[唐]韩愈

莫言大道人难得,自是功夫不到头。⑦ ——[唐]吕岩

不勤于始,将悔于终。
——[唐]《贞观政要》

凡勤学,须是出于本心,不待父母先生督责。⑧ ——[宋]包恢

拙者能勉,与巧者同功也。⑨
——[宋]崔敦礼

少不勤苦,老必艰辛;少能服劳,老必安逸。 ——[宋]林逋

勤有功,嬉无益。⑩
——[宋]《三字经》

栽培剪伐须勤力,花易凋零草易生。 ——[宋]苏舜钦

学问勤中得,萤窗万卷书。⑪
——[宋]汪洙

勤与俭,治生之道也,不勤则寡入,不俭则妄费。⑫ ——[宋]朱熹

为学虽有聪明之资,必须做迟钝工夫始得。 ——[宋]朱熹

笨鸟先飞早入林。
——[元]关汉卿

只要功夫深,铁杵磨成针。⑬
——[元]虞韶

少不勤俭,老必艰辛。
——[明]陈献章

富贵本无根,尽从勤里得。⑭
——[明]冯梦龙

---

①知:通晓。道:圣贤的学说。力:辛苦。得谷:收获庄稼。

②辍学:中途停止学习,中断学业。

③索:索取;追求。获:收获。

④勤苦:勤劳刻苦。须:应当。五车书:指博览群书。

⑤业:指学业。勤:勤奋。嬉:嬉戏,贪玩。行:事情(一说指品行、品德)。毁:失败。随:随便;放任。

⑥径:小路。苦:刻苦。

⑦大道:真理。

⑧本心:内心愿望。督责:督促,责问。

⑨勉:努力;尽力。功:成效;效果。

⑩嬉:贪玩;懒散。

⑪萤窗:据说晋代人车胤(yìn)年少时家境贫寒,没钱买灯油,夜晚就捉一些萤火虫盛在纱布袋中,借助萤火虫发出的光亮照明读书。后用"萤窗"形容勤学苦读。

⑫治生:谋生计,考虑维持生活的办法。

⑬杵:一头粗一头细的圆木棒,古代多用于在石臼中捣粮食,去壳。

⑭根:本来的。尽:都,全部。

一生之计在于勤。
　　　　——[明、清]《增广贤文》
熟能生巧,业精于勤。
　　　　——[明、清]《增广贤文》
勤能补拙,俭以养廉。
　　　　　　　　——[清]金缨
习勤忘劳,习逸成惰。①
　　　　　　　　——[清]李惺
治事以勤为贵,则事剧亦暇,暇自心清。不勤,则事简亦忙,忙先神乱。②
　　　　　　　　——[清]汪辉祖
勤则有材而见用,逸则无能而见弃。③　　　　——[清]曾国藩
用工不可拘苦,须探讨些趣味出来。④　　　　——[清]曾国藩
勤学获新知,深思萌创意,实干出成果。　　　　　　——陈灏珠
应知学问难,在乎点滴勤。尤其难上难,锻炼品德纯。——陈毅
我的成功并不是我很天才,但我知道当太阳升起的时候,我不能睡懒觉。生命就是不停地奔跑,不停地追求。
　　　　　　　　——陈永川
世界上没有什么轻易成功的天才,所谓"天才"就是勤奋学习和实践。
　　　　　　　　——戴伯韬
没有劳动就没有世界。
　　　　　　　　——邓中夏
你的前途应当是"干"！你的责任应当是"干"！你的命运更使你不得不"干"！干啊！只有干才是你的出路——人类的出路！　——杜永瘦
唯其当时肯耗费觅路的功夫,才能在日后得到该走的大道。——顾颉刚
点水穿石,业精于勤。——郭沫若
形成天才的决定因素应该是勤奋。有几分勤学苦练,天资就能发挥几分。天资的充分发挥和个人的勤学苦练是成正比例的。　　　——郭沫若
古往今来有成就的人并不都是天资高,有许多天资差的人经过勤学苦练也做出了很好的成就。——郭沫若
任何有成就的历史人物,莫有不是从勤学苦练中得来的。——郭沫若
要在工作、生产的百忙中,以"挤"的方法获得学习的时间,以"钻"的方法求得问题的了解与深入。——郭沫若
天才在于积累,聪敏在于勤奋。
　　　　　　　　——华罗庚
单凭天才的科学家也是没有的,只有勤奋,才能勤能补拙,才能把天才真正发挥出来。　　——华罗庚
我们每个人手里都有一把自学成才的钥匙,这就是:理想、勤奋、毅力、虚心和科学方法。　——华罗庚
勤能补拙是良训,一分辛苦一分才。　　　　　　　——华罗庚
面对悬崖峭壁,一百年也看不出一条缝来,但用斧凿,能进一寸进一寸,得进一尺进一尺,不断积累,飞跃必来,突

———————
①习:习惯。逸:闲散。
②剧:繁难;繁重。暇:空闲。
③见:被。用:任用。弃:不任用。
④用工:用功。拘:受束缚;受限制。趣味:兴趣、乐趣。

破随之。——华罗庚

一个商人要在经验中成熟，其中吃苦耐劳占了百分之九十五。

——霍英东

勤奋是学习的枝叶，当然很苦；智能是学习的花朵，当然香郁。

——蒋金镛

不要嫌种子太小，种子总是小的。不要怀疑自己忠诚劳动，劳动总会给你留下果实的。——柯蓝

勤劳是幸福的右手，节俭是她的左手。——雷锋

钉子有两个长处，一个是挤劲，一个是钻劲。我们在学习上，也要提倡这种"钉子"精神，善于挤和钻。——雷锋

不经风雨，长不成大树；不受百炼，难以成钢。迎着困难前进，这也是我们革命青年成长的必经之路。有理想有出息的青年人，必定是乐于吃苦的人。

——雷锋

凡事都要脚踏实地去做，不驰于空想，不骛于虚声，而唯以求真的态度做踏实的工作。以此态度求学，则真理可明；以此态度做事，则功业可就。

——李大钊

伟大的成绩和辛勤的劳动是正比例的，有一份劳动就有一份收获，日积月累，由少到多，奇迹就可以创造出来。

——鲁迅

必须如蜜蜂一样，采过许多花，这才能酿出蜜来，倘若叮在一处，所得就非常有限，枯燥了。——鲁迅

我们要振作精神，下苦功学习。

"下苦功"三个字，一个叫"下"，一个叫"苦"，一个叫"功"，一定要振作精神，下苦功。——毛泽东

自己动手，丰衣足食。——毛泽东

对搞科学的人说来，勤奋就是成功之母！——茅以升

一个人天资再好，没有勤奋，在科学上也将一事无成；反之，有了勤奋，天资不足也完全可以取得成就。

——茅以升

我是个笨拙的学艺者，没有充分的天才，全凭苦学。——梅兰芳

一切成果都只由默默耕耘开始。

——宁三

各种科学发现往往具有一个共同点，那就是勤奋和创新精神。

——钱三强

一个人眼睛可以看到很远的地方，脚底下却没有办法，不能一跨就跨到那里，必须一步一步的走。——沈钧儒

任何成就都是刻苦劳动的结果。

——宋庆龄

劳动是一切知识的源泉。

——陶铸

天才是用劳动换来的。

——童第周

我写作的秘诀只有一个，就是勤奋的劳动。我唯一和别人不同的是比较用功。——王安忆

天才就是勤奋，知识在于积累。

——吴晗

没有持久不懈的勤奋积累，禀赋再

高也无用,机遇来临也无法利用。
——夏东元

什么绝招?就是勤快,拼命干!还有一条,不要怕失败! ——夏衍

要研究学问,就要下苦功夫,勤于思想,勤于动笔。 ——谢国桢

一分耕耘,一分收获,要想收获得好,必须耕耘得好。 ——徐特立

辛辛苦苦,过舒服日子;舒舒服服,过辛苦日子。 ——杨澜

杂技演员走钢丝的本领,是长期苦练的结果……要想靠小聪明侥幸获得成功,那只能从钢丝上摔下来。
——杨乐

没有勤俭就没有积累,没有积累,就没有将来。 ——周恩来

凡是真正有价值的东西,不付出艰苦的劳动是得不到的。
——艾迪生[英国]

天上永远不会掉下玫瑰来,如果想要更多的玫瑰,必须自己种植。
——艾略特[英国]

天才是百分之一的灵感加上百分之九十九的汗水。 ——爱迪生[美国]

在一个崇高的目的支持下,不停地工作,即使慢,也一定会获得成功。
——爱因斯坦[美国]

当我像嗡嗡作响的陀螺一样高速旋转时,就自然排除了外界各种因素的干扰,抵抗着外界的压力。
——比埃尔·居里[法国]

在日常生活中,靠天才能做到的事,靠勤奋同样能做到;靠天才做不到的事,靠勤奋也能做到。
——比彻[美国]

即使一个人天分很高,如果不艰苦地操劳,不仅不会做出伟大的事业,就是平凡的成绩也不会得到。
——柴可夫斯基[俄国]

劳动一天,可得一夜安眠;勤劳一生,可得幸福长眠。
——达·芬奇[意大利]

如果说我有什么功绩的话,那不是我有才能的结果,而是勤奋有毅力的结果。 ——达尔文[英国]

劳动创造了人本身。
——恩格斯[德国]

天才出于勤奋。
——高尔基[苏联]

做事总需要时间,不付出大量的心血和劳动是做不成大事的。想吃核桃,就得首先咬开坚硬的果壳。
——格里美尔斯豪森[德国]

不劳无获,少劳少获;多少耕耘,多少收成。 ——赫里克[英国]

假如你有天赋,勤奋会使它变得更有价值;假如你没有天赋,勤奋可以弥补它的不足。 ——雷诺兹[英国]

光勤劳是不够的,蚂蚁也是勤劳的。要看你为什么而勤劳。
——梭罗[美国]

闲暇可以看成是自由的活动,劳动则可以看成是强迫的活动。闲暇是做你喜欢做的事,而劳动是做你必须做的事。
——萧伯纳[爱尔兰]

正是劳动本身构成了你追求的幸

福的主要因素,任何不是靠辛勤努力而获得的享受,很快就会变得枯燥无聊、索然无味。　　　——休谟[英国]

一切事物的真正价值在于获得它时所付出的辛苦劳动。

——亚当·斯密[英国]

很少有什么东西是不能通过勤奋和技艺而获得的。　——约翰生[英国]

对于勤奋与才能来说,几乎没有办不到的事情。　　——约翰生[英国]

33　懒惰;懈怠

饱食终日,无所用心,难矣哉。

——[春秋]《论语》

壮而怠则失机,老而懈则无名。①

——[战国]《吕氏春秋》

事辍者无功,耕怠者无获。②

——[汉]《盐铁论》

习闲成懒,习懒成病。③

——[北朝]《颜氏家训》

天下事以难而废者十之一,以惰而废者十之九。　——[北朝]《颜氏家训》

躁则妄,惰则废。既妄且废,则天下之所以不治者,常出于此,而不足怪。

——[宋]苏轼

学无早晚,但恐始勤终惰。

——[宋]张孝祥

天下事,坏于懒与私。

——[宋]朱熹

懈意一生,便是自暴自弃。④

——[宋]朱熹

"懒散"二字,立身之贼。

——[明]吕坤

恶劳好逸,人之常情。就因为这是人之常情,人才需要鞭策自己。

——梁实秋

懒惰是代价极高的奢侈品,一旦到期清付,必定偿还不起。　——廖静文

人最困难的莫过于战胜自己的惰性。

——刘吉

懒惰是很奇怪的东西,它使你以为那是安逸,是休息,是福气;但实际上它所给你的是无聊,是倦怠,是消沉;它剥夺你对前途的希望,割断你和别人之间的友情,使你心胸日渐狭窄,对人生也越来越怀疑。　　　——罗兰

天分高的人如果懒惰成性,亦即不自努力以发展他的才能,则其成就也不会很大,有时反会不如天分比他低些的人。　　　　　　　——茅盾

懒惰成性的人们不可能理解,一个胸怀远大目标的人为了达到这个目标可以在各种条件下刻苦努力,他可以在夜间长时间紧张地埋头苦干,甚至谈话时,闭目养神和在街头漫步时,他也在下功夫。所以社会上的这些懒汉和寄生虫,只有把他们关进单人牢房,他们才能理解一个身居闹市仍然能静心创

———

①壮:年轻。
②辍:中止,停止。怠:懒惰;懈怠。
③习:习惯。
④暴:糟蹋。

作的人独自苦思冥想时的创作孤独。
　　　　　——阿·维诺格拉多夫[苏联]
　　做事拖泥带水是时间的被偷。
　　　　　　　　——爱·扬格[英国]
　　你重大决定时优柔寡断,追求人生目标时,冲劲不足,是使我们失意沮丧的两大主因。　　——爱迪生[美国]
　　长期的心灰意懒以及习惯的烦恼,足以致人于贫病枯萎。
　　　　　　　　——布朗[英国]
　　有懒惰的地方就有丑恶现象,有奢侈的地方就有丑恶现象。
　　　　　——车尔尼雪夫斯基[俄国]
　　一个懒惰心理的危险,比懒惰的手足,不知道要超过多少倍。而且医治懒惰的心理比医治懒惰的手足还要难。因为我们做一件不愿意不高兴的工作,身体的各部分,都感到不安和无聊。反过来说,如果对于这种工作有兴趣、愉快,工作效率不但高,身心也感到十分舒适。　　——戴尔·卡内基[美国]
　　充分发挥我们才能的最大障碍恐怕就是懒惰。因此,在任何社会中,其成员如欲充分发挥其才能与作用,其首要的座右铭就应当是:"须有自知之明。"　　　　——德拉克[荷兰]
　　愚钝是精神的怠惰,怠惰是肉体的愚钝。　　　　——杜康默[法国]
　　休息是好事,但要小心"倦怠"是它的好兄弟。　　——伏尔泰[法国]
　　怠惰,一切都难办;勤奋,凡事皆顺利。　　　　——富兰克林[美国]
　　懒惰走得如此之慢,以致贫穷很快就赶上它。　——富兰克林[美国]
　　懒惰像生锈一样,比操劳更能消耗身体;经常用的钥匙,总是亮闪闪的。
　　　　　　——富兰克林[美国]
　　悠闲的生活与懒惰是两回事。
　　　　　　——富兰克林[美国]
　　生活要走向自己的目标,而且寻求人们有所作为,但人们却当了自己懒惰的俘虏,使生活的前进速度受到阻碍。　　　　——高尔基[苏联]
　　人们之所以反对进步不是因为他们仇恨进步,而是因为他们依恋惰性。　　　　——哈伯德[美国]
　　一切罪恶皆源于两个根本罪恶:没有耐性和懒惰。由于没有耐性我们被逐出乐园,由于懒惰我们无法返回。
　　　　　　——卡夫卡[奥地利]
　　世界上只有一个怪物,就是懒汉。
　　　　　　　——卡莱尔[英国]
　　无所事事不是休息,十分空虚的心灵是痛苦的心灵。　——老泊[英国]
　　才能一旦让懒惰支配,它就无所作为。　　　　——克雷洛夫[俄国]
　　懒惰尽管柔弱似水,却常常把我们征服;它渗进生活中一切目标和行动,蚕食和毁灭着激情和美德。
　　　　　　——拉罗什富科[法国]
　　我们的精神比我们的身体有着更大的惰性。　——拉罗什富科[法国]
　　闲散生活的习惯,对于一个人来说,比生活中一切灾难都更坏些。所以儿童还在幼年时期养成工作的习惯是极其重要的。

——列夫·托尔斯泰[俄国]

你有一天将遭遇的灾祸,是你某一时间疏懒的报应。 ——拿破仑[法国]

累了就歇在路边的人,是不会得到胜利的。 ——尼克松[美国]

不要容你自己昏睡!趁你还年轻力壮、血气方刚,要不知疲倦地做好事情。 ——契诃夫[俄国]

懒惰是一切邪恶之门——一个懒惰的人,正如一所没有墙壁的房子,恶魔可以从任何一个方面进来。

——乔叟[英国]

不要睡懒觉,不和太阳一同起身就辜负了那一天。勤奋是好运之母,反过来,懒惰就空有大志,成不了事。

——塞万提斯[西班牙]

懒驴子是打死也走不快的。

——莎士比亚[英国]

懒惰人的道,像荆棘的篱笆;正直人的路,是平坦的大道。 ——《圣经》

手懒的,要受贫穷;手勤的,得到富足。 ——《圣经》

由工作产生的疲劳,能使人感到愉快;而由懒惰产生的疲劳,只能使人在休息时感到烦躁和悔恨。

——石川达三[日本]

不做事的人是懒惰的,没能把事情做得更好的人也是懒惰的。

——苏格拉底[古希腊]

上天永远不会帮助不动手去做的人。 ——索福克勒斯[古希腊]

懒人总是找不到给他干的事情。

——沃维纳格[法国]

怠惰是贫穷的制造厂,人不能奢望同时是伟大的而又是舒适的。重要的是要勤勉,因为只有勤勉,才不仅会给人提供生活的手段,而且能给人提供生活上的唯一价值。

——席勒[德国]

懒惰和贫穷永远是丢脸的,所以每个人都会尽最大努力去对别人隐瞒财产,对自己隐瞒懒惰。

——约翰生[英国]

34 勇敢;大胆

仁者必有勇,勇者不必有仁。①

——[春秋]《论语》

见义不为,无勇也。②

——[春秋]《论语》

知耻近乎勇。 ——[春秋]《论语》

勇士不以众强凌孤独。③

——[春秋]《晏子春秋》

一人投命,足惧千夫。④

——[战国]《吴子》

违强凌弱,非勇也。⑤

——[战国]《左传》

---

①仁:仁德。
②义:符合道义的事。
③凌:欺负。孤独:力量弱小的人。
④投:抛掷;舍弃。投命:拼命。惧:使畏惧。
⑤违:躲避。凌:欺凌。

介人之宠,非勇也。①
——[战国]《左传》
夫战,勇气也。
——[战国]《左传》
死而不义,非勇也。②
——[战国]《左传》
败军之将,不可以言勇;亡国之大夫,不可以图存。③ ——[汉]《史记》
一与一,勇者得前。④
——[晋]《三国志》
大勇者,视天下无无可为之事,亦无不可胜之敌。——[唐]郭子仪
临危不惧,勇也。
——[唐]骆宾王
新进之士喜勇锐,老成之人多持重。⑤ ——[宋]欧阳修
天下有大勇者,卒(cù)然临之而不惊,无故加之而不怒。⑥
——[宋]苏轼
大勇若怯,大智若愚。⑦
——[宋]苏轼
匹夫见辱,拔剑而起,挺身而斗,此不足为勇也。 ——[宋]苏轼
赴汤火,蹈白刃,武夫之勇可能也;克己自胜,非君子之大勇,不可能也。⑧
——[宋]杨时
艺高人胆大。 ——[明]戚继光
初生之犊不惧虎。
——[明]《三国演义》
人该省事,不可怕事。
——[明]《菜根谭》
非大胆不足以任大事,非小心不足以处天下事。 ——[清]沈近思

承认自己的缺点需要勇气,承认别人的长处也需要勇气。 ——陈祖芬
正义的路是崎岖的,它只欢迎勇敢的人。 ——郭沫若
有真道德,必生真胆量。凡怕天怕地怕人怕鬼的人,必是心中有鬼,必是品行不端。 ——考宣
真的猛士,敢于直面惨淡的人生,敢于正视淋漓的鲜血。 ——鲁迅
勇者愤怒,抽刃向更强者;怯者愤怒,却抽刃向更弱者。 ——鲁迅
前途很远,也很暗,然而不要怕。不怕的人的面前才有路。 ——鲁迅
第一次吃螃蟹的人是很可佩服的,不是勇士谁敢去吃它呢? ——鲁迅
知难而进是勇士,知难而退是懦夫。 ——马铁丁
独有英雄驱虎豹,更无豪杰怕熊罴。 ——毛泽东
接受是勇气,回避是智能。
——闻一多
人在世上的奋斗表明,勇气比智能

---

①介:借助;依赖。宠:宠信。
②不义:违背道义。
③言:谈论。图:谋划。
④一与一:一对一。得前:居先;占优势。
⑤新进之士:指刚入仕途或新中科第的人。勇锐:奋勇进取。老成之人:指德高望重的老臣。持重:谨慎稳重。
⑥卒,同"猝"。猝然:突然;出乎意外。
⑦若:好像。怯:胆怯,这里指谨慎。
⑧克己:克制自己的私心;严格要求自己。

更重要——勇气可以生出智能,智能却无法生出勇气来。　　——谢选骏

向人示威,人人都会;向人示弱却只有少数人才做得到,因为示弱更需要智能和勇气。　　——袁利霞

大胆设想,小心求证。看来大胆还是必要的,当然大胆要建筑在扎实工作的基础上。　　——赵金科

战场上最勇敢的人,都是平时最谦虚的人。　　——爱默生[美国]

敢于正视现实是有胆量的表现。
　　——爱默生[美国]

只要是行为正当,那么勇气会使你获得一切。　　——贝多芬[德国]

把"勇可以夺城"这句话作为你的座右铭——你就可以相信,所有的钱囊都会由于你的"勇敢"而打开。
　　——别林斯基[俄国]

勇气是一种拯救的力量。
　　——柏拉图[古希腊]

勇敢不在于能够蔑视危险,而在于认清危险,战胜危险。
　　——布勒森东[英国]

勇猛、大胆和坚定的决心能够抵得上武器的精良。
　　——达·芬奇[意大利]

如果不敢去跑,就不可能赢得竞赛;如果你不敢去战斗,就不可能赢得胜利。　　——德沃斯[美国]

世界上有许多做事有成的人,并不一定是因为他比你会做,而仅仅是因为他比你敢做。
　　——弗兰西斯·培根[英国]

你若失去了财产——你只失去了一点儿;你若失去了荣誉——你就丢掉了许多;你若失去了勇敢——你就把一切都失掉了!　　——歌德[德国]

大胆的见解就好比下棋时移动一个棋子,它可能被吃掉,但它却是胜局的起点。　　——歌德[德国]

勇于进取者永远长生!
　　——歌德[德国]

我们中很多人对抽象的事情勇气十足,而对具体的事情却缺乏勇气。
　　——海伦·凯勒[美国]

只有坚强的人才承认自己的错误,只有坚强的人才谦虚,只有坚强的人才宽容。　　——赫尔岑[俄国]

谁勇敢地经受过青春之火的洗礼,谁就毫不畏惧晚年的严寒冰霜。
　　——兰多[英国]

勇气是青年人最漂亮的装饰。
　　——雷马克[德国]

卑微的人辩解自己的过失,勇敢的人必定把自己的过失公之于世。
　　——米勒[美国]

大石拦路,勇者视为前进的阶梯,弱者视为前进的障碍。
　　——普希金[俄国]

勇气通往天堂,怯懦通往地狱。
　　——塞涅卡[古罗马]

真金在烈火中炼就,勇气在困难中培养。　　——塞涅卡[古罗马]

要想吃鱼就不能怕裤腿湿,要想得到好处就得冒险。
　　——松苏内吉[西班牙]

即使是没有钱,一个勇敢的人,仍然会受到尊敬,有威望;即使是堆满了钱,一个懦夫仍然会成为轻视的对象。

——《五卷书》[古印度]

如果不用来保护被压迫的人们,勇敢还有什么用处?如果不用来周济没有钱的人们,何必又要什么金钱?

——《五卷书》[古印度]

一个人在危险面前坚定不移,保持快乐,至少无所畏惧,这就是勇敢,而如若痛苦不堪就是怯懦。

——亚里士多德[古希腊]

勇气这东西是不假思索、毫不犹豫的,听到求救的呼声就像闪电一般,本能地冲上去。 ——亚米契斯[意大利]

宁可让鲨鱼吃掉,还落得个勇敢的称号,比起像粪土一般让蛆虫吃掉要有价值得多。 ——伊巴涅斯[西班牙]

只有勇敢坚强的人,才具有一种激动、一种气质、一种道德。坚持真理的人是伟大的,伟大的心灵的全部秘密几乎都在这个词里面:"坚持"。坚持对于勇气,正如轮子对于杠杆,那就是支点的永恒更新。 ——雨果[意大利]

大胆是取得进步所付出的代价。

——雨果[法国]

35 怯懦;畏惧

见义不为,无勇也。

——[春秋]《论语》

仁者不忧,知(zhì)者不惑,勇者不惧。① ——[春秋]《论语》

内省(xǐng)不疚,夫何忧何惧?②

——[春秋]《论吾》

怯生于勇,弱生于强。

——[春秋]《孙子兵法》

圣人畏微,愚人畏明。③

——[战国]《管子》

曲木恶日影,逸人畏贤明。④

——[唐]孟郊

懦者能奋,与勇者同力也。⑤

——[宋]崔敦礼

无事则深忧,有事则不惧。⑥

——[宋]苏辙

平生读书为谁事?临难何忧复何惧。

——[宋]文天祥

知畏惧,成人;知羞耻,戎人;知艰难,成人。⑦

——[明]《元史》

治怒为难,治惧亦难,克己所以治怒,明理所以治惧。⑧ ——[清]黄宗羲

俯畏人言,仰畏天命,皆从磨炼后得来。

——[清]曾国藩

软体动物最需要硬壳。 ——艾青

---

①知:同"智"。
②内省:反省,回顾自己的思想和行为,检查有无错误。疚:内心感到惭愧或痛苦。夫:助词,表示感叹语气。
③微:事物苗头。明:问题暴露。
④曲木:弯曲的树木。恶:憎恨。谗:说别人的坏话。贤明:德才兼备的人。
⑤懦:软弱;胆小。
⑥无事:天下太平。深忧:居安思危。有事:发生事变。
⑦畏惧:指谨慎行事。成人:戎为合格的人。
⑧克己:克制自己。

怕是正常的，不怕却是需要锻炼的事。——毕淑敏

将对最大的未知的恐惧置之度外，所有已知的苦难都不在话下，这个人的战斗力实不可低估。——毕淑敏

有灵性的怕和"不忍"是相连的，兽性的怕才是"不敢"。——柏杨

主张弱者不抵抗，也便是别一方面的残忍者。——陈望道

人活世上，不可能无所畏惧。不同的只在于畏惧什么。——戴厚英

真正的危险似乎倒可以治好了胆虚，惊异不定才是恐惧的根源。
——老舍

卑怯的人，即使有万丈的怒火，除弱草以外，又能烧掉什么呢？——鲁迅

每个凡人，心里都有怯懦。
——秦文君

人怕的是两手空空去死，与其说是贪婪，还是归结于懦弱的天性。
——秦文君

当你明白了怯懦是无法解决问题时，生活就会逼你坚强起来。
——秦文君

没有原则地跟人和平相处，在我看来，就是懦弱。——三毛

表达自己的软弱，即是表达对他人的需要。——史铁生

与世无争，与人无争，是懦夫的行为。受辱不争，受害不争，是比懦夫更下一等的奴才行径。——吴晗

回避是一种自欺，是一种软弱。
——肖复兴

人到了山穷水尽的地步而能够自拔，才不算懦弱。——徐悲鸿

现代的城市居民既不信上帝也不信魔鬼，他的生活中没有敬畏，没有崇拜，没有惧怕。——英奇

人的软弱是人的宿命，可以抑止它，但不能根除它。——张志扬

自寻短见是懦夫的天性之一。
——奥维德[古罗马]

战争会造就英雄豪杰，会荡涤一切污泥浊水。所有的人都害怕战争，然而懦夫只是那些让自己的恐惧战胜了责任感的人。责任感是大丈夫气概的精华。——巴顿[美国]

懦夫——一个在生死关头，用腿思考的人。——比尔斯[美国]

高山绝顶在懦弱者看来是畏途。
——布莱克[英国]

一切的痛苦毕竟是懦弱的表现，在坚强有力的生活感召下只会悄悄隐退。
——茨威格[奥地利]

畏惧产生谄媚，而丝毫不是产生善意。——德谟克里特[古希腊]

一句话，先是太胆小，明知不该做的事却不敢不做；后来也还是太胆小，明知该做的事也不敢去做。
——狄更斯[英国]

害怕危险的心理，比危险本身还要可怕一万倍。——笛福[英国]

自杀是一种极端懦弱的表现。
——笛福[英国]

怕死是怯懦的表现，惧生同样也是怯懦的表现。——弗莱彻[英国]

如果你是懦者,你自己乃是你最大的敌人;但如果你是勇者,你自己乃是你最大的朋友。 ——弗兰克[美国]

懦夫失去了比自己生命更多的东西,他虽生犹死,因为他为集体所摒弃。
——伏契克[捷克斯洛伐克]

瞬息间的动摇也罢,怯懦也罢,或者是被折磨得要死,以至处在昏迷和狂乱中寻求解脱也罢,这一切都不能使人饶恕。 ——伏尼契[爱尔兰]

一个懦夫的恐惧能使另一个懦夫勇敢起来。 ——富勒[英国]

不要慨叹生活的痛苦!慨叹是弱者。 ——高尔基[苏联]

幸福绝不会授给胆小鬼。勇敢的人要去冒险,以冒险为乐。冒险可以帮助他脱险。 ——歌德[德国]

应该具有尝试失败的勇气,力求改进,而不应畏惧风险而停滞不前。
——葛·克拉克[美国]

何谓保守?就是过于恐惧而不敢战斗,过于肥胖而不能奔跑。
——哈伯德[美国]

逃避挑战、牺牲、危险的人就是懦夫,但为了物质上的利益而出卖原则的人就不只是懦夫。 ——海塞[瑞士]

男子汉脸红多半是为了自己懦弱和虚荣,不是为了自己的罪过。
——拉布吕耶尔[法国]

许多人都是由于本身软弱而做出问心有愧的事来的,并非都是蓄意背信弃义。 ——拉罗什富科[法国]

一个人出于正当的家庭责任感或某种信仰而避开危险,不能算怯懦。
——列夫·托尔斯泰[俄国]

谁害怕暗礁而留在港湾中,虽不会有什么危险,但他永远不会达到撒网的目的。 ——列宁[苏联]

怯懦的人,会把朋友送给刽子手。
——罗曼·罗兰[法国]

最懦怯的人也急于指责自杀的人懦怯。 ——罗曼·罗兰[法国]

庸庸碌碌、心安理得地过下去是不道德的。而自动从战斗中退缩的人则是一个懦夫。 ——罗曼·罗兰[法国]

我认为克服恐惧最好的办法理应是:面对内心所恐惧的事情,勇往直前地去做,直到成功为止。
——罗斯福[美国]

最可悲的事却莫过于懦夫不幸有了机会做大胆的决定。
——蒙森[德国]

懦夫永远建立不起胜利的纪念碑。
——欧波利斯[古希腊]

心灵怯懦者,往往为灾难所打垮、所吓退;心灵坚强的,则跨越向前。
——欧文[英国]

一个人绝对不可在遇到危险的威胁时,背过身去试图逃避。若是这样做,只会使危险加倍。如果立刻面对它毫不退缩,危险便会减半。绝不要逃避任何事物,绝不! ——丘吉尔[英国]

采珠人如果被鳄鱼吓住,怎能得到名贵的珍珠? ——萨迪[波斯]

胆小鬼之所以胆小,是因为他有一颗怯懦的心。 ——塞涅卡[古罗马]

你要想无所畏惧,就应该坚信:世上的一切东西都是惧怕人的。
——塞涅卡[古罗马]

太胆小是懦弱,太胆大是鲁莽,应适得其中。 ——塞万提斯[西班牙]

鲁莽和懦怯都是过失,勇敢的美德是这两个极端的折中。不过宁可勇敢过头而鲁莽,不要勇敢不足而懦怯。挥霍比吝啬更近于慷慨的美德,鲁莽也比懦怯更近于真正的勇敢。
——塞万提斯[西班牙]

因为惧怕可能发生的祸患而结束了自己的生命,是一件懦弱卑劣的行为。 ——莎士比亚[英国]

懦夫在未死以前就已经死过好多次,勇士一生只死一次。
——莎士比亚[英国]

爱情可以刺激懦夫,使他鼓起本来所没有的勇气。 ——莎士比亚[英国]

宁愿重用一个活跃的侏儒,不要一个贪睡的巨人。 ——莎士比亚[英国]

在懦夫和优柔寡断者看来,一切事情都是不可能成功的。
——司各特[英国]

如果他是一棵软弱的芦草,就让他枯萎吧;如果他是一个勇敢的人,就让他自己打出一条路出来吧。
——司汤达[法国]

害怕受伤的人不能做木匠,害怕失败的人不能成为科学家。科学是在头脑笨拙的无所畏惧者的尸骨上建起的宫殿,是在鲜血汇成的河岸上开辟的花园。 ——寺田寅彦[日本]

一个胆小得什么事情都不敢做的人,满腹经纶对他一点也没有用处,即使把一盏明灯放在他的手上,一个瞎子难道能看到一件事物?
——《五卷书》[古印度]

所有的残忍都是由胆怯而产生的。
——辛尼加[古罗马]

在强者面前,他是个懦夫;在弱者面前,他是个暴君。
——雪莱[英国]

任何激将法,都不能给生来懦怯的人增加力量。 ——伊索[古希腊]

人从恐怖里得到拯救,从畏惧里找到帮助。忧虑使人下跪。
——雨果[法国]

最早在世界上创造神的,无非是恐惧而已。 ——约翰生[英国]

36 诚实;守信

天之所助者顺也,人之所助者信也。① ——[周]《周易》

言之所以为言者,信也;言而不信,何以为言? ——[春秋]《穀梁传》

轻诺必寡信,多易必多难。②
——[春秋]《老子》

人而无信,不知其可。③
——[春秋]《论语》

---

①信:诚信。
②轻:轻易;草率。诺:许诺;应诺。寡:少。信:诚信。
③信:诚信。可:行;可以。

诚实；守信

自古皆有死,民无信不立。①
——[春秋]《论语》
与朋友交,言而有信。
——[春秋]《论语》
言不信者行不果。
——[战国]《墨子》
营于利者多患,轻于诺者寡信。
——[汉]刘向
兄弟敦和睦,朋友笃信诚。②
——[唐]陈子昂
白珪玷可灭,黄金诺不轻。③
——[唐]陈子昂
三杯吐然诺,五岳倒为轻。④
——[唐]李白
疾风知劲草,板荡识诚臣。⑤
——[唐]李世民
兄弟不信,则其情不亲;朋友不信,则其交易绝。——[唐]武则天
推心置腹,开诚布公。
——[唐]张九龄
上不信,则无以使下;下不信,则无以事上。⑥——[唐]《贞观政要》
一言相期,死不之悔。⑦
——[五代]《旧唐书》
人无忠信,不可立于世。
——[宋]程颐
措诚而不欺,守信而不疑。
——[宋]林逋
自信者人亦信之,胡越犹弟兄;自疑之,身外皆敌国。——[宋]林逋
治家而无信,不可行于家;治国而无信,则不可行于国。——[宋]林之奇

诚者万善之本,伪者百祸之基。
——[宋]刘炎
成事在理不在势,服人以诚不以言。⑧——[宋]苏轼
多权者害诚,好功者害义。⑨
——[宋]杨时
诚,自不妄语始。⑩
——[宋]俞文豹
有所期诺,纤毫必偿;有所期约,时刻不易。⑪ ——[宋]《袁氏世范》
受人之托,必当终人之事。⑫
——[元]《琵琶记》
信,国之宝也,民之所凭也。
——[明]冯梦龙
忠信,立身之本。 ——[明]薛瑄
轻诺者必寡信,与其不信,不如勿诺。
——[清]申涵光
"诚"之一字,可以服天下。
——[清]申居郧

---

①立:存在;生存。
②敦:宽厚;诚恳。笃:忠实;注重。
③玷:白玉上的污点。
④吐:说出。诺:诺言。五岳:泰山、衡山、华山、恒山、嵩山等五座名山。
⑤疾:迅猛,迅速,猛烈。劲:坚强有力。板荡:社会动荡,时局不稳。诚:忠诚。
⑥使:指使。事:侍奉。
⑦期:约会;约定时日。
⑧势:权势。言:指甜言蜜语。
⑨权:权变;权谋。义:道义。
⑩妄语:胡说;说假话。
⑪偿:实现;兑现。易:改变;变换。
⑫终:结束;完成。

自信者，不疑人，人亦信之；自疑者，不信人，人亦疑之。
——[清]《史典》

存心光明正大，言论光明正大，行事光明正大，斯之谓君子。①
——[清]陶觉

无论如何，人言而无信，便不值一钱。
——[清]曾国藩

诚实是最简易的做人处世的方法。
——柏杨

做老实人，说老实话，干老实事，就是实事求是。
——邓小平

同心可断金，首要重然诺。
——董必武

对人以诚信，人不欺我；对事以诚信，事无不成。
——冯玉祥

真诚是第一把艺术的钥匙。有了真诚，才会有虚心，有了虚心，才肯丢开自己去了解别人，也才能放下虚伪的自尊心去了解自己。
——傅雷

美好的东西时常是由于它的真诚。
——傅雷

一个人只要真诚，总能打动人的：即使人家一时不了解，日后仍会了解的。
——傅雷

好的信誉，等于财富。——嘉道理

为人要正派，做事要诚信。
——李国豪

做人处世则应忠诚努力，遵守诺言，且要不断充实自己追上瞬息万变的社会。
——李嘉诚

你必须以诚待人，别人才会以诚回报。
——李嘉诚

真诚是使一个人伟大的最基本的力量，它使一个人的缺点或错失也变得值得原谅。
——罗兰

我们应该老老实实地办事。
——毛泽东

只要诚心，才能换来诚信。大诚信其实就是"大智慧"。
——牛根生

人际关系最重要的莫过于真诚，而且要出自内心的真诚。真诚在社会上是无往不利的一把剑，走到哪里都应该带着它。
——三毛

真诚是比一切都更为重要的，失落了真诚，无论是做一个作家，做一个妻子，做一个人，都是不成的。
——王安忆

一百条蹩脚的计谋，不如一条真诚。
——王蒙

一个人最怕不老实，青年人最可贵的是老实作风。"老实"就是不自欺欺人，做到不欺骗人家容易，不欺骗自己最难。"老实作风"就是脚踏实地、不占便宜。世界上没有便宜的事，谁想占便宜谁就会吃亏。
——徐特立

故意神秘是要不得的，故意坦白也大可不必。
——叶紫

自以为聪明的人往往是没有好下场的。世界上最聪明的人是最老实的人，因为只有老实人才能经得起事实和历史的考验。
——周恩来

我信任每一个怀疑自己的人。我

---

①斯：这；此。

怀疑每一个过于自信的人。

——周国平

信用就像镜子。只要有了裂缝就不能像原来那样连成一片。

——阿米尔[瑞士]

诚实的本身就充满了被人默默地品味着的欢乐。对于这种欢乐,谁也不敢投以亵渎的目光,谁也不敢稍加怀疑,唯有忠诚才知道个中的奥秘。忠诚是善于嫉妒和使人难堪的神灵,是强有力的必胜的神灵,它有着永不枯竭的源泉,因为它根植于事物的本质之中,尽管它不断倾泻自己的威力,却仍然保持着原状。如此这般,忠诚就成了我们生命的印记。

——巴尔扎克[法国]

诚实像我们所有的节操一样,应当分成消极的与积极的两种。消极的诚实在没有发财的机会时,是诚实的;积极的诚实,是每天受着诱惑而毫不动心的,例如收账员的诚实。

——巴尔扎克[法国]

一个人要严守诺言,比守卫他的财产更重要。因为严守诺言就能得到财产,而无论多少财产都抹杀不了由于失约而造成的良心上的污点。

——巴尔扎克[法国]

一清如水的生活、诚实不欺的性格,无论在哪个阶层里,即使心术最坏的人也会对之肃然起敬。

——巴尔扎克[法国]

讲真话是一个人的美德。

——柏拉图[古希腊]

如果说一张善良的脸是一封推荐信,那么一颗诚实的心便是一张信用卡。

——布尔沃·利顿[英国]

一个诚实的人,不论他有多少缺点,同他接触时,心神会感到清爽。这样的人,一定能找到幸福,在事业上有所成就。这是因为以诚待人,别人也会以诚相见。

——池田大作[日本]

即使开始时怀有敌意的人,只要抱着真实和诚意去接触,就一定能换来好意。

——池田大作[日本]

信用是难得易失的。费十年工夫积累的信用往往由于一时一事的言行而失掉。

——池田大作[日本]

对那些不值得信任的人,不要存有幻想!

——达·芬奇[意大利]

当信用消失的时候,肉体就没有生命。

——大仲马[法国]

世间人切勿以许愿为儿戏。要忠诚,不要怀恶意。

——但丁[意大利]

我的座右铭是:第一是诚实,第二是勤勉,第三是专心工作。

——戴尔·卡内基[美国]

与人交往,待人以至诚,才能换取真挚的友谊。

——戴尔·卡内基[美国]

真实是人生的命脉,是一切价值的根基,又是商业成功的秘诀,谁能信守不渝,就可以成功。——德莱塞[美国]

唯有坚守诚实、仁慈或友谊等普通道德的人,才称得上真正伟大的人物。

——法朗士[法国]

诚实和勤勉,应该成为你永久的伴侣。

——富兰克林[美国]

在这个世界上的众多事务中,人们所以得到拯救,并非由于忠诚,而是由于缺乏忠诚。　　——富兰克林[美国]

失足,你可以马上恢复站立;失信,你也许永难挽回。
　　　　　　——富兰克林[美国]

诚实的人从不为自己的诚实而感到后悔。　　　　——富勒[英国]

诚实者既不怕光,也不怕黑暗。
　　　　　　　　——富勒[英国]

所谓真正的人生,我认为就是要诚实地生活。所以,起码不愿意欺骗自己。　　　　——高仓健[日本]

世间最纯粹、最暖人胸怀的乐事,恐怕莫过于看见一颗伟大的心灵对自己开诚相见。　　——歌德[德国]

虔诚不是目的,而是手段,是通过灵魂的最纯洁的宁静而达到最高修养的手段。　　　　——歌德[德国]

真正的诚实必须伴随着平等,平等是友爱的唯一可靠的基础,而友爱又给平等的感情增添更美丽的光彩。
　　　　　　　——葛德文[英国]

没有任何一种美德比表里如一更重要了。　　　　——葛德文[英国]

老实承认不懂的人,比那些假装出伪君子的样子,好像什么都懂,成事不足败事有余的人,还强些。
　　　　　　　——果戈理[俄国]

即使金钱损失了还能挽回,一旦失去了信誉却难以挽回。重要的是,我们要深刻认识到辜负甚至背叛了顾客的愿望和期待是最令人痛心的。
　　　　　　——和田良平[日本]

人生在世,如失去信用,就如同行尸走肉。　　　——赫伯特[英国]

自己不能胜任的事情,切莫轻易答应别人,一旦答应了别人,就必须实践自己的诺言。　——华盛顿[美国]

我希望具有足够的坚定性和美德,借以保持所有称号中最值得羡慕的称号:一个诚实的人。——华盛顿[美国]

真诚是处世行事的最好方法。
　　　　　　　——怀特[美国]

在一个骗人的世界里,诚实的人反而会被人当骗子看待。
　　　　　　　——纪德[法国]

真诚是一种心灵的开放。我们很少发现十分真诚的人,而通常我们所见的所谓真诚,不过是一种想赢得别人信任的巧妙掩饰。
　　　　　——拉罗什富科[法国]

做一个有信义的人,胜似做一个有名气的人。　　——里斯[美国]

要做真正的知己,就必须互相信任。　　——列夫·托尔斯泰[俄国]

不轻易许诺的人,在践约时是最守信的。　　　　——卢梭[法国]

一个志气高傲的灵魂,是绝不违背信义的。　——罗曼·罗兰[法国]

当一个人没有说出他思索的一切时,他并不缺乏信任或坦白,只要他所说的话是真的。
　　　　　——罗曼·罗兰[法国]

守信用,胜过有名气。

——罗斯福[美国]

守信是一项财宝,不应该随意虚掷。

——马尔克斯[哥伦比亚]

坦白是诚实与勇敢的产物。

——马克·吐温[美国]

人性的尊严与光荣不在精明,而在于诚实。

——蒙森[德国]

虔诚的人和不信神的人都常提到宗教,前者是提到他敬爱的,后者是提到他所惧怕的。

——孟德斯鸠[法国]

我认为一个老年人的真诚比个少年人的热情更有价。

——莫里哀[法国]

真诚不在于说出自己的思想,而在于在表达的即刻,永远表达仅仅自己当时所想。

——莫洛亚[法国]

靠着忠诚,你能与伟大的心灵为伴,有如一个精神上的家庭。

——莫洛亚[法国]

遵守诺言的最佳方式,就是不要许诺。

——拿破仑[法国]

诚实是一个人得以保持的最高尚的东西。

——乔叟[英国]

真诚才是人生最高的美德。

——乔叟[英国]

不打算守约的人,订约的时候不计较困难。

——塞万提斯[西班牙]

如果我丧失了真理和诚实,就等于和我的敌人一起击败了我自己。

——莎士比亚[英国]

无言的纯洁的天真,往往比说话更能打动人心。

——莎士比亚[英国]

你必须对你自己忠实,正像有了白昼才有黑夜一样,对自己忠实,才不会对别人欺诈。

——莎士比亚[英国]

坦白质朴的忠诚,是用不着浮文虚饰的。

——莎士比亚[英国]

如果要别人诚信,首先要自己诚信。

——莎士比亚[英国]

诚实能增进你的品德,正如漂亮的衣裳能美化你的仪表一样。

——《圣经》

信用既是无形的力量,也是无形的财富。

——松下幸之助[日本]

长期守信得来的信用,很可能只因为一次失信就人格破产。所以,爱惜信用的人一定谨慎行事,千万不可走错一步。

——松下幸之助[日本]

真诚和善良能触动并唤醒人们心中最细的心弦。

——陀思妥耶夫斯基[俄国]

世界上没有比说真心话更困难的事了,但也没有比阿谀奉承更容易的事。

——陀思妥耶夫斯基[俄国]

信赖并不是由于强制才形成,将信赖强加于人是不可能的。

——韦伯斯特[美国]

世界上没有比真诚的人更为可贵的。

——西塞罗[古罗马]

没有诚实,何来尊严?

——西塞罗[古罗马]

到了没有人甘堕落的时候,人也就不会因为诚实而得到赞誉了。

——西塞罗[古罗马]

诺言向来是神圣的。
——显克微支[波兰]

恐怕我们先得让世人都诚实,然后才能问心无愧地对我们的孩子说:诚实是上策。 ——萧伯纳[爱尔兰]

一个说谎者在说真话的时候,旁人也不会相信。 ——伊索[古希腊]

信用是企业的财富,竞争是企业的生命。 ——郑周永[韩国]

37 真实;质朴

大丈夫处其厚,不居其薄;处其实,不居其华。① ——[春秋]《老子》

苟余心其端直兮,虽僻远之何伤。②
——[战国]《楚辞》

无其实而喜其名者削,无德而望其福者约,无功而受其禄者辱。
——[战国]《战国策》

名过其实者损。③ ——[汉]韩婴

大人不华,君子务实。④
——[汉]《潜夫论》

丹漆不文,白玉不雕,宝珠不饰。⑤
——[汉]《说苑》

道远知骥,世伪知贤。⑥
——[三国]曹植

知人之难,莫难于别真伪。
——[晋]傅玄

听言必审其本,观事必校其实。⑦
——[晋]傅玄

传闻之事,恒多失实。⑧
——[南朝]《后汉书》

类君子之有道,入暗室而不欺。⑨
——[唐]骆宾王

真赝不同物,治乱不同日。⑩
——[宋]宋祁

欲当大事,须是笃实。⑪
——[宋]朱熹

以诚待人,则人思竭忠;以疑遇物,则人思苟免。⑫ ——[元]《宋史》

求粉饰于耳目易,求无愧于隐微难。⑬ ——[明]《菜根谭》

九分之真,一分放过,不谓之真。
——[明]海瑞

士君子只求四真:真心,真口,真

---

① 厚:敦厚。薄:刻薄。实:朴实。华:浮华。
② 苟:如果。余:我。端直:端正坦荡。伤:损伤。
③ 损:减少;失去。
④ 大人、君子:指品行高尚的人。
⑤ 丹漆:朱红色的漆。文:同"纹",花纹。雕:雕琢。饰:装饰。此句指丹漆、白玉、宝珠不需要人为地刻意粉饰。
⑥ 道:道路。骥:骏马。伪:诡诈。贤:贤达。
⑦ 校:核对;验证。
⑧ 传闻:辗转听别人说的。恒:常常;往往。失实:与实情不符合。
⑨ 道:道德。入暗室而不欺:也说"不欺暗室",在别人看不到的暗处也不做坏事或亏心事。
⑩ 赝:虚假。治:安定。乱:混乱。
⑪ 当:承当;承担。笃实:诚实,敦厚。
⑫ 苟:苟且,只顾眼前,得过且过。免:免除灾祸。
⑬ 粉饰:涂抹表面,比喻掩饰污点或缺点。隐微:听不到、看不到的地方,比喻内心。

耳,真眼。　　　——[明]吕坤

行世者必真,悦俗者必媚,真久必见(xiàn),媚久必厌。①
　　　　　　　——[明]袁宏道

宁为世人笑其拙,勿为君子病其巧。②　　　　——[清]申居郧

直言之臣,国之良医。③
　　　　　　　——[清]唐甄

只有当你能说"否"的时候,你所说的"是"才是真实的。　——程映红

和一个爱弄手段的人打交道,永远以自己的本来面目对付。——傅雷

人还是有真情的,一旦真情碰到真情,就会撞出火花来的。当火花闪亮的一刹那,人性就会露出那善和那真来。
　　　　　　　——韩葛丽

在这熙熙攘攘、世事纷扰的世界,只有一字可做标准,就是"真"。
　　　　　　　——林语堂

尝到了人情的冷暖与世态的炎凉,看透了人的虚伪,愈觉得人间最可珍惜的是一片真情。——流沙河

观景越远越美,看人越近越真。
　　　　　　　——柳萌

说真实,自然须有极大的勇气的,假如没有这勇气,而苟安于虚伪,那也便是不能开辟新的生路的人。
　　　　　　　——鲁迅

事实是毫无情面的东西,它能够将空言打得粉碎。　——鲁迅

墨写的谎言,绝掩不住血写的事实。　　　　　　　——鲁迅

俗语说:"忠厚是无用的别名",也许太刻薄一点罢,但仔细想来,却也觉得并非唆人作恶之谈,乃是归纳了许多苦楚的经历之后的警句。——鲁迅

真的、善的、美的东西总是在同假的、恶的、丑的东西相比较而存在,相斗争而发展的。　——毛泽东

能看全自己的面目已属不易,敢于背地里毫不规避地看看自己,差不多就能算得圣人。　——史铁生

如同是性格的唯一基础那样,深邃的真诚也是才能的唯一基础。
　　　　　　　——爱默生[美国]

丰富你的真实和真诚,你的爱、你的创造力、你的敏感度和你的静心品质,这才是你真正的财富。
　　　　　　　——奥修[印度]

在风度上和在各种事情上一样,唯一不衰老的东西是心地,心地善良的人单纯朴实。——巴尔扎克[法国]

一切正直的和伟大的东西,都是纯朴而谦逊的。　——别林斯基[俄国]

"真实"之于历史,正如双目之于人身。如果挖去某人的双目,这个人就终身残废了,同样,如果从历史中挖去了"真实",那么所剩下来的岂不都是些无稽之谈?　——波利比阿[希腊]

---

①行世:流行于世。真:真实。悦俗:取悦俗人。媚:巴结;讨好。见:同"现",显现。厌:厌恶。此句强调写文章贵在真实,不虚伪。
②笑:嘲笑。拙:笨拙。病:批评。巧:取巧。
③直言:毫无顾忌地说出来。

一个作为艺术家的写作者最主要的功绩就在于他所创造的形象的真实。
——杜勃罗留波夫[俄国]

只有平凡的人生才是真正的人生,实际上只有在远离矫饰或特异的地方存在真实。
——菲迪拉[德国]

一个真正美的心灵总是有所作为而且是一个实实在在的人。
——黑格尔[德国]

不论有多杰出的艺术家,一旦和真实断绝关系,不是趋于死亡,就是完全陷于疯狂。
——卡莱尔[英国]

朴素,这便是我所希望的比其他一切更重要的品格。
——列夫·托尔斯泰[俄国]

真实就是美,与真实对立的东西就是丑。
——普罗提诺[古罗马]

真诚是人生最高的美德。
——乔叟[英国]

每天都会出现一些新的奇迹,戏言变成了真实。那些打算嘲笑别人的人将发现他们自己被人嘲笑。
——塞万提斯[西班牙]

质朴却比巧妙的言辞更能打动我的心。
——莎士比亚[英国]

真实与朴实是天才的宝贵品质。
——斯坦尼斯拉夫斯基[苏联]

真实的话永远是最好的。
——索福克勒斯[古希腊]

你看不见自己,你所看见的只是自己的影子。
——泰戈尔[印度]

唯有真诚者才能识别真诚。
——托·卡莱尔[英国]

我所信任的人应该是每时每刻都吐露真言的人,不懂的地方就干脆承认不知道。
——武者小路实笃[日本]

一个真实的人也是正直的人,他不论在生活上还是言论上,都与自身相一致,不夸大也不缩小。
——亚里士多德[古希腊]

真实包括着道德,伟大包括着美。
——雨果[法国]

真实的暗疾是渺小,而伟大的暗疾则是虚伪。
——雨果[法国]

38 虚伪;奉承

矜伪不长,盖虚不久。①
——[战国]《韩非子》

战阵之间,不厌诈伪。②
——[战国]《韩非子》

数(shuò)传而白为黑,黑为白。③
——[战国]《吕氏春秋》

谄谀在侧,善议障塞,则国危矣。④
——[战国]《墨子》

孝子不谀其亲,忠臣不谄其君。⑤
——[战国]《庄子》

---

①矜:自夸。盖:掩盖。
②战阵:在战场上布阵、作战。厌:抑制;排斥。
③数:屡次;多次。
④谄谀:巴结奉承。侧:指国君耳边或左右。善议:好的主张。障塞:阻挡;隔绝。
⑤谀、谄:奉承;谄媚。

虚伪；奉承

功不可以虚成,名不可以伪立。
——[汉]《汉书》

要得人不知,除非己莫为。①
——[汉]《汉书》

君子之言寡而实,小人之言多而虚。——[汉]刘向

乘伪行诈,莫能久长。
——[汉]刘向

谄谀苟免其身者,国之贼也;直言不避重诛者,国之福也。②
——[北朝]王明广

一伪丧百诚。
——[北朝]《颜氏家训》

从谏兴,从佞亡。③
——[唐]白居易

忠贤事君,必谏君失;奸佞事主,必顺主情。④——[唐]陈子昂

直言不用,故谄谀胜;谄谀不用,则直言胜。⑤——[唐]姜公辅

不信之言,无诚之令,为上则败德,为下则危身。——[唐]《贞观政要》

可欺当时之人,而不可欺后世。
——[宋]欧阳修

不迩小人,则谗谀者自远矣。⑥
——[宋]王安石

悬羊头,卖狗肉。
——[宋]《五灯会元》

欺人亦是自欺,此又是自欺之甚者。——[宋]朱熹

弄假到头终是假,岂能欺得世间人。——[元]《隔江斗智》

一事有伪,则丧百真。
——[元]《金史》

苦言难入,巧佞难远。⑦
——[元]《宋史》

止讹之术,在乎识断。⑧
——[元]《宋史》

好誉人者谀,好人誉者愚。
——[元]许名奎

阿谀人人喜,直言个个嫌。
——[明]冯梦龙

谗夫毁士,如寸云蔽日,不久自明;媚子谀人,似阵风侵肌,无疾亦损。
——[明]洪应明

经目之事,犹恐未真;背后之言,岂能全信。⑨——[明]《水浒传》

假作真时真亦假,无为有处有还无。
——[清]《红楼梦》

明是一盆火,暗是一把刀。
——[清]《红楼梦》

虚伪的谦虚,仅能博得庸俗的掌声,而不能求得真正的进步。
——华罗庚

笑里可以有刀,自称酷爱和平的人

---

①要得:打算做到。
②苟免其身:只图自己眼前免遭祸患。重诛:杀头之罪。
③谏:直言规劝。佞:善于用花言巧语谄媚奉承人。
④事:侍奉。君:主,君主。失:过失。顺:顺从。情:感情。
⑤直:公正;合理。用:采纳。
⑥迩:亲近。谗谀:进谗言,说奉承话。
⑦佞:花言巧语。
⑧讹:错误;不真实。识断:辨识,判断。
⑨经目:亲眼看到。

民,也会有杀人不见血的武器,那就是造谣言。但一面害人,一面也害己,弄得彼此懵懵懂懂。 ——鲁迅

能媚你的必能害你,要加倍防备;肯谏你的必肯助你,要倾心细听。
——曲波

人们总以为自己最理解自己,其实我们最容易不知不觉地被自己所蒙骗。
——盛晓明

奉承不用花钱,但是绝大多数的人却不自觉地向奉承者付出巨款。
——叶慈

并不是人人都真正知道自己想要什么的,而总是把大多数人想要的东西当成自己想要的,被流行的时尚和价值标准所迷惑。 ——张抗抗

天下作伪是最苦恼的事情,老老实实是最愉快的事情。 ——邹韬奋

不知不觉我们成了骗子,无意之间我们成了演员。 ——阿米尔[瑞士]

奉承的话比杀人的手还狠。
——奥古斯丁[古罗马]

在世界上所有的手法里面,奉承是最巧妙、最狡猾的一种。
——巴尔扎克[法国]

谄媚从来不会出自伟大的心灵,而是小人的伎俩,他们卑躬屈膝,把自己尽量的缩小,以便钻进他们趋附的人物的生活核心。 ——巴尔扎克[法国]

如果天下平静无事,到处都是溢美和逢迎,那么,无耻、欺诈和愚昧更将有滋长的余地了;没有人再揭发,没有人再说苛刻的真话了。
——别林斯基[俄国]

奉承看上去像朋友,这就像狼看上去像狗一样。 ——查普曼[英国]

蹩脚的捧场,比无根据的申斥更使我们感到屈辱。 ——费尔巴哈[德国]

甚至那些行为卑劣的人,也不能不承认光明正大是一种崇高的德行,而伪善正如假黄金,也许可以骗取到货物,但毕竟本身是毫无价值的。
——弗兰西斯·培根[英国]

狡诈是一种邪恶的机智。但狡诈与机智虽然有所貌似,却又很不相同——不仅是在诚实方面,而且是在才智方面。 ——弗兰西斯·培根[英国]

过分恭维别人,等于贱卖自己的人格。 ——弗兰西斯·培根[英国]

假如称颂你的人是平庸的谄媚者,那么他们对你说的就不过是他对任何人说的一番套话。
——弗兰西斯·培根[英国]

不道德者虽然能伪装成有道德者,但是愚者却不能伪装成智者,这就是世上为什么伪君子多而伪智者少的缘故。
——福泽谕吉[日本]

恭维不值分文,然而许多人却为此付出了高昂的代价。 ——富勒[英国]

坦率被逐出门外时,奉承便会端坐在客厅里。 ——富勒[英国]

雪是虚假的纯洁。
——歌德[德国]

虚荣是追求个人荣耀的一种欲望,它并不是根据人的品质、业绩和成就,

而只是根据人的存在就想博得别人的欣赏、尊重和景慕的一种愿望。所以虚荣充其量不过等于一个轻浮的漂亮的女人。　　　　——歌德[德国]

很多人足够聪明,有满肚子的学问,可是也有满脑子的虚荣心,为着让眼光短浅的俗人赞赏他们是才子,他们简直不知羞耻,对他们来说,世间没有什么东西是神圣的。　——歌德[德国]

虚伪不可能创造任何东西,因为虚伪本身什么也不是。

——格拉宁[苏联]

人在恭维时往往要弯下腰,似乎在乞求对方谅解他的恭维。

——黑尔[德国]

为什么公鸡恬不知耻地恭维杜鹃呢?当然是因为杜鹃也在恭维公鸡呀。

——克雷洛夫[俄国]

跛子跟前不要装瘸腿。

——拉伯雷[法国]

奉承者对自己或他人的评价总是不够高。　——拉布吕耶尔[法国]

有时人们也痛恨阿谀奉承,但只痛恨阿谀奉承的方式而已。

——拉罗什富科[法国]

奉承是一枚依靠我们的虚荣才得以流通的伪币。

——拉罗什富科[法国]

假如我们不自我奉承,别人的奉承就不会损害我们。

——拉罗什富科[法国]

有些伪装起来的谎言显得那样的真实,以致没有受骗简直是判断失误。　　　——拉罗什富科[法国]

不知道并不可怕和有害,任何人都不可能什么都知道,可怕的和有害的是不知道而假装知道。

——列夫·托尔斯泰[俄国]

你能在所有的时候欺骗某些人,也能在某些时候欺骗所有的人,但你不能在所有的时候欺骗所有的人。

——林肯[美国]

如果谀谄之术使用得巧妙,而又正中一个人之所长,那就没有任何一个具有洞察能力的人能够坚强抗拒得住。

——曼德·戴尔[英国]

谄媚者的艺术是:利用大人物的弱点,沿袭他们的错误,永不给予可能会使他们烦恼的忠告。

——莫里哀[法国]

真正的伟人知道自己的伟大之所在,在他们看来,哪怕借助一点点谄媚者的吹捧,也是卑鄙的。

——尼古拉斯[英国]

善良的人不应该说假话,聪明的人不应传假话。——尼癸狄与斯[英国]

奸诈的心必须罩上虚伪的笑脸。

——莎士比亚[英国]

他的前面的嘴巴在向他的朋友说着恭维,他的背后的嘴巴却在说他坏话、讥笑他。　——莎士比亚[英国]

谄媚是簸扬罪恶的风箱,佞人的口舌可以把星星之火煽成熊熊的烈焰。

——莎士比亚[英国]

阿谀奉承是纯真感情的剧毒剂。

——塔西佗[古罗马]

虚伪的真诚,比魔鬼更可怕。

——泰戈尔[印度]

面具比面孔更能使我们看出许多的东西。 ——王尔德[英国]

一切虚伪都像花朵,很容易枯萎落地。虚伪是长久不了的。

——西塞罗[古罗马]

如果真理得到信任是这么难,那谎话就一定是这里通行的货币。

——席勒[德国]

说假话的人会得到这样的下场:他说真话,也没人相信。

——伊索[古希腊]

被人揭下面具是一种失败,自己揭下面具却是一种胜利。

——雨果[法国]

恭维很像隔着一层面纱的接吻。

——雨果[法国]

有方法哄骗人的眼睛,就有方法哄骗人的耳朵。

——雨果[法国]

世界上只有孩子和傻瓜不会撒谎。

——约·海伍德[英国]

公正的赞扬只是一张债券,而肉麻的奉承却是一份礼品。

——约翰生[英国]

39 谦 虚

人道恶盈而好谦。①

——[周]《周易》

见贤思齐焉,见不贤而内自省(xǐng)也。② ——[春秋]《论语》

海不择细流,故能成其大;山不拒细壤,方能就其高。

——[战国]《荀子》

多见者博,多闻者智;拒谏者塞,专己者孤。③ ——[汉]《盐铁论》

劳谦虚己,则附之者众;骄慢倨傲,则去之者多。 ——[晋]葛洪

从谏如顺流,虚己若不足。④

——[南朝]任昉

百川有余水,大海无满波。器量各相悬,贤愚不同科。⑤ ——[唐]孟郊

学问欲博,而行己欲敦。⑥

——[唐]魏徵

己之虽有,其状若无;己之虽实,其容若虚。⑦ ——[唐]《贞观政要》

不自满者受益,不自是者博闻。

——[宋]林逋

强辩者饰非,谦恭者无争。

——[宋]林逋

自下者,人爱之;自守者,人敬之。⑧

——[宋]刘炎

---

①人道:人世情理。恶:厌恶。盈:满,自满。好:喜欢。谦:谦虚。
②省:反省,检查自己的思想行为。内自省:在心里自我反省。
③博:博学。闻:听。智:聪明。谏:规劝。塞:闭塞。专己:独断专行。孤:孤立。
④从谏:听从规劝。虚己:自己保持谦虚的胸怀。
⑤百川:泛指大江大河。
⑥敦:宽厚,诚恳。
⑦有:富有。无:贫穷。实:充实。虚:不足。
⑧自下:谦虚礼下。自守:保持操守。

不以先进略后生,不以上官卑下吏。①
——[宋]王安石

置虚器于水中,未充则鸣,既充则默。②
——[宋]杨万里

谦固美名,过谦者,宜防其诈。
——[宋]朱熹

凡事谦恭,不得盛气凌人,自取耻辱。③
——[宋]朱熹

学有余者,虽盈若亏;内不足者,急于人知。④
——[元]许名奎

集众谋,必先虚己。
——[明]《兵镜吴子十三篇》

为人第一谦虚好,学问茫茫无尽期。
——[明]冯梦龙

强中更有强中手,莫向人前满自夸。
——[明]冯梦龙

有麝自然香,何必当风立。⑤
——[明]顾起元

谦虚其心,宏大其量。
——[明]王守仁

谦者众善之基,傲者众恶之魁。
——[明]王守仁

谦,美德也,过谦者多怀诈;默,懿行也,过默者或藏奸。——[明]徐学谟

真人不露相,露相不真人。
——[清]《红楼梦》

汝不如人,由恭敬而求教,不可掩饰护短;人不如汝,则谦和而逊让,不可鄙薄逞长。——[清]梁章钜

海纳百川,有容乃大;壁立千仞,无欲则刚。⑥
——[清]林则徐

自谦则人愈服,自夸则人必疑。
——[清]申涵光

不实心不成事,不虚心不知事。⑦
——[清]石成金

惟尽知己之所短,而后能去人之短;惟不恃己之所长,而后能收人之长。
——[清]魏源

人誉我谦,又增一美;自夸自败,还增一毁。⑧
——[清]张鉴

虚心对于任何人,在任何时间和任何地点,做任何事情,都是非常必要的。
——邓拓

真正的虚心,是自己毫无成见,思想完全解放,不受任何束缚,对一切采取实事求是的态度,具体分析情况对于任何方面反映的意见,都要加以考虑,不要听不进去。
——邓拓

有了真诚,才会有虚心;有了虚心,才肯丢开自己去了解别人,也才能放下虚伪的自尊心了解自己。——傅雷

世间上最伟大的存在似乎是最谦抑无私的存在。伟大的太阳吐着自己的光,发挥着自己的能,普及其恩惠于群生,然而他自己不曾吹着喇叭,说他

---

①略:简忽,轻视,怠慢。卑:以为卑下;不尊重。

②虚器:中空的器皿。未:未满。鸣:发出响声。既:已经。充:充满。默:不再发出响声。此句比喻人越有才能越谦虚。

③盛气:骄横的气焰。凌:欺凌。取:招致。

④盈:充满。亏:欠缺。内不足:学识浅薄。

⑤麝:"麝香"的简称。麝香有特殊的香气。

⑥有容:有容量。

⑦实心:心态踏实。

⑧誉:夸奖。美:美德。毁:诋毁。

伟大。　　　　　　——郭沫若

钻研然后知不足,虚心是从知不足而来的。虚伪的谦虚,仅能博得庸俗的掌声,而不能求得真正的进步。
　　　　　　——华罗庚

一个真认识自己的人,就没法不谦虚。谦虚使人的心缩小,像一个小石卵,虽然小,而极结实。结实才能诚实。
　　　　　　——老舍

真正的自知,不仅要知道自己的限度和弱点,也要知道自己的可能性和力量。　　　　　　——李霁野

学者永远是虚心的,偶有所得亦不敢沾沾自喜,更不肯大吹大擂地目空一切,作小家子气。　——梁实秋

一个人能偶尔觉得自己十分渺小时,于他很有益处。　——林语堂

知道自己的短处,这比知道自己的长处更为要紧。　　——刘心武

老是把自己当作珍珠,就时时有怕被埋没的痛苦;把自己当作泥土吧,让众人把你踩成一条道路。——鲁藜

谦以待人,虚以接物。　——鲁迅

要明智些,扬之过高易落,屈尊方能求荣。　　　　——马辛杰

虚心使人进步,骄傲使人落后,我们应当永远记住这个真理。
　　　　　　——毛泽东

我们应该谦虚、谨慎、戒骄、戒躁,全心全意为中国人民服务。
　　　　　　——毛泽东

一个人只有拿自己的缺点与别人的优点相比,才能感到自己的不足,才会进步。一个人如果把自己估计过高,始终认为自己比别人强,那永远也不会进步。　　　　　　——王杰

我们不能一有成绩,就像皮球一样,别人拍不得,轻轻一拍,就跳得老高。成绩越大,越要谦虚谨慎。
　　　　　　——王进喜

一知半解的人,多不谦虚;见多识广有本领的人,一定谦虚。——谢觉哉

谦虚,如果是卑己而尊人,就非常要不得。谦虚应该建立在自尊而尊人上面。　　　——徐特立

学习第一重要的问题就是虚心,虚心向有专长的人学习。　——徐特立

我们对待任何问题,都必须坚持"知之为知之,不知为不知"的老实态度,不懂决不要装懂。——周恩来

想给别人留个好印象吗?如果是那样,不要对别人讲起你的优点。
　　　　　　——巴斯卡[法国]

大多数的科学家,对于最高级的形容词和夸张手法都是深恶痛绝的,伟大的人物一般都是谦虚谨慎的。
　　　　　　——贝弗里奇[英国]

一切真正的和伟大的东西,都是纯朴而谦逊的。　——别林斯基[俄国]

真正的谦虚只能是对虚荣心进行了深思以后的产物。
　　　　　　——柏格森[法国]

知识恰似怀表,只要悄悄地放在口袋里就好。没有必要为了炫耀而从口袋里取出来,也不必主动告诉别人时间。　　　——查斯特菲尔德[英国]

学识丰富的人,由于对于知识过于自信,多半不容易接受别人的意见。我给你的忠告是:知识要丰富,态度要谦虚。
——查斯特菲尔德[英国]

真正谦逊是人类一种最好的品性,因为他有自知之明,他知道在这广大的、世间的、复杂的社会里,他的能力和头脑,实在太简单太渺小了,不够去解决人世间的一切问题。
——戴尔·卡内基[美国]

我们应该谦虚,因为你我都成就不了多少,我们都只是过客,一世纪以后都被完全遗忘。生命太短促,不能老谈自己微小的成就来让人烦,且让我们鼓励别人多谈吧。
——戴尔·卡内基[美国]

小事成就大事,细节成就完美。
——戴维·帕卡德[美国]

真正的谦虚是最崇高的美德,是美德之母。——丁尼生[英国]

缺少谦虚就是缺少见识。
——富兰克林[美国]

对尊长谦恭是责任,对平辈是礼貌,对下属是宽宏。
——富兰克林[美国]

智慧是宝石,如果用谦虚镶边,就会更加灿烂夺目。——高尔基[苏联]

一个目光敏锐、见识深刻的人,倘又能承认自己有局限性,那他离完人就不远了。 ——歌德[德国]

真正有知识的人谦虚、谨慎;只有无知的人才冒昧、武断。
——格兰维尔[英国]

真正伟大的人从不认为自己伟大。
——赫兹里特[英国]

对骄傲的人不要谦虚,对谦虚的人不要骄傲。 ——杰弗逊[美国]

知识越多越骄傲,智慧越高越谦虚。 ——柯珀[美国]

谦虚的男人绝不讲述自己的事。
——拉布吕耶尔[法国]

不炫耀自己本领的人才是真有本领。 ——拉罗什富科[法国]

谦卑往往只不过是一种表面上的依顺,是骄傲的一种艺术,它贬低自己,正是为了抬高自己。
——拉罗什富科[法国]

当你意识到自己是个谦虚的人的时候,你马上就已经不是个谦虚的人了。 ——列夫·托尔斯泰[俄国]

伟大的人是绝不会滥用他们的优点的,他们看出他们超过别人的地方,并且意识到这一点,然而绝不会因此就不谦虚。他们的过人之处越多,他们越认识到他们的不足。 ——卢梭[法国]

不要把自己看得太重要,没有你,事情一样可以做得好。
——迈兹纳[法国]

谦虚是不可缺少的品德。
——孟德斯鸠[法国]

向上级谦恭,是本分;向平辈谦虚,是和善;向下级谦逊,是高贵;向所有的人谦恭是安全。 ——摩尔[德国]

小虫被踩后蜷缩起来,这是明智的,它借此减少了重新被踩的几率。用道德的语言说:谦恭。——尼采[德国]

谦虚对于优点犹如图画中的阴影,会使之更加有利、更加突出。

——牛顿[英国]

在谦虚里包含着一个人的道德力量和纯洁,而吹牛则表现了一个人的渺小和无知。

——帕乌斯托夫斯基[苏联]

美丽只有同谦虚结合在一起,才配称为美丽。没有谦虚的美丽,不是美丽,顶多只能是好看。

——塞万提斯[西班牙]

假如你才智平庸,谦虚就是真诚;然而假如你天赋甚高,谦虚即是虚伪。

——叔本华[德国]

逆境固然很宝贵,顺境同样也很难得。不论是哪一种境遇,最重要的是:不忘谦虚、坦然的处事态度。

——松下幸之助[日本]

谦和的态度常会使别人难以拒绝你的要求,这也是一个人无往不胜的要诀。

——松下幸之助[日本]

谦逊是藏于土中甜美的根,所有崇高的美德由此发芽滋长。

——苏格拉底[古希腊]

伟人多谦虚,小人多骄傲。太阳穿一件朴素的光衣,白云却披着灿烂的裙裾。

——泰戈尔[印度]

40 骄傲;自满

器满则倾,志满则覆。

——[周]《太公六韬》

君子泰而不骄,小人骄而不泰。

——[春秋]《论语》

满招损,谦受益。①

——[春秋]《尚书》

自足者不足,自明者不明。

——[汉]刘虞

毋以其所不能疑人,毋以其所能骄人。②

——[三国]《孔子家语》

将不可骄,骄则失礼,失礼则人离,人离则众叛。③

——[三国]诸葛亮

劳谦虚己,则附之者众;骄慢倨傲,则去之者多。

——[晋]《抱朴子》

义者无敌,骄者先灭。④

——[南朝]《后汉书》

闻胜勿骄,遇挫勿馁。⑤

——[隋]王通

勿以己才而笑不才。⑥

——[唐]房玄龄

自满者遭其损,谦虚者受其益。

——[唐]《尚书正义》

傲不可长,欲不可纵,乐不可极,志不可满。

——[唐]《贞观政要》

自高则必危,自满则必溢。

——[宋]胡宏

---

①满:指自满。损:损害;伤害。谦:虚心;不自满。

②毋:不要;不可以。

③骄:骄横,骄傲、专横。

④义:正义。骄:骄横。

⑤馁:丧失勇气。

⑥笑:讥讽;嘲弄。

知不足者好学,耻下问者自满。
——[宋]林逋

贪满者多损,谦卑者多福。
——[宋]欧阳修

人可以有德,而不可恃其德;可以有才,而不可恃其才。①
——[明]方孝孺

自高无卑,无卑则危;自大无众,众则孤。②
——[明]李梦阳

气忌盛,心忌满,才忌露。③
——[明]吕坤

自多其名,其名不足;自多其能,其能不足。
——[明]彭汝让

大凡人不可恃,有所恃,必败于所恃。善泅者溺,善骑者堕,理所必然。
——[清]东鲁古狂生

月满则亏,水满则溢。④
——[清]《红楼梦》

学者之患,莫大于自足而止。
——[清]黄宗羲

自恃其聪与敏而不学者,自败者也。⑤
——[清]彭端淑

莫道人行早,还有早行人。
——[清]《三侠五义》

傲骨不可无,傲心不可有。
——[清]张潮

墙角的花!你孤芳自赏时,天地便小了。
——冰心

九牛一毫莫自夸,骄傲自满必翻车。历览古今多少事,成由谦逊败由奢。
——陈毅

一个骄傲而敢于冒风险、担重任的勇士,胜过十个谦和而害怕矛盾、躲避责任的懦夫。
——陈祉芬

越是没有本领的人就越加自命不凡。
——邓拓

"骄傲"两个字我有点怀疑。凡是有点干劲的,有点能力的,他总是相信自己,是有点主见的人。越有主见的人,越自信,这个并不坏。真是有点骄傲,如果放到适当岗位,他自己就会谦虚起来,要不然他就混不下去。
——邓小平

骄傲自满是我们的一座可怕的陷阱。而且这个陷阱是我们自己亲手挖掘的。
——老舍

大话不宜讲得太早,否则倘有记性,将来想起会脸红。
——鲁迅

不习惯读书进修的人,常会自满于现状,觉得再没有什么事情需要学习,于是他们不进则退。
——罗兰

见过真正的"大"学问、"大"气质、"大"品格,才会羞于自"大"。
——毛志成

学习最大的敌人除了"自满"外,还有"自弃"。
——任美锷

一个人只有拿自己的缺点与别人的优点相比,才能感到自己的不足,才

---

①恃:凭借;依靠。
②自高:自以为高大。无卑:无视卑微。危:危险。自大:自以为伟大。无众:无视众人。孤:孤立。
③满:自满;骄傲。
④亏:缺损,指出现月食。
⑤恃:凭借;倚仗。败:失利;不成功。

会进步。一个人如果把自己估计过高,始终认为自己比别人强,那永远也不会进步。　　　　　　　——王杰

一分钟一秒钟自满,在这一分一秒间就停止了自己吸收的生命和排泄的生命。只有接受批评才能排泄精神的一切渣滓,只有吸收他人的意见才能添加精神上新的滋养品。　——徐特立

自尊不是轻人,自信不是自满,独立不是孤立。　　　　——徐特立

骄傲是治学求进的死敌。
　　　　　　　　　　——朱星

有了一些小成绩就不求上进,这完全不符合我的性格。攀登上一个阶梯,这固然很好,只要还有力气,那就意味着必须再继续前进一步。
　　　　　　——安徒生[丹麦]

自满、自高自大和轻信,是人生的三大暗礁。　　——巴尔扎克[法国]

一个人一旦思想上变得极喜欢卖弄,举止上也必然表现出来。
　　　　　　——巴尔扎克[法国]

绝不要陷于骄傲。因为一骄傲,你们就会在应该同意的场合固执起来;因为一骄傲,你们就会拒绝别人的忠告和友谊的帮助;因为一骄傲,你们就会丧失客观标准。　——巴甫洛夫[苏联]

骄傲的人很难满足,因为他指望从别人那儿得到更多。
　　　　　　——巴克斯特[美国]

自己夸口,只能使自己不幸。
　　　　　　　　——拜伦[英国]

微少的知识使人骄傲,丰富的知识则使人谦虚,所以空心的禾穗高傲地举头向天,而充实的禾穗则低头向着大地,向着它们的母亲。
　　　　　　——达·芬奇[意大利]

骄傲、嫉妒、贪婪是三个火星,它们使人心爆炸。　——但丁[意大利]

傲慢的性格只会偶尔伤害你,而傲慢的表情却会使你不断受到伤害。
　　　　　　　——狄德罗[法国]

在骄傲自大和虚伪的谦逊之间,我宁愿选择骄傲。骄傲至少能有所成就,而虚伪的谦逊却无所作为。
　　　　　　　——弗兰克[美国]

我们各种习气中再没有一种像克服骄傲么难的了。虽极力藏匿它、克服它、消灭它,但无论如何,它在不知不觉之间,仍旧显露。
　　　　　　——富兰克林[美国]

骄傲的人憎恨骄傲——憎恨别人的骄傲。　——富兰克林[美国]

平凡人的最大缺点,是常常觉得自己比别人高明。——富兰克林[美国]

如果一个人不过高地估计自己,他就会比他自己所估计的要高得多。
　　　　　　　　——歌德[德国]

骄傲的人,往往用骄傲来掩饰自己的卑怯。　　　——哈代[英国]

真正骄傲的人心目中没有胜过他的人,也没有不如他的人。前者他不承认,后者他不屑一顾。
　　　　　　——赫兹里特[英国]

最大的缺陷就是不意识到自己有任何缺陷。　——卡莱尔[英国]

青蛙始终赶不上牡牛的庞大,它的狂妄企图超过了天赋的限度,它用力太猛,"啪"的一声胀破了肚子。

——克雷洛夫[俄国]

骄傲总是苊找到骄傲的理由,甚至在它放弃虚荣的时候。

——拉罗什富科[法国]

骄傲不想欠账,自爱不想付款。

——拉罗什富科[法国]

如果我们自己毫无骄傲之心,我们就不会抱怨别人的骄傲。

——拉罗什富科[法国]

骄傲激起我们的嫉妒心,也常常帮助我们节制它。

——拉罗什富科[法国]

我们的骄傲多半是基于我们的无知。——莱辛[德国]

切忌浮夸铺张,与其说得过分,不如说得不全。

——列夫·托尔斯泰[俄国]

如果你想在这个世界上获得成功,当你进入某个沙龙时,必须让你的虚荣心向别人的虚荣心致敬。

——让莉斯夫人[美国]

谁若不肯听取忠告,便是愿意接受谴责。——萨迪[波斯]

一个骄傲的人,结果总是在骄傲里毁灭了自己。

——莎士比亚[英国]

骄傲在前头走,野心在后边跟。

——莎士比亚[英国]

要一个骄傲的人看清自己的嘴脸,只有用别人的骄傲给他做镜子。倘然向他卑躬屈节,只会助长他的气焰,徒然自取其辱。

——莎士比亚[英国]

骄傲总是遭到指责和诋毁,但指责和诋毁它的,主要是那些没有任何东西值得骄傲的人。

——叔本华[德国]

骄傲的人喜欢见依附他的人或谄媚他的人,而厌恶见高尚的人……而结果这些人愚弄他,迎合他那软弱的心灵,把他由一个愚人弄成一个狂人。

——斯宾诺莎[荷兰]

自卑虽是与骄傲反对,但实际却与骄傲最为接近。 ——斯宾诺莎[荷兰]

骄傲是无知的产物。

——苏格拉底[古希腊]

骄傲只会造成无端的竞争,善听忠告的人,才有智慧。

——所罗门[以色列]

一个人高傲自大,只不过清楚表现出他的相对渺小罢了。

——泰戈尔[印度]

躺在成就上就像行进时躺在雪地里一样危险,你昏昏沉沉,在熟睡中死去。 ——维特根斯坦[英国]

顺境的时候,生活的河川会随我们的意愿流淌,但此时我们切不可骄傲自满,得意忘形。

——西塞罗[古罗马]

骄傲是不难满足的,它只要有很微薄的好处便会沾沾自喜。

——约翰生[英国]

41 知足；满足

知足不辱,知止不殆,可以长久。①
——[春秋]《老子》

知足之足,常足矣。②
——[春秋]《老子》

罪莫大于多欲,祸莫大于不知足,咎莫大于欲得,故知足常足也。③
——[春秋]《老子》

不知足者之忧,终身不解。④
——[战国]《韩非子》

德比于上,故知耻;欲比于下,故知足。
——[战国]《荀子》

鸟兽不厌高,鱼鳖不厌深。⑤
——[战国]《庄子》

吉莫吉于知足,苦莫苦于多愿。
——[汉]黄石公

志不可满,乐不可极。⑥
——[汉]《礼记》

不贪于财,不苟于利,分财取宽,服事取劳。⑦
——[汉]陆贾

知足者常足,不知足者无足矣。
——[晋]《抱朴子》

浅见之家,偶知一事,便言已足。
——[晋]《抱朴子》

天下之福,莫大于无欲;天下之祸,莫大于不知足。
——[晋]傅玄

廉者常乐无求,贪者常虞不足。⑧
——[隋]王通

物苦不知足,得陇又望蜀。⑨
——[唐]李白

知足之人,绝利去欲,不辱于身也。
——[唐]魏徵

知足则乐,务贪必忧。
——[宋]林逋

知足者,贫贱亦乐;不知足者,富贵亦忧。
——[宋]林逋

为人但知足,何处不安生?
——[宋]耶律楚材

贪得者身富而心贫,知足者身贫而心富;居高者形逸而神劳,处下者形劳而心逸。⑩
——[明]洪应明

知足常乐,能忍自安。
——[清]金缨

安莫安于知足,危莫危于多言。
——[清]金缨

贵莫贵于无求,富莫富于知足。
——[清]申居郧

知足天地宽,贪得宇宙隘。⑪
——[清]曾国藩

世间万事何时足,留取栽培待后贤。
——[清]郑燮

---

①足:满足。辱:受辱。止:停止,引申为节制。殆:危险;不安。
②常:长久;永久。
③咎:过失;罪过。
④解:解开;消除。
⑤厌:满足。高:指山高。深:指水深。
⑥满:满足,感到已经足够了。
⑦宽:宽容。劳:用力;出力。
⑧廉:廉洁。虞:忧虑;担心。
⑨陇、蜀:古地名。得陇望蜀:喻指贪得无厌。
⑩逸:安闲;安乐。
⑪隘:狭隘;狭窄。

科学家明知道真理无穷,知识无穷,但他们仍然有他们的满足:进一寸有一寸的愉快,进一尺有一尺的满足。
——胡适

如愿便是满足,满足即是幸福。
——梁实秋

满足的秘诀,在于知道如何享受自己所有的,并能除去自己能力之外的物欲。 ——林语堂

一天一天的满足着,即一天一天的堕落着。 ——鲁迅

不满足是向上的车轮,能够载着不自满的人类,向大道前进。 ——鲁迅

学习的敌人是自己的满足,要认真学习一点东西,必须从不自满开始。对自己"学而不厌",对人家"诲人不倦",我们应取这种态度。 ——毛泽东

我永远自己不满足,我永远"追求"着。 ——茅盾

能够做自己所喜欢的事,便是一种愉快;能够在愉快中完成了你所做的,那就是至高无上的满足。 ——蓉子

上一个欲望的满足,不过是下一个欲望的起点。 ——王鼎钧

占有不能带来幸福,人只有在不断地追求中才会感到持久的幸福和满足。
——赵鑫珊

不满烦闷,只应该使我们更坚决地向前奋斗,不应该使我们逃避困难,一瞑不视。 ——邹韬奋

一个人不应该自我满足。如果有了过错,应该难过才是。什么时候难过了,就说明他认识了错误;一个人觉得难过,就说明他接受了教训。
——阿·利哈诺夫[苏联]

知足是人生在世最大的幸福。
——爱迪生[美国]

好动与不满足是进步的第一必需品。 ——爱迪生[美国]

敛财不会有满足的时候。
——爱默生[美国]

财富是奢侈、懒惰之源,贫穷是无耻与罪恶之母。二者皆不知足。
——柏拉图[古希腊]

我意识到富贵和豪华都不会使人满足。对于有钱的人来说,在生活中要做出有意义的事情,的确更为困难。
——邓肯[英国]

对于不知足的人,没有一把椅子是舒服的。 ——富兰克林[美国]

巨大的财富与知足的心理很难和谐相处。 ——富勒[英国]

世间物质能够满足人的需求,却不能满足人的贪婪。 ——甘地[印度]

满足一切愿望是爱情的最危险的试探。 ——卡拉姆辛[俄国]

至于我,生来就为公众利益而劳动,从来不想去表明自己的功绩,唯一的慰藉,就是希望在我们的蜂巢里,能够看到我自己的一滴蜜。
——克雷洛夫[俄国]

最好的满足就是给别人以满足。
——拉布吕耶尔[法国]

谁也不满足于自己的财产,谁都满足于自己的聪明。
——列夫·托尔斯泰[俄国]

任何时候我也不会满足。越是读书,就越是深刻地感到不满足,越是感到自己知识的贫乏。

——马克思[德国]

对自己不满足,是任何真正有天才的人的根本的特征之一。

——契诃夫[俄国]

人都为满足自己的欲念而努力。

——乔叟[英国]

你若寻求财富,不如寻求满足,满足才是最好的财富。

——萨迪[波斯]

我的王冠叫知足,这是国王们难得欣赏的一种王冠。

——莎士比亚[英国]

贫穷而知足,可以赛过富有;有钱的人要是时时刻刻都在担心他会有一天变成穷人,那么即使他有无限的资财,实际上也像冬天一样贫困。

——莎士比亚[英国]

知足是天赋的财富,奢侈是人为的贫穷。 ——苏格拉底[古希腊]

刀鞘保护刀锋的锐利,它则满足于自己的迟钝。

——泰戈尔[印度]

谁在内心里真正是知足常乐,他就能获得一切幸福。

——《五卷书》[古印度]

知足常乐,才是真正的财富;不为非作歹,这才是真正的聪明智能。

——《五卷书》[古印度]

人生悲剧有二:一是欲望得不到满足,二是欲望得到了满足。

——萧伯纳[爱尔兰]

42 谨慎;认真

慎终如始,则无败事。

——[春秋]《老子》

战战兢兢,如临深渊,如履薄冰。

——[春秋]《诗经》

千丈之堤,以蝼蚁之穴溃。①

——[战国]《韩非子》

慎在于畏小,智在于治大。

——[战国]《尉缭子》

百事之成也,必在敬之;其败也,必在慢之。②

——[战国]《荀子》

毛羽不丰者,不可以高飞。

——[战国]《战国策》

慎于言者不哗,慎于行者不伐。③

——[汉]韩婴

患生于忿怒,祸起于纤微。④

——[汉]韩婴

耳妄听则惑,口妄言则乱。⑤

——[汉]《淮南子》

举大事必慎其终始。

——[汉]《礼记》

---

①蝼蚁:蝼蛄和蚂蚁,都是弱小的昆虫。
②慢:轻慢;懈怠。
③哗:虚夸。伐:夸耀。
④忿怒:愤怒。纤微:细小,引申为细小的事。
⑤妄:胡乱;随意。惑:困惑。乱:混乱。

谨慎；认真

君子慎始,差若毫厘,缪以千里。①
——[汉]《礼记》

君子必慎其独也。
——[汉]《礼记》

患生于所忽,祸起于细微。②
——[汉]刘向

君子笃于义而薄于利,敏于事而慎于言。③
——[汉]陆贾

君子防未然,不处嫌疑间。
——[汉]乐府古辞《君子行》

瓜田不纳履,李下不正冠。④
——[汉]乐府古辞《君子行》

好船者溺,好骑者堕。⑤
——[汉]《越绝书》

治身养性,务谨其细,不可以小益为不平而不修,不可以小损为无伤而不防。
——[晋]《抱朴子》

轻者重之端,小者大之源,故堤溃蚁孔,气泄针芒。⑥
——[南朝]《后汉书》

慎而思之,勤而行之。
——[唐]白居易

瓜田李下,古人所慎,多言可畏,譬之防川。
——[唐]《北齐书》

道自微而生,祸自微而成。⑦
——[唐]欧阳询

微不可不防,远不可不虑。
——[唐]辛替否

慎则祸之不及,贪则灾之所起。
——[唐]姚崇

能事莫促迫,快手多粗疏。⑧
——[宋]陈师道

慎重则必成,轻发则多败。⑨
——[宋]苏轼

早知今日事,悔不慎当初。
——[宋]《五灯会元》

兼听则明,偏信则暗。⑩
——[宋]《资治通鉴》

人之持身立事,常成于慎,而败于纵。⑪
——[明]方孝孺

凡事还须学谨慎。
——[明]冯梦龙

是非只为多开口,烦恼皆因强出头。
——[明]冯梦龙

早知今日,悔不当初。
——[明]《水浒传》

---

①毫:一寸的千分之一。厘:一寸的百分之一。毫厘:比喻极微小的数量。缪:同"谬",差失;差错。千里:泛指很远的距离,比喻极大的差错。

②忽:忽视;忽略。

③笃:忠实。义:道义。薄:轻视。敏:勤勉。

④李:李子树。

⑤溺:水淹,指淹死。堕:(从马背上)掉落下来。

⑥端:开端;开始。源:源头;根源。溃:被大水冲垮。蚁孔:蚂蚁洞。泄:泄露。针芒:针尖。

⑦道:德行。

⑧促迫:急促;仓促。

⑨轻发:轻率行动。

⑩兼听:听取各方面的意见。明:指明辨是非,判断正确。偏信:只听信单方面的意见。暗:指糊涂;不明白。

⑪纵:放纵,放任;不约束。

得意时毋太快意,失意时毋太快口。①
——[清]纪昀

慎能远祸,勤能济贫。
——[清]申居郧

行事不可任心,说话不可任口。
——[清]申居郧

谨言慎行,立德之基。
——[清]张伯行

素深沉,一事轻率便能贻误;素和平,一事愤激便足取祸。②
——[清]朱锡绶

怀疑的态度是值得提倡的,但在证据不充分时肯暂缓判断的气度是更值得提倡的。
——胡适

搞科学、做学问,要"不空不松,从严以终",要很严格地搞一辈子工作。
——华罗庚

饱经患难的人,只知道谨慎,而不知道害怕。
——老舍

认真做事只是把事情做对,用心做事才能把事情做好。
——李素丽

装假固然不好,处处坦白,也不成,这要看什么时候。和朋友谈心,不必留心,但和敌人对面,却必须刻刻防备,我们和朋友在一起,可以脱掉衣服,但上阵要穿甲。
——鲁迅

火能烧死人,水能淹死人,但水的模样柔和,好像容易接近,因此也容易上当。
——鲁迅

凡事皆认真,认真则事真。
——唐长孺

认真是成功的秘诀,粗心是失败的伴侣。
——童第周

天下之事,必作于细。
——杨振宁

从此我不再仰脸看青天,不再低头看白水,只谨慎着我双双的脚步,我要一步一步踏在泥土上,打上深深的脚印!
——朱自清

要好好地记住:慎重和怯懦不是同义语,正如勇敢并不等于鲁莽一样!
——艾森豪威尔[美国]

谨慎的眼睛也许永不闭上。
——爱默生[美国]

细微之沙不能小觑,积载过多亦足以沉船。
——奥古斯丁[古罗马]

坏习惯是在不知不觉中逐渐形成的,就像溪汇成河、河流入海一样。
——奥维德[古罗马]

没有弄清对方的底细,决不能掏出你的心来。
——巴尔扎克[法国]

"不要把所有的鸡蛋放在同一个篮子里"是错误的,投资应该像马克·吐温建议的,"把所有的鸡蛋放在同一个篮子里",然后小心地看好它。
——比尔·盖茨[美国]

思而后行,以免做出愚事。因为草率的动作和言语,均是卑劣的特征。
——毕达哥拉斯[古希腊]

在你平时的处事中,即使是再细微的小事,也要努力地去把它办好。只要

---

①毋:不要。快意:高兴。快口:随口乱说。
②素:向来、一贯。深沉:沉稳、稳重。和平:平和。

这件事情有一点点做的价值,而且你又为此而努力了,就可以取得了不起的成就。——查斯特菲尔德[英国]

一个人所下的判断,不能过于自信,像谷子没有成熟便估计收获的这些人;因为我在冬季看见一株玫瑰已经气息奄奄了,但到春天却又开满了一树的花;我又看见一条船,航行海上又快又稳,可是在到码头的时候翻身了。
——但丁[意大利]

谁肯认真地工作,谁就能做出许多成绩,就能超群出众。
——恩格斯[德国]

在人含怒时千万要谨慎两点:第一,不可恶语伤人,这不同于一般的对事情发牢骚,而会种下人与人之间的怨毒之根。第二,不可因怒而倾泻隐秘,这会使人不再能受到信任。总之,无论在情绪上怎样表示愤怒,但在行动上却千万不能做出无法挽回的事来。
——弗兰西斯·培根[英国]

青年人敏锐果敢,但行事轻率却可毁坏大局。
——弗兰西斯·培根[英国]

在穿过狭窄的峡谷突然上到一个新的高度,而眼前展现出向不同方向延伸的平坦大道时,人们最好暂停下来,考虑一下何去何从。
——弗洛伊德[奥地利]

爱你的邻居——但不要拆掉你的篱笆。 ——富兰克林[美国]

资产雄厚,可以冒更大的风险,但是小船应当靠近海岸行驶。
——富兰克林[美国]

在艰苦的日子里要坚强,在幸福的日子里要谨慎。 ——高尔基[苏联]

年轻人有时候会陷于万分危险的处境。轻率地说一句"是"或"否",就会把终身断送。 ——亨利希·曼[德国]

走路慎重,不会从桥上摔下来。
——拉伯雷[法国]

不敢冒险的人既无骡子又无马,过分冒险的人既丢骡子又丢马。
——拉伯雷[法国]

审慎的人做事总是按部就班。
——朗费罗[美国]

最有学问和最有见识的人总是很谨慎的。 ——卢梭[法国]

当心啊,年轻的舵手,别让你的缆绳松了,别让你的船锚动摇,不要在你没有发觉以前,船就漂走了。
——卢梭[法国]

谨慎的人是照着理性而行使的。
——罗曼·罗兰[法国]

在各种各样的谨慎中,爱情上的谨慎对真正的幸福也许是至关重要的。
——罗素[英国]

害怕陷阱的人,不会落入陷阱。
——马尔提阿里斯[古罗马]

审慎行事的人,常得机遇之助。
——欧里庇得斯[古希腊]

谨慎和自制是智慧的源泉。
——彭斯[苏格兰]

不论是在最大或最小的敌人面前,你该同样谨慎小心。——乔叟[英国]

即使在英雄的心目中,谨慎也是个优点。
——丘吉尔[英国]

你若没有锐利的指爪,最好不要冒犯野兽。你和铁的手臂挑战,只会折断你的银的手腕。
——萨迪[波斯]

你欲保留的秘密,不要告诉人,尽管那人是你心腹。因为肯为你保守秘密的,除你而外,没有别人。
——萨迪[波斯]

事情可以软来,不要蛮做。这才是谨慎之道。
——塞万提斯[西班牙]

勇敢而不谨慎,就是鲁莽。莽夫成功多半靠运气,不靠勇气。
——塞万提斯[西班牙]

聪明人总是在今天为自己的明天做好准备,他不会冒险把所有的鸡蛋放在一个篮子里。
——塞万提斯[西班牙]

谨慎为安全之母。
——莎士比亚[英国]

过虑总比大意好些。
——莎士比亚[英国]

竖耳静听每一个人说的话,但嘴可别为任何人而开。
——莎士比亚[英国]

要知道,凡事木已成舟便无法挽回,人们往往做事不加考虑。
——莎士比亚[英国]

对微小事物的仔细观察,就是事业、艺术、科学及生命各方面的成功秘诀。
——史迈尔[英国]

谨慎使你免于灾祸,宽容使你免于纠纷。
——叔本华[德国]

一盎司谨慎抵得上一磅黄金。
——斯摩莱特[英国]

凡事都不可小看。你要知道:一个铁钉可以毁了一个马蹄子,一个马蹄子可以毁了一匹马,一匹马可以断送一次战役,一次战役可以灭掉一个伟大的国家。
——松苏内吉[西班牙]

飞来的横祸时时存在,要尽可能地避开它只有谨慎。
——武者小路实笃[日本]

谨慎的行动要比合理的言论更重要。
——西塞罗[古罗马]

对于处世接物,凡能忍辱负重、审慎考虑的人,往往易于达到希望的目的,操最后的胜算;反之,急躁冒进、急于求成的人,没有不失败不后悔的。
——《一千零一夜》[阿拉伯]

急躁为人所不齿,其结果往往使人后悔不及。
——《一千零一夜》[阿拉伯]

不考虑事情的后果,必为时代所遗弃。
——《一千零一夜》[阿拉伯]

恼怒将理智的灯吹熄,所以在考虑解决一个重大问题时,你必须脉搏缓慢,心平气和,头脑冷静。
——英格索尔[美国]

谨慎是智慧的长子。
——雨果[法国]

谨慎比大胆要有力量得多。
——雨果[法国]

43 感情；情感

感心动耳,荡气回肠。
　　　　——[三国]曹丕
情随事迁,感慨系之。①
　　　　——[晋]王羲之
未成曲调先有情。
　　　　——[唐]白居易
感时花溅泪,恨别鸟惊心。②
　　　　——[唐]杜甫
情生于有情之地。——[唐]李峤
五更疏欲断,一树碧无情。③
　　　　——[唐]李商隐
东边日出西边雨,道是无晴却有晴。④
　　　　——[唐]刘禹锡
晴空一鹤排云上,便引诗情到碧霄。
　　　　——[唐]刘禹锡
怨于心者,哀声可以应木石;感于情者,至性可以通神明。⑤
　　　　——[唐]骆宾王
情多最恨花无语,愁破方知酒有权。⑥
　　　　——[唐]郑谷
知我意,感君怜,此情须问天。⑦
　　　　——[五代]李煜
恩义重如山,情意深如海。
　　　　——[宋]晁端礼
人情不似春情薄,守定花枝,不放花零落。⑧
　　　　——[宋]管鉴
此情无计可消除,才下眉头,却上心头。
　　　　——[宋]李清照
人情好似初相见,到老终无怨恨心。⑨
　　　　——[宋]《名贤集》
凭君莫问情多少,门外江流罗带绕。⑩
　　　　——[宋]莫仑
人生自是有情痴,此恨不关风与月。⑪
　　　　——[宋]欧阳修
草木无情,有时飘零。人为动物,惟物之灵。
　　　　——[宋]欧阳修
世情薄,人情恶,雨送黄昏花易落。
　　　　——[宋]唐琬
喜怒哀乐好恶欲,未发于外而存于心,性也;喜怒哀乐好恶欲,发于外而见于行,情也。——[宋]王安石
只有情钟语最真。——[元]周昂
人情日暮有翻覆,平地倏忽成山谿。⑫
　　　　——[明]刘基

---

①迁:转移;改变。系:联系。
②感时:感叹时事。花溅泪:美丽的花朵使我泪流满面。恨别:怨恨别离。鸟惊心:鸟鸣声令人心神不安。
③五更:早晨3时至5时。碧:碧色。
④晴:天晴,又谐音指感情的"情"。
⑤怨:哀怨。哀声:悲痛的哭声。应:感应。至性:纯真的性情。通:感动。神明:天地神灵。
⑥无语:不能说话。破:破解;解除。权:权变;变通。有权:能变通,转变情绪。
⑦意、情:心意;情意。感:感激。怜:怜爱。
⑧似:像。春情:春天的感情。零落:凋零;凋落。
⑨终:始终。
⑩凭:表示请求,相当于"烦""请"。罗带:丝织的长带子。
⑪情痴:痴情,沉迷于某人或某事物的心思。
⑫倏忽:转眼之间。山:高山。谿:深谷。

激情常常会毁坏了人的判断力。
——巴金

什么叫作崇高？它其实是一种发源于恐惧的感情，是一种战胜了恐惧之后的豪迈。
——毕淑敏

任何一个人都会有感恩的情操。问题是，年轻人对别人的不孝事件，无不义愤填膺，但自己做起来，却毫不动心。
——柏杨

人类最浓挚最深沉的感情不在眉开眼笑之时，乃在悲哀不得意无可奈何的时节。
——胡适

笑是感情的舒展，泪是感情的净化。
——柯灵

正常的感情，可以像小溪的潺湲、大江的奔流，都受着流向流域的制约，却不会像地下水，永远在重重的压抑下运行。
——柯灵

感情丰富也不是说就一味地热情洋溢，有时应把丰富的感情化为冷静的体察。
——刘心武

人的感情也恰如水，或静默如潭，或流淌如溪，或波动如海，或腾飞如瀑，无论处于什么状态，它总是不稳定的。
——刘湛秋

一时的热情冲动，会造成终身的隐痛。
——茅盾

在寻找感情的路上，并不是处处鸟语花香，也有蜇人的马蜂和有毒的野果。
——沫沫

人需要控制感情冲动，熄灭毁灭性的念头，使激情以理智的方式表达出来，否则便产生悲剧。
——秦文君

真情必然先于语言存在，所以真情并不依仗表白。
——秦文君

人类最不能受伤的地方是感情与自尊，人类最脆弱的地方也是感情与自尊。
——琼瑶

人的感情是有弹性的东西，当容让到再不能容让时，弹性一失就完了。
——沈从文

用平静的心感受一切大千世界的动静，从为平常眼睛所疏忽处看出动静的美，用略见矜持的情感去接近着一切。
——沈从文

深刻的情感是受过长久的理智的熏陶的，是由深谷的潜流中一滴一滴渗透出来的。
——石评梅

相知相切、水乳交融的感情虽然动人，却往往不切实际。因为每个人都有各自不同的个性与背景，都有在此基础上建立起来的独特的价值标准和处事方式，寻求一致显然是强人所难。但彼此间包含尊重的理解却是人们能够付出也渴望得到的。
——素素

心晴的时候，雨也是晴；心雨的时候，晴也是雨。
——汪国真

感情是激发创造的动力，也往往成为导向理解的媒介。
——王元化

无理智的感情，纵有，不过是片刻的昙花；有理智的真感情才是人生的维系。
——王统照

人一现实，便觉得感情上的事太浪漫。
——王跃文

一个到处宣扬自己感情的人，事情

的本身就说明没有多少深刻的感情。
　　　　　　　　　——徐静静
　　太凝重的感情是无法流溢的。
　　　　　　　　　——徐静静
　　越难以诱动的感情,一旦调动起来就是扑不灭的火焰。——徐静静
　　对于一种极深沉的感情来说,任何一种逻辑都是无意的。——杨晓辉
　　世上有了利害关系的事多半是不容感情作用的。　——叶公超
　　没有情感的理智,是无光彩的金块;而无理智的情感,是无鞍镫的野马。
　　　　　　　　　——郁达夫
　　感情这样东西是很难处理的,不能往冰箱里一搁,就以为它可以保存若干时日,不会变质了。——张爱玲
　　人的理智,本来是不十分靠得住的,往往做了利欲的代言人,不过自己不觉得罢了。　——张爱玲
　　真正的感情是不能通过投资得到的。　　　　　　——张抗抗
　　冷酷,可以是热情的消灭,也可以是热情的升华。　——张中晓
　　因为恋爱的对象是异性,并且很可能是完全陌生的异性,比起别的感情来就多了些神秘的感觉和幻想的成分,也平添了些美感和浪漫的气氛。
　　　　　　　　　——赵淑侠
　　人的理智能够包容星光灿烂、茫无际涯的宇宙,并且享受到天体无声的和谐。　　　　　　——赵鑫珊
　　最惨的破产就是丧失自己的热情。
　　　　　　　　——阿诺德[英国]

　　感情虽然是难以控制,但却是一种强大的动力。　——爱默生[美国]
　　一个人不应当将他心境的宁静寄托在外界的事物上,应当尽可能把缰绳握在自己手里,轻易不容许自己感到喜悦与悲伤的极端的感情。
　　　　　　　——爱默生[美国]
　　没有热情,任何伟大的业绩都不可能成功。　　——爱默生[美国]
　　感情和愿望是人类一切努力和创造背后的动力,不管呈现在我们面前的这种努力和创造外表上多么高。
　　　　　　　——爱因斯坦[美国]
　　感情在无论什么东西上面都能留下痕迹,并且能穿越空间。
　　　　　　　——巴尔扎克[法国]
　　感情冲动,可以说是一种既甜蜜又痛苦的错误,对于那些没有足够的经验来掌握自己未来幸福的少女们,将使她们一生受到不幸的影响。
　　　　　　　——巴尔扎克[法国]
　　敬意是感情的基础。有了敬意,感情才切实可靠。——巴尔扎克[法国]
　　在感情的海上,没有指南针,只好在奇异的事件面前束手无策地随意漂流。　　　　——巴尔扎克[法国]
　　我们的心有如一座情感的矿山,爱是黄金,恨是铁。——巴尔扎克[法国]
　　热情是一种非常可贵的动力,但是同一切动力一样,必须充分认识各方面的影响,才能用得恰当。
　　　　　　　——贝弗里奇[英国]
　　感情是对真理的直接观察,对真理

的感性的理解。——别林斯基[俄国]

不尊重别人感情的人,最终只会引起别人的讨厌和憎恨。
——戴尔·卡内基[美国]

情感衰退使杰出的人失色。
——狄德罗[法国]

情感淡泊使人平庸。
——狄德罗[法国]

有意摧残情感,是绝顶的蠢事。
——狄德罗[法国]

没有感情这个品质,任何笔调都不可能打动人心。 ——狄德罗[法国]

只有情感,而且只有大的情感,方能使灵魂达到伟大的成就。
——狄德罗[法国]

缺乏感情上的共鸣,理解也就不那么容易了。 ——弗洛伊德[奥地利]

没有一点热情则将一事无成。
——伏尔泰[法国]

情感受到毁灭的威胁时,就会长得惊人的快。 ——高尔斯华绥[英国]

没有感情也就不存在真正的艺术。韵律有一种魔力,它甚至会使我们相信我们怀有最崇高的感情。
——歌德[德国]

人的感情和行为千差万别,正如鹰钩鼻子之间,还可能有各式各样别的鼻子。 ——歌德[德国]

只有经受了考验,经历了生活患难的感情,才是真正的感情。
——格·马尔科夫[苏联]

若无激情,便不能完成世界上任何伟大之事业。 ——伽利略[意大利]

情感丰富固然是一切美德的源泉,但也是酿成许多灾难的始因。
——杰弗逊[美国]

感情有着极大的鼓舞力量,因此它是一切道德行为的重要前提。
——凯洛夫[苏联]

任何感情只有在自然的时候才有价值。 ——柯罗连科[俄国]

理智总是感情捉弄的对象。
——拉罗什富科[法国]

所有情感都有其特定的声调、姿势和面孔,正是这种好或坏、愉快或不快的添加物使人们喜爱或讨厌它们。
——拉罗什富科[法国]

殷勤善意在社交中是必需的,但也应有限度,一旦过分,殷勤就变成了卑下……在尊重朋友感情的同时也要让朋友们相信,我们尊重的也是我们自己的感情。 ——拉罗什富科[法国]

情感就是对自己的、对痛苦的忧虑、对死亡的恐惧和对幸福的向往。
——卢梭[法国]

情感的本身来源于我们的需要,而情感的发展则来源于我们的认识。
——卢梭[法国]

要想透过那么多的成见和假装出来的激情,在人心中辨别出来真正的自然情感,就必须善于分析人心。
——卢梭[法国]

还有什么比父母心中蕴藏着的情感更为神圣的呢?父母之心,是最仁慈的法官,是最贴心的朋友,是爱的太阳,它的火焰照耀温暖着凝集在我们心灵

深处的意向。　——马克思[德国]
　　一个人的感情完全受着喜恶的支配,谁也做不了自己的主。
　　　　　　　——莎士比亚[英国]
　　强烈的喜怒哀乐,正是由于这类感情使实践能力丧失余烬。
　　　　　　　——莎士比亚[英国]
　　无言的纯朴所表示的情感,才是最丰富的。　——莎士比亚[英国]
　　不要感情用事,要控制自己的感情。如果你放任自流地满足自己的欲望,那么你就会成为敌人嘲笑的对象。
　　　　　　　　　　——《圣经》
　　我们对于情感的理解愈多,则我们愈能控制情感,而心灵感受情感的痛苦也愈少。　——斯宾诺莎[荷兰]
　　做自己感情的奴隶比做暴君的奴仆更为不幸。　——斯托巴歇[古希腊]
　　善良的感情和情感的修养是人道精神的中心。
　　　　　　——苏霍姆林斯基[苏联]
　　有时,某种粗率羞涩或者失言,都具有魅力,因为它们发自心灵,诚实无饰,使我们看见了一个人的独特侧面。
　　　　　　——索菲娅·罗兰[意大利]
　　情感放纵无度会导致灾难性的后果。但是,过分冷静的思考,缺乏感情冲动,也必然使人的心理变态。
　　　　　　——瓦西列夫[保加利亚]
　　浪漫决不应从感情开始,它应始于科学,终于安家立业。
　　　　　　　——王尔德[英国]
　　悠悠万事,中庸既是智能,而涉及情感的问题上,中庸则是至高无上的智能。　　——夏洛蒂·勃朗特[英国]
　　情感是所有这样的感觉:它们改变着人们,影响着人们的判断,并且还伴随着愉快和痛苦的感觉。
　　　　　　——亚里士多德[古希腊]
　　情是心中的暴君,它使理智不明,判断不清,它不听劝告,径直朝痴狂的方向奔去。　——约·福特[美国]
　　感情是有良好教育的产物,你在粗俗的人当中不会发现他。
　　　　　　　——约翰生[英国]
　　感情不可能有静止状态,它不是向这个方向发展,就是向那个方向发展。
　　　　　　　——詹姆斯[美国]

44　欢笑;快乐

　　人之生也,必以其欢。
　　　　　　　——[战国]《管子》
　　强令之笑不乐,强令之哭不悲。
　　　　　　——[战国]《吕氏春秋》
　　乐民之乐者,民亦乐其乐;忧民之忧者,民亦忧其忧。
　　　　　　　——[战国]《孟子》
　　人有喜怒哀乐,犹天之有春夏秋冬。　　　　——[汉]董仲舒
　　人莫不知学之有益于己也,然而不能者,嬉戏害之也。①
　　　　　　　——[汉]《淮南子》

---

①不能:做不到。

酒极则乱,乐极则悲。
　　——[汉]《史记》

对酒当歌,人生几何?①
　　——[三国]曹操

易乐者,必多哀;轻施者,必好(hào)夺。②
　　——[隋]王通

见苦方知乐,经忙始爱闲。
　　——[唐]白居易

今年欢笑复明年,秋月春风等闲度。③
　　——[唐]白居易

白日放歌须纵酒,青春作伴好还乡。④
　　——[唐]杜甫

人生得意须尽欢,莫使金樽空对月。⑤
　　——[唐]李白

浮生若梦,为欢几何?⑥
　　——[唐]李白

且乐生前一杯酒,何须身后千载名。
　　——[唐]李白

世间行乐亦如此,古来万事东流水。⑦
　　——[唐]李白

莫见长安行乐处,空令岁月易蹉跎。⑧
　　——[唐]李颀

今朝有酒今朝醉,明日愁来明日愁。
　　——[唐]罗隐

春风得意马蹄疾,一日看尽长安花。⑨
　　——[唐]孟郊

一笑聊开口,千忧不上眉。
　　——[宋]陈与义

心旷神怡,宠辱皆忘,把酒临风,其喜洋洋者矣。⑩
　　——[宋]范仲淹

安乐有致死之道,忧患为养生之本。
　　——[宋]林逋

一笑解衰容。
　　——[宋]陆游

浮生长恨欢娱少,肯爱千金轻一笑。
　　——[宋]宋祁

大功之后,逸乐易生。⑪
　　——[宋]《新唐书》

风力掀天浪打头,只须一笑不须愁。
　　——[宋]杨万里

乐不必寻,去其苦之者,而乐自存。
　　——[明]《菜根谭》

人逢喜事精神爽,月到中秋分外明。
　　——[明]冯梦龙

乐极生悲,否(pǐ)极泰来。⑫
　　——[明]《水浒传》

一生快乐皆庸富,万种艰辛出伟人。
　　——[清]王永彬

生命中不是只有快乐,也不是只有痛苦,快乐和痛苦是相辅相成、互相衬托的。
　　——冰心

---

①几何:多少。

②易、轻:轻易。哀:悲伤。施:施舍。

③复:又。等闲:随便;轻易。度:度过;过(指时间)。

④白日:白天。青春:美好的春天。

⑤樽:古代盛酒器。

⑥浮生:指短暂虚幻的人生。

⑦行乐:消遣娱乐。

⑧蹉跎:虚度光阴。

⑨疾:快;迅速。

⑩心旷神怡:心情舒畅,精神愉快。

⑪逸乐:安逸、享乐。

⑫极:极点。生:产生。否、泰:《周易》中的两个卦名,前者比喻坏的、不顺利,后者比喻好的、顺利。否极泰来:坏的到了尽头,好的就来了。

希望便是快乐,创造便是快乐。
——冰心

娱乐至少与工作有同等的价值。
——冰心

正当的游玩,是辛苦的慰安,是工作的预备。——丰子恺

遇见欢乐固然应该笑,但遇见悲哀与苦闷同样的应该哭,只是别装哭装笑就得了。——冯沅君

快乐不是件奇怪的东西,绝不因为你分给了别人而减少。有时你分给别人的越多,自己得到的也就越多。
——古龙

乞丐的生活也自有他的乐趣,天堂是在自己的心里。——郭沫若

笑是生活中不可缺少的甘甜调料,没有笑声的生活是一种酷刑。没有笑,生活就不成其为生活。——侯宝林

长久的快乐使人年轻,就是最短的欢笑,也会使你增添勇气。——柯蓝

求乐的人生观,才是自然的人生观,真实的人生观。——李大钊

多笑笑,会慢慢让自己真的快乐起来。——李开复

一个快乐的人不是由于他拥有得多,而是由于他计较得少。太过计较得失的人,就会常常觉得自己被亏待。当一个人总觉得自己被亏待的时候,他是不会快乐的。——罗兰

快乐在人生里,好比引诱小孩子吃药的方糖,更像跑狗场里引诱赛跑的电乌龟。几分钟或者是几天的快乐赚了我们活了一世,忍受着许多痛苦。
——钱锺书

一个不欣赏自己的人,是难以快乐的。——三毛

得意时不可忘形,失意时不可失志。——孙士杰

爱极多成恨,欢余只是愁。
——田汉

潇洒是一种心态,一种精神,一种拿得起放得下的豁达,是一副饱经沧桑而又自得其乐的欢愉。——王蒙

人类有求生的本能,快乐是生的唯一途径。——王通照

快乐和痛苦是紧紧相连的,往往在快乐的里面就是痛苦,大红大绿的喜气后面就是漆黑一团的愁苦。
——吴祖光

有一个方法可以让自己好看,就是尽量保持快乐的心境。——席慕蓉

快乐是从艰苦中来。只有经过劳作,经过奋斗得来的快乐,才是真快乐。不可能有从天上掉下来一个快乐来给你享受,而且快乐常常不是要等到艰苦之后,而是即在艰苦之中。——谢觉哉

人生最大的快乐,是自己的劳动得到了成果。——谢觉哉

快乐既不挂在脸上,也不挂在嘴唇上。快乐是从心底溢出的笑声。
——徐国静

与人共欢乐,欢乐增其音;与人共患难,患难减其半。——颜文梁

人生要有意义只有发扬生命,快乐

就是发扬生命的最好办法。
　　　　　　　——张闻天
　　人生有两大快乐,一是没有得到你心爱的东西,于是你可以去寻求和创造;另一种是得到了你心爱的东西,于是你可以去品味和体验。——周国平
　　消遣就是娱乐,无可消遣当然就是苦闷。时间喜欢消遣的人,无论他们的嗜好如何不同,都有一个共同点,就是他们必都有强旺的生命力。
　　　　　　　——朱光潜
　　把苦难装在心里,把乐观写在脸上。　　　　　　——朱新礼
　　真正乐观主义的人,是用积极的精神向前奋斗的人,是战胜愁虑穷苦的人。　　　　　　　——邹韬奋
　　欢乐之时要皱眉,痛苦之时要微笑。　　　　　——爱·扬格[英国]
　　真正的快乐,是对生活乐观,对工作愉快,对事业热心。
　　　　　　——爱因斯坦[美国]
　　老是走下坡路,而且总是快乐,这件事本身就值钱。——安徒生[丹麦]
　　一个人的快乐在于脚踏实地地工作。　　　　　——奥勒留[英国]
　　快乐之道不在做自己喜爱的事,而在喜爱自己不得不做的事。
　　　　　　　——巴里[英国]
　　别人认为你干不成的事,你干成了,这就是人生最大的乐趣。
　　　　　　——白哲特[英国]
　　本来快乐一诞生就是成双,谁要获得它,就必须与人分享。
　　　　　　　——拜伦[英国]
　　不羡慕别人,这是我所知道的唯一快乐或保持快乐的方法。
　　　　　　　——拜伦[英国]
　　人生最大的快乐不在于占有什么,而在于追求什么的过程。
　　　　　　——班廷[加拿大]
　　在生活中你不会永远有特权去做你高兴的事,但是你有权利从自己的所作所为中得到最多的乐趣。
　　　　　——比尔·利特尔[美国]
　　乐极固然生悲,悲苦到了尽头,也会涌起了意想不到的快乐。
　　　　　　——薄伽丘[意大利]
　　欢娱是短暂的,它有一张多变的脸。　　　　　——布朗[英国]
　　世界上没有比快乐更能使人美丽的化妆品。——布雷默[美国]
　　为真理而斗争是人生最大的乐趣。　　　　——布鲁诺[意大利]
　　真正值钱的是不花一文钱的微笑。
　　　　　——查尔斯·史考勒[英国]
　　我们若能以更快乐的心情来面对日常生活,一扫人世间的阴霾,世界必然能变得更加美好。
　　　　　——查斯特菲尔德[英国]
　　具有良知的人都十分明了,娱乐是不可以被当作目的的,它只不过是一种让人放松心情,给人安慰的方法而已。
　　　　　——查斯特菲尔德[英国]
　　乐观是一首激昂优美的进行曲,时

时鼓舞着你对事业的进取精神。

——大仲马[法国]

人生是这样易于变化,当快乐在我们前面的时候,我们总应该及时抓住它。

——大仲马[法国]

快乐来来去去,如同旋转着的灯塔上的灯光,光辉地闪烁刹那,然后就灭了。它若一直发光,你便无法察觉。

——戴尔·卡内基[美国]

只有一条路可以通往快乐,那就是停止担心超乎我们意志力之外的事。

——戴高乐[法国]

无论如何,笑总是一件好事。如果一根稻草能逗人发笑,它就成了一种制造幸福的仪器。 ——德莱顿[英国]

只有快乐的人才珍惜今天,也只有珍惜今天的人才是快乐的人。

——德莱顿[英国]

不应该追求一切种类的快乐,应该只追求高尚的快乐。

——德谟克里特[古希腊]

心灵应该习惯于在自身中来汲取快乐。 ——德谟克里特[古希腊]

最后笑的人是笑得最好的人。

——狄德罗[法国]

凡是给我们带来欢乐的事情,总受到一定的时间、条件的限制,今天对我们还是一种幸福的东西,到了明天,也许一文不值了。 ——冯塔纳[德国]

最快乐的事莫过于无拘无束。

——弗兰西斯·培根[英国]

我们为了欢乐而生,为了欢乐而战斗,为了欢乐而死。因此,永远不可让悲哀同我们的名字连在一起。

——伏契克[捷克斯洛伐克]

一阵爽朗的笑,犹如满室黄金一样眩人耳目。 ——福楼拜[法国]

只有在他感到欢喜或苦痛的时候,才学会什么应追求和什么应避免。

——歌德[德国]

内心的平静确是一件珍宝,简直就是欢乐本身。 ——歌德[德国]

笑是一种没有副作用的镇静剂。

——格拉索[美国]

世界上没有任何欢乐不伴随忧虑,没有任何和平不连着纠纷,没有任何爱情不埋下猜疑,没有任何安宁不隐伏恐惧,没有任何满足不带有缺陷,没有任何荣誉不留下耻辱。

——格里美尔斯豪林[德国]

偶尔傻笑一下,不失为一件好事。

——贺拉斯[古罗马]

快乐的心情使一碟菜成为盛宴。

——赫伯特[英国]

不仅会在欢乐时微笑,也要学会在困难中微笑。 ——赫尔岑[俄国]

充满着欢乐与战斗精神的人们永远带着欢乐,欢迎雷霆与阳光。

——赫胥黎[英国]

快乐和尽职是不能分开的,我常借着尽自己的责任,以增加自己的快乐。

——华盛顿[美国]

最有魅力的乐趣也最短暂,难道我们生活全部仅仅是一次狩猎?

——怀特[美国]

在友谊的温柔中要有欢笑和共同的欢乐。　　——纪伯伦[黎巴嫩]

当你的欢乐和悲哀变大的时候,世界就变小了。　　——纪伯伦[黎巴嫩]

心里的快乐远超过肉体的快乐,平稳宁静的心灵正是躲避感官暴风雨最好的港湾。　　——卡尔菲特[瑞典]

喜悦是人生的重要组成部分,是人生的希望、人生的力量、人生的价值。
　　　　　　　　——开普勒[德国]

只有乐观与希望,才能有助于我们生命的滋长,能够鞭策我们的奋斗意志,生出无比的力量。——康德[德国]

毫无理性、毫无道德地沉溺于享乐的人,他的生活毫无意义。
　　　　　　　　——康德[德国]

最有意义的欢乐,莫过于给别人带来欢乐。　　——拉布吕耶尔[法国]

笑声是世上最好的维生素。
　　　　　　　　——列昂诺夫[俄国]

快乐是在寻找真理,而不是发现真理。　　——列夫·托尔斯泰[俄国]

与其没有乐趣地活着,还不如大大咧咧地、危险地甚至多灾多难地过日子。　　——卢·波伊斯[英国]

我对于事后一定会感到痛苦的快乐是不追求的,这种快乐引诱不了我,因为我只喜爱那些纯粹的快乐,如果谁知道后来要追悔的话,那就不能算作是纯粹的快乐。　　——卢梭[法国]

人间有四件珍宝,能使人们摆脱忧愁、充满欢笑:健康的身体、高尚的品德、良好的名声、聪明的头脑。
　　　　　　　　——鲁达基[波斯]

快乐的雨丝宛若清晨晶莹的露珠,把一颗颗珍珠滴入花的心田。
　　　　　　　　——伦道夫[美国]

快乐并非目的,而是人生旅途中的一种态度。　　——伦贝克[英国]

乐与忧,伴随人生。乐天下之乐,忧天下之忧,乐得高尚,忧得深沉。
　　　　　　——罗曼·罗兰[法国]

要想别人快乐,自己先得快乐,要把阳光散布到别人的心田里,先得自己心里有阳光。　——罗曼·罗兰[法国]

谁要是在世界上遇到过一次友爱的心,体会过肝胆相照的境界,就是尝到了天上人间的欢乐——终生都要为之苦恼的欢乐。
　　　　　　——罗曼·罗兰[法国]

所谓内心的快乐,是一个人过着健全的、正常的、和谐的生活所感到的快乐。　　　　——罗曼·罗兰[法国]

一个明智地追求快乐的人,除了培养生活赖以支撑的主要兴趣之外,总得设法培养其他许多闲情逸趣。
　　　　　　　　——罗素[英国]

快乐好像是生命的寒暑表,快乐多,生命的趣味也多。
　　　　　　　　——马尔顿[美国]

保持快乐,你就会干得好,就会更成功,更健康,对别人也就更仁慈。
　　　　　　　　——马尔兹[美国]

无论主持家政、钻研学问、外出行猎或处理其他事物,都应当以不失其乐

趣为限度。　　　——蒙田[法国]

我们的心智需要松弛,倘若不进行一些娱乐活动,精神就会垮掉。
　　　　　　　——莫里哀[法国]

人生的享乐促使生活成为一件乐事,但是必须把这些享乐作为旁及的事物,而不能作为主要的目标。
　　　　　　　——穆勒[英国]

笑声给生活带来甜美,使它像玫瑰园中的花儿一样芬芳。
　　　　　　——聂鲁达[智利]

一天天地生活下去,不要求更多的东西,从而得到生活的朴素真髓,这样的人最快乐。
　　　　　　——欧里庇得斯[古希腊]

企图让所有的人同样高兴是徒劳的。不管你面朝什么方向站着,你总是背对世界的另一半。
　　　　　　——普伦蒂斯[英国]

面带微笑会使你更受别人的欢迎。
　　　　　　——乔·吉拉德[美国]

微笑具有一种挽救力,它可以点亮天空,可以振作精神,可以改变你周围的气氛,更可以改变你自己。
　　　　　　——乔·吉拉德[美国]

粗俗之人常大笑,但从不微笑;有教养之人常微笑,难得大笑。
　　　　　　——查斯特菲尔德[英国]

人类生活的真正目的在于娱乐。世间是艰苦劳作之地,天堂是愉快玩乐之园。　——查斯特菲尔德[英国]

为了得到真正的快乐,避免烦恼和脑力的过度紧张,我们都应该有一些嗜好。　　　　　——丘吉尔[英国]

人生的快乐,不该全集中在前半生,弄得我们不得不跟着它日益减少,到最后伴随着我们的也许只有风烛残年的种种苦难了。
　　　　　——塞缪尔·巴特勒[英国]

你永远不要相信,把自己的快乐建筑在别人痛苦之上的人会得到幸福。
　　　　　　——塞涅卡[古罗马]

适度的娱乐能放松人的情绪,陶冶人的情操。　——塞涅卡[古罗马]

有目的的娱乐,不能成为真正的娱乐,娱乐没有目的,可对生活来说是符合目的的。　　——三木清[日本]

娱乐存在于生活之中,并创造了生活的风貌。　——三木清[日本]

快乐是生命唯一的意义,没有快乐的地方,人类的生存徒然变得疯狂而可怜。　　　　——桑塔亚那[美国]

心里常常保持快乐,这样就能防止疾病,延长寿命。——莎士比亚[英国]

希望中的快乐,不亚于实际享受的快乐。　　　——莎士比亚[英国]

使自己快乐也使他人快乐,别伤害自己也别伤害他人,我以为这就是伦理学的全部含义。　——尚福尔[法国]

欢乐的需要,即使在这厌倦的世纪里,它的力量还是这样的强大。
　　　　　　——司汤达[法国]

快乐是最强的补品。
　　　　　　——斯宾塞[英国]

生命的潮汐因快乐而涨,因苦痛而退。　　　　——斯宾塞[英国]

做好事自然会快乐,我认为只要你快乐,你便一定是好人。
——斯蒂文生[英国]

快乐往往在你为着一个明确的目的忙得无暇顾及其他的时候突然来访。
——苏格拉底[古希腊]

对人来说,最大的欢乐,最大的幸福是把自己的精神力量奉献给他人。
——苏霍姆林斯基[苏联]

人生绝大多数享乐和许多所谓的安逸并非必不可少,它们完全是人类走向高尚的障碍。
——梭罗[美国]

要想从别人那里得到快乐,就必须先给别人快乐。
——汤姆逊[英国]

所有快乐中最伟大的快乐,存在于真理的沉思之中。
——托马斯·阿奎那[意大利]

快乐如药石,具有治病的功效。
——王尔德[英国]

你如果要快乐,就应当把忍耐带给你家里去。
——王尔德[英国]

乐观主义者是被狮子逼上了树但仍能欣赏风景的人。
——温切尔[法国]

艰苦劳动的果实,是所有欢乐中最甜美的。
——沃夫纳格[法国]

只有在履行自己的义务中寻求快乐的人,才是自由地生活的人。
——西塞罗[古罗马]

在你跳进一个深坑之前,要先知道它有多深才行。当你在这个世界上还有快乐可寻的时候,万不可走绝路,否则不久你也许会觉醒,那时后悔就太迟了。
——席勒[德国]

人生的真正快乐,是致力于一个自己认为是伟大的目标。
——萧伯纳[爱尔兰]

牙齿痛的人,想世界上有一种人最快乐,那就是牙齿不痛的人。
——萧伯纳[爱尔兰]

笑,实在是仁爱的象征、快乐的源泉、亲近别人的媒介。有了笑,人类的感情就沟通了。
——雪莱[英国]

聪明人并不一味追求快乐,而是竭力避免不愉快。
——亚里士多德[古希腊]

对快乐的追求应是适度的、少量的,并且决不能与理性相背驰。
——亚里士多德[古希腊]

快乐没有本来就是坏的,但是有些快乐的产生者却带来了比快乐大许多倍的烦扰。
——伊壁鸠鲁[古希腊]

疾病是欢乐付出的利息。
——约翰·雷[美国]

人们在自己不快乐时,很少能给别人以快乐。
——约翰生[英国]

笑声响亮常常证明心灵的空虚。
——詹姆斯[美国]

45 忧愁;悲伤

君子不忧不惧。
——[春秋]《论语》

忧愁；悲伤

人无远虑，必有近忧。①
——[春秋]《论语》

君子忧道不忧贫也。②
——[春秋]《论语》

树怕剥皮，人怕伤心。
——[战国]李悝

生于忧患而死于安乐。③
——[战国]《孟子》

人之生也，与忧俱生。
——[战国]《庄子》

哀莫大于心死，而人死亦次之。④
——[战国]《庄子》

哀乐失时，殃咎必至。⑤
——[战国]《左传》

临祸忘忧，忧必及之。
——[战国]《左传》

愁多知夜长。
——[汉]《古诗十九首》

君子有终身之忧，而无一朝之患。⑥
——[汉]《礼记》

先忧事者后乐，先乐事者后忧。
——[汉]刘向

忧人之忧，乐人之乐。
——[汉]马援

出师未捷身先死，长使英雄泪满襟。⑦
——[唐]杜甫

日暮乡关何处是？烟波江上使人愁。⑧
——[唐]崔颢

白发三千丈，缘愁似个长。⑨
——[唐]李白

抽刀断水水更流，举杯消愁愁更愁。
——[唐]李白

雁尽书难寄，愁多梦不成。
——[唐]沈如筠

今夜月明人尽望，不知愁思落谁家。
——[唐]王建

问君能有几多愁，恰似一江春水向东流。
——[五代]李煜

先天下之忧而忧，后天下之乐而乐。⑩
——[宋]范仲淹

梧桐更兼细雨，到黄昏、点点滴滴。这次第，怎一个、愁字了得？⑪
——[宋]李清照

莫道不消魂，帘卷西风，人比黄花瘦。⑫
——[宋]李清照

愁人莫向愁人说，说向愁人愁煞人。
——[宋]普济

便做春江都是泪，流不尽，许多愁。
——[宋]秦观

塞翁失马，今未足悲。
——[宋]魏泰

---

①虑：思考；谋划。
②道：道德；道义。
③忧患：困苦；患难。
④心死：心灵死亡。指极其沮丧，彻底绝望。
⑤咎：灾祸；灾害。
⑥一朝：一个早晨，泛指一天。
⑦捷：战胜；胜利。
⑧乡关：家乡。
⑨缘：因为。个：这般；这样。
⑩天下：指天下人、老百姓。
⑪兼：同时存在；加上。次第：光景；情景。了得：概括得尽。
⑫莫道：别说。消魂：伤神。黄花：菊花。

丈夫有泪不轻弹,只因未到伤心处。① ——[明]李开先

万里关山万里愁,一般心事一般忧。② ——[明]《琵琶记》

三分春色描来易,一段伤心画出难。③ ——[明]汤显祖

忧先于事,乃能无忧;事至无忧,无济于事。 ——[明]《药言》

人生由来不满百,安得朝夕事隐忧。④ ——[明]于谦

恼一恼,老一老;笑一笑,少一少。⑤ ——[清]钱大昕

不忧一家寒,所忧四海饥。⑥ ——[清]魏源

把忧伤化成一种力量,引导自己前进。 ——班生

青春活泼的心,决不作悲哀的留滞。 ——冰心

只要人心中有了春气,秋风是不会引人愁思的。 ——冰心

如果眼里没有泪水,心中就不会有彩虹。 ——陈钢

辛酸的眼泪是培养你心灵的酒浆。 ——傅雷

能够像风一样吹开人的忧伤的,不是海,却是陆地上人自己创造的生活的欢乐、劳动的愉快。 ——何其芳

悲观的人是怕活着,不怕死去。 ——老舍

当人的心灵里过分缺乏忧思和痛苦时,那心灵有可能显得轻浮和疏松,谈不到丰富和美好,这时如能一人静处,坐下来,酝酿一番情绪,产生出来一种发自内心的感动,哭一哭,我以为那是非常必要的事,是一种灵魂的保健操。 ——刘心武

没有人愿意饱尝愁苦的滋味——假如他能够避免;没有人不愿意作出美好的诗篇——即使他缺乏才情;没有人不愿意取巧省事——何况他并不损害旁人。 ——钱锺书

别为那好花不常开而惋惜。花株已经实现了自己的希望,就休息,明年还会春风得意。 ——秦兆阳

许多人说忙碌是忘掉忧伤的良药,我倒是觉得安静才是化解苦痛的好方法。 ——三毛

偶尔抱怨一次人生可能是某种情感的宣泄,也无不可,但是习惯性的抱怨而不谋求改变,便是不聪明的人了。 ——三毛

蓓蕾一般默默地等待,夕阳一般遥遥地注目,也许藏有一个重洋,但流出来,只是两颗泪珠。 ——舒婷

悲哀是无边的天空,快乐是漫天的星星。 ——王静之

说流泪是一种美丽的生命感觉,是

---

①丈夫:大丈夫,有作为的人。轻弹:轻易挥洒。

②关山:关口和山岳。

③三分春色:比喻面含喜色的容貌。描:描摹;描画。一段伤心:指内心之中的伤感。

④安:怎么。

⑤少:年轻。

⑥四海:泛指全国或全世界的各个地方。

因为一个人能够流泪说明他正常健康,并不因生活的粗粝或者无奈而磨损了敏锐的感知与丰富的心灵。
——杨小晖

心如槁木不如多愁多感,迷蒙的醒不如热烈的梦,一口苦水胜于一盏白汤,一场痛哭胜于哀乐两忘。
——叶圣陶

天下最伤身心之事莫若愁,天下最养身心之事莫若笑。——张耀翔

即使在生活中,烦恼也并不都是坏事。正是因为有烦恼,所以才有想摆脱烦恼的抗争,于是才有进步。
——周作人

苦闷起于人生对于"有限"的厌倦,幻想就是人生对于"无限"的寻求。
——朱光潜

人们没有权利单单记住人的眼泪,而看不见眼泪化成彩虹。
——阿拉贡[法国]

苦恼常常属于没有自知之明的人。
——埃勒比[美国]

一个人如果从来没有参观过痛苦的展览所,那么他只看见过半个宇宙,正如海洋的盐水盖满了地面的三分之二以上,忧伤也同样地侵蚀人的幸福。
——爱默生[美国]

淡淡的哀愁却能增加一种妩媚,但它最终会加深脸上的皱纹,毁掉一切容貌中最可爱的容貌。
——巴尔扎克[法国]

一个人的情绪低落,疾病就会控制他的躯体。 ——巴尔扎克[法国]

一切顽固沉重的忧悒和焦虑,足以给各种疾病大开方便之门。
——巴甫洛夫[苏联]

忧愁、顾虑和悲观,可以使人得病,积极、愉快和坚强的意志、快乐的情绪,可以战胜疾病,更可以使人强壮和长寿。 ——巴甫洛夫[苏联]

若你流泪,湿的总是我的脸;若你悲戚,苦的总是我的心。
——拜伦[英国]

悲观的人虽生犹死,乐观的人永生不老。 ——拜伦[英国]

悲伤只折磨孤独的人,繁忙的人无暇流泪。 ——拜伦[英国]

烦恼与欣喜,成功与失败,仅系一念之间。 ——大仲马[法国]

如果睡不着就起来做点事,不要躺在那里忧愁不已。啃人身心的是忧虑,不是失眠。 ——戴尔·卡内基[美国]

让自己不停地忙着,忧虑的人一定要让自己沉浸在工作里,否则只有在绝望中挣扎。 ——戴尔·卡内基[美国]

我们的疲劳通常不是由于工作,而是由于忧虑、紧张和不快。
——戴尔·卡内基[美国]

如果我们以生活来付忧虑的代价,付得太多的话,我们就是傻子。
——戴尔·卡内基[美国]

不知道怎样抗拒忧虑的人,都会短命而死。 ——戴尔·卡内基[美国]

当你开始为那些已经过去的事忧虑的时候,你不过是在锯一些木屑。
——戴尔·卡内基[美国]

莫把烦恼放在心上,免得白了少年头;莫把忧愁放在心上,免得未老先丧生。 ——狄更斯[英国]

经得起各种诱惑和烦恼的考验,才算达到了最完美的心灵的健康。
——弗兰西斯·培根[英国]

人们没有哭,便不会有笑,小孩一生下来,便有哭的本领,后来才学会笑,所以一个人不先了解悲哀,便不会了解快乐。 ——弗兰西斯·培根[英国]

忧郁与愤怒,不但能使人消沉与沮丧,而且有可能致人于死地。
——福莱奇尔[美国]

一切使你痛心的事情,不要老在抱怨多讲,只要活泼活泼地唱歌,一切都会恢复正常。 ——富凯[德国]

烦恼是心智的沉溺。
——富兰克林[美国]

心胸开阔,不要为令人不快的区区琐事而心烦意乱,悲观失望。
——富兰克林[美国]

忧患比疾患更令人难受。
——富勒[英国]

当悲伤沉睡时,别去把它唤醒。
——富勒[英国]

既然痛苦是欢乐的源泉,那又何必为痛苦而悲伤? ——歌德[德国]

愁云惨雾虽然一时蒙蔽了天空,但是没有用,天仍然会亮。
——歌德[德国]

人生道路失意的事总是有的!不过有时失掉的东西是可以重新获得的。 ——歌德[德国]

怀着苦恼上床,就是背着包袱睡觉。 ——哈里柏顿[法国]

烦恼究竟是什么?这是一种不健康而且是破坏性的心理习惯。
——汉奈尔[瑞典]

忧愁好像一块石头,一个人会被它压倒,两个人就能轻而易举把它从路上搬开。 ——豪夫[德国]

忧患激发天才,幸运埋没天才。
——霍勒斯[美国]

忧愁是两座花园之间的一堵墙壁。
——纪伯伦[黎巴嫩]

眼眶里晶莹闪亮的并不是泪水,真正的泪水隐藏在我们的心里。
——纪伯伦[黎巴嫩]

和你一同笑过的人,你可能把他忘掉;但是和你一同哭过的人,你却永远不忘。 ——纪伯伦[黎巴嫩]

今天所忧虑的事情,绝不能延续到明天,所以当你每晚上床时,要对你的烦恼心平气和地说:"我为你已经尽了全力,今后不想再见到你了。"
——柯珀[英国]

行动是治疗忧愁的唯一方法。
——里伟斯[英国]

没有什么比百无聊赖更令人忧郁的了。 ——罗·伯顿[英国]

如果说人间有地狱的话,这将在忧伤者的心里找到。
——罗·伯顿[英国]

在那些苦闷的时候,一个人自以为一切都完了,殊不知一切还都要开始呢。 ——罗曼·罗兰[法国]

悲伤可以自行料理,而欢乐的滋味如果要充分体会,你就必须有人分享才行。　　——马克·吐温[美国]

如果一个人仅仅想到自己,那么他一生里伤心的事情一定比快乐的事情来得多。
　　——马明·西比利亚克[俄国]

永远不快乐的心很可悲。
　　——玛利亚特[英国]

如果说极度的痛苦由于时光的消逝而有所减轻的话,那么取而代之的是永久的忧郁了。　　——毛姆[英国]

苦恼,不拘什么样的苦恼,一个有理智的心灵,总可以找到毅力和勇气来抵抗它;一个巨大的苦痛,常常是一个很好的教训。　　——缪塞[法国]

不应该在旧的悲伤之中流下新的眼泪。　　——欧里庇得斯[古希腊]

假如生活欺骗了你,不要忧郁,也不要愤慨! 不顺心的时候暂且容忍:相信吧,快乐的日子就会到来。
　　——普希金[俄国]

忧愁一旦进入人的心里,便会完全占据它,直到止息。　　——琼森[英国]

适度的悲伤是对于死者应有的情分,过分的哀戚是摧残生命的仇敌。
　　——莎士比亚[英国]

女人的忧愁总是像她的爱一样,不是太少,就是超过分量。
　　——莎士比亚[英国]

越是缺少担负悲哀的勇气,悲哀压在心头越是沉重。
　　——莎士比亚[英国]

如果人们不对悲伤屈服,过度的悲伤不久就会自己告终的。
　　——莎士比亚[英国]

用言语把你的悲伤倾泻出来吧,无言的哀痛是会向那不堪重压的心低声耳语,叫它裂成碎片的。
　　——莎士比亚[英国]

郁结不发的悲哀正像闷塞了火炉一样,会把一颗心烧成灰烬。
　　——莎士比亚[英国]

不要为明天忧虑,因为明天自有明天的忧虑,一天的难处一天当就可以了。　　——《圣经》

如果错过了太阳时你流了泪,那么你也要错过群星。　　——泰戈尔[印度]

一系列成功所带来的幸福也不足以同一个失败所造成的苦恼相比。
　　——西塞罗[古罗马]

无忧无虑是美满生活的最基本条件。　　——西塞罗[古罗马]

忧虑像一把摇椅,它可以使你有事做,但却不能使你前进一步。
　　——席勒[德国]

高尚的人总是默默地忍受悲痛。
　　——席勒[德国]

忧伤有尽头,而忧虑却没有尽头。因为忧伤是由于已经发生的事,而我们忧虑的都只是可能发生的事。
　　——小普林尼[古罗马]

忧郁是黄昏的暮景,苦痛在那里消融,变成了一种黯淡的欢乐。忧郁是愁苦人的快乐。　　——雨果[法国]

忧愁是一朵黑云,可以改变人们的

精神状态。　　　　——雨果[法国]

在那些人们能有闲情逸致编故事的地方，一定不会有多少忧伤。

——约翰生[英国]

46　寂寞；孤独

屏风有意障明月，灯火无情照独眠。　　　　——[南朝]江总

早知半路应相失，不如从来本独飞。① ——[南朝]萧纲

独见伤心者，孤灯坐幽室。

——[南朝]萧子范

花间一壶酒，独酌无相亲，举杯邀明月，对影成三人。② ——[唐]李白

孤灯不明思欲绝，卷帷望月空长叹。　　　　——[唐]李白

孤舟蓑笠翁，独钓寒江雪。③

——[唐]柳宗元

落叶他乡树，寒灯独夜人。

——[唐]马戴

孤灯寒照雨，湿竹暗浮烟。

——[唐]司空曙

垂死病中惊坐起，暗风吹雨入寒窗。　　　　——[唐]元稹

凭阑半日独无言，依旧竹声新月似当年。　　　　——[五代]李煜

无言独上西楼，月如钩，寂寞梧桐深院锁清秋。　　——[五代]李煜

寂寞深闺，柔肠一寸愁千缕。

——[宋]李清照

昨夜西风凋碧树，独上高楼，望尽天涯路。④ ——[宋]晏殊

兰闺久寂寞，无事度芳春。料得行吟者，应怜长叹人。⑤

——[金]《西厢记诸宫调》

枯藤老树昏鸦，小桥流水人家，古道西风瘦马。夕阳西下，断肠人在天涯。　　　　——[元]马致远

孤城孤客孤舟上，铁石人也断肠。

——[元]《水仙子》

世界上最大的乐趣，莫过于"棋逢对手""将遇良材"。一个人如果走遍天下没对手，那才是真正的寂寞。

——柏杨

真正的寂寞是一种深入骨髓的空虚，一种令你发狂的空虚。纵然在欢呼声中，也会感到内心的空虚、惆怅与沮丧。　　　　——古龙

寂寞是一炉千年的温火，把人的灵魂细煎慢熬，能熬炼出一副支撑天地的铁骨，也能让很多胸怀大志的新秀在无声无息中渐渐销毁。　　——郭枫

惟其脱俗，所以成就高远；惟其高远，所以产生寂寞。　　——郭枫

人生的苦痛是无穷的，它具有各种各样的形式，但其中最可怜的、最无可挽救的痛苦就是孤独，是永久没有一个伴侣。　　　　——黄秋耘

孤独给予人自由的同时，也给予了

---

①失：失散；分离。
②三人：指月、人、影。
③蓑笠：披着蓑衣，戴着斗笠。
④凋：凋零。
⑤兰闺：古代指妇女居处。

痛苦。　　　　　　　——李锐

人类总不会寂寞，因为生命是进步的，是乐天的。　　　　——鲁迅

寂寞的本身也是一种美，只要心里的火尚未熄灭，外间的寂静倒是为创作提供了很好的条件。　——陆文夫

阳光照及大地，随阳光所及，举目临眺，但觉房室人树及一池清水，无不如相互之间大有关系。然个人生命，转若深感单独，无所皈依，亦无所附丽。
　　　　　　　　　　——沈从文

孤独不是在空茫而寒冷的大海上只身漂流，而是在人群密聚的地方，在美好的生活展开的地方——没有你的位置。　　　　　　——史铁生

孤独并不是寂寞。无所事事你会感到寂寞，那么日理万机如何呢？你不再寂寞了，但你仍可能孤独。
　　　　　　　　　　——史铁生

孤独也不是孤单。门可罗雀你会感到孤单，那么门庭若市怎样呢？你不再孤单，但你依然可能感到孤独。
　　　　　　　　　　——史铁生

孤独的心必是充盈的心，充盈得要流溢出来，要涌出去，便渴望有人呼应他、收留他、理解他。　——史铁生

有一种人，宁愿无聊也不愿孤独，因为孤独对他来说，也是无聊；有一种人，宁愿孤独也不愿无聊，因为孤独对他来说，只是寂寞。　——汪国真

寂寞不是孤独。孤独表现为先觉者的不被理解，孤独者有着一种强烈的信念，一种坚定不移的价值追求。所以孤独者往往能承担孤独而决不肯向世俗低头。而寂寞则不同。寂寞者需要找到一个灵魂的栖身之地，找到一个生活的支柱。从某种意义上说，寂寞比孤独更难耐。　　　　　　——王杉杉

人需要孤独，人若没有孤独就不成其为自己，但是人又不能承受绝对的孤独。　　　　　　　　　——筱敏

当你孤独的时候，当你想哭的时候，你应该相信，在这世界的某处，一定有诚挚的目光在注视着你……。
　　　　　　　　　　——筱敏

寂寞中有不可言传的和谐，静默中有无限的创造。　　——徐志摩

孤独用不着掩饰，也不足以自悯，因为这是生命的本来情形。
　　　　　　　　　　——杨晓辉

孤独悲凉的心，对那一闪即逝的温情，对那若即若离的同情，对那似晦似明的怜悯，感受却特别敏锐。
　　　　　　　　　　——张贤亮

孤独远比物质的匮乏更令人沮丧。　　　　　　——张贤亮

一个人的孤单，并不可怕。最可怕的是有了伴侣之后的那份孤单。伴侣糟糕，你却不能离开他，那是最孤单的。
　　　　　　　　　　——张小娴

无爱的心灵不会孤独，未曾体味过孤独的人也不可能懂得爱。
　　　　　　　　　　——周国平

孤独是人的宿命。爱和友谊不能把它根除，但可以将它抚慰。
　　　　　　　　　　——周国平

对于有"自我"的人来说,独处是人生中的美好时刻和美好体验,虽则有些寂寞,寂寞中却又有一种充实。
——周国平

精神上的孤独与身体方面的孤独同样无法忍受。
——埃·弗洛姆[美国]

有什么样的孤独能比失信于人更加孤独呢?
——艾略特[英国]

置身于茫茫人海,你感到孤单;你离群索居,更感到孤单。
——艾特玛托夫[吉尔吉斯斯坦]

珍惜你的灵魂,驱走你的伙伴,养成独处的习惯,这样,你的才智就会日臻完善。
——爱默生[美国]

我总是生活在寂寞之中,这种寂寞在青年时使我感到痛苦,但在成年时却觉其味无穷。
——爱因斯坦[美国]

在这种无穷无尽的人类社会中,是能够找到一种避难所来摆脱绝望和无望的孤独感的。
——爱因斯坦[美国]

为了从事创造性工作,人类需要孤独,可是在孤独中,广义的人类仍存在于内心。
——奥铿[德国]

普通人都难以忍受孤独,处在逆境的人由于不信任任何人,对这种孤立更加敏感。
——巴尔扎克[法国]

在各种孤独中间,人最怕精神上的孤独。
——巴尔扎克[法国]

离群索居并非一定憎恨人类。
——拜伦[英国]

忍受孤寂或者比忍受贫困,更需要大的毅力。贫困不过是降低人的身份,但是孤寂却会败坏人的性格。
——狄德罗[法国]

孤独是热情的发祥地,热情是才华的真正母体。
——迪斯累里[英国]

有些人之所以宁愿孤独,是因为在没有友谊和仁爱的人群中生活,那种苦闷正如一句古代拉丁谚语所说"一座城堡如同一派旷野"。
——弗兰西斯·培根[英国]

没有真挚朋友的人,是真正孤独的人。
——弗兰西斯·培根[英国]

自愿孤独,与他人隔绝,是防止因人际关系而产生不快的最现成的方法。
——弗洛伊德[奥地利]

人可以在社会中学习,然而灵感却只有在孤独的时候才会涌现出来。
——歌德[德国]

孤独是世界上最可怕的痛苦,不管怎样强烈的恐怖,只要和大家在一起就能够忍受,但是孤独等于死亡。
——葛奥尔左乌[古罗马]

越伟大、越有独创精神的人越喜欢孤独。
——赫胥黎[英国]

假如你在世界上是孤独的,完全孤独的,你就把这种孤独用作你的安慰和你的力量。
——霍德华·法斯特[美国]

交谈可以增进互相了解,而独处则是天才的学校。
——吉本[英国]

孤独是忧愁的伴侣,也是精神活动的密友。
——纪伯伦[黎巴嫩]

孤独是件厚的外衣,而心灵却在下面冻僵。
——科本哈耶[德国]

孤独,灵魂的挚友,人务必要与它相交。
　　　　　　——科尔顿[阿根廷]

孤独可以毁灭人。
　　　　　　——拉格洛乎[瑞典]

孤独——已经死去的一切仍存在于我们心中的一座活坟墓。
　　　　　　——雷尼埃[法国]

一到人觉得他需要一个伴侣的时候,他就不再是一个孤独的人,他的心就不再是一个孤独的心了。
　　　　　　——卢梭[法国]

闲暇无事和孤独一样,也是社会上苦难的根源。——卢梭[法国]

一个人没有朋友固然寂寞,但如果忙得没有机会面对自己,可能更加孤独。——罗兹[法国]

能与自己娓娓而谈的人绝不会感到孤独。
　　　——马克斯威尔·马尔兹[美国]

相比之下,在一群愚蠢而讨厌的伴侣中,倒还不如独自一人更好些。
　　　　　　——蒙田[法国]

在美好的生活中,孤独和社交这两方面都是必要的。——莫里斯[英国]

人生的第一件大事是发现自己,因此人们必须不时孤独和沉思。
　　　　　　——南森[挪威]

寂寞者都急于和任何一个邂逅的人交友。——尼采[德国]

一个伟大的人往往遭受排挤、压抑,甚至被人斥为哗众取宠而陷于孤独之中。——尼采[德国]

假如人只能自己单独生活,只会考虑自己,他的痛苦将是难以忍受的。
　　　　　　——帕斯卡[法国]

孤独不是在山上,而是在街上;不在一个人里面,而在许多人中间。
　　　　　　——三木清[日本]

俗话说,即便是病人,聚在一起也比独处要轻松。——屠格涅夫[俄国]

凡有所作为的人,他们的一生几乎无一例外地都是在孤独中度过。
　　　　　　——箱崎总一[日本]

喜欢孤独的人不是野兽,便是神灵。　　——亚里士多德[古希腊]

被迫置身于人群的时候,往往是最应该自守孤独的时候。
　　　　　　——伊壁鸠鲁[古希腊]

世界上最坚强的人是孤独的人。
　　　　　　——易卜生[挪威]

孤独可以使人能干,也可以使人笨拙。　　　　——雨果[法国]

假如你空虚,就不要独处;假如你无伴,就不要闲着。——约翰生[英国]

孤独使人振奋,孤立使人毁灭。
　　　　　　——约瑟夫·鲁[英国]

孤独的隐居者得病的机会是正常人的1.6倍,死亡的可能性是爱交际者的两倍。——詹姆新[美国]

47　离合;思念

一日不见,如三秋兮。
　　　　　　——[春秋]《诗经》

悲莫悲兮生别离,乐莫乐兮新相知。①
　　　　　　　——[战国]《楚辞》
乐莫乐兮新相知,悲莫悲兮生别离。
　　　　　　　——[战国]《战国策》
衣不如新,人不如故。
　　　　　　　——[汉]《古艳歌》
征夫怀远路,游子恋故乡。②
　　　　　　　——[汉]苏武
思君如流水,何有穷已时。
　　　　　　　——[汉]徐幹
居常思土兮心内伤,愿为黄鹄兮归故乡。③
　　——[汉]乐府古辞《乌孙公主歌》
羁鸟恋旧林,池鱼思故渊。④
　　　　　　　——[晋]陶潜
不得语,暗相思,两心之外无人知。
　　　　　　　——[唐]白居易
同是天涯沦落人,相逢何必曾相识。⑤　　　　——[唐]白居易
天长地久有时尽,此恨绵绵无绝期。⑥　　　　——[唐]白居易
孤客一身千里外,未知归日是何年。
　　　　　　　——[唐]崔涤
人面不知何处去,桃花依旧笑春风。⑦　　　　——[唐]崔护
鱼沈雁杳天涯路,始信人间别离苦。⑧　　　　——[唐]戴叔伦
大江东流去,游子去日长。
　　　　　　　——[唐]杜甫
烽火连三月,家书抵万金。⑨
　　　　　　　——[唐]杜甫
蜡烛有心还惜别,替人垂泪到天明。　　　　　——[唐]杜牧

相思如明月,可望不可攀。
　　　　　　　——[唐]李白
举头望明月,低头思故乡。
　　　　　　　——[唐]李白
请君试问东流水,别意与之谁短长。⑩　　　　——[唐]李白
相思千万里,一书值千金。
　　　　　　　——[唐]李白
他乡有明月,千里照相思。
　　　　　　　——[唐]李峤
相见时难别亦难,东风无力百花残。春蚕到死丝方尽,蜡炬成灰泪始干。⑪　　　　——[唐]李商隐
别离岁岁如流水,谁辨他乡与故乡。　　　　　——[唐]李颀
人道海水深,不抵相思半。⑫
　　　　　　　——[唐]李冶
如今白首乡心尽,万里归程在梦

----

①莫:没有……更……。
②征夫:被征发到远方服役的人。怀:思念。
③土:指故土,家乡。黄鹄:天鹅一类的候鸟。
④羁:受束缚,不自由。渊:深水潭。
⑤沦落:流落,穷困潦倒,漂泊外地。
⑥绵绵:形容连续不断的样子。
⑦人面:人的面孔,指过去曾在这里见到的姑娘美好的面容。
⑧杳:远得不见尽头或踪影。
⑨烽火:古代边防报警时点燃的烟火,比喻战火或战争。三月:指数月之久。抵:相当;比得上。
⑩试问:问一问。
⑪丝:与"思"谐音。蜡炬:蜡烛。始:才。
⑫抵:相当;顶得上。

中。　　　　——[唐]灵澈

瘦马恋秋草,征人思故乡。
　　　　　　——[唐]刘长卿

谁家独夜愁灯影,何处空楼思月明。　　　　——[唐]柳中庸

丈夫非无泪,不洒别离间。①
　　　　　　——[唐]陆龟蒙

临行密密缝,意恐迟迟归。
　　　　　　——[唐]孟郊

秦时明月汉时关,万里长征人未还。②　　　　——[唐]王昌龄

独在异乡为异客,每逢佳节倍思亲。③　　　　——[唐]王维

红豆生南国,春来发几枝?愿君多采撷,此物最相思。④——[唐]王维

劝君更尽一杯酒,西出阳关无故人。⑤　　　　——[唐]王维

一曲离歌两行泪,不知何地再逢君。⑥　　　　——[唐]韦庄

相知无远近,万里尚为邻。⑦
　　　　　　——[唐]张九龄

剪不断,理还乱,是离愁,别是一般滋味在心头。——[五代]李煜

独自莫凭栏,无限江山,别时容易见时难。⑧　　——[五代]李煜

久旱逢甘雨,他乡遇故知。⑨
　　　　　　——[宋]洪迈

我住长江头,君住长江尾。日日思君不见君,共饮长江水。此水几时休,此恨何时已?只愿君心似我心,定不负相思意。⑩　　——[宋]李之仪

衣带渐宽终不悔,为伊消得人憔悴。⑪　　　　——[宋]柳永

夜长春梦短,人远天涯近。
　　　　　　——[宋]欧阳修

别后悠悠君莫问,无限事,不言中。⑫　　　　——[宋]秦观

人有悲欢离合,月有阴晴圆缺,此事古难全,但愿人长久,千里共婵娟。⑬
　　　　　　——[宋]苏轼

春风又绿江南岸,明月何时照我还。　　　　——[宋]王安石

莫道男儿心如铁,君不见满川红叶,尽是离人眼中血。
　　　　——[金]《西厢记诸宫调》

夕阳西下,断肠人在天涯。
　　　　　　——[元]马致远

世上万般哀苦事,无非死别与生

---

①丈夫:大丈夫,指胸怀大志的人。
②关:关隘。长征:远地征戍;长途出征。
③异乡:他乡;外地。异客:客居他乡的人。
④红豆:相思木所结子,又名相思子、相思豆,古人常用来比喻情人的相思之情。南国:泛指我国南方。采撷:采摘。
⑤更:再。阳关:古地名,在今甘肃敦煌西南,曾是通往西域的关口。
⑥离歌:送别的歌。
⑦尚:尚且。
⑧凭:倚靠。栏:栏杆。
⑨甘雨:及时雨。故知:老朋友。
⑩头:上游。尾:下游。已:止;停止。
⑪伊:他;她。
⑫悠悠:形容事情众多。
⑬阴晴:指被云遮挡或不遮挡。圆缺:指月亮的月食或多或少。全:周全;齐备。但:只。婵娟:指明月或皎洁的月光。

离。　　　　　——[明]冯梦龙

三百六十病,唯有相思苦。
　　　　　　　——[明]冯梦龙

天涯行客离乡久,见月思乡搔白首。　　　　　——[明]郭登

男儿有泪不轻弹,只因未到伤心处。　　　　　——[明]李开先

一壶浊酒喜相逢,古今多少事,都付笑谈中。　——[明]《三国演义》

有缘千里来相会,无缘对面不相逢。　　　　——[明]《水浒传》

落花有意随流水,流水无情恋落花。　　　　——[明]《续传灯录》

月缺重圆会有期,人间何得久别离。　　　　　——[明]于谦

归梦苦难真,别离情更亲。
　　　　　　　——[清]朱彝尊

当黄昏时走在田野上,那如此不可排遣地困惑着我的心的是对于故乡路上的畜粪的气息和村边的畜棚里的干草的气息的记忆啊……。——艾青

离合悲欢,不尽其致时,觉不出生命的神秘和伟大。　　——冰心

相思一夜情多少,地角天涯不是长。　　　　　　　　——关盼盼

但愿每次回忆,对生活都不感到负疚。　　　　　　——郭小川

母亲的目光是可以珍藏的,儿子可以一直把母亲的目光带到远方。
　　　　　　　　——韩静霆

也想不相思,可免相思苦,几次细思量,情愿相思苦!　——胡适

过去的,让它过去,永远不要回顾;未来的,等来了时再说,不要空想;我们只要抓住了现在,用我们现在的理解,做我们所应该做的。
　　　　　　　　——茅盾

把月亮的"哲理"发挥得淋漓尽致的,也许只有我们中国罢?不但骚人、雅士、美女见了月亮,便会感发出许多的幽思离愁,扭捏缠绵到不成话;便是喑呜叱咤的马上英雄也被写成了在月亮的魔光下只有悲凉,只有感伤。
　　　　　　　　——茅盾

牵挂是人世间的一种美好的感情。牵挂会给人带来痛苦,同时也能使人充实。　　　　　　——沫沫

朋友们,等你看到了故乡的春,怕不要老尽春光老尽了人?呵,不是探望你的家乡,朋友们,家乡是个贼,他能偷去你的心!　　——闻一多

你听听那枝头颂春的梅花雀,你得揩干眼泪,和他一支歌。朋友,乡愁最是个无情的恶魔,他能教你眼前的春光变作沙漠。　　——闻一多

沧海桑田,人事变迁,能不恋旧才是幸福的人。　　——谢雨疑

永远向着未来,不要怀念过去。
　　　　　　　　——叶圣陶

记住昨天,如果不是为了激励明天的进取,那就莫如忘却。——张笑天

贪生的人,也悲伤别离,也随着死生,只是他们却识不透这感人的永别,永远的感人。　　——周恩来

燕子去了,有再来的时候;杨柳枯了,有再青的时候;桃花谢了,有再开的时候。但是,聪明的,你告诉我,我们的

日子为什么一去不复返呢?
———朱自清

假如浓密的乌云消散,月亮重新放射出清光,那只是为了让我心中对你的思念永远不会消亡。
———爱明奈斯库[罗马尼亚]

在失意中回忆美好的时光是最大的痛苦。 ———但丁[意大利]

爱情是这样看待时间的:一小时等于一个月,一天等于一年;每个小小的离别是多么漫长的岁月。
———德莱顿[英国]

人一旦开始津津乐道起自己的往事,这便表明他已经到了应该退出这个世界的时候了。 ———迪斯累里[英国]

回忆往日的欢乐使人悲上加悲。
———富勒[英国]

回忆过去就会削弱自己当前的精力,动摇对未来的希望。
———高尔基[苏联]

生活不能永远停留在这样的痛苦中,不能总是沉浸在这些残缺的、苍白的回忆里。 ———亨利希曼[德国]

过去的事让它过去吧,时间会把你心头那份深深的创伤治愈的。
———柯林斯[英国]

一朝别离,爱人的魔力更加强了,我们的心只记着爱人身上最可宝贵的部分。远方的朋友传来的每一句话,都有些庄严的回声在静默中颤动。
———罗曼·罗兰[法国]

只要是回忆,不管是欢快的微笑,还是温馨的痛苦,都是美好的。
———麦克阿瑟[美国]

对过去的事谁能挽回勾锥呢? 就连万能的神也无能为力。
———弥尔顿[英国]

应该忘记过去,过去可以像影子那样跟随着我们,但不能让它成为压在我们背上的包袱。
———普拉托里[古希腊]

即使远远地离开了你,我也不会和你分开,因为在我的心灵里,早已盛满了对你的回忆……那困倦温柔的嘴唇和眼睛,将会尽情地折磨着我的记忆。
———普希金[俄国]

世上总有一颗心在期待、呼唤着另一颗心。 ———塞万提斯[西班牙]

痴情一旦被心上人识破,就不是没指望的单相思。
———塞万提斯[西班牙]

欢迎是永远含笑的,告别总是带着叹息。 ———莎士比亚[英国]

与其在无望的相思中熬受着长期的痛苦,不如采取一种干脆爽快的行动。 ———莎士比亚[英国]

我们如海鸥之与波涛相遇似的,遇见了,走近了;海鸥飞去,波涛滚滚地流开,我们也分别了。———泰戈尔[印度]

心爱的人不在身边,使恋人们时时思念悲叹,使他们感到莫大的痛苦,可是没有什么比短暂的离别更有益于加深相互的情意了。 ———休漠[英国]

相爱而不能相见的人们,有千百种

虚幻而真实的东西来骗走离愁别恨。

——雨果[法国]

48　同情；怜悯

君子见人之厄则矜之,小人见人之厄则幸之。①　　——[战国]《公羊传》

恻隐之心,人皆有之。②

——[战国]《孟子》

无恻隐之心,非人也;无羞恶之心,非人也;无辞让之心,非人也。恻隐之心,仁之端也;羞恶之心,义之端也;辞让之心,礼之端也;是非之心,智之端也。③　　　　——[战国]《孟子》

幸人之灾,不仁;背人之施,不义。④

——[明]冯梦龙

没有恨便很难显示爱,恨跟爱同样的根深蒂固。爱恨交织,才是完整的生命。　　　　　　　　——柏杨

真正的同情,在忧愁的时候,不在快乐的期间。　　　　——冰心

人类社会的不幸之最大的原因是因为同情的缺乏。　　——成仿吾

不经历尖锐的痛苦的人,不会有深广、博大的同情心。　——傅雷

一个人要有反抗性,但也要有同情心。尤其是你们年轻一代的人,不能以欺侮弱者来显示自己的英勇。

——郭沫若

一个人用同情的了解、仁爱的态度,来观察人生、欣赏事物,就是真正的乐观者。　　　　　　——贺麟

人类亲见别人遭遇悲惨可怜的境地时,都能发生一种至诚的同情,都能暂时把个人小我的悲欢哀乐一齐消纳在这种至诚高尚的同情之中。

——胡适

感情里最重要的元素是同情。

——康白清

怜比爱少些味道,可是更多着些人情。　　　　　　　　——老舍

同情要在人弱时施给,才能容忍使人认识那份同情。　——梁实秋

只要世界上有一个饥饿的人,就像我们自己在饥饿;只要世界上有一个贫穷的人,就像我们自己在贫穷。

——林毅夫

如果你怜悯他们的浅薄,你就不会再为他们的行为而气恼。　——罗兰

我们不能把快乐全部寄托在别人身上,因为别人只能有限度地了解和帮助我们。而事实上,这个世界锦上添花的人总比雪中送炭的多。如果你表现得很坚强,别人就都来鼓动你;如果你软弱,就很少有人会来扶助你了。

——罗兰

哀怜被损害者与被侮辱者,原是人类最高贵的同情。　　——茅盾

看透世情以后,不是冷峻,便是圆熟;能再转一念,以悲悯的心肠,切切实实地来劝导世间的很少。　——沈钧儒

---

①厄:困苦;灾难。矜:同情;怜悯。幸:庆幸。
②恻隐:同情;怜悯。
③端:端绪;开端。
④幸:庆幸。背:背叛;忘记。施:恩惠;好处。

同情是极其圣洁纯真,并不是有所希冀、有所猎获才施与的。——石评梅

我们不单是他人不幸的同情者,有时也是需要他人同情的不幸者。
——田汉

温情,是人对人理解后的体谅关怀,是人对人不了解前的尊重怜悯。
——杨晓辉

同情别人是一种美德,同情自己则是一种陷阱。——原野

在同情中由于恐惧痛苦被视为纯粹消极的东西,因而完全意识不到尊敬伟大的不幸、伟大的丑恶、伟大的失败。
——张志扬

无限的同情对于自然,无限的同情对于人生,无限的同情对于星天云月、鸟语泉鸣,无限的同情对于死生离合,喜笑悲啼。这就是艺术感觉的发生,这也是艺术创造的目的!——宗白华

同情心,使弱者觉得这个世界很温柔,使强者变得高尚。
——阿诺德[英国]

如果人们能以互相间的同情,及人道的行径来剔除祸根,则人生的灾患可消减过半。——爱迪生[美国]

人不能单靠面包为生,还要有信仰、敬慕之情和同情心。
——爱默生[美国]

人类最难忍受的是怜悯之情,尤其是在他值得别人怜悯的时候。仇恨是一剂滋补药,它能使人活下去,它唤起复仇的念头;可是,怜悯却能杀死人,它使我们原来虚弱的身体更为衰弱。
——巴尔扎克[法国]

怜悯是奉献给女性的致命的感情。
——巴勒姆[英国]

同情仅次于爱,是人心最圣洁的感情。——贝克[英国]

无论你的悲伤有多深切,也不要期望同情,因为同情本身包含了轻蔑。
——柏拉图[古希腊]

一个人的同情要善加控制,否则比冷淡更有害得多。
——茨威格[奥地利]

同情是把两面有刃的利刀,不会使用的人最好别动手。
——茨威格[奥地利]

同情有点像吗啡,它起初对于痛苦却是最有效的解救和治疗的灵药,但如果不知道使用的分量和停止界限,它就会变成最可怕的毒物。
——茨威格[奥地利]

如果你拥有某种权力,那不算什么;如果你拥有一颗赋予同情的心,那你就会获得许多权力所无法获得的人心。——戴尔·卡内基[美国]

伸出你的手去援助别人,而不是伸出你的脚去踢倒他们。
——戴尔·卡内基[美国]

"讽刺"和"怜悯"是一对善良的忠告者。前者含着微笑使人生可爱,而后者噙着泪水使人生神圣。
——法朗士[法国]

如果他对其他人的痛苦、不幸有同情心,那他的心必定十分美好,犹如那

能流出汁液为人治伤痛的珍贵树木。

——弗兰西斯·培根[英国]

爱是必须没有怜悯的，因为怜悯是虚假的爱。 ——高尔基[苏联]

怜悯是一种坟墓里的感情，它对死者有用，对活人是侮辱和有害的。

——高尔基[苏联]

怜悯只是半个公平。

——纪伯伦[黎巴嫩]

从未患过病的人是无法真正同情许多不幸的。 ——纪德[法国]

任何人都会同情别人的不幸。可一旦别人摆脱了困境，同情者就会感到索然无味了。 ——芥川龙之介[日本]

要和气对待弱者，要把欺凌弱者看成丢人的事。弱者的报复常常十分厉害，所以不要妄自尊大，不要以为威力就是一切。 ——克雷洛夫[俄国]

血液的同情要比思维方式的同情深刻得多，它可能会产生完全不同的语言表现。 ——劳伦斯[英国]

怜悯是一笔借款，为小心起见，还是不要滥用的好。

——罗曼·罗兰[法国]

注意别人的缺点，那你就会处处碰到敌人，把自己陷入孤立无援的灰暗中去。如果你多注意别人的好处，用同情和仁爱去影响别人，使他能看到自己的缺点，而慢慢改正，你就会处处碰到信赖你、爱戴你的朋友；你的生活中就会充满了温暖、和平与快乐。

——罗曼·罗兰[法国]

怜悯是最谦卑的灵魂、最崇高的敬意，是宜人的花朵和一切美德的桂冠。过多的同情是错误的，当然过少的同情更是错误的，在这方面就像其他任何事情一样，极端都是不好的。

——罗素[英国]

同情是善良的心所启发的一种情感之反映。 ——孟德斯鸠[法国]

慈善为外在的行为，同情乃内蕴的感情。 ——莫泊桑[法国]

一个人是不应当怀疑朋友的。为人效劳之后，当避免觉得虚荣的快感。人的天性，常在看到别人的弱点时，感觉到自己的力量强，在最真诚的怜悯中，更混入一种不可言喻的温情。

——莫洛亚[法国]

渴望得到同情是一种自我陶醉，而且是一种使邻人破费的自我陶醉。

——尼采[德国]

温柔的心中最易产生怜悯。

——乔叟[英国]

我从不怜悯自负的人们，因为我认为他们一定从自负中得到了安慰。

——乔治·爱特略[英国]

记住，在观点问题上，如果错误和过失因真诚所致，那么它们应予同情，而勿予惩罚或嘲笑。盲目的理解正如失明的眼睛一样应予同情——一个人无论在哪种情况下迷途都不可笑或有罪。 ——查斯特菲尔德[英国]

谁对别人如果没有同情心，他自己也不会得到怜悯。 ——萨迪[波斯]

心心相印的人，在悲哀之中必然会

发出同情的共鸣。

——莎士比亚[英国]

仅仅把弱者扶起来是不够的,还要在他站起来之后支持他。

——莎士比亚[英国]

大凡人在遇到不幸,再碰到别人对他的痛苦表示同情,无论是真是假,总是最容易引起他的好感。

——司各特[英国]

同情是一种爱,此种爱使人对他人的幸福感到快乐,对他人的不幸感到痛苦。

——斯宾诺莎[荷兰]

要做一个善良的、富有同情心的人。要帮助弱者和无自卫能力者。

——苏霍姆林斯基[苏联]

如果世界上少一些同情,世界上也就会少一些麻烦。——王尔德[英国]

我们不怜悯他人的愚蠢,这或许很公正,但若能设想这是他们自己的过错,将更令人愉快。

——沃维纳格[法国]

同情是人性中一个很强有力的原则。——休谟[英国]

当你同情别人的痛苦时,就会享受到暂时忘却自己的痛苦的欢乐。

——雪莱[英国]

49 怀疑;忌妒

疑似之迹,不可不察。①

——[战国]《吕氏春秋》

处官久者,士妒之;禄厚者,民怨之。②　　——[战国]《荀子》

夜行者能无为奸,不能禁狗使无吠己。③　　——[战国]《战国策》

同美相妒,同智相谋,同贵相害,同利相忌。　　——[秦]黄石公

君子不畏虎,独畏谗夫之口。④

——[汉]《论衡》

众口铄金,积毁销骨。⑤

——[汉]《史记》

文人相轻,自古而然。

——[三国]曹丕

木秀于林,风必摧之;堆出于岸,流必湍之;行高于人,众必非之。⑥

——[三国]李康

众口铄金,浮石沉木。

——[晋]《三国志》

疑道不可由,疑事不可行。⑦

——[南朝]《后汉书》

良田败于邪径,黄金铄于众口。

——[北朝]魏长贤

---

①疑似:似乎确实。迹:迹象。察:仔细考察。
②禄:古代官吏的薪俸。
③夜行:走夜路。无:不。为奸:做坏事。吠:狗叫。此句指在充满忌恨的环境中,尽管自己洁身自好,却难免受到污蔑诽谤。
④谗:说别人的坏话。夫:泛指人。
⑤铄金:熔化金属。众口铄金:比喻舆论影响非常大。积:积累。毁:诽谤。销骨:熔化骨头,比喻置人于死地。
⑥木:树木。秀:突出;出众。摧:摧折。堆:土墩或沙墩。湍:急流的水,引申为急流冲刷。行:行为;举止。非:非难;诽谤。
⑦疑:可疑的。道:道路。由:经过。行:行动;做。

上贵见肝胆,下贵不相疑。①
——[唐]杜甫

事修而谤兴,德高而毁来。②
——[唐]韩愈

长恨人心不如水,等闲平地起波澜。③
——[唐]刘禹锡

心暗则照有不通,至察则多疑于物。
——[唐]《贞观政要》

无意苦争春,一任群芳妒。④
——[宋]陆游

物必先腐也,而后虫生之;人必先疑也,而后谗入之。
——[宋]苏轼

毁生于嫉,嫉生于不胜。⑤
——[宋]王安石

不可以一时之誉,断其为君子;不可以一时之谤,断其为小人。⑥
——[明]冯梦龙

毋以己之长而形人之短,毋因己之拙而忌人之能。
——[明]洪应明

嫉妒生于利欲,而不生于贤美。
——[明]黄道周

善疑人者,人亦疑之;善防人者,人亦防之。
——[明]刘基

人有喜庆,不可生妒忌心;人有祸患,不可生喜幸心。
——[明、清]朱柏庐

君子不以行迹疑人,亦不以言语信人。⑦
——[清]申居诚

善莫大于恕,德莫凶于妒。⑧
——[清]曾国藩

莫嫌举世无知己,未有庸人不忌才。
——[清]查慎行

嫉妒是心灵上的肿瘤。——艾青

嫉心既起,则无数恶德从之俱来。
——蔡锷

只要是男人,知道有女人为他吃醋,总是非常愉快的。——古龙

世界上最狭小的莫过于嫉妒者的眼睛,它容不得别人的一丁点的优点。
——刘吉

嫉妒者可以把被嫉妒者批判得一无是处,而实质上,那是他们心底最羡慕的对象。——余秋雨

什么叫作嫉妒?那是针对别人的价值而产生一种心怀憎恶的欣羡之情。
——阿部次郎[日本]

凡是受过教育的人最终都会相信嫉妒是一种无知的表现。
——爱默生[美国]

嫉妒就是比较。如果你不要比较,嫉妒就会消失。——奥修[印度]

嫉妒者受的痛苦比任何人遭受的痛苦更大,他自己的不幸和别人的幸福都使他痛苦万分。
——巴尔扎克[法国]

嫉妒潜伏在人心底,如毒蛇潜伏在

---

①见肝胆:肝胆相照。
②修:完美。谤:诽谤。毁:诋毁。
③等闲:无端;平白地。
④一任:听凭。
⑤毁:诽谤。嫉:忌妒。胜:胜过;超过。
⑥誉:称赞;表扬。断:判断;判定。谤:指责;批评。
⑦行迹:行动的踪迹。
⑧恕:宽恕。凶:坏;不好。

穴中。　　——巴尔扎克[法国]

对心胸卑鄙的人来说,他是嫉妒的奴隶;对有学问、有气质的人而言,嫉妒却化为竞争心。　——波普尔[英国]

嫉妒犹如一只苍蝇,经过身体的一切健康部分,而停止在创伤的地方。
　　　　　　——查普曼[英国]

女人的嫉妒大多与容貌、衣着和财产等有关,男人的嫉妒则与才能、智慧和力量有关。　——池田大作[日本]

嫉妒的人常自寻烦恼,这是他自己的敌人。　——德谟克里特[古希腊]

嫉妒心是荣誉的害虫,要想消灭嫉妒心,最好的方法是表明自己的目的是在求事功而不求名声。
　　　　——弗兰西斯·培根[英国]

每一个埋头沉入自己事业的人,是没有工夫去嫉妒别人的。
　　　　——弗兰西斯·培根[英国]

当一个人自身缺乏某种美德的时候,他就一定要贬低别人的这种美德,以求实现两者的平衡。
　　　　——弗兰西斯·培根[英国]

嫉妒这恶魔总是在暗处,悄悄地毁掉人间美好的东西。
　　　　——弗兰西斯·培根[英国]

凡是轻浮、虚荣而事事好胜的人,总是善于嫉妒的。
　　　　——弗兰西斯·培根[英国]

没有比较的地方就没有嫉妒。
　　　　——弗兰西斯·培根[英国]

同情心常是医治嫉妒的一味良药。
　　　　——弗兰西斯·培根[英国]

无德之人常嫉他人之有德。
　　　　——弗兰西斯·培根[英国]

猜疑之心犹如蝙蝠,它总是在黄昏中起飞。这种心情是迷陷人的,又是乱人心智的。它能使你陷入迷茫,混淆敌友,从而破坏人的事业。
　　　　——弗兰西斯·培根[英国]

人尤其要警惕由别人流传来的猜疑,因为这很可能是一根有毒的挑拨之刺。如果可能的话,最好能与你所怀疑的对象开诚布公地谈一谈,以便由此解除或者证实你的猜疑。但是对于那种卑劣的小人,这种方法是不行的,因为他们一旦发现自己正被怀疑,就可能制造出更多的骗局来。
　　　　——弗兰西斯·培根[英国]

没有爱情,就不会嫉妒。
　　　　　　——冈察尔[乌克兰]

嫉妒与爱情同时诞生,但是爱情死亡之时,嫉妒并不与它共亡。
　　　　　　——歌德[德国]

潜心工作的人找不到多少值得嫉妒的理由。　　——歌德[德国]

失宠和嫉妒曾经使天神堕落。
　　　　　　——海涅[德国]

切莫忌恨别人的伟大。不然,你会因妒忌而使自己劣上加劣,与鄙人的差距越拉越大。　——赫伯特[英国]

相信一切,失望有日;怀疑一切,收获无期。　　——赫伯特[英国]

有嫉妒心的人,自己不能完成伟大事业,便尽量去低估他人的伟大,贬抑他人的伟大性,使之与他本人相齐。

——黑格尔[德国]

忌妒我的人,在不知不觉中颂扬了我。　　——纪伯伦[黎巴嫩]

人世间最可怕的怀疑就是对自己的怀疑。　　——卡莱尔[英国]

真正的友谊能摧毁嫉妒,就如真正的爱情能驱除调情。

——拉罗什富科[法国]

猜忌是在怀疑中滋长的,当人们从怀疑达到确信时它就变成愤怒,或者立刻消失。　　——拉罗什富科[法国]

嫉妒阻止你达到高尚完美的自我。它使人变得卑下、猥琐,甚至不再模仿他人。

——马克斯韦尔·摩尔兹[美国]

妒忌者对别人是烦恼,对他们自己却是折磨。　　——佩恩[英国]

与其我去妒忌仇敌,毋宁让仇敌妒忌我。　　——普劳图斯[古罗马]

愿世上人当心,不可鲁莽从事。没有确凿证据时,不可轻信浮言,不可凭空怀疑,不假思索而泄一时之愤。

——乔叟[英国]

卑劣的人比不上别人的品德,便会对那人竭力诽谤。嫉妒的小人背后诽谤别人的优点,来到那人面前,又会哑口无言。　　——萨迪[波斯]

妒妇的长舌比疯狗的牙齿更毒。

——莎士比亚[英国]

强烈的毫不掩饰的忌妒是一种犯罪,它使自己淹没在害怕跌落的恐怖之中。　　——莎士比亚[英国]

那些把嫉妒和邪恶作为营养的人,见了最好的人也敢去咬一口的。

——莎士比亚[英国]

任你冰清玉洁,也难免有逸言中伤。　　——莎士比亚[英国]

疑惑时决不后退。

——莎士比亚[英国]

心存邪僻的,寻不着好处;舌弄是非的,陷在祸患中。　　——《圣经》

在嫉妒心重的人看来,没有比他人的不幸更能令他快乐,亦没有他人的幸福更能令他不安。

——斯宾诺莎[荷兰]

冷淡猜疑毁坏友谊,粗鲁愚蠢毁坏幸福,久客不归毁坏爱情,酗酒毁坏羞恶之心,粗心大意毁坏田地,好施舍不勤勉把财产花光。

——《五卷书》[古印度]

那些被骗子骗过的人们,即使在诚实人面前也是心存戒备和恐惧。

——《五卷书》[古印度]

受人妒忌远比受人可怜为好。

——希罗多德[古希腊]

嫉妒是一种叫人痛苦的感情,可是如果一个人毫无这种感情,爱情的温柔亲密就不能保持它的全部力量和热烈。

——休谟[英国]

一个善于捉弄别人的人,到头来常常会掉在自己所设的陷阱中。

——伊索[古希腊]

凡是嫉妒的人都很残酷。

——雨果[法国]

谁嫉妒别人,等于承认别人比自己

强。　　——约翰生[英国]

嫉妒是对别人幸运的一种烦恼。

——芝诺[古希腊]

50　宽容;谅解

宽则得众,信则人任焉。①

——[春秋]《论语》

人无弘量,但有小谨不能大立也。

——[战国]《管子》

不蔽人之善,不言人之恶。②

——[战国]《战国策》

不能容人者无亲,无亲者尽人。③

——[战国]《庄子》

君子不以己所能者病人,不以人所不能者愧人。④　　——[汉]《礼记》

察察者有所不见,恢恢者有所不容。⑤　　——[汉]陆贾

日月称其明者,以无不照;江海称其大者,以无不容。

——[晋]《三国志》

君子不责人所不及,不强人所不能。⑥　　——[隋]王通

宽以待人,严以律己。

——[唐]韩愈

让一得百,争十失九。⑦

——[唐]马总

和以处众,宽以待下,恕以待人,君子人也。⑧　　——[宋]林逋

人生何适不艰难,赖是胸中万斛宽。⑨　　——[宋]陆游

能有所忍也,然后可以就大事。⑩

——[宋]苏轼

万事从来风过耳。⑪

——[宋]苏轼

得放手时须放手,得饶人处且饶人。　　——[元]关汉卿

缔新好者不念旧恶,成大功者不较小利。⑫　　——[元]《金史》

惟宽可以容人,惟厚可以载物。

——[明]薛瑄

君子忍人所不能忍,容人所不能容,处人所不能处。⑬　　——[明]朱衮

忍得一时忿,终身无恼闷。

——[清]《红楼梦》

一件刻薄事做不得,一句刻薄话说不得,一点刻薄念头动不得。

——[清]唐彪

海纳百川,有容乃大。壁立千仞,

---

①信:诚信。
②蔽:掩盖;隐藏。善:指优点。恶:指缺点。
③尽人:被人弃绝。
④能:擅长。病:诟病;斥责。愧:使人感到羞愧。
⑤察察:明察的样子。恢恢:宽广;宽宏。容:容忍。
⑥强:迫使。
⑦让:谦让。争:争夺。
⑧恕:以仁爱之心待人。
⑨适:去;往。何适:走到哪里。赖:依仗;依靠。斛:古代容量单位,一斛合十斗,后改为五斗。
⑩忍:容忍;大度。就:成就。
⑪此句表示处世达观的生活态度。
⑫缔:缔结;结交。
⑬容:宽容。处:相处;交往。

无欲则刚。① ——［清］郑燮

一个人放弃报复的念头,并敢于宽恕别人的中伤,其灵魂就会显得无比坚强。 ——蔡平

用谅解、宽恕的目光和心理看人、待人,就会觉得葱茏的世界里,春意盎然,到处充满温暖。 ——蔡文甫

妥协也是一门艺术。 ——黄茵

最伟大的牺牲是忍辱,最伟大的忍辱是预备反抗。 ——老舍

幽默的人生观是真实的、宽容的、同情的人生观。 ——林语堂

自己萎弱,恶人健全;自己恶动,忌人活泼;自己饮水,嫉人喝茶;自己呻吟,恨人笑声,总是心地欠宽大所致。② ——林语堂

宽容和兼容是对他人的大度和谅解,是对自己的严格要求。 ——刘景全

我们应该注意自己不用语言去伤害别的同志,但是当别人用语言来伤害自己的时候,也应该受得起。 ——刘少奇

读书可以广智,宽恕可以交友。当你有机会读书的时候,请不要放弃读书的机会。当你能以豁达光明的心地去宽容别人的错误时,你的朋友自然多了。 ——罗兰

当你喜欢你自己的时候,你就不会觉得自卑;当你宽容别人的时候,你就不会感到自己和别人站在敌对的地位。能有这种感觉时,你即使仍然没有很多的朋友,你也一样会觉得满意和心安理得。 ——罗兰

请尽量相信,每一个有坏处的人都有他值得人同情和原谅的地方,一个人的过错,常常并不是他一个人造成的。 ——罗兰

对别人多一点宽容,对自己多一点旷达。 ——沙叶新

知人之艰难但不退而为物,知神之伟大却不梦想成仙,让爱燃烧可别烧伤了别人,也无需让恨熄灭,唯望其走向理想和宽容。 ——史铁生

理解不是赞同,它是一种设身处地将心比心,是一种情怀宽容的尊重。 ——素素

对于朋友,是不能要求太严,有时要能谅解,这是朋友之道中很重要的一条。评价友谊,要和历史环境、时代气氛联系起来。 ——孙犁

相互谅解是家庭生活运转的润滑油。 ——萧乾

残酷地批评自己,无限地宽恕别人,这才有进步。 ——叶紫

宽容是互赠的礼品。 ——俞吾金

人类的许多不幸,是由于彼此的不能理解、不能对话造成的。 ——张洁

只有坦诚交流,才会有理解;只有彼此理解,才能有友谊。 ——张抗抗

理解人和理解事物好像不同,不能用理性去分析,只能用感情去感觉。 ——张贤亮

---

①纳、容:包容。乃:就。仞:古代的长度单位,一仞为七尺或八尺。欲:欲望。

②恶:讨厌;憎恨。

容忍是自由的一个基础,社会上如果没有容忍,就决不会有真正的自由。
——周策纵

被人理解是幸运的,但不被人理解未必就是不幸运。一个把自己的价值完全寄托于他人的理解上面的人往往并无价值。——周国平

宽容并不是姑息和软弱,而是一种坚强和勇敢。——周向潮

如果说理解人是一种赠予,那么,被人理解就是享受——一种金钱无法替代的享受。——朱宗巍

宽容别人,宽容生活,就是宽容自己。——埃奥·卜劳恩[德国]

和平不能靠武力来维持,它只能通过谅解来实现。——爱因斯坦[美国]

心胸豁达,足能涵万物;心胸狭隘,不能容一粒沙。
——安东尼奥·波尔斯亚[美国]

宽恕而不忘却,就像把斧头埋在土里,而斧柄还露在外面。
——巴斯克里[美国]

我宁肯忘掉亏欠自己的,而不愿意忘掉亏欠别人的。——贝多芬[德国]

能宽恕别人是一件好事,但如果能将别人的错误忘得一干二净那就更好。
——勃朗宁[英国]

宽容一个敌人,比宽容一个朋友更容易。——布莱克[英国]

我宽恕你,你便原谅我,这是千古不变的道理。——布莱克[英国]

两个都不原谅对方的细小过节的人不可能成为老朋友。
——布律耶尔[法国]

除非你想一辈子与对方为敌,否则即使是对方的行为举止让你忍无可忍,你也不应该对对方表露出轻蔑的态度。
——查斯特菲尔德[英国]

人格成熟的重要标志:宽容、忍让、和善。——戴尔·卡内基[美国]

在人生道路上能谦让三分,即能天高地阔,消除一切艰困,解除一切纠葛。
——戴尔·卡内基[美国]

承认自己也许会弄错,就能避免争论,而且,可以使对方跟你一样宽宏大度,承认他也可能有错。
——戴尔·卡内基[美国]

别骄傲,别怀恨,别不肯原谅人。
——狄更斯[英国]

宁可理解少些,也胜于误解许多。
——法朗士[法国]

忘却即是宽恕。
——菲茨杰拉德[美国]

如果他能原谅宽容别人的冒犯,就证明他的心灵乃是超越了一切伤害的。
——弗兰西斯·培根[英国]

如果友谊的第一法则是它必须得到培育,那么第二法则就是:当第一法则被忽略时,必须做到宽容。
——伏尔泰[法国]

对于所受的伤害,宽恕比复仇更高尚,鄙视比雪耻更有气派。
——富兰克林[美国]

一个不肯原谅别人的人,就是不给自己留余地,因为每一个人都有犯错误

而需要别人原谅的时候。
——富勒[英国]

有时候一个人只有在他死后才能被人理解,就像读一本好书一样,只有读完了最后一行,才能理解。
——高尔基[苏联]

人只要上了一点年纪,判断事物的态度就会变得宽厚起来,我没有见到哪一种过失是我自己决不会犯的。
——歌德[德国]

谁承认了自己的罪过,谁就得到了宽恕。 ——格林兄弟[德国]

我们交友,并不是要求别人赞同自己的行动,需要的只是理解。
——海涅[德国]

豁达的心胸能够修补专事诽谤的恶舌。 ——荷马[古希腊]

尽量宽恕别人,而绝不要原谅自己。 ——贺拉斯[古罗马]

要是对人宽容而不认识其弱点和缺点,便成了姑息纵容。
——赫尔达[德国]

在某种程度上,我们每一个人都有那么一点点不易察觉的疯狂,每个人的内心深处都是最孤寂的,每个人都渴望理解。 ——里欧·罗斯顿[美国]

理解一切便宽容一切。
——罗曼·罗兰[法国]

人们对于不十分看重的人,要宽容得多。 ——罗曼·罗兰[法国]

紫罗兰把它的香气留在那踩扁了它的脚踝上,这就是宽恕。
——马克·吐温[美国]

如果你要宽容别人的过错,就要把眼光放在自己身上。
——莫利诺斯[西班牙]

如果我们了解别人也像了解自己一样,那么对最可谴责的行为我们也会感到应该宽容。 ——莫洛亚[法国]

生活中,谅解可以产生奇迹,谅解可以挽回感情上的损失,谅解犹如一个火把能照亮由焦躁、怨恨复仇心理铺就的道路。
——穆尼尔·纳素夫[科威特]

谅解也是一种勉励、启迪、指引,它能催人弃恶从善,使歧路人走入正轨,发挥他们的潜力。
——穆尼尔·纳素夫[科威特]

忍受痛苦比接受死亡需要更大的勇气。 ——拿破仑[法国]

宽容精神是一切事物中最伟大的。
——欧文[英国]

容忍才常常是真正的伟大胸襟的证明。 ——欧文[英国]

有过错乃人之常,能原谅人为圣者之行。 ——蒲柏[英国]

原谅是容易的,忘却则是困难的。
——普拉顿[德国]

谁若想在困难时得到援助,就应在平日以宽待人。 ——萨迪[波斯]

聪明人对于恶徒的无礼绝不可宽容。因为这对双方都会有害;前者的威严受到损失,后者的气焰将更为嚣张。
——萨迪[波斯]

不论你是一个男子还是一个女人,待人温和宽大才配得上"人"的名称。

一个人真正的英勇果敢,绝不等于用拳头向别人发言。　　——萨迪[波斯]

神可以原谅作恶的人,可是决不是永远原谅。　　——塞万提斯[西班牙]

宽恕人家所不能宽恕的,是一种高贵的行为。　　——莎士比亚[英国]

宽容就像天上的细雨滋润着大地。它赐福于宽容的人,也赐福于被宽容的人。　　——莎士比亚[英国]

把"宽恕"说了两次,并不是把宽恕一分为二,而是格外加强宽恕的力量。
　　——莎士比亚[英国]

留心避免跟人争吵,可是万一争端已起,就应该让对方知道你不是可以轻侮的。　　——莎士比亚[英国]

心胸开阔的人长寿。
　　——莎士比亚[英国]

宽宏大量的人背后不多生一个眼睛,心肠太好的结果不过是害了自己。
　　——莎士比亚[英国]

人有见识,就不易发怒;宽恕人的过失,便是自己的荣耀。　——《圣经》

通情达理能使人宽宏大量。
　　——史达尔[英国]

只有勇敢的人才懂得如何宽容。懦夫绝不会宽容,这不是他的本性。
　　——斯特恩[美国]

有时宽容引起的道德上的震动要比惩罚更强烈。——苏霍姆林斯基[苏联]

尘土受到损辱,却以它的花朵来报答。　　——泰戈尔[印度]

不会宽容别人的人,是不配受到别人的宽容的。但是,谁能说自己是不需要宽容的呢?　——屠格涅夫[俄国]

提防那种从不还手的人:他们既不肯宽恕你,也不容许你宽恕自己。
　　——萧伯纳[爱尔兰]

宽恕一个罪人,就等于纵容许多人去以身试法。　——绪儒斯[英国]

谁能原谅人,谁就能拯救人。
　　——尤里·邦达列夫[俄罗斯]

生活,就是理解。生活,就是面对现实微笑,就是越过障碍注视将来。
　　——雨果[法国]

最高贵的复仇是宽容。
　　——雨果[法国]

世界上最宽阔的东西是海洋,比海洋更宽阔的是天空,比天空更宽阔的是人的胸怀。　　——雨果[法国]

51　为人处世

无德于人,而求于人,罪也。
　　——[春秋]《国语》

君子求诸己,小人求诸人。
　　——[春秋]《论语》

不迁怒,不贰过。①
　　——[春秋]《论语》

吾日三省(xǐng)吾身:为人谋而不忠乎?与朋友交而不信乎?传不习乎?②　　——[春秋]《论语》

---

①迁:转移。贰:重复。过:过失;错误。
②三:指多次。省:反省。忠:尽心。信:诚信。传:传授,指老师传授的知识。习:复习;温习。

投我以桃,报之以李。①
——[春秋]《诗经》

天时不如地利,地利不如人和。
——[战国]《孟子》

人之有德于我也,不可忘也;吾有德于人也,不可不忘也。
——[战国]《战国策》

无道人之短,无说己之长。②
——[汉]崔瑗

入国而问俗,入门而问讳。③
——[汉]《礼记》

防事于未萌,避难于无形。
——[汉]刘向

若要人不知,除非己莫为。
——[汉]枚乘

人固未易知,知人亦未易。④
——[汉]《史记》

勿以身贵而贱人,勿以独见而违众,勿持功能而失信。
——[三国]诸葛亮

不传无经之谈,无听毁誉之语。⑤
——[汉]羊祜

此处不留人,自有留人处。
——[南朝]陈叔宝

不责人所不及,不强人所不能,不苦人所不好。⑥
——[隋]王通

天可度(duó),地可量,唯有人心不可防。⑦
——[唐]白居易

惟有人心相对时,咫尺之间不能料。⑧
——[唐]白居易

逢人不说人间事,便是人间无事人。
——[唐]杜荀鹤

宁人负我,无我负人。⑨
——[唐]房玄龄

不面誉以求亲,不愉悦以苟合。⑩
——[唐]魏徵

欲人不知,莫若不为;欲人不闻,莫若勿言。
——[唐]《贞观政要》

不以求备取人,不以己长格物。⑪
——[唐]《贞观政要》

内睦者家道昌,外睦者人事济。⑫
——[宋]李邦献

君子责己,小人责人。⑬
——[宋]林逋

---

①投:掷,扔。桃:桃子。报:回报。李:李子。此句指有赠送,即有报答,比喻礼尚往来或友好往来。

②无:通"毋",不要;不可以。

③讳:避忌,因有所顾忌而不敢说或不愿说的事。

④固:固然,连词,表示转折。知:了解。

⑤无经之谈:同"不经之谈",荒诞的、没有根据的话。毁誉:毁谤和称赞,说坏话和说好话。

⑥责:要求。强:硬要;迫使。苦:因某事而痛苦、难受。

⑦度:推测;估计。

⑧咫:八寸。咫尺:比喻很近的距离。

⑨宁:宁可;宁愿。负:背弃。无:通"毋",不要;不可以。

⑩面誉:当面称赞。亲:亲近。愉悦:讨好别人。苟合:苟且合作。

⑪格物:推究事物的道理。

⑫睦:和睦。人事:人与人之间的关系。济:有益;得益。

⑬责:责备;怪罪。

律己是以服人，量宽是以得人，身先是以率人。①　——[宋]林逋

莫言闲话是闲话，往往事从闲话来。　——[宋]《唐诗纪事》

遇事思亲戚，临危托故人。
　——[元]纪君祥

小事糊涂，大事不糊涂。
　——[元]《宋史》

与人方便，自己方便。
　——[元]《幽闺记》

一身做事一身当。
　——[明]《钗钏记》

逢人且说三分话，未可全抛一片心。　——[明]冯梦龙

势不可使尽，福不可享尽，便宜不可占尽，聪明不可用尽。
　——[明]冯梦龙

处治世宜方，处乱世当圆，处叔季之世当方圆并用。②　——[明]洪应明

径路窄处，留一步与人行；滋味浓的，减三分让人嗜。此是涉世一极乐法。　——[明]洪应明

害人之心不可有，防人之心不可无，此戒疏于虑者。宁受人欺，毋逆从之诈，此警伤于察者。二语并存，精明而浑厚矣。　——[明]洪应明

宁为有瑕玉，不为无瑕石。
　——[明]焦竑

事遇机关须退步，人逢得意早回头。③　——[明]《金瓶梅词话》

乐言己之长者不知己，乐言人之短者不知人。
　——[明]刘基

处人不可任己意，要悉人之情；处世不可任己见，要悉事之理。④
　——[明]吕坤

干大事而惜身，见小利而忘命，非英雄也。　——[明]《三国演义》

世情看冷暖，人面逐高低。⑤
　——[明]施耐庵

在人屋檐下，怎敢不低头。
　——[明]《水浒传》

人情冷暖异，世态炎凉同。
　——[明]司守谦

好便宜者，不可与共财；多狐疑者，不可与共事。
　——[明]《新菜根谭》

岂能尽如人意，但求无愧我心。
　——[清]《格言联璧》

大事化为小事，小事化为没事。
　——[清]《红楼梦》

不经一事，不长一智。
　——[清]《红楼梦》

处世不宜与俗同，亦不宜与俗异；做事不宜令人厌，亦不宜令人喜。
　——[清]《红楼梦》

大丈夫行事，论是非，不论利害；论

---

①率人：为人表率，起模范作用。
②叔季之世：叔世与季世，指末世，即衰亡之世。
③机关：计谋，陷阱。
④悉：知道；了解。
⑤世情：社会上的情况。冷暖：指得意、失意。人面：人脸；人的表情。高低：指地位高下。

顺逆，不论成败；论万世，不论一生。①

——［清］黄宗羲

对痴人莫说梦话，防所误也；见短人莫说矮话，避所忌也。——［清］金缨

待小人宜宽，防小人宜严。

——［清］金缨

买宅由来重买邻。

——［清］梁章钜

当家才知柴米贵，处世方识世情艰。——［清］史襄哉

不听老人言，吃苦在眼前。

——［清］史襄哉

严以律己，宽以待人。

——［清］汪琬

十分不耐烦，乃为人大病；一味学吃亏，是处事良方。——［清］王永彬

丈夫之志，能屈能伸。②

——［清］《幼学琼林》

天下事当于大处着眼，小处下手。

——［清］曾国藩

与人共事，要学吃亏。

——［清］左宗棠

沟通是人与人之间的事情，用心才有效；梦想是现在和未来之间的事情，踏实地行走才能靠近。——白岩松

议论别人的优缺点是没有多大价值的：我们喜爱或是排斥一个人，往往只是因为他的特点。 ——陈祖芬

人在伤害别人时，一点也感觉不到；但人在受伤害时，一点点就能感到了。 ——程乃珊

一个人断不能旋乾转坤，所以我们不必把自己看得太重，天下事往往成功于一念，所以也不要把自己看得太轻。

——杜重远

熟悉是从时间里多方面、经常的接触中所发生的亲密感觉，这感觉是无数次的小摩擦里陶炼出来的结果。

——费孝通

问题要从大处着眼，而事情却要从小处着手。 ——冯英子

处事须留余地。 ——弘一法师

处难处之事愈宜宽，处难处之人愈宜厚，处至急之事愈宜缓。

——弘一法师

小人以己之过为人之过，每怨天而尤人；君子以人之过为己之过，每反躬而责己。 ——弘一法师

人家帮我，永志不忘；我帮人家，莫记心上。 ——华罗庚

看透了自己，便无须小看别人。

——老舍

对待同志要像春天般的温暖，对待工作要像夏天般的火热。 ——雷锋

我相信：你敬人一尺，人敬你一丈。

——李晓华

我发现了一般人处事的一条道理，那便是：可以无须让的时候，则无妨谦让一番，于人无利，于己无损；在该让的时候，则不谦让，以免损己；在应该不让

---

① 大丈夫：指有志气、有作为的男子。顺逆：指是否顺应天理、民心。万世：比喻久远的时间。一生：比喻较短的时间。

② 丈夫：大丈夫，指胸怀大志的人。

的时候,必定谦让,于己有利,于人无损。
——梁实秋

只要你心有光明,志在淡泊,勤勉做工,廉洁做人,总会得到你周围的小小世界的承认的。
——刘沙河

施与人,但不要使对方有受施的感觉;帮助人,但给予对方最高的尊重。这是助人的艺术,也是仁爱的情操。
——刘墉

必须是先改造自己,再改造社会、改造世界。
——鲁迅

孩子是要别人教的,毛病是要别人医的,即使自己是教员或医生。但做人处事的法子,却恐怕要自己斟酌,许多人开来的良方,往往不过是废纸。
——鲁迅

老实人,敢讲真话的人,归根到底,于人民事业有利,于自己也不吃亏。
——毛泽东

想要自尊,首先要尊重别人。
——毛泽东

人是要有帮助的。荷花虽好,也要绿叶扶持。
——毛泽东

做人做事,唯有眼低手高,才能意气平和。看事眼高手低,除了怨叹之外,还有什么效用?
——三毛

做人和写文章一样,包含不断的修正。
——沈从文

做人的信念与乐趣就是扬长避短,将自己的优势发挥到极致。
——素素

一个永远也不欣赏别人的人,也就是一个永远也不被别人欣赏的人。
——汪国真

人在失意的时候得罪了人,可以在得意的时候弥补;在得意的时候得罪了人,却不能在失意的时候弥补。
——王鼎钧

别人做不了的,我要去做;人人都可做的,我何必去抢?
——王光英

一个人应该知道能够做什么,应该做什么,必须做什么,更应该知道不应该做什么,不要做什么。
——王蒙

做人也要像蜡烛一样,在有限的一生中有一分热发一分光,给人以光明,给人以温暖。
——萧楚女

世界上没有便宜的事,谁想与便宜,谁就会吃亏。
——徐特立

宁让人,勿使人让我;宁容人,勿使人容我。
——杨维盛

端庄的仪表与整洁的服饰就是最好的推荐信。
——原一平

外表决定了别人对你的第一印象。
——原一平

不要相信任何人,凡事都要自己用心。即使是有意任人恭维,也是可怕的。
——爱·扬格[英国]

处世之道,贵在礼尚往来。如果你想获得友谊,你必须为你的朋友效力。
——爱默生[美国]

你信任别人,别人才对你忠实。以伟人的风度待别人,别人才表现出伟人的风度。
——爱默生[美国]

即使我们能忍受在枪林弹雨之中,但是却无法忍受嘲笑。
——安涅士[意大利]

进入社交界以后,千万不能被任何

事情冲昏头脑，遇事要小心提防，特别要提防最讨我喜欢的事。

——巴尔扎克[法国]

只有在打算彼此开诚布公的人们之间，才能建立起心灵上的交流。

——巴尔扎克[法国]

过度卖弄风雅在人的心灵上产生的效果，就跟卖晶质玻璃器皿的店铺对人的视觉产生的效果一样。

——巴尔扎克[法国]

我们所处的这个社会，人际关系非常重要。如果能够慎重地建立关系，而且妥善地维持的话，成功是指日可待的。

——查斯特菲尔德[英国]

你伤害了谁，也许早已忘了，可是被你伤害的那个人永远不会忘记，他绝不会记住你的优点。

——戴尔·卡内基[美国]

如果你要别人喜欢你，或是改善你的人际关系，如果你想帮助自己也想帮助别人，请记住这个原理：真诚地关心别人。 ——戴尔·卡内基[美国]

记住人家的名字，而且很轻易地叫出来，等于给别人一个巧妙而有效的赞美。 ——戴尔·卡内基[美国]

打动人心的最高明的办法，是跟他谈论他最珍贵的事物。

——戴尔·卡内基[美国]

我仅是一粒微弱的星火，如果我还有高明的地方的话，我懂得了如何把自己放在一个适当的位置上，让微弱的光耀眼一些罢了。 ——道尔[英国]

凡是不善于自卫的人，总都具有一种奇怪的特制，就像蜜糖罐一样，要把苍蝇引来。苍蝇来时对于那蜜罐毫无好处，去时可把它带走许多。

——德莱塞[英国]

人与人之间的关系是微妙的，不容易相处好的。有时小小的关心照顾成了人与人之间的润滑剂，相反，有时由于一时出口不慎，也会伤了对方的感情。 ——德田虎雄[日本]

对所有的人以诚相待，同多数人和睦相处，和少数人常来常往，只跟一个人亲密无间。

——弗兰西斯·培根[英国]

和蔼可亲的态度是永远的介绍信。

——弗兰西斯·培根[英国]

把别人对你的诋毁放在尘土中，把别人对你的恩惠刻在大理石上。不经艰苦就得不到桂冠，不经磨难就得不到成就，不经灾祸就得不到荣誉。

——富兰克林[美国]

鱼放三天发臭，客住三天讨嫌。

——富兰克林[美国]

你要记住，永远要愉快地多给别人，少从别人那里拿取。

——高尔基[苏联]

无论你出身高贵或者低贱，都无关宏旨，但你必须有做人之道。

——歌德[德国]

接受忠告，就是增加自己个人的能力。 ——歌德[德国]

对付掌权者，要运用技巧和策略，必要时得学会回避、拖延和推诿。

——歌德[德国]

毫不奇怪，我们所有的人都或多或少乐于跟平庸者打交道，因为那会使我们心安理得，使我们产生一种与自己相同的人交往的舒适感觉。
——歌德[德国]

战胜地位比你高的人是不明智或致命的。 ——格拉西安[西班牙]

除非你要想尝尝孤立的滋味，你就不必改变原来的地位，也不必攀龙附凤。如果天生是矮个儿——那就是了，不必跑去站在高个儿堆里，自以为身体高大了一倍。 ——克雷洛夫[俄国]

几乎所有的人都会愉快地去清偿那些小的人情，有很多人对那些中等的人情也会表示感激，但几乎没有人对那些巨大的恩惠不忘恩负义的。
——拉罗什富科[法国]

我们总是喜欢那些崇拜我们的人，而并不总是喜欢那些我们崇拜的人。
——拉罗什富科[法国]

人际关系在社会上是一种资本，若要它经久，就不得不节用。
——列夫·托尔斯泰[俄国]

一滴蜜比一加仑胆汁能捕到更多的苍蝇，与人相处也是如此。
——林肯[美国]

成功的第一要素是懂得如何搞好人际关系。 ——罗斯福[美国]

你希望别人怎样对待自己，你就应该怎样对待别人。 ——马克思[德国]

人就像藤萝，他的生存靠别的东西支持，他拥抱别人，就从拥抱中得到了力量。 ——蒲柏[英国]

如果你能时常反省自己，才不致受到别人的非难。 ——萨迪[波斯]

不要揭露人的隐私，因为在你侮辱他们时，你的信誉也将受到损失。
——萨迪[波斯]

我觉得一个人如果遭到大家嫌弃，多半是自己不好。这世界是一面镜子，每个人都可以在里面看见自己的影子。
——萨克雷[英国]

信任一切人是个错误，对一切人都不信任也同样是个错误。
——塞涅卡[古罗马]

信任少数人，不害任何人，爱所有人。 ——莎士比亚[英国]

吃得太饱的人，跟挨饿不吃东西的人，一样是会害病的，所以中庸之道才是最大的幸福。 ——莎士比亚[英国]

好习惯是一个人在社交场中所能穿着的最佳服饰。
——苏格拉底[古希腊]

一个人如果站在自己的立场上来看待别人，常常会把人看错，所以我看人，从来不看他对我如何，而是看他对待别人如何。 ——苏格拉底[古希腊]

五年寒窗固然能培养出工程师，但学会做人，则需要一辈子。
——苏霍姆林斯基[苏联]

世界上的事情最好是一笑了之，不必用眼泪去冲洗。 ——泰戈尔[印度]

你可以从外表的美来评论一朵花或一只蝴蝶，可你不能这样来评论一个人。
——泰戈尔[印度]

不加选择的应酬来往，只会导致时

间的浪费和心性的庸俗化。

——夏洛蒂·勃朗特[英国]

52 礼节;礼貌

不学礼,无以立。①

——[春秋]《论语》

非礼勿视,非礼勿听,非礼勿言,非礼勿动。②　——[春秋]《论语》

君子敬而无失,与人恭而有礼,四海之内皆兄弟也。③

——[春秋]《论语》

父子无礼,其家必凶;兄弟无礼,不能久同。④　——[春秋]《晏子春秋》

衣冠不正,则宾者不肃。⑤

——[战国]《管子》

仓廪实则知礼节,衣食足则知荣辱。⑥　——[战国]《管子》

礼尚往来,往而不来,非礼也;来而不往,亦非礼也。⑦　——[汉]《礼记》

大行不顾细谨,大礼不辞小让。⑧

——[汉]《史记》

让礼一寸,得礼一尺。⑨

——[三国]曹操

不敬他人,是自不敬也。

——[五代]《旧唐书》

慢人者,人亦慢之。⑩

——[明]冯梦龙

人无礼而何为,财非义而不取。

——[明]施耐庵

自敬则人敬之,自慢则人慢之。⑪

——[明]薛瑄

老不拘礼,病不拘礼。⑫

——[清]《儒林外史》

礼貌过盛者,情必疏。

——[清]申居郧

国尚礼则国昌,家尚礼则家大。⑬

——[清]颜元

要想自尊,首先要尊敬别人。

——毛泽东

大礼不辞小让,细节决定成败。

——汪中求

所谓礼节,本是人情之所以不能已时一种节制,不让它宣泄得过分,过分反倒不近人情了。——杨振声

生命并非短促得连讲究礼节的时间都没有。——爱默生[美国]

礼仪是聪明人想出来的与愚人保

---

①礼:礼仪。立:立身,立足社会。
②礼:符合礼义的。
③四海:古人认为我国四面环海,故指全天下。
④凶:遭遇不幸。同:和睦相处。
⑤肃:恭敬。
⑥仓廪:粮仓。实:充实。
⑦尚:崇尚。礼尚往来:在礼节上讲究有来有往。
⑧大行:做大事。细谨:细微末节。大礼:举行隆重的礼仪。辞:不接受。小让:细小的礼仪。
⑨让礼:即礼让,礼貌地谦让。
⑩慢:轻慢,对人不敬重,态度傲慢。
⑪敬:尊敬;恭敬。慢:傲慢;怠慢。
⑫拘:受束缚,不知变通。
⑬尚:推崇;注重。

持距离的一种策略。
——爱默生[美国]

当你思考准备说什么的时候，就做出一副彬彬有礼的样子，因为这样可以赢得时间。 ——戴尔·卡莱尔[英国]

在人生道上能谦让三分，即能天宽地阔，消除一切艰难困苦，解除一切纠葛。 ——戴尔·卡内基[美国]

过分有礼貌或过分粗暴，把人不是当神便是当鬼。 ——德莱顿[英国]

最好的礼貌是不要多管闲事。
——狄更斯[英国]

越伟大的人，越有礼貌。
——丁尼生[英国]

好脾气是一个人在社交中所能穿着的最佳服饰。 ——都德[法国]

礼仪是微妙的东西，它既是人们交际不可或缺的，又是不可过于计较的。
——弗兰西斯·培根[英国]

一个打扮并不华贵，却端庄、严肃而有美德的人，是令人肃然起敬的。
——弗兰西斯·培根[英国]

谁对待路人能像对待嘉宾那样彬彬有礼，谁就是世界公民。
——弗兰西斯·培根[英国]

一切的门户都向礼貌敞开。
——富勒[英国]

礼貌是最容易做到的事，也是最珍贵的东西。 ——冈察尔[乌克兰]

所有的人毫无例外都是为了美好的将来活着，所以一定要尊重每一个人。 ——高尔基[苏联]

尊敬别人就是尊敬自己。
——高尔斯华绥[英国]

一个人的礼貌，就是一面照出他的肖像的镜子。 ——歌德[德国]

相熟的人表现出恭而敬之的样子，总是叫人感到可笑。 ——歌德[德国]

礼貌是教养的主要标志。
——格拉西安[西班牙]

生活里最重要的是有礼貌，它比最高的智慧，比一切学识都重要。
——赫尔岑[俄国]

礼貌是有教养的人的第二个太阳。
——赫拉克利特[古希腊]

尊重别人所尊重的人，就是尊重他本人，因为这说明我们赞成他的判断。反之，尊重他的仇敌，则是轻视他。
——霍姆斯[美国]

礼貌是后天造就的好脾性，它弥补了天性之不足，最后演变成一种近似真美德的习惯。 ——杰弗逊[美国]

在人与人的交往中，礼仪越周到越保险，运气也越好。——卡莱尔[英国]

有礼貌不一定就是有智慧，但无礼貌却往往显得很愚蠢。
——兰德[美国]

礼貌是第一美德。礼，即人与人相处之道。 ——李光耀[新加坡]

怀着善意的人，是不难于表达他对人的礼貌的。 ——卢梭[法国]

守时是最大的礼貌。
——路易十四[法国]

作为一个人，对父母要尊敬，对子女要慈爱，对穷亲戚要慷慨，对一切人

要有礼貌。　　——罗素[英国]

政治家处理国务时,常考虑是否合乎礼节,而从不关心是否符合道德规范。　　——马克·吐温[美国]

礼貌不用花钱,却能赢得一切。
——玛丽·蒙塔古[英国]

擦地板和洗痰盂的工作和总统的职务一样,都有其尊严存在。
——尼克松[美国]

礼貌周全不花钱,却比什么都值钱。　　——塞万提斯[西班牙]

宴会上倘若没有主人的殷勤招待,那就不是在请酒,而是在卖酒,还不如待在自己家里吃饭来得舒服呢。
——莎士比亚[英国]

礼貌是人类共处的金钥匙。
——松苏内吉[西班牙]

家庭是学习举止礼貌的好场所,如果你的孩子成人后有良好的举止,这会使他们生活更加惬意舒适。
——索菲娅·罗兰[意大利]

永不道歉是生活中一条有益的法则。正确的品行不需要道歉,而错误的举止即使道歉也于事无补。
——沃德豪斯[英国]

有什么样的目的就有什么样的礼节。　　——西塞罗[古罗马]

不知道自己的尊严的人,他就完全不能尊重别人的尊严。
——席勒[德国]

不要瞧不起任何人,因为谁也不是懦弱到连自己受了侮辱也不能报复。
——伊索[古希腊]

礼貌是儿童与青年所应该特别小心地养成习惯的第一件大事。
——约翰·洛克[英国]

礼仪不良有两种:第一种是忸怩羞怯,第二种是行为不检点和轻慢。要避免这两种情形,就只有好好地遵守下面这条规则:不要看不起自己,也不要看不起别人。
——约翰·洛克[英国]

礼貌像只气垫:里面什么也没有,但是却能奇妙地减少颠簸。
——约翰生[英国]

"感谢"是有教养人的产物,在那些粗鲁的人中间是无法听到的。
——约翰生[英国]

倾听是我们抚爱别人的最好方法,最有效的倾听是把全部注意力集中在谈话者身上。　——詹姆斯[美国]

53　言语;沉默

二人同心,其利断金;同心之言,其臭(xiù)如兰。① 　——[周]《周易》

吉人之辞寡,躁人之辞多。②
——[周]《周易》

恶言不出口,苟语不留耳。③
——[春秋]《邓析子》

---

①利:锋利。金:金属。同心:指志趣相同的人。臭:气味。兰:兰花。
②吉:善良老实。辞:言辞、话语。躁:浮躁。
③苟语:不负责任的话。不留耳:不入耳、不听。

防民之口,甚于防川。①
——[春秋]《国语》
言之大(tài)甘,其中必苦。②
——[春秋]《国语》
为川者决之使导,为民者宣之使言。③——[春秋]《国语》
信言不美,美言不信。
——[春秋]《老子》
名不正则言不顺,言不顺则事不成。④——[春秋]《论语》
君子不以言举人,不以人废言。⑤
——[春秋]《论语》
鸟之将死,其鸣也哀;人之将死,其言也善。⑥——[春秋]《论语》
言之者无罪,闻之者足以戒。
——[春秋]《诗经》
言近而旨远者,善言也。⑦
——[战国]《孟子》
附耳之语,流闻千里。
——[战国]《文子》
赠人以言,重于金石、珠玉。
——[战国]《荀子》
持之有故,言之成理。
——[战国]《荀子》
好面誉人者,亦好背而毁之。⑧
——[战国]《庄子》
狗不以善吠为良,人不以善言为贤。⑨——[战国]《庄子》
君子之言,信而有征。⑩
——[战国]《左传》
言之无文,行而不远。⑪
——[战国]《左传》
君子之言,寡而信;小人之言,多而虚。
——[汉]刘向
忠言逆耳利于行,毒药苦口利于病。⑫——[汉]《史记》
桃李不言,下自成蹊。⑬
——[汉]《史记》
谗言三至,慈母不亲。⑭
——[三国]曹植
无传不经之谈,无听毁誉之语。⑮
——[晋]羊祜
语不惊人死不休。——[唐]杜甫
冰炭不言,冷热自明。
——[唐]《晋书》
容直言,广视听。⑯——[唐]元稹

---

①防:堵塞。口:指言论。川:河流。防川:指堵塞河流,会造成河水泛滥。
②大:同"太"。甘:甜蜜。中:通"衷",内心。苦:比喻险恶。
③决:疏通水道。
④名:名义;名分。正:合乎标准或规范。
⑤举:推荐;选拔。废:废止;取消。
⑥善:亲善;友好。
⑦善言:善于表达。
⑧面:当面。背:背后。
⑨吠:狗叫。善言:能说会道。
⑩信:诚信;真实。征:验证;证明。
⑪文:文采。行:流传。远:久远。
⑫忠言:忠告的话。逆耳:不受听。利:有益。行:行动。毒:凶猛;性烈。
⑬桃李:桃树和李树。蹊:小路。
⑭谗言:诽谤的话;挑拨离间的话。三:指多次。
⑮无:通"毋",不要;不可以。不经:缺乏根据;不合道理。毁誉:诋毁、赞扬。
⑯容:允许;让。直言:毫无顾忌地说出来。

共君一夜话,胜读十年书。①

——[宋]程颐

君子一言,快马一鞭。

——[宋]道元

良言一句三冬暖,恶语伤人六月寒。

——[宋]《名贤集》

酒逢知己千杯少,话不投机半句多。

——[宋]《名贤集》

妙论精言,不以多为贵。

——[宋]欧阳修

一言出口,驷马难追。②

——[宋]欧阳修

知无不言,言无不尽。

——[宋]苏洵

纳谏者昌,拒谏者亡。

——[元]《金史》

人言未必皆真,听话只听三分。

——[明]吕得胜

广开言路,博采群谋。

——[明]俞汝楫

只可意会,而不可言传。③

——[清]刘大櫆

水深流去慢,贵人话语迟。

——[清]史襄哉

必言前人所未言,发前人所未发。④

——[清]叶燮

鹦鹉能言,而不能得其所以言。⑤

——[清]袁枚

矮人看戏何曾见,都是随人说短长。

——[清]赵翼

处世戒多言,多言必失。

——[清]朱柏庐

人民不喜欢假话,哪怕多么装腔作势,多么冠冕堂皇的假话,都不会打动人们的心。人人心中都有一架衡量语言的天平。

——艾青

好听的话越讲越多,一旦过了头就不可收拾,一旦成了习惯就上了瘾,不说空话反而日子难过。

——巴金

沉默容易使人跟朋友疏远,热烈的诉说和自由则使人们互相接近。

——巴金

言论的花儿开得愈大,行为的果子结得愈小。

——冰心

一言九鼎重千秋。

——陈毅

舒心的酒,千杯不醉;知心的话,万言不赘。⑥

——郭小川

说老实话,包你有力量。

——胡适

如果一个人的活动总是以周围的舆论为转移,那么他是什么事情也做不成的。

——靳凡

心里的真话——有思想感情的话——是文艺作品的话。

——老舍

一个人大声说话,是本能;小声说话,是文明。

——梁实秋

凡是不大开口的人总是令人莫测高深;口边若无遮拦,则容易令人一眼望到底。

——梁实秋

一个人宁可说襟腑独见的落伍话,

---

①共:同;跟。

②驷马:共同拉着一辆车的四匹马。

③意会:不经直接说明而了解(意思)。

④发:表达;说出。

⑤得:懂得;明白。此句告诫不要人云亦云。

⑥赘:多余而无用的。

不可说虚伪投机的合时话。

——林语堂

凡善于幽默的人,其谐趣必愈幽隐;而善于鉴赏幽默的人,其欣赏尤在于内心静默的理会,大有不可与外人道之滋味。与粗鄙显露的笑话不同,幽默愈幽默而愈妙。 ——林语堂

用质问式的语气来谈话,是最易伤感情的。 ——刘景全

谣言世家的子弟,以谣言杀人,也以谣言被杀。 ——鲁迅

傻瓜用嘴讲话,聪明的人用脑袋讲话,智慧的人用心讲话。 ——马云

没有调查,就没有发言权。

——毛泽东

说话的三条底线:一、力图说真话;二、不能说真话,则保持沉默;三、无权保持沉默而不得不说假话时,不应伤害他人。 ——钱理群

老实人之老实,在于不说假话;聪明的老实人,则话要说得准,不但内容准,而且时机、方式和分寸都要讲究,不随便说话。 ——徐懋庸

说真话不说假话,说实话不玩虚套,说人话不打官腔。 ——易中天

能触及灵魂深处、医治百病的乐曲是热诚而亲切的言语。

——爱默生[美国]

眼神里的语言,世界任何地方的人都能理解。 ——爱默生[美国]

不管使用什么样的语言,只要你开口,就能反映出你的人品。

——爱默生[美国]

沉默是一种溶剂,它泯灭人的个性,使我们变得博大精深。

——爱默生[美国]

谎言越传越离奇。

——奥维德[古罗马]

沉默只不过是微不足道的美德,但说不该说的话却是滔天大罪。

——奥维德[古罗马]

默默的一瞥里常常蕴藏着千言万语。 ——奥维德[古罗马]

饶舌之徒滔滔不绝地发表长篇大论,除非其中能有"吐露真情"之处,否则是一钱不值的。

——伯尔[德国]

播下真理的种子,将收获真理的果子;撒下谎言的种子,只会一无所获。

——博纳[德国]

能对你开怀直言的人,便是你的挚友。 ——博斯韦尔[英国]

我的朋友叫我气恼,我一说出来,我的气就消;我的敌人叫我气愤,我不说,我的气越长越茂盛。

——布雷克[英国]

不恰当的赞美就是变相的讥讽。

——布罗德赫斯特[英国]

一句漂亮的话之所以漂亮,就在于所说的东西是每个人都想过的,而所说的方式却是生动的、精妙的、新颖的。

——布瓦洛[法国]

很多机智、幽默及笑话,只适用于一个团体之中。这是因为"它"是从特殊的土壤之中生出来的,所以并不适合移植至其他的土壤中。

——查斯特菲尔德[英国]

天下只有一种方法能得到辩论的最大利益,那就是避免辩论。
——戴尔·卡内基[美国]

沉默总是有威力的。慎重的人适时地保持沉默,总会在处理事务和任何种类的关系中,保持着颇大的优势。
——德拉克罗瓦[法国]

不愿说理是固执,不会说理是傻瓜,不敢说理是奴隶。
——德拉蒙德[英国]

言辞是行动的影子。
——德谟克里特[古希腊]

一篇美好的言辞并不能抹杀一个坏的行为,而一个好的行为也不能被诽谤所玷污。——德谟克里特[古希腊]

好人毫不在乎坏人的责骂。
——德谟克里特[古希腊]

小心啊,别让人家拿那些甜言蜜语把你弄坏了。 ——狄更斯[英国]

没有行动的言论是渺小的空洞的言论。 ——狄摩西尼[古希腊]

有些沉默的人要比最健谈的人更富有情趣。 ——迪斯累里[英国]

对一个真正的人来说,流言是起不了作用的。 ——菲纳谢德金[苏联]

交谈时的含蓄和得体,比口若悬河更可贵。 ——弗兰西斯·培根[英国]

说话啰唆也是浪费时间的,而善于抓住论题的实质,不使之漏掉,却能节省时间。周密申辩的修辞有助于提高效率,正如松快合适的衣着有助于奔跑。 ——弗兰西斯·培根[英国]

多问的人将多闻。
——弗兰西斯·培根[英国]

一个人从另一个人的诤言中所得来的光明,比从自己的理解力、判断力中所得来的光明更为干净纯粹。
——弗兰西斯·培根[英国]

当你对一个人说话时,看着他的眼睛;当他对你说话时,看着他的嘴。
——富兰克林[美国]

对于不应受赞美的人加以赞美,是一种苛刻的讽刺。
——富兰克林[美国]

沉默并非总是智能的表现,但唠叨却永远是一项愚蠢的行动。
——富兰克林[美国]

没有任何动物比蚂蚁更勤奋,然而它却最沉默寡言。
——富兰克林[美国]

所有的真话并不是在所有时候都可以说的。 ——富勒[英国]

有的人沉默是因为没有什么可说的,有的是因为找不到知音者。
——高尔基[苏联]

要消灭毁谤和中伤,最简单的方法便是沉默。 ——高尔基[苏联]

就像能雕刻出伟大形象的天然大理石一样,沉默中充满着潜在的智慧。
——赫胥黎[英国]

沉默是一种伟大的谈话艺术。
——赫兹里特[英国]

讲话犹如演奏竖琴:既需要拨弄琴弦奏出音乐,也需要用手按住琴弦不让其出声。 ——霍姆斯[美国]

斥责比最锋利的剑刺得还深。
　　　　　——康格里夫[英国]
沉默是最好的蔑视。
　　　　　——康格里夫[英国]
人生来就有两只眼睛，但只有一条舌头，这是让人看的比说的多一倍。
　　　　　——科尔顿[阿根廷]
沉默是缺乏自信的人最稳当的选择。　　——拉罗什富科[法国]
在这个世界上最美好的是什么？言论自由。　——莱欧根尼[英国]
在甜言蜜语中，假话听起来像真话，真话实际上就是假话。
　　　　　——莱辛[德国]
与贤者相对而谈，胜过勤学十年。
　　　　　——朗费罗[美国]
一句名言胜过一本较差的书。
　　　　　——列那尔[法国]
有一些在推心置腹时所说的私房话，日后有被知己用来作为武器的危险。　　——罗曼·罗兰[法国]
撕坏的衣服很快就能补好，但恶毒的话却会给孩子的心留下创伤。
　　　　　——洛厄尔[美国]
铜墙铁壁也阻止不了流言蜚语。
　　　　　——莫里哀[法国]
最沉默的人往往是最聪明的人，最深的水往往不易被最亮的光线所穿透。
　　　　　——尼采[德国]
闪光的东西并不都是金子，动听的语言并不都是好话。
　　　　　——莎士比亚[英国]
人们的耳朵不能容纳忠言，却愿意听谄媚的话。　——莎士比亚[英国]
花言巧语……是比引诱鱼儿上钩的香饵或是苦害羊群的苜蓿更甜蜜而更危险的。　——莎士比亚[英国]
一个人的临死遗言就像深沉的音乐一般，有一种自然吸引注意的力量。到了奄奄一息的时候，他的话决不会白费，因为真理往往是在痛苦呻吟中说出来的。一个从此以后不再说话的人，他的意见总是比那些少年浮华之徒的甘言巧辩更能被人听取。
　　　　　——莎士比亚[英国]
世界上没有人人都不信的谎言，也没有一句谎言都不信或只相信谎言的人。　　　——斯大林[苏联]
当你跟别人交谈时，你必须考虑的第一件事是，对方是否乐意听你说的话，或者你是否希望让人听你说话。
　　　　　——斯蒂尔[英国]
上天赐人以两耳两目，但只有一口，欲使其多见多闻而少言语。
　　　　　——苏格拉底[古希腊]
发表自己的不正确的意见——要比叙述别人的一个真理更有意义，在第一种情况下你才是一个人，而在第二种情况下你不过是只鹦鹉！
　　　　　——陀思妥耶夫斯基[俄国]
实话可能令人伤心，但胜过谎言。
　　　　　——瓦·阿扎耶夫[苏联]
撒谎者说实话时也没有人相信。
　　　　　——西塞罗[古罗马]
沉默是表示轻蔑的最好方式。
　　　　　——萧伯纳[爱尔兰]

失言足以致人死命。走错了路倒没有生命的危险,因为走错路,最多不过迟到一会,而失言往往使人倾家丧命。 ——《一千零一夜》[古希腊]

在人世间所能听到的最崇高的赞美歌,就是从孩子的嘴里发出来的人类灵魂的喃喃的话语。 ——雨果[法国]

54 行 为

君子以言有物,而行有恒。①
——[周]《周易》
言必信,行必果。②
——[春秋]《论语》
言忠信,行笃敬。③
——[春秋]《论语》
君子欲讷于言而敏于行。④
——[春秋]《论语》
君子耻其言而过其行。⑤
——[春秋]《论语》
君子寡言而行,以成其信。⑥
——[春秋]《论语》
始吾于人也,听其言而信其行;今吾于人也,听其言而观其行。
——[春秋]《论语》
知其不可为而为之。⑦
——[春秋]《论语》
为者常成,行者常至。⑧
——[春秋]《晏子春秋》
择可言而后言,择可行而后行。
——[战国]《管子》
道虽迩,不行不至;事虽小,不为不成。⑨ ——[战国]《荀子》

高行微言,所以修身。
——[秦]黄石公
知之为知之,不知为不知,言之要也;能之为能之,不能为不能,行之要也。⑩ ——[汉]韩婴
有其言无其行,君子耻之。⑪
——[汉]《礼记》
谨于言而慎于行。
——[汉]《礼记》
能行之者未必能言,能言之者未必能行。 ——[汉]《史记》
欲人之信己,则微言而笃行。⑫
——[汉]徐幹
言之非难,行之为难。
——[汉]《盐铁论》
夫君子之行,静以修身,俭以养德,

---

① 恒:长久不变的意志。
② 信:诚信。果:态度坚决而不犹豫。此句原指固执己见,坚信自己的言行;后指说话有信用,行动坚决。
③ 笃:忠实。
④ 讷:说话迟钝;不善言谈。
⑤ 耻:认为羞耻。过:超过。
⑥ 信:信用,能履行诺言而取得的信任。
⑦ 此句表示意志坚定,明知事情难做也尽力去做。也表示倔强固执。
⑧ 成:成功。至:到达。
⑨ 道:道路。迩:近。至:到达。成:完成;成功。
⑩ 要:重大的值得重视的内容。
⑪ 言:说;议论。行:行动;实际做事。
⑫ 信己:信任自己。微言:少说话。笃:诚笃,忠实。笃行:踏踏实实做事。

非淡泊无以明志,非宁静无以致远。夫学须静也,才须学也,非学无以广才,非志无以成学。——[三国]诸葛亮

人非行无以成,行非信无以立。①
——[北朝]刘昼

立志言为本,修身行为先。
——[唐]吴叔达

人前做得出的方说,人前说得出的方做。——[清]《史典》

感叹是弱者的习气,行动是强者的性格。——刘吉

人家是说了再做,我是做了再说;人家说了也不一定做,我是做了也不一定说。——闻一多

判断一个人当然不是看他的声明,而是看他的行为;不是看他自称如何如何,而是看他做些什么和实际是怎样一个人。——恩格斯[德国]

衡量朋友的真正标准是行动,而不是言语。——华盛顿[美国]

一切伟大的行动和一切伟大的思想都拥有一个微不足道的开始。
——加缪[法国]

少说些漂亮话,多做些平凡的事情。——列宁[苏联]

判断一个人,不是根据他自己的表白或对自己的看法,而是根据他的行动。——列宁[苏联]

行动往往胜于雄辩。
——莎士比亚[英国]

真正的爱情是不能用言语表达的,行为才是忠心的最好说明。
——莎士比亚[英国]

如果说邪恶的行为只需在另一个世界赎罪,那么愚蠢的行为在这个世界必须偿债。
——叔本华[德国]

55　命运;运气

乐天知命,故不忧;安土敦乎仁,故能爱。②　　——[周]《周易》

不知命,无以为君子也。
——[春秋]《论语》

不怨天,不尤人,下学而上达,知我者其天乎。
——[春秋]《论语》

顺天者存,逆天者亡。
——[战国]《孟子》

自知者不怨人,知命者不怨天。
——[战国]《荀子》

处尊居显未必贤,遇也;位卑在下未必愚,不遇也。③——[汉]《论衡》

贤不贤,才也;遇不遇,时也。④
——[汉]《论衡》

穷达有命,吉凶由人。⑤
——[汉]《汉书》

---

①成:成功。信:诚信。立:建树。
②乐天知命:相信自己的一切都由命运支配,安于现状。敦:敦厚。仁:二爱。
③遇:受赏识和重用。
④贤:有德有才。才:才能。时:时运,一时的运气。
⑤穷:困窘。达:显达。有、由:取决于。命:天命;命运。人:自己;自身。

人众者胜天,天定亦能破人。①
——[汉]《史记》

不飞则已,一飞冲天;不鸣则已,一鸣惊人。 ——[汉]《史记》

至人不相,达人不卜。② ——[三国]嵇康

人生达命岂暇愁,且饮美酒登高楼。③ ——[唐]李白

古来才命两相妨。④ ——[唐]李商隐

时来天地皆同力,运去英雄不自由。⑤ ——[唐]罗隐

时运不齐,命运多舛(chuǎn)。⑥ ——[唐]王勃

君子安贫,达人知命。⑦ ——[唐]王勃

盛衰之理,虽曰天命,岂非人事哉!⑧ ——[宋]欧阳修

运退黄金失色,时来黑铁生光。 ——[明]冯梦龙

达命者不怨天,达生者不尤人。⑨ ——[明]庄元臣

才自精明志自高,生逢末世运偏消。⑩ ——[清]《红楼梦》

只有不能支配自己的人才会被命运支配。 ——巴金

命运跟神仙无关,它只是人生过程中不受人自由意志控制的一种事件的总和。 ——柏杨

我不相信命运,我只相信我的手。 ——毕淑敏

命运是我怯懦时的盾牌,当我叫嚷命运不公最响的时候,正是我预备逃遁的前奏。 ——毕淑敏

当我沮丧的时候,当我彷徨的时候,当我孤独寂寞悲凉的时候,我曾格外地相信命运,相信命运的不公平;当我快乐的时候,当我幸福的时候,当我成功优越欣喜的时候,我格外地相信自己,相信只有耕耘才有收获。
——毕淑敏

愈有自知之明,就愈能自己主宰自己的命运。
——杜维明

技能有时斗不过命运,但个性只要不怯懦,又是活跃的,就应当能在受磨损和扭曲中获得更强的生命。
——耿庸

每一个人生命历程与宇宙的时间对照配合时,就会有各种大小不同的阶段,而每一阶段都有不同的机缘,有时

---

①众:众多;齐心合力。天:天命。破:毁坏,引申为捉弄。
②至人、达人:圣明、通达的人。相:看相。卜:占卜。
③达命:通达事理,对自己的命运泰然处之。暇:闲暇;有闲时间。
④妨:妨碍。
⑤运:运气;机遇。
⑥齐:平顺;完备。舛:不幸;不顺利。
⑦达人:通达事理的人。
⑧人事:指人的命运、境遇等。
⑨达命:通达事理。达生:不受事务牵累。尤:怨恨;责怪。
⑩自:本来。精明:聪明敏慧。末世:濒临衰亡的时代。运偏消:运气不好。

是好,有时是坏,这就是所谓"命运"。
——李亦圆

创基立业,一半靠运气,一半靠自己努力。
——林绍良

一个人在一种不能屈伸的环境下,只有两条路可走,一条路是消极的叫命运宰割,一条就是努力自造命运。
——庐隐

命运并不是中国人的事前指导,乃是事后的一种不费心思的解释。
——鲁迅

我们要掌握自己的命运。先建立目标,然后用冷静、执着、坚强、乐观来作我们的守则。
——罗兰

命运,不过是失败者无聊的自慰,不过是懦怯者的解嘲。人们的前途只能靠自己的意志、自己的努力来决定。
——茅盾

如果命运中只有一次交叉,也许我可以不信命,而再次的重复,则使我不得不相信命了。
——潘虹

任何人都可能成为好汉,任何人也可能成为孬种,关键在于命运是如何安排的。
——秦文君

命运本身有自身的秩序,它就是面对一连串的抉择。
——秦文君

一块泥塑成了美的菩萨、丑的将军,怨及匠人的偏心,不如归咎自己的命运。
——石评梅

每个人有每个人的命运,上帝本来就不公平。
——史铁生

人永远不是命运的对手。
——史铁生

在几十亿条命运轨道无穷多的交织组合之间,一个人的命运真可谓朝不虑夕了。
——史铁生

在命运面前,强者和弱者的区别仅仅是,前者因为不屈而抗争,后者因为屈服而束手。
——汪国真

我们自身就是我们命运的原因。
——徐志摩

人陷落在颠连困苦的境界里,张着眼睛直望前途,只见一片黑暗,便会想起"命运之神"来,总希望他能够给一点详切的指示。
——叶圣陶

所谓"命"是经过主观努力之后仍不可超越的客观限制,必须尽人事,才能知天命,天命不是完全前定的。
——张岱年

天才不走运会成为庸人,庸人再走运也成不了天才。
——周国平

谁不坐等机遇的馈赠,谁便征服了命运。
——阿诺德[英国]

我们也许有偏见,但命运并没有偏见。
——爱迪生[美国]

我未曾见过一个早起、勤奋、谨慎、诚实的人抱怨命运不好。良好的品格、优良的习惯、坚强的意志,是不会被假设所谓的命运击败。
——爱迪生[美国]

任何限制我们能力的东西,我们称之为"命运"。
——爱默生[美国]

我们是自己命运的创造者。
——爱默生[美国]

你们认为我是命运之子,实际上我

却在创造着自己的命运。

——爱默生[美国]

只有低能的人才被命运所支配。一个坚决的心灵,什么都做得到。

——爱默生[美国]

人性中突出的悲剧因素是什么?生命中最苦痛的悲剧因素——生自一种智力的来源的悲剧因素——是相信一种残酷的命运或是定数。

——爱默生[美国]

伟人从不哀叹生不逢辰。

——爱默生[美国]

谁诅咒命运,谁就是软弱而堕落的人。 ——爱默生[美国]

只要有所事事,有所追求,人就把握住了机运的车轮。

——爱默生[美国]

浅薄的人相信运气,坚强的人相信因果。 ——爱默生[美国]

命运的大厦全靠自己设计建造。

——贝克尔希[德国]

命运——这是暴君作恶的权利,也是傻瓜失败的借口。

——比尔斯[美国]

命运压不垮一个人,只会使人坚强起来。 ——伯尔[德国]

天命不过是脆弱的人心中的一个词汇和错误的借口,强者与贤人不承认有命运。 ——布尔卫[印度]

命运并非机遇,而是一种选择;我们不该期待命运的安排,必须凭自己的努力创造命运。 ——布莱克[英国]

命运会欺骗人的。可爱的、谄媚的诱惑物只是引导人们走向毁灭的。

——德莱塞[美国]

大胆是行动的开始,但决定结果的则是命运。 ——德谟克里特[古希腊]

勇气减轻了命运的打击。

——德谟克里特[古希腊]

不要等待运气降临,应该去努力掌握知识。 ——弗兰明[英国]

只要认真细心地寻找,你就能找到命运女神。因为虽然她是盲目的,但是别人还是能看见她的。

——弗兰西斯·培根[英国]

命运的变化犹如月之圆缺,对智者毫无妨害。 ——富兰克林[美国]

靠碰运气过日子的人,是一顿饭都混不到的。 ——富兰克林[美国]

一个人精神的忧郁和爽朗就形成了他的命运! ——歌德[德国]

决定人的一生以及他的整个的命运,只在于一瞬之间。尽管商量得很久,但任何决定,只是瞬间的产物,只有明智者能掌握分寸。 ——歌德[德国]

有勇气主宰自己命运的人,才是英雄。 ——海塞[德国]

命运只能支配你的昨天,而明天的命运却在你今天的掌握中。

——何蒙[法国]

与命运争吵的人,永远无法了解自己。 ——惠特曼[美国]

好运不会在人家等候的那个地方自然而来,而是经过弯弯曲曲与困难得难以想象的道路降临的。

——加尔多斯[西班牙]

命运与其说是偶然,不如说是必然。"命运在性格之中"这句话绝不是轻易得来的。 ——芥川龙之介[日本]

人们对于自己实际拥有什么东西,并不怎么感谢命运;对于自己缺少什么东西,却总是加倍地埋怨命运。

——凯勒[瑞士]

命运降临到我们身上的一切,都由我们的心情来确定价格。

——拉罗什富科[法国]

仅仅天赋的某些巨大的优势并不能造就英雄,还要有运气与他相伴。

——拉罗什富科[法国]

应当像把握健康那样把握命运:当它是好运时就享用,当它是厄运时就忍耐。若非极其必需,绝不要做重大改变。 ——拉罗什富科[法国]

人人都是命运的设计师,设计着时间殿宇的四壁。有的用他们伟大的功绩,有的则用华美的装饰。

——朗费罗[美国]

对任何命运抱英雄气概:不断地进取,不断地追求,要学会劳动,学会等待。 ——朗费罗[美国]

贤人、哲士是绝不追求运气的。

——卢梭[法国]

一个人要能够在自己的地位发生变化的时候,毅然抛弃那种地位,不顾命运的摆布而立身做人,才说得上是幸福的。 ——卢梭[法国]

谁成了哪一行的尖子,谁就能走运;因此,不管哪一行,我只要成了尖子,就一定走运,机会自然会来,而机会一来,我凭着本领就能一帆风顺。

——卢梭[法国]

宿命论是那些缺乏意志力的弱者的借口。 ——罗曼·罗兰[法国]

命运并不存在于一小时的决定中,而是建筑在长时间的努力、考验和默默无闻的工作基础上。

——罗曼·罗兰[法国]

说命运是我们一半行为的主宰,那是对的;但命运还留下另外一半,也许是较小的一半,让我们自己去支配。

——马基雅弗利[意大利]

命运对我们并无所谓利害,它只供给我们利用的材料和种子,任凭比它强的灵魂随意改变和利用,因为灵魂才是自己的幸与不幸的唯一主宰。

——蒙田[法国]

凡是追逐不靠自身而依赖外界才能获得幸福的人,命运总是和他作对的。 ——莫罗克[法国]

命运给予我们的不是失败之酒,而是机会之杯。 ——尼克松[美国]

运气通常照顾深思熟虑者。

——诺贝尔[瑞典]

啊,人应当像人,不要成为傀儡,尽受反复无常的命运的支配。命运是只胆小的狗,勇敢的人一反抗它,它就会马上逃跑……所以你不必害怕。

——裴多菲[匈牙利]

高大的树最易被风吹倒,有野心的人最易受命运的打击。

——佩恩[英国]

命运就是对一个人的才能考验的

偶然。　　　——蓬皮杜[法国]

播种一个行动,你会收获一个习惯;播种一个习惯,你会收获一个个性;播种一个个性,你会收获一个命运。
　　　　　　——菩德吉[塞内加尔]

智者是自己命运的创造者。谁想改变命运,就得勤奋工作,否则将一事无成。　　——普劳图斯[古罗马]

平坦的道路也难免有绊倒的时候,人的命运亦如此。因为除了神以外,谁都不知真为何物。 ——契诃夫[俄国]

自己的命运应由自己创造,而且应该绝对排除虚伪和坏事。
　　　　　　　　——契诃夫[俄国]

每人都有一个好运降临的时候,只看他能不能领受;但他若不及时注意,或竟顽强地抛开机遇,那就并非机缘或命运在捉弄他,其实唯有归咎于他自己的疏懒和荒唐;我想这样的人只好抱怨自己。　　　　——乔叟[英国]

如果命运女神想要使一个人值得尊敬,她便赐他以美德;如果她想要使他受到尊敬,她便赐他以成功。
　　　　　　　　——儒贝尔[法国]

人的命运就操在人的手里。
　　　　　　　　——萨迪[波斯]

命运是一个瞎眼的、喜怒无常的奶妈,她对所抚养的孩子常常是毫无选择地随意慷慨施恩。
　　　　——塞缪尔·巴特勒[英国]

老是遇不上机会的人,最终总会走运。　　　　——塞涅卡[古罗马]

命运可以夺去财富,却夺不去勇气。　　　　——塞涅卡[古罗马]

勇敢的人开凿自己的命运之路。每个人都是自己命运的开拓者。
　　　　　　——塞万提斯[西班牙]

命运是一个善良的女神,她不愿让小人永远得志。 ——莎士比亚[英国]

人们有时可以支配自己的命运,若我们受制于人,那错处不在我们的命运,而在我们自己。
　　　　　　　——莎士比亚[英国]

从最高地位上跌下来,那变化是可悲的,但命运的转机却能使穷困的人欢笑。　　　　——莎士比亚[英国]

不要听信那些向你说"成败在天,而不可强求"一类的胡说。
　　　　　　　——莎士比亚[英国]

命运是一件很不可思议的东西。虽人各有志,但往往在实现理想时会遇到许多困难,反而会使自己走向与志趣相反的路而一举成功。
　　　　　　——松下幸之助[日本]

命运的威力真可怕,不是金钱所能克服,城墙所能阻挡,破浪的黑船所能躲避的。 ——索福克勒斯[古希腊]

运气不站在怯懦者一边。
　　　　　　——索福克勒斯[古希腊]

我的孩子,不要朝后看,不要犹豫,不管等待着你的是什么样的命运,都要勇敢地去迎接它,欢欣鼓舞地朝前迈进。　　　　——泰戈尔[印度]

平凡的人听从命运,只有强者才是自己的主宰。　　——维尼[法国]

坚持一切皆由命的哲学有什么用

呢？这是老妇人的,甚至是无知的老妇人的哲学。　　——西塞罗[古罗马]

紧逼着命运,对它进行反抗,你将发现自己登上想不到的高度。
　　——夏尔[法国]

自己是自己命运的创造者。
　　——谢德林[德国]

命运不是一只雄鹰,它像耗子那样爬行。　　——伊丽莎白·鲍恩[爱尔兰]

敢于冲童命运,才是天才。
　　——雨果[法国]

当命运递给我一个酸的柠檬时,让我们设法把它制造成甜的柠檬汁。
　　——雨果[法国]

命运不会打开这扇门,不关上另外一扇门的。　　——雨果[法国]

身在幸福中而能有自知之明,可不是一件容易的事。命运是一个乔装打扮的人物,没有比这张脸更会骗人的了。　　——雨果[法国]

56　时机;机会

善战者,见利不失,遇时不疑。①
　　——[周]《太公六韬》

见机而作,不俟(sì)终日。②
　　——[周]《周易》

君子藏器于身,待时而动。③
　　——[周]《周易》

得时无怠,时不再来;天予不取,反为之灾。④　　——[春秋]《国语》

得时者昌,失时者亡。
　　——[战国]《列子》

虽有智慧,不如乘势;虽有镃(zī)基,不如待时。⑤　　——[战国]《孟子》

功者难成而易败,时者难得而易失。时乎时,不再来。⑥
　　——[汉]《史记》

力拔山兮气盖世,时不利兮骓(zhuī)不逝。⑦　　——[汉]《史记》

蛟龙得云雨,终非池中物。⑧
　　——[三国]周瑜

难得而易失者,时也;时至而不旋踵者,机也。故圣人常顺时而动,智者必因机而发。⑨　　——[晋]《三国志》

识时务者在乎俊杰。⑩
　　——[晋]《三国志》

时来天地皆同力,运去英雄不自

---

① 战:作战。利:有利形势。失:错过;耽误。时:时机。疑:犹豫不决。

② 俟:等待。终日:一天结束。

③ 器:器具,比喻才能。藏器:指身怀技能,有才干。

④ 无:通"毋",不要;不可以。怠:懒散;松懈。予:给予。

⑤ 乘:凭借。势:指有利的形势。镃基:锄头,泛指农具。时:指适宜耕种的时节。

⑥ 功:功业。时:时机;机会。

⑦ 盖世:高出当代之上。时:时运,一时的运气。骓:乌骓马,项羽的战马。逝:去往,指在战场上奔驰。

⑧ 蛟龙:传说中的一种龙,比喻有远大抱负的人。

⑨ 踵:脚后跟。旋踵:把脚后跟转过来,比喻时间极短。

⑩ 识时务:了解当前的形势。俊杰:杰出人物。

由。　　　　　　——[唐]罗隐

机不可失,时不再来。

——[宋]《旧五代史》

自古天下事,及时难必成。①

——[宋]欧阳修

踏破铁鞋无觅处,得来全不费功夫。　　　　　　——[宋]夏元鼎

晴干不肯走,直待雨淋头。

——[明]冯梦龙

玉在椟中求善价,钗于奁内待时飞。②　　　　　——[清]《红楼梦》

人就怕没本事,不怕没机会。

——陈祖芬

时代总会造就它所需要的人。人也正是在深感社会对他的需要时,他的能力才会最大限度地发挥出来。

——陈祖芬

机遇是一种恩惠,一种偏心的恩惠,它只恩惠勤奋好学、专于事业的人。

——敦源

真正的机会会伪装成陷阱,真正的陷阱也会伪装成机会。——冯两努

机遇是重要的,但刻苦是关键;自己不刻苦,机遇再多也没用。——巩俐

如果说,科学上的发现有什么偶然的话,那么这种"偶然的机遇"只给那些有素养的人,给那些善于独立于思考的人,给那些具有锲而不舍的精神的人,而不会给懒汉。　　——华罗庚

犹豫愈久,就愈消失时机,消失你的意志。　　　　　　——柯蓝

条件完全具备之际,往往是最佳机会消失之时。　　　　——李世俊

机会是经常出现的,然而对于那些胸无大志的人来说,机会总是从他们的手指缝中溜掉。其实,没有机会只是弱者的推脱之辞。　　——李燕杰

我们往往以为机遇难寻,总是背着沉重的行囊到处寻找。我们也误以为机遇需要别人赐予,因而常常低着头向人乞求。其实,只要我们自身努力,也能创造寻找到机遇。——林润翰

大凡"机会"两个字,都是我们做出来的,只要无所顾忌,自然天下没有难事了。　　　　　　——刘师培

机会只是给你一条通路,走不走还得看你自己。　　　　——罗兰

危机,危机,机会就一定是在危险当中!　　　　　　——马云

青年最需要的是暗中摸索机会,尝试而错误、错误而再尝试的机会。

——潘光旦

机遇总是偏爱那些有准备的头脑。只要你不断加强科学知识和技术能力的储备,机遇是会找上门来的。

——钱三强

机会永远是给那些善于捕捉机会的人。　　　　　　——唐骏

有很多人常常抱怨没有机会,其实没有机会本身亦是一个机会:一个锻炼自己耐力和充分积蓄自己力量的机会。

——汪国真

----

①难必成:再难的事也必定成功。
②椟、奁:指制作精致的木匣子。

有些机会可容我们改造自己的命运,但若失之交臂,则永远不能追回。
——徐懋庸

机会需要我们去寻找。让我们鼓起勇气,运用智慧,把握我们生命的每一分钟,创造出一个更加精彩的人生。
——俞敏洪

人一看重机会,就难免被机会支配。
——周国平

别人发掘你,是给你一个机会,如果你不好好利用的话,可能这辈子都没有用,就算你是天才,如果没有机会一样没用。
——周杰伦

生活是段富于创造性的历程,它提供了许多机会,却没有不可克服的困难。
——阿德勒[奥地利]

如果你掌握了审时度势的艺术,在你的婚姻、你的工作以及你与他人的关系上,就不必去求幸福和成功,它们会自动找上门来的。
——阿瑟·戈森[美国]

对于不会利用机会的人,时机又有什么用呢? 一个不受胎的蛋,是要被时间的浪潮冲刷成废物的。
——艾略特[英国]

机会来的时候像闪电一般短促,全靠你不假思索地利用。
——巴尔扎克[法国]

显赫的声名总是无数的机缘凑成的,机缘的变化极其迅速,从来没有两个人走同样的路子成功的。
——巴尔扎克[法国]

机会的获得是极不容易的,需具备三大条件,那就是:像鹿一般善跑的腿,逛马路的闲工夫,犹太人那样的耐性。
——巴尔扎克[法国]

发现的历史表明,机遇起着重要的作用。但另一方面,即使在那些因机遇而成功的发现中,机遇也仅仅起到一部分的作用。
——贝弗里奇[英国]

机遇也许是上帝不愿意签真名时用的笔名。
——波普尔[英国]

良机只有一次,一旦坐失,就再也得不到了。
——勃朗宁[英国]

一个人不论干什么事,失掉恰当的时节、有利的时机就会前功尽弃。
——柏拉图[古希腊]

如果你在时机成熟前过急行动,你将必得去擦抹悔恨的眼泪;而如果你放过一次成熟的时机,你将永远抹不干懊丧的眼泪。
——布莱克[英国]

所谓冒险就是:你抓住一个机会,希望生活得更好,不管改变的是生活形态、你的性格或是人际关系。
——查斯特菲尔德[英国]

机缘不能只是坐等,而是要自己去创造。
——池田大作[日本]

伟大的事业降临到渺小人物的身上,仅仅是短暂的瞬间。谁错过了这一瞬间,它决不会再恩赐第二遍。
——茨威格[英国]

我们多数人的毛病是:当机会朝我们冲奔而来时,我们兀自闭着眼睛,很少人能够去追寻自己的机会,甚至在绊倒时,还不能见着它。
——戴尔·卡内基[美国]

当机会呈现在眼前时,若能牢牢掌握,十之八九都可以获得成功。而能克服偶然发生的事件,并且替自己找寻机会的人,更可以百分之百地获得胜利。

——戴尔·卡内基[美国]

在任何人面前多少总是有机会的,问题在于你去抓住它,还是不去抓住它,这就是人生的十字路口。

——德田虎雄[日本]

一生中的机会错过以后,就没有余地能够让后悔来弥补损失!

——狄更斯[英国]

成功的秘诀,在于随时随地把握时机。 ——迪斯累里[英国]

生活中最重要的事情是懂得何时抓住机会,其次便是懂得何时放弃利益。 ——迪斯累里[英国]

古谚语说得好,机会老人先给你送上他的头发,当你没有抓住再后悔时,却只能摸到他的秃头了。或者说他先给你一个可以抓的瓶颈,你不及时抓住,再得到的却是抓不住的瓶身了。

——弗兰西斯·培根[英国]

善于识别与把握时机是极为重要的。在一切大事业上,人在开始做事前要像千眼神那样察视时机,而在进行时要像千手神那样抓住时机。

——弗兰西斯·培根[英国]

聪明人自己创造的机会比他找到的多。 ——弗兰西斯·培根[英国]

生活就好比打仗,它的规律很简单,不要坐失良机。——高尔基[苏联]

要想成功,你必须自己制造机会,绝不能愚蠢地坐在路边,等待有人经过,邀请你同往财富与幸福之路。

——歌德[德国]

时机可能如同今天军队打仗的号角,但号角的鸣叫永远不能制造出士兵和胜利。 ——加富尔[意大利]

让我们建议处在危机之中的人:不要把精力如此集中地放在所涉入的危险和困难上,相反要集中在机会上——因为危机中总是存在着机会。

——卡罗琳[美国]

假如你希望在你的生活中也获得那样的机遇,你必须播种,而且最好多播种,因为你尚不清楚哪一粒种子会发芽。 ——坎贝尔[英国]

在重大的事务上,我们应该少用心去创造机会,而更多地注意利用现在的机会。 ——拉罗什富科[法国]

如果有人错过机会,多半不是机会没有到来,而是因为等待机会者没有看见机会到来,而且机会过来时,没有一伸手就抓住它。

——罗曼·罗兰[法国]

许多人浪费了整整一生去等待符合他们心愿的机会。 ——尼采[德国]

人类假如不能利用机会,机会就会随着时光的波浪流向茫茫的大海里去,而变成不会孵化的蛋了。

——乔治·爱利渥特[英国]

乘着顺风,就该扯篷。

——塞万提斯[西班牙]

那些即使遇到了机会,还不敢自信

必能成功的人,只能得到失败。

——叔本华[德国]

最有希望的成功者,并不是才干出众的人,而是那些最善于利用每一时机去挖掘、开拓的人。

——苏格拉底[古希腊]

机会是纷纭世界之中的许多复杂因子,在运行之间偶然凑成的一个有利于你的空隙。

——索菲娅·罗兰[意大利]

机会对于不能利用它的人又有什么用呢?正如风只对于有能利用它的人才是动力。

——西蒙[美国]

机遇像一块粗糙的石头,只有在雕刻家手中才能获得新生。

——席勒[德国]

上天给了我们机遇,而我们则必须按自己的设计塑造它。

——席勒[德国]

如果没有机会,没有运气,没有人提携,即使再有才干的人也都无法出人头地。

——小普林尼[古罗马]

人不能创造时机,但是他可以抓住那些已经出现的时机。

——雪莱[英国]

不管你知道多少金玉良言,不管你具备多好的条件,在机会降临的时候你若不具体地运用,就不会有进步。自己有好的构思,而不贡献出来,人生就不会改善。

——詹姆斯[美国]

57 幸 运

不幸者常常愿意同幸运者相比,抱怨自己的运气。幸运者常常不愿同不幸者相比,相信自己的努力。

——毕淑敏

人生最高的奖赏和最大的幸运产生于某种执着的追求,人们在追求中找到自己的工作与幸福。

——爱默生[美国]

一个人作为一个有名望的家庭的一员是一桩幸运!同样,一个人血统里有一种鼓舞他向上的动力,也是一桩幸运。

——安徒生[丹麦]

光荣的荆棘路看起来像环绕着地球的一条灿烂的光带。只有幸运的人才被送到这条带上行走,才被指定为建筑那座连接上帝与人间的桥梁的、没有薪水的总工程师。 ——安徒生[丹麦]

我必须承认,幸运喜欢照顾勇敢的人。

——达·芬奇[意大利]

谁若是有一刹那的胆怯,也许就放走了幸运在这一刹那间对他伸出来的香饵。 ——大仲马[法国]

行动不一定每一次都带来幸运,但坐而不行,一定无任何幸运可言。

——迪斯累里[英国]

一个人幸运的造成,主要在于他自己。 ——弗兰西斯·培根[英国]

幸运的时机好比市场上的交易,只要你稍有延误,它就将掉价了。

——弗兰西斯·培根[英国]

一方面幸运与偶然性有关——例如长相漂亮、机缘凑巧等；但另一方面，人之能否幸运又决定于自身。正如古代诗人所说："人是自身幸福的设计师。" ——弗兰西斯·培根[英国]

幸运的机会好像银河，它们作为个体是不显眼的，但作为整体却光辉灿烂。同样，一个人若具备许多细小的优良素质，最终都可能成为带来幸运的机会。 ——弗兰西斯·培根[英国]

幸运并非没有恐惧和烦恼，厄运也绝非没有安慰和希望。
——弗兰西斯·培根[英国]

幸运所需要的美德是节制，而厄运所需要的美德是坚忍。后者比前者更为难能可贵。
——弗兰西斯·培根[英国]

凡过于把幸运之事归功于自己的聪明和智谋的人，多半是结局很不幸的。 ——弗兰西斯·培根[英国]

交好运时骄傲，背运时就会痛苦。
——富勒[英国]

幸运到来之时犹如收获之日，庄稼成熟了就要抓紧收割。
——歌德[德国]

幸运遭到阻挠，活动受到限制，愿望得不到满足，这些都不是某个特殊时代的，而是每个人都碰得着的不幸事件。 ——歌德[德国]

幸运者的节制来自好运气给予他们的心情宁静。
——拉罗什富科[法国]

承受厄运需要美德，承受幸运需要更高的美德。 ——拉罗什富科[法国]

走红运比遭厄运需要更伟大的品质。 ——拉罗什富科[法国]

人不存侥幸之心，方可为幸运的主宰，而幸运除了懦夫之外，都是不敢欺凌的。 ——乔叟[英国]

幸运的人既播种也收获，不幸的人死后留下全部财产。 ——萨迪[波斯]

走运的时候人人都会兴高采烈，但快乐却不是幸运的结果，它是一种德行，一种英勇的德行。
——斯蒂文生[英国]

正像一个年轻的老婆不愿意搂抱那年老的丈夫一样，幸运女神也不搂抱那迟疑不决、懒惰、相信命运的懦夫。
——泰戈尔[印度]

幸运厚爱勇敢的人。
——泰伦提乌斯[古罗马]

谁要是意志坚强，谁做事情不拖泥带水，谁要是精通业务，谁要是没有沾染坏风恶习，谁要是英勇、感恩，谁要是一个忠诚的朋友，幸运女神自己就会到他那里去，住在那里。
——《五卷书》[古印度]

人生的道路是不平坦的，最幸运者很可能成为最不幸的人。
——亚里士多德[古希腊]

想到祸福无常，就不应因一时走运而得意忘形。 ——伊索[古希腊]

一个人，哪怕是最坚强、最有毅力的人，突然被幸运狠狠地打了一棍，失去了知觉，这没有什么可以奇怪的。
——雨果[法国]

58　厄运；不幸

否(pǐ)泰无常,吉凶由人。①

——[晋]《三国志》

男儿通塞宁有常,层冰之后生春阳。　　——[明]吴承恩

儿子的不幸,在母亲那儿总是要加倍的。　　——史铁生

人们愿意相信自己的不幸,而不相信自己的无能。　　——原野

厄运只能将弱者淘汰,即使为他挡过这次灾难,他也会在另一次灾难里沉没;而强者却会留下,继续走完自己的路。　　——张洁

只要厄运打不垮信念,希望之光就会驱散绝望之云。　　——郑秀芳

厄运往往能使天才奋发。

——奥维德[古罗马]

不幸,是天才的晋身之阶、信徒的洗礼之水、能人的无价之宝、弱者的无底之渊。　　——巴尔扎克[法国]

人说不幸能使人品更加高尚,恐怕只是对品德高尚者而言。

——巴尔扎克[法国]

厄运是一个深不可测的宝藏。

——巴尔扎克[法国]

不论怎样不幸都会带来某种幸运。

——贝多芬[德国]

不幸有两种:一种是我们自己的厄运,另一种是他人的好运。

——比尔斯[美国]

不幸是一所最好的大学。

——别林斯基[俄国]

在所有不幸中,最不幸的事是曾经幸福过。　　——伯修斯[古罗马]

不要以为自己是幸福的,别人是不幸的。　　——勃特勒[英国]

对不幸的最好解释是人们的才能和期望之间的差异。

——达博诺[英国]

能使愚蠢的人学会一点东西的,并不是言辞,而是厄运。

——德谟克里特[古希腊]

超越自然的奇迹,总是在对厄运的征服中出现的。

——弗兰西斯·培根[英国]

正如恶劣的品质可以在幸运中暴露一样,最美好的品质也正是在厄运中被显示的。

——弗兰西斯·培根[英国]

超越自然的奇迹,总是在对厄运的征服中出现的。

——弗兰西斯·培根[英国]

人生是一所学校,在那里比起幸福,不幸是更好的老师。

——弗里奇[德国]

有时一个人受到厄运的可怕打击,不管这厄运来自公众或者个人,倒可能是件好事。命运之神的无情连枷打在一捆捆丰收的庄稼上,只把秆子打烂

---

①否:闭塞;坏。泰:通达;好。无常:变化无规律。由人:由自己决定。

了,但谷粒是什么也没有感觉到,它仍在场上欢腾乱跳,毫不关心它是要前往磨坊还是掉进犁沟。 ——歌德[德国]

不幸时满怀希望,顺利时小心谨慎,这是一个人在祸福问题上应取的态度。 ——贺拉斯[古罗马]

在厄运中满怀希望,在好运中不忘忧虑,这样便能泰然担待祸福。
——贺拉斯[古罗马]

大部分情况下人们忍受真正的不幸要比忍受幻想的不幸容易得多,这是因为真正的不幸很少会损及自尊心,而痛苦的源泉就正在于自尊心。
——赫尔岑[俄国]

不幸可以提供意想不到的可能,使人认识生活。 ——亨利希·曼[德国]

切不可讥诮遭遇不幸的人们,因为谁可以保证自己能永远安乐呢?
——拉封丹[法国]

一个人永远不像他所想象的那样不幸,也不会像他所希望的那样幸福。
——拉罗什富科[法国]

没有什么不幸的事件是精明的人不能从中吸取某种利益的,也没有什么幸运的事件是鲁钝的人不会把它搞得反而有损于自己的。
——拉罗什富科[法国]

道理能轻易地战胜过去和将来的不幸,但眼前的不幸却战胜道理。
——拉罗什富科[法国]

在厄运中勇敢坚定是堂堂男子汉,在厄运中达观明知是战胜命运的前提。
——雷普利尔[印度]

人类的脆弱使我们进入社交圈,共同的不幸使我们的心互相连接在一起。
——卢梭[法国]

一个有勃勃生机与广泛兴趣的人,可以战胜一切不幸。 ——罗素[英国]

当不幸来到的时候,是我们的勇气忍受希望的废墟而不悲伤,是勇气使我们的思想远离徒然的惋惜。
——罗素[英国]

我总设法把每桩不幸化为一次机会。 ——洛克菲勒[美国]

"不幸"的另一个原因,是在危险未曾临到时先自害怕,先自想象危险的景况。 ——莫洛亚[法国]

交好运令人羡慕,而战胜厄运则令人敬佩。 ——塞涅卡[古罗马]

对于最不幸的事情来说,时间是最伟大的医生,它会医治人们的创伤。
——塞万提斯[西班牙]

运道往往在不幸的地方开着一扇门,让坏事有个补救。
——塞万提斯[西班牙]

倘能时时忧虑着最大的不幸,那么在较小的不幸来临的时候往往可以安之若素。 ——莎士比亚[英国]

你应该用这样的思想缓解你的厄运,什么都比不上厄运更能磨炼人的德性。 ——莎士比亚[英国]

厄运也有它的好处,就像丑陋而有毒的蟾蜍,它的头上却顶着一颗珍贵的宝石。 ——莎士比亚[英国]

对每一外在不幸和内在困扰之最有成效的慰藉即在于:去发现那些比我

们更不幸的人。——叔本华[德国]

一切不幸都是可以忍受的,天下没有逃不出的逆境。

——屠格涅夫[俄国]

没有一种不幸可以与失掉时间相比。——屠格涅夫[俄国]

人之所以不幸,是因为他不知道自己是幸福的。

——陀思妥耶夫斯基[俄国]

命运能施加于人的最大厄运是:赋予他们微小的才干和巨大的野心。

——沃夫纳格[法国]

在不幸中,有用的朋友更为必要;在幸运中,高尚的朋友更为必要。在不幸中,寻找朋友出于必需;在幸运中,寻找朋友出于高尚。

——亚里士多德[古希腊]

人生颇富机会和变化。人最得意的时候,有最大的不幸光临。

——亚里士多德[古希腊]

不要为突如其来的不幸而苦恼。因为不是与生俱来的东西,留也留不住。——伊索[古希腊]

不幸的人会以别人的更大不幸来安慰自己。

——伊索[古希腊]

阴谋陷害别人的人,自己会首先遭到不幸。 ——伊索[古希腊]

整个不幸可以接受,可是零打碎敲就太难堪了。整体的灾祸到来,不过是被压倒罢了,细节的宰割,却是一种残酷的刑罚。 ——雨果[法国]

59 处境;境遇

居上位而不骄,在下位而不忧。

——[周]《周易》

天下有道则见(xiàn),无道则隐。① ——[春秋]《论语》

蓬生麻中,不扶而直;白沙在涅(niè),与之俱黑。②

——[战国]《荀子》

陷之死地而后生,置之亡地而后存。 ——[汉]《史记》

附骥尾则涉千里,攀鸿翮则翔四海。③ ——[汉]王褒

风烈无劲草,寒甚有凋松。④

——[南朝]鲍照

穷猿奔林,岂暇择木。⑤

——[南朝]《世说新语》

在山泉水清,出山泉水浊。

——[唐]杜甫

骅骝拳跼不能食,蹇驴得志鸣春

---

① 见:出仕,做官。
② 蓬:蓬蒿,植物名,茎干常横七竖八地生长。麻:大麻,植物名,茎干较直挺。涅:黑泥;污泥。
③ 骥:骏马。涉:行走。鸿翮:大雁翅膀。翔:飞翔。
④ 劲:坚强有力;直立挺拔。
⑤ 穷:处于困境;无路可投。暇:空闲时间。择木:选择树木,比喻寻求栖身之所。

风。① ——[唐]李白

当年不肯嫁春风,无端却被秋风误。② ——[宋]贺铸

山重水复疑无路,柳暗花明又一村。③ ——[宋]陆游

成大功者,小小顺意不足喜,小小拂意不足惧。④ ——[明]冯梦龙

人有逆天之时,天无绝人之路。⑤
——[明]冯梦龙

龙游浅水遭虾戏,虎落平原被犬欺。 ——[明]《西游记》

万里飞腾仍有路,莫愁四海正风尘。 ——[明]夏完淳

天下断无易处境遇,人间哪有空闲的光阴。 ——[清]曾国藩

受苦是考验,是磨炼,是咬紧牙关挖掉自己心灵上的污点。——巴金

莫道浮云终蔽日,严冬过尽绽春蕾。 ——陈毅

磨难使人坚韧,一无所有使人一无所惧。 ——陈祖芬

如果你处在顺境中,要警惕别高兴得忘乎所以,因为顺境常常是两个逆境之间的连接点。 ——邓友梅

逆境意味着考验,意味着锤炼,意味着事业造就它的强者。 ——敦源

逆境总是有的,人生就是进击。
——冯定

人生处顺境,好过却涉险;处逆境,难过却稳。 ——高攀龙

一个人处在逆境中知道奋发,是很容易的事;但处在顺境的人而能够不流于放逸,却很难能可贵。 ——郭沫若

艰难的环境一般会使人沉没下去的,但是,有坚强的意志,积极进取的人,却可以发挥相反的作用。
——郭沫若

逆境中,亲情和友情固然是重要的感情支撑,然而最重要的,还是自己对自己的钟爱。 ——刘心武

接受逆境便是突破逆境的开始。
——刘心武

大环境改造不了,你就努力去改造小环境。小环境还是改造不了,你就好好去适应环境,等待改造的机会。
——柳传志

我觉得坦途在前,人又何必因为一点小障碍而不走路呢? ——鲁迅

伟大的心胸,应该表现出这样的气概:用笑脸来迎接悲惨的厄运,用百倍的勇气来应付一切的不幸。 ——鲁迅

因为你不愿自己永远被埋没,你才必须忍受暂时的被埋没,不要因为看不见收获而觉得不耐烦。 ——罗兰

逆境可以造就强者。 ——马玉涛

---

① 骅骝:古代良马名。拳跼:曲背弯腰。蹇驴:瘸腿的驴。鸣春风:春风得意地高声叫。此句比喻贤才受屈,小人得势。

② 嫁春风:指在春天里开花。无端:没有来由地;无缘无故地。秋风误:指花儿被秋风吹落、凋零。

③ 复:繁复;繁多。疑:好像;似乎。

④ 顺意:顺心;如意。拂意:不合心意;不如意。

⑤ 逆天:违背自然规律。

世界上没有直路,要准备走曲折的路,不要贪便宜。　　——毛泽东

任何新事物的成长都是要经过艰难曲折的。在社会主义事业中,要想不经过艰难曲折,不付出极大努力,总是一帆风顺,容易得到成功,这种想法,只是幻想。　　——毛泽东

当天空中出现乌云的时候,我们就指出:这不过是暂时的现象,黑暗即将过去,曙光即在前头。　　——毛泽东

不管风吹浪打,胜似闲庭信步。
　　——毛泽东

人的容颜往往和磨难成反比,人的魅力往往和磨难成正比。　——汪国真

一个一帆风顺的人,可能博学,却很难深刻。　　——汪国真

无论何物,不能离开空间与时间的两大关系。这个空间、时间,在人就是境遇和时代了。　　——夏丏尊

种子不落在肥土,而落在瓦砾中,有生命力的种子决不会悲观和叹气,因为有了阻力才能磨炼。　——夏衍

有困难是坏事也是好事,困难会逼着人想办法,困难环境能锻炼出人才来。因此,应该迎着困难前进。
　　——徐特立

伟人改变环境,能人利用环境,凡人适应环境,庸人不适应环境。
　　——殷浩

一个生命的强者在坎坷险恶的道路上,从未回头地留下和着血滴的足印,它本身就是一部长篇杰作。
　　——郁风

人在恶劣环境之中是不能无悲苦之感的,然亦只有坐着不去与恶劣环境奋斗的人感觉这种悲苦。惊涛骇浪中舟子总比乘客镇定,便因舟子要去应付这种风浪的缘故。　——恽代英

正路并不一定就是一条平平坦坦的直路,难免有些曲折和崎岖险阻,要绕一些弯,甚至难免会误入歧途。
　　——朱光潜

在逆境中,好人自会表现出闪光的品质;而在顺境中,他的夺目光彩就会隐没;犹如黑夜之于星星,逆境会给人带来荣光。　——爱·扬格[英国]

在不利与艰难的遭遇里能坚定不移、百折不挠,这就是一个真正令人钦佩的人的不凡之处。
　　——贝多芬[德国]

在顺境中趾高气扬的人,在逆境中准会垂头丧气。　——博恩[英国]

伟人之所以伟大,关键在于:当他与别人共处逆境时,别人失去理智,他则下决心实现自己的目标。
　　——戴埃[美国]

逆境,是倾覆弱者生活之舟的波涛,它又是锤炼强者钢铁意志的熔炉。
　　——戴维[英国]

一切幸福都并非没有烦恼,而一切逆境也绝非没有希望。
　　——弗兰西斯·培根[英国]

没有绝望的处境,只有对处境绝望的人。　　——哈尔西[美国]

逆境使天才脱颖而出,顺境会埋没天才。　——贺拉斯[古罗马]

逆境常使人难堪。然而即使在人群中找出一百个能忍受逆境的人,也未必找得到一个能正确对待顺境的人。
——卡莱尔[英国]

乌云后面依然是灿烂的晴天。
——朗费罗[美国]

平静的湖面,练不出精悍的水手;安逸的环境,造不出时代的伟人。
——列别捷夫[俄国]

当困难到来的时候,有人因之一飞冲天,也有人因之一倒地不起。
——列夫·托尔斯泰[俄国]

人生如河流,我从不怕逆水行舟。
——拿破仑[法国]

最困难之时,就是离成功不远之日。
——拿破仑[法国]

逆境能打败弱者而造就强者!
——尼克松[美国]

泰然自若是应付逆境的最好方法。
——普劳图斯[古罗马]

没有谁比从未遇到过不幸的人更加不幸,因为他从未有机会检验自己的能力。
——塞涅卡[古罗马]

伟人在逆境中得到欢乐,如同英勇的士兵从战斗胜利中获得喜悦一样。
——塞涅卡[古罗马]

找出一个能在顺境中正确处之的人,要比找出一个能在逆境中忍辱负重的人更难。因为顺境使大多数人飘飘然,而逆境使所有的人头脑清醒。
——色诺芬[古希腊]

多灾多难,百炼成钢。
——莎士比亚[英国]

唯有埋头,才能出头。急于出人头地,除了自寻苦恼之外,不会真正得到什么。
——莎士比亚[英国]

我的不幸的处境教会了我,不要把走运的时候世人向你表示的关切太看重了。
——斯摩莱特[英国]

不幸的遭遇可以增长人的见解,改善人的心地,锻炼人的体质,使一个青年能够担当起生活的责任,同时知道怎样享受人生,这是在富裕的环境中所受的教育万万不能达到的。
——斯摩莱特[英国]

顺境或逆境都是命运的安排。只有坦然去面对,才是最好的方式。
——松下幸之助[日本]

如果不能坦然处之,那么,处逆境时就容易卑躬屈膝,而处顺境时又得意忘形。
——松下幸之助[日本]

逆境给人宝贵的磨炼机会。只有经得起环境考验的人,才能算是真正的强者。自古以来的伟人,大多是抱着不屈不挠的精神,从逆境中挣扎奋斗过来的。
——松下幸之助[日本]

顺境也好,逆境也好,人生就是一场对种种困难的无尽无休的斗争,一场以寡敌众的斗争。 ——泰戈尔[印度]

从一个人处理逆境的方法,往往可以看出他的胜算有多少。
——魏特利[美国]

顺境时助人者,逆境时必受人助。
——西拉斯[美国]

人生有两个悲剧:一个是万念俱

灰,另一个是踌躇满志。

——萧伯纳[爱尔兰]

顺境造就幸运儿,而逆境造就伟人。——小普林尼[古罗马]

顺境招来朋友,逆境考验朋友。

——绪儒斯[英国]

在危险之中常有这种情况:被怀疑的朋友成为救星,最信任的人成为出卖你的人。——伊索[古希腊]

不因幸运而故步自封,不因厄运而一蹶不振。真正的强者,善于从顺境中找到阴影,从逆境中找到光亮,时时校准自己前进的目标。

——易卜生[挪威]

人在逆境里比在顺境里更能坚强不屈,遭厄运时比交好运时更容易保全身心。——雨果[法国]

一个人在哪儿都能找到自己的天地,只要他肯付出代价。

——詹姆斯[美国]

60 朋 友

四海之内,皆兄弟也。

——[春秋]《论语》

有朋自远方来,不亦乐乎。①

——[春秋]《论语》

士有争(zhèng)友,则身不离于令名。② ——[春秋]《孝经》

不知其子,视其友;不知其君,视其左右。③ ——[战国]《荀子》

富贵多士,贫贱寡友。

——[汉]《史记》

不知其人视其友。

——[三国]王肃

朋友之交,不宜杂浮。

——[晋]葛洪

朋友之道,有义则合,无义则离。

——[南朝]《后汉书》

结有德之朋,绝无义之友。

——[宋]《名贤集》

君子与君子以同道为朋,小人与小人以同利为朋。④ ——[宋]欧阳修

小人无朋,惟君子有之。

——[宋]欧阳修

道义相砥,过失相规,畏友也;缓急可共,死生可托,密友也;甘言如饴,游戏征逐,昵友也;利则相攘,患则相倾,贼友也。⑤ ——[宋]苏轼

豆角开花藤牵藤,朋友相处心连心。 ——[明、清]《增广贤文》

朋友,以劝善规过为先。⑥

——[清]方苞

与朋友交,只取其长,不计其短。

——[清]李惺

---

①朋:朋友,原指志同道合的人,后泛指趣味相投、有交情的人。

②争:通"诤",直言规劝。令名:好名声。

③左右:指身边的臣子。

④同道:志同道合的人。同利:利益相同或相关的人。

⑤砥:磨炼;修养。规:规劝;劝告。畏:敬佩;佩服。饴:糖。昵:亲近;亲热。攘:争夺;窃取。倾:倾轧;排挤。贼:邪恶;不正派。

⑥劝:劝勉。善:向善。规:规劝。过:过错。

朋友是不分国籍、不限年龄、不拘性别的,只要理想相同、兴趣相近、情感相洽、意气相投的人,都可以很坚固的联系在一起。
——冰心

一个朋友嵌在一个人的心天中,如同星座在青空中一样,某一颗星陨落了,就不能去移另一颗星来填满她的位置。
——冰心

难得是诤友,当面敢批评。①
——陈毅

朋友是一条林荫的红砖路,适合用散步的心情想起。友情恰是只适合散步一刻钟的雨,少了不够湿,多了又嫌湿。
——楚楚

交朋友就是平等相待,以诚相处。
——丁玲

朋友再多也代替不了老伴,子孝代替不了性爱。
——邓伟志

朋友之间的爱总是带着同志爱的性质,这种纯精神的高度的爱从根本上说是从人生战斗中必然地产生,并且为着战斗的东西。
——冯雪峰

人都愿意将自己的秘密和一切不肯示人的弱点在朋友面前公开,听朋友或同事的安慰和规劝,因为,他懂得这是深厚的爱。
——冯雪峰

伙伴对于少年人是一种自然的需要,是一种生命的要求独立和解放,他和邻家或其他关系拉在一起的伙伴在一起,好像鱼在水里,小鸟在空气中。
——冯雪峰

朋友对我们的帮助、照应与爱护,不必一定要报以物质,而往往只需写几封亲切的信,使他们快乐,觉得人生充满温暖。
——傅雷

朋友也是说好话的多,所以真诚地给你提缺点的人倒是你难得的朋友。
——盖叫天

在一个过于重视人情的社会,朋友倒是累赘和阻力,对某些人说来倒不如宁缺毋滥。
——李敖

朋友与律师都要讲究立场。不同的是,后者要付钱,前者可免费。
——李敖

需要向他做太多解释的朋友,还是绝交的好。
——李敖

有的人制造问题的本领,远比他解决问题的本领大得多。这种人最好做敌人,别来做朋友。
——李敖

老话说"富易交",其实这不是势利眼,而是同一层次的人容易做朋友。
——李敖

单身的人容易交朋友,因为他的情感无所寄托,漂泊流离之中最需要一个一倾积愫的对象,可是等到他有红袖添香、稚子候门的时候,心境便不同了。②
——梁实秋

事实上世界里还是有朋友的,不过虽然无需打着灯笼去找,却是像沙里淘金,而且还需长时间地洗练。
——梁实秋

朋友彼此帮忙时所应注意的就是:

---

①诤友:能直言规劝的朋友。
②积愫:多年的真情。

以同情为根本,以了解为前提。我们对朋友如果是爱护的话,自然要留意他的毛病、短处,然而最要紧的,还是对于他的毛病、短处,要有一种原谅的意思。
　　　　　　　　　　——梁漱溟
　　可以不设防而对之一吐为快的人,即是你的朋友。　　　——刘心武
　　交朋友不是让我们用眼睛去挑选那十全十美的,而是让我们用心去吸引那志同道合的人。　　　——罗兰
　　要把同道的人当作朋友,而不必把同利的人当作朋友。　　　——罗兰
　　我们喜欢结交富有感情而直率的朋友,因为他热诚、奔放,使我们对他容易了解,而又不必动用心机的快乐。
　　　　　　　　　　　——罗兰
　　一个人不随便交朋友不算缺点,但是交了朋友,却对这个朋友挑剔苛求,那才是不懂得"朋友"二字的意义。
　　　　　　　　　　　——罗兰
　　真心结交朋友,应当忘掉朋友的过失。　　　　　　　——钱锺书
　　接触着你真正的朋友,感觉到这种愉快,你内心的鄙吝残忍,自然会消失,无须说教似的劝导。　——钱锺书
　　呼朋引伴,要看自己的本钱;招蜂引蝶,甜蜜必然不够用。　——三毛
　　不要以为朋友很多是福气。福气如果得自朋友,那么,你自己算什么?
　　　　　　　　　　　——三毛
　　朋友还是必须要分类的——例如图书,一架一架混不得,过分混杂,匆忙中去找,往往找错类别。　——三毛

　　两性朋友,关系一旦转化爱情,最是两全其美。　　　——三毛
　　对于朋友,除了背叛,没有什么过失是不可以宽容的。　——汪国真
　　人类的最正当、最伟大、最普通的关系是朋友关系。　——徐懋庸
　　在找朋友的时候,意见相同的固然可以做朋友,意见相反的也没有什么妨碍。而且从相反的方面看问题,更可避免片面性,所以古人有"相反相成"之说。　　　　　　　　——徐特立
　　有朋友同行,是一种安全;有朋友声援,是一种力量;有朋友忠告,是一种激励;有朋友惦念,是一种幸福。
　　　　　　　　　　　——伊在勤
　　不断地向朋友出难题,即使真诚的朋友,也会感到力不从心,甚或几多烦恼。　　　　　　——伊在勤
　　所谓朋友也只不过是互相促对方活得更加自在的那些人。　——余秋雨
　　外倾性格的人容易得到很多朋友,但真朋友总是很少的;内倾者孤独,一旦获得朋友,往往是真的。——周国平
　　我们老是赶着去认识更多的人,但没有时间把他们变成自己的朋友。
　　　　　　　　　　　——朱大可
　　比你太强的人,成不了你的朋友;比你太弱的人,你又不屑于和他做朋友;只有与你的质量相仿佛的人,最容易成为你的朋友。　——朱苏进
　　"人生得一知己足矣。"这种对朋友数量的最低要求,恰恰是对朋友质量的最高期待。　　　　　——朱苏进

好朋友当然是要情投意合,不能勉强成功的。　　　　——邹韬奋

我们想的是如何养生,如何聚财,如何加固屋顶,如何备齐衣衫;而聪明人考虑的却是怎样选择最宝贵的东西——朋友。　　　——爱默生[美国]

找到朋友的唯一办法是自己成为别人的朋友。　　　——爱默生[美国]

欣逢喜事,与朋友分享其乐,喜上加喜。反之,身处逆境,情绪颓丧,向富有同情心的朋友倾诉愁苦才会减轻痛苦。　　　　　　　——爱默生[美国]

真正的朋友应该说真话,不管那话多么尖锐。
　　——(尼)奥斯特洛夫斯基[苏联]

一个人倒霉至少有这么一点好处,可以认清楚谁是真正的朋友。
　　　　　　　——巴尔扎克[法国]

真正的朋友在精神方面的感应,和狗的嗅觉一样灵敏,他们能体会到朋友的伤,猜到伤的原因,老在心里牵挂着。
　　　　　　　——巴尔扎克[法国]

要更多地去探望处在危难中而不是正在走红的朋友。　——拜伦[英国]

朋友之间有误会应该坦率交换看法,不可背地诽谤;有过失应该当面规劝,在背后则应该赞扬他的优点。
　　　　　　　——贝原益轩[日本]

一个朋友的荒谬可笑比起一个敌人的凶猛可怕还要较胜一筹。
　　　　　　　——柏拉图[古希腊]

在顺境中找个朋友是容易的,但在逆境中则极端困难。
　　　　　——德谟克里特[古希腊]

拥有最多朋友、最少敌人的人,乃是世界上的最强者。
　　　　　——查斯特菲尔德[英国]

朋友是未被徒有形式的装饰和受欲望支配的野心所玷污的、纯洁无瑕的、最有人性的人与人的关系。
　　　　　　　——池田大作[日本]

最有效的结交朋友的窍门是对别人真心诚意地感兴趣。
　　　　　　——戴尔·卡内基[美国]

如果我们想交朋友,那就要先为别人做些事——那些需要花时间、体力、体贴、奉献的事情。
　　　　　　——戴尔·卡内基[美国]

一切亲人并不都是朋友,而只有那些有共同利益关系的才是朋友。
　　　　　——德谟克里特[古希腊]

很多显得像朋友的人,其实不是朋友;而很多是朋友的,并不显得像朋友。
　　　　　——德谟克里特[古希腊]

当你身处顺境时,只在接受邀请时才来访,而当你身处逆境时不邀自来的人,才是真正的朋友。
　　　　　——狄奥弗拉斯图[古希腊]

什么是朋友？朋友就是你可以真诚相待的人。　——弗·克兰[美国]

当你遭到挫折而感到愤懑抑郁的时候,向知心挚友的一席倾诉可以使你得到疏导。否则这种积郁会使人致病。
　　　　　　——弗兰西斯·培根[英国]

只有对朋友,你才可以尽情倾诉你

的忧愁与欢乐,恐惧与希望,猜疑与烦恼。　　——弗兰西斯·培根[英国]

人生是有限的,有多少事情人来不及做完就死去了。但一位知心的挚友,却能承担你所未做完的事。因此,一个好朋友实际上是你获得了又一次生命。
　　——弗兰西斯·培根[英国]

只要你想一个人一生中有多少事务是不能靠自己去做的,就可以知道友谊有多少益处了。所以古人说:朋友是人的第二个"我",但这句话的容量其实还不够,因为朋友的作用比这又一个"我"要大得多!
　　——弗兰西斯·培根[英国]

历史上的许多伟人,往往由于在紧要关头听不到朋友的忠告,而做出后悔莫及的错事。
　　——弗兰西斯·培根[英国]

多一个真正的朋友,就多一块陶冶情操的砺石,多一分战胜困难的力量,多一个锐意进取的伴侣。
　　——弗兰西斯·培根[英国]

朋友的良言劝诫是一味最好的药。
　　——弗兰西斯·培根[英国]

人世间所有的荣华富贵不如一个好朋友。　　——伏尔泰[法国]

兴趣可以改变,但朋友切不可更换。　　　　——伏尔泰[法国]

朋友的眼睛,是一面明镜。
　　——富兰克林[美国]

把自己的缺点告诉你的朋友,是对他极大的信任;把朋友的缺点告诉他,是更大的信任。——富兰克林[美国]

挑选朋友要慎重,更换朋友更要慎重。　　——富兰克林[美国]

怜悯你的人不是朋友,帮助你的人才是朋友。　　——富勒[英国]

最好的朋友是那种不喜欢多说,能与你默默相对而又息息相通的人。
　　——高尔基[苏联]

选择一条喜爱的思想路线很容易,但是创造一个由知心朋友构成的、称心的生活圈子却非常困难。
　　——高尔基[苏联]

应该努力跟那些比你强、比你聪明的人做朋友。　　——高尔基[苏联]

一个不是对我们有所求的朋友,才是真正的朋友。　　——哈伯特[英国]

人们往往受一些特别的影响,把他们不愿向老朋友谈的话,反向新交的朋友倾吐出来。　　——哈代[英国]

一旦被愚蠢的朋友引为知己,你立刻会危险临头。
　　——哈利法克斯[英国]

人人皆有弱点,谁若想要寻个没有缺点的朋友,就永远找不着他所要追求的。　　——贺拉斯[古罗马]

当你的朋友向你吐露胸臆的时候,你不要怕说出心中的"否",也不要瞒住你心中的"可"。——纪伯伦[黎巴嫩]

走红时朋友认识我们,遇到不幸时我们认识朋友。——柯林斯[英国]

但愿老天爷让我们别交上愚蠢的朋友,因为殷勤过分的蠢材比任何人还要危险。　　——克雷洛夫[俄国]

真正的朋友是所有财富中最重要

的财富,也是人们最少考虑取得的财富。——拉罗什富科[法国]

不信任朋友,比受朋友欺骗更令人遗憾。——拉罗什富科[法国]

朋友的朋友,也是我们的朋友。
——列夫·托尔斯泰[俄国]

错交了朋友固然是不幸,从那么甜蜜的一个错误中醒悟过来又是一个不幸,其残酷的程度,殆有过之而无不及。
——卢梭[法国]

你若使你的朋友脸红,你就很可能会失去这个朋友。
——马尔提阿里斯[古罗马]

多疑的人永远不能成为好朋友。
——莫洛亚[法国]

想与所有人交友的人,不是任何人的朋友。——普菲费尔[德国]

贫穷好比一面明镜,它可以反照出真心的朋友来。——乔叟[英国]

谁若愿意有朋友,那就一定有敌人。——萨迪[波斯]

当你身居要职的时候不会愿意接待朋友,有一天你失意伤心才会需要朋友同情。——莎迪[波斯]

因为有利可图才与你结为朋友的人,也会因为无利可图而与你绝交。
——塞内伽[古罗马]

在背后称赞我们的人就是我们的良友。——塞万提斯[西班牙]

酒食上得来的朋友,等到酒尽樽空转眼成为路人。一片冬天的乌云刚刚出现,这些飞虫们早就躲得不知去向了。——莎士比亚[英国]

朋友有三种:爱你的朋友,忘你的朋友,恨你的朋友。——尚福尔[法国]

老的树最好烧,老的马最好骑,老的书最好读,老的酒最好喝,老的朋友最可信赖。——斯摩莱特[英国]

财富不是朋友,而朋友却是财富。
——斯托贝[希腊]

亲戚是上帝赐予我们的,朋友是我们自己挑选的。
——松下幸之助[日本]

暗中劝诫你的朋友,一定是大庭广众中称赞你的朋友。——瓦都[法国]

世人都疏远了我,而他仍在我身边,这样的人就是我的真正的朋友。
——王尔德[英国]

与其结交可靠的朋友,不如使自己结交的朋友可靠。——王尔德[英国]

要想得到好朋友,首先自己要成为别人的好朋友。
——武者小路实笃[日本]

哪怕全世界的人都恨你,都相信你坏,只要你自己问心无愧,你也不会没有朋友的。
——夏洛蒂·勃朗特[英国]

人与人之间只有真诚相待,才是真正的朋友。谁要是算计朋友,等于自己欺骗自己。——伊芒[尼日利亚]

有了过多无用的朋友,对自己有害无益。——伊索[古希腊]

应当在朋友正是困难的时候给予帮助,不可在事情已经无望之后再说闲话。——伊索[古希腊]

朋友间的不和,就是敌人进攻的机

会。——伊索[古希腊]

在紧急时舍弃你的朋友不可信赖。

——伊索[古希腊]

对一个尚未成熟的少年来讲,坏的伙伴比好的老师起的作用要大得多。

——伊索[古希腊]

最亲近的朋友往往就是铸成大错的冤家。——约·梅西[新西兰]

61 友情;交往

同声相应,同气相求。①

——[周]《周易》

鸡犬之声相闻,民至老死不相往来。②——[春秋]《老子》

君子矜而不争,群而不党。③

——[春秋]《论语》

投我以木瓜,报之以琼琚。④

——[春秋]《诗经》

人之相识,贵在相知;人之相知,贵在知心。⑤

——[战国]《孟子》

士为知己者死,女为悦己者容。⑥

——[战国]《战国策》

以财交者,财尽而交绝;以色交者,华落而爱渝。⑦

——[战国]《战国策》

古之君子,交绝不出恶声。⑧

——[战国]《战国策》

君子之交淡如水,小人之交甘若醴(lǐ)。君子淡以亲,小人甘以绝。⑨

——[战国]《庄子》

与人以实,虽疏必密;与人以虚,虽戚必疏。⑩

——[汉]韩婴

与善人居,如入兰芷之室,久而不闻其香,则与之化矣。与恶人居,如入鲍鱼之肆,久而不闻其臭(xiù),亦与之化矣。⑪

——[汉]刘向

相识满天下,知心有几人?

——[汉]《史记》

一死一生,乃知交情;一贫一富,乃知交态;一贵一贱,交情乃见(xiàn)。⑫

——[汉]《史记》

结交在相知,骨肉何必亲。

——[汉]乐府古辞《箜篌谣》

---

①声:声调。应:应和。气:气味。求:追求。
②相闻:互相都能听到。
③矜:庄重;慎重。争:争执。群:合群。党:结党,搞帮派。
④木瓜:植物名,果实椭圆形,黄色,味香。报:回报;回赠。琼琚:佩玉。
⑤知:了解。
⑥士:指有一定文化和社会地位的男子。悦:爱;爱慕。容:修饰容貌,梳妆打扮。
⑦色:姿色。华:同"花",喻指容貌。渝:改变。
⑧交绝:交情断绝。恶声:辱骂的话。
⑨淡:清淡。甘:甜蜜。醴:甜酒。亲:亲近。绝:断交。
⑩密:密切。戚:亲戚;亲属。疏:疏远。
⑪兰芷:兰草和白芷,都是香草。化:同化;改变。鲍鱼:用盐腌制的咸鱼。鲍鱼之肆:卖咸鱼的店铺。臭:气味。
⑫交态:同"交情"。见:同"现",显现。

白头如新,倾盖如故。①
——[汉]邹阳

大丈夫处世,当交四海英雄。②
——[晋]《三国志》

以势交者,势倾则绝;以利交者,利穷则散。——[隋]王通

山河不足重,重在遇知己。
——[唐]鲍溶

人生交契无老少,论交何必先同调。③——[唐]杜甫

人生结交在终始,莫为升沉中路分。④——[唐]贺兰进明

谈笑有鸿儒,往来无白丁。⑤
——[唐]刘禹锡

知音世所稀。——[唐]孟浩然

海内存知己,天涯若比邻。⑥
——[唐]王勃

千里送鹅毛,礼轻情意重。
——[宋]邢俊臣

酒肉弟兄千个有,落难之中无一人。——[明]冯梦龙

君子之交淡如水,小人之交酒肉亲。——[明、清]《增广贤文》

万两黄金容易得,知己一个也难求。——[清]《红楼梦》

与朋友交,只取其长,不计其短。⑦
——[清]李惺

附小人者必小人,附君子者未必君子。⑧——[清]张廷玉

动乱不安的年代,友谊像阴天的芦苇,在风中哆嗦着,发出听不见的哀叹。
——艾青

友情从这里开始,苦难巩固它,欢乐装饰它。寒冷中感到它的温暖,暗夜里见到它的光辉。——巴金

友情在过去的生活里,就像一盏照明灯,照彻了我的灵魂,使我的生存有了一点点光彩。——巴金

然而交友也是最难不过的,与其交得不好,宁可抱残守缺,专去和自然接触晤对了。——冰心

友谊是凝神药,是兴奋剂;友谊是大海中的灯塔,沙漠里的绿洲。
——冰心

纯粹的友情是自由的,今天萍水相逢,彼此尊重的欢聚,明天可以平淡地分手,甚至忘记大家。——草雪

能够超越时空依然屹立的友情,其

——————

①白头:头发变白,指老年。白头如新:相识多年,直到头发都白了,还跟新交一样,指友谊深厚。倾:倾斜。盖:指车上的伞盖。倾盖如故:两个乘车人路上偶然相遇叙话,两车的车盖斜搭在一起,二人谈得很投机,就像有多年交情一样。
②大丈夫:指胸怀大志的人。四海:指全天下。
③交契:结交;交好。同调:想法一致。
④升沉:指社会地位的高低变化。中路:中途;途中。
⑤鸿儒:知识渊博的学者。白丁:无官职或功名的普通百姓。
⑥海内:古人认为我国四面环海,故指国境之内。后泛指四海之内,即全天下。天涯:天的边际,指极远的地方。比邻:近邻;街坊。
⑦取:选取。计:计较;考虑。
⑧附:接近;亲近。

实已经包含爱情的成分。——草雪

凡与人交,不可求一时亲密,人之易见喜者,必易见怒,惟遵礼致敬,不见好,亦不招尤,所谓淡而可久是也。
——陈道

要觅一个靠得住的朋友如同觅一个忠诚的爱人一般困难,但一旦拥有了也是人生的一大幸福,友谊与爱情同样可贵。——程乃珊

朋友,是一条林荫的红砖路,适合用散步的心情想起。友情,恰是只适合散步一刻钟的雨,少了不够湿,多了又嫌湿。——楚楚

人的地位不断变化,友谊也常常随之升降。——冯英子

种瓜得瓜,种豆得豆;种下仁惠的友情,得到仁惠的友情。——郭沫若

一万个口惠而实不至的泛交,抵不过一个同生死共患难的知心。
——郭沫若

以"淡"字交友,以"聋"字止谤,以"刻"字责己。——弘一法师

"平等"和"互惠"是友谊的两个标志。——黄秋耘

对友情唯一的考验,还是长久不变的真诚。——柯蓝

人生得一知己甚难,得学识、气质、情操、信仰相近者尤难!——李向明

"君子之交淡如水",因为淡所以才能不腻,才能持久。——梁实秋

"与朋友交,狎而敬之。"敬也是保持距离,也就是防止过分的亲昵。不过"狎而敬之"是很难的。最要注意的是,友谊不可透支,总要保留几分。
——梁实秋

友谊好比一瓶酒,封存的时间越长,价值则越高;而一旦启封,足够一个酒鬼滥饮一次……——梁晓声

真诚的友谊永远不会特别表白的。
——林语堂

士为知己者用嘛!人生得一知己无憾呐!不能老是顺时,在你背时的时候,有人还了解你,就是知己。
——刘少奇

友谊需要忠诚去播种、热情去浇灌、原则去培养、谅解去护理。
——刘吉

友情大体只存在于同一层面的人际间,如平静的池塘,映云影,生春草,憩瘦鱼,鸣小蛙,无瀑布之喧腾,无喷泉之艳媚,但温馨可人,历久不变,弥足珍贵。——刘心武

最真切的友情,是当你倾吐出最难为情的处境和最尴尬的心绪时,他或她决不误解更决不鄙夷,他(她)对你已达成永远的理解与谅解。——刘心武

友谊是两颗心的真诚相待,而不是一颗心对另一颗心的敲打。——鲁迅

在你困难的时候,别人对你表示的友爱比什么都宝贵。——路遥

友谊是一种相互吸引的感情,因此它是可遇而不可求的。——罗兰

友谊与情爱的区别是:友谊冷静,情爱狂热;友谊无私,情爱自私;友谊很有耐心,情爱急不可待;友谊如潺潺溪流,情爱如河堤决口;友谊有宽容之度,

情爱则狭隘小气；友谊可分可合，情爱不能分离。　　　　——彭茗燕

真正的友谊的形成，并非由于双方有意的拉拢，带些偶然，带些不知不觉。在意识层底下，不知何年何月潜伏着一个友谊的种子，咦！看它在心里透出了萌芽。　　　　　　　　——钱锺书

人与人之间的友谊并非由于说不尽的好处，倒是说不出的要好。
　　　　　　　　　　——钱锺书

时间对于友谊的磨蚀，好比水流过石子，反把它洗琢得光洁了。
　　　　　　　　　　——钱锺书

真正的交情，看来像素淡，自有超越死生的厚谊。　　——钱锺书

彼此理解得越多，也就越容易加速友谊的进展。　　　——秦瘦鸥

人需要友谊就是抗拒灵魂的孤独感。　　　　　　　——秦文君

忠告只能巩固友谊，不能毁灭友谊；倘因忠告而竟要毁灭的友谊，那绝非真的友谊！　　　——邵力子

因为是有缺憾的人，所以与我们特别接近；因为是完全无缺憾的神，便要一天天与我们隔得远了。——田汉

友情的基础是互惠。商人之间友情的基础是利益上的互惠，挚友之间友情的基础是心灵上的互惠。
　　　　　　　　　　——汪国真

友谊不用碰杯，友谊无需礼物，友谊只不过是我们不会忘记。——王蒙

友情诞生于相互了解，相互帮助。
　　　　　　　　　　——吴冠中

友谊和花香一样，还是淡一点的比较好，越淡的香气越使人依恋，也越能持久。　　　　　　——席慕蓉

和好人交朋友，受到朋友的帮助，自己就随着好了，所谓"与善人居，如入芝兰之室，久而不闻其香"；与坏人交朋友，受到朋友的侵蚀，自己就随着坏了，所谓"与不善人居，如入鲍鱼之肆，久而不闻其臭"。所以我们要知道"择交"，要交"益友"，不交"损友"。——谢觉哉

你要打开人家的心，你先得打开你自己的；你要在你的心里容纳人家的心，你先得把你的心堆放到人家的心里去。　　　　　　　　——徐志摩

人与人之间的关系，必须在寂寞时、在苦恼时、在互相安慰时，才显得亲密。　　　　　　　　　——叶紫

朋友之谊可以浓一点儿，也可以淡一点儿，无论浓淡重要的是心有灵犀。
　　　　　　　　　　——伊在勤

真正的友谊，是需要保持一定的距离的。有距离，才会有尊重；有尊重，友谊才会天长地久。　——尤今

即使我们拥有不少友情，它也还是残缺的，原因在于我们自身还残缺。
　　　　　　　　　　——余秋雨

友情因无所求而深刻。
　　　　　　　　　　——余秋雨

一个无人分享的快乐决非真正的快乐，而一个无人分担的痛苦则是可怕的痛苦。　　　　　——周国平

友情的深浅，不仅在于那位朋友对你的才能钦佩到什么程度，更在于他对

你的弱点容忍到什么程度。
　　　　　　　　——朱苏进
　　好风景固然可以打动人心,但若得几个情投意合的人,相与徜徉其间,那才真有味,这时候风景觉得更好。
　　　　　　　　——朱自清
　　古人说:"得一知己,死可无恨。"一个人能得几个患难之交,真是一生莫大的幸福。　　　——邹韬奋
　　我们要能多得到深挚的友谊,也许还要多多注意自己怎样做人,不辜负好友们的知人之明。——邹韬奋
　　不是交情很深的人,不是喜欢听你个人往事的人,千万不要对他喋喋倾诉自己的历史,这是一件取人讨厌的弗识相的事情。　　——邹韬奋
　　友情是人生的美酒。
　　　　　　——爱·扬格[英国]
　　友谊能增进快乐,减轻痛苦。因为它能倍增我们的喜悦,分担我们的烦恼。　　　——爱迪生[美国]
　　友谊是人生的调味品,也是人生的止痛药。　　——爱默生[美国]
　　友谊需要不断充实。
　　　　　　　——爱默生[美国]
　　要想得到别人的友谊,自己就得先向别人来表示友好。
　　　　　　　——爱默生[美国]
　　所谓友谊,这首先是诚恳,是批评同志的错误。
　　——(尼)奥斯特洛夫斯基[苏联]
　　正如真金要在烈火中识别一样,友谊必须在逆境里经受考验。
　　　　　　——奥威德[古罗马]
　　开诚布公与否和友谊的深浅,不应该用时间的长短来衡量。
　　　　　　——巴尔扎克[法国]
　　只有莫逆之交的真情洋溢与世态炎凉的残酷有了比较,一个人才会恍然大悟。　　——巴尔扎克[法国]
　　朋友之间,坏事理该当面说,切莫背后嚼舌头。——贝原益轩[日本]
　　友谊:风平浪静时载得下两个人的船,但天气恶劣时只坐得下一个人。
　　　　　　　——比尔斯[美国]
　　真正的朋友不把友谊挂在口头上,他们并不为了友谊而互相要求一点什么,而是彼此为对方做一切办得到的事。　　——别林斯基[俄国]
　　我们无法讲出友谊缔造的确切时刻,就像一点一滴地倾注一个容器一样终有一滴使容器满溢,因此面对接二连三的好意终有那么一次会动人心弦,情谊洋溢。　　——博斯韦尔[英国]
　　鸟需巢、蜘蛛需网,人需友谊。
　　　　　　　——布莱克[英国]
　　在患难中对友谊的忠诚,在危险中对友谊的坚定,这有多么宝贵!人就应当为此而生,也应当为此而死。
　　　　　　　——布吕顿[德国]
　　应精心培育青春时代的友谊,将其贯穿一生。　　——池田大作[日本]
　　友谊的支柱是尊敬与依赖之心,是永不背叛朋友的诚实,以及为了一个崇

高的理想而共同冲破苦难的勇气。
　　　　　　——池田大作[日本]
　　谈到名誉、荣誉、快乐、财富这些东西,如果同友情相比,它们都是尘土。
　　　　　　——达尔文[英国]
　　友谊也像花朵,好好地培养,可以开得心花怒放,可是一旦任性或者不幸从根本上破坏了友谊,这朵心上盛开的花,可以立刻萎颓凋谢的。
　　　　　　——大仲马[法国]
　　世界上竟有相识十年,但每次见面都像是刚认识一样的人;也有像你这样,虽说是并非深交,但可以如此推心置腹谈得来的人。
　　　　　　——岛崎藤村[日本]
　　要找朋友必须闭起一只眼,要保持友谊就要闭起两只眼。
　　　　　　——道格拉斯[美国]
　　当我们从富翁沦为穷光蛋时,困境会告诉我们谁是知己,谁是势利小人。
　　　　　　——德莱顿[英国]
　　友谊的本身就是一根神圣的纽带,苦难使它变得更为神圣。
　　　　　　——德莱顿[英国]
　　单单一个有智慧的人的友谊,要比所有愚蠢的人的友谊还更有价值。
　　　　　　——德谟克里特[古希腊]
　　友谊不但能使人走出暴风骤雨的感情世界而进入和风细雨的春天,而且能使人摆脱黑暗混乱的胡思乱想而走入光明而理性的思考。
　　　　　　——弗兰西斯·培根[英国]
　　只有对于朋友,你才可以尽情倾诉你的忧愁与欢乐,恐惧与希望,猜疑与劝慰。总之,那沉重地压在你心头的一切,通过友谊的肩头而被分担了。
　　　　　　——弗兰西斯·培根[英国]
　　友谊的一大奇特作用是:如果你把快乐告诉一个朋友,你将得到两个快乐;如果你把忧愁向一个朋友倾吐,你将被分掉一半忧愁。所以友谊对于人生真像炼金术士所要寻找的那种"点金石"。
　　　　　　——弗兰西斯·培根[英国]
　　世上友谊本罕见,平等友情更难求。
　　　　　　——弗兰西斯·培根[英国]
　　真挚的友谊犹如健康,不到失去时,无法体味其珍贵。
　　　　　　——弗兰西斯·培根[英国]
　　如果说,友谊能够调剂人的感情的话,那么友谊的另一个作用则是能增进人的智慧。
　　　　　　——弗兰西斯·培根[英国]
　　虚伪的友谊犹如你的影子:当你在阳光下时,它会紧紧地跟着你;一旦你走到阴暗处时,它立刻就会离开你。
　　　　　　——弗兰西斯·培根[英国]
　　疑心是友谊的毒药。
　　　　　　——弗兰西斯·培根[英国]
　　得不到友谊的人将是终身可怜的孤独者,没有友谊的社会则只是一片繁华的沙漠。
　　　　　　——弗兰西斯·培根[英国]
　　友谊是灵魂的结合,这个结合是可以离异的,这是两个敏感、正直的人之间的心照不宣的契约。
　　　　　　——伏尔泰[法国]

真诚的友谊好像健康,失去时才知道它的可贵。　　——高尔顿[英国]

真实的十分理智的友谊是人生最美好的无价之宝。　——高尔基[苏联]

友谊只能在实践中产生,并在实践中得到保持。　　　——歌德[德国]

只有友谊才能认识你的价值的全面。　　　　　　　——歌德[德国]

只要你告诉我,你交往的是些什么样的人,我就能说出你是什么人。我只要知道你是干什么的,我就知道你能成为什么样的人才。　——歌德[德国]

一位美丽活泼而又肤浅的女子往往控制着一个广泛的社交圈子,而一位真正具有文化素养的妇女往往只能在一个小圈子内挥洒自如。
　　　　　　　　——歌德[德国]

切忌与坏人为伍,因为这将受害无穷。比方……你将一滴美酒注入一满杯米醋之中,它会马上变化为米醋。
　　　　　——格里美尔斯豪森[德国]

比荣誉、美酒、爱情和智慧更宝贵,更使人幸福的东西是我的友谊。
　　　　　　　　——海塞[瑞士]

真诚的友谊是一株成长缓慢的植物,必须经历、承受灾难的震击,然后才能名正言顺地得到这个称呼。
　　　　　　　　——华盛顿[美国]

在友谊里不用言语,一切的思想、一切的愿望、一切的希冀,都在无声的欢乐中发生而共享了。
　　　　　　　——纪伯伦[黎巴嫩]

交上了坏朋友的人,是难以得到世人敬重的。　　——克雷洛夫[俄国]

友谊是遮蔽风雨的大树。
　　　　　　　——柯勒律治[英国]

友情是瞬间开放的花,而时间会使它结果。　　　——科策布[德国]

最牢固的友谊是共患难中结成的,正如生铁只有在烈火中才能锤炼成钢一样。　　　——科尔顿[阿根廷]

即使是最知心的朋友,也会在他们的友谊里夹杂嫉妒的成分。
　　　　　　　——科尔顿[阿根廷]

真诚的友谊像磷火——在你周围最黑暗的时候显得最亮。
　　　　　　　——克伦威尔[英国]

人与人之间,最使人痛心的,莫过于以诚恳的态度希望得到别人的善意和友好,结果得到的却是恶意和伤害。
　　　　　　　——拉伯雷[法国]

若不能原谅彼此的小缺点,便不能使友谊长存。　——拉布吕耶尔[法国]

友谊的最大努力并不是向一个朋友展示我们的缺陷,而是使他看到自己的缺陷。　——拉罗什富科[法国]

只有当你有爱心的时候,去同人打交道才会有益无害。
　　　　　　——列夫·托尔斯泰[俄国]

人生最好的东西,就是他同别人的友谊。　　　　——林肯[美国]

你爱别人,别人就会爱你;你帮助别人,别人就会帮助你;你待他情同手足,他对你就会亲如父子。
　　　　　　　　——卢梭[法国]

与人交往既不虚伪,又不疏忽;既

不欺骗人,也不刺激人。

——卢梭[法国]

我这颗心,对一颗开诚相见的心是极易流露的,对诡计和狡诈却要关上大门。 ——卢梭[法国]

真正的友谊,无论从正反看都应一样,不可能从前面看是蔷薇,而从后面看是刺。 ——吕克特[英国]

得一知己,把你整个的生命交托给他——他也把整个生命交托给你。

——罗曼·罗兰[法国]

信任是友谊的唯一纽带。

——马尔提阿里斯[古罗马]

没有彼此的敬重,友谊是不可能存在的。 ——马卡连柯[苏联]

人生离不开友谊,但要得到真正的友谊却不容易。友谊总需要忠诚去播种,用热情去灌溉,用原则去培养,用谅解去护理。 ——马克思[德国]

友谊的臂膀长得足以从世界的这一头伸到另一头。 ——蒙田[法国]

坎坷的道路上可以看出毛驴的耐力,患难的生活中可以看出友谊的忠诚。 ——米南德[古希腊]

友情是天堂,没有它就像下地狱;友情是生命,没有它就意味着死亡。

——莫里斯[英国]

友谊永远不能成为一种交易,相反,它需求最彻底的无利害观念。

——莫洛亚[法国]

在无利害观念之外互相尊敬似乎是友谊的另一要点。

——莫洛亚[法国]

友谊需要信任,需要两人的思想、回忆、希望之趋于一致。

——莫洛亚[法国]

有一些友谊与爱情,由于调子提得过高,人们从中永远不会感到幸福,惟有保持自然,才能使幸福长在,除此之外,别无他途。 ——莫洛亚[法国]

友谊颇有如霹雳般突然发生的时候,一瞥、一笑、一顾、一盼,在我们精神上立刻显示出一颗美丽的心灵。于是,和爱情始于爱情一样,友谊亦始于友谊。 ——莫洛亚[法国]

友谊与爱情一样,只有生活在能够与之自然相处、无需做作和说谎言的朋友中间,你才会感到愉快。

——莫洛亚[法国]

性欲产生于两个人的皮肤的不经意接触,知心产生于两颗敏感的心灵的无意间碰撞,但前者不足以产生爱情,后者更不足以导致密交。

——莫洛亚[法国]

在社交界如同在戏剧里一样,具有一个角色非常重要,公众需要知道他是应该发笑还是应该赞叹。

——莫洛亚[法国]

在和羞于表达感受的人们交往当中,一个人必须要会掩饰、装糊涂。

——尼采[德国]

志同道合的人并不需要永远待在一起。 ——欧文[英国]

在患难中结下的友谊是世界上最宝贵的东西。 ——普劳图斯[古罗马]

不论是多情的诗句、漂亮的文章,

还是闲暇的欢乐,什么都不能代替亲密的友情。　　——普希金[俄国]

良好的人际关系有助于积极进取。良好的关系能造成亲密的感觉,成为力量的源泉。　　——齐格勒[德国]

赠送礼物和接受礼物,同样需要头脑。　　——塞万提斯[西班牙]

君子如淡水,岁久情愈真;小人口如蜜,转眼若九人。

——莎士比亚[英国]

酒肴即使稀少,只要主人好客,也一样可以尽欢。　——莎士比亚[英国]

友谊好象酒一样,愈是年深日久,便愈是醇美。　　　　——《圣经》

友谊最致命的病患是逐步冷淡,或是嫌怨不是小得不足挂齿,就是多得无法排除。　　——斯迈尔斯[英国]

我的房子里有三把椅子:一把是为孤独而用,两把同用是为友谊,三把一起用是为社交。　　——梭罗[美国]

和一些自己意趣相同的人交往,真可以使人受益不浅。

——泰戈尔[印度]

不能把我们的友谊本身作为目的——我们不应该不惜任何代价地去保持友谊,从而使它受到玷污。如果为了那更伟大的爱,必须牺牲友谊,那也是没有办法的事。　——泰戈尔[印度]

世界上往往有奇怪的事,有的人你和他长住在一起,保持着亲密的关系,然而从来不同他推心置腹地讲真心话;而有些人呢,刚刚相识,就一见如故,彼此像忏悔一样把所有的秘密都泄露出来。　　　　——屠格涅夫[俄国]

飞黄腾达的路上一定点缀着破碎的友谊。　　　——威尔斯[英国]

友谊之花是开在互相理解、互相依赖的土地上的。

——武者小路实笃[日本]

既不请求别人,也不答应别人去做卑鄙的事情,作为友谊的一项原则。

——西塞罗[古罗马]

真正的友谊既能容忍朋友提出的劝告,又能使自己接受劝告。

——西塞罗[古罗马]

所有人都应该是兄弟,这只是那些没有兄弟的人们的幻想。

——夏尔·尚肖那[法国]

像橡树般一寸寸成长起来的友情,要比像瓜蔓般突然蹿起来的友情更为可靠。　——夏洛蒂·勃朗特[英国]

做同一种生意的人们极少相聚,除非为了共同反对公众或抬高价格。

——亚当·斯密[英国]

友谊就是栖身于两个身体中的同一灵魂。　——亚里士多德[古希腊]

想要成为朋友是件快速的事,而友谊则是缓慢成熟的果子。

——亚里士多德[古希腊]

说我们好话的人不一定都是知音。

——约翰·克拉克[尼泊尔]

建立、巩固友谊和善意的最好方法,莫过于互相信赖地闲谈心事和家常。　　　——约翰·洛克[英国]

友谊不再增长的时候,它马上会开始下降——对一个人的友谊总是不进则退,两者之间没有静止的平衡状态。

——詹姆斯[美国]

62 团结;协作

君子周而不比,小人比而不周。①

——[春秋]《论语》

天下无粹白之狐,而有粹白之裘,取之众白也。 ——[战国]《吕氏春秋》

江河之水,非一源之流也;千镒之裘,非一狐之白也。②

——[战国]《墨子》

廊庙之材,盖非一木之枝也。③

——[战国]《慎子》

积土而为山,乘之而后高;积水而为海,积之而后深。故圣人者众之所积也。 ——[战国]《荀子》

弓矢不调,则羿不能以中(zhòng)微;六马不和,则造父不能以致远。④

——[战国]《荀子》

私窃为盟,盟终不固。⑤

——[战国]《左传》

独视不若与众视之明,独听不若与众听之聪,独虑不若与众虑之工。⑥

——[汉]韩婴

众煦(xǔ)漂山,聚蚊成雷。⑦

——[汉]《汉书》

乘众人之智,则无不任也;用众人之力,则无不胜也。⑧

——[汉]《淮南子》

千人同心,则得千人之力;万人异心,则无一人之用。

——[汉]《淮南子》

麋鹿成群,虎豹避之;飞鸟成列,鹰鹫不击。⑨ ——[汉]刘向

同恶相助,同好相留,同情相成,同欲相趋,同利相死。 ——[汉]《史记》

骐骥不能与罢驴为驷,凤凰不与燕雀为群。⑩ ——[汉]《史记》

独思,则滞而不通;独为,则困而不就。⑪ ——[汉]徐幹

和羹之美,在于合异;上下之益,在能相济。⑫

——[晋]《三国志》

万人离心,不如百人同力。

——[北朝]刘昼

---

①周:团结。比:勾结。
②镒:古代重量单位,一镒合二十两或二十四两。
③廊庙:泛指规模宏大的房屋建筑。
④矢:箭。调:协调。羿:传说中夏代有穷国的国君,善于射箭。中微:射中微小的目标。造父:周代善于驾车的人。致远:到达很远的地方。
⑤盟:联盟。
⑥明:眼力明亮。聪:听觉清楚。虑:思虑。工:工巧;周到。
⑦煦:吹气。漂:浮起;移动。
⑧乘:利用;集合。任:担任;担当。
⑨麋鹿:一种性情温顺的动物,喜欢群居,也叫四不像。鹰鹫:鹰和鹫,都是猛禽,捕食小兽及其他鸟类。此句喻指联合起来的弱者可以抵御强大的力量。
⑩骐骥:古代名马。罢:同"疲",乏。驷:同驾一辆车的四匹马。
⑪滞:停滞;滞留。就:成功。
⑫合异:指调和不同的味道。

舍己而从众,是以事半而功倍也。
——[唐]白居易

大厦之构,非一木之枝;帝王之功,非一士之略。① ——[唐]《北史》

珍裘以众腋成温,广厦以群材合构。② ——[唐]《北史》

失众必败,得众必成。
——[唐]陆贽

大木百寻,根积深也;沧海万仞,众流成也。③ ——[唐]马总

孤举者难起,众擎者易趋。④
——[宋]杨万里

孤则易折,众则难摧。⑤
——[宋]《资治通鉴》

人心齐,泰山移。
——[明、清]《增广贤文》

独脚难行,孤掌难鸣。
——[明、清]《增广贤文》

水涨船高,柴多火旺。
——[明、清]《增广贤文》

一根篱笆三个桩,一个好汉三个帮。 ——[明、清]《增广贤文》

一根竹竿容易弯,三根麻绳难扯断。 ——[明、清]《增广贤文》

一花独放不是春,万紫千红春满园。 ——[明、清]《增广贤文》

一块砖头砌不成墙,一根木头盖不成房。 ——[明、清]《增广贤文》

人聚则强,人散则尪(wāng)。⑥
——[清]魏源

五人团结一只虎,十人团结一条龙,百人团结像泰山。 ——邓中夏

一滴水只有放进大海里才永远不会干涸,一个人只有当他把自己和集体事业融合在一起的时候才能最有力量。力量从团结来,智慧从劳动来,行动从思想来,荣誉从奋斗来。我要永远戒骄戒躁,不断前进。 ——雷锋

一朵鲜花打扮不出美丽的春天,一个人先进总是单枪匹马,众人先进才能移山填海。 ——雷锋

合作失败的人,常拆伙,因为彼此责难。合作成功的人,也常拆伙,因为各自居功。直到拆伙之后,发现势单力薄,再回头合作,那关系才变得比较稳固。 ——刘墉

团结一致,同心同德,任何强大的敌人,任何困难的环境,都会向我们投降。 ——毛泽东

一堆沙子是松散的,可是它和水泥、石子、水混合后,比花岗岩还坚韧。
——王杰

一滴晶莹的水珠虽然美丽,但经不起太阳的曝晒;个人的力量再大,也不能单枪匹马杀出天下。⑦ ——魏琼

滴水是有沾润作用,但滴水必加入河海,才能成为波涛。 ——谢觉哉

---

①构:构建。功:功业。略:谋略。
②裘:皮衣。腋:指狐腋,狐狸腋下的毛皮。
③寻:古代长度单位,一寻为八尺。仞:古代长度单位,一仞为七尺或八尺。
④举、擎:举起,指做事。
⑤折:折断。摧:摧毁。
⑥尪:瘦弱;衰弱。
⑦曝晒:晒。

一个人既要"有所为",他知道无论什么事绝不是独个儿办得了的,必须与他人通力合作才成,那时候朋友就像自己的性命一样,友爱情谊自然而然真挚起来。
——叶圣陶

要使你的生活成为有益于他人同时又能发挥你自己潜力的牢固建筑,你必须记住,除非与他人的支持联系在一起,否则无论多么大的力量都难以持久,单枪匹马必将一事无成。
——爱德华[英国]

整个一生,我们都有赖于从一些人群中获得友爱、觉识、尊重、道义支持和帮助。
——爱默生[美国]

正如树枝和树干连接在一起那样,脱离树干的树枝很快就会枯死。
——奥涅格[瑞士]

不管一个人多么有才能,但是集体常常比他更聪明和更有力。
——(尼)奥斯特洛夫斯基[苏联]

单独一个人可能灭亡的地方,两个人在一起可能得救。
——巴尔扎克[法国]

大家团结一心,事业必有成就。计划的事虽然没有全部完成,人多主意多,必能开出新路来。
——池田大作[日本]

弱者的团结、努力和协作是通向胜利的桥梁。
——达·芬奇[意大利]

一个人生活在社会上不仅是单独的个人,他是属于一个整体的,我们得时时顾及这个整体的利益,我们根本不能离开它而独立存在。如果一个人可以离群索居,单独生活⋯⋯真正的幸福将要成为泡影。
——冯塔纳[德国]

在自然界,物质通过结合可以得到增强,而人与人难道不是如此吗?
——弗兰西斯·培根[英国]

应该尊重彼此间的相互帮助,这在社会生活中是必不可少的。
——高尔基[苏联]

要像蜂房里的蜜蜂和土窝里的黄蜂那样,聪明人应当团结在一起。
——高尔基[苏联]

个人如果单靠自己,如果置身于集体的关系之外,置身于任何团结民众的伟大思想的范围之外,就会变成怠惰的、保守的、与生活发展相敌对的人。
——高尔基[苏联]

人应当成为人们的朋友,他的一切都应当归于人们。
——高尔基[苏联]

你的钟声只有在齐鸣的时候才要听见,在单独鸣响时——只会淹没在那些旧钟的一片响声里,像苍蝇掉在油桶里一样。
——高尔基[苏联]

不管人的努力目标是什么,不管他干什么,他单枪匹马总是没有力量的。合群永远是一切有善良思想的人的最高需要。
——歌德[德国]

一个人只靠自己是存在不下去的,因此人总乐于参加一个集体,即使他在那个集体里得不到休息,但无论如何他总可以得到心灵平静与人身的安全。
——歌德[德国]

一个人对那些跟自己习性相投的人是不会长期不和的,总会一再与他们取得一致的看法;对那些习性完全相反的人,可能徒劳地想方设法去保持和睦,但终归还是会同他们分道扬镳的。
——歌德[德国]

一个人要帮助弱者,应当自己成为强者,而不是和他们一样变成弱者。
——罗曼·罗兰[法国]

任何一种不为集体利益打算的行动,都是自杀行为,它对社会有害,也就是对自己有害。 ——马卡连柯[苏联]

我们知道个人是微弱的,但是我们也知道整体就是力量。
——马克思[德国]

人就像藤萝,他的生存靠别的东西支持,他拥抱别人,就从拥抱中得到了力量。 ——蒲柏[英国]

凡事若聚在一起商量一下,大家都会变聪明的。 ——普劳图斯[古罗马]

不论是爱情、友情或尊敬之心,都不能像对某种事物的共同的仇恨那样,可以把人们团结在一起。
——契诃夫[俄国]

蚊子如果一齐冲锋,大象会被征服;蚂蚁如果一齐进攻,狮子也会抵挡不住。 ——萨迪[波斯]

不管一个人的力量大小,他要是跟大家合作,总比一个人单干能发挥更大的作用。 ——塞缪尔·巴特勒[英国]

金字塔是用一块块的石头堆砌而成的。 ——莎士比亚[英国]

一滴水怎样才能不干涸?——把它放到大海里去。
——释迦牟尼[印度]

单个人是软弱无力的,就像漂泊的鲁滨逊一样,只有同别人在一起,他才能完成许多事业。 ——叔本华[德国]

人类终将发现,团结一致更容易满足人类自身的所需,更容易避开包围他们的危险。 ——斯宾诺莎[荷兰]

人们所谓的社会美德,和睦的相处关系,通常不过是挤成一团的猪的美德,它们紧挨在一起是为了相互取暖。
——梭罗[美国]

唯有具备强烈的合作精神的人,才能生存,创造文明。——泰戈尔[印度]

事物整体的力量比任何单独的个人的力量更强大,正如我们的共同因素比我们自己的志趣更强大一样。
——屠格涅夫[俄国]

真正的效率,是由人的自愿合作产生的。 ——威尔逊[美国]

即使是弱者,强大的敌人也无可奈何,只要他们团结起来;正如挤在一块儿的蔓藤,连狂风也没有法子把它们吹坏。 ——《五卷书》[古印度]

大家能够互相尊重互相爱护、互相帮助,这是自然期望我们人类的生活方式。 ——武者小路实笃[日本]

团结就是力量。
——伊索[古希腊]

人多了,个人肩膀上的责任就减轻了。 ——易卜生[挪威]

船的沉没,任何一个乘客不能不关心。船沉没以后,绝不可能一部分人遇难,另一部分人幸免。——雨果[法国]

63 敌人；坏人

草茅弗去,则害禾谷;盗贼弗诛,则伤良民。① ——[战国]《管子》

量敌而后进,虑胜而后会。② ——[战国]《孟子》

非我而当(dàng)者,吾师也;是我而当者,吾友也;谄谀我者,吾贼也。③ ——[战国]《荀子》

怀重宝者不以夜行,任大功者不以轻敌。 ——[战国]《战国策》

一日纵敌,数世之患。 ——[战国]《左传》

器械不利,以其卒予敌;卒不可用,以其将予敌也;将不知兵,以其主予敌也;君不择将,以其国予敌也。 ——[汉]《汉书》

欲投鼠而忌器。④ ——[汉]贾谊

锄一害而众苗成,刑一恶而万民悦。⑤ ——[汉]《盐铁论》

不知其敌,每战必殆。⑥ ——[三国]诸葛亮

邪正之人不共国,亦犹冰炭不可同器。 ——[南朝]范晔

与恶人居,如入鲍鱼之肆,久而自臭。⑦ ——[北朝]《颜氏家训》

太行之路能摧车,若比人心是坦途;巫峡之水能覆舟,若比人心是安流。⑧ ——[唐]白居易

射人先射马,擒贼先擒王。 ——[唐]杜甫

大海波涛浅,小人方寸深;海枯终见底,人死不知心。⑨ ——[唐]杜荀鹤

敌存灭祸,敌去召过。⑩ ——[唐]柳宗元

山有朽坏,虽大必亏;木有蠹虫,其荣易落。⑪ ——[五代]《旧唐书》

逆吾者是吾师,顺吾者是吾贼。 ——[宋]江少虞

小人能媚人,人喜与之亲,不幸而同利害,必巧为中伤。⑫ ——[宋]林逋

君子如嘉禾也,封殖之甚难,而去之甚易;小人如恶草也,不种而生,去之复蕃。⑬ ——[宋]苏轼

---

①草茅:杂草。弗:不。去:除去。禾谷:庄稼。诛:诛杀。
②量:估量。进:进兵。虑:考虑。会:交锋。
③非:批评。当:合适,适宜。是:肯定。谄谀:奉承,献媚。贼:害人的人。
④投:掷,掷打。忌:顾忌,顾虑。器:器皿。
⑤害:指害草。刑:清除;铲除。恶:恶人,坏人。
⑥殆:危险。
⑦居:相处。鲍鱼:咸鱼。肆:店铺。自臭:自己变得腥臭。
⑧太行:太行山。摧:损毁。坦途:平坦的大路。覆舟:把船颠覆。安流:平稳的河流。
⑨方寸:指人的内心。
⑩灭:消除。过:过失。
⑪亏:坍塌。蠹虫:蛀虫。荣:草木茂盛。落:叶落,枯萎。
⑫媚人:有意讨人喜欢。
⑬嘉禾:好庄稼。封殖:培土种植,又作"封植"。恶草:野草。复:又。蕃:繁殖;滋生。

飏下屠刀,立地成佛。①
——[宋]《五灯会元》
便令江海竭,未厌虎狼求。②
——[宋]章甫
乱臣贼子,人人得而诛之。
——[宋]朱熹
君子小人,如冰炭之不兼容,薰莸之不相入。③
——[宋]朱熹
常将冷眼看螃蟹,看你横行得几时!④
——[元]杨显之
冤家宜解不宜结,各自回头看后头。⑤
——[明]冯梦龙
子系中山狼,得志便猖狂。⑥
——[明]《红楼梦》
为人而除害者,则愈猛而愈善;对害人者而容纵之,则愈宽而愈恶。
——郭沫若
敌人要从宽认定,朋友要从严录取。
——李敖
一个时候,只能骂一个人,或一种人,或一派人,决不宜多树敌人。所以骂人的时候,万勿连累旁人,即使必须牵涉的人,你也要表示好意,否则回骂之声纷至沓来,使你无从应付。
——梁实秋
敌人是不足惧的,最可怕的是自己营垒里的蛀虫,许多事都败在他们手里。
——鲁迅
横眉冷对千夫指,俯首甘为孺子牛。
——鲁迅
和朋友谈心,不必留心;但和敌人对面,却必须时刻防备。
——鲁迅
自称盗贼的无须防,其反倒是好人;自称正人君子的必须防,得其反则是盗贼。
——鲁迅
一流高手是眼睛里面没有对手,所以我经常说我没有对手,原因是我心中没有对手。心中有敌,天下皆为尔敌人;心中无敌,无敌于天下。
——马云
不破不立,不塞不流,不止不行,它们之间的斗争是生死斗争。
——毛泽东
千万不要与同一个敌人交战过频,否则他会把你的战术都学去的。
——爱默生[美国]
朋友一千个还太少,敌人一个也嫌多。
——阿·巴巴耶娃[苏联]
你如果希望进行有效的攻击,那就要首先剥夺敌人的自卫能力,要出其不意地去进攻敌人。
——巴·利德尔[英国]
如果一个人害怕树敌,他就不会成为政治家。
——伏契克[捷克斯洛伐克]
开玩笑不可能化敌为友,却可能化

———
①飏:放开;放下。
②竭:竭尽。厌:同"餍",满足。
③薰:指一种有香味的草。莸:指一种有臭味的草。
④冷眼:轻蔑的眼光,引申为冷静客观的态度。螃蟹:比喻横行霸道的坏人。
⑤冤家:指仇人、对头。解:解开;消除。结:编织;凝聚。
⑥子:你。系:是。中山:古地名。中山狼:喻指恩将仇报、没有良心的人。

友为敌。　　——富兰克林[美国]

对于不可救药的人的处置是比较好办的,处死比让他活着更减少一些罪恶,因为他们活着肯定变成更坏的人。
　　——格老修斯[荷兰]

对敌人应该行最大的宽大。我们应该避免不必要地杀害一条生命,并且应该对不幸的人们给予一切人道的待遇。　　——葛德文[英国]

我要有一个仇敌,或者有一个挚友,那该多好啊:仇敌会使我把全副心思集中在他的身上,而使我忘却这痴心的爱;挚友则将给我以规劝,打消我这自作多情的妄想。
　　——格里美尔斯豪森[德国]

一个真正的敌人能灌注你无限的勇气。　　——卡夫卡[奥地利]

你的敌人推荐的朋友,对你可没有多大用处!　　——克雷洛夫[俄国]

守法和有良心的人即使有迫切的需要也不会偷窃,可是即使把百万金元给了盗贼,也没法儿指望他从此不偷不盗。　　——克雷洛夫[俄国]

根据外表来判断是多么容易上当,而俗人又是多么重视这种根据外表的判断;我也感到,有罪者放肆大胆、趾高气扬,而无辜者反而羞愧满面、局促不安,这又是多么常见的事啊!
　　——卢梭[法国]

一个敌人不为少,不增为好;千个朋友不为多,应再多交。
　　——鲁达基[波斯]

我以为再没有比那些只顾自己鼻尖底下的一点事情的人更可恶的人了。
　　——罗素[英国]

一个被侮辱的正人君子和一个坏蛋拼命有什么用?　——莫泊桑[法国]

温和的对待,不会使敌人变成朋友。　　——萨迪[波斯]

弱小的敌人对你表示友好,往往只是蓄意成为你的强敌。
　　——萨迪[波斯]

不要向敌人述说你的悲哀,他会表面同情,暗中称快。　——萨迪[波斯]

假如今天不把火焰扑灭,明天它会烧毁世界;假如你能先把敌人射中,不要容他搭箭张弓。　——萨迪[波斯]

不要接受敌人的哄骗,也不要听信佞人的逢迎;前者布下虚伪的网,后者张开了贪求的嘴。
　　——萨迪[波斯]

能够消灭敌人时,如果不把敌人消灭,便是和自己为敌。　——萨迪[波斯]

对于顽劣的人不要浪费光阴!芦苇里不会产生蜜汁!　——萨迪[波斯]

对坏人行好事,就是往海里倒水。
　　——塞万提斯[西班牙]

要识透敌人的用意、打算、诡计和困境,要防止预料到的危险,光靠体力行吗?这都是费心思的事,体力是用不上的。　　——塞万提斯[西班牙]

对于叛逆的人,人家是像对待狐狸一般不能加以信任的,无论它怎样驯良,怎样习于豢养,怎样关锁在笼子里,总不免存留着几分祖传的野性。
　　——莎士比亚[英国]

朋友加上的伤痕,出于忠诚;仇敌

连连亲嘴,却是多余。——《圣经》

甚至连受惠于叛徒的人,也痛恨叛徒。——塔西佗[古罗马]

躲避自己的敌人,不知道他们的习惯和生活方式,这是多么荒谬!要是我想射杀树林里的一只狼,我就得先知道所有它经常走的路。
——屠格涅夫[俄国]

刻毒的仇人比那些表面合意的朋友对人更有用处,前者说的常常是实话,而后者从来不会讲实话。
——西塞罗[古罗马]

朋友是宝贵的,但敌人也可能是有用的。朋友会告诉我,我可以做什么;敌人将教育我,我应当怎样做。
——席勒[德国]

要是大伙儿对残暴的人都一味和气,一味顺从,那坏人可就要由着性儿胡作非为了;他们就永远不会有什么顾忌,他们也就永远不会改好,反而会变得越来越坏。
——夏洛蒂·勃朗特[英国]

对于那些连自家人都要陷害的人,必须特别警惕。——伊索[古希腊]

那些背弃祖国、投奔异乡邦的人,既不受异邦人的尊敬,又为同胞所唾弃。——伊索[古希腊]

64 安危;灾祸

善除患者,理于未生。①
——[周]《太公六韬》

安而不忘危,存而不忘亡,治而不忘乱。②
——[周]《周易》

祸兮福之所倚,福兮祸之所伏。③
——[春秋]《老子》

祸莫大于不知足,咎莫大于欲得。
——[春秋]《老子》

祸莫大于轻敌。
——[春秋]《老子》

既来之,则安之。④
——[春秋]《论语》

千里之堤,以蝼蚁之穴溃。⑤
——[战国]《韩非子》

福莫长于无祸。⑥
——[战国]《荀子》

满则思嗛,平则思险,安则思危。⑦
——[战国]《荀子》

安危相易,祸福相生。⑧
——[战国]《庄子》

螳螂捕物,鹊随其后。
——[战国]《庄子》

居安思危,思则有备,有备无患。
——[战国]《左传》

福在积善,祸在积恶。
——[秦]黄石公

---

①生:发生。
②治:社会安定太平。乱:社会动荡不安。
③倚:倚靠;依附。伏:潜伏;隐藏。
④来:招徕,招人来归附。安:使安心。
⑤蝼:蝼蛄,一种昆虫,生活在泥中。蚁:蚂蚁。溃:决口。
⑥莫:没有……更……。长:指超过、胜过。
⑦满:满足。嗛:欠缺。平:平坦。险:危险。安:安定。危:危急。
⑧易:变换。生:产生。

利为害本,而福为祸先。
——[汉]韩婴

安不忘危,存不忘亡。
——[汉]《汉书》

善游者溺,善骑者堕,各以其所好,反自为祸。 ——[汉]《淮南子》

塞翁失马,焉知非福。①
——[汉]《淮南子》

祸不妄至,福不徒来。
——[汉]《史记》

祸至不惧,福至不喜。
——[三国]《孔子家语》

安有巢毁而卵不破乎?
——[南朝]《后汉书》

盲人骑瞎马,夜半临深池。②
——[南朝]《世说新语》

居安思危,戒奢以俭。
——[唐]魏徵

鉴形之美恶,必就于止水;鉴国之安危,必取于亡国。③ ——[唐]魏徵

患难之生,皆生于利;苟不求利,祸从何来?④ ——[唐]姚思廉

乐不可极,乐极生哀;欲不可纵,纵欲成灾。 ——[唐]《贞观政要》

天有不测风云,人有旦夕祸福。
——[元]《包龙图智赚合同文字杂剧》

福无双至犹难舍,祸不单行却是真。 ——[元]《琵琶记》

身后有余忘缩手,眼前无路想回头。 ——[清]《红楼梦》

福近易知,祸远难见。
——[清]《镜花缘》

吃亏是福。 ——[清]郑燮

贪安稳就没有自由,要自由就要历些危险。只有这两条路。 ——鲁迅

一颗高尚的心应当承受灾祸而不是躲避灾祸,因为承受灾祸显示了意志的崇高,而躲避灾祸显示了内心的怯懦。 ——阿雷蒂诺[德国]

当人世间至高无上的主人——灾难——发现自己不能分享你那盛大的筵席时,它能忍气吞声吗?什么样鸿运当头的人没吃过它的苦头。
——巴尔扎克[法国]

灾难是人的真正试金石。
——包蒙[英国]

祸与福的相倚相伏,是一种耐人寻味而又几乎普遍存在的现象。
——查尔思·里德[英国]

当危险逼近时,善于抓住时机迎头邀击它要比忧郁躲闪它更有利,因为忧郁的结果恰恰是错过了克服它的机会。
——弗兰西斯·培根[英国]

当危险迫近时,唯一有利的行为是先用冷静的头脑,估量自己所可支配的力量以和面前的危险相比较,然后再决定最有希望的办法是否为逃避、防御或进攻。至于恐怖实属无益,没有恐怖反而可以有较好的效果。你们还可知道

---

①塞:边塞,边疆地区的要塞。
②夜半:半夜。临:靠近,挨着。
③第一个"鉴":照见。第二个"鉴":洞察。恶:丑。止水:不流动的水。亡国:指前代亡国的教训。
④苟:如果。

过分的恐怖最为有害,那时各种行动都变得麻木了,连逃避也不能举步了。
——弗洛伊德[奥地利]

要等到一切危险都过去才起航的人,永远也出不了海。——富勒[英国]

大祸过后,必有大福。
——歌德[德国]

继续成功只能引我们走向世界的一端,灾难却能将我们调转,让我们看到世界的另一端。
——科尔顿[阿根廷]

在我们中间,谁最能容忍生活中的幸福和忧患,我认为就是受了最好教育的人。——卢梭[法国]

实力永远意味着责任和危险。
——罗斯福[美国]

一个人的灾祸都是自己的过失造成的。——莫里亚克[法国]

不要以为林莽中空无一物,那儿也许有一只老虎睡觉。——萨迪[波斯]

灾难是与人类形影不离的伙伴。
——莎士比亚[英国]

只有最没出息的家伙,才去墙底下避难。——莎士比亚[英国]

要是你不是永生不死的,那么警戒你的四周吧,阴谋是会毁坏你的安全的。——莎士比亚[英国]

患难可以试验一个人的品格,非常的境遇方才可以显出非常的气节;风平浪静的海面,所有船只都可以并驱竞胜;命运的铁拳击中要害的时候,只有大勇大智的人才能够处之泰然。
——莎士比亚[英国]

太平景象最能带来一种危险,就是使人高枕无忧;所以适当的疑虑还是智者的照灯,是防患于未然的良方。
——莎士比亚[英国]

小事不忍耐,必招大灾难。
——莎士比亚[英国]

祸患追罪人,义人必得善报。
——《圣经》

罪孽纵能骗取短暂的荣华,却决不能给人以真正的幸福;人们犯下的罪恶,在罪行发生以后,其后遗留下的恶影响还会长期存留,如同被谋杀者的阴魂永远缠绕着凶手一般。而正直的人所走的道路,尽管很少达到世俗的炎炎赫赫,但始终是愉快和安宁的。
——司各特[英国]

已经知道的危险总比还不知道的危险好些。——斯蒂文森[英国]

让我不要祈求免遭危难,只让我能大胆地面对它们。——泰戈尔[印度]

世界上任何太美的事物背后都隐藏着某种悲剧。——王尔德[英国]

危险还没有来到的时候,就应该未雨绸缪事先预防;一旦看到危险临头,就应该毫不犹豫地先下手为强。
——《五卷书》[古印度]

小节的怠忽往往逐渐积习成后患,终至酿成大变。
——亚里士多德[古希腊]

患难不是永恒。像欢乐消逝那样,患难也要消灭。
——《一千零一夜》[阿拉伯]

有福不肯与人共享,有祸也不会有

人同当。　　——伊索[古希腊]

灾难来自意想不到的地方,最使受害者难受。　　——伊索[古希腊]

人们的灾祸常成为他的学问。

——伊索[古希腊]

人逢危难,总有一个成败攸关的时刻。　　——雨果[法国]

65　幸福

安身为乐,无忧为福。

——[晋]《三国志》

幸福是一种心灵的震颤,它像会倾听音乐的耳朵一样,需要不断地训练。

——毕淑敏

幸福并不与财富、地位、声望、婚姻同步,它只是你心灵的感觉。

——毕淑敏

幸福就是没有痛苦的时刻,它出现的频率并不像我们想象的那样少。

——毕淑敏

幸福把人生活的苦难和幸福分置天平两端,苦难体积庞大,幸福可能只是一块小小的矿石。但指针一定要向幸福这一侧倾斜,因为它有生命的黄金。　　——毕淑敏

我们在分给他人幸福的同时,也能正比例地增加自己的幸福。　——冰心

人生没有绝对的幸福,也没有绝对的痛苦,幸福与痛苦永远是连接在一起的。　　——冰心

如果不品尝生命的苦难,幸福又有什么可贵呢!　　——郭枫

幸福和满足成正比,和欲望成反比。　　——李光斗

人生的幸福来自于自我心扉的突然洞开。　　——林清玄

人的生活,只有在精神和物质两方面都达到丰富和美好,这才是幸福的。

——刘心武

幸福永远存在于人类不安的追求中,而不存在与和谐与稳定之中。

——鲁迅

人们常以为清闲就是幸福。其实,清闲正是生命力的浪费和萎缩。偶尔在忙碌之中有点清闲的机会,那是休息,也是收获和享受。但经常的清闲却是生命的僵化,所感到的将不是悠闲,而是消沉。　　——罗兰

一个人能有真正静下来的属于自己的、不受外界干扰的时间,是一种难得的幸福。　　——罗兰

追求一个梦想是一种绝大的幸福和快乐。　　——罗兰

一心直奔幸福的人,缺少承受的准备;甘愿接受苦难的人,能亲手创造幸福。　　——莫小米

最幸福的人就在于他们有一种天赋——自行其乐。　——史铁生

一个心中没有秘密的人,不会幸福;一个心中有太多秘密的人,一定痛苦。　　——汪国真

即使自己变成了一撮泥土,只要它是铺在通往真理的大道上,让自己的伙伴们大踏步地冲过去,也是最大的幸福。　　——吴运铎

想不付出任何代价而得到幸福,那是神话。——徐特立

幸福是要用自己的心去细细体味的,幸福或许就是在阳光灿烂的下午你们两小无猜的一对拉起手来的刹那。
——杨晓辉

幸福是深埋在沙土里的黄金,是一粒粒尚未萌芽的花蕾,不靠自己的手去挖掘、去栽种,它就永远懒得来到你的面前。——姚欣宏

不羡慕别人,也不炫耀自己,欣赏自己所欣赏的一切,离开自己所不喜欢的一切,这种朴素,岂不是幸福的最高境界?——余杰

建筑在别人痛苦上的幸福,不是真正的幸福。 ——阿·巴巴耶娃[苏联]

只能当一个人的生命在辉煌中结束时,我们才敢说他是幸福的。
——埃斯库罗斯[古希腊]

使时间充实就是幸福。
——爱默生[美国]

你每发怒一分钟,便失去了六十秒钟的幸福。 ——爱默生[美国]

请学会通过使别人幸福快乐来获取自己的幸福,而不要用同类相残的无聊冲突来获取幸福。
——爱因斯坦[美国]

幸福并不在于享有幸福,而是在于争取幸福、追求幸福。
——安德烈耶夫[俄国]

我相信,没有什么生命会被忘记,每个生命会得到自己可以享受的、适宜于自己的一份幸福。
——安徒生[丹麦]

幸福并不在金币挥霍的庑屋底下。
——巴尔扎克[法国]

丧失了朝思暮想的幸福,放弃一切前程,比起丧失已经感受到的幸福——即使这幸福很完善——那痛苦更加剧烈。 ——巴尔扎克[法国]

越是别人都羡慕我的幸福,我就觉得这幸福更有滋味。
——巴尔扎克[法国]

幸福是不可捉摸的,你从来不知道它是不是存在。要考察你是不是幸福,只有去看看你周围的人。
——巴甫连柯[苏联]

把美德、善行传给你的孩子们,而不是留下财富,只有这样才能给他们带来幸福。 ——贝多芬[德国]

真正的幸福绝不定居于一处,探寻无处,却到处存在;金钱无法购买,却随时间可得。 ——波普尔[英国]

永远不要离开义务和荣誉的道路,这是我们得到幸福的唯一源泉。
——布丰[法国]

德高望重的人,不论处在自由的境遇,或处在奴隶的境遇,常是幸福的。
——布拉顿[英国]

幸福的斗争不论它是如何艰难,它并不是一种痛苦,而是快乐,不是悲剧而只是喜剧。
——车尔尼雪夫斯基[俄国]

人生的幸福大致可归为两种:一种是因欲望的满足而感到的幸福,另一种

是生命自体的跃动和充实感所产生的幸福。　　　——池田大作[日本]

幸福绝不是别人赐予的,而是一点一滴在自己生命之中筑建起来的。
　　　　　　——池田大作[日本]

使人幸福的不是身体强壮,也不是金钱,而是正直和谨慎。
　　　　　——德谟克里特[古希腊]

有时候,人们在失去幸福之后,头脑反会清醒,因为梦幻往往使人神志恍惚和不明事理。　——法拉第[英国]

幸福的最大障碍,就是期待过多的幸福。　　——丰特奈尔[法国]

一个人如果一天 12 小时 720 分钟内没有碰到特别的烦恼,那么就可以认为他确确实实过完了幸福的一天。
　　　　　　　——冯塔纳[德国]

一个人的幸福主要还是造就于自己的手,所以诗人说:"人人都可以成为自己的幸福的建筑师"。
　　　　　——弗兰西斯·培根[英国]

幸福是一个债主,借你一刻钟的欢悦,叫你付上一船的不幸。
　　　　　　　——福楼拜[法国]

要幸福的唯一办法就是只把自己囚禁在艺术中,而把别的事情都看作无关紧要。　　　——福楼拜[法国]

获得幸福有两条途径:一为减少欲望,一为增加财富。
　　　　　　——富兰克林[美国]

幸福生于"知忧",祸患起于"逸乐"。　　　　——富兰克林[美国]

与其说人类的幸福来自偶尔发生的鸿运,不如说来自每天都有的小实惠。　　　——富兰克林[美国]

只有在对美好事情的自觉追求中,才有真正的幸福。　——高尔基[苏联]

谁也不满足一点点幸福,可是幸福多了,就没有价值了。
　　　　　　　——高尔基[苏联]

太阳是幸福的,因为它光芒四照;海也是幸福的,因为它反射着太阳欢乐的光芒。　　——高尔基[苏联]

不论在哪里,自己的幸福是要靠自己去创造,去寻觅。
　　　　　　——哥尔斯密[英国]

最大的幸福在于我们的缺点得到纠正,以及我们的错误得到补救。
　　　　　　　——歌德[德国]

谁是最幸福的人?乃是能感到他人的功绩、视他人之乐如自己之乐的人。　　　　——歌德[德国]

最大的幸福在于憧憬,而真正的憧憬是以那些得不到的东西为对象。
　　　　　　　——歌德[德国]

命运总是要给我们获得的任何幸福加上一点苦味!　——歌德[德国]

关键不在于破坏而在于建设,建设才使人类享受纯真的幸福。
　　　　　　　——歌德[德国]

当一扇幸福之门关上时,另一扇幸福之门会打开;但我们往往在那扇关闭的门前茫然呆立过久,以致看不见另一扇已向我们打开的门。
　　　　　——海伦·凯勒[美国]

幸福是见异思迁的娼妇,不会安静

地待在一个地方。　　——海涅[德国]

幸福的大秘诀是：与其使外界的事物适应自己，不如使自己去适应外界的事物。　　——海普[美国]

当你追求幸福时，幸福往往逃避你；但当你逃避幸福时，幸福却又常常跟随你。　　——海伍德[英国]

如果幸福在于肉体的快感，那么就应当说，牛找到草料吃的时候，是幸福的。　　——赫拉克利特[古希腊]

幸福是一个不断渴望的过程，从一个目标到另一个目标；达到前者就开辟了通向后者的道路。

——霍布斯[英国]

获得幸福的秘诀，并不在为追求快乐而竭尽全力，而是在竭尽全力之中寻到快乐。　　——纪德[法国]

幸福生长在我们自己的火炉边，而不能从别人的花园中采得。

——杰罗尔德[英国]

做一个给别人带来光明而无私地贡献自己一切力量的人，才是人生伟大的幸福。　　——捷尔任斯基[苏联]

比起那种一味用阴暗的前景使自己的生活乐趣失色的人来，人们倒可以把一个经得住一切事变的人视为一个更幸福的人。　　——康德[德国]

幸福的概念是极不确定的，虽然人人皆欲得之，却无人能明确地、连贯地说出他所希望与乞求的到底是什么。

——康德[德国]

身强力壮的固然是幸福，然而聪明智能的还要幸福数倍！

——克雷洛夫[俄国]

幸福后面是灾祸，灾祸后面是幸福。　　——拉罗什富科[法国]

幸福在于趣味，而不在于事物。我们幸福在于我们拥有自己的所爱，而不在于我们拥有其他人觉得可爱的东西。

——拉罗什富科[法国]

要在自身找到幸福是不容易的，要在别的地方找到幸福则是不可能的。

——里西利耳[美国]

幸福不是你经历的事，而是你记得的事。　　——利万特[美国]

幸福存在于生活之中，而生活存在于劳动之中。

——列夫·托尔斯泰[俄国]

幸福不表现为造成别人的哪怕是极小的一点痛苦，而表现为直接促成别人的快乐和幸福。

——列夫·托尔斯泰[俄国]

只有爱，只有牺牲，才是唯一真实的不为客观情况所左右的幸福。

——列夫·托尔斯泰[俄国]

做好事的乐趣乃是人生唯一可靠的幸福。　　——列夫·托尔斯泰[俄国]

为自己的幸福活着的人，低劣；为别人的幸福活着的人，渺小；为大多数人的幸福活着的人，高尚。

——列夫·托尔斯泰[俄国]

对于大多数人来说，他们认定自己有多幸福，就有多幸福。

——林肯[美国]

人间最大的幸福莫如既有爱情又

清白无瑕。　　　——卢梭[法国]

人在世上越离开尘俗，越接近自己，就越幸福。　　——卢梭[法国]

我宁肯为我所爱的人的幸福而千百次地牺牲自己的幸福。

——卢梭[法国]

幸福是灵魂的一种香味，是一颗歌唱的心的和声，而灵魂最美的音乐是慈悲。　　　——罗曼·罗兰[法国]

能使你所爱的人快乐，是世界上最大的幸福。错过这样的幸福是荒唐的。

——罗曼·罗兰[法国]

幸福不在于拥有金钱，而在于获得成就时的喜悦以及产生创造力的激情。

——罗斯福[美国]

得不到渴望得到的一些东西，是幸福的一个必不可少的组成部分。

——罗素[英国]

幸福就像夕阳——人人都可以看得见，但多数人的眼睛却望向别的地方，因而错过了机会。

——马克·吐温[美国]

我们希望比别人更幸福，就会感到很难实现，因为我们对于别人幸福的想象总是超过实际情形。

——孟德斯鸠[法国]

我学到了寻求幸福的方法，限制自己的欲望而不是设法满足它们。

——弥尔顿[英国]

对于平凡的人来说，平凡就是幸福。　　　　　——尼采[德国]

人类的一切努力的目的在于获得幸福。　　　　——欧文[英国]

人类的幸福只有在身体健康和精神安宁的基础上，才能建立起来。

——欧文[英国]

人要想得到幸福，就必须使自己所有的才能、力量和志趣照自己的本性得到很好的发展，并在自己一生各个相应的阶段得到适应的应用。

——欧文[英国]

一无所求的人是幸福的，因为他永远也不会失望。　　——蒲伯[英国]

一个陶醉在爱情中的幸福的人，幸福到了痛苦的地步，他的微笑、眼睛、一举一动都表现了难忍的幸福。

——契诃夫[俄国]

为了不断地感到幸福那就要：一、善于满足现状；二、很高兴地感到："事情原本可能很糟呢！"

——契诃夫[俄国]

人在幸福之中不可忘记躲在身后的灾难或痛苦。　——乔叟[英国]

生活中唯一的幸福就是：爱和被爱。　　　　——乔治·桑[法国]

我们得到的一切幸福都是劳动、辛苦、自我克制和学习的成果。

——萨姆纳[美国]

一个人知道自己的短处，能够改过自新就是幸福。　——莎士比亚[英国]

幸福是一种最珍稀的葡萄美酒，而对情趣粗俗的人来说，似乎淡而无味。

——史密斯[英国]

幸福是存在于心灵的平和及满足中的。　　　——叔本华[德国]

人类幸福的两大敌人是痛苦和无

聊。　　　——叔本华[德国]
　　通往幸福的最错误的途径,莫过于名利、宴乐和奢华生活。
　　　　　　　——叔本华[德国]
　　人类所以要生存在世界上,并非为了要当富翁,而是为了获得幸福。
　　　　　　　——司汤达[法国]
　　人人有享受人生幸福的权利,而获得爱情是人生的一种幸福。
　　　　　　　——司汤达[法国]
　　不欲求什么才是最大的幸福。
　　　　　　——苏格拉底[古希腊]
　　一个人若不经历艰难险阻,没有体验紧张情感,就不会懂得幸福。
　　　　　　——苏霍姆林斯基[苏联]
　　幸福只会给予不怕劳动的人,或多于忘我劳动的人。
　　　　　　——苏霍姆林斯基[苏联]
　　真正个人幸福在于履行义务,对社会、政治和思想所尽的义务越多,个人就越幸福。　——苏霍姆林斯基[苏联]
　　人不进棺材,谁也称不上幸福,而至多不过是幸运。　——梭伦[雅典]
　　每个人都是自己幸福的工匠。
　　　　　　　——梭罗[美国]
　　幸福没有明天,也没有昨天,它不怀念过去,也不向往未来;它只有现在。
　　　　　　——屠格涅夫[俄国]
　　你想成为幸福的人吗?那你首先要学会吃苦。　——屠格涅夫[俄国]
　　幸福是想象中的东西。从前,生者认为死者幸福,孩子则认为大人幸福。
　　　　　　——托马斯·曼[德国]

　　如果你能成功地选择劳动,并把自己的全身精神关注在它里面去,那么幸福本身就会找到你。
　　　　　　——乌申斯基[俄国]
　　只为自己打算的人并不幸福,幸福的是也为别人打算。
　　　　　　——《五卷书》[古印度]
　　没有一种苦行能比得上忍耐,没有一种幸福比得上乐天知命。
　　　　　　——《五卷书》[古印度]
　　世界上唯一成倍增加幸福的办法是将其分摊。
　　　　　　　——席勒[瑞士]
　　幸福有翅膀,要把它拴牢,难中至难。　　　　　——席勒[德国]
　　正像我们无权只享受财富而不创造财富一样,我们也无权只享受幸福而不创造幸福。
　　　　　　——萧伯纳[爱尔兰]
　　终身幸福!这是任何活着的人都无法忍受的,那将是人间地狱。
　　　　　　——萧伯纳[爱尔兰]
　　醉心于某种癖好的人是幸福的。
　　　　　　——萧伯纳[爱尔兰]
　　如果一个人只有幸福,那他就不会懂得什么叫幸福。只有尝过悲哀的人才能真正体会到幸福的甜美。
　　　　　　——英格丽·褒曼[瑞典]
　　人生至高的幸福,便是感到自己有人爱;有人为你是这个样子而爱你,更进一步说,有人不问你是什么样子而仍旧一心爱你。　——雨果[法国]

66　困难；痛苦

丈夫四方志,安可辞固穷？①
——[春秋]《论语》

简发(fà)而栉,数米而炊,窃窃乎又何足以济世哉。②
——[战国]《庄子》

仁不异远,义不辞难。③
——[汉]《汉书》

天将与之,必先苦之。④
——[汉]刘向

垢莫大于卑贱,而悲莫甚于穷困。
——[汉]《史记》

路不险则无以知马之良,任不重则无以知人之德。——[汉]徐干

天若无霜雪,青松不如草。
——[唐]唐备

朝餐是草根,暮食仍木皮。⑤
——[唐]元结

困难乃见才,不止将有得。⑥
——[宋]欧阳修

看似寻常最崎岖,成如容易却艰辛。——[宋]王安石

痛定思痛,痛何如哉？⑦
——[宋]文天祥

老来行路先愁远,贫里辞家更觉难。——[金]元好问

宝剑锋从磨砺出,梅花香自苦寒来。⑧　——[明、清]《增广贤文》

咬得菜根,百事可做。
——[清]陈世仪

须知极乐神仙境,修炼多从苦处来。
——[清]袁枚

个人的痛苦与欢乐,必须融合在时代的痛苦和欢乐里。——艾青

人生中总是有灾难。其实大多数人早已练就了对灾难的从容,我们只是还没有学会灾难间隙的快活。我们太多注重了自己警觉苦难,我们太忽视提醒幸福。——毕淑敏

人生本质是痛苦,痛苦之源,乃是爱情过重。——冰心

苦痛的阅历,使我们理解人生。
——曹聚仁

苦难是一种积蓄,一种不断给人的生命意志补充养分的积蓄。
——陈祖芬

苦难也是上帝赐予我们的一种生活。——迟子建

苦难里可以找到生活的蜜汁,困境中可以发现真正生活的通途,失败中可以求得避免失败的经验。——冯骥才

---

① 丈夫:大丈夫,有作为的人。四方:东西南北,比喻远大。安可:怎么能。辞:推辞;回避。固穷:把艰难困苦视为理所当然。

② 简:选择。栉:梳理头发。炊:做饭。窃窃:形容细小、琐碎。

③ 仁:施加仁爱。不异远:不因遥远而放弃。义:推行道义。不辞难:不因艰难而退却。

④ 将:将要。与:给予;任用。必:必定。苦之:苦其心志。

⑤ 木皮:树皮。

⑥ 才:人才。不止:坚持不懈。

⑦ 何如:怎么样？

⑧ 磨砺:磨刀石;用磨刀石磨。

没有天生的顺利的机会,顺利是从困难中开辟出来的。　——冯雪峰

只要是人,就有痛苦,只是你没有勇气去克服它而已,如果你有这种勇气,它就会变成一种巨大的力量。否则你只有终生被它践踏奴役。　——古龙

岁寒然后知松柏,没有经过患难,一个人的真面目实在也不容易知道。
　——郭沫若

生活中的确有一些人想用苦难毁掉你,但结果往往是苦难塑造了你。
　——韩美林

痛苦也不错,没有痛苦也不觉得什么叫不痛苦。痛苦和幸福不是对立着的两方面,它的对立方叫不痛苦。
　——韩美林

我们是生物的一种,所以我们不能解脱一切生物对人世的执着。这是痛苦,也是幸福。　——柯灵

被苦痛所压倒是软弱,软弱到相当的程度便会自暴自弃。　——老舍

只有了解了痛苦,才能够真正地快乐。　——李连杰

患难困苦,是磨炼人格之最高学校。　——梁启超

从痛苦中过滤的生命,应该比常人更加深刻。　——廖辉英

苦练七十二变,笑对八十一难。
　——六小龄童

人生最苦痛的是梦醒了无路可走。
　——鲁迅

不能真心领得苦痛,也便难有新生的希望。　——鲁迅

人不妨受苦,但为的是解除将来的一切痛苦。　——鲁迅

愈艰难,就愈要做。改革,是向来没有一帆风顺的,冷笑家的赞成,是在见了成效之后。　——鲁迅

苦难是成功途中的考验。懦弱的人必然在苦难之下被淘汰,只有坚强的人才会走完自己认真想的路程。
　——罗兰

任何新事物的成长都是要经过艰难曲折,不付出极大努力,总是一帆风顺,容易得以成功,这种想法,只是幻想。
　——毛泽东

我们向来以为是受了伤才痛的,殊不知正是痛让我们免于受伤或者受更深的伤。　——袁小米

苦过后就不成为苦,变成一种超越苦本身的结晶。　——秦文君

苦难对我们,成了一种功课,一种教育,你好好地利用了这苦难,就是聪明。　——三毛

许多成功者从困苦中来,许多觉悟者也从困苦中出。　——邵力子

人生是由患难与欢乐所组成。
　——陶行知

你痛苦的时候,很容易感觉别人的欢乐;你欢乐的时候,却未必感受到别人的痛苦。　——汪国真

胸怀博大的人,不太容易为痛苦所缠绕;心胸狭小的人,会常常为痛苦所折磨。　——汪国真

痛苦并不是悲观。　——王蒙

真正懂得痛苦的人脸上呈现着端

庄的笑容。叫苦连天的人只有怯懦和牢骚,却没有痛苦。　　——王蒙

由于生活中受过的煎熬,才产生了我克服困难的精神和勇气。幼年生活的困苦,也许是上帝对我的赐福。
——王永庆

苦难是净化剂,它使生活之酒更甜美。　　——王咏红

最痛苦的土壤会生长出最幸福的花朵。　　——文清源

最痛苦是有痛苦有快乐说不出来的人。　　——吴伯箫

每个人在他的生活中都经历过不幸和痛苦。有些人在苦难中只想到自己,他就悲观、消极、发出绝望的哀号;有些人在苦难中还想到别的,想到集体,想到祖先和子孙,想到祖国和全人类,他们就得到了乐观和自信。
——冼星海

有远见的人常会痛苦,没有远见的人常感快乐。　　——尹雪曼

苦难是滋养人的,把诅咒吞下去,让它化成力!　　——臧克家

苦难会造就一个人,也可摧毁一个人;幸福可滋养一个人,也可贻误一个人。　　——张抗抗

只有经过对自身的痛苦的审视,心灵才会拥有更大的自由。——张抗抗

如果痛苦换来的是结识真理、坚持真理,就应自觉地欣然承受,那时,也只有那时,痛苦才将化为幸福。
——张志新

知道痛苦的价值的人,不会轻易向别人泄露和展示自己的痛苦,哪怕是最亲近的人。　　——周国平

痛苦的解除未必就是幸福,也可能是无聊。　　——周国平

痛苦使人深刻,但是,如果生活中没有欢乐,深刻就容易走向冷酷。
——周国平

谁进过地狱,谁才能达到天堂。
——张曼菱

人生最甜美的感觉,不完全产生在幸福的时候,有时恰恰是在痛苦的煎熬中获得的。　　——周玉明

在极度悲痛中丧失理智是危险的,它使人失去勇气,甚至失去重新振作的希冀。　　——阿米尔[瑞士]

一个敏感的人,即使在最痛苦的时候,也能找到美的因素。
——阿尼克斯特[苏联]

除了神之外,谁能够永远悠悠一生,没有痛苦?
——埃斯库罗斯[古希腊]

艰难时刻具有科学价值,一个善于学习的人决不会错过这种机会。
——爱默生[美国]

我从悲痛中学会的唯一的东西,就是认清了悲痛是多么的浅薄。
——爱默生[美国]

世界上有这样一些人,他们对忧伤有着一种特殊的癖好。因为嫌愉悦不够刺激,于是他们就转而渴望着痛苦。
——爱默生[美国]

通向人类真正的伟大境界的道路

只一条——苦难的道路。
——爱因斯坦[美国]

在任何情况下,遭受的痛苦越深,随之而来的喜悦也就越大。
——奥古斯狄尼斯[古罗马]

苦难对于天才是一块垫脚石,对能干的人是一笔财富,对弱者是一个万丈深渊。 ——巴尔扎克[法国]

人们往往容易忍受最大的痛苦,而难以享受过度的快乐。
——巴尔扎克[法国]

人生是各种不同的变故、循环不已的痛苦和欢乐组成的。
——巴尔扎克[法国]

一切痛苦能毁灭人,然而受苦的人也能把痛苦消灭。 ——拜伦[英国]

当一个人了解别人的痛苦时,他自己也一定已经饱尝痛苦了。
——拜伦[英国]

苦难是人生的老师。通过苦难,走向欢乐。 ——贝多芬[德国]

痛苦能够毁灭人,受苦的人也能把痛苦毁灭。创造就需苦难,苦难是上帝的礼物。卓越的人的一大优点是:在不利与艰难的遭遇里百折不挠。
——贝多芬[德国]

我们这些具有无限精神的有限的人,就是为痛苦和欢乐而生的。几乎可以这样说:最优秀的人物通过痛苦才得到快乐。 ——贝多芬[德国]

"不愉快"的最好定义,就是我们的才能和我们的期望之间的差别。
——伯诺[爱尔兰]

不要留心于痛苦的外表,要想到它的后果,想到这痛苦再久也不至于超过末日审判。 ——但丁[意大利]

痛苦是一个惩戒者,对于性格的发展往往比快乐更有用。
——弗兰克梯利[美国]

在一切有困难的交涉中,不可希冀一边下种一边收割,而应当对所有的事妥为准备,好让它渐渐成熟。
——弗兰西斯·培根[英国]

苦难磨炼一些人,也毁灭另一些人。 ——富勒[英国]

一个温存的目光,一句由衷的话语,能使人忍受生活给他的许多磨难。
——高尔基[苏联]

精神在信仰中休息,在理智中生活,在爱情中享受,只有在痛苦中才获得觉悟。 ——戈麦斯[墨西哥]

我们越接近于目标,困难就会越多。 ——歌德[德国]

痛苦留给的一切,请细加回味!苦难一经过去,苦难就变成甘美。
——歌德[德国]

罪犯的痛苦是受害人痛苦的一种补偿。 ——格老修斯[荷兰]

忍受痛苦只需一个人,享受欢乐需有两个人。 ——哈伯德[美国]

了解许多问题的存在,却无力去改变或控制任何一种,人生最大的痛苦莫过于此。 ——海隆达斯[古希腊]

幻想出来的痛苦一样可以伤人。
——海涅[德国]

谁经历的苦难多,谁懂得的东西也

就多。　　　——荷马[古希腊]

痛苦、失望和悲伤不是为了使我们发怒、自暴自弃和堕落沉沦,而是使我们成熟和清醒。　　——黑塞[瑞士]

经受痛苦与忧伤越多的人,越是能忍耐。　　——华兹华斯[英国]

一粒珍珠是痛苦围绕着一粒沙子所建造起来的宇宙。
　　　　　　——纪伯伦[黎巴嫩]

许多的痛苦是你自择的。
　　　　　　——纪伯论[黎巴嫩]

痛苦并非坏事,除非痛苦征服了我们。　　　　——金斯利[英国]

在当今的市场上,我敢说没有一个企业是一帆风顺而没有遇到困难的,因此从经营管理者到每一个从业人员,都必须具备一种时时准备迎接困难的"困难观",要有一种被人逼上悬崖的感受。
　　　　　　——井植熏[日本]

最困难的时候,就是我们离成功不远了。　　——恺撒[古罗马]

眼泪无法洗去痛苦。
　　　　　——拉克司内斯[冰岛]

痛苦时有个同伴是极大的安慰。
　　　　　　——黎里[英国]

医治无情的苦难的唯一良药是欢笑!谁要是为苦难而惆怅,那他就可以说是被苦难制服或吞噬了。
　　　　　——李卜克内西[德国]

苦难犹如乌云,远望去但见漆黑一片,然而身临其下时不过是灰色而已。
　　　　　　——里希特[奥地利]

痛苦,因为要单独一个人承受,会更加强烈。
　　　　——列夫·托尔斯泰[俄国]

如果世界上还有比痛苦更坏的事,那就是怀疑。
　　　　——列夫·托尔斯泰[俄国]

痛苦的成因不在于缺乏什么东西,而在于对那些东西感到需要。
　　　　　　——卢梭[法国]

任何一个人,只要他不常常想到痛苦,不瞻前顾后,他就不会感到什么痛苦。　　　　——卢梭[法国]

人要是惧怕痛苦,惧怕种种疾病,惧怕不测的事件,惧怕生命的危险和死亡,他就会什么也不能忍受的。
　　　　　　——卢梭[法国]

生命是建筑在痛苦之上的,整个生活贯穿着痛苦。
　　　　　——罗曼·罗兰[法国]

痛苦这把利刃一方面割破了你的心,一方面掘出了生命的新水源。
　　　　　——罗曼·罗兰[法国]

不论为什么痛苦,真的痛苦,还是人为的痛苦,痛苦永远是没有虚假的。
　　　　　——罗曼·罗兰[法国]

在生活中,一切都是以痛苦作为代价的;在自然界,每一个幸福都是建立在废墟上的。——罗曼·罗兰[法国]

经理要体谅其他人的困难,而体谅别人困难的最好办法是生活在他们中间。　　　——玛丽·阿什[美国]

往往最简单的权宜之计能解决最难以克服的困难。　——毛姆[英国]

人生总是不仅合理,而且往往充满

了痛苦,可是归根到底它仍然饶有趣味。　　　　——门肯[美国]

害怕自己将受苦的人,已经在为自己所害怕的事而受苦。
　　　　　　　——蒙田[法国]

旅行是救治精神痛苦的良药。若是长期留在发生不幸的地方,种种琐屑的事故会提醒那固执的念头。因为那些琐屑的事故附丽着种种回忆,旅行把这锚索弄断了。
　　　　　　——莫罗亚[法国]

承受痛苦,比死亡更需要勇气。
　　　　　　——拿破仑[法国]

极度的痛苦才是精神的最后解放者,唯有此种痛苦才强迫我们大彻大悟。　　　　——尼采[德国]

要了解一个人,应当设身处地,应当感受他的痛苦和欢乐。
　　　　　——皮萨列夫[俄国]

困难与折磨对于人来说,是一把砸向配料的锤,砸掉的应是脆弱的铁屑,锻成的将是锋利的钢刀。
　　　　　　——契诃夫[俄国]

经过磨难的好事,会显得分外甘甜。　　　——莎士比亚[英国]

痛在别人身上,谁都会说风凉话的。　　　——莎士比亚[英国]

人生在世必遇患难,如同火星飞腾。　　　　　　——《圣经》

痛苦与欢乐,像光明与黑暗,互相交替;只有知道怎样使自己适应它们,并能机敏地逢凶化吉的人,才算懂得怎样生活。
　　　　　　——斯特恩[英国]

当你遭遇到困难,要勇敢地生存下去才是最重要的,不能因此而失去了希望和信心。
　　　　——松下幸之助[日本]

没有战胜过困难,没有负过重负的人,不能成为真正的人。
　　　　——苏霍姆林斯基[苏联]

不使人骄傲自满的算得上是荣华富贵,没有欲望的算得上是幸福,无拘无束的才算是朋友,在艰难困苦中不感到痛苦的才算是真英雄。
　　　　——《五卷书》[古印度]

"凡是上帝所爱的人,上帝总要磨炼他",这两句话是至理名言,千万不能忘记。　——夏洛蒂·勃朗特[英国]

痛苦的秘密在于有闲工夫担心自己是否幸福。　——萧伯纳[爱尔兰]

万事起头难,不要害怕困难,事情做不好往往不是因为没有能力,大都是由于缺乏恒心。
　　　　　——亚米契斯[意大利]

痛苦是人类伟大的教师。灵魂在痛苦的气息下日益茁壮。
　　　　　　——叶欣巴哈[德国]

痛苦本是欢乐的姐妹。
　　　　　——伊索[古希腊]

困苦能孕育灵魂和精神的力量。
　　　　　　——雨果[法国]

人的勇气能承担一切重负,人的耐心能忍受绝大部分痛苦。
　　　　　　——约翰生[英国]

67　钱财;贪婪

长袖善舞,多钱善贾。①
　　　　　——[战国]《韩非子》
币重而言甘,诱我也。②
　　　　　——[战国]《左传》
贪天之功以为己力。③
　　　　　——[战国]《左传》
贤而多财,则损其志;愚而多财,则益其过。④
　　　　　——[汉]《汉书》
至贵不待爵,至富不待财。⑤
　　　　　——[汉]《淮南子》
财聚则民散,财散则民聚。
　　　　　——[汉]《礼记》
生财有大道:生之者众,食之者寡,为之者疾,用之者舒,则财恒足矣。⑥
　　　　　——[汉]《礼记》
临财毋苟得,临难毋苟免。⑦
　　　　　——[汉]《礼记》
以财为草,以身为宝。⑧
　　　　　——[汉]刘向
文籍虽满腹,不如一囊钱。
　　　　　——[汉]赵壹
善藏者藏于民,不善藏者藏于府。⑨
　　　　　——[北朝]《魏书》
不羡一囊钱,惟重心襟会。⑩
　　　　　——[北朝]徐谦
轻财足以聚人,律己足以服人,量宽足以得人,身先足以率人。⑪
　　　　　——[宋]林逋
贿赂先至者,朝请而夕得;徒手而来者,终年而不获。⑫
　　　　　——[宋]苏轼
财者,为国之命而万事之本。
　　　　　——[宋]苏辙
人无横财不富,马无夜草不肥。⑬
　　　　　——[元]张国宾
非理之财莫取,非理之事莫为。
　　　　　——[明]冯梦龙
火到猪头烂,钱到公事办。
　　　　　——[明]冯梦龙
不言理财者,决不能治平天下。
　　　　　——[明]李贽
财以不蓄为富,官以不显为量,名

---

①善:善于。贾:做生意。此句比喻做事有所凭借,就容易成功。后多形容有钱、有势、有手腕的人善于钻营取巧。
②币:钱财,泛指礼物。言甘:言辞甜蜜动听。诱:引诱上当。
③贪:过分追求。此句指把别人的功劳、成绩占为己有。
④多:推重;赞扬。损:减少;消磨。志:意志;决心。益:增加;增长。过:过失;错误。
⑤至:极;最。爵:爵位,贵族封号。
⑥疾:快;迅速。舒:慢;迟缓。恒:长久;持久。
⑦毋:不要;不可以。苟:随便;草率。
⑧身:指身体健康。
⑨藏:收藏;保存。府:国库。
⑩心襟会:指情意相投。
⑪轻财:不过分看重钱财。律己:约束自己。量:指度量,气量。身先:自己率先。
⑫朝:早晨。请:请求。夕:晚上。终年:整年;一年过去。
⑬横财:意外得来的钱财,多指用不正当的手段获得的。

以不彰为誉,施以不报为惠。

——[明]钱琦

有钱可以通神。

——[明]《水浒传》

君子爱财,取之有道。①

——[明、清]《增广贤文》

勿贪意外之财,勿饮过量之酒。

——[明、清]朱柏庐

三年清知府,十万雪花银。

——[清]《儒林外史》

民穷由于官贪。 ——[清]郑端

有钱的人可以很快乐,也可以很不快乐,其中一种最能叫人不快乐的,就是对自己没信心,以为别人结交他只是为了他的钱。 ——白韵琴

金钱本身是没有什么善与恶的。善与恶决定于:金钱是怎样获得的?金钱又是怎样使用的? ——季羡林

财富不能单单用金钱来衡量。内心富贵,才能真正拥有财富。

——李嘉诚

能够对需要帮助的人贡献你的所能,这就是内心的财富。金钱的财富,可以在一夜之间失去,但只要你能使世人受益,这个财富便任何人都拿不走,是真正的财富。 ——李嘉诚

钱这个东西像戒指,总是在自己手上好。 ——老舍

钱本身是有用的东西,无所谓俗。

——梁实秋

钱可以买到房屋,但买不到家;钱可以买到珠宝,但买不到美;钱可以买到药物,但买不到健康;钱可以买到纸笔,但买不到文思;钱可以买到书籍,但买不到智慧;钱可以买到献媚,但买不到尊敬;钱可以买到伙伴,但买不到朋友;钱可以买到服从,但买不到忠诚;钱可以买到权势,但买不到实学;钱可以买到武器,但买不到和平;钱可以买到小人的心,但买不到君子的志气。

——龙应台

金钱是可以支撑生命的,但如果仅仅靠金钱来支撑,一旦失去了金钱,这生命便会如同抽去了脊梁一般坍塌下去。 ——陆键

爱钱的人很难使自己不成为金钱的奴隶。多数人在有了钱之后,会时时刻刻为保存既有的和争取更多的钱而烦心。他的生意越大,得失越重,越难以找回海阔天空的心境。 ——罗兰

直接为了赚钱而赚钱,和由于创造了成功的事业自然地得到了金钱,其间有层次与境界高下之不同。 ——罗兰

聪明人应该把钱放在心里,而不是放在嘴上。 ——罗兰

金钱最公平:富人不快乐,穷人不快乐,不富不穷的人快乐。 ——三毛

钱可以买娱乐,却买不到心情。

——沈嘉禄

别把钱看得太大了,因为钱之上还有比钱大的事;也别把钱看得太小了,因为钱是要用来做大事的。

——陶行知

———————

①道:道义;符合道义。

金钱是一种有用的东西,但是,只有在你觉得知足的时候,它才会带给你快乐;否则的话,它除了给你烦恼和妒忌之外,毫无任何积极的意义。
——席慕蓉

钱可以使人迷失本性。
——谢觉哉

钱是要的,因为要生活,但君子爱财取之有道;钱是拿来用的,该用则用,不挥霍不浪费,不小气不吝啬。
——袁隆平

用财富衡量科学家价值太低级、太庸俗。
——袁隆平

经历本身就是一种财富。
——袁宁谦

无钱一身轻,物质对我没有什么吸引力。人,要自尊自爱,不要自轻自贱。
——袁雪芬

不是你自己奋斗得来的财富,永远也不会真正属于你的。　——张抗抗

如果我们能够支配财富,我们将衣食丰盈,自由自在;如果我们被财富所支配,我们将真的穷到骨子里。
——埃德蒙·伯克[英国]

一切财富都是权利,因此权力定会用种种手段将财富确定无疑地据为己有。
——埃德蒙·伯克[英国]

多挣钱的方法只有两个:不是多卖,就是降低管理费。
——艾柯卡[美国]

言语无法做到的事情,金子可以做到。
——爱·沃德[美国]

财富能给人们带来幸福吗?你瞧瞧周围,多少奢华的痛苦!多么辉煌的伤悲!无论财富怎样慷慨地流溢,贪婪都会将它们吞噬,然后又伸出双手!
——爱·扬格[英国]

没有充实的心灵,财富只不过是个丑陋的乞丐。　——爱默生[美国]

有一句谚语"幸福不在于金钱"。早就应该把这句谚语改成这样:"世界的不幸就在于金钱。"
——爱因斯坦[美国]

崇拜财富是最丑陋的行为。
——安德鲁·卡内基[美国]

对一个从希望的顶上跌落下来的人来说,财产是微不足道的。
——巴尔扎克[法国]

为了得到财产,人们悄悄地干了多少卑鄙无耻的勾当!私人生活中每一件鸡毛蒜皮的小事,一跟财产有关,就具有极大的利害关系。
——巴尔扎克[法国]

当我在天国门口遇见上帝时,我不会以此作为让我进入天国的敲门砖。我这么做,是为了赚钱。
——巴菲特[美国]

有效率地散发金钱,几乎跟赚钱一样困难。　——比尔·盖茨[美国]

对某些人来说,金钱是社交界的入场券,也是教养的象征。
——比尔斯[美国]

财富不能带来善,而善能带来财富和其他一切幸福。
——柏拉图[古希腊]

对金钱的贪恋是一切罪恶的根源。
　　　　　——勒特勒[英国]
　　有人说爱财是万恶之本,缺财也同样是万恶之本。——勒特勒[英国]
　　手头上有点钱的人认为爱是世界上最重要的东西,而穷人则明白世界上最重要的是金钱。——布伦南[英国]
　　一个人经济上的安全感,应该建立在个人的天赋和能力上。钱只是显示这些才能贡献给工作时的价值而已。
　　　　　——查斯特菲尔德[英国]
　　即使拥有再多的金钱,如果不具备用钱的哲学,不能细心、留意地使用,结果还是会买回一大堆没用的东西。
　　　　　——查斯特菲尔德[英国]
　　我承认钱财使一个人比较容易被证明是个成功人士,钱也使他不必为付账单苦恼,但是它对他并没有其他的好处。　　——查斯特菲尔德[英国]
　　在投机事业上,真所谓谋事在人,成事在钱。　　——大仲马[法国]
　　月亮下面的金钱,从没有使劳碌的人类有片刻的安静。
　　　　　——但丁[意大利]
　　谋财艰辛,守财担心,失财伤心。
　　　　　——德拉克斯[法国]
　　靠可耻的职业获得的财富,显然带着不名誉的烙印。
　　　　　——德谟克里特[古希腊]
　　人类的劳动是唯一真正的财富。
　　　　　——法朗士[法国]
　　如果你把金钱奉为上帝,它就会像魔鬼一样折磨你。——菲尔丁[英国]

　　财产分配上的冲突是任何类型的社会的一种天然特性,而去想象一和谐平等的人间天堂,只是空中楼阁。
　　　　　——弗兰克·帕金[英国]
　　金钱好比粪肥,只有撒到大地才是有用之物。
　　　　　——弗兰西斯·培根[英国]
　　如果金钱不是你的仆人,它便将成为你的主人。一个贪婪的人,与其说他拥有财富,不如说财富拥有他。
　　　　　——弗兰西斯·培根[英国]
　　财富应当用正当的手段去谋求,应当慎重地使用,应当慷慨地用以济世,而到临死时应当无留恋地与之分手,当然也不必对财富故作蔑视。
　　　　　——弗兰西斯·培根[英国]
　　大量的金钱总是要使权威瘫痪的。
　　　　　——弗兰西斯·培根[英国]
　　钱财是有翅膀的,有时它自己会飞去,有时你必须放它出去飞,好招引更多的钱财来。
　　　　　——弗兰西斯·培根[英国]
　　不要相信那些表面上蔑视财富的人,他们蔑视财富是因为他们对财富的绝望。　——弗兰西斯·培根[英国]
　　谁要想外出旅行,就得始终有一双猎鹰的眼睛、毛驴的耳朵、猩猩的脸蛋、猪猡的嘴巴、骆驼的肩膀、牧鹿的快腿,并且切不可将忍耐和钱囊这两个袋子装得太满。　——弗洛里奥[英国]
　　获取你能获取的,保住你所拥有的,这就是能使你所有的铅变成金子的

砥石。①　　　　——富兰克林[美国]

如果说你的财富属于你,那么为什么不带着它随你到另一个世界去呢?
　　　　　　　　——富兰克林[美国]

要想知道钱的价值,就想办法去借钱试试。　　——富兰克林[美国]

把钱用在对自己对别人都有益的事情上,不要错花一分钱。
　　　　　　　　——富兰克林[美国]

放债的比借债的记忆好。
　　　　　　　　——富兰克林[美国]

富人的缺陷中,填补的是钱。
　　　　　　　　——富勒[英国]

巨大的财富,落在傻瓜的手里则是巨大的不幸。　　——富勒[英国]

财富造成的贪婪之人,远远多于贪婪造成的富有人。　——富勒[英国]

财富得之费尽辛劳,守则日夜担忧,失则肝肠欲断。　——富勒[英国]

钱是个可恶的东西,用它可以办好事,也可以做坏事。
　　　　　　　　——冈察洛夫[俄国]

假使一个人不在金钱里埋葬自己,而能用理性支配金钱,这对于他是荣耀,对于别人也是有益的。
　　　　　　　　——高尔基[苏联]

不义之财如同车轮上的尘埃,转瞬即逝。　　　　——高尔基[苏联]

财富就像流沙,它不会乖乖地待在那里,一定要向四处流去!
　　　　　　　　——高尔基[苏联]

金钱不能改变你的出身。
　　　　　　　　——贺拉斯[古罗马]

收藏起来的金玉无异于埋在地下的瓦砾。　　——贺拉斯[古罗马]

金钱可以成为人的奴隶,也可以成为人的主人。　——贺拉斯[古罗马]

理想的社会状态不是财富均分,而是每个人按其贡献的大小,从社会的总财富中提取赢得的报酬。
　　　　　　　　——亨·乔治[美国]

钱是最奇怪的东西,当它和爱情在一起的时候是人类幸福最大的源泉,当它和死亡联系在一起的时候是人类焦虑的最重要缘由。
　　　　　　　　——加尔布雷恩[古罗马]

金钱不同于一辆汽车、一位女佣或癌症,它对所有的人来说,无论贫穷或富有,都同样的重要。
　　　　　　　　——加尔布雷恩[古罗马]

作为人们幸福的根本源泉,金钱可以与爱情相提并论;作为人们痛苦的最根本的原因,它又可以与死亡等同。
　　　　　　　　——加尔布雷恩[古罗马]

金子使兄弟反目,金子使家庭不和,金子使友谊破裂,金子使国家内讧。
　　　　　　　　——考利[美国]

富人只有在病中时,才会充分感觉到钱财的无能。　——科尔顿[阿根廷]

财富过多是贪婪的根源。
　　　　　　　　——克·马洛[英国]

金钱是爱情的支柱,犹如金钱是战争的支柱一样。　——夸尔[爱尔兰]

---

①砥石:磨刀石,比喻关键。

不少人蔑视财产,但很少有人知道怎样打发它。　　——拉罗什富科[法国]

贪婪常常产生各种对立的效果:许多人为了某些可疑和遥远的期望牺牲他们的所有财产,另一些人却为了现在的蝇头微利而轻视将要来临的重大利益。　　——拉罗什富科[法国]

有了金钱,在这个世界上可以做很多事,就是无法用它来购买青春。
　　——雷蒙德[奥地利]

财富对某些人只做了一件事:使他们担心会失去财富。
　　——里瓦罗尔[法国]

用血汗挣来的钱是最问心无愧的了。　　——理查德·萨维奇[英国]

没有钱是悲哀的事,但是金钱过剩则倍加悲哀。
　　——列夫·托尔斯泰[俄国]

财富并不是永久的朋友,但朋友却是永久的财富。
　　——列夫·托尔斯泰[俄国]

有钱人实为金钱所占有,而不是占有金钱。　　——罗·伯顿[英国]

财产的极端悬殊是许多灾难和犯罪的根源。　　——罗伯斯比尔[法国]

有钱去买能得到的东西当然不错,但是不丢失用金钱买不到的东西更好。
　　——洛里默[美国]

巨大的财富对于一个不惯于掌握钱财的人,是一种毒害,它侵入他的品德的血肉和骨髓。
　　——马克·吐温[美国]

暴发的、不正当的巨大财富是一个陷阱。　　——马克·吐温[美国]

如果你懂得使用,金钱是一个好奴仆;如果你不懂得使用它,它就变成了你的主人。　　——马克·吐温[美国]

作家当然必须挣钱才能生活、写作,但是他决不应该为了挣钱而生活、写作。　　——马克思[德国]

最容易上瘾的毒品是金钱。
　　——马奎斯[西班牙]

人必须努力生产财富,因为他不能没有财富而生存。
　　——麦克库洛赫[古罗马]

金钱带来的是荣誉和朋友,征服和领土。　　——弥尔顿[英国]

既有头脑又有钱的人是幸运的,因为他能很好地支配金钱。
　　——米南德[古希腊]

我在世界上认识到的唯一的罪过是贪婪,其他的一切罪过,不管叫什么名字,都无非是罪过的不同方式、不同程度的表现。　　——摩莱里[法国]

财产并不能创造人类道德价值和智能价值,对平庸的人只会成为堕落的媒介,但如果掌握在坚定正确人的手中,就会成为有力的千斤顶。
　　——莫泊桑[法国]

一个人的真正财富,是他在这个世界上对其同伴及朋友们所做的好事。当他死去,人们不会说:"他遗下多少产业?"但却会问:"他生前做过多少好事?"　　——穆罕默德[阿拉伯]

金钱并不像平常所说的那样是一切邪恶的根源,唯有对金钱的贪欲,即对金钱过分的、自私的、贪婪的追求,才是一切邪恶的根源。
——纳·霍桑[美国]

愚者贪图财富,智者积累知识。
——尼采[德国]

一切财富都来自于劳动和知识。
——欧文[英国]

富人的财产是其健康的大敌。
——乔·惠茨通[美国]

要使你的钱翻一番,最保险的办法是将它再折叠起来放进你的口袋里。
——乔赫·伯特[英国]

财富的用途是为了使人生安逸,人生的目的并不是为了积聚财富。
——萨迪[波斯]

对于沙漠中的游人,金银不如一个萝卜。
——萨迪[波斯]

金银财宝皆容易丧失,只有手艺才是永恒的财富。
——萨迪[波斯]

在饱足的人眼中看来,烧鸡好比青草;在饥饿的人眼中看来,萝卜便是佳肴。
——萨迪[波斯]

一个人有多少财产,就有多大信心。
——塞万提斯[西班牙]

虽然权势是一头固执的熊,可是金子可以拉着它的鼻子走。
——莎士比亚[英国]

钱可以让好人含冤而死,也可以让盗贼逍遥法外。
——莎士比亚[英国]

向别人借钱,往往会磨钝节俭的刀锋;借钱给别人,往往使朋友和钱财两头落空。
——莎士比亚[英国]

金钱是人类抽象的幸福,所以一心扑在钱眼儿里的人不可能会有具体的幸福。
——叔本华[德国]

构成罪恶的东西并非金钱,而是对金钱的爱。
——斯迈尔斯[英国]

终年累月积存的金钱,与不劳而获的金钱,价值真有天壤之别。
——松下幸之助[日本]

鸟翼上系上黄金,这鸟便永不能再在天上翱翔了。
——泰戈尔[印度]

当我在珍藏的财宝中徘徊时,我觉得我仿佛是一条出生在果实里的蠕虫。
——泰戈尔[印度]

财富减轻不了人们心中的忧虑和烦恼。
——提卢布斯[英国]

财产不是赃物,但大量的赃物却转化成了财产。
——托尼[英国]

在所有的方式中,只有做生意可以毫无限制地获得金钱。
——《五卷书》[古印度]

要当心对财富的无节制欲望。再没有什么比爱钱更显示心灵的狭隘和渺小的了。
——西塞罗[古罗马]

钱是世界上最重要东西,它代表着健康、力量、荣誉、慷慨和美丽。
——萧伯纳[爱尔兰]

金钱可以疗饥,它不能疗苦恼;食物可以满足食欲,但是不能满足心灵的需求。
——萧伯纳[爱尔兰]

不义之财必致招祸。
——亚里士多德[古希腊]

有些人因为贪婪,想得更多的东西,却把现在所有的也失掉了。
——伊索[古希腊]

委托贪婪的人保管财物,自然要上当。
——伊索[古希腊]

金钱可以是许多东西的外壳,却不是里面的果实。它带来食物,却带不来胃口;带来药,却带不来健康;带来相识,却带不来友谊;带来仆人,却带不来他们的忠心;带来享受,却带不来幸福的宁静。
——易卜生[美国]

财富本身就是危险,那会招引虚伪的朋友来到你的身旁;贫穷就可能使虚伪的朋友离开,使你安静下来。
——雨果[法国]

金钱和时间是生活中的两个负担。拥有很多钱财或拥有很多时间,却又不知如何使用的人,是最不幸的。
——约翰生[英国]

既会花钱又会赚钱的人,是最幸福的人,因为他享受两种快乐。
——约翰生[英国]

与其在死时手中握着一大把钱,还不如活着的时候得丰富多彩。
——约翰生[英国]

钱是一种难以得到的可怕的东西,但也是一种值得欢迎的可爱的东西。
——詹姆斯[美国]

只有金钱才是最大的罪人,一切人类的残酷和肮脏的行为,都是金钱导演出来的。
——左拉[法国]

68 贫富;贵贱

贫不可欺,富不可恃。①
——[周]吕尚

贫而无谄,富而无骄。②
——[春秋]《论语》

不患寡而患不均,不患贫而患不安。
——[春秋]《论语》

富贵不能淫,贫贱不能移,威武不能屈。
——[战国]《孟子》

为富不仁矣,为仁不富矣。
——[战国]《孟子》

家富则疏族聚,家贫则兄弟离。
——[战国]《慎子》

民贫则奸邪生。
——[汉]晁错

用贫求富,农不如工,工不如商。
——[汉]司马迁

贵富太盛,则必骄佚而生过。
——[汉]王符

富贵之于我,如秋风之过耳。
——[汉]《吴越春秋》

自古圣贤皆贫贱,何况我辈孤且直。③
——[南朝]鲍照

朱门酒肉臭,路有冻死骨。④
——[唐]杜甫

无贵无贱,同为枯骨。
——[唐]李华

山川满目泪沾衣,富贵荣华能几时;不见只今汾水上,唯有年年秋雁飞。⑤
——[唐]李峤

———————
①恃:凭借;倚靠。
②无:通"毋",不要。谄:奉承;献媚。骄:自高自大,看不起人。
③孤:孤寒,出身寒微。直:性情刚直。
④朱门:朱红大门,指地主、豪门贵族之家。
⑤汾水:在山西。

穷且益坚,不坠青云之志。①
——[唐]王勃

与其浊富,宁可清贫。
——[唐]姚崇

宁可清贫自乐,不可浊富多忧。
——[宋]释道元

论起荣华富贵,原不过是过眼云烟。
——[宋]苏轼

富家一席酒,穷汉半年粮。
——[明]冯梦龙

贫不足羞,可羞是贫而无志。②
——[明]吕坤

贫居闹市无人问,富在深山有远亲。
——[明]罗贯中

民富则国富,民贫则国贫。
——[明]《元史》

贫穷自在,富贵多忧。
——[明、清]《增广贤文》

守得贫,耐得富。
——[清]《红楼梦》

人生莫受老来贫。
——[清]《红楼梦》

家贫不是贫,路贫贫杀人。③
——[清]《儒林外史》

生活的贫穷可以锻炼人,但精神的贫乏只能扭曲人。——陈祖芬

贫穷不是罪过,但也究竟不是美德,值不得夸耀,更不足以傲人。
——梁实秋

一个金钱富足的人,还能有心关怀到受困于窘境的穷人,才是真正的富人。——三毛

贫,并不是耻辱;贱,才是耻辱。
——三毛

不愿安贫,必不能乐道。
——恽代英

人因为财富而变得高贵,富裕带来荣誉,富裕创造友谊,穷人到哪儿都是下人。——奥维德[古罗马]

把贫困掩饰起来的景象,犹如一个涂脂抹粉的老夫人一般,总会有一种令人不快之处。——巴尔扎克[法国]

在贫困笼罩着的地方,就谈不上贞操和罪行,也谈不上道德和智慧了。
——巴尔扎克[法国]

对于富人来说,贫穷是不可理解的异常现象:他们怎么也弄不明白,那些想要吃饭的人,为什么不摇铃让人送来呢?——巴杰特[英国]

贫穷不会磨灭一个人的高贵的品质,不,反而是富贵叫人丧失了志气。
——卜伽尔[意大利]

富人和伟人的罪恶被错当作谬误,穷人和凡人的过失却被错当作犯罪。
——布莱辛顿[爱尔兰]

贫穷不是罪恶,只是不方便而已。
——弗洛里奥[英国]

钱少的人不是穷,贪多的人才是穷。——富勒[英国]

---

①穷:困窘;不得志。坠:落下,引申为失去。青云之志:比喻像猛禽凌云一样高远的志向。

②足:够得上;值得。

③路贫:指出门在外时缺少路费。

贫困不是耻辱,羞于贫困才是耻辱。
——富勒[英国]

人类生活的一切不幸的根源,就是贫穷。
——高尔基[苏联]

贫穷能使人沉沦,也能使人升华。
——高尔基[苏联]

贫穷要一点东西,奢侈要许多东西,贪欲却要一切东西。
——高里·杰布列夫[英国]

不为金钱所动者最富有。
——哥尔斯密[英国]

悉数全部家产的必是穷人,全然不晓库底的才是阔佬。
——哈里法克斯[美国]

支出超过收入的人不富,收入超过支出的人不穷。
——哈利伯顿[加拿大]

愚蠢常因为富贵而得到原谅。
——贺拉斯[古罗马]

一般所谓"贫穷",大半是懒惰和浪费的结果。
——华盛顿[美国]

贫困固然不方便,但过富也不一定是好事,必须依靠自己的力量,谋求生活。
——居里夫人[法国]

收入犹如自己的鞋子,过分小,会折磨、擦伤你的脚;过分大,会使你失足、绊倒。
——科尔顿[阿根廷]

如果富有,藏富很容易;如果贫穷,掩饰贫穷却很难。我们不难发现隐藏一千个金币比遮盖衣服上的一个破洞来得容易。
——科尔顿[阿根廷]

只有一种悲痛能够持久,那就是因失去财产而产生的悲痛;时间能够减轻一切痛苦,唯独对于这一种却会加深。
——拉布吕耶尔[法国]

没有钱是悲哀的事,但是金钱过剩则倍过悲哀。
——列夫·托尔斯泰[俄国]

甘于守穷是一个人的巨大的财富。
——卢克莱修[古罗马]

凡有极度财富的地方,必有与之相随的极度贫穷;正如阳光越强,阴影也越深。
——卢梭[法国]

不要做有钱的人,但是要做富裕的人。
——卢梭[法国]

贫穷与苦难并不显得低人一等,富贵与豪华也不见得高人一头。
——卢梭[法国]

清贫,不但是思想的导师,也是风格的导师,它使精神和肉体都知道什么叫淡泊。
——罗曼·罗兰[法国]

乞丐并不羡慕百万富翁 尽管他们一定会羡慕比他们乞讨得多的乞丐。
——罗素[英国]

没有烦恼的贫穷,胜于苦恼重重的富有。
——米南德[古希腊]

贫穷造成了饥饿,也造就了英雄。
——莫扎特[奥地利]

如果你贫穷,用你的美德来显示自己;如果你富有,用你的善行来显示自己。
——儒贝尔[法国]

世上最开胃的东西是饥饿。这是穷人少不了的,所以穷人吃饭最香。
——塞万提斯[西班牙]

富贵催人生白发,布衣蔬食易长寿。
——莎士比亚[英国]

有的人是生来的富贵,有的人是挣来的富贵,有的人是送上来的富贵。
——莎士比亚[英国]

失财势的伟人举目无亲,走时运的穷酸仇敌逢迎,这炎凉的世态古今一辙。富有的门庭挤满了宾客;要是你在穷途向人求助,即使知己也要情同陌路。——莎士比亚[英国]

如果以为我们变富后不会像有钱人那样行事,这无异于以为我们能终日豪饮,但又能保持头脑清醒。
——史密斯[英国]

能处处寻求快乐的人才是最富有的人。——梭罗[美国]

无论是谁,无论是任何偏见,都不能阻止人们通过从事商业而致富。
——托克维尔[英国]

若是富人全然不存在了,这个世界将会变得很可怜。
——威廉·戴维斯[美国]

不要羡慕别人的富,也不要哀叹自己的穷。——小林一荣[日本]

承认贫困并不是可耻的。相反,不为改变贫困而努力才是确实可耻的。
——修普底德[古希腊]

所谓平等,就是穷人不占富人的便宜。——亚里士多德[古希腊]

69 慷慨;吝啬

巧言、吝啬、足恭,左丘明耻之,丘亦耻之。——[春秋]《论语》

君子量不极,胸吞百川流。
——[唐]孟郊

君子山岳定,小人丝毫争。
——[唐]孟郊

吝啬的人好比地狱,吞咽得越多越想吞咽,贪多无厌。
——奥古斯丁[古罗马]

凡是守财奴都只知道眼前,不相信来世。——巴尔扎克[法国]

守财奴最不需要钱,但他却偏偏最爱钱,而且拼命设法赚钱。
——巴克[英国]

把一个人根本用不着的东西给予他,是无用的馈赠。——柏拉图[希腊]

一个人如若看见别人需要,还等着别人的请求,显而易见不是诚心的援助了。——但丁[意大利]

假使你想把已经牺牲的收回去而善用之,那么你好比用不义之财去做慈善事业。——但丁[意大利]

慷慨并不是给予很多,而是给予很明智。——富兰克林[美国]

挥霍无度的人,等于将自己的前途抵押了出去。——富兰克林[美国]

慷慨的人从不因为别人送礼而去报答。——富勒[英国]

大手大脚并不等于慷慨。
——富勒[英国]

慷慨,尤其是还有谦虚,就会使人人赢得好感。——歌德[德国]

最真诚的慷慨就是欣赏。
——歌德[德国]

吝啬鬼永远处在贫困中。
——贺拉斯[古罗马]

慷慨不是你把我比你更需要的东西给我,而是你把你比我更需要的东西也给了我。
——纪伯伦[黎巴嫩]

慷慨是超过自己能力的施与,自尊是少于自己需要的接受。
——纪伯伦[黎巴嫩]

对未来真正的慷慨,是将所有给予现在。——加缪[法国]

吝啬比慷慨更与善于理财对立。
——拉罗什富科[法国]

慷慨常常只是一种伪装的野心,它蔑视那些小的利益是为了得到大的利益。——拉罗什富科[法国]

我们称为慷慨的,经常只是作为一个赠予者的虚荣,我们爱这种虚荣要超过爱我们所赠送的东西。
——拉罗什富科[法国]

你肯救济别人的危困,才会得到别人的帮助。——萨迪[波斯]

地下的金子要从矿脉里挖取,守财奴的金子要从他的灵魂里发掘。
——萨迪[波斯]

钱财的奴隶绝不会对上帝忠诚。
——托·布朗[英国]

一个人总得慷慨一点,才配受人感谢。——托·哈代[爱尔兰]

慷慨是友谊的精华。
——王尔德[英国]

过于大方的施舍会导致盗窃。
——西塞罗[古罗马]

我们的慷慨绝不应超出我们的能力。——西塞罗[古罗马]

凡是慷慨的行为都有牺牲。
——詹姆斯[美国]

70 朴素;节俭

节用而爱人,使民以时。①
——[春秋]《论语》

以俭得之,以奢失之。
——[战国]《韩非子》

智者俭用其财则家富。
——[战国]《韩非子》

俭节则昌,淫佚则亡。②
——[战国]《墨子》

强本而节用,则天不能贫;养备而动时,则天不能病;修道而不贰,则天不能祸。③——[战国]《荀子》

足国之道,节用裕民,而善臧(cáng)其余。④
——[战国]《荀子》

务本节用,财无极。
——[战国]《荀子》

虽有戈矛之刺,不如恭俭之利也。
——[战国]《荀子》

有国者,未尝不以恭俭也;失国者,

---

①时:时节。
②淫佚:同"淫泆(yì)",纵欲放荡。
③本:指农业。用:花费。贫:使贫穷;使贫困。
④臧:同"藏"。收藏;积存。

未尝不以骄奢也。① ——[汉]韩婴

治国之道,富民为始;富民之要,在于节俭。 ——[汉]《史记》

图匮于丰,防俭于逸。② ——[晋]潘岳

居家之方,惟俭与约;立身之道,惟谦与学。③ ——[北朝]萧绎

俭开福源,奢起贫兆。 ——[北朝]《魏书》

历览前贤国与家,成由勤俭败由奢。④ ——[唐]李商隐

谁知盘中餐,粒粒皆辛苦。 ——[唐]李绅

不节,则虽盈必竭;能节,则虽虚必盈。 ——[唐]陆贽

静以养心,俭以养性。 ——[唐]《南史》

约费啬财,为国之本。⑤ ——[唐]苏颋

不念居安思危,戒奢以俭,是以伐根而求木茂,塞源而欲流长也。 ——[唐]魏徵

贫不学俭,俭自来;富不学奢,而奢自至。 ——[五代]《旧唐书》

风俗不淳俭,则财用无丰足。 ——[宋]林逋

俭则足用,俭则寡求,俭则可以成家,俭则可以立身。 ——[宋]倪思

劝农节用,均丰补败。⑥ ——[宋]欧阳修

俭葬,古人之美节;侈葬,古人之恶名。 ——[宋]欧阳修

众人皆以奢靡为荣,吾心独以俭素为美。 ——[宋]司马光

口腹之欲,何穷之有?每加节俭,亦是惜福延寿之道。 ——[宋]苏轼

衣不求华,食不厌蔬。⑦ ——[宋]王安石

取之有度,用之有节,则常足。 ——[宋]《资治通鉴》

从来好事天生俭,自古瓜儿苦后甜。 ——[元]白朴

以俭治身,则无忧;以俭治家,则无求。⑧ ——[元]许名奎

常将有日思无日,莫待无时思有时。⑨ ——[明]冯梦龙

勤惰俭奢,是成败关。 ——[明]吕坤

以耕读为本,以勤俭为德。 ——[明]施耐庵

节俭朴素,人之美德;奢侈华丽,人

---

①有国:掌握国家政权。未尝不:表示双重否定,相当于"不是不""不是没"。失国:丧失国家政权。
②匮:竭尽;缺乏。俭:不丰足;歉收。
③方:方法。约:节约。
④历览:遍览。览:观察;考察。由:由于。
⑤约、啬:紧缩;节省。费:费用;经费。财:钱财。国:治国。本:根本大计。
⑥劝:鼓励。农:农耕。节用:节约费用。均丰补败:以丰产之地弥补歉收之地。
⑦求:追求。华:华丽。食:食物。厌:厌恶。蔬:蔬菜。
⑧求:祈求。
⑨有日:指有家产时生活富足的日子。无日:指破产后生活贫穷的日子。

之大恶。　　　——[明]薛瑄

非俭无以养廉,非廉无以养德。①
　　　　　　　——[明]《元史》

欲足民者,莫如节用。②
　　　　　　　——[明]袁袠

金玉非宝,节俭乃宝。
　　　　　　　——[明]朱元璋

常将有时思无时,莫把无时当有时。　　——[明、清]《增广贤文》

凡不能俭于己者,必妄取于人。③
　　　　　　　——[清]魏禧

只勤不俭,好比竹篮提水;只俭不勤,好比无源之水;既勤且俭,好比水库蓄水。　　　　——曹龙其

清贫、洁白朴素的生活,正是我们革命者战胜许多困难的地方。
　　　　　　　——方志敏

每一个共产党员,都应该以艰苦朴素为荣,以铺张浪费为耻。——刘少奇

勤俭节约是经常的,像人洗脸一样。　　　　　　——王杰

俭朴的生活,不但可以使精神愉快,而且可以培养革命品质。
　　　　　　　——徐特立

艰苦朴素是我们共产党人的本色。
　　　　　　　——周恩来

要使艰苦朴素成为我们的美德。
　　　　　　　——周恩来

从俭入奢易,从奢入俭难。勤俭建国家,永久是真言。——朱德

节俭是你一生中食用不完的美筵。
　　　　　　——爱默生[美国]

积累资本有两种方法:增加收入,减少消费。——大卫·李嘉图[英国]

知道什么时候该花钱,什么时候该节约,你就不必整天忙忙碌碌,也就永远不会变成穷光蛋。——富勒[英国]

节约与勤勉是人类两个名医。
　　　　　　——卢梭[法国]

节约是种学问,倘使你不是从小习惯的话,就得靠多少年的磨炼去学。
　　　　　——罗曼·罗兰[法国]

节约本身就是最大的收入。
　　　　　　——罗素[英国]

省钱就是挣钱。
　　　　　——洛克菲勒[美国]

任何节约归根到底是时间的节约。
　　　　　　——马克思[德国]

滴水可以汇成江河,粒米可以聚成谷仓。　　　　——萨迪[波斯]

在人群中,最富有的是节俭人,而最贫穷的是守财奴。
　　　　　　——桑弗[古希腊]

节俭是穷人的财富、富人的智能。
　　　　　——莎士比亚[英国]

一般人以为,节约往往意味着缺乏所有的享受和舒适。
　　　　　　——史寄斯[美国]

节俭是充分利用生命的艺术,崇尚节俭是各种美德的基础。
　　　　　——萧伯纳[爱尔兰]

————————

①廉:品行正;不贪污,不受贿。

②足:使富足、充裕。

③妄取:无原则地索取。

节俭是一门艺术,它能使人最大程度地享用生活。 ——萧伯纳[爱尔兰]

养成简单朴素的生活习惯,是增进健康的一大因素,使人对于生活必需品不加挑剔。 ——伊壁鸠鲁[古罗马]

节俭等于一笔可观的收入。
——伊拉斯谟[瑞士]

不节俭,谁也富不了;节俭的人很少受穷。 ——约翰生[英国]

71 奢侈;浪费

金玉满堂,莫之能守;富贵而骄,自遗其咎。① ——[春秋]《老子》

国侈则用费,用费则民贫。② ——[战国]《管子》

历览前贤国与家,成由勤俭败由奢。 ——[唐]李商隐

由俭入奢易,由奢入俭难。③
——[宋]司马光

侈则多欲。 ——[宋]司马光

侈兴于有余,俭生于不足。
——[宋]《资治通鉴》

奢俭者,贫富之大源也。
——[清]梁章钜

治家最忌者奢。 ——[清]梁章钜

家败离不得个"奢"字,人败离不得个"逸"字。 ——[清]曾国藩

由俭入奢,易如下水;由奢入俭,难如登天。 ——[清]曾国藩

金钱一富裕的时候,总要涌出些奢侈欲望来。 ——郭沫若

凡是乱花钱的人,永远不会富有。
——巴尔扎克[法国]

对于浪费的人,金钱是圆的;可是对于节俭的人,金钱是扁平的,是可以一块块堆积起来的。
——巴尔扎克[法国]

宁静的生活不能和物质享受同时存在,欢乐与奢侈结合,两者都遭到破坏。 ——拜伦[英国]

浪费者终难久富,节俭者必不致贫。 ——富兰克林[美国]

为人不知储蓄,则一生困苦,至死贫乏。 ——富兰克林[美国]

留心微小的开支,一个小裂缝会使一只大船沉没。 ——富兰克林[美国]

奢侈只是从他人的劳动中获得安乐而已。 ——孟德斯鸠[法国]

谁在平日节衣缩食,在穷困时就容易渡过难关;谁在富时豪华奢侈,在穷困时就会死于饥寒。 ——萨迪[波斯]

节约是穷人的造币厂,浪费是富翁的陷阱。 ——塔泊[英国]

72 教育;教学

有教,无类。④ ——[春秋]《论语》

---

①堂:房子的正厅,指屋内。莫:没有谁。守:守护;保有。遗:遗留;留下。咎:灾祸;祸患。
②侈:浪费。费:消耗得多;用得多。
③入:进入,引申为改成。
④类:类别,指地位高低、出身贵贱等差别。

默而识之,学而不厌,诲人不倦,何有于我哉!①
——[春秋]《论语》

一年之计,莫如树谷;十年之计,莫如树木;终身之计,莫如树人。②
——[战国]《管子》

生而同声,长而异俗,教使之然。③
——[战国]《荀子》

教学相长。④ ——[汉]《礼记》

学然后知不足,教然后知困。⑤
——[汉]《礼记》

水性虽能流,不导则不通;人性虽能智,不教则不达。 ——[唐]马总

育才造士,为国之本。
——[唐]权德舆

温故非难也,温故而知新,则难也。⑥ ——[宋]杨万里

授书不在徒多,但贵精熟。⑦
——[明]王守仁

教人为学,不可执一偏。
——[明]王守仁

身教胜于言教。 ——[清]魏源

教化是双刃剑,既可以安天下,醇风俗,又可以"天翻地覆慨而慷"。
——阿城

知教育者,与其守成法,毋宁尚自然;与其求划一,毋宁展个性。⑧
——蔡元培

要有良好的社会,必先有良好的个人,要有良好的个人,就要先有良好的教育。 ——蔡元培

怎么叫师范:范就是模范,可为人的榜样。自己的行为要做别人的模范,所以师范生的行为最要紧。模范不是短时间能成就的,须慢慢的养成。
——蔡元培

在学校不能单靠教科书和教习,讲堂功课固然要紧,自动自习,随时注意自己发现求学的门径和学问的兴趣,更为要紧。 ——蔡元培

教育,从其最广义讲,是人的改变。
——曹孚

教育应该跟着社会跑,甚至推着社会跑。 ——曹孚

师范教育在整个国民教育体系中占有极重要的地位。只有办好师范教育,才能更好地促进中、小学乃至大学教育质量的提高。在这个意义上讲,师范教育是整个国民教育的基础,办好各级师范教育是关键。 ——成仿吾

改善社会风气,要从教育入手。
——邓小平

人才的培养,基础在教育。
——邓小平

教育要面向现代化,面向世界,面向未来。 ——邓小平

---

①厌:满足。诲:教导。倦:疲倦;懈怠。

②计:筹划;打算。树:种植,比喻培养。谷:谷物,泛指粮食作物。终身:一生一世,比喻长远。

③声:啼哭声。长:成长,长大成人。教:教化;教育。然:这样。

④教:传授知识。学:学习。长:增长;长进。

⑤困:困惑;知识贫乏。

⑥温:复习。

⑦徒:副词,表示没有效果。

⑧毋宁:不如。也作"无宁"。

最有力的论证莫如实际行动,最有效的教育莫如以身作则。
——傅雷

教育的目的是养成自己学习,自由研究,用自己的头脑来想,用自己的眼睛来看,用自己的手来做的这种精神。
——郭沫若

母亲的胸怀是孩子最初的教育。
——韩隶华

一切教育都必须有以"用"为目的。
——李公朴

对于子女的成才教育,听其自然为好,不宜逼迫孩子去做勉强的事,揠苗助长,适得其反,对孩子身心影响未必有利的。
——李国文

我们的教育方针,应该使受教育者在德育、智育、体育几方面都得到发展,成为有社会主义觉悟的有文化的劳动者。
——毛泽东

我们深信教育是国家万年的根本大计。
——陶行知

办学如治国,眼光要远,胸襟要大。
——陶行知

不运用社会的力量,便是无能的教育;不了解社会的需求,便是盲目的教育。倘使我们认定社会就是一个伟大无比的学校,就会自然而然地去运用社会的力量,以应急社会需求。
——陶行知

活人的塑像和大理石的塑像有一点不同,刀法如果用得不对,可以万象同毁;刀法如果用得对,则一笔下去,万龙点睛。
——陶行知

教育不是造英雄与天才,而英雄与天才自不可无陶冶之教育。
——王国维

儿童天性,本无执著,若方若圆,是在教者。
——向警予

身教犹如绵绵细雨,润物无声,恰似"此处无声胜有声"。
——徐安

接受否定教育长大的人难以快乐。否定教育专门以挑毛病来修正人,结果被修正的人个个不相信自己。
——徐国静

教育的本质,是社会所需要的劳动之一领域,是给予劳动力以一种特殊的资格的。换句通俗的话,教育便是帮助人管社会生活的一种手段。自有人生,便有教育。
——杨贤江

要改造教育,必须同时改造社会;要改造社会,必须同时改造教育。
——恽代英

心理素质的教育,比物理知识的教育要重要得多。
——张大同

教育是帮助学生认识自己的潜力。
——埃·弗洛姆[美国]

教育意味着使青年人能了解到人类最优秀的遗产。
——埃·弗洛姆[美国]

养成我们性格的原因还有我们的自信心。我们坚信这样一句名言:天生我材必有用。今天我常想这样一个问题:如果从孩提时代起就培养孩子们对家庭和幸福的责任感,使他们认识到自己也是家中的劳动者、贡献者,是一个有用的人,那么,他们一旦走上社会,就能够主动地发挥创造性的才干,为国家

做出贡献。　——艾森豪威尔[美国]

教育之于人,有如雕刻之于大理石。　——爱迪生[美国]

性格的教育是教育的主要目的,虽然它不能算是唯一的目的。
　　　　　　——爱迪生[美国]

教育的秘诀在于尊重生活。
　　　　　　——爱默生[美国]

教育的唯一职能就是打开通向思考和知识的道路。而学校,作为人民教育的主要机关,应当专门为这个目的服务。　——爱因斯坦[美国]

教育应当使所提供的东西让学生作为一种宝贵的礼物来领受,而不是作为一种艰苦的任务要他去负担。
　　　　　　——爱因斯坦[美国]

我把教育定义如下:人的智慧绝不会偏离目标。所谓教育,是忘却了在校学得的全部内容之后所剩下的本领。
　　　　　　——爱因斯坦[美国]

最重要的教育方法是鼓励学生去实际行动。　——爱因斯坦[美国]

大学教育并不总是有益的。无论多好的食物强迫吃下去,总有一天会把胃口和肚子搞坏的。纯真的好奇心的火花会渐渐地熄灭。
　　　　　　——爱因斯坦[美国]

对个人的教育,除了要发挥他本人天赋的才能,还应当努力发展他对整个人类的责任感,以代替我们目前这个社会中对权力和名利的赞扬。
　　　　　　——爱因斯坦[美国]

学校的目标应当是培养有独立行动和独立思考的人。
　　　　　　——爱因斯坦[美国]

教育是民族最伟大的生存原则,是一切社会里把恶的数量减少、把善的数量增加的唯一手段。
　　　　　　——巴尔扎克[法国]

真正的教育就是智慧的训练。
　　　　　　——贝斯特[美国]

在教育过程中,培养能力比传授知识更为重要。教育使人深明大义但难以驱使,使人服从领导但不可以被奴役。　——彼得[英国]

教育是当代人对后代责无旁贷的投资。　——庞勃地[法国]

理智教育的培养,可以使天性凶恶的程度减低或者甚至变成良善的人。因为人是可以由赋予的人性,发展人类特征的。这好比把林间的野生植物移植在园庭中,经由园丁一番培育,才会开鲜丽的花,结美味的果。
　　　　　　——别林斯基[俄国]

教育是伟大的事业:人的命运决定于教育,青年一代是当代的贵宾,是未来的主人公,他们正值青春,是从年老一代继承遗产的时代。
　　　　　　——别林斯基[俄国]

要首先注意培养青年人的高尚道德,就像一个优秀的园丁,首先注意扶植幼小的植物,然后再去照料其他植物一样。　——柏拉图[古希腊]

对牧羊人来说,人世上最可怕、最可耻的事情实在莫过于把那些帮助他们管羊群的猎犬饲养成这个样子:它们或因放纵,或因饥饿,或因别的坏脾气,反而去打击和伤害所保管的羊群,它们倒像是豺狼而不像是猎犬了。
——柏拉图[古希腊]

名副其实的教育,本质上就是品格教育。 ——布贝尔[英国]

受过教育的人好引导,但难以驱使;好管理,但难以差遣。
——布鲁厄姆[英国]

在任何情况下,首先要让孩子自由自在地生长,这才是父母情深的表现,而且必须将这样的深情作为治家的宗旨。父母心胸狭窄、感情用事,或光依靠长辈的权威等等,对家庭教育都是有害无益的。 ——池田大作[日本]

对人民来说,第一是面包,第二是教育。 ——丹东[法国]

教学必须符合人的天性及其发展的规律,这是任何教学的首要的最高的规律。 ——迪斯多惠[德国]

学生的发展水平是教学的出发点,所以必须在开始教学以前就确定这个出发点。 ——迪斯多惠[德国]

教学必须符合受教育学生的发展水平,正是要符合当前的水平,而不是可能的未来的水平。
——迪斯多惠[德国]

任何真正的教学不仅是提供知识,而且是给予学生以教育。
——迪斯多惠[德国]

教育必须从心理学上探索儿童的能量、兴趣和习惯开始。
——杜威[美国]

教育的任务在于发展个人的特长,并且训练他,尽量发展他的特长,因为这种发展最能和谐地满足社会的需要。
——杜威[美国]

教学的全部艺术就是唤醒年轻心灵天然好奇心的艺术,它的目的是让这种好奇心以后得到满足。
——法朗士[法国]

未受教育的天才,犹如矿中之银。
——富兰克林[美国]

最好的教育是以身作则。孩子们对谎言或虚伪非常敏感,极易察觉。如果他们尊重你、依赖你,那么他们就是在很小的时候也会同你合作。
——甘地夫人[印度]

爱孩子,这是母鸡也会做的事。要善于教育他们,这就是国家的一桩大事了,这需要有才能和渊博的生活知识。
——高尔基[苏联]

日常生活比一部最有影响的书所起的教育作用更大。 ——歌德[德国]

正确的教育在于使外表上的彬彬有礼和高尚的教育同时表现出来。
——歌德[德国]

人的性格就其全部最本质的条件上讲,是决定于教育的。
——葛德文[英国]

什么是教育?教育就是帮助学生学会自己思考,做出独立的判断,并作为一个负责的公民参加工作。
——赫钦斯[美国]

一个受了不良教育影响的孩童等于走失了方向。 ——肯尼迪[美国]

没有教育,就没有知识,没有能力,没有事业心,没有一个民族的能量的调动和组织。
——朗格朗[法国]

教育的艺术,是使学生喜欢你所教的东西。
——卢梭[法国]

我们栽培草木,使它长成一定的样子;我们教育人,使他具有一定的才能。我们生来是软弱的,所以我们需要力量;我们生来是愚昧的,所以需要判断的能力。我们在出生的时候所需要的东西,我们在长大的时候所没有的东西,全部要由教育赐予我们。
——卢梭[法国]

教育是没有代用品的。每一世代都对自己及对后世负有保护、发扬、传递其文化的责任。人类为了这个目的所研究出来的制度,便是所谓的教育制度。
——罗曼·罗兰[法国]

教育就是获得运用知识的艺术,这是一种很难传授的艺术。
——罗素[英国]

唯有无知的人才藐视教育。
——马尔提阿里斯[古罗马]

教育是人类最崇高、最神圣的事业,上帝也要低下至尊的头,向她致敬。
——门捷列夫[俄国]

为人在世,可贵者在于发展个人天赋的内在力量,使其经过锻炼,使人能尽其才,能在社会上达到他应有的地位,这就是教育的最终目的。
——裴斯泰洛齐[瑞士]

一生的生活是否幸福、平安、吉祥,要看他的处世为人,是否道德无愧,能否作社会的表率。因此,修身的教育也成为学校工作的主要部分。
——裴斯泰洛齐[瑞士]

人如同陶器一样,小时候就形成一生的雏形。幼儿时期就好比制造陶瓷器的黏土,给予什么样的教育,就会成为什么样的雏形。
——塞德兹[苏联/美国]

教育的目的在于性格的培养。
——斯宾塞[英国]

为我们的完满生活做准备,是教育应尽的职责。
——斯宾塞[英国]

教育的最高目标不是知识,而是行为。
——斯宾塞[英国]

必须小心翼翼地培养人,就像园丁栽培心爱的果木一样。
——斯大林[苏联]

我们手中掌握的是世界上最宝贵的财富——人,我们如同雕刻家雕琢大理石那样在塑造人。
——苏霍姆林斯基[苏联]

我们认为教育工作的目的在于,使每一个青年男女都能在道德上、智力上、实际能力上和心理上做好劳动的准备,发展他们的个人素质、意向和能力。
——苏霍姆林斯基[苏联]

教育就像一门十分精细的医术,它要医治并完全治愈脓疮,但不承认挖出是个好办法。
——苏霍姆林斯基[苏联]

教育上的明智和技巧,在于精心保护和珍惜孩子心灵中对美好事物的向往之情,以及他们要成为一个好人的志

向。　　——苏霍姆林斯基[苏联]

教育必须促人上进,而不单单是传授知识。　　——泰戈尔[印度]

教育是人类文明的传递。
　　——威尔·杜兰[美国]

教育最伟大的技巧是:知所启发。
　　——亚美路[瑞士]

学校是母亲,永远不要把她忘记!即使你成了大人,周游了全世界,见过了大世面,她那质朴的白色房屋、关闭的百叶窗和小小的园子——那使你的知识之花最初萌芽的地方,将永远保留在你的记忆之中,正如你的母亲永远会记着你呱呱坠地的房屋一样。
　　——亚米契斯[意大利]

多办一所学校,可少建一座监狱。
　　——雨果[法国]

人类之所以千差万别,便是由于教育之故。我们幼小时所得的印象,哪怕极微小,小到几乎觉察不出,都有极大、极长久的影响。
　　——约翰·洛克[英国]

73　教师;学生

夫子循循然善诱人。①
　　——[春秋]《论语》

三人行必有我师焉,择其善者而从之,其不善者而改之。②
　　——[春秋]《论语》

温故而知新,可以为师矣。③
　　——[春秋]《论语》

当仁不让于师。④
　　——[春秋]《论语》

尊师则不论其贵贱、贫富矣。⑤
　　——[战国]《吕氏春秋》

人之患,在好为人师。
　　——[战国]《孟子》

凡学之道,严师为难。师严然后道尊,道尊然后民知敬学。⑥
　　——[汉]《礼记》

一日为师,终身为父。
　　——[汉]《史记》

古之学者必有师。师者,所以传道、受业、解惑也。⑦　——[唐]韩愈

圣人无常师。⑧　　——[唐]韩愈

弟子不必不如师,师不必贤于弟子。闻道有先后,术业有专攻,如是而已。⑨
　　——[唐]韩愈

无贵无贱,无长无少,道之所存,师

---

①夫子:古代对男子的敬称。循循然:形容有顺序的样子。诱:诱导;引导。成语有"循循善诱":善于有步骤地引导、教育人。
②三人:泛指几个人。焉:于此,在其中。
③温:复习。
④当:面临;遇到。仁:指仁义之事。让:谦让;退让。
⑤论:讲究;计较。
⑥严:尊敬;受尊敬。道:道理;知识或学问。尊、敬:重视;受重视。成语有"师道尊严",指为师之道尊贵而庄严。
⑦道:道理;知识。受:同"授",教授。
⑧圣人:品格最高尚、学识最渊博的人。常:固定不变的。
⑨是:这;这个。

之所存也。①
　　　　　　　——[唐]韩愈

人非生而知之者，孰能无惑？惑而不从师，其为惑也，终不解矣。②
　　　　　　　——[唐]韩愈

孔子教人，各因其材。③
　　　　　　　——[宋]程颢

养不教，父之过；教不严，师之惰。
　　　　　　　——[宋]《三字经》

问学必有师，讲习必有友。
　　　　　　　——[宋]陆佃

小学教师的重要，是由于他们在洁白如纸的孩子们的心灵上，写下的是永远不能磨灭的痕迹，这痕迹往往影响孩子们的一生。　　——柏杨

四化需要人才，人才需要教育，教育需要教师。　　——陈云

人民教师是培养革命后代的园丁。
　　　　　　　——邓小平

师道既尊，学风自善。——康有为

最残酷的教师是对学生放任。
　　　　　　　——李可染

父母是孩子们的启蒙教师，孩子是母亲的一面镜子。——李岫云

一位伟大的教育家，不但在大处塑造一个时代的学风，而且也常常在小处替一个青年人安排好一生的路程。
　　　　　　　——李亦圆

弯了的树不会自直，放纵坏了的孩子大概也不会自立。——梁实秋

择其善者，以为师资。——鲁迅

尊师是一个民族文化的标志。
　　　　　　　——曲啸

要做好先生，首先要做好学生。
　　　　　　　——毛泽东

教师的职责是"传道、授业、解惑"。为"师"要有知识，为"表"要有美德，这样才能为人师表。——孙敬修

惟必有学识，方可担任教育。盖学生之学识，恒视教师以为进退，故教师之责任甚大。　　——孙口山

教师的成功是创造出值得自己崇拜的人。　　——陶行知

学高为师，身正为范。——陶行知

活的人才教育不是灌输知识，而是将开发文化宝库的钥匙，尽我们知道的交给学生。我们每一个人，能把"一"（指"专一"）"集"（指"搜集"）"钻"（指"钻进去"）"剖"（指"解剖'分析"）"韧"（指"坚韧"）五个字做到了，在做学问上一定有豁然贯通之日，于己于人于社会都有贡献。——陶行知

先生不应该专教书，他的责任是教人做人；学生不应该专读书，他的责任是学习人生之道。
　　　　　　　——陶行知

与其把学生当作天津鸭儿填入一些零碎知识，不如给他们几把钥匙，使他们可以自动地去开发文化的金库和宇宙之宝藏。——陶行知

要学生做的事，教职员躬亲共做；

---

①无：无论；不管。长：年老。少：年轻。道：指知识；真理。所存：所在的地方。
②孰：谁；哪一个。惑：疑惑；不明白。解：懂得；明白。
③因：根据；按照。

要学生学的知识，教职员躬亲共学；要学生守的规则，教职员躬亲共守。

——陶行知

你的教鞭下有瓦特，你的冷眼里有牛顿，你的讥笑中有爱迪生。你别忙着把他们赶跑，你可不要等到坐火轮、点电灯、学微积分，才认识他们是你当年的小学生。

——陶行知

无论一个人的地位有多高，贡献有多大，都离不开老师的教诲和启迪，都凝结了老师的心血和汗水，在老师面前永远是学生。

——温家宝

纵览人生，遇到什么样的"师傅"，就决定"徒弟"今后走什么样的道路。

——徐城北

教师应该严格，不要严厉；严厉是封建的，如体罚等，那是使教师变成了统治者，而学生则变成了被统治者。教师要严格，要学生尊敬。

——徐特立

教师和学生，一切都是相互的平等的关系，用中国的老话来说，叫做"教学半"（教者、学者各负一半责任，就没有资产阶级的所谓教师本位或学生本位的对立）或"教学相长"，在教和学的当中，教师和学生都得到利益，都获得进步。这是新的师生关系的问题。

——徐特立

做教育工作的人，一般总是先进分子，他们继承了民族的文化遗产和经验，他们是受尊敬的人。

——徐特立

从人类知识、能力、道德出发来看小学教师的地位，小学教师是掌握人类的基础教育者。为着爱护儿童必须爱护小学教师。

——徐特立

要知道青年的特性。青年的特点如素丝，染苍则苍，染黄则黄，在这种不定型的性质下，青年工作者的责任就特别重大。希望青年工作者特别了解青年的特点和前途，十分负责地谨慎地进行青年教育，应该把青年的命运看作与国家的命运分不开的。

——徐特立

教任何功课，最终目的都在于达到不需要教。假如学生进入这样一种境界：能够自己去探索，自己去辨析，自己去历练，从而获得正确的知识和熟练的能力，岂不是不需要教了吗？而学生所以要学要练，就为要进入这样的境界。

——叶圣陶

学生受到各科老师的培养，日积月累，耳濡目染，就会离开各科的具体知识而综合形成自己的思维能力。这种思维能力，在学生的日后学习、生活和工作中，极为有用。这是个人文化素质里的最重要的组成部分。

——赵宪初

要教你的孩子走路。但是，应该由孩子自己去学走路。

——爱默生[美国]

不能超过师傅的徒弟是不幸的。

——达·芬奇[意大利]

一个真正的教师指点他学生的不是已投入了千百年劳动的现成的大厦，而是促使他去做砌砖的工作，同他一起来建造大厦，教他建筑。

——迪斯多惠[德国]

一个差的教师奉送真理，一个好的

教师则教人发现真理。

——迪斯多惠[德国]

教育家就是人类心灵的工程师。

——加里宁[苏联]

不管一个人取得多么值得骄傲的成就,都应该饮水思源,应当记住是自己的老师为他的成长播下了最初的种子。

——居里夫人[法国]

好奇心是学生的第一美德。

——居里夫人[法国]

太阳底下再也没有比教师这个职业更高尚的了。

——夸美纽斯[捷克]

我们做父母的对孩子尽可能避免处罚和过分鼓励。

——马卡连柯[苏联]

孩子们更需要的是榜样,而不是批评。

——儒贝尔[法国]

教育者的关注和爱护在学生的心灵上会留下不可磨灭的印象。

——苏霍姆林斯基[苏联]

真正的教育者不仅传授真理,而且向自己的学生传授对待真理的态度。

——苏霍姆林斯基[苏联]

善于鼓励学生,是教育中最宝贵的经验。——苏霍姆林斯基[苏联]

注意每一个人,关怀每一个学生,并以关切而又深思熟虑的谨慎态度对待每个孩子的优缺点——这是教育过程的根本之根本。

——苏霍姆林斯基[苏联]

应当像对待同伴和直言规劝的朋友那样跟孩子们打交道,同他们一道分享胜利的喜悦和失意的忧伤。

——苏霍姆林斯基[苏联]

皮鞭不只会降低孩子的尊严,也会毁损孩子的心灵,会在心灵中投入最阴郁、最卑鄙的阴影:畏缩、怯懦、仇视人类和虚伪。

——苏霍姆林斯基[苏联]

你希望你的孩子成为怎样一种人,你就得在自己的言行中争当那种人。

——西格莉夫人[美国]

教育孩子的教师应得到比父母更多的尊敬。父母只是生养了孩子,只是给予了他生命,而教师则将赋予他有益的人生。

——亚里士多德[古希腊]

师生相处的时候,不可把全部的时间都用在教训上面,也不可尽由导师摆布,吩咐学生遵守这样那样。导师也要听听学生的意见,要学生做什么也得使他习惯于用理智去想想,这样一来,规则就更易被接受,生了根就会更深,学生也就会乐于读书,乐于受教。

——约翰·洛克[英国]

74 学习;求知

学而不思则罔,思而不学则殆。①

——[春秋]《论语》

学而时习之,不亦说(yuè)乎?②

——[春秋]《论语》

---

①罔:迷惑无知。殆:疑惑不解。
②时:按时。习:温习。说:同"悦",愉快。

敏而好学,不耻下问。①
　　　　——[春秋]《论语》
君子食无求饱,居无求安,敏于事而慎于言,就有道而正焉,可谓好学也已。② ——[春秋]《论语》
善学者,假人之长以补其短。③
　　　　——[战国]《吕氏春秋》
一心以为有鸿鹄将至,思援弓缴(zhuó)而射之,虽之俱学,弗若之矣。④
　　　　——[战国]《孟子》
吾尝终日而思矣,不如须臾之所学也。⑤　　——[战国]《荀子》
虽有良玉,不刻镂则不成器;虽有美质,不学则不成君子。⑥
　　　　——[汉]韩婴
好学深思,心知其意。
　　　　——[汉]《汉书》
玉不琢,不成器;人不学,不知道。⑦
　　　　——[汉]《礼记》
学,然后知不足;教,然后知困。⑧
　　　　——[汉]《礼记》
不善学者,师勤而功半。⑨
　　　　——[汉]《礼记》
少而好学,如日出之阳;壮而好学,如日中之光;老而好学,如炳烛之明。⑩
　　　　——[汉]刘向
不学自知,不问自晓,古今行事,未之有也。⑪　——[汉]《论衡》
刻鹄不成尚类鹜。⑫
　　　　——[汉]马援
学者如牛毛,成者如麟角。
　　　　——[三国]蒋济

学者,贵能博闻也。
　　　　——[北朝]《颜氏家训》
学古不泥古。⑬
　　　　——[五代]《旧唐书》
君子之学必日新,日新者,日进也;不日新者,必日退。　——[宋]晁说之
玉不琢,不成器;人不学,不知义。⑭
　　　　——[宋]《三字经》
博观而约取,厚积而薄发。⑮
　　　　——[宋]苏轼

―――――――

①敏:勤勉;努力。耻:耻辱;以为耻辱。
②无:不要。安:舒适。敏:机敏;勤快。就有道而正焉:按照道理来端正自己。
③假:借;借用。
④鸿鹄:天鹅。援:拿;握持。缴:系在箭上用于收回的生丝绳,也指系着生丝绳的箭。弗若:不如;赶不上。
⑤尝:曾;曾经。须臾:片刻,极短的时间。
⑥刻镂:雕刻和镂花。器:器物。美质:好的素质。
⑦琢:雕刻玉石,使成器物。道:道理,知识或学问。
⑧困:贫困,指知识缺乏。
⑨功半:效果的一半。
⑩阳:光芒。炳:点燃。
⑪晓:晓得,明白。未之有:即"未有之",没有这样的。
⑫刻:描绘。鹄:天鹅。尚:尚且。类:像。鹜:野鸭。此句喻指向别人学习,但学得不好。
⑬泥:固执;呆板。
⑭琢:雕刻玉石,使成器物。义:正义,公正合宜的道理。
⑮博:多;丰富。约:简单;简要。薄:轻微;少。发:发表;表达。

学如逆水行舟,不进则退。
——[宋]朱熹

问与学,相辅而行者也,非学无以致疑,非问无以广识。① ——[清]刘开

学者用功,须是渐进而不已,日计不足,岁计则有余,若一曝十寒,进锐退速,皆非学也。 ——[清]朱之瑜

学习要有三心:一信心,二决心,三恒心。 ——陈景润

自学是根本,可能不上大学而成了才,也可能上了大学成不了才。关键在于自己对于学习的态度。 ——程千帆

问,是学的不可缺的条件。有可以请教的人,就向他请教。 ——董必武

为学是求一种知识,为道是求一种境界。 ——冯友兰

学习是一件好事,同时也是一件困难的事情,只有通过学习的实践才能体会学习的好处和困难。 ——傅任敢

学习是什么?学习就是继承,继承古今中外和人类社会的一切学问与知识。只有全面地继承,才能进行全新的创造。 ——高士其

要挤时间学习,从学习中获得极大的乐趣。 ——高士其

学习本身是一件艰苦的事,只有付出艰苦的劳动,才会有相应的收获。 ——谷超豪

学习自然也是一件难事,门径多,方法也复杂。要找寻正当的门径已经很难,要寻求正确的方法更不容易。但你用不着焦躁,平心静气地、按部就班地去找吧。路是走出来的,只要你走,便会有路。 ——郭沫若

要勤于做摘记,写自己的看法。治学的人,大量时间都是花在抄、摘资料,做卡片,写札记上的。这是一个扎实的功夫。 ——胡华

学习不仅仅是为了有用,它还可以丰富人的精神生活,而且学习本身也是一个能使人获得极大享受和乐趣的过程。 ——扈中平

学习上切忌好高骛远,急于求成。学习不扎实,你想来得快些,结果反倒慢了。 ——华罗庚

学习和研究好比爬梯子,要一步步地往上爬。企图一下登四五步,平步登天,就必然会摔跤。 ——华罗庚

在寻求真理的长征中,唯有学习,不断地学习,勤奋地学习,有创造性地学习,才能越重山,跨峻岭。
——华罗庚

对一个人讲,一辈子自学是经常的,在校学习是短暂的。 ——华罗庚

自学有一个好处,就是能锻炼、培养独立思考和分析问题的能力。这是很宝贵的。 ——华罗庚

自学,不怕起点低,就怕不到底。
——华罗庚

学懂了的问题也还要经常练习,"拳不离手,曲不离口",以求温故知新。
——华罗庚

不论学习什么,先要知道自己。不

---

①致疑:发现问题。广识:增加知识。

明白自己的思想底子而去学人家的,很难学进去,或则进去了又出不来。

——金克木

好学是社会原动力之始,知识是指引前路之光。 ——李嘉诚

学习要有严格的顺序,循序渐进。

——李可染

学习必须是强制性的,约束自己,不可放任。约束久了,掌握了规律,到了老年就能"随心所欲"了,"随心所欲"也是"不逾矩"。 ——李可染

求学譬如登楼,不经初级,而欲飞升绝顶,未有不中途受挫跌者。

——梁启超

学习必须广泛地吸收营养,不能只局限于课堂听讲和书本知识。

——廖沫沙

所有科学的进步,都在乎这好奇心。好奇心就是趣,科学发展就是靠这个"趣"字而已。哥伦布发现新大陆,科学家发现声光化电,都是穷理至尽求知趣味使然的。 ——林语堂

学习的大患是浅。观摩一张名画,学习一本名著,都不能停留在表面。

——刘海粟

学习中总难免有些问题自己搞不懂,就要请教别人。孔子说,三人行,必有我师。只要比自己懂得多,都可以请教。 ——卢嘉锡

倘能生存,我当然仍要学习。

——鲁迅

会摹仿,决不是劣点。 ——鲁迅

学习是快乐的来源,即使你不在意自己的将来有没有成就,单以目前的生活来说,学习也一定使你觉得满足。

——罗兰

应该把工作以外的剩余精力主要放在学习上,养成学习的习惯。

——毛泽东

一个人如果他不知道学习的重要,他永远也不会变得聪明。 ——毛泽东

读书是学习,使用也是学习,而且是更重要的学习。 ——毛泽东

好好学习,天天向上。——毛泽东

学习与创造是一体的两面,没有学习不能凭空创造,不能创造,即是学习未必彻底。 ——茅盾

学习要有方法,要有计划,才能事半功倍。 ——茅以升

学问,学问,就是要问,又学又问。

——潘天寿

学习是终身的职业。在学习的道路上,谁想停下来就要落伍。

——钱伟长

学习任何学问,都必须广泛涉猎,在广的基础上求高。 ——秦牧

学习从来无捷径,循序渐进登高峰。 ——商承祚

为学应须毕生力,攀登贵在少年时。 ——苏步青

做学问就是要学要问。光学不问,只做到一半;光问不学,也只是一半。又学又问,才是完整的学问。

——陶行知

要想学生好学,必须先生好学。唯有学而不厌的先生才能教出学而不厌

的学生。　　　　　——陶行知

学习最明朗,学习最坦然,学习最快乐,学习最健康,学习最清爽,学习最充实。　　　　　　　——王蒙

没有渐变,不会有质变;没有数量,就谈不上质量。只有平日多学习,多积累,才有可能产生高水平的创作。
　　　　　　　　　——王梓坤

学习本身是顽强的劳动,古今中外有名的学者,都是经过艰苦努力,才取得出色的成就。　　　——吴晗

为了获得知识,就必须学习。只有学习,才能使你们健康地成长起来。
　　　　　　　　　——吴玉章

任何一个人的任何一点成就,都是从勤学、勤思、勤问中得来的。
　　　　　　　　　——夏衍

人永远是要学习的,死的时候才是毕业的时候。　　　——萧楚女

学习不能只学课本,把知识在实践中运用起来,才能丰富它。——徐特立

对青年来说,学习最重要的是一个"恒"字……三天打鱼、两天晒网的人学不好,在学习上想走捷径的人学不会。
　　　　　　　　　——徐特立

学习好像马拉松赛跑一样,贵在坚持和耐久。　　　　——杨乐

很多东西常常是在不知不觉中,经过了一个长时期的接触,就自己也不知道什么时候已经懂了。——杨振宁

自学的本领是用之不竭的能,储能就要储这样的能。——叶圣陶

只要心还在跳,就要努力学习。
　　　　　　　　　——张海迪

加紧学习,抓住中心,宁精勿杂,宁专勿多。　　　　——周恩来

青年是黄金时代,要学习,学习,再学习。　　　　　——周恩来

学习要联系实际,不联系实际,就是空学,等于没学。——周恩来

我们的社会是天天进步的,我们也应该天天进步。这就需要学习,不学习就会落后,就不能跟社会一道前进。
　　　　　　　　　——朱德

毕生保持求知欲,就一定能在自己的重大使命上成就一件事。
　　　　　　——池田大作[日本]

无论从哪些方面学习都不如从自己所犯错误的后果中学习来得快。
　　　　　　——恩格斯[德国]

没有计划地学习,简直是荒唐。
　　　　　　——恩格斯[德国]

人的天性犹如野生的花草,求知学习好比修剪移栽。
　　　　——弗兰西斯·培根[英国]

断章取义是学习的蛀虫和腐朽剂。
　　　　——弗兰西斯·培根[英国]

求知是一条只有起点而没有终点的路。　　　　——福柯[法国]

学而无术者比不学无术者更加愚蠢。　　　　——富兰克林[美国]

智者从敌人那里汲取的长处,要比愚者从友人那里汲取的长处多。
　　　　　　——富兰克林[美国]

学习,永远不晚。
——高尔基[苏联]

如果学习只在于模仿,那么我们就不会有科学,也不会有技术。
——高尔基[苏联]

青春是有限的,智慧是无穷的,趁短短的青春,去学习无穷的智慧。
——高尔基[苏联]

如果不想在世界上虚度一生,那就要学习一辈子。
——高尔基[苏联]

人不光是靠他生来就拥有的一切,而是靠他从学习中所得到的一切来造就自己。
——歌德[德国]

一个人不能同时骑两匹马,骑上这匹,就要丢掉那匹。聪明人会把凡是分散精力的要求置之度外,只专心致志地去学一门。学一门就要把它学好。
——歌德[德国]

我们全部要从前辈和同辈学习到一些东西。就连最伟大的天才,如果想单凭他所特有的内在自我去对付一切,他也绝不会有多大成就。
——歌德[德国]

我们要像海绵一样吸收有用的知识。
——加里宁[苏联]

如同拨一下木头就能使奄奄一息的火苗升腾起大火一样,一个愚笨的脑袋会因为学习而产生变化。
——朗费罗[美国]

学习,最主要的是树立信心。
——李政道[美国]

只要愿意学习,就一定能够学会。
——列宁[苏联]

要是知道自己懂得的太少,那就要设法使自己懂得多一些。
——列宁[苏联]

好学的人必成大器。
——林肯[美国]

迟学比不学好。
——马尔提阿里斯[古罗马]

不学无术,在任何时候,对任何人,都无所帮助,也不会带来利益。
——马克思[德国]

人要学会走路,也要学会跌跤,而且只有经过跌跤,他才能学会走路。
——马克思[德国]

博学人从愚昧人处领悟的知识,比愚昧人向博学人学到的知识更多。
——蒙田[法国]

勇于求知的人决不至于空闲无事。
——孟德斯鸠[法国]

求学问最重要的是明辨事情的本末。
——平田笃胤[日本]

勤于学习的人才能乐于施教。
——乔叟[英国]

一个热衷于追求知识的人,一个已厌倦一切、只想找一本书来消遣的人,两者之间存在极大的差异。
——切斯特顿[美国]

人生在世就有学不尽的东西。
——塞万提斯[西班牙]

死记硬背可以学到科学,但学不到智慧。
——斯特恩[英国]

对知识的渴望如同对财富的追求,越追求,欲望就越强烈。
——斯特恩[英国]

求知欲,好奇心——这是人的永恒的、不可改变的特性。哪里没有求知欲,哪里便没有学校。

——苏霍姆林斯基[苏联]

学习是劳动,是充满思想的劳动。

——乌申斯基[俄国]

我们的学习不只是在学校里,也在生活中。 ——辛尼加[古罗马]

谁知道如何学习,谁就有丰富的知识。 ——亚当斯[英国]

要学到知识,必须付出艰辛的劳动。 ——亚里士多德[古希腊]

求知是人类的本性。

——亚里士多德[古希腊]

75 思考;钻研

三思而后行。①

——[春秋]《论语》

吾尝终日不食,终夜不寝,以思,无益,不如学也。 ——[春秋]《论语》

不愤不启,不悱不发。举一隅不以三隅反,则不复也。②

——[春秋]《论语》

心之官则思,思则得之,不思则不得。③ ——[战国]《孟子》

博学多识,疑则思问。

——[汉]王符

动必三省(xǐng),言必再思。④

——[唐]白居易

不思,故有惑;不求,故无得;不问,故不知。 ——[宋]晁说之

为学患无疑,疑则有进。

——[宋]陆九渊

问之不切,则其听之不专;其思之不深,则其取之不固。——[宋]王安石

众里寻他千百度,蓦然回首,那人却在,灯火阑珊处。⑤ ——[宋]辛弃疾

读而未晓则思,思而未晓则读。

——[宋]朱熹

循序而渐进,熟读而精思。

——[宋]朱熹

泛观博取,不若熟读而精思。⑥

——[宋]朱熹

读书无疑者,须教有疑;有疑者却要无疑,到这里方是长进。

——[宋]朱熹

善疑者,不疑人之所疑,而疑人之所不疑。⑦ ——[清]方以智

学贵知疑,小疑则小进,大疑则大进。 ——[清]金缨

君子之学必好问,问与学相辅而行者也。 ——[清]刘开

学问尚精专,研磨贵纯一。

——[清]曾世霖

---

①三思:再三考虑。
②愤:指苦苦思索却想不明白。启、发:开导。悱:指想说却说不出来。隅:角落。反:同"返",指类推。复:反复,指再做一次。
③官:机体器官,引申为官能,器官的功能。
④省:视察;检查。
⑤度:次,回。蓦然:忽然。回首:回头。灯火:指元宵节之夜的灯光。阑珊:零落。
⑥泛:广泛,普遍。观:看。取:采取;择取。
⑦疑:不相信。

学习与思考二者必须结合起来，不可偏废。单思不学，会变成空想、妄想；单学不思，又会变成书呆子。

——蔡尚思

学问之成立在于信，而学问之进步则在疑。　　　　　——蔡元培

要打好基础，获得丰富的知识，必须经过自己钻研和努力，没有现成的。

——陈垣

一双天真好奇的眼睛，和一颗童心，是成长的前因，是发展的定金。

——陈祖芬

心愈用愈灵，学愈研愈精。

——傅抱石

生活，留心处处皆学问。只要认真地学习，潜心地钻研，就会学有所得，学有所长。　　　　　——高士其

看书不能信仰而无思考，要大胆地提出问题，勤于摘录资料、分析资料，找出其中的相互关系，是做学问的一种方法。　　　　　　——顾颉刚

既异想天开，又实事求是，这是科学工作者特有的风格，让我们在无穷的宇宙长河中去探索无穷的真理吧。

——郭沫若

治学问要有两性：一是记性，一是悟性。记性帮助学，悟性帮助思。只学不思，是"死读书"；学而能思，是"活读书"。　　　　——郭绍虞

没有独立思考，就没有独立人格。

——何满子

做人要在有疑处不疑，做学问要在不疑处有疑。　　　——胡适

"人"之可贵在于创造性地思维。

——华罗庚

疑是发现智能的引线，思是获得打开知识之门的钥匙。　——华罗庚

独立思考不是说一个人独自在那里冥思苦想，不和他人交流。独立思考也要借助别人的结果，也要依靠群众和集体的智慧。　　——华罗庚

科学的灵感，绝不是坐等可以等来的。如果说科学上的发现有什么偶然的话，那么这种"偶然的机遇"只给那些有素养的人，给那些善于独立思考的人，给那些具有锲而不舍的精神的人，而不会给懒汉。　——华罗庚

我成功的地方是喜欢思考，不墨守成规，遇到有困难时，通常很快就找到解决的办法。　　　——金庸

对于一件事或一个问题，要想理解它或批评它，便应该自己好好想一下，不能被别人牵着鼻子走。想过之后，如果认为应该跟着别人走，便堂堂正正地去一同走，这不是被人牵着鼻子，当然更不是被人抽着鞭子。——梁实秋

我们能吸收时，就是西洋文明也变成我们自己的了。好像吃牛肉一样，决不会吃了牛肉自己也即变成牛肉的。

——鲁迅

我对青年有三条建议：第一是思考，第二是思考，第三是不能总是思考。

——马长山

对于书本知识，无论古人、今人或某个权威的学说，要深入钻研，辽细咀嚼，独立思考。切忌囫囵吞枣，人云亦

云,随波逐流,粗枝大叶,浅尝辄止。
——马寅初

凡事应该用脑筋好好想一想。俗话说:"眉头一皱,计上心来。"就是说多想出智慧。
——毛泽东

不要把分数看重了,要把精力集中在培养训练分析问题的能力和解决问题的能力上。
——毛泽东

人的大脑和肢体一样,多用则灵,不用则废。
——茅以升

这个世界不缺少发现,而是缺少发现后的思考。
——牛根生

探索,可能费工费时,可能曲折坎坷,也可能会有失误,甚至失败,但也惟有探索才能前进。
——冉淮舟

独立思考是做学问的根本精神。
——唐弢

长时间的刻苦钻研是成功之母,也是培养独立思考能力的基本条件。
——王梓坤

从历史上看,善于独立思考的人,大都有三个特点:博学;善问;富于钻研精神,重视思想方法。
——王梓坤

善于想、善于问、善于做的人,其收效则常大而且快。
——谢觉哉

质疑问难,切磋琢磨,本是为学之道,但终须先由自己用过一番心思,若有问题,再行提出讨论。
——杨贤江

学问之道,既要善于读书,也要善于思考,明辨是非,知所适从。
——姚雪垠

光是自己探索当然要多费力气,然而是值得的,因为自己探索得来的往往更为深刻。
——叶圣陶

从古以来,凡在学术上有所建树、有所创获的人,莫不有追求真理的强烈愿望,或者为了解决人生的疑难,或者为了探索自然的奥秘,或者为了挽救当时社会的危机,从而致力于理论问题的探讨。
——张岱哲

真正的知识,不像地皮上的积水,掬手可得;它是深藏于厚土和岩石之下的清泉,只有勇于钻研的人,才能尝到它的甘美。
——钟观

好奇心这个品质具有极大的力量,它往往成为一个科学家走上科学道路的心理开端。
——周昌忠

独立思考,实事求是,锲而不舍,以勤补拙。
——周培源

如果你年轻时就没有学会思考,那么就永远学不会思考。
——爱迪生[美国]

我拥抱平凡的东西,我探究那些熟悉的卑微的东西,我坐在它们脚下。我只要对现代有深入的鉴察力,古代与未来的世界我都可以不要。
——爱默生[美国]

学习知识要善于思考、思考、再思考,我就是靠这个学习方法成为科学家的。
——爱因斯坦[美国]

要学会思考,不要一碰到困难就向别人招手。
——爱因斯坦[美国]

发展独立思考和独立判断的一般能力,应当始终放在首位,而不应当把获得专业知识放在首位。
——爱因斯坦[美国]

使年轻人发展批判的独立思考,对于有价值的教育也是生命攸关的。由于太多太杂的学科造成的年轻人的过重负担,大大地危害了这种独立思考的发展,负担过重必导致肤浅。

——爱因斯坦[美国]

要是没有独立思考和独立判断的有创造能力的个人,社会的向上发展就不可想象。 ——爱因斯坦[美国]

我要反复思考好几个月:有九十九次结论都是错的,可是第一百次我对了。 ——爱因斯坦[美国]

读书可以获得知识,思考才能去粗存精。 ——奥斯本[美国]

一个能思考的人,才真正是一个力量无穷的人。 ——巴尔扎克[法国]

要有独到之见,必须多思考。

——拜伦[英国]

向人们质疑,就是求智之道;自己在内心思索道理,就是启发智慧之本。

——贝原益轩[日本]

我喜欢问与答的部分,因为那让我体会到,使人们兴奋的是什么,使他们不悦的又是什么。

——比尔·盖茨[美国]

一个人还不能知道他自己,就忙着去研究一些和他不相干的东西,这在我看来是很可笑的。

——柏拉图[古希腊]

希望你能够养成对是非、事物都能深入思考的习惯。在有了这样一副头脑以后,再去追求真理,学习未被扭曲的正确知识。

——查斯特菲尔德[英国]

谁要是希望自己好,他就得自己动脑筋,自己关心自己——别的任何人都代替不了他自己。

——车尔尼雪夫斯基[俄国]

坦率地承认自己的错误,意味着对思考永不厌倦。 ——大前研一[日本]

问题解决之前,尽可能地全力思考。但是事情决定了,就压根儿再不要去忧虑。 ——戴尔·卡内基[美国]

一切归结到从感觉回到思考,又从思考回到感觉。不停地重新进入自己里面去,又从里面出来,这是一种蜜蜂的工作。如果你不重新进入装着蜡的蜜房里面去,你就白白地跑了许多地方;如果你不知道把这些蜡做成蜂巢,你就白白聚集了许多无用的蜡了。

——狄德罗[法国]

比考试更重要的,是我们应该对某一门课程有比较深刻的了解,不是死背,而是独立思考。——丁肇中[美国]

好奇心是科学研究的原动力。

——丁肇中[美国]

知道什么叫思考的人,不管他是成功或失败,都能学到很多东西。

——杜威[美国]

真正思考的人,从自己的错误中汲取的知识要比从自己的成就中汲取的知识更多。 ——杜威[美国]

好奇心很重要,有了好奇心才能敢于提出问题。 ——杜威[美国]

如果不是系统地钻研,那就得不到

任何重大成就。　　——恩格斯[德国]

疑而能问,已得知识之半。

——弗兰西斯·培根[英国]

有的知识只需浅尝,有的知识只要粗知,只有少数专门知识需要深入钻研,仔细揣摩。所以,有的书只要读其中一部分,有的书只需知其中梗概即可,而对于少数好书,则要精读、细读、反复地读。

——弗兰西斯·培根[英国]

要在思想领域中做出伟大的决策,要获得重大的发现,要解决疑难的问题,就只能像一个人回避世人地潜心钻研。　　——弗洛伊德[奥地利]

书读的越多而不假思考,你就会觉得你知道的很多;而当你读书而思考越多的时候,你就会清楚地看到你知道的还很少。　　——伏尔泰[法国]

读书是易事,思索是难事,但两者缺一,便全无用处。

——富兰克林[美国]

我们可以由读书而搜集知识,但必须利用思考把糠和麦子分开。

——富斯德[英国]

知识的源泉不会枯竭,不管人类在这方面取得多大成就,人们还是要不断地去探索、发掘和认知。

——冈察洛夫[俄国]

懒于思索,不愿意钻研和深入理解,自满或满足于微不足道的知识,都是智力贫乏的原因。这种贫乏通常用一个词来称呼,这就是"愚蠢"。

——高尔基[苏联]

人的天职是勇于探索真理。

——哥白尼[波兰]

缺少知识就无法思考,缺少思考就不会有知识。　　——歌德[德国]

谁不用脑子去思索,到头来他除了感觉之外将一无所有。

——歌德[德国]

一个人必须坚持这样的信念:不可理解的事物都是可能理解的,否则他就不会打算去探测它了。

——歌德[德国]

所谓真正的智能,都曾经被人思考过千百次,但要想使它们真正成为自己的,一定要经过自己再三思考,直至它们在我个人经验中生根为止。

——歌德[德国]

思考和知识应该是经常同步而行。不然,知识就是个死物,而且会毫无成果地消亡。　　——洪堡[德国]

遇事要敢于问个为什么,错了也没关系,不要怕错,有错马上就改。可怕的倒是提不出问题,迈不出第一步。

——李政道[美国]

我们不需要死记硬背,但是我们需要用基本事实的知识来发展和增进每个学习者的思考力。　——列宁[苏联]

读书不要贪多,而是要多加思索,这样的读书使我获益不少。

——卢梭[法国]

理解还是很有用的!如果你不理解,你就得不到什么。

——罗曼·罗兰[法国]

懂得多,往往引起更多的疑问。

——蒙田[法国]

没有大胆的猜测,就做不出伟大的发现。　　　——牛顿[英国]

真实的知识大多来自思考,而不是阅读。　　　——佩恩[英国]

思考可以构成一座桥,让我们通向新知识。　　——普朗克[德国]

不要想到什么就说什么,凡事必须三思而后行。

——莎士比亚[英国]

凡事木已成舟便无法挽回。人们往往做事不加考虑,事后却有空闲去思索追悔。　　——莎士比亚[英国]

读书而不加思考,绝不会有心得,即使稍有印象,也浅薄不生根,不久就又丧失。　　——叔本华[德国]

勤勉而顽强地钻研,永远可以使你百尺竿头更进一步。

——舒曼[德国]

如果你要把什么都弄个水落石出,就会毁掉你生活中最好的东西。

——斯特林堡[瑞典]

天生聪敏的人跟天生笨拙的人一样,谁想在某一门技艺上成为一个值得赞美的人,谁都须学习和钻研这门技艺。　　——苏格拉底[古希腊]

要思考,不要死记!

——苏霍姆林斯基[苏联]

一切经得起再度阅读的格言,一定值得再度思索。

——梭罗[美国]

生活的全部意义在于无穷地探索尚未知道的东西,在于不断地增加更多的知识。　　　——左拉[法国]

76 书 籍

尽信书,则不如无书。①

——[战国]《孟子》

一日无书,百事荒芜。②

——[晋]《三国志》

化当世莫若口,传来世莫若书。③

——[唐]韩愈

处则充栋宇,出则汗牛马。④

——[唐]柳宗元

虽有群书万卷,不及囊中一钱。

——[唐]卢照邻

书中自有黄金屋,书中自有颜如玉。⑤　　　——[宋]宋真宗

贫者因书而富,富者因书而贵。

——[宋]王安石

家有余粮鸡犬饱,户多书籍子孙贤。　　——[明]《水浒传》

书到用时方恨少,事非经过不知难。　　——[明、清]《增广贤文》

案上不可多书,心中不可少书。

——[清]金缨

---

①尽:完全。书:指《尚书》,儒家经典之一。此句强调读书不宜盲从,要注意思考和实践。

②荒芜:荒废。

③化:教化;教育。书:书籍,指著书立说。

④栋宇:房屋。充栋宇:堆满了房屋。汗牛马:用牛马拉车运输,牛马累得身上出汗。

⑤颜如玉:指年轻美貌的女子。

百物可决舍,唯书最难别。①
——[清]袁枚

书卷乃养心第一药物。
——[清]张英

一部好书,必定是朴素的;有如浣纱溪上的西子,荆钗布裙,毫无脂粉气的!
——曹聚仁

书的功能不是一吃即灵的特效药。书是雨露、阳光和好的空气,它给人带来的益处是悄悄来临的。 ——迟子建

一本书,当未读之前,你会感到书是那么厚……但是当我们对书的内容真正有了透彻的了解,抓住了全书的要点,掌握了全书的精神实质以后,就会感到书本变薄了。 ——华罗庚

优秀的书籍像一个智慧善良的长者,搀扶我一步步向前走,并且逐渐懂得了世界。 ——秦牧

朋友不是书,书却是朋友。朋友可能背叛你,书却永远忠实。怎么办呢?像选择书一样去选择朋友,像热爱朋友一样去热爱书。 ——汪国真

一个人可以无师自通,却不可无书自通。 ——闻一多

富有真理的书是万应的钥匙,什么幸福的门用它都可以打开。
——吴伯箫

书,什么不给你呢? 足不出户,而卧游千山万水;素不相识,可以促膝谈心。 ——吴伯箫

生活是无字的书,眼光敏锐的人看得见精彩的词句;书是有字的生活,感情丰富的人才能深刻领会。 ——曾鸣

如果使用得好,书是最好的东西;如果滥用了,书就是最坏的东西。
——爱默生[美国]

没有一条船能像一本书,使我们远离家园;也没有任何骏马,抵得上欢腾的诗篇。这旅行最穷的人也能享受,没有沉重的开支负担;运载人类灵魂的马车,取费是何等低廉!
——爱默生[美国]

一个爱书的人,他必定不至于缺少一个忠实的朋友、一个良好的老师、一个可爱的伴侣、一个温情的安慰者。
——巴罗[法国]

书籍是作者为我们渡过危险的人生之海而准备的罗盘、望远镜、六分仪和海图。 ——贝内特[英国]

好的书籍是最贵重的珍宝。
——别林斯基[俄国]

不好的书告诉你错误的概念,使无知者变得更无知。
——别林斯基[俄国]

聪明人能超脱书本。
——丹尼尔[英国]

我在悲痛时想在书中寻找安慰,结果得到的不仅是慰藉,而且是深深的教诲,就像有人为了寻找银子,竟然发现了金子一样。 ——但丁[意大利]

书籍是在时代波涛中航行的思想之船,它小心翼翼地把珍贵的货物运送给一代又一代。
——弗兰西斯·培根[英国]

———
①决:决意;决定。舍、别:舍弃。

人类智慧和知识的形象将在书中永存,它们能免遭时间的磨损,并可永远得到翻新。

——弗兰西斯·培根[英国]

有些书只需浅尝,另一些可以吞咽。只有少数好书需要仔细咀嚼,慢慢消化。 ——弗兰西斯·培根[英国]

书籍是人类进步的阶梯、终生的伴侣、最诚挚的朋友。——高尔基[苏联]

书籍是青年人不可分离的生活伴侣、导师、忠告者和好友。

——高尔基[苏联]

我扑在书上,就像饥饿的人扑在面包上。 ——高尔基[苏联]

书籍是最好的朋友。当生活中遇到任何困难的时候,你都可以向它求助,它永远不会背弃你。

——歌德[德国]

我们的生活被书籍造成了多大的扭曲!我们对现实不再感到满足。

——格雷森[美国]

一本书像一艘船,带领我们从狭隘的地方驶向无限广阔的海洋。

——海伦·凯勒[美国]

书籍是最有耐心、最能忍耐和最令人愉快的伙伴。在任何艰难困苦的时刻,它都不会抛弃你。

——赫尔岑[俄国]

书籍是屹立在时间的汪洋大海中的灯塔。 ——惠普尔[美国]

所有人类做过、想过、获得过或存在过的东西,像以魔术保存法一样存于书页之中。书是人们精选出来的财富。 ——卡莱尔[英国]

书是随时在你近旁的顾问,随时都可以供给你所需要的知识,而且可以按照你的心愿,重复这个顾问的次数。

——凯勒[瑞士]

人离开了书,如同离开空气一样不能生活。 ——科洛廖夫[苏联]

书是一面镜子:如果一头蠢驴往镜中看,你不可能发现里面会映出一个圣徒。 ——利希滕贝格[德国]

评价一座城市,要看它拥有多少书店。 ——鲁宾斯坦[波兰]

每一本书都有它自己的遭遇和寿命。有的书毁于一旦,有的书却能流芳百世。 ——马尔夏克[苏联]

一本好书是一个艺术大师宝贵的血液,是超越生命之外的生命,是可以铭记和珍藏的。 ——弥尔顿[英国]

书籍并不是没有生命的东西,它包藏着一种生命的潜力,与作者同样地活跃。不仅如此,它还像一个宝瓶,把作者生机勃勃的智慧中最纯净的精华保存起来。 ——弥尔顿[英国]

书是世界的宝贵财富,是国家和历史的优秀遗产。

——梭罗[美国]

书籍——通过心灵观察世界的窗口。住宅里没有书,犹如房间没有窗户。 ——威尔逊[美国]

艺术家会出现在他创作的每一本书的每一页中,尽管他极力想从书中消除自己的影子。 ——詹姆斯[美国]

77 读书

读书百遍,其义自见(xiàn)。①
——[晋]《三国志》注引《魏略》

积财千万,无过读书。
——[北朝]《颜氏家训》

观天下书未遍,不得妄下雌黄,或彼以为非,此以为是,或本同末异,或两文皆欠,不可偏信一隅也。②
——[北朝]《颜氏家训》

富贵必从勤苦得,男儿须读五车书。——[唐]杜甫

读书破万卷,下笔如有神。③
——[唐]杜甫

三更灯火五更鸡,正是男儿读书时。黑发不知勤学早,白首方悔读书迟。④——[唐]颜真卿

孤村到晓犹灯火,知有人家夜读书。——[宋]晁冲之

读书欲精不欲博,用心欲专不欲杂。⑤——[宋]黄庭坚

发愤识遍天下字,立志读尽人间书。——[宋]苏轼

旧书不厌百回读,熟读深思子自知。⑥——[宋]苏轼

万般皆下品,惟有读书高。⑦
——[宋]汪洙

开卷有益。⑧ ——[宋]王辟之

蹉跎莫遣韶光老,人生惟有读书好。⑨——[宋]翁森

读书将以穷理,将以致用也。⑩
——[宋]杨时

饥读之以当肉,寒读之以当裘,孤寂而读之以当友朋,幽愤而读之以当金石、琴瑟也。——[宋]尤袤

读书有三到,谓心到、眼到、口到。心不在此,则眼看不仔细。心眼既不专一,却只漫浪诵读,决不能记,记也不能久也。三到之中,心到最急,心既到矣,眼口岂不到乎?——[宋]朱熹

读书之法,莫贵于循序而致精。
——[宋]朱熹

读书譬如饮食,从容咀嚼,其味必长;大嚼大咽,终不知味也。⑪

——[宋]朱熹

----

①百遍:指多次。义:含义;道理。见:同"现",显现;显露。

②妄:胡乱地。雌黄:一种矿物,古人抄书、校书常用雌黄涂改文字。妄下雌黄:乱改文字;乱发议论。一隅:一个角落,比喻偏于一方面的。

③破:超过。卷:量词,用于书的一部分,如分册等。万卷:指很多书。

④三更:半夜十一点到一点。五更:凌晨三点到五点。鸡:指鸡鸣。黑发:年轻时。白首:头发白了。

⑤精:精通。博:广泛,普遍。杂:混杂,不纯。

⑥百回:形容很多次。子:同"您",对对方的尊称。

⑦下品:质量最差、等级最低的品级。

⑧开卷:打开书本,指读书。

⑨蹉跎:光阴白白地过去。韶光:美丽的春光,比喻美好的青年时代。

⑩穷:穷尽。

⑪咀嚼:用牙齿磨碎食物,比喻对事物反复体会。

读未见书如得良友,见已读书如逢故人。　　　　　——[清]金缨

读万卷书,行万里路。
　　　　　　　　——[清]钱泳

世间数百年旧家无非积德,天下第一件好事还是读书。——[清]姚文田

读书不知要领,劳而无功。
　　　　　　　　——[清]张之洞

三日不读书,便觉语言无味。
　　　　　　　　——[清]朱之瑜

只有愚昧无知的人才会随便读到一部作品就全盘接受,因为他头脑空空,装得下许多东西。——巴金

我读书奉行九个字,就是"读书好,好(hào)读书,读好书"。好书读多了,熟能生巧,这样写出来的文章就会思路开阔,文笔流畅。　　——冰心

读书如同蜘蛛结网一样,从一点开始,可以由此及彼,越来越广,但又万变不离其宗。　　　　　——陈从周

一个人读书,并不是想知道自己全然不知道的事,而是想印证自己业已模糊知道的事。　　　——陈家琪

读书要做笔记。这有两个好处,一是让你多读几次,一是逼着你聚精会神,认真思索,使你了解深刻,而不像随便看过去那样模模糊糊。——陈云

重要的书必须常常反复阅读,每读一次都会觉得开卷有益。　——邓拓

读书要用批判的眼光,要取其精华,去其糟粕。　　　　——邓拓

读书不必求多,而要求精。这是历来读书人的共同经验。——邓拓

尽信书,不如无书。而要懂得这个不如无书的理由,找到不如无书的根据,却还是要读书,读各种书。
　　　　　　　　——冯英子

翻开一本书就像打开一扇门,走进去你会发现一个崭新的世界。
　　　　　　　　——冯远征

应该怎样学会读书呢?我觉得,在学习书本上的每一个问题、每一章节的时候,首先应该不只看到书面上,而且还要看到书背后的东西。——华罗庚

知识无涯,而生命有限。既要博古,又要通今,时间实在不够用。所以,用功读书开始要早。青年不努力,更待何时?　　　　　　——梁实秋

只看一个人的著作,结果是不大好的:你就得不到多方面的优点。必须如蜜蜂一样,采过许多花,这才能酿出蜜来。倘若叮在一处,所得就非常有限,枯燥了。　　　　　——鲁迅

读死书会变成书呆子,甚至于成为书橱。　　　　　　——鲁迅

读书如果不是一种消遣,那是相当熬人的,就像长时间不间断的游泳,使人精疲力竭,有一种随时溺没的感觉。
　　　　　　　　——路遥

饭可以一日不吃,觉可以一日不睡,书不可一日不读。——毛泽东

刻苦读书,积累资料,这是治学的基础。　　　　　　——秦牧

精读,好像牛吃东西似的,吃了以后再吐出来,慢慢反刍,消化;泛读,就像鲸鱼张开大口似的把小鱼小虾都吃

下去,漏一些也没关系。 ——秦牧

我一生的嗜好,除了革命之外,只有好读书,我一天不读书,便不能生活。
——孙中山

选择书很重要。不加选择,如果读的是一本没有用处的书,或者是一本坏书,那就是浪费时间。不只是浪费时间,有时还接受些错误的东西。
——王力

读书力求三性:韧性、记性、悟性。有韧性没有记性,读了白读;有记性没有悟性,书是死书。悟性至关重要,一举满盘皆活。然而,单凭悟性,没记性就没库存,是皮包公司;没韧性就建不成太仓,是短途小贩。三性俱备,堪称知识富翁。 ——魏明伦

读书关系到一个人的思想境界和修养,关系到一个民族的素质,关系到一个国家的兴旺发达。一个不读书的人是没有前途的,一个不读书的民族也是没有前途的。 ——温家宝

除了多读之外,还得多抄,把重点、关键性的词句抄下来,时时翻阅,这样便可以记得牢靠,成为自己的东西了。
——吴晗

每天所读的书,应该有一种是精读的,一种是泛读的,不可一律对待
——夏承焘

"必读书要多,案头书要少。"我以为案头只能摆两本书,一本是精读的;另一本是泛读的,作为调剂。
——夏承焘

读书是要先看出他的好处,再批评他的坏处,这才像吃东西一样,经过消化而摄取了营养。 ——徐复观

读书就是隐身的串门。因此,对于书,不妨当作一位登门造访拜年晤对的宾客而款待之。 ——杨绛

阅读是一种生活方式,书籍是一生相伴的朋友。 ——于丹

读书好似爬山,爬得越高,望得越远;读书好似耕耘,汗水流得多,收获更丰满。 ——臧克家

读过一本好书,像交了一个益友,时间过得越长,情谊也就越深厚。
——臧克家

读书也像开矿一样,沙里淘金。
——赵树理

为中华之崛起而读书。
——周恩来

凡能催人发奋的书都是值得一读的。 ——爱默生[美国]

读一本好书,如同与往昔时代最优秀的人们交谈。 ——笛卡儿[法国]

在读书的时候,我们是与智者交谈;在生活的事务中,我们通常都是与愚人交谈。
——弗兰西斯·培根[英国]

当我们第一遍读一本好书的时候,我们仿佛觉得找到了一个朋友;当我们再一次读这本好书的时候,仿佛又和老朋友重逢。 ——伏尔泰[法国]

读了一本书,就象对生活打开了一扇窗户。 ——高尔基[苏联]

我读书越多,书籍就使我和世界越接近,生活对我也变得越加光明和有意

义。　　　——高尔基[苏联]

如果我读的书跟其他人一样多,我就不会懂得比他们多。

　　　　　——霍布斯[英国]

有些人读书为了思考——这是少数人;有些人为了写作——这很普遍;有些人为了谈论——这是绝大多数人。

　　　　　——科尔顿[阿根廷]

蹩脚的旅行者只知道"到此一游",蹩脚的读者只知道书的结局。

　　　　　——科尔顿[阿根廷]

有人是阅读机器,总是上足发条,不断运转,无论何种糟粕他都照单全收。　　　——洛厄尔[美国]

世界上有许多东西是你在书本上看不到的。　——莎士比亚[英国]

课外阅读,用形象的话来说,既是思考的大船借以航行的帆,也是鼓帆前进的风。没有阅读,就既没有帆,也没有风。　——苏霍姆林斯基[苏联]

能够摄取必要营养的人要比吃得很多的人更健康,同样地,真正的学者往往不是读了很多书的人,而是读了有用的书的人。

　　　　——亚里斯提卜[古希腊]

一个人只应该读自己想读的书,如果把读书当作一个任务那就收效甚微。

　　　　　——约翰生[英国]

78　知识;学问

知(zhì)者不博,博者不知(zhì)。①

　　　　　——[春秋]《老子》

吾生也有涯,而知也无涯。②

　　　　　——[战国]《庄子》

海以合流为大,君子以博识为弘。③

　　　　　——[晋]《三国志》

人生处万类,知识最为贤。

　　　　　——[唐]韩愈

黄金未是宝,学问胜珠珍。丈夫无伎艺,虚活一世人。④

　　　　　——[唐]王梵志

人之知识,若登梯然,进一级,则所见愈广。　　——[宋]陆九渊

古人学问无遗力,少壮功夫老始成。⑤　　　——[宋]陆游

须破得旧说,方立得新说。

　　　　　——[宋]朱熹

举一而反三,闻一而知十,乃学者用功之深,穷理之熟,然后能融会贯通,以至于此。　　——[宋]朱熹

真知即所以为行,不行不足谓之知。　　　　——[明]王守仁

知者行之始,行者知之成。

　　　　　——[明]王守仁

知而不行,只是未知。

　　　　　——[明]王守仁

君子之学,博于外而尤贵精于内,

----

①知:同"智",智慧。博:广博。

②涯:河岸,水边,引申为边际。

③弘:宽广。

④珠珍:珍珠。丈夫:大丈夫,男子汉。伎:同"技",技艺;才能。

⑤无遗力:不遗余力;竭尽全力。始成:才取得成就。

论诸理而尤贵达于事。

——[明]王廷相

世事洞明皆学问,人情练达即文章。① ——[清]《红楼梦》

学问无大小,能者为尊。

——[清]《镜花缘》

常看得自己有不是处,学问便有进无退。 ——[清]申涵光

能甘淡泊,便有几分真学问。②

——[清]申居郧

学问之道,其得之不难者,失之必易,惟艰难以得之者,斯能兢业以守之。

——[清]魏源

"学问"二字,须要拆开看。"学"是学,"问"是问。今人有学而无问,虽读书万卷,只是一条钝汉尔。

——[清]郑燮

学问的宫殿不分贫富都可以进去。

——巴金

大凡一种知识,由自己有很好的兴味去求得,深印在脑子里面,永久不会磨灭。 ——陈望道

做学问,就是要专心致志,踏踏实实,不要浮夸,不要侥幸,准备付出毕生的精力来攀登科学技术的高峰。

——陈毅

学问不都是在书本上得来的,在事实上得的经验,也就是学问。

——陈毅安

基础知识好比盖房子时的地基,地基不打结实,房子就会倒塌。——陈垣

知识是一种无形的存在。

——楚铁雁

古今中外有学问的人,有成就的人,总是十分注意积累。知识就是积累起来的,经验也是积累起来的。我们对什么事都不应该像"过眼烟云"。

——邓拓

积累知识,也应该有农民积肥的劲头,捡的范围要宽,不要限制太多。

——邓拓

知识愈丰富,辨别知识的能力也就愈强。 ——冯定

知识对于道德,本来是中立的,人可以用之以为善,亦可以用之以为恶。

——冯友兰

科学的知识,虽是广大精微,但亦是常识的延长,是与常识在一层次之内的。 ——冯友兰

知识有如人体血液一样的宝贵。人缺少了血液,身体就要衰弱;人缺少了知识,头脑就要枯竭。——高士其

知识和能力是一点一点积累起来的,要注意有扎实的基础,要注意复习和巩固,不能急于求成。 ——谷超豪

要做学问,便应当从最小的地方做起。 ——顾颉刚

理想中的学者,既能博大,又能精深。精深的方面,是他的专门学问。博大的方面,是他的旁搜博览。博大要几乎无所不知,精深要几乎惟他独尊,无

---

①世事:世间的种种事情。洞明:通晓;明了。练达:阅历多而通达人情世故。文章:做文章,指本领。

②甘:甘心。淡泊:指生活平淡,潜心钻研。

人能及。　　　　　　——胡适

治学问,做研究工作,必须持之以恒,不怕失败。摔倒了,爬起来,想一想,再前进。　　　　　　——华罗庚

知识很重要,但运用知识也许比知识本身更重要。　　　　——金克木

任何一个现象,都是一门无尽的学问,深钻进去,都可成为一个专家。
　　　　　　　　　　——李可染

学问有时代性,知识有淘汰性。
　　　　　　　　　　——李泽厚

一人在世上,对于学问是这样的:幼时认为什么都不懂,大学时自认为什么都懂,毕业后才知道什么都不懂,中年又以为什么都懂,到晚年才觉悟一切都不懂。　　　　　——林语堂

蔡元培先生曾送给我四个字:"宏约深美"。"宏"就是知识面要广阔;"约"就是在博采的基础上加以慎重选择;"深"就是钻研精神,要入虎穴,得虎子,锲而不舍,百折不回;"美"就是最后达到了完美之境。这四个字点出了治学的奥秘。　　　　——刘海粟

必须博采百家,取其所长,这才后来能够独立。　　　　　——鲁迅

知识的问题是一个科学的问题,来不得半点的虚伪和骄傲,决定的倒是其反面——诚实和谦逊的态度。
　　　　　　　　　　——毛泽东

感觉到了的东西,我们不能立刻理解它;只有理解了的东西,才能更深刻地感觉它。　　　　　——毛泽东

除书本上的知识外,尚须从生活的人生中获得知识。　　　——茅盾

学问是经验的积累,才能是刻苦的忍耐。　　　　　　——茅盾

做学问要有决心,更要有恒心。下个决心并不难,做到有恒心就不容易了,这要靠自己督促自己。——茅以升

一个人有长进,除了在学校时要努力掌握各方面的基础知识外,更主要的是靠自己随时随地去"抓"知识。
　　　　　　　　　　——钱三强

有些读书人所以会变成书呆子,就因为只拥有专业知识而缺少综合知识。
　　　　　　　　　　——秦牧

掌握知识一定得要求精确。错误的知识,有时比无知更加可怕。
　　　　　　　　　　——秦牧

学问是一张网,必须一个结一个结地连起来,不要有太大的破洞才能网到大鱼。　　　　　　——三毛

知识越多,问题也就越多。
　　　　　　　　　　——沈从文

不管你预备走哪一条路,顶顶要紧的是先要为自己做好准备。你不能赤手空拳地开始你的行程,你须用知识把自己武装起来,你必须锻炼出健壮的身体和足够的勇气。　　——宋庆龄

自然界、机器和一切工作,对待没有知识的人,对待怯弱的人是很不客气的,甚至常常是粗暴的残酷的;但是它们对待具有丰富知识的人,对待健壮的和勇敢的人,则是非常驯顺的,承认你是主人,情愿为你服务。　——宋庆龄

学问之养成,与人格之养成往往相

辅相成。　　　　　——汤一介

对待学问须要有"韧"的精神，锲而不舍，持之以恒，相信时间终会将人带上成熟的道路。　　　　——唐弢

三种知识：一是亲知，二是闻知，三是说知。亲知是亲身得来的，就是从"行"中得来的；闻知是从旁人那里得来的，或由师友们口传，或由书本传达，都可以归为这一类；说知，是推想出来的知识。现在一般学校里所注重的知识，只是闻知，几乎以闻知概括一切知识，亲知是几乎完全被摒于门外。
　　　　　　　　　　——陶行知

做学问的功夫，是细嚼慢咽的工夫，好比吃饭一样，要嚼得烂，才好消化，才会对人体有益。　——陶铸

知识总是靠逐渐积累的，从无到有，从少到多，从片面到比较全面。
　　　　　　　　　　——吴晗

要想学问大，就要多读、多抄、多写。要记住，一个人想要在学业上有所建树，一定得坚持这样做卡片、摘记。
　　　　　　　　　　——吴晗

做学问要花工夫，持之以恒，日积月累。　　　　　——吴玉章

要考验你是否有知识，或知识是否对，那就要看你能否运用于实际，解决问题。　　　　——谢觉哉

任何一种容器都装得满，唯有知识的容器大无边。　　——徐特立

治学问之道，既要善于读书，也要善于思考，明辨是非，知所适从。
　　　　　　　　　　——姚雪垠

学问不是用来哗众取宠的装饰品，不是用来谋求个人利益的敲门砖，唯有诚恳地追求真理，才能达到一定的学术高峰。　　　　——张岱哲

教师不仅教给我们知识，还传授进一步获取知识的方法，所以我们不仅要注意教师给我们的"金子"，还要特别注意学习教师的"点金术"。——赵访熊

对知识吸收消化，融会贯通，就会形成自己的逻辑思维的能力，这是最有用的东西。　　　　——赵宪初

当荣耀的太阳西坠，钱财耗尽，至珍的知识却依旧放射着光芒。
　　　　　　　　——爱·柯兀[英国]

知识是集无数思想与经验之大成的东西。　　　——爱默生[美国]

想象力比知识更重要，因为知识是有限的，而想象力概括着世界的一切，推动着进步，并且是知识进化的源泉。严格地说，想象力是科学研究的实在因素。　　　　——爱因斯坦[美国]

永远不要企图掩饰自己知识上的缺陷，即使用最大胆的推测和假设去掩饰，这也是要不得的。不论这种肥皂泡的色彩多么令你们炫目，但肥皂泡必然是要破裂的，于是你们除了惭愧以外，是会毫无所得的。
　　　　　　　——巴普洛夫[俄国]

对于学者获得的成就，是奈维运是挑战？我需要的是后者，因为前者只能使人陶醉，而后者却是鞭策。
　　　　　　　——巴斯德[法国]

一个人无论自己的目标是什么，如

果他没有知识,那么这一目标只能是海市蜃楼。　　——查斯特菲尔德[英国]

知识可以给你重量,而成就则给你添上光泽。大多数人只看见光泽而掂不出重量。　——查斯特菲尔德[英国]

最有价值的知识,是关于方法的知识。　　　　　　　　——达尔文[英国]

不要企图无所不知,否则你将一无所知。　　　——德谟克里特[古希腊]

知识是青年人最佳的荣誉、老年人最大的慰藉、穷人最宝贵的财产、富人最珍贵的装饰品。
　　　　　　　——第欧根尼[古希腊]

人有多少知识,就有多少力量,他的知识和他的能力是相等的。
　　　　　　——弗兰西斯·培根[英国]

多诈的人渺视学问,愚鲁的人羡慕学问,聪明的人运用学问。
　　　　　　——弗兰西斯·培根[英国]

知识是我们这个世界的绝对价值。必须学习,必须掌握知识。没有不可认识的东西,我们只能说还有尚未认识的东西。　　　　——高尔基[苏联]

真正的学者知道怎样从已知引出未知,并且逐步接近于大知。
　　　　　　　　　　——歌德[德国]

光有知识是不够的,我们还必须应用知识;光有意志是不够的,我们还必须见诸行动。　　——歌德[德国]

知识越深化,我们就越是临近那不可知的事物。　　　——歌德[德国]

知识犹如海洋,那些在海面上手舞足蹈和拍击作响的人,往往要比默默无闻钻入未经考察的海底去探寻宝藏的来访者更加名噪一时,从而更加引人注目。　　　　　　——华盛顿[美国]

在知识的山峰上登得越高,眼前展现的景色就越壮阔。
　　　　　　　　——拉吉合夫[俄国]

我们知道的东西是有限的,我们不知道的东西则是无穷的。
　　　　　　　　——拉普拉斯[法国]

知识,当它只有靠积极的思维得来,而不是凭记忆得来的时候,才是真正的知识。
　　　　　　——列夫·托尔斯泰[俄国]

多则价廉,万物皆然,唯独知识例外。知识越丰富,则价值就越昂贵。
　　　　　　　　　　——马戈[英国]

知识如同光芒四射的烛光,把人生之路照得耀眼通明;来者从亮光中认识了人生的意义,去者似蜡烛燃尽,照亮了别人。
　　　　　——穆尼尔·纳素元[科威特]

知识不是某种完备无缺、纯净无瑕、僵死不变的东西。它永远在创新,永远在前进。
　　　　　——普略施尼柯夫[俄罗斯]

在知识经济的新时代,知识就是财富,就是潜在的生产力。
　　　　　　　　　——索罗斯[美国]

具有丰富知识和经验的人,比只有一种知识和经验的人更容易产生新的联想和独到的见解。　——秦勒[美国]

只要有效地继承人类知识,同时把世界最先进的科学技术知识拿到手,我们再向前迈出半步,就是世界最先进的水平、第一流的科学家。
——温格[美国]

真正表明渊博知识的是那种突如其来、几乎不加思索地引经据典的习惯,它意味着知识的融会贯通,因为那种习惯只能来自于融会贯通。
——沃尔特·白哲特[英国]

莫在追忆的深井中打捞冰凉的遗憾,快去知识的海洋里挖掘人生的热源。
——雪莱[英国]

知识有两大类:一类是我们自己掌握的,另一类是我们知道哪里能找到有关资料。
——约翰生[英国]

79 理论;实践

善学者尽其理,善行者究其难。①
——[战国]《荀子》

不登高山,不知天之高也;不临深谿,不知地之厚也。
——[战国]《荀子》

不闻不若闻之,闻之不若见之,见之不若知之,知之不若行之。②
——[战国]《荀子》

学至于行之而止矣。③
——[战国]《荀子》

学而不能行,谓之病。④
——[战国]《庄子》

百闻不如一见。⑤
——[汉]《汉书》

徒学知之未可多,履而行之乃足佳。⑥
——[汉]孔臧

无财之谓贫,学而不能行之谓病。
——[汉]刘向

耳闻之不如目见之,目见之不如足践之,足践之不如手辨(bàn)之。⑦
——[汉]刘向

不目见口问,不能尽知也。⑧
——[汉]《论衡》

事莫明于有效,论莫定于有证。⑨
——[汉]《论衡》

论者不期于丽辞,而务在事实。⑩
——[汉]《盐铁论》

不涉太行险,谁知斯路难。⑪
——[晋]欧阳建

虚争空言,不如试之易效。⑫
——[晋]《三国志》

传闻不如亲见,视景(yǐnɡ)不如察

---

①行:实践。
②闻:听。行:履行;实践。
③此句指求知的目的在于实际应用。
④病:弊病;弊端。
⑤闻:听到。
⑥徒:仅,只。
⑦辨:同"办(辦)",治理;办理。手辨:亲手去做。此句强调亲身实践的重要性。
⑧尽知:完全了解。
⑨效:效果。证:论据。
⑩期:期待,希望。丽:华丽。务在事实:要求切合实际。
⑪太行:太行山。斯:这。
⑫虚、空:徒然;白白地。争、言:争论。试:试验。效:见效。

形。① ——[南朝]《后汉书》

论如析薪,贵能破理。
——[南朝]《文心雕龙》

操千曲而后晓声,观千剑而后识器。② ——[南朝]《文心雕龙》

坐谈则理高,行之则事阙。③
——[北朝]《魏书》

纸上得来终觉浅,绝知此事要躬行。④ ——[宋]陆游

君子之学,或施之事业,或见(xiàn)于文章。⑤ ——[宋]欧阳修

观众器者为良匠,观众病者为良医。 ——[宋]叶适

大抵学问只有两途,致知力行而已。⑥ ——[宋]朱熹

经一事,长一智。
——[明]冯梦龙

学问之道,贵在实行。
——[明]朱舜水

见之而后知,行之而后难。⑦
——[清]方苞

能读不能行,所谓两足书橱。
——[清]申居郧

君子之学,未尝离行以为知也,必矣。⑧ ——[清]王夫之

读书无他道,只须在"行"字着力。⑨ ——[清]颜元

物虽佳,不手致者不爱也;味虽美,不亲尝者不甘也。⑩ ——[清]袁枚

只有实践能克服经验的错误。
——巴人

智能不单单是天赋的独生女,她还是阅历、经验、胆魄三位共同的学生。
——毕淑敏

经验这东西,决不能传受的,要自己去经历过。 ——曹聚仁

这个世界是自己走路的,没有人能帮你选择,无论多么懂得你、心疼你的人,都无法替代你去生活去感受。
——陈染

学风问题我认为是一个很重要的问题,在我们学校里应该培养什么样的学风?第一,理论联系实际;第二,独创精神;第三,批评与自我批评精神;第四,刻苦钻研。 ——成仿吾

真正所谓成就,也就是在前人的知识和经验的基础上有所发展。没有积累,就什么也谈不上。 ——邓拓

实践是检验真理的唯一标准。
——邓小平

与其空谈,不如实证。——邓中夏

---

①传闻:辗转听别人说的。景:同"影",影子。形:形体。
②操:练习,这里引申演奏。晓:明白。观:看。识:认识。器:兵器。
③坐谈:空谈。理:理论。高:高妙。行:实践。阙:不足;不完善。
④绝知:透彻了解。此事:指学问。躬行:亲自去做。
⑤学:学问。施:使用。见:同"现",显现。
⑥致知:获得知识。力行:努力实践。
⑦行:行动;行为。指实践。
⑧行:实践。知:知识。必:必然。
⑨着力:用力;下功夫。
⑩致:获得;取得。甘:甜;甜美。

科学是实事求是的学问，来不得半点虚假，假的、虚的，即使掩盖一时，经过实践，总是会被揭露出来的，假的就是假的，真不了。——华罗庚

失败并不可怕，可怕的是失败后不吸取教训，不总结经验，一错再错，或者灰心丧气，一蹶不振！ ——蒋子龙

人没有未卜先知的本能，哪怕是一点一滴的经验，常要用痛苦作代价。

——柯灵

经验是生活的肥料，有什么样的经验便变成什么样的人。 ——老舍

观察、试验、分析是科学工作常用的方法。 ——李四光

观察是得到一切知识的首要步骤。

——李四光

用理论来推动实践，用实践来修正或补充理论。 ——廖沫沙

有句古话说"师傅领进门，修行在自身"，说的就是要凭自己去摸索、实践。不会自学的人很难成才。

——廖沫沙

离开实际的理论是死理论，离开理论的实际是盲实际。 ——刘伯承

必须和社会现实接触，使所读的书活起来。 ——鲁迅

一碗酸辣汤，耳闻口讲的，总不如亲自呷一口的明白。 ——鲁迅

如果有了正确的理论，只是把它空谈一阵，束之高阁，并不实行，那么，这种理论再好也是没有意义的。

——毛泽东

感觉只解决现象问题，理论才解决本质问题。 ——毛泽东

真理的标准只能是社会的实践。

——毛泽东

通过实践而发现真理，又通过实践而证实真理和发展真理。 ——毛泽东

真理只有一个，而究竟是谁发现了真理，不依靠主观的夸张，而依靠客观实践，只有千百万人民的革命实践，才是检验真理的尺度。 ——毛泽东

你要有知识，你就得参加变革现实的实践。你要知道梨子的滋味，你就得变革梨子，亲自吃一吃。 ——毛泽东

人类总得不断地总结经验，有所发现，有所发明，有所创造，有所前进。停止的论点，悲观的论点，无所作为和骄傲自满的论点，都是错误的。

——毛泽东

一切真知都是从直接经验发源的。

——毛泽东

战场能把人生的经验缩短。希望、鼓舞、愤怒、破坏、牺牲——一切经验，你须得活半世去尝到的，在战场上，几小时内就会有了。 ——茅盾

任何天才，如果没有实践，没有足够的努力，都必然会萎缩和凋谢。

——秦似

挫败使人苦痛，却很少有人利用挫败的经验修补自己的生命。这份苦痛就白白地付出了。 ——三毛

知识是从刻苦劳动中得来的，任何成就都是刻苦劳动的结果。

——宋庆龄

知而不行，是为不知。——孙中山

古人能进步的最大的理由,是在能实行。能实行便能知,到了能知,便能进步。　　　　　　——孙中山

我们要拿事实做材料,才能够定出方法。如果单拿学理来定方法,这个方法是靠不住的。　　——孙中山

宇宙间的道理,都是先有事实,然后才发生言论,并不是先有言论,然后才发生事实。　　　　——孙中山

我们必须有从自己经验里发生出来的知识做根,然后别人的相类的经验才能接得上去。　　——陶行知

真知的根是安在经验里的。
　　　　　　　　　　——陶行知

行动是思想的母亲。　——陶行知

行是知之始,知是行之成。
　　　　　　　　　　——陶行知

思想与行为结合而产生的知识是真知识。　　　　　　——陶行知

经不起实践检验的理论,是毫无用处的,甚至是有害的。　——陶铸

最好的老师是生活,最好的课堂是实践。　　　　　　　　——王蒙

经验是无止境的,知识是会更新的。　　　　　　　　——王朝闻

理是可以顿悟的,事非脚踏实地去做不行。　　　　　　——夏丏尊

理论,充其量只不过是一张地图,它代替不了旅行。　　——萧乾

要善于从经验教训中学习。每个人的一生中,总会有许许多多经验教训的,这些经验教训都可以作为自己学习的借鉴。　　　　——谢觉哉

凡是他人在证据上可以成立的便心安理得地接受,用不着立异。凡是他人在证据上不能成立的,便心安理得地抛弃,无所谓权威。　——徐复观

没有实际的理论是空虚的,同时没有理论的实际是盲目的。　——徐特立

真正的知识还得从用中学……生活、实践是最好的课堂。　——徐特立

只有书本知识,没有实际斗争经验,谓之半知;既有书本知识,又有实际斗争经验,实行合一,谓之全知。
　　　　　　　　　　——徐特立

成功的经验固然难能可贵,失败的经验或许更有实用。　——杨绛

要在科学上有所建树,就应该解放思想,破除迷信,勇于实践,大胆探索。
　　　　　　　　　　——周培源

我们的斗争和劳动,就是为了不断地把先进的理想变为现实。——周扬

理论是实践的眼睛。　——邹韬奋

实践决定理论,真正的理论也有着领导行动的功用。　——邹韬奋

我始终不愿抛弃我的斗争的生活,我极重视由斗争得来的经验,尤其是战胜困难后所得的愉快。
　　　　　　　　——爱迪生[美国]

没有行动,思想永远不能成熟而化为真理。　　——爱默生[美国]

在任何一个成功者的后面,都有着丰富的生活经验,要是没有这些经验,任何才思敏捷恐怕也不会有,而且在这里,恐怕任何天才也都无济于事。
　　　　　　——巴甫连柯[苏联]

应当先学会观察,不学会观察,你就永远当不了科学家。
　　——巴甫洛夫[苏联]
　　你知道得很多,但如果你不善于把你的知识用于你的需要,那就没有什么用处。　　——彼特拉克[意大利]
　　一切伟大的科学理论都意味着对未知的新征服。　——波普尔[英国]
　　生存就是变化,变化就是积累经验,积累经验就是无休止地创新自己。
　　——柏格森[法国]
　　实践,是伟大的揭发者,它暴露一切欺人和自欺。
　　——车尔尼雪夫斯基[俄国]
　　不要总是待在温室里,要亲自去经历世界上的各种新鲜事态,从中锻炼自己,在困难中悟出真理。
　　——池田大作[日本]
　　理论脱离实践是最大的不幸。
　　——达·芬奇[意大利]
　　智慧是经验的女儿。
　　——达·芬奇[意大利]
　　我们有三种方法:对自然的观察、思考和实验。观察搜集事实,思考把它们组合起来,实验则来证实组合的结果。对自然的观察应该是专注的,思考应该是深刻的,实验则应该是精确的。
　　——狄德罗[法国]
　　经验在知识越进步时,越令人感到迫切需要它。　——笛卡儿[法国]
　　一个人应能利用别人的经验,以弥补个人直接经验的狭隘性,这是教育的一个必要的组成部分。
　　——杜威[美国]
　　要明确地懂得理论,最好的道路就是从本身的错误中,从亲身经历的痛苦经验中学习。　——恩格斯[德国]
　　读书补天然之不足,经验又补读书之不足。　——弗兰西斯·培根[英国]
　　求知可以改进人的天性,而实验又可以改进知识本身。人的天性犹如野生的花草,求知学习好比修剪移栽,实习尝试则可检验修正知识本身的真伪。
　　——弗兰西斯·培根[英国]
　　经验是宝贵的学校,而傻瓜却从中一无所得。　——富兰克林[美国]
　　理论知识是一种宝库,而实践则是它的钥匙。　　——富勒[英国]
　　人要摘取果实,必须爬上树。
　　——富勒[英国]
　　经验变成科学,每走一步都会把生活装点得更加美好。
　　——高尔基[苏联]
　　理论本身对它自己是没有用处的,但它却使我们相信各种现象之间的关联性。　　——歌德[德国]
　　一个人怎样才能认识自己呢?绝不是透过思考,而是通过实践。
　　——歌德[德国]
　　所谓真正的智慧,都是曾经被人思考过千百次。要想使它们真正成为我们自己的,一定要经过我们自己再三思维,直至它们在我个人经验中生根为止。　　　　——歌德[德国]
　　没有教养、没有实践的人的心灵好

比一块田地,这块田地即使天生肥沃,但倘若不经常耕耘和播种,也是结不出果实来的。

——格里美尔斯豪森[德国]

因失误而造成的失败,是金钱买不到的经验。　　　——哈伯德[美国]

作家的工作是告诉人们真理。他忠于真理的标准应当达到这样的高度:他根据自己经验创造出来的作品应当比任何实际事物更加真实。

——海明威[美国]

任何人只要做一点有用的事,总会有一点报酬。这种报酬是经验,这是世界上最有价值的东西,也是人家抢不去的东西。　——亨利·福特[美国]

科学的真理不应该在古代圣人的蒙着灰尘的书上去找,而应该在实验中和以实验为基础的理论中去找。

——伽利略[意大利]

只依靠经验,就和不考虑消化而只依靠食物是一样的。同时经验空空如也而只依靠能力,也和不考虑食物而只依靠消化是一样的。

——芥川龙之介[日本]

对大多数人来说,经验犹如船尾的灯,只照亮走过的行程。

——柯勒律治[英国]

要学会游泳,就必须下水。

——列宁[苏联]

一步实际行动,比一打纲领更重要。　　　　——马克思[德国]

要弄清一个事实,最好的方法就是亲自去做调查,不听信任何人所讲的话。　　　——马克·吐温[美国]

除非你亲自尝试一下,否则你永远不知道你能够做什么。

——马里亚特[英国]

经验通常告诉我们,最佳的记忆力往往伴随着薄弱的判断力。

——蒙田[法国]

身为总司令的人,是倚他们自己的经验或天才行事的。工兵和炮兵军官的战术与科学,或许可以从书本中学到;但是将才的养成,却只有通过经验和对历代名将作战的钻研才能做到。

——拿破仑[法国]

知识和实践就像做手艺一样,两者必须结合。　——裴斯泰洛齐[瑞士]

不论想法如何绝妙,只会空想而不付诸事实,等于没想一样。不做出来让人瞧瞧,谁也不会去注意你的高妙想法。　　　　——丘永汉[日本]

才学如果不用就会永远埋没,沉香要放在火上,麝香要研成细末。

——萨迪[波斯]

有了知识而不运用,如同一个农民耕耘而不播种。　——萨迪[波斯]

有知识的人不实践,等于一只蜜蜂不酿蜜。　　　——萨迪[波斯]

有两种人将饮恨而死:一类是空有钱财而未受用;一类是空有知识而未实践。　　　　——萨迪[波斯]

智慧是人生经验的综合。

——萨哈诺夫[苏联]

知识倍增,不如获得知识与应用知识之能力倍增。——桑戴克[美国]

经验是一颗宝石,那是理所当然的,因为它常付出极大的代价得来。

——莎士比亚[英国]

经验是一点一点观察得来的结果。

——莎士比亚[英国]

一个人的经验是要在刻苦中得到的,也只有岁月的磨炼才能够使它成熟。　　　——莎士比亚[英国]

科学所以叫科学,正是因为它不承认偶像,不怕推翻过时的旧事物,很仔细地倾听实践和经验的呼声。

——斯大林[苏联]

光有智慧是不够的,还要善于运用它。　　　——西塞罗[古罗马]

智者受理智的指导,常人受经验的指导,而野兽受直觉的指导。

——西塞罗[古罗马]

人的聪明才智不在于经验的多少,而在于应用经验的能力的强弱。

——萧伯纳[爱尔兰]

人类所需要的知识有三:理论、实用、鉴别。　——亚里士多德[古希腊]

经验是一面镜子,借鉴它,你能清楚地看到往事。　——易卜生[挪威]

没有一个人的知识能超过经验。

——约翰·洛克[英国]

80　真理;正确

朝闻道,夕死可矣。①

——[春秋]《论语》

无是非之心,非人也。②

——[战国]《孟子》

凡事行,有益于理者立之,无益于理者废之。　　——[战国]《荀子》

道隐于小成,言隐于荣华。③

——[战国]《庄子》

己是而彼非,不当与非争;彼是而己非,不当与是争。④

——[三国]《杂歌谣辞》

朝闻夕殒,及泉无恨。⑤

——[五代]《旧唐书》

闻正言,行正道,左右前后皆正人。⑥　　——[宋]《资治通鉴》

君子畏理,甚于畏法。⑦

——[明]吕坤

惟得道之深者,然后能浅言。⑧

——[明]吕坤

说真话不应当是艰难的事情。我所谓真话不是指真理,也不是指正确的话。自己想什么就讲什么,自己怎么想就怎么说——这就是说真话。

——巴金

哪怕是铺上千万朵鲜花,谎言也不

---

① 朝:早晨。闻:听见;得知。道:道理,这里指大道理、真理。夕:晚上。
② 是非:正确与错误。
③ 道:指真理。隐:隐蔽。小成:局部的成就。荣华:指华丽的辞藻。
④ 己:自己。是:正确。彼:对方。非:错误。
⑤ 朝闻:朝闻道,早晨懂得了某种道理。夕殒:夕死,晚上死去。泉:指人死后所在的地方。
⑥ 正:正确的。正人:正派的人。
⑦ 理:道理;真理。
⑧ 道:大道理;真理。

会变成真理。 ——巴金

一时强弱在于力,千秋胜负在于理。 ——曹禺

如果你认为自己一无错误,那真理就只好悄悄地躲着你。 ——敦源

坚持真理是一件艰巨的斗争,也是教育工作;需要好的方法、方式、手段,还有是耐性。 ——傅雷

虚心学习又不盲从,以实践作为检验标准,就能得到真理。 ——龚育之

走对了路的原因只有一种,走错路的原因却有很多。 ——古龙

我们只愿在真理的圣坛之前低头,不愿在物质的权威之前拜倒。
——郭沫若

人生的道路是曲折的,而真理是永存的。当一个人认定了一个真理,就要为它披荆斩棘,冲锋不止。——何长工

通往真理的道路不会一帆风顺,要想不被假象所迷惑,关键就看我们能否对真理坚持到底。 ——黄海洋

真理,哪怕只见到一线,我们也不能让它的光辉变得暗淡,我们要继续战斗。 ——李四光

学者以探求真理为目的,故不求急功近利。 ——梁实秋

无数相对真理之总和,就是绝对的真理。 ——毛泽东

真理是在同谬误作斗争中间发展起来的。 ——毛泽东

权势打不倒真理。 ——穆青

正确的结果,是从大量错误中得出来的;没有大量错误做台阶,也就登不上最后正确结果的高座。 ——钱学森

向真理弯腰的人,一旦挺起胸来,将顶天立地。 ——沈舜福

理愈辩而愈明。 ——陶行知

在劳力上劳心,是一切发明之母。事事在劳力上劳心,便可得事物之真理。 ——陶行知

正确与错误总是同时存在的。
——陶铸

我生为真理生,死为真理死。除了真理,没有我自己的东西。——王若飞

真理常常很平凡,而平凡的真理却常常为少数人的成见和偏见所翳掩。①
——夏衍

真理虽然好,但不是在任何时候、任何地方听上去都顺耳的。有人迷恋它,但也有人觉得它刺耳。——谢德林

真理是朴素的,掌握住真理的人也是朴素的。 ——杨奔

在任何情况下都能够坚持科学真理,也许比发现真理更艰难。
——远德玉

不要想象自己说的每句话都是真理,但要保证自己说的每句话都是真话。 ——张杰

为了寻求真理,就要有争辩,就不能独断。 ——周恩来

只有忠实于事实,才能忠实于真理。 ——周恩来

在我所讲的一切中,我只是探求真

————————
①翳掩:遮掩;掩盖。

理,这并不是仅仅为了博得说出真理的荣誉,而是因为真理于人有益。
　　——爱尔维修[法国]
　　真理并非永远藏于深井之中,事实上就更为重要的知识而言,我确信她总是浅显易见的。　——爱伦·坡[美国]
　　无论真理在何处受到伤害,都应去捍卫他。　　　　——爱默生[美国]
　　对真理的最大尊敬就是遵循真理。
　　　　　　　　——爱默生[美国]
　　真理的核心无处不在,真理的范围漫无边际,真理的存在我们无法否认。
　　　　　　　　——爱默生[美国]
　　我们对真理所能表示的最大崇拜,就是要脚踏实地去履行它。
　　　　　　　　——爱默生[美国]
　　如果一个人把注意力集中在真理的某一个侧面,并且长期地只关心这个侧面,那么这个真理就会被歪曲而失去本来面目,从而变为谬误。
　　　　　　　　——爱默生[美国]
　　凡在小事上对真理持轻率态度的人,在大事上也是不足信的。
　　　　　　　　——爱因斯坦[美国]
　　在真理和认识方面,任何以权威者自居的人,必将在上帝的戏弄和嘲笑中垮台。　　　　——爱因斯坦[美国]
　　真理总是最简单的、朴实的、明白如话的。　　——爱因斯坦[美国]
　　我要做的只是以我微薄的绵力来为真理和正义服务,即使不为人喜欢也在所不惜。　——爱因斯坦[美国]

　　真理使世界前进。
　　　　　　　　——安徒生[丹麦]
　　真理并不是老使人高兴的事情,但是真理高于一切。　——安徒生[丹麦]
　　掩饰真理是卑鄙,因害怕真理而撒谎是怯懦。　——奥格辽夫[俄国]
　　尽量行善,热爱自由高于一切,即使在帝王面前,也绝不背叛真理。
　　　　　　　　——贝多芬[德国]
　　不论将来人们怎样说我,我在每一件事情上都一丝不苟地固守真理,不违背事实。　　——贝多芬[德国]
　　真理的小小钻石是多么罕见难得,但一经开采琢磨,便能经久,坚硬而晶亮。　　　——贝弗里奇[英国]
　　真理只可能对于目光短浅的个别的人才显得狰狞可怖,本身却是永恒的美和永恒的幸福。
　　　　　　　——别林斯基[俄国]
　　对真理的错误理解,不会毁灭真理本身。　　　——别林斯基[俄国]
　　用不着害怕真理,最好正视它,而不是眯起眼睛,把假的、虚构的花朵当作现实的花朵。只有胆怯而又软弱的人,才会畏惧、怀疑和研究;凡是相信理性和真理的人,就不会害怕任何否定。
　　　　　　　——别林斯基[俄国]
　　如果我们过分爽快地承认失败,就可能使自己发觉不了我们非常接近于正确。　　　　——波普尔[英国]
　　真理是美好而又持久的东西。
　　　　　　　　——柏拉图[古希腊]

尊重人不应该胜于尊重真理。
　　　　　　——柏拉图[古希腊]
真理绝不会伤害传播它的人。
　　　　　　——勃朗宁[英国]
追求绝对真理是最大的错误根源。
　　　　　　——勃特勒[英国]
任何一个可信的道理都是真理的一种形象。　　——布莱克[英国]
真理的学说一旦为人所理解,就不会不使人信服。　——布莱克[英国]
真理是时间的好孩子,不是权威的孙子。　　——布莱希特[德国]
不知道真理的人,不过是个傻瓜。但是知道真理,反而说它是谎言的人就是罪人。　　——布莱希特[德国]
真理,即使被践踏在地,也会站起来,上帝永恒的岁月属于它;但谬误一旦受伤,便会就地打滚,然后在其崇拜者中间咽气。　——布赖恩特[美国]
真理往往是粒难以下咽的苦药,但我们不能让幻想像野草似的继续生长。
　　　　　　——茨威尔[奥地利]
做正确的事并非轻而易举——事实上有时真的很难——但要记住,做正确的事始终都是正确的。
　　　　——大卫·科特莱尔[美国]
常常有许多人下海去求真理,但因不懂方法,徒然空着手回到岸上,甚至有失其求真理之初愿的。
　　　　　　——但丁[意大利]
像萌芽一般,在一个真理之足下又生一个疑问。真理与疑问互为滋养,自然一步一步把我们推进到绝顶。
　　　　　　——但丁[意大利]
如果真理在少数人中间获得了充分的胜利,而这少数人是优秀的,那就应当予以接受;因为真理的本性并不在于使多数人喜爱。　——狄德罗[法国]
真理喜欢批评,因为经过批评,真理就会取胜;谬误害怕批评,因为经过批评,谬误就要失败。
　　　　　　——狄德罗[法国]
真理是人生的向导与光辉。
　　　　　　——狄更斯[英国]
在人类的历史长河中,真理因为像黄金一样重,总是沉于河底而很难被人发现,相反地那些牛粪一样轻的谬误倒漂浮在上面而到处泛滥。
　　　　——弗兰西斯·培根[英国]
真理是一个必须成熟以后才能摘下来的果实。　——伏尔泰[法国]
人们往往把真理与错误混为一谈去教人,而坚持的却是错误。
　　　　　　——歌德[德国]
真理就住在谬误的隔壁,人们寻找真理,常常是在一次次地敲响谬误的门之后。　　　——歌德[德国]
真理总是蒙上一层面纱的,因为我们不可仰视其光辉,正如我们不敢仰视那灿烂夺目的太阳一样。
　　　　——赖德·哈格德[英国]
真理是在漫长地发展着的认识过程中被掌握的。在这一过程中,每一步都是它前一步的直接继续。
　　　　　　——黑格尔[德国]

真理就是具备这样的力量,你越是想要攻击它,你的攻击就愈加充实了和证明了它。　　——伽利略[意大利]

对真理的追求要比对真理的占有更为可贵。　　——莱辛[德国]

如果你想独占真理,真理就要嘲笑你了。　　——罗曼·罗兰[法国]

我们所能说的只包含有限度的真理,既然人们必须说话,我们便不能责备他们不说全真的话或不是只说真话。
　　——罗素[英国]

最好把真理比作燧石——它受到的敲打越厉害,发射出的光辉就越灿烂。①　　——马克思[德国]

真理永远是不朽的,而谬误总有一天要被纠正。　　——玛·埃迪[英国]

争取一个人皈(guī)依真理,总比打发一个人下地狱好些。
　　——司各特[英国]

过去曾是真理的东西,今天成了谬误;今天作为谬误的东西,昨天曾是真理;像世界上所有其他的事物一样,真理和谬误也是随着时间变化的。
　　——斯宾塞[英国]

在科学的世界里,谬误如同泡沫,很快应可消失,真理则是永存的。
　　——寺田寅彦[日本]

如果你把所有的错误都关在门外时,真理也要被关在外面了。
　　——泰戈尔[印度]

希望真理在自己这边是一回事,而真诚地希望自己在真理那边则又是一回事。　　——沃特利[美国]

正确的道路,乃是那条要求你在个人利益上做出最大牺牲、对别人有最大好处的道路。
　　——夏洛蒂·勃朗特[英国]

一个真理,一旦被揭示,就永不可磨灭,而只会阻止违反真理的谬误的复活。　　——雪莱[英国]

凡是真理,所需的只是让公众知道而后得到承认。　　——雪莱[英国]

我爱我师,我更爱真理。
　　——亚里士多德[古希腊]

最初偏离真理毫厘,到头来就会谬之千里。　　——亚里士多德[古希腊]

真理往往在少数人一边。
　　——易卜生[挪威]

真理的火炬会照出许多我们看不见的东西和我们不愿看见的一切东西。
　　——约翰生[英国]

81　优缺点;错误

明者不以其短疾人之长,不以其拙病人之工。②　　——[春秋]《邓析子》

为尊者讳耻,为贤者讳过,为亲者讳疾。　　——[春秋]《榖梁传》

过则勿惮改。③
　　——[春秋]《论语》

---

①燧石:一种石头,敲击时能发出火星,可用来取火。
②明:明智。短:短处。疾:憎恨。长:长处。拙:笨拙。工:灵巧。
③惮:畏惧。

过犹不及。① ——[春秋]《论语》

君子之过也,如日月之食焉。过也,人皆见之;更(gēng)也,人皆仰之。② ——[春秋]《论语》

择其善者而从之,其不善者而改之。③ ——[春秋]《论语》

小人之过也必文。④
——[春秋]《论语》

小过不生,大罪不至。
——[战国]《韩非子》

不吹毛而求小疵,不洗垢而察难知。⑤ ——[战国]《韩非子》

尺之木必有节,寸之玉必有瑕疵。
——[战国]《吕氏春秋》

善学者假人之长以补其短。⑥
——[战国]《吕氏春秋》

人恒过,然后能改。⑦
——[战国]《孟子》

亡羊补牢,未为迟也。
——[战国]《战国策》

彼亦一是非,此亦一是非。⑧
——[战国]《庄子》

人谁无过?过而能改,善莫大焉。⑨
——[战国]《左传》

论大功者不录小过,举大美者不疵细瑕。⑩
——[汉]《汉书》

水虽平,必有波;衡虽正,必有差。⑪
——[汉]《淮南子》

前车覆而后车诫。 ——[汉]贾谊

过犹不及,有余犹不足也。⑫
——[汉]贾谊

瑕不掩瑜,瑜不掩瑕。⑬
——[汉]《礼记》

黄金有疵,白玉有瑕。
——[汉]《史记》

往事既已谬,来者犹可追。⑭
——[三国]嵇康

小疵不足以损大器。
——[晋]《抱朴子》

夜觉晓非,今悔昨失。
——[北朝]《颜氏家训》

痛莫大于不闻过,辱莫大于不知耻。⑮
——[隋]王通

---

①过:超过适当界限。犹:如同。不及:不够。
②过:过失;错误。更:更正;改正。仰:仰望,引申为敬仰、尊敬。
③择:选择;选取。善者:优点。不善者:缺点。
④过:过失;缺点。文:文饰,想办法掩饰。
⑤疵:缺点;毛病。垢:污垢,引申为耻辱。
⑥假:借。补:弥补。
⑦恒:经常;常常。过:过错,差错。
⑧是非:正确与错误。
⑨焉:助词,加强语气。
⑩论:评价。录:计较。举:举荐。大美:才华卓越。疵:毛病,引申为挑剔。瑕:玉上的斑点,比喻缺点、过失。
⑪衡:秤杆,引申为秤。
⑫过:超过。犹:如同;好像。不及:不够。
⑬瑕:玉上的斑点,比喻缺点。瑜:玉的光彩,比喻优点。
⑭谬:谬误,差错。追:挽回;改正。
⑮痛:痛心。闻:听。过:过错;过失。辱:羞辱。

青蝇一相点,白璧遂成冤。①
——[唐]陈子昂

告我以吾过者,吾之师也。
——[唐]韩愈

毫厘之差,或致弊于寰海;晷刻之误,或遗患于历年。② ——[唐]韩愈

人非尧舜,谁能尽善。③
——[唐]李白

白玉虽尘垢,拂拭还光辉。
——[唐]韦应物

人有大誉,无訾其小故。④
——[唐]魏徵

小人非无小善,君子非无小过。君子小过,则白玉之微瑕;小人小善,乃铅刀之一割。⑤ ——[唐]魏徵

从善则有誉,改过则无咎。⑥
——[唐]《贞观政要》

黄金无足色,白璧有微瑕。⑦
——[宋]戴复古

不知其非,安能去非?不知其过,安能改过?⑧ ——[宋]陆九渊

真知非,则无不能去;真知过,则无不能改。 ——[宋]陆九渊

君子改过,小人饰非;改过终悟,饰非终迷。⑨ ——[宋]邵雍

不以无过为贤,而以改过为美。
——[宋]司马光

良玉易疵,清水易污。⑩
——[宋]司马光

不闻其过,最患之大者。⑪
——[宋]王安石

人谁无过,当容其改。
——[宋]《新唐书》

日省(xǐng)吾身,有则改之,无则加勉。⑫ ——[宋]朱熹

不以小恶掩大善,不以众短弃一长。⑬ ——[宋]朱熹

不责人小过,不发人阴私,不念人旧恶。⑭ ——[明]《菜根谭》

小人每拾君子之短,君子不弃小人

---

① 青蝇:绿头蝇,喻指小人。点:玷污,喻指诬告陷害。白璧:白玉,喻指贤人。

② 寰海:海内,比喻范围大。晷:日晷,古代据日影测定时间的仪器。

③ 尧、舜:传说中的远古时期的两位圣明君主。尽善:都是优点,没有缺点。

④ 大誉:很高的声誉。无:通"毋",不要;不可以。訾:诋毁,说人坏话。故:意外变故,引申为过失。

⑤ 善:优点。过:缺点。铅刀:用错制成的刀,质软,不锋利。铅刀之一割:用铅刀割一下,比喻作用不大。

⑥ 从善:向有长处的人学习;听从好的意见。咎:天灾;祸害。

⑦ 瑕:玉上的斑点。

⑧ 非:错误。去:除去;去掉。过:过失。

⑨ 饰非:掩饰过失、错误。也说"文过饰非"。悟:明白,觉醒。迷:迷惑,困惑。

⑩ 疵:缺点,毛病。污:污浊。此句原指美玉上的斑痕、清水中的污垢容易看见,比喻优秀人物稍有差错就会受到指责。

⑪ 患:祸患;祸害。

⑫ 省:检查自己的思想行为。勉:使努力;鼓励。

⑬ 掩:遮蔽。弃:抛弃,放弃。

⑭ 责:责备。过:过错。阴私:隐私。念:念念不忘。旧恶:旧有的坏处、错误。

之长。————[明]冯梦龙

犯了错,是一过;不肯认错,又是一过。若能改,则两过具无;不能改,则两过不免。————[明]吕坤

迁善当如风之速,改过当如雷之决。① ————[明]王廷相

有心之过大,无心之过小。
————[清]唐彪

缺点有时比优点更可爱,因为它是真实的。————陈旭麓

没有失误的人,不会有真正的成功;没有缺点的人,其实就有了要命的缺点——平庸。————陈祖芬

纵使迈错几步,也比怕错而不敢举步有声有色得多。————陈祖芬

不怕人家说有缺点,才会不断地进步。————丁玲

科学家是从错误堆中爬出来的伟人。————敦源

人生做错了一件事,良心就永远不得安宁。————傅雷

我们的观察和判断自然难保没有错误,但我们深信自觉的探路总胜于闭了眼睛让人牵着鼻子走。————胡适

有些人生的错误可以挽回补救,而很多很严重的错误,却是永远无法挽救的。————黄金雄

人的进步有两条:一是发展自己的特长,一是改正自己的缺点。
————李可染

对于学习,永远没有太老的时候;对于改过,永远没有太迟的时候。
————刘景全

真正有信心的人不怕暴露自己的缺点,更不忌讳承认自己的丑陋。
————龙应台

把错误看作不可避免的过程,你会多有一些勇气! ————罗兰

错误常常是正确的先导。
————毛泽东

受了批评怎么办?有则改之,无则加勉,照样吃饭,照样往前走路。
————彭德怀

在生活中,常常会有可以理解的错误,但不一定是可以原谅的错误。
————曲啸

不能用人的长处,便是自己的短处。————陶行知

错误愈是隐秘,其危害和损失也就愈大。————文清源

学走路就要摔跤,尝试就难免有失误。————吴祖光

犯一次错误学一次乖,学习就是学乖。————谢觉哉

你最大的过错,是你以为你自己永无过错;你最大的失败,是你以为你自己永无失败。————宣永光

人生中的有些错误也许是不应当去纠正的,一纠正便犯了新的、也许更严重的错误。————周国平

我们所得到的许多教训,是从我们的错误与失败中学来的。过去的错误

---

①迁善:向善;学好。速:迅速;快。决:坚决;果断。

便是将来的智慧与成功。
　　　　　　——爱德华兹[英国]
　一个人在科学探索的道路上走过弯路,犯过错误,并不是坏事,更不是什么耻辱,要在实践中勇于承认和改正错误。　　　　——爱因斯坦[美国]
　要不犯错误,除非一事不做。
　　　　　　——巴尔扎克[法国]
　犯错误是无可非议的,只要及时觉察并纠正就好。谨小慎微的科学家既犯不了错误也不会有所发现。
　　　　　　——贝弗里奇[英国]
　你永远不要犯同样的错误,因为还有好多其他错误等你来尝试。
　　　　——伯尼斯·科恩[英国]
　对自己没犯过的错误,人们是不太会引起警觉的。
　　　　　——博斯威尔[苏格兰]
　既然太阳上也有黑点,"人世间的事情"就更不可能没有缺点。
　　　　——车尔尼雪夫斯基[俄国]
　听别人数说我们的错误很难,但假如对方谦卑地自称他们也并非完善,我们就比较容易接受了。
　　　　——戴尔·卡内基[美国]
　如果对小错假装没看见,那你就犯了大错。　　——富兰克林[美国]
　谬误与真理的关系,就像睡梦与梦醒的关系一样。一个人从错误中省悟过来,就会以新的力量走向真理。
　　　　　　　——歌德[德国]
　反省是一面镜子,它能将我们的错误清清楚楚地照出来,使我们有改正的机会。　　　　——海涅[德国]
　奇怪的是,当我们为错误辩护的时候,我们的气力比我们捍卫正确时还大。　　　　——纪伯伦[黎巴嫩]
　最大的错误是你认为从来不犯错误。　　　　　——卡莱尔[英国]
　如果错在一方,争吵不会持续很久。　　　　——拉罗什富科[法国]
　虚伪的人文过饰非,诚实的人知错认错。　　　——拉罗什富科[法国]
　在日常生活中,我们往往由于自身的缺点而不是优点才招人喜欢。
　　　　　——拉罗什富科[法国]
　错误最多的人,是那些犯了错误却不承认错误的人。
　　　　　——拉罗什富科[法国]
　以为没有别人自己什么都行的人,是非常错误的;以为没有自己别人什么都不行的人,那就更加错误。
　　　　　——拉罗什富科[法国]
　只有什么事也不干的人才不会犯错误。　　　　　——列宁[苏联]
　人之所以犯错误,不是因为他们不懂,而是因为他们以为什么都懂。
　　　　　　　——卢梭[法国]
　没有不带刺的鱼,同样也没有不带缺点的人。　——马丁·路德[德国]
　如同月亮一样,每个人都有他不让别人看到的阴暗的一面。
　　　　　　——马克·吐温[美国]
　为一件过失辩解,往往使这过失显得格外重大,正像用布块缝补一个小小的窟窿眼儿,反而欲盖弥彰一样。

——莎士比亚[英国]

人们不必为过去的错误而羞惭,换言之,即不必为今天比昨天聪明而羞惭。——斯威夫特[英国]

千万不要说出你的毛病,朋友们会永远谈不够那个话题。

——塔列兰[法国]

我们往往希望他人十全十美,但却不愿意纠正自己的短处;严厉地指责他人错误,自己却不肯改正前非;对别人的自由总感到不快,对自己的欲望却不抑制;把别人置于严格的法律之下,却不用法律约束自己。因此,我们似乎很少把自己和别人放在同一个天平上衡量。 ——托马斯·曼[英国]

掩饰一个缺点,结果会暴露另一个缺点。 ——伊索[古希腊]

谬误再坚持也不会成为真理。

——英格索尔[美国]

尽可能少犯错误,这是人的准则;不犯错误,那是天使的梦想。尘世上的一切都是免不了错误的,错误犹如一种地心引力。 ——雨果[法国]

事情做得多的人,就会有所失误。

——约翰生[英国]

82 天才;人才

大器晚成。① ——[春秋]《老子》

得十良马,不如得一伯乐;得十利剑,不如得一欧冶。②

——[战国]《吕氏春秋》

良剑期乎断,不期乎镆铘;良马期乎千里,不期乎骥骜。③

——[战国]《吕氏春秋》

外举不弃仇,内举不失亲。④

——[战国]《左传》

盖世必有非常之人,然后有非常之事;有非常之事,然后有非常之功。

——[汉]《汉书》

短绠不可以汲深,器小不可以盛大。⑤ ——[汉]《淮南子》

骐骥虽疾,不遇伯乐,不致千里。⑥

——[汉]刘向

王侯将相宁有种乎?⑦

——[汉]《史记》

人才无定珍,器用无常道。⑧

——[晋]《抱朴子》

用人无疑,唯才所宜。

——[晋]《三国志》

---

①器:器物,引申为才能。大器晚成:有大才能的人往往成就较晚。
②伯乐:春秋时人,擅长相马。欧冶:春秋时人,擅长铸剑。
③期:希望;要求。镆铘(mòyé):古代宝剑名。骥骜:千里马名。此句常用来喻指任用人才时应考察其才能,而不看重其名声。
④弃:抛弃。仇:仇人。亲:亲近的人。
⑤绠:井上用来打水的绳子。汲:从井里打水。
⑥骐骥:骏马。疾:快;迅速。伯乐:春秋时擅长相马的人。
⑦宁:难道;岂。种:指天生的富贵种子。
⑧定珍:一定的价值。常道:不变的用途。

夫济大事必以人为本。①
——［晋］《三国志》

非成业难,得贤难;非得贤难,用之难;非用之难,任之难。②
——［晋］《三国志》

云中白鹤,非燕雀之网所能罗也。③
——［南朝］《世说新语》

古称国之宝,谷米与贤才。
——［唐］白居易

任而不言,其才无由展;信而不终,其业无由成;终而不赏,其功无由别。④
——［唐］陈子昂

志士幽人莫怨嗟,古来材大难为用。⑤ ——［唐］杜甫

世人皆欲杀,吾意独怜才。
——［唐］杜甫

世有伯乐,然后有千里马。千里马常有,而伯乐不常有。⑥ ——［唐］韩愈

天生我材必有用,千金散尽还复来。⑦ ——［唐］李白

择才不求备,任物不过涯。⑧
——［唐］元稹

致安之本,惟在得人。⑨
——［唐］《贞观政要》

致天下之治者在人才,成天下之才者在教化。⑩ ——［宋］胡瑗

世上岂无千里马,人中难得九方皋。⑪ ——［宋］黄庭坚

视其言子之众多如林,则知其国之盛;视其君子落落如晨,则知其国之衰。⑫ ——［宋］罗大经

治天下者,用人非止一端,故取士不以一路。⑬ ——［宋］欧阳修

人各有才,才各有小大。大者安其大而无忽于小,小者乐其小而无慕于大。⑭ ——［宋］苏轼

才难之叹,古今共之。⑮
——［宋］苏轼

人之材有大小,而志有远近也。
——［宋］王安石

积才如积谷,种才如种木。⑯
——［宋］吴潜

---

①济:成;成功。本:根本。
②用:使用。任:使担任重要职务。
③罗:网罗。此句喻指自己德能有限,不足以挽留高士屈居属下。
④无由:无从,没有门径或找不到头绪。展:施展。别:区别,引申为彰显。
⑤幽人:有才能的隐居不仕的人。怨嗟:怨恨;叹息。
⑥伯乐:春秋时秦国人,擅长相马。
⑦材:指具有某种资质的人。散尽:用尽;花光。复:又;再。
⑧求备:求全责备。任物:使用物品。涯:限度。过涯:超过极限。
⑨致安:实现安定。人:人才。
⑩教化:教育感化。
⑪九方皋:春秋时人,善于相马,比喻善于发现和推荐人才的人。
⑫落落:稀疏的样子。晨:晨星,早晨的星星。
⑬非止:不只。一端:一件事。一路:一个途径。
⑭无:通"毋",不要;不可以。忽:忽略;不重视。慕:仰慕,敬仰。
⑮才难:人才难得。叹:叹息;哀叹。共:相同。
⑯积:积聚;积蓄。种:种植,引申为培养。

作器者,无良材而有良匠,盖材待匠而成。①
——[宋]《新五代史》

用人如器,各取所长。
——[宋]《资治通鉴》

千金何足惜,一士固难求。②
——[元]迺贤

我劝天公重抖擞,不拘一格降人才。③
——[清]龚自珍

求士莫求全,用人如用木。
——[清]《幼学琼林》

江山代有才人出,各领风骚数百年。④
——[清]赵翼

走在最前的也不全是崇高、完美无缺的人,但他们可以从这里前进,成为崇高、完美无缺的人。
——丁玲

善于发现人才、团结人才,使用人才,是领导者是否成熟的主要标志之一。
——邓小平

珍视劳动,珍视人才,人才难得呀!
——邓小平

骏马能历险,犁田不如牛;坚车能载重,渡河不如舟。舍长以就短,智者难为谋;生才贵适用,慎勿多苛求。
——顾嗣协

什么是天才呢?我想,天才就是勤奋的结果。
——郭沫若

天才的形成,就个人来说,主要靠勤奋,靠勤学苦练。
——郭沫若

兴趣爱好也有助于天才的形成,爱好出勤奋,勤奋出天才。
——郭沫若

天赋虽然重要,但是离开勤奋苦练,天赋也就发挥不出来,从这个意义上来说,天赋就是勤奋。
——刘海粟

所谓的"天才",无非是在很早的时候就找到了一件自己最喜欢的事情,不断地专注其中。
——刘震云

天才们无论怎么说大话,归根结蒂还是不能凭空创造。
——鲁迅

天才并不是自生自长在深林荒野里的怪物,是由可以使天才生长的民众产生、长育出来的。所以没有这种民众,就没有天才。
——鲁迅

即使天才,在生下来的第一声啼哭,也和平常的儿童一样,决不会就是一首好诗。
——鲁迅

天才可贵,培养天才的泥土更可贵。
——鲁迅

天资并不带来任何技巧,天资只提供学习任何技巧的可能性。
——茅盾

发现人才、培养人才都是非常重要的……使用人才也同样重要,如有人才而不善于使用,则等于没有人才。
——茅以升

有德有才,破格重用;有德无才,培养使用;有才无德,限制使用;无德无才,坚决不用。
——牛根生

---

① 作:制造。盖:连词,说明推测的理由或原因。待:依靠。成:完成。

② 士:指杰出人才。固:本来。

③ 劝:劝说;说服。抖擞:振作;奋发。不拘:不拘泥;不限制。不拘一格:不局限于一种规格或方式。降:降落;向下输送。

④ 才人:有才华或才能的人。领风骚:指在文坛、诗坛居于领袖地位,或在某方面领先。

自古无全才，不可拘于一。
——《清史稿》

凡是人才都不同于庸众，它比普通人有些"出格"。
——任继愈

所谓大师，只是失败最多的劳动者，打工最多的劳动者。一日的劳动可获得安眠的夜，一生的劳动可获取安宁的死。
——吴冠中

人的天资是有差异的，但聪明主要是靠后天培养的。
——张广厚

博学家一辈子说别人说过的话，天才则能说出自己的话，哪怕一辈子只说出一句，却是前无古人、后无来者的，是非他说不出来的。这是两者的界限。
——周国平

人才难得又难知，就要爱惜人才，就要用人不疑。
——周扬

有些人天资颇高而成就则平凡，他们好比有大本钱而没有做出大生意；也有些人天资并不特异而成就则斐然可观，他们好比拿小本钱而做大生意。这中间的差别就在努力与不努力了。
——朱光潜

能轻松地做到别人感到难做的事的人是人才，能做别人感到不可能做的事的人就是天才。——埃米尔[瑞士]

天才就是百分之一的灵感加上百分之九十九的勤奋。
——爱迪生[美国]

人生来就具有一定的天赋。
——爱默生[美国]

所有的伟人都是从艰苦中脱颖而出的。
——爱默生[美国]

人们把我的成功归于天才，其实我的天才只是刻苦罢了。
——爱因斯坦[美国]

除非一个人是天才，否则不会受到这么多的攻击，这是易于理解的。
——安东尼[美国]

谁若认为自己是圣人，是埋没了的天才，谁若与集体脱离，谁的命运就要悲哀。集体什么时候都能提高你，并且使你两脚站得稳。
——(尼)奥斯特洛夫斯基[苏联]

天才人物在他意识到自己的天才并且已经功成名就时，仍然划出一个禁猎区或禁渔区之类的范围，他表现自己那种理所当然的骄傲，摆摆架子，只限于这个范围，而不使任何人感到难堪。
——巴尔扎克[法国]

天才最基本的特性之一，是独创性或独立性，其次是它具有思想的普遍性和深度，最后是这思想与理想对当代历史的影响。天才永远以其创造性开拓新的或无人预料的现实世界。
——别林斯基[俄国]

任何人只要注意观察和坚韧不拔，便会不知不觉地成为天才。
——布尔沃·利顿[英国]

修凿可以使道路平直，但只有崎岖的未经修凿的道路才是天才的道路。
——布莱克[英国]

天才必然和疯子结成亲密的联盟，它们之间仅仅有一条细细的疆界。
——德莱顿[英国]

天才有两大类型：一类是有思想的

人，一类是有想象力的人。
——迪斯累里[英国]

才能越高的人，其缺点往往也越明显，有高峰必有深谷，谁也不可能十项全能。——杜拉克[美国]

伟大人物的天才是和有教养的群众的智力不足相辅相成的。
——恩格斯[德国]

天赋如同自然花木，要用学习来修剪。——弗兰西斯·培根[英国]

如果孩子确有某种超群的天才，那当然应该扶植发展。但就一般情况说，下面这句格言很有用的："长期的训练会通过适应化难为易。"
——弗兰西斯·培根[英国]

天才不经教育，就好比银矿没有得到开采。——富兰克林[美国]

什么是天才？天才就是热爱工作，善于工作。必须将自己的一生，将自己的全部力量献给自己决定的事业。
——高尔基[苏联]

人的天赋就像火花，它既可以熄灭，也可以燃烧起来。而迫使它燃烧成熊熊大火的方法只有一个，就是劳动，再劳动。——高尔基[苏联]

独立性是天才的基本特征。
——歌德[德国]

最大的天才尽管朝朝暮暮躺在青草地上，让微风吹来，眼望着天空，温柔的灵感也始终不光顾他。
——黑格尔[德国]

天才是难以驾驭的，天才的脉管里流淌着汹涌澎湃的血液，以至于桀骜难驯。——霍姆斯[美国]

世界随时准备敞开怀抱接纳人才，但它却时常不知道该怎样对待天才。
——霍姆斯[美国]

天才的悲剧在于被小而舒适的名望所束缚。——芥川龙之介[日本]

天赋仅给予一些种子，而不是既成的知识和德行。这些种子需要发展，而发展是必须借助于教育和教养才能达到的。——凯洛夫[苏联]

一切真正的天才，都能够蔑视毁谤；他们天生的特长，使批评家不能信口开河。害怕大雨的，只不过是假花而已。——克雷洛夫[俄国]

所谓大师，就是这样的人：他们用自己的眼睛去看别人见过的东西，在别人司空见惯的东西上能够发现出美来。
——拉封丹[法国]

上帝在人类中安排了一些不同的人才，就像他在自然中种植了一些不同的树，每种人才、每种树都有自己特殊的性质和效果。因而，世界上最好的梨树也结不出普通的苹果，最卓越的人才也不能产生与普通人才同样的效果。
——拉罗什富科[法国]

天才人物在社会生活中往往显得迟钝而呆滞，正如耀眼的流星陨落到地面，只不过是一块石头一样。
——朗费罗[美国]

很多人都有天赋，但如果不加以发挥，天赋就只好被埋没了。
——朗费罗[美国]

没有非常的精力和非常的工作能

力便不可能成为天才。

——李卜克内西[德国]

"天才就是勤奋",曾经有人这样说过。即使这话不完全正确,那至少在很大程度上是正确的。

——李卜克内西[德国]

天才的十分之一是灵感,十分之九是血汗。 ——列夫·托尔斯泰[俄国]

卓越的天才对于别人走过的路不屑一顾,他们憧憬追寻的是迄今尚未开垦的土地。 ——林肯[美国]

任何一个国家,不管它多么富裕,都浪费不起人力资源。

——罗斯福[美国]

所谓天才人物指的就是具有毅力的人、勤奋的人、入迷的人和忘我的人。

——木村久一[日本]

天才唯有在自由的环境里才能自在地呼吸。 ——穆勒[德国]

他有着天才的火花!你知道这是什么意思?那就是勇敢、开阔的思想,远大的眼光……他种下一棵树,他就已经看见了千百年的结果,已经憧憬到人类的幸福。这种人是少有的,要爱就爱这种人。 ——契诃夫[俄国]

宝石即使落在泥潭里,仍是一样可贵;尘土虽然扬到天上,也无价值;天才若不经过教育,很可惋惜;教育如果没有天才,只是枉费精力。

——萨迪[波斯]

必须让有天才的人独立,而人类应当深刻地掌握一条真理,即人类要使有天才的人成为火炬,而不要让他们放弃真正的使命。 ——圣西门[法国]

如我们所知,天才很少和发达的理智同时存在。相反,天才人物常常为强烈的激动和无理性的热情所影响。

——叔本华[德国]

一磅铁只值几分钱,可是经过锤炼就可制成几千根钟表发条,价值累万。因此,你要好好利用天赋给予你的"一磅铁"。 ——舒曼[德国]

一个具有天才禀赋的人,绝不遵循常人的思维途径。 ——司汤达[法国]

天才蒙受冤屈,他的英名便会因此而传遍天下。 ——塔西佗[古罗马]

天才是勤奋造就的。

——西塞罗[古罗马]

如果没有周围人的鼓舞,天才也会感到孤独。 ——希金森[美国]

伟人很少是一个个孤独的山峰,他们是一系列山脉的最高峰。

——希金森[美国]

任何天才不能在孤独的状态下发展。 ——席勒[德国]

天赋的才思并不能保证一个人不落进卑劣的深渊。

——夏洛蒂·勃朗特[英国]

如果没有勤奋,没有机遇,没有热情的提携者,人就是再有天才,也只能默默无闻。

——小普林尼[古罗马]

凡是伟大的天才都带有疯狂的特征。

——亚里士多德[古希腊]

有人问:写一首好诗,是靠天才呢?还是靠艺术?我的看法是:苦学而没有丰富的天才,有天才而没有训练,都归无用;两者应该相互为用,相互结合。
——亚里士多德[古希腊]

在平庸的国度里,天才就意味着危险。　　——英格索尔[美国]

真正的天才不是具有各个方面的才能,只是由于偶然的机会才在某个领域里发挥出来。　——约翰生[英国]

两类作家拥有天才:那些思索的和那些引起别人思索的。
——约瑟夫·鲁克斯[英国]

无论天资有多么高,他仍需要以学会的技巧来发挥那些天资。
——卓别林[英国]

83 才干;才能

计功而行赏,程能而授事。①
——[战国]《韩非子》

天下无全功,圣人无全能,万物无全用。　——[战国]《列子》

有能则举之,无能则下之。②
——[战国]《孟子》

力胜其任,则举之者不重;能称其事,则为之者不难。③
——[汉]《淮南子》

官达者,才未必当其位;誉美者,实未必副其名。　　——[晋]葛洪

才所以为善也,故大才成大善,小才成小善。④　——[晋]《三国志》

不以人所短弃其所长。⑤
——[晋]《三国志》

不可以己所能而责人所不能。⑥
——[晋]《三国志》

人各有能,因艺授任。⑦
——[南朝]《后汉书》

试玉要烧三日满,辨才须待七年期。　　——[唐]白居易

虚负凌云万丈才,一生襟抱未曾开。⑧　　　　——[唐]崔珏

量力而任之,度(duó)才而处之。⑨
——[唐]韩愈

才微而任重,功薄而赏厚。
——[唐]刘禹锡

名骥未驰,与驽马相杂。⑩
——[唐]《周书》

人不可求备,自当舍其短而用其长。⑪　——[五代]《旧唐书》

---

①程:计量衡的总称,引申为衡量。能:才能。授事:授予职务。
②举:举荐;提拔。下:贬职;降职。
③力:能力。胜:足以承担。能:才能。称:符合;相当。
④所以:用以;用来。善:善行;善事。
⑤短:短处;缺点。长:长处;优点。
⑥能:长处;所擅长的。责:要求。不能:短处,做不到的。
⑦因:根据。艺:技能。任:官职。
⑧虚:空,白白地。负:怀有。襟抱:胸襟;抱负。
⑨度:推测;估计。
⑩名骥:良马。驰:奔跑。驽马:劣马。杂:混在一起,难以分辨。
⑪求备:求全责备。

论高常近迂,才大本难用。①
——[宋]陆游

才疏志大不自量,西家东家笑我狂。②
——[宋]陆游

人之才,成于专而毁于杂。
——[宋]王安石

君子挟才以为善,小人挟才以为恶。③
——[宋]《资治通鉴》

功有所不全,力有所不任,才有所不足。
——[明]宋濂

人之才能,自非圣贤,有所长,必有所短;有所明,必有所蔽。④
——[明]王守仁

技无大小,贵在能精。⑤
——[清]李渔

有才而急于见(xiàn)其才,小才也;有智而急于见(xiàn)其智,小智也。⑥
——[清]钱泳

学历固然有用的,但更有用的是真才实学。
——陈茂榜

不要小看没本事人的本事。
——蓝翎

才华是刀刃,辛苦是磨刀石。很锋利的刀刃,若日久不用石磨,也会生锈,成为废物。
——老舍

一个人的才力是长于此,则短于彼的。一手打着算盘,一手写着诗,大概是不可能。
——老舍

人能尽其才,则百事兴。
——孙中山

人之才干、能力一部分是本有,一部分是自居,一部分也在人捧。
——张申府

无所不能的人实在一无所能,无所不专的专家实在是一无所专。
——邹韬奋

专心致志是个性的唯一基础,同样也是才干的唯一基础。
——爱默生[美国]

我没有什么特别的才能,不过喜欢寻根刨底地追究问题罢了。
——爱因斯坦[美国]

最漂亮的聘礼就是才干。
——巴尔扎克[法国]

成功好比一架梯子,"机会"是梯子两侧的长柱,"能力"是插在两个长柱之间的横木。只有长柱没有横木,梯子没有用处。
——狄更斯[英国]

评价一个人不要根据他的天赋,而要根据他运用天赋的能力。
——笛卡儿[法国]

炫耀于外表的才干徒然令人羡慕,而深藏未露的才干则能带来幸运,这要一种难以言传的自制力。
——弗兰西斯·培根[英国]

一个人具有优良的素质,能在必要时发挥这种素质从而推动幸运的车轮

---

①高:玄妙。迂:迂腐。用:任用。
②不自量:不能正确估计自己。
③挟:凭借,倚仗。
④圣贤:圣人和贤人,指品德高尚、才能超群的人。必:一定。蔽:蒙蔽。
⑤技:技能。
⑥见:同"现",显现;显露。

转动,这就叫潜能。

——弗兰西斯·培根[英国]

才能是长期努力所获得的报酬。

——福楼拜[法国]

别将才智潜藏不露,它们之所以有,是因为有用。日晷(guǐ)放在暗处还有何用?① ——富兰克林[美国]

技巧是一种才能,但它绝不是没有一切方面的广博知识也行的。

——高尔基[苏联]

才能不是天生的,可以任其自便的,而要钻研艺术,请教良师,才会成材。 ——歌德[德国]

一切才能都要靠知识来营养,这样才会有施展才华的力量。

——歌德[德国]

才能是上帝赏赐的无价之宝,千万别毁了它。 ——果戈理[俄国]

才能存在于悟性之中,它常常可以由遗传获得;天才把理性和想象力变成行动,很少以至根本没有遗传的可能。

——柯勒律治[英国]

做将军需要的才能与做士兵需要的才能大相径庭。 ——利维[古罗马]

卓越的才能,如果没有机会就将失去价值。 ——拿破仑[法国]

一个人不可能精通所有的事,每个人都有他的特长。

——欧里庇得斯[古希腊]

个人只有在社会上占有为此所需的地位时,才能够表现出自己的才能。

——普列汉诺夫[俄国]

财富或美貌赢得的赞誉是脆弱的、短暂的,卓越的才智才是光彩夺目、经久不灭的财富。——萨鲁斯特[古罗马]

一个本领超群的人,必须在一群劲敌之前,方才能够显露出他的不同凡俗的身手。 ——莎士比亚[英国]

任何人都不可能成为无所不知、无所不能的人。 ——维吉尔[古罗马]

84 智慧;机智

知人者智,自知者明;胜人者有力,自胜者强。② ——[春秋]《老子》

知(zhì)者不惑,仁者不忧,勇者不惧。③ ——[春秋]《论语》

知之为知之,不知为不知,是知(zhì)也。④ ——[春秋]《论语》

物有所不足,智有所不明。

——[战国]《楚辞》

见微以知萌,见端以知末。⑤

——[战国]《韩非子》

智之如目也,能见百步之外,而不能自见其睫。⑥

——[战国]《韩非子》

知(zhì)者必量其力所能至而从事。⑦ ——[战国]《墨子》

---

①日晷:利用日影测定时刻的装置。
②知:知道;了解。
③知:同"智"。
④是:这;这个。知:同"智"。
⑤微:微小。萌:萌生。端:开端。末:末尾。
⑥睫:睫毛,眼毛。
⑦知:同"智"。能至:能达到的程度。

大巧在所不为,大知(zhì)在所不虑。①
——[战国]《荀子》

巧者劳而知(zhì)者忧,无能者无所求。②
——[战国]《庄子》

多见者博,多闻者知(zhì)。③
——[汉]桓宽

智莫大于阙疑,行莫大于无悔。
——[汉]刘向

有机智之巧,必有机智之败。
——[汉]刘向

众人之智,可以测天。
——[汉]刘向

瞻山识璞,临川知珠。④
——[晋]《抱朴子》

知人未易,相知实难。⑤
——[晋]陶潜

不因一事,不长一智。
——[宋]释悟明

智不足,量不大。⑥
——[明]冯梦龙

一己之见有限,众人之智无穷。
——[明]何汝宪

三个臭皮匠,赛过诸葛亮。
——[明、清]《增广贤文》

学如弓弩,才如箭镞,识以领之,方能中鹄(zhònggǔ)。⑦
——[清]袁枚

智多勇少,实力难言;勇多智少,大事难成。
——蔡锷

所谓智,便是指人们的聪明智慧;所谓谋,便是指人们对问题的计议和对事情策划。智是谋之本,有智才有谋,所以智比谋更重要。
——邓拓

人的智能不可能达到事事未卜先知,只有全部做完后才知道开始该从何处着手。
——敦源

用尽了人类的理智,固然足以知道许多事物的真相,可是知道的只有很浅显的一点,绝不是全宇宙。
——顾颉刚

学会技能是小智慧,学会做人是大智慧。
——李军强

要理解智能,本身须得有智能;如果听众是聋子,音乐就等于零。
——李普曼

人有最宝贵的东西——智慧,创造一切的智慧。还有自由驰骋的思维、宽阔无比的想象。
——秦兆阳

智慧才是一个人成功的最大的条件之一,缺了它,什么也不成。
——三毛

偏见和利欲是智慧的大敌。
——周国平

有些女子的见识就寓于容貌之中,她们所有智能在眸子里闪动。
——爱·扬格[英国]

智慧的可靠标志就是能够在平凡

---

①巧:技巧。知:同"智"。
②知:同"智"。
③知:同"智",有智慧。
④瞻:向上或向前看。璞:含玉的石头。临:从高处往下看。川:河流。珠:珍珠。
⑤相知:两个人互相了解。
⑥量:气量。
⑦箭镞:箭头。识:懂得;了解。领:引导。中:射中。鹄:箭靶的中心,引申为目标、目的。

中发现奇迹。　　——爱默生[美国]

智慧并不产生于学历,而是来自对知识的终生不懈的追求。
　　　　　　——爱因斯坦[美国]

我在日常生活中严守着一个美好的准则:"贵有自知之明。"我是素以此来鞭策自己的。　——安格尔[法国]

机智和妙语可在交际场上为人增添光彩,而俗气的玩笑和朗声大笑却会使人变成一个丑角。
　　　　　——查斯特菲尔德[英国]

灵感只能从劳动中和在劳动时才能产生。即使一个人天分很高,如果不艰苦地操劳,不仅不会做出伟大的事业,就是平凡的成绩也不会得到。
　　　　　　——柴可夫斯基[俄国]

智慧不仅是创造文化、获得幸福的原动力,同时也切不可忘记它又是产生破坏、把人推向悲惨和苦恼深渊的原动力。　　　——池田大作[日本]

铁不用就会生锈,水不流就会发臭,人的智慧不用就会枯萎。
　　　　　　——达·芬奇[意大利]

智慧有三种:一是思虑周到,二是语言得当,三是行为公正。
　　　　　——德谟克里特[古希腊]

狡猾的小聪明并非真正的明智。他们虽能登堂却不能入室,虽能取巧并无大智。靠这些小术要得逞于世,最终还是行不通的。
　　　　　——弗兰西斯·培根[英国]

智慧素以千眼观物,爱情常以独目看人。　　　——高尔基[苏联]

创造靠智慧,处世靠常识。有常识而无智慧,谓之平庸;有智慧而无常识,谓之笨拙。智慧是一切力量中最强大的力量,是世界上唯一自觉活着的力量。　　　——高尔基[苏联]

记忆力并不是智慧,但没有记忆力还成什么智慧呢?　——哈柏[德国]

真正的智慧是知道那些最值得知道的事情,而且去做那些最值得做的事情。
　　　　　　——汉弗莱[美国]

智慧的标志是审时度势之后再择机行事。　　——荷马[古希腊]

知识自夸懂得非常多,智能自谦什么都不懂。　　——柯珀[美国]

你可以碰到上千个学者,但不一定碰上一个智者。 ——克林凯尔[法国]

当智慧无力驾驭知识时,知识便如一匹倔强的马掀翻它的骑士。
　　　　　　——夸尔斯[法国]

所有人的智能加在一起也不能帮助一个没有自己智能的人,正如失去视力的人不能用周围的人的视力来弥补自己的缺陷一样。
　　　　　——拉布吕耶尔[法国]

没有智慧的头脑,就像没有蜡烛的灯笼。　——列夫·托尔斯泰[俄国]

最能显示出一个人智慧的是,能在各种危险之间做出权衡,并选择最小的危险。　——马基雅弗利[意大利]

随机应变是才智的试金石。
　　　　　　——莫里哀[法国]

智慧越是遮掩,越是明亮,正像你

的美貌因为蒙上黑纱而十倍动人。

——莎士比亚[英国]

脑袋里的智慧就像打火石里的火花一样,不去打它是不肯出来的。

——莎士比亚[英国]

要像农民耕种那样努力寻找智慧,而后你才能指望丰收。　——《圣经》

把人生看作一个燃烧的过程,智慧就是这个过程所产生的火焰。

——叔本华[德国]

靠智慧能赢得财产,但没人能用财产换来智慧。　　——泰勒[美国]

最难的是自知,知道自己什么能做,什么不能。谁要是有这样的自知之明,他就决不会陷入困境。

——《五卷书》[古印度]

即使是一个智慧的地狱,也比一个愚昧的天堂好些。　——雨果[法国]

没有人会因学问而成为智者。学问或许能由勤奋得来,而机智与智慧却有赖于天赋。

——约翰·塞尔登[英国]

85 谋略;谋划

凡谋之道,周密为宝。

——[周]《太公六韬》

不在其位,不谋其政。

——[春秋]《论语》

小不忍,则乱大谋。①

——[春秋]《论语》

道不同,不相为谋。②

——[春秋]《论语》

临事而惧,好谋而成。

——[春秋]《论语》

多算胜,少算不胜。

——[春秋]《孙子兵法》

智可以为谋,仁可以托财。

——[战国]《吕氏春秋》

深谋远虑,行军用兵之道。

——[汉]贾谊

谋先事则昌,事先谋则亡。

——[汉]刘向

运筹策帷帐之中,决胜于千里之外。③　　　　——[汉]《史记》

三十六策,走是上计。④

——[南朝]《南齐书》

谋者谋于未兆,慎者慎于未成。

——[唐]武则天

谋于始也不精,则行于后也难久。

——[宋]欧阳修

事未至而预图,则处之常有余;事既至而后计,则应之常不足。⑤

——[宋]辛弃疾

谋事在人,成事在天。

——[明]《三国演义》

论事不可趋一时之轻重,当思其久而远者。⑥　　——[清]陈宏谋

---

①小:指小事情。谋:计划。
②道:指主张、学说等。谋:谋划;商议。
③帷帐:军营中的帐篷。
④走:跑;出走。上:最好的。
⑤图:计划;打算。处:处理;应付。有余:从容。不足:应付不过来。
⑥趋:追求。

一个平庸的计划胜于无计划的瞎摸索。　　　——蔡元培

智是谋之本,有智才有谋,所以智比谋更重要。　　　——邓拓

要永远相信:当所有人都冲进去的时候赶紧出来,所有人都不玩了再冲进去。　　　——李嘉诚

思路决定出路,布局决定结局。
　　　——牛根生

一个真正的企业家,不能只靠胆大妄为而东奔西撞,也不可能是在学院的课堂里说教出来的。他必须在市场经济的大潮中摸爬滚打,在风雨的锤炼中长大。　　　——王均瑶

要使自己有一个优秀的大脑,勿被"看起来似乎理所当然的事"所迷惑。
　　　——查斯特菲尔德[英国]

对于头脑里冒出来的想法,首先要重新评估一下,它是否"真的是自己的意见"。　——查斯特菲尔德[英国]

算计别人也终将被别人算计!
　　　——达·芬奇[意大利]

要跳得更远,必须先退后一步。
　　　——蒙田[法国]

在第一个钉子没有钉牢之前,不要钉第二个。　　　——富勒[英国]

要像农民耕田地那样努力寻求智慧,而后你才能希望丰收。随机应变是才智的试金石。　——莫里哀[法国]

有谋无勇只会是怯弱、欺诈;有勇无谋只会是愚蠢、疯狂。
　　　——萨迪[波斯]

智谋出于急难,巧计出于临危。
　　　——莎士比亚[英国]

不先商议,所谋无效;谋士众多,所谋乃成。　　　——《圣经》

图谋恶事的,心存诡诈;劝人和睦的,便得喜乐。　　　——《圣经》

86　聪　明

聪者听于无声,明者见于元形。
　　　——[汉]《汉书》

知(zhì)人无务,不若愚而好学。①
　　　——[汉]《淮南子》

智者千虑,必有一失;愚者千虑,必有一得。②　　　——[汉]《史记》

明有所不见,聪有所不闻。③
　　　——[汉]《史记》

智者顺时而谋,愚者逆理而动。
　　　——[南朝]范晔

小而聪了,大未必奇。
　　　——[南朝]《后汉书》

小时了了,大未必佳。④
　　　——[南朝]《世说新语》

高者未必贤,下者未必愚。
　　　——[唐]白居易

自知者为明。　　——[唐]韩愈

---

①知:同"智",有智慧;聪明。无务:不专心学习。
②虑:考虑;思考。失:失误。
③闻:听到。
④了了:明白,引申为聪明。佳:好,引申为有成就。

人以不作聪明为贤。

——[宋]苏轼

人皆养子望聪明,我被聪明误一生。——[宋]苏轼

聪明了一世,懵懂在一时。①

——[明]冯梦龙

智而能愚,则天下之智莫加焉。

——[明]刘基

凡智愚无他,在读书与不读书;祸福无他,在为善与不为善;贫富无他,在勤俭与不勤俭;毁誉无他,在仁恕与不仁恕。——[明]吕坤

机关算尽太聪明,反误了卿卿性命。②——[清]《红楼梦》

聪明者戒太察,刚强者戒太暴,温良者戒无断。——[清]金缨

"聪明'二字不可以自许,"慷慨"二字不可以望人。——[清]李惺

聪与敏,可恃而不可恃也。③

——[清]彭端淑

自持其聪与敏而不学者,自败者也。——[清]彭端淑

大聪明人,小事必朦胧;大懵懂人,小事必伺察。④——[清]石成金

君子受言以达聪明。⑤

——[清]魏源

聪明得福人间少,侥幸成名史上多。——[清]袁枚

聪明人是只想支配自己,不想支配别人的。——郭沫若

聪明出于勤奋,天才在于积累。

——华罗庚

聪明的人懂得说,智慧的人懂得听,高明的人懂得问。要学习,不要骄傲,不能看不起人。——毛泽东

小聪明的人,往往不能快乐;大智慧的人,经常笑口常开。——三毛

聪明人要理解生活,愚蠢人要习惯生活。——沈从文

聪明,不是不犯错误,而是同样的错误不犯两次。——汪国真

人贵尽其才,尽其用,并不以智愚、巧拙而分等级。——徐悲鸿

聪明的人因为太聪明而往往流于精明,正直的人因为憨厚而永远拙于表现。——杨晓辉

知道自己的无知,乃始真知。

——张申府

自以为聪明的人往往是没有好下场的。世界上最聪明的人是最老实的人,因为只有老实人才能经得起事实和历史的考验。——周恩来

聪明适用于一切,却不能满足一切。——阿米尔[瑞士]

聪明的人不是具有广博知识的人,而是掌握有用知识的人。

——埃斯库罗斯[古希腊]

---

①懵懂:糊涂;不明事理。
②机关:周密而巧妙的计谋。卿卿:对人亲昵的称呼,含戏谑、嘲弄意。
③恃:凭借;依靠。
④朦胧:模糊。懵懂:糊涂,不明白。伺察:细心。
⑤受言:采纳,接受别人的意见。聪明:耳聪目明,不受蒙蔽。

对于别人的事,大家都聪明;对于自己的事,谁也不聪明。
——爱默生[美国]

聪明才智是拨动社会的杠杆。
——巴尔扎克[法国]

明智的人因为有话要说才说话,愚蠢的人则为了必须说话而说话。
——柏拉图[古希腊]

聪明人通过别人的错误学习,愚人则通过自己的错误学习。
——博恩[英国]

聪明不在于不犯错误,而在于能迅速地意识到怎样去纠正错误。
——布莱希特[德国]

聪明睿智的特点就在于,只需看到和听到一点,就能长久地考虑和更多地理解。
——布鲁诺[意大利]

在同伴面前,切不可显得你比别人聪明博学。
——查斯特菲尔德[英国]

只有聪明人才能识别聪明人。
——第欧根尼[古希腊]

股票市场最惹人发笑的事情是:在同一时间买入或卖出的人都自以为比对方聪明!
——费瑟[美国]

要精明地处世,但不要那种世俗的精明。
——弗·夸尔斯[美国]

没有比把狡猾的人误以为聪明者更为有害的事了。
——弗兰西斯·培根[英国]

如果不以聪明自居,很多人都会变得聪明。
——格拉西安[西班牙]

在聪明人之中,最聪明的人知道自己懂得最少;在蠢人之中,最蠢的人认为自己懂得最多。
——格瓦拉[西班牙]

腿瘸的人不在敌人头上敲断自己的拐杖,这是聪明的。
——纪伯伦[黎巴嫩]

在某个范围里的聪明人,在其他范围里可能是个笨人。 ——加缪[法国]

善于掩藏自己的精明,就是绝顶精明。
——拉罗什富科[法国]

聪明人的特点有三:一是劝别人做的事自己去做,二是绝不去做违背自然界的事,三是容忍周围人们的弱点。
——列夫·托尔斯泰[俄国]

在一切日常琐事上,聪明不在于知道应该做什么,而在于知道应该先做什么,后做什么。
——列夫·托尔斯泰[俄国]

聪明在于学习,天才在于积累。
——列宁[苏联]

聪明的人是该看多少就看多少,而不是能看多少就看多少。
——蒙田[法国]

智者向愚人学习的东西,多于愚人向智者学习的东西。 ——蒙田[法国]

聪明人不会事事都聪明。
——蒙田[法国]

和聪明人在一起,自己也会变得聪明起来。 ——米南德[古希腊]

想得好是聪明,计划得好更聪明,做得好是最聪明,又是最好。
——拿破仑[法国]

不自作聪明,就是最聪明。

——佩里安德[英国]

聪明人看到别人的毛病,就把自己的毛病改过来。

——普卜利西尔[古罗马]

聪明的人好学习,愚蠢的人好为人师。 ——契诃夫[俄国]

聪明人绝不会徒手和狮子搏斗,也绝不赤手抵挡刀剑。 ——萨迪[波斯]

聪明的人是不会把所有的鸡蛋都放在一个篮子里的。

——塞万提斯[西班牙]

回避不是逃跑。凶险很大、出路很少的场合,死挺着算不得聪明。聪明人留着自己的身子等待来日,不在一天里拼掉性命。

——塞万提斯[西班牙]

愚人的蠢事算不得稀奇,聪明人的蠢事才叫人笑痛肚皮,因为他用全副的本领证明他自己的愚笨。

——莎士比亚[英国]

拥有大量想法的人不一定聪明,正如拥有大量士兵的将军不一定英明。

——尚福尔[法国]

聪明人从蠢人得到的好处,比蠢人从聪明人得到的好处多,因为聪明人借蠢人引以为戒,而聪明人的明智对蠢人却毫无价值。

——圣克鲁斯[苏联]

有很多人就是坏在聪明太过。人生有两类悲剧:一类是欲望难遂,另一类为欲望满足。 ——萧伯纳[爱尔兰]

87 愚 蠢

愚者多悔,不肖者自贤。①

——[春秋]《晏子春秋》

愚人近火方知热,履冰乃知寒。

——[战国]《笁子》

愚者易蔽也,不肖者易惧也,贪者易诱也。②　——[战国]《鬼谷子》

浅不足与测深,愚不足与谋知(zhì),坎井之蛙不可与语东海之乐。③

——[战国]《荀子》

高者未必贤,下者未必愚。④

——[唐]白居易

山鸡照绿水,自爱一何愚。

——[宋]王安石

越聪明越受聪明苦,越痴呆越享了痴呆福,越糊突越有了糊突富。⑤

——[元]马致远

学则智,不学则愚。

——[清]黄宗羲

断鹤续凫,矫作者妄。⑥

——[清]《聊斋志异》

---

①多:经常。悔:后悔。不肖:不贤,品行不好。自贤:自夸贤良。
②蔽:蒙蔽。惧:恐吓。诱:利诱。
③不足:不值得。知:同"智",智慧。坎井:浅井或废井。语:谈论。乐:乐趣。
④高者:高贵的人。贤:有才干。下者:卑贱的人。愚:笨拙;傻。
⑤糊突:糊涂。
⑥鹤:指鹤足,较长。凫:野鸭,指凫足,较短。矫作:刻意做作。妄:荒谬不合理。

世路之蓁芜当剔,人心之茅塞须开。① ——[清]《幼学琼林》

我们无知的增长速度实际比知识快得多,因为每解决一个问题都提出更多的问题。 ——丁伯根

不见己短,愚也;见而护,愚之愚也。不见人长,恶也;见而掩,恶之恶也。 ——弘一法师

现代受过教育的人所要面临的选择只有两项:不学的无知和饱学的愚蠢。 ——林语堂

无知是骄傲最肥沃的土壤。 ——秦牧

愚昧比贫穷更可怕。 ——张锐锋

愚昧是产生恐惧的源泉。 ——张耀翔

愚蠢给人的痛苦,远胜于命运。 ——爱·扬格[英国]

任何一个虚妄的判断,其原因若不是我们的感情,就一定是我们的无知。 ——爱尔维修[法国]

用一个大圆圈代表我所学到的知识,但是圆圈之外是那么多的空白,对我来说就意味着无知。 ——爱因斯坦[美国]

愚蠢的人到远处去寻找幸福,聪明的人就在自己脚底下耕耘幸福。 ——奥本海姆[美国]

在一个一切都不断变化的世界中,急于得出结论来是愚蠢的。 ——奥登[英国]

无知是迷信之母。 ——巴尔扎克[法国]

玩笑实在是无知的产物,人们取笑的恰恰是自己不了解的事。 ——巴尔扎克[法国]

把所有的愚昧淘尽,会看到沉在最底下的智慧。 ——贝尔奈[德国]

不知道自己无知,那是双倍的无知。 ——柏拉图[古希腊]

无知本身就是一种灾祸。 ——柏拉图[古希腊]

愚蠢往往使得人们从幸福的境界坠入苦痛万分的深渊,而聪明人却往往能凭着智慧,安然度过险境,走上康庄大道。 ——薄伽丘[意大利]

一个傻瓜眼中的树林,绝不会和一个聪明人眼中的树林完全相同。 ——布莱克[英国]

蠢人总会发现比他更蠢的人赞美他。 ——布瓦洛[法国]

我的努力求学没有得到别的好处,只不过是愈来愈发觉自己的无知。 ——笛卡儿[法国]

没有知识的人总爱议论别人的无知,知识丰富的人却时时发现自己的无知。 ——笛卡儿[法国]

一个人的愚蠢,是另一个人的福气。 ——弗兰西斯·培根[英国]

有的人藐视一切他们弄不懂的事物,以蔑视来掩盖自身的无知。 ——弗兰西斯·培根[英国]

---

①蓁芜:丛生的荆棘、杂草。剔:铲除。茅塞:心里想不明白,像有茅草堵塞一样。开:开启心智,使思路畅通。

妄自尊大只不过是无知的假面具而已。
——伏尔泰[法国]

无知与轻率所造成的祸害不相上下。
——福楼拜[法国]

打断蠢人的话头,让他闭口,是失礼的;而让他说下去,却是残忍的。
——富兰克林[美国]

迟钝的头脑有时也偶尔闪出几星火花。
——高尔基[苏联]

蠢人总是提出千百年前聪明人已经回答了的问题。——歌德[德国]

如果一个聪明人干了一件蠢事,那就不会是一件小小的蠢事。
——歌德[德国]

有些事情穷人明白,富人却不明白;有些事情病人明白,健康人却不明白;有些事情蠢人明白,聪明人却不明白。——杰拉尔德·布雷南[美国]

从无知到有知总不是一蹴而就的,而需要经过一个朦胧的过程,甚至像从黑夜进入白昼要经过拂晓一样。
——柯勒律治[英国]

无知是一张白纸,我们可以在它上面写字;而错误是一张被涂得乱七八糟的纸,我们首先得把它擦干净。
——科尔顿[阿根廷]

不要同愚人去商量,他只知道根据自己的好恶来发表意见。
——乔叟[英国]

谁如果和比自己高明的人争论,以自显聪明,只会使人觉得愚蠢。
——萨迪[波斯]

愚蠢总希望自己有追随者与伙伴,而不希望孤行。
——塞万提斯[西班牙]

面对一幢即将倒塌的房屋而不躲避的人,是愚昧,而不是勇气。
——莎士比亚[英国]

无知是智慧的黑夜,是没有月亮、没有星星的黑夜。
——西塞罗[古罗马]

以为人人都正直,那是愚蠢的;认为根本没有正直的人,尤其愚蠢。
——约翰·亚当斯[英国]

88 善;恶

见善则迁,有过则改。①
——[周]《周易》

善不积不足以成名,恶不积不足以灭身。
——[周]《周易》

从善如登,从恶是崩。②
——[春秋]《国语》

善人者,人亦善之。③
——[战国]《管子》

君子莫大乎与人为善。④
——[战国]《孟子》

见人有善,如己有善;见人有过,如

---

①迁:向好的方面改变。改:更正。
②登:攀登(高山)。崩:(山石)坍塌。此句喻指为善或上进很困难,为恶或堕落很容易。
③善:友好;亲近。
④莫:没有……更……。与人为善:跟别人一起或帮助别人做好事。

己有过。　　　——[战国]《尸子》

善不可失,恶不可长(zhǎng)。①
　　　　　　——[战国]《左传》

采善不逾其美,贬恶不溢其过。
　　　　　　——[汉]《论衡》

为善者,天报之以福;为非者,天报之以殃。②　　——[汉]《史记》

小善虽无大益,而不可不做;细恶虽无近祸,而不可不去。——[晋]葛洪

勿以恶小而为之,勿以善小而不为。惟贤惟德,能服于人。③
　　　　　　——[晋]《三国志》

记人之善,忘人之恶。
　　　　　　——[晋]《三国志》

恶不可积,过不可长。④
　　　　　　——[晋]《三国志》

新松恨不高千尺,恶竹应须斩万竿。⑤　　　　——[唐]杜甫

嫉恶如仇雠,见善若饥渴。⑥
　　　　　　——[唐]韩愈

积善三年,知之者少;为恶一日,闻于天下。　　——[唐]《晋书》

知善非难,行善为难。
　　　　　　——[唐]陆贽

小善不足以掩众恶,小疵不足以妨大美。　　——[唐]《贞观政要》

君子扬人之善,小人扬人之恶。
　　　　　　——[唐]《贞观政要》

好事不出门,恶事行千里。
　　　　　　——[五代]孙光宪

如闻不善须当改,莫谓无人便可欺。　　　　——[宋]陈瓘

为善则善应,为恶则恶报。
　　　　　　——[宋]林逋

为善如负重爬山,志虽已确,而力犹恐不及;为恶如乘骏马走坡,虽不加鞭策,而足不能制。——[宋]林逋

大凡善恶之人,各以类聚。
　　　　　　——[宋]欧阳修

人之初,性本善。
　　　　　　——[宋]《三字经》

不以不善而废其善。
　　　　　　——[宋]王安石

人之为善,百善而不足;人之为不善,一不善而足。⑦　——[宋]杨万里

不以小恶掩大善,不以众短弃一长。　　　　——[宋]朱熹

善有善报,恶有恶报;不是不报,时辰未到。　　——[元]《来生债》

善恶到头终有报,只争来早与来迟。⑧　　　　——[元]马致远

千日行善,善犹不足;一日行恶,恶自有余。　　——[明]《西游记》

为善则流芳百世,为恶则遗臭万

---

①长:增加;增多。
②报:回报。殃:灾祸。
③以:因为。恶:指坏事,对人民有害的事。善:指好事,对人民有益的事。
④恶:邪恶。过:过错。长:滋长。
⑤斩:砍伐。
⑥仇:仇恨。雠:仇敌。
⑦足:充裕;多。
⑧报:报应,指种善因得善果,种恶因得恶果。争:差,不相同,不相合。

年。　　　　——[清]程允升

善恶昭彰,如影随形。
　　　　——[清]《镜花缘》

一颗善良的心就是一席享用不尽的美筵,也是健身的真正法宝。
　　　　——刁蕙兰

娇好的容貌与善良的心灵之间没有等号。　　　　——丁凯隆

人生最好的风水就是拥有一颗善良而感恩的心。　　　　——李巍

有教养的人或受过理想教育的人,不一定是个博学的人,而是个知道何为所爱、何为所恶的人。　　——林语堂

一个人做点好事并不难,难的是一辈子做好事,不做坏事。　　——毛泽东

好和坏是比出来的,眼界狭隘的人自然不能知道好的之上更有好的,不看坏的也感觉不出好的可贵。
　　　　——梅兰芳

多做好事,少做错事,不做坏事。
　　　　——王选

正如雪莲在山顶绽放,绝世的才华只有善良能够催生。　　——原野

在人生的进口处,天真地竖立两根柱子,一根写上这样的文字:善良之路;另一根上则这样警告:罪恶之路。再对走到路口的人说:选择吧。
　　　　——大仲马[法国]

恶习于不知不觉中逐渐形成。
　　　　——德莱顿[英国]

诸般恶行并不由于禁止才有害,而是因其有害才被禁止。
　　　　——富兰克林[美国]

恶行知道自己的丑陋,因此它会戴上面具。　　——富兰克林[美国]

弃善从恶易,改恶从善难。
　　　　——富勒[英国]

我们更易于发现的是人们的恶习而不是他们的美德,正如疾病比健康更易传染一样。　——科尔顿[阿根廷]

善与恶是同一个钱币的正反面。
　　　　——罗曼·罗兰[法国]

对善人行善会使其更善,对恶人行善会使其更恶。
　　　　——罗曼·罗兰[法国]

人非尽善,也非尽恶。
　　　　——马基雅弗利[意大利]

善良是一种世界通用的语言,它可以使盲人"看到"、聋子"听到"。
　　　　——马克·吐温[美国]

越是善良的人,越觉察不出别人的居心不良。　　——米勒[法国]

恶人也许会死去,但恶意却永远不会绝迹。　　——莫里哀[法国]

人类既非天使,亦非野兽。不幸的是,任何一心想扮演天使的人都表现得像野兽。　　——帕斯卡[法国]

种下一颗恶的种子,休想获得善的果实。　　——萨迪[波斯]

好人如果受到恶人攻击,不必沮丧,也不必在意。石头虽然能砸坏一只金杯,但金杯仍有宝贵价值,石头的价值仍然低微。　　——萨迪[波斯]

任何大人物的装饰,无论是国王的贵冕、摄政的宝剑、大将的权标,或是法官的礼服,都比不上仁慈那样更能衬托

出他们的庄严高贵。
——莎士比亚[英国]

挖陷坑的,自己必掉在其中。
——《圣经》

一个善良仁爱的人必定是一个极富同情心的人,那种心冷如铁、麻木不仁的人绝不可能与人为善,友爱他人。
——斯迈尔斯[英国]

对于善,应报以善,不应报以恶。
——托马斯·摩尔[爱尔兰]

近恶者沾染恶习,近善者沾染美德。——《五卷书》[古印度]

心地不纯正的人最怕墓地。
——叶甫图申科[苏联]

一个好行为也可能是一个坏行为,谁要救了狼就害了羊;谁为兀鹰修复了翅膀,谁就要为它的爪负责。
——雨果[法国]

良心是直线,生活却是旋涡,这旋涡在人的头顶上造成了阴霾或者晴天。命运不玩弄逐渐变化的技术,它的车轮有时转得那样快,以至难以辨别一次变化和另一次变化之间的间隔,明天和今天的联系。① ——雨果[法国]

卑鄙小人总是忘恩负义的,忘恩负义原本就是卑鄙的一部分。
——雨果[法国]

89 美;丑

君子成人之美,不成人之恶。②
——[春秋]《论语》

朴素而天下莫能与之争美。
——[战国]《庄子》

孰恶孰美,成者为首,不成者为尾。③ ——[战国]《庄子》

甚美必有甚恶。
——[战国]《左传》

服美不称(chèn),必有恶终。④
——[战国]《左传》

知美之恶,知恶之美,然后能知美恶矣。
——[战国]《吕氏春秋》

甘瓜苦蒂,天下物无全美。⑤
——[战国]《墨子》

嫫母有所美,西施有所丑。⑥
——[汉]《淮南子》

美色不同面,皆佳于目;悲音不共声,皆快于耳。⑦
——[汉]《论衡》

毛嫱(qiáng)西施,善毁者不能蔽

---

①阴霾:昏暗的天气和浮尘。
②成:促成,帮助人达到目的。美:指好事。恶:指坏事。
③孰:哪一个。成:成功。首:指尊贵。尾:指卑贱。
④服:服饰。称:相配。恶终:恶果。
⑤蒂:花或瓜果与枝、茎相连的部分。
⑥嫫母:传说中黄帝时的丑女。西施:春秋时越国的美女。
⑦美色:美女。面:面容;相貌。佳:好看。悲音:悲壮的乐曲。声:曲调。快:动听。此句指美好的事物各有特色,风格不同。

其好;嫫姆倭傀,善誉者不能掩其丑。①

——[汉]王褒

金玉不琢,美珠不画。②

——[汉]《盐铁论》

锐锋产乎钝石,明火炽乎暗木,贵珠出乎贱蚌,美玉出乎丑璞。③

——[晋]《抱朴子》

不虚美,不隐恶。④

——[晋]《三国志》

物有美恶,施用有宜;美不常珍,恶不终弃。 ——[北朝]刘昼

回眸一笑百媚生,六宫粉黛无颜色。⑤ ——[唐]白居易

人间无正色,悦目即为姝。⑥

——[唐]白居易

虎豹以搏噬为功,凤凰以和鸣为美。⑦ ——[宋]黄晞(xī)

老树着花无丑枝。⑧

——[宋]梅尧臣

美人却扇坐,羞落庭下花。⑨

——[宋]文同

东洋海洗不尽脸上羞,西华山遮不了身边丑。⑩ ——[元]关汉卿

美曰美,不一毫虚美;过曰过,不一毫讳过。⑪ ——[明]海瑞

金玉其外,败絮其中。⑫

——[明]刘基

沉鱼落雁鸟惊喧,羞花闭月花愁颤。⑬ ——[明]《牡丹亭》

恶影不将灯做伴,怒形常与镜为仇。⑭ ——[清]李渔

人生贵有用,何必形容好?善士如五谷,众士如野草。⑮ ——[清]吴嘉纪

凡是能够促进人类向上发展的,都是最美的,都是善的,也都是诗的。

——艾青

审美观念是随着修养而进步的,修养愈深,审美程度愈高。 ——蔡元培

世间有"真、善、美"三个真理,人生便是追求这三个真理的。科学追求真,

———

①毛嫱、西施:古代的美女。毁:诋毁。好:美丽。嫫姆、倭傀:古代的丑女。嫫姆,又作"嫫母"。誉:夸奖。

②金玉:黄金、美玉。画:描绘;粉饰。此句指天然美好的东西用不着粉饰加工。

③锐锋:指利剑。钝石:粗糙的矿石。明火:耀眼的火焰。炽:火旺。暗木:黑色的木炭。贵珠:宝贵的珍珠。贱蚌:不值钱的河蚌。丑璞:不引人注意的璞石。

④虚:虚假。隐:隐瞒。

⑤回眸:转动眼珠。百媚:无比娇媚。六宫粉黛:皇宫里的所有女子。无颜色:大大逊色。

⑥正色:规范的美色。悦目:好看。姝:美好。

⑦噬:咬。

⑧着:附着,指开花。

⑨却:去掉,引申为放下。

⑩东洋海:指东边的大海。西华山:指西边的华山。

⑪虚:虚假、虚伪。过:过失、差错。讳:避忌,因有所顾忌而不敢说或不愿说。

⑫败絮:破旧的棉絮。

⑬沉鱼落雁、羞花闭月(同"闭月羞花"):均形容女子美貌。

⑭恶影:指丑陋的人。怒形:指愤怒的样子。

⑮形容:容貌。形容好:美貌。善士:指对社会有突出作用的人。众士:指对社会没多大作用的人。

道德追求善，艺术追求美。——丰子恺

人的美丽可爱，不仅仅是由于他的容貌，首先决定于他的精神面貌。一个品质高尚的人，永远是年轻和美丽的。
——冯雪峰

美的自行掩饰无损于他的美，丑的自行掩饰愈形他的丑。——郭沫若

朴素与自然，这似乎应该是美的极致。——韩少华

稚子之心，美在无邪；少女之心，美在无瑕；志士之心，美在无私；壮士之心，美在无畏。——李燕杰

要追求美，但不要追求完美。
——刘心武

对丑恶没有强烈憎恨的人，也不会对美善有强烈的执着。——茅盾

外表美的缺陷可以用内心美来弥补，而心灵的卑污却不是外表美可以抵消的。——秦牧

一切自自然然，便是美丽。
——三毛

心灵的翅膀能飞多远，可以获得美感的世界就有多大。——舒可文

世上的很多事情原本无法善终，适可而止的中庸其实是一种距离的美感。
——素素

美，首先是为了自己，其次才是别人。——王英琦

完整的常常不是完美的。
——王朝闻

美即是真，真即是美。——闻一多

现实愈丑恶，向往自然的心也就愈重、愈深。——吴小如

美应该只是一种真实、自然与宽容的生活态度而已。——席慕蓉

世间并没有天生自在、俯拾即是的美，凡是美都要经过心灵的创造。
——朱光潜

有审美的眼睛，才能看到美。
——朱光潜

心的陶冶，心的修养和锻炼是替美的发现和体验做准备的。——宗白华

心灵美是最高的美。
——爱迪生[美国]

美而缺乏魅力，是无饵的鱼钩。
——爱默生[美国]

如果两眼生来为着注视，美就是她存在的原因。——爱默生[美国]

优美的体型胜过漂亮的脸蛋，而优雅的举止胜过优美的体型。
——爱默生[美国]

凡是能冲上去、能散发出来的焰火，都是美丽的。——安徒生[丹麦]

人的美并不在于外貌、衣服和发式，而在于他的本身，在于他的心，要是人没有内心的美，我们常常会厌恶他漂亮的外表。
——(尼)奥斯特洛夫斯基[苏联]

美貌是一层面纱，它常常用来遮掩许多缺点。——巴尔扎克[法国]

美具有引人向善的作用和力量。
——柏拉图[古希腊]

美是一种自然优势。
——柏拉图[古希腊]

应该学会把心灵的美，看得比形体的美更可珍贵，如果遇见一个美的心

灵,纵然他在形体上不甚美观,也应该对他爱慕,凭他来孕育最适宜于使青年人得益的道理。 ——柏拉图[古希腊]

只有驱使人以高尚的方式相爱的那种爱神才是美,才值得颂扬。
——柏拉图[古希腊]

富有生机就是美。
——布莱克[英国]

女人的美貌,如同男人的智慧,对其拥有者来说通常都是致命的。
——查斯特菲尔德[英国]

一切美的东西都是出类拔萃的东西。但并非所有出类拔萃的东西都是美的。 ——车尔尼雪夫斯基[俄国]

脸蛋儿长得俊,不是好到极点,就是坏到透顶。 ——大仲马[法国]

美不是人工造就的,而是天生固有的。 ——狄德罗[法国]

如果丑陋的人偏想要别人称赞他美,跛脚的人偏想表现矫健,那么这种原来引起我们同情的不幸情况只会引起我们讪笑了。 ——菲尔丁[英国]

许多容颜俊秀的人却一无作为,他们过于追求外形美而放弃了内在美。
——弗兰西斯·培根[英国]

如果不保持一定程度的陌生感,就不会有出类拔萃的美。
——弗兰西斯·培根[英国]

任何美若是处在不合适的场合,就不再是美。 ——伏尔泰[法国]

外在的美只能取悦于人的眼睛,而内在的美却能感染人的灵魂。
——伏尔泰[法国]

外貌美只能取悦一时,内心美方能经久不衰。 ——歌德[德国]

和谐美是美的最高境界。
——赫拉克利特[古希腊]

最美丽的猴子与人类比起来也是丑陋的。 ——赫拉克利特[古希腊]

人并不是因为美丽而可爱,而是因为可爱而美丽。
——列夫·托尔斯泰[俄国]

美是到处都有的,对于我们的眼睛,不是缺少美,而是缺少发现。
——罗丹[法国]

美,什么是美? 在人生每一个有趣的方面都有大量的美。然而,美既不能充饥,也不能养家糊口。
——马·埃利奥特[美国]

一个人的美不在外表,而在才华、气质和品质。
——马雅可夫斯基[苏联]

人的一切都应该是美丽的:面貌、衣裳、心灵、思想。 ——契诃夫[俄国]

美人并不个个可爱,有些只是悦目而醉心。假如见到一个美人就痴情颠倒,这颗心就乱了,永远定不下来。因为美人多得数不尽,他的爱情就茫茫无归宿了。 ——塞万提斯[西班牙]

美貌、智慧、门第、膂力、功业、爱情、友谊、慈善,这些都要受到无情的时间的侵蚀。 ——莎士比亚[英国]

没有德性的美貌转瞬即折,可是在你美貌中有一颗美好的灵魂,所以你的美貌常在。 ——莎士比亚[英国]

不要把你的情人打扮得太漂亮。

——莎士比亚[英国]

美并非是永存不朽的。鲜花、六月和欣喜都会转瞬即逝。

——斯特林格[美国]

美有三个要素：第一是一种完整或完美，凡是不完整的东西就是丑的；其次是适当的比例或和谐；第三是鲜明，所以鲜明的颜色是公认为美的。

——托马斯·阿奎那[意大利]

我认为所有漂亮的人都是被宠坏了的，而这就是他们能够吸引他人的秘密所在。 ——王尔德[英国]

肉体的美是一种低级的美的标记，精神的美和道德的美是美的基础、准则和统一。 ——席勒[德国]

美丽的相貌和优雅的风度是一封长效的推荐信。 ——伊莎贝拉[英国]

多少罪恶源于美貌。

——约翰生[英国]

魅力是女人身上开出的一种花朵。有了它，你无须再有其他东西；缺少它，你就是东西再多也聊同于无。

——詹·巴里[英国]

90 爱国；报国

利于国者爱之，害于国者恶之。①

——[春秋]《晏子春秋》

乐以天下，忧以天下。

——[战国]《孟子》

苟利社稷，死生以之。②

——[战国]《左传》

爱国如饥渴。 ——[汉]《汉书》

苟利国家，不求富贵。③

——[汉]《礼记》

苟利社稷，则不顾其身。

——[汉]马融

为社稷死则死之，为社稷亡则亡之。

——[汉]《史记》

先国家之急，而后私仇。④

——[汉]《史记》

常思奋不顾身，而殉国家之急。⑤

——[汉]司马迁

投死为国，以义灭身。

——[三国]曹操

捐躯赴国难，视死忽如归。⑥

——[三国]曹植

闲居非吾志，甘心赴国忧。

——[三国]曹植

忧国忘家，捐躯济难，忠臣之志也。

——[三国]曹植

烈士之爱国也如家。⑦

——[晋]《抱朴子》

---

① 恶：憎恶。
② 社稷：社指土地神，稷指谷神，古代君主都重视祭祀社稷，故代指国家。以：从；顺从。
③ 苟：如果。利：使得到好处。
④ 急：紧迫之事。
⑤ 奋：奋发直前。顾：顾惜，考虑。殉：为了一定目的而舍弃自己的生命。急：紧迫严重的事情。
⑥ 捐：舍弃。国难：国家的危难。忽：迅速；很快。归：回来，指回家。
⑦ 烈士：有志于建功立业的人。

为国忠臣者半死,而为国谏臣者必死。①
　　　　　　　——[唐]陈子昂

以国家之务为己任。②
　　　　　　　——[唐]韩愈

出门不顾后,报国死何难!
　　　　　　　——[唐]李白

位卑未敢忘忧国,事定犹须待阖(hé)棺。③
　　　　　　　——[宋]陆游

以身许国,何事不可为?④
　　　　　　　——[宋]岳飞

风声、雨声、读书声,声声入耳;家事、国事、天下事,事事关心。
　　　　　　　——[明]顾宪成

人生富贵岂有极?男儿要在能死国。⑤
　　　　　　　——[明]李梦阳

天下兴亡,匹夫有责。⑥
　　　　　　　——[清]顾炎武

只解沙场为国死,何须马革裹尸还(huán)。⑦
　　　　　　　——[清]徐锡麟

不管你跑到天涯海角,你始终摆脱不了祖国,祖国永远在你身边。
　　　　　　　——巴金

我们的祖国并不是人间乐园,但是每一个中国人都有责任把她建设成人间乐园。
　　　　　　　——巴金

一个人只要热爱自己的祖国,有一颗爱国之心,就什么事情都能解决了。什么苦楚、什么冤屈都受得了。
　　　　　　　——冰心

爱国心为立国之要素。
　　　　　　　——陈独秀

英勇非无泪,不洒敌人前。男儿七尺躯,愿为祖国捐。　——陈辉

祖国如有难,汝应作先锋。
　　　　　　　——陈毅

必须发扬爱国主义精神,提高民族自尊心和民族自信心。　——邓小平

血染沙场气化虹,捐躯为国是英雄。
　　　　　　　——董必武

谁能断言,中国没有一个光明的前途呢?不,决不会的,我们相信,中国一定有个可赞美的光明前途。
　　　　　　　——方志敏

宁做流浪汉,不当亡国奴。
　　　　　　　——丰子恺

不能设想,一个没有强大精神支柱的民族,可以自立于世界之林。
　　　　　　　——江泽民

我们是国家的主人,应该处处为国家着想。　——雷锋

国人无爱国心者,其国恒亡。
　　　　　　　——李大钊

中国的文人,历来重气节。一个画家如果不爱民族,不爱祖国就是丧失民族气节。画的价值,重在人格。人格——爱国第一。　——李苦禅

---

①谏:规劝(帝王、尊长等),使改正错误。
②务:事情。任:责任;职责。
③卑:卑微低下。阖:同"合",合上;盖上。
④许国:预先答应给予国家。
⑤死国:为国家利益献出生命。
⑥匹夫:一个人;泛指普通的人。
⑦解:了解;明白。沙场:广阔的沙地,多指战场。马革裹尸:用马的皮把战死者的尸体包裹起来,指牺牲在战场上。

祖国的尊严高于一切,人民的利益重于一切,为了祖国和人民,我们愿意献出一切。　　——刘成干

忍看山河碎,愿将赤血流。
　　　　　　　　——吕惠生

真正的爱国者是爱人类的,爱国绝不是排外。　　　　——马铁丁

但凡爱国之心,人不可不有,若不知本国文字、历史,即不可能生爱国心也。　　　　　　　——秋瑾

祖国陆沉人有责,天涯漂泊我无家。①　　　　　　——秋瑾

浊酒难销忧国泪,救时应仗出群才。②　　　　　　——秋瑾

爱祖国,首先要了解祖国;不了解,就说不上爱。　　——任继愈

爱国也需要生命,生命力充溢者方能爱国。　　　　——沈从文

爱祖国,为祖国的前途而奋斗,是时代赋予我们的神圣职责。
　　　　　　　　——苏步青

一个真正的爱国主义者,用不着等待什么特殊机会,他完全可以在自己的岗位上表现自己对祖国的热爱。
　　　　　　　　——苏步青

我想,一个人只要把自己的一切献给了祖国,人民就不会忘记他。
　　　　　　　　——苏步青

做人的最大事情是什么呢? 就是要知道怎样爱国。　——孙中山

国家是大家的,爱国是每个人的本分。　　　　　　——陶行知

秋风啊! 习习的秋风啊,我要赞美我祖国的花! 我要赞美我如花的祖国!
　　　　　　　　——闻一多

人来到世界上,是给国家和民族做事的。　　　　　——吴建民

我们在祖国的养育下,正如在母胎被哺养一样。为着生存,我们就得一起努力,保卫比自己更伟大的祖国。
　　　　　　　　——冼星海

爱国的主要方法,就是要爱自己所从事的事业。　　——谢觉哉

人民不仅有权利爱国,而且爱国是个义务,是一种光荣。　——徐特立

对国家的效忠,正是谋求自己永久的利益和最大的幸福。　——徐特立

各出所学,各尽所知,使国家富强不受外侮,足以自立于地球之上。
　　　　　　　　——詹天佑

科学没有国界,科学家却有祖国。
　　　　　　——巴甫洛夫[苏联]

我无论做什么,始终在想着,只要我的精力允许的话,我就要首先为我的祖国服务。　——巴甫洛夫[苏联]

我愿用我全部的生命,从事研究科学,来贡献给生育我、栽培我的祖国和人民。　　——巴甫洛夫[苏联]

凡是不爱自己国家的人,什么都不会爱。　　　　——拜伦[英国]

对于一个完备而又健康的人说来,

---

①陆沉:指国土沦陷。
②销:消除;去掉。救时:挽救时局。仗:倚仗;依靠。出群才:出类拔萃的英才。

祖国的命运总是沉重地压在他的心头。

——别林斯基[俄国]

谁不属于自己的祖国,那么他也就不属于人类。 ——别林斯基[俄国]

人不仅为自己而生,而且也为祖国活着。 ——柏拉图[古希腊]

每一个伟大人物的历史意义,是以他对祖国的功勋来衡量,他的人品是以他的爱国行为来衡量。

——车尔尼雪夫斯基[俄国]

为祖国而死,那是最美的命运。

——大仲马[法国]

爱祖国爱得最深的人,才是最好的世界主义者。 ——丁尼生[英国]

真正的爱国主义不应该表现在漂亮的话上,而应该表现在为祖国谋福利、为人民谋福利的行动上。

——杜勃罗留波夫[俄国]

对于所有有良心的人来说,祖国是多么可亲啊! ——伏尔泰[法国]

我们必须爱我们的国家,即使它对待我们并不公正。 ——伏尔泰[法国]

爱国应该和爱自己的家一样。为了国家,不仅要牺牲财产,就是牺牲性命,也在所不惜,这就是报国的大义。

——福泽谕吉[日本]

谁要想出国远游,谁就把祖国的山山水水装在心里。 ——富勒[英国]

我们为祖国服务,也不能都采用同一方式,每个人应该各尽所能。

——歌德[德国]

为了国家的利益,使自己的一生变为有用的一生,纵然只能效绵薄之力,我也会热血沸腾。 ——果戈理[俄国]

爱国主义使人心里感到温暖,由于这种温暖,心胸才更加开阔。

——海涅[德国]

你属于你的祖国,正如你属于你的母亲。 ——黑格尔[德国]

我唯一的遗憾是,我只有一个生命奉献给祖国。 ——黑格尔[德国]

不要问国家能为你做什么,而要问你能为国家做什么。

——肯尼迪[美国]

为了祖国,连坟墓都觉得可爱;失去祖国,那简直是忍辱偷生。

——拉耶夫斯基[俄国]

祖国,这个字眼包含着人的历史,包含着人类对神灵、母亲、我们梦幻中的女人和在痛苦时安慰我们的朋友的爱。 ——里·帕尔玛[秘鲁]

对祖国的爱,能使人在枪林弹雨下,在九死一生中,在不断的劳动、熬夜和艰苦的环境下泰然自如。

——列夫·托尔斯泰[俄国]

只有热爱祖国,痛心祖国所受的严重苦难,憎恨敌人,这才给了我们参加斗争和取得胜利的力量。

——列夫·托尔斯泰[俄国]

要尽可能做一个对祖国有用的人。

——列夫·托尔斯泰[俄国]

爱国主义就是千百年来固定下来的对自己祖国的一种最深厚的感情。

——列宁[苏联]

我深信,只有有道德的公民才能向

自己的祖国致以可被接受的敬礼。

——卢梭[法国]

必须经过祖国这一层楼,然后更上一层楼,达到人类的高度。

——罗曼·罗兰[法国]

真理绝不能和祖国分开,这两种事业是合二为一的。

——罗曼·罗兰[法国]

青年人的忠诚是双方面的,一方面要忠实于父母,另一方面也要忠实于国家。 ——罗素[英国]

只有一件事是重要的,爱人民爱祖国,用心和灵魂为它们服务。

——涅克拉索夫[俄国]

谁如果在紧要关头还不肯牺牲,把自己的这渺小的生命,看得比他的祖国还要宝贵,那么他真是太恶劣、太卑鄙。

——裴多菲[匈牙利]

纵使世界给我珍宝和荣誉,我也不愿离开我的祖国,因为纵使我的祖国在耻辱之中,我还是喜欢,热爱,祝福我的祖国。 ——裴多菲[匈牙利]

离开这可怜的祖国,你们去了,远远地前行;坟墓要掷出你们的骨头,天堂也要抛下你们的魂灵。

——裴多菲[匈牙利]

我们要把心灵里最美好的激情献给祖国。 ——普希金[俄国]

我的国家有一颗雄师般的心,而我只是有幸唤醒它的咆哮。

——丘吉尔[英国]

当他爱他的国家的时候,他的国家也尊重他。 ——莎士比亚[英国]

我怀着比我自己的生命更大的尊敬、神圣和严肃,去爱国家的利益。

——莎士比亚[英国]

我重视祖国的利益,甚于自己的生命和我所珍爱的儿女。

——莎士比亚[英国]

谁要是能使本来只出产一串谷穗、一片草叶的土地长出两串谷穗、两片草叶来,谁就比所有的政客更有功于人类,对国家的贡献就更大。

——斯威夫特[英国]

热爱祖国,这是一种最纯洁、最敏锐、最高尚、最强烈、最温柔、最有情、最温存、最严酷的感情。一个真正热爱祖国的人,在各个方面都是一个真正的人。 ——苏霍姆林斯基[苏联]

每当命运把我弄到远离祖国的地方,都有一个新的力量激起我热爱祖国的情感。 ——苏霍姆林斯基[苏联]

没有祖国,就没有幸福。每个人必须植根于祖国的土壤里。

——屠格涅夫[俄国]

祖国是人民的共同父母。

——西塞罗[古罗马]

祖国和信仰是一座大祭坛,人只是一段香,命中注定为祭坛增光而点燃。

——显克微支[波兰]

爱祖国高于一切。

——肖邦[波兰]

所谓爱国心,是指你身为这个国家的国民,对于这个国家,应当比对其他一切的国家感情更深厚。

——萧伯纳[爱尔兰]

人们不能没有面包而生活,人们也不能没有祖国而生活。
——雨果[法国]

自由、祖国,唯有你们才是我的信念。
——雨果[法国]

91 治国;国家政府

制治于未乱,保邦于未危。
——[春秋]《尚书》

利莫大于治,害莫大于乱。①
——[战国]《管子》

贤者用之,则天下治;不肖者用之,则天下乱。
——[战国]《韩非子》

治强易为谋,弱乱难为计。
——[战国]《韩非子》

治天下之要,存乎除奸;除奸之要,存乎治官。②
——[战国]《吕氏春秋》

尚贤者,政之本也。③
——[战国]《孟子》

国必自伐,而后人伐之。④
——[战国]《孟子》

得道者多助,失道者寡助;寡助之至,亲戚畔之;多助之至,天下顺之。⑤
——[战国]《孟子》

乱则国危,治则国安。
——[战国]《荀子》

亲仁善邻,国之宝也。⑥
——[战国]《左传》

身修而后家齐,家齐而后国治,国治而后天下平。⑦
——[汉]《礼记》

一张一弛,文武之道也。⑧
——[汉]《礼记》

身之病待医而愈,国之乱得贤而治。
——[汉]《潜夫论》

家贫则思良妻,国乱则思良相。⑨
——[汉]《史记》

贤臣不用,用臣不贤,则国非其国。
——[汉]荀悦

为政在于得人。
——[三国]《孔子家语》

定国之术,在于强兵足食。
——[晋]《三国志》

致治在于任贤,兴国在于务农。⑩
——[晋]《三国志》

为吏者人役也。⑪
——[唐]柳宗元

---

①治:社会太平。乱:社会动乱。
②要:关键。存乎:在于。奸:奸邪。治官:整治官吏。
③尚贤:尊重、任用贤才。
④第一个"伐":指争强夺势。第二个"伐",指侵略。人:外族人。
⑤道:道义;正义。寡:少。畔:通"叛",背叛;叛离。
⑥亲:指信任、重用。仁:指有仁爱之心的人。善:友好;使友好。邻:指邻国。宝:宝贵。
⑦天下:全中国。平:太平。
⑧张:拉紧弓弦。弛:放松弓弦。文:指周文王。武:指周武王。道:方法。原意指宽严相济,有劳有逸,是周文王和周武王的统治方法。现多比喻生活、工作应合理安排,劳逸结合。
⑨良妻:勤俭持家的妻子。良相:善于治国的宰相。
⑩致治:使国家得到治理。
⑪为吏:做官。人:人民。役:仆役。

民少官多,十羊九牧。①
——[唐]魏徵

备豫不虞,为国常道。②
——[唐]《贞观政要》

暴虐之吏,过于水旱远矣。
——[宋]高弁

人之寿夭在元气,国之长短在风俗。③
——[宋]苏轼

文臣不爱钱,武臣不惜死,天下太平矣。
——[元]《宋史》

官多则乱,将多则败。④
——[清]顾炎武

国家无养兵之费则国富,队伍无老弱之卒则兵强。
——[清]黄宗羲

求治之道,莫先于正风俗。⑤
——[清]《明史》

非通变不足以宜民,非更新不足以救国。
——康有为

在健康的民族中,人民和政府之间保持一种戏剧性的平衡,以防止政府堕落成专制的政府。
——爱因斯坦[美国]

考察一个国家的政事,我们必须把这个国家的政治组织形式看作是其成败兴衰的最关键的因素。
——波利比阿[希腊]

从一个国家的广告可以看出这个国家的理想。 ——道格拉斯[英国]

每一个国家都有一种最适合它的政府形状。 ——德梅斯特[芬兰]

什么是最好的政府? 就是指导我们去治理我们自己的政府。
——歌德[德国]

主持正义,是政府最坚定的支柱。
——华盛顿[美国]

在一个不安定的社会、一个动荡的世界上,没有一个政府能够保持稳定。
——利昂·布卢姆[美国]

通货膨胀是一种罪孽,任何一个政府都会谴责这种罪孽,但是任何一个政府却又都忍受这种罪孽。
——利斯·罗斯[美国]

国家像人一样,有其成长、成熟、衰老和朽败的过程。 ——兰多[英国]

创制政府的行为绝不是一项契约,而只是一项法律。行政权力的受任者绝不是人民的主人,而只是人民的官吏,只要人民愿意就可以委任他们,也可以撤换他们。 ——卢梭[法国]

我们的年轻一代政治领导人必须懂得,要想取得成功,只有一件事比犯错误还要糟糕的,那就是麻木不仁。
——尼克松[美国]

不同的制度需要不同类型的领导人。不同的国家——文化背景不同和发展阶段不同的国家——需要不同的制度。 ——尼克松[美国]

伟大的领导是一种独特的艺术,既

---

① 十羊:十只羊。牧:牧羊人。九牧:九个牧羊人。
② 豫:同"预",事先。不虞:意料不到;意料不到的事。常道:常理。
③ 寿:长寿。夭:夭折。风俗:社会风气。
④ 乱:朝廷混乱。败:作战溃败。
⑤ 治:治理国家。道:方法。正:匡正;端正。

需要过人的意志力,又需要过人的远见。——尼克松[美国]

国家力量等于应用的资源加人力乘以意志。——尼克松[美国]

这三件事如不与另三件事结合,便不能巩固:一是钱财和经商,二是学问和教人,三是国家和法度。
——萨迪[波斯]

若无政府、武力和法律予以约束、压制人的欲望与无制的冲动,社会是不稳定的。——斯宾诺莎[荷兰]

坏的行政肯定会破坏好的政策,但是好的行政绝不会拯救坏的政策。
——斯蒂文森[英国]

比竞选获胜更重要的是治理国家。这是对一个政治家的考验——严峻的、也是决定性的考验。
——斯蒂文森[英国]

想左右天下的人,须先能左右自己。——苏格拉底[古希腊]

一个国家如果不能勇于不惜一切地去维护自己的尊严,那么这个国家就一钱不值。
——席勒[德国]

国家是由我们组成的社会,人们组成这个社会仅仅是为了谋求、维护和增进公民们自己的利益。
——约翰·洛克[英国]

如果掌握权威的人超越了法律所授予他的权力,利用他所能支配的强力强迫臣民接受违法行为,他就不再是一个官长。——约翰·洛克[英国]

92 安民;民心

苛政猛于虎。——[春秋]《论语》

德惟善政,政在养民。
——[春秋]《尚书》

政之所兴,在顺民心;政之所废,在逆民心。——[战国]《管子》

凡不能调民利者,不可以为大治。
——[战国]《管子》

凡治国之道,必先富民。民富则易治也,民贫则难治也。
——[战国]《管子》

治国常富,而乱国常贫。是以善为国者必先富民。① ——[战国]《管子》

国治则民安,事乱则邦危。②
——[战国]《韩非子》

民怨则国危。
——[战国]《韩非子》

民为贵,社稷次之,君为轻。③
——[战国]《孟子》

兴天下之利,除天下之害。
——[战国]《墨子》

为天下者不慢其民。④
——[战国]《慎子》

君者,舟也;庶人者,水也。水则载

---

①治国:安定太平的国家。乱国:分裂动乱的国家。是以:因此。善为国:善于治理国家。富民:使百姓富裕起来。
②国治:国家治理得好。事乱:政局动荡。
③社稷:指国家。
④慢:傲慢;轻视。

舟,水则覆舟。①　——[战国]《荀子》

善为国者,顺民之意。

——[战国]《战国策》

治乱民犹治乱绳,不可急也;唯缓之,然后可治。　——[汉]《汉书》

民人以食为天。②

——[汉]《汉书》

民伤则离散,农伤则国贫。③

——[汉]《汉书》

敬贤如大宾,爱民如赤子。④

——[汉]《汉书》

治国有常,利民为本。

——[汉]《淮南子》

食者民之本也,民者国之本也,国者君之本也。　——[汉]《淮南子》

为政之本,务在安民;安民之本,在于足用;足用之本,在于勿夺时。⑤

——[汉]《淮南子》

得众则得国,失众则失国。

——[汉]《礼记》

民之所好(hào),好(hào)之;民之所恶(wù),恶(wù)之。⑥

——[汉]《礼记》

善为吏者树德,不善为吏者树怨。⑦

——[汉]刘向

为国者,必先知民之所苦、祸之所起,然后设之以禁。

——[汉]《潜夫论》

民为国基,谷为民命。⑧

——[汉]《潜夫论》

圣人之治也,安其居,乐其业。

——[三国]诸葛亮

为国者以民为基,民以衣食为本。

——[晋]《三国志》

鱼无水,则不可以生;人失足,必不可以步;国失民,亦不可以治。

——[北朝]刘昼

百姓安则乐其生,不安则轻其死;轻其死,则无所不至矣。

——[唐]陈子昂

择天下之士,使称其职;居天下之人,使安其业。　——[唐]柳宗元

政通人和,百废俱兴。⑨

——[宋]范仲淹

国以民为本,民以食为天。

——[宋]司马光

保国之大计,在结民心;结民心,在薄赋敛;薄赋敛,在节财用。⑩

——[宋]杨万里

欲寿国脉,必厚民生。

——[元]《宋史》

国正天心顺,官清民自安。

——[明]冯梦龙

---

①庶人:平民;百姓。
②天:指赖以生存的最重要的事物。
③伤:伤害。农:农业。
④大宾:最高级的客人。赤子:刚出生的婴儿。
⑤夺:失去。耽误。时:指农时,即农业生产中,各种作物按一定季节耕种的时间。
⑥好:喜欢。恶:厌恶。
⑦善:擅长于。为吏:做官。不善:不擅长于。
⑧基:基石。谷:五谷,泛指粮食。命:生命。
⑨政通人和:政事顺遂,人民和乐,国泰民安。
⑩结:结交。薄:少;少征收。节:节约。

使马者知地险,操舟者观水势,驭天下者察民情。　　——[明]吕坤

欲强国先富国,欲富国先富民。
　　——[清]郑观应

惟有民魂是值得宝贵的,惟有他发扬起来,中国才有真进步。　——鲁迅

国家之生存要素,为人民、土地、主权,故苟有害于此三者,可以抗之也。
　　——孙中山

国家之本,在于人民。——孙中山

人心就是立国的根本。
　　——孙中山

一个国家,一个民族,如果没有现代科学,没有先进技术,一打就垮;而如果没有优秀的历史传统,没有民族人文精神,不打自垮。
　　——杨叔子

一个国家的真正财富在于它的男男女女。如果他们卑贱、痛苦并且多病,这个国家就是贫困的。
　　——奥尔丁顿[英国]

最善治其身者,亦最善于治人。
　　——但丁[意大利]

公众的信任是一个有效的政府的基础。　　——肯尼迪[美国]

顺公意不失败,逆民意必无成。
　　——林肯[美国]

如果长期执政,最终也就不再能反映人民的意志。　——罗斯福[美国]

当政府不受欢迎的时候,好的举措和坏的举措同样地触怒人民。
　　——塔西佗[古罗马]

世上没有所谓小国。一个民族的伟大与否,不受其居民人数多少的影响,正如一个人的伟大与否,不以其高矮来衡量一样。　——雨果[法国]

93　法令;规章

天网恢恢,疏而不失。①
　　——[春秋]《老子》
法度行则国治,私意行则国乱。②
　　——[战国]《管子》
家有常业,虽饥不饿;国有常法,虽危不亡。③——[战国]《韩非子》
令必行,禁必止。
　　——[战国]《韩非子》
国无常强,无常弱。奉法者强则国强,奉法者弱则国弱。④
　　——[战国]《韩非子》
令苛则不听,禁多则不行。⑤
　　——[战国]《吕氏春秋》
法令者,民之命也,为治之本也。⑥
　　——[战国]《商君书》
以刑治则民威,民威则无奸,无奸则民安其所乐。以义教则民纵,民纵则乱,乱则民伤其所恶。
　　——[战国]《商君书》

---

①恢恢:形容广大、宽广的样子。
②私意行:私人不依法度,随意专断。
③饥:庄稼收成不好或没有收成。
④奉法:执法。
⑤令:政令。苛:过于严厉。听:听从、接受。禁:法禁。行:执行、施行。
⑥命:生命,指赖以生存的东西。为治:进行统治。本:根本;基础。

法不察民之情而立之,则不成。①
——[战国]《商君书》

法令者,所以抑暴扶弱,欲其难犯而易避也。 ——[汉]《汉书》

法令行则国治,法令弛则国乱。
——[汉]《潜夫论》

世不患无法,而患无必行之法。
——[汉]《盐铁论》

峻法严刑,非帝王之隆业;有罚无恕,非怀远之弘规。
——[晋]《三国志》

法出多门,人无所措。
——[唐]刘蒉

法不一则奸伪起,政不一则朋党生。② ——[五代]《旧唐书》

法之所行,自贵者始。③
——[宋]刘安世

令在必信,法在必行。
——[宋]欧阳修

法施于人,虽小必慎。
——[宋]欧阳修

若号令烦而不信,赏罚行而不当,则天下不服。④ ——[宋]欧阳修

十羊九牧,其令难行。⑤
——[宋]《新唐书》

善制法者,如匠人之用矩;不善制法者,如陶人之用型。⑥
——[明]庄元臣

加强法制建设要做到"有法可依,有法必依,执法必严,违法必究"的要求。 ——邓小平

法治须有相当的固定性,然后全社会方知有所适从;否则朝令暮改,乃是犯了最大毛病而极端减弱法律本身的威信。 ——费孝通

法律是一种社会控制手段,并且是现今最重要的一种,但它从来不是唯一的社会控制形式。统一在社会控制之下的,还有道德、宗教等传统的领域。
——梁治平

有效的法律控制,必定有宗教、道德和教育的充分支持。 ——梁治平

法制之所以重要,我们说,是因为它使齿不尖、牙不利的渺小的个人也获得保障。 ——龙应台

法律注重在使人不敢作恶,道德却能使人乐于向善。 ——沈从文

天生成万物,万物强者胜弱,这是自然规律;人建立法制,法制分别是非,这是社会生活的准则。 ——张岱年

人类必须有法律并且遵守法律,否则他们的生活就像野蛮的兽类一样。
——柏拉图[古希腊]

法律不会成为任何人的敌人,也不会成为任何人的对头……法律本身是

---

①成:指顺利施行。
②法:法令。一:统一。奸伪:奸邪伪诈。政:政令。朋党:指为争权夺利、排斥异己而勾结起来的集团。
③贵:权贵。
④烦:多。信:守信用。当:适当。
⑤牧:指牧羊人。
⑥矩:木匠画方形或直角的工具。型:模型。此句指制定法令不能像陶匠一样墨守成规。

决不会错的,而只是某些恶毒的法律的解释者滥用和败坏了法律。
　　　　　　　　——边沁[英国]
　　法律不能使人人平等,但是在法律面前人人是平等的。
　　　　　　　　——波洛克[英国]
　　倘若世上没有坏人,也就不会有好的律师。　　——狄更斯[英国]
　　报复犹如蔓草,是野性的产物。人性自然地趋向于它,法律和文明却应当剪除它。 ——弗兰西斯·培根[英国]
　　预防犯罪远胜于惩罚罪行。
　　　　　　　　——傅立叶[法国]
　　律法若过于宽大,很少有人遵守;律法若过于苛严,则很少有人执行。
　　　　　　　　——富兰克林[美国]
　　人受制于法,法受制于情理。
　　　　　　　　——富勒[英国]
　　一切邪恶全靠法治加以禁锢,如果撤除了栅栏,那就无法遏阻。
　　　　　　　　——歌德[德国]
　　法律规定的惩罚不是为了私人的利益,而是为了公共的利益;一部分靠有害的强制,一部分靠榜样的效力。
　　　　　　　　——格老修斯[荷兰]
　　任何行政当局可以推行的唯一公正的法令也必须是最符合于公众利益的,因此公正的政治法令不过是从道德规范中精选出来的一部分。
　　　　　　　　——葛德文[英国]
　　国家是不容分裂的,因为国家所依存的乃是法律。 ——黑格尔[德国]
　　一个人遭到生命危险而不许其自谋所以保护之道,那就等于把他置于法之外,他的生命既被剥夺,他的全部自由也就被否定了。 ——黑格尔[德国]
　　法律是永恒的。
　　　　　　　　——黑格尔[德国]
　　法律必须普遍地为人知晓,然后它才有拘束力。 ——黑格尔[德国]
　　法律是如此神圣和不可违反,它自身就表明必须来自最高的、无可非议的立法者,而不考虑别的行为动机。
　　　　　　　　——康德[德国]
　　刑法是一种绝对命令。
　　　　　　　　——康德[德国]
　　凡有法律的地方,就有不公道的事。　　——列夫·托尔斯泰[俄国]
　　一旦法律丧失了力量,一切就都告绝望了;只要法律不再有力量,一切合法的东西也都不会再有力量。
　　　　　　　　——卢梭[法国]
　　一个个人,不论他是谁,擅自发号施令就决不能是法律,而只能是一道命令。　　　　——卢梭[法国]
　　法律的制定是为了惩罚人类的凶恶悖谬,所以法律本身必须最为纯洁无垢。 ——罗伯斯比尔[法国]
　　法律对一切人都应当平等。
　　　　　　　　——罗伯斯比尔[法国]
　　法官是法律世界的国王,除了法律就没有别的上司。 ——马克思[德国]
　　在庄严的法律面前,是不分种族和肤色的。　　——毛姆[英国]
　　人类制定的法律是我们行动的指

导,所以应该是戒律,而不是劝说。
　　　　　　——孟德斯鸠[法国]
　人民的安全就是最高的法律。
　　　　　　——孟德斯鸠[法国]
　法律可以揭露罪恶,却不能消除罪恶。　　——弥尔顿[英国]
　国家越是腐败,法律越是繁多。
　　　　　　——塔西佗[古罗马]
　法律的制定,是为了人们享受和平的、有德行的生活所必需的。
　　　　——托马斯·阿奎那[意大利]
　法必须以整个社会的福利为其真正的目标。
　　　　——托马斯·阿奎那[意大利]
　法是人们赖以导致某些行动和不作其他一些行动的准则或尺度。
　　　　——托马斯·阿奎那[意大利]
　就支配的力量而言,君主无疑是受法律的约束的。君主的意志只有在受到合理的限制时才具有法律的效力。
　　　　——托马斯·阿奎那[意大利]
　法律通常是这样的网:小的从网里溜走,大的把网冲破,只有不大不小的才被它揪住不放。
　　　　——威廉·申斯通[美国]
　法律必须成为人类一切行动的守则和准绳,以保持普遍的和平和自由。
　　　　　　——温斯坦莱[英国]
　公职人员的违法行为,当然要比任何人都更严重地破坏共和国的和平。
　　　　　　——温斯坦莱[英国]
　一切法律都必须同国家的体制相适应。　　——西塞罗[古罗马]

　法律当然是为了平民的安全、维护国家和人类生活的安宁和幸福而创造的。　　——西塞罗[古罗马]
　法律是最优良的统治者。
　　　　——亚里士多德[古希腊]
　法治应包含两种意义:已成立的法律获得普遍的服从,而大家所服从的法律本身又应该是良好的法律。
　　　　——亚里士多德[古希腊]
　虽有良法,要是人民不能全部遵循,仍然不能实现法治。
　　　　——亚里士多德[古希腊]
　法律一经制定,任何人也不能凭他自己的权威逃避法律的制裁,也不能以地位优越为借口,放任自己或任何下属胡作非为,而要求免受法律的制裁。
　　　　　　——约翰·洛克[英国]
　法律的目的是对受法律支配的一切人公正地运用法律,借以保护和救济无辜者。
　　　　　　——约翰·洛克[英国]
　政府所有的一切权力,即只是为社会谋幸福,因而不应该是专断的和凭一时高兴的,而是应该根据既定的和公布的法律来行使。
　　　　　　——约翰·洛克[英国]
　如果法律不能被执行,那就等于没有法律。　　——约翰·洛克[英国]
　立法权不论属于一个人或较多的人,不论经常或定期存在,是一个国家中的最高权力。
　　　　　　——约翰·洛克[英国]

94 刑罚;奖赏

用赏者贵信,用罚者贵必。①
——[周]《太公六韬》

不因怒以诛,不因喜以赏。②
——[周]《太公六韬》

诛不避贵,赏不遗贱。③
——[春秋]《晏子春秋》

赏罚不信,则禁令不行。④
——[战国]《韩非子》

赏不加于无功,罚不加于无罪。
——[战国]《韩非子》

欲加之罪,其无辞乎?
——[战国]《左传》

小功不赏,则大功不立。
——[秦]黄石公

治国有二柄,一曰赏,二曰罚。⑤
——[晋]傅玄

芳饵之下必有悬鱼,重赏之下必有死夫。⑥
——[南朝]《后汉书》

强(qiǎng)人之所不能,虽令不劝;禁人之所必犯,虽罚必违。⑦
——[唐]张使

刑赏之本,在乎劝善而惩恶。⑧
——[唐]《贞观政要》

赏不遗疏远,罚不阿(ē)亲贵。⑨
——[唐]《贞观政要》

死者不可再生,用法务在宽简。⑩
——[唐]《贞观政要》

杀人偿命,欠债还钱。
——[宋]李之彦

赏不足劝善,刑不足禁非,而政不成。
——[宋]欧阳修

即以其人之道,还治其人之身。⑪
——[宋]朱熹

重赏之下,必有勇夫。
——[明]刘基

惩戒方法以不用为是。如果学生真正了解自己的错误,那就是自己在精神上受了惩戒。
——徐特立

奖赏会带来厄运。学术奖、品格奖、奖章,所有这些魔鬼的创造物会鼓励伪善,还会冻结一个自由心灵的自发激荡。
——波德莱尔[法国]

没有一个聪明的人惩罚别人是因为他犯过的错误,而是为了他今后不再犯错误。
——柏拉图[古希腊]

犯罪总是以惩罚相补偿,只有处罚才能使犯罪得到偿还。
——达雷尔[英国]

有时人死或许可以是一种刑罚,但并不等于赎罪。
——大仲马[法国]

---

①用:施行。信:诚信。必:坚决。
②以:而。诛:惩罚。
③诛:处死有罪的人。贵:地位高贵的人。遗:遗漏。贱:地位卑贱的人。
④信:真实可靠;确实。
⑤柄:斧子或器物的把儿,喻指手段、途径。
⑥悬鱼:上钩的鱼。死夫:拼死效力的人。
⑦强:迫使。劝:听从。违:违犯。
⑧本:根本。
⑨亲贵:亲属、权贵。
⑩宽简:宽大、简约。此句指不可滥用死刑。
⑪即:就。以:用。其人:那个人。道:方法、手段。治:整治;惩治。

惩罚的目的就是使一个罚犯变成一个好人。　　——格老修斯[荷兰]

不受惩罚的希望是叛乱的强大诱因,对惩罚的恐惧同样是叛乱的强大阻碍。　　——汉密尔顿·麦迪逊[美国]

惩罚的方式和尺度是什么?公共的正义可以把它作为原则和标准,这就是平等的原则。根据这个原则,在公正天平上的指针就不会偏向一边。换句话说,任何一个人对别人所做的恶行,可以看作他对他自己作恶。

——康德[德国]

依照法律不受惩罚的犯罪,本身就是社会制度中的可恶的怪现象。

——罗伯斯比尔[法国]

在一切自由的国家里,公职人员的渎职也像公民个人的犯罪一样,应当加以严厉和迅速的处罚。

——罗伯斯比尔[法国]

文明之国制刑,不在惩恶,而在劝善。　　——孟德斯鸠[法国]

95　公正;无私

目贵明,耳贵聪,心贵公。①

——[春秋]《邓析子》

其身正,不令而行;其身不正,虽令不从。　　——[春秋]《论语》

不义而富且贵,于我如浮云。②

——[春秋]《论语》

不能正其身,如正人何。③

——[春秋]《论语》

以公灭私,民其允怀。④

——[春秋]《尚书》

廉者,政之本也。

——[春秋]《晏子春秋》

胸中正,则眸子瞭焉;胸中不正,则眸子眊焉。⑤　　——[战国]《孟子》

凡立公,所以弃私也。

——[战国]《慎子》

官不私亲,法不遗爱。⑥

——[战国]《慎子》

宽不可激而怒,清不可事以财。⑦

——[战国]《尉缭子》

公生明,偏生暗。

——[战国]《荀子》

上公正则下易直。

——[战国]《荀子》

公道达而私门塞,公义明而私事息。　　——[战国]《荀子》

大义灭亲。　　——[战国]《左传》

国家之败,由官邪也。

——[战国]《左传》

---

①明:看得明白。聪:听得清楚。公:公正无私。

②不义:不讲道义;违背道义。

③正:端正;使端正。

④允怀:归顺;信服。

⑤胸中正:心胸正直。眸子:眼珠。瞭:眼珠明亮有神。眊:眼珠昏暗无光。

⑥官:官职。私:偏私。亲、爱:亲近的人。法:法禁。遗:疏漏。

⑦宽:心胸宽广。清:清正廉洁。

私仇不及公。①
　　　——[战国]《左传》
君子不以私害公。——[汉]韩婴
国而忘家,公而忘私。
　　　——[汉]《汉书》
大道之行也,天下为公。②
　　　——[汉]《礼记》
在官惟明,莅事惟平,立身惟清。③
　　　——[汉]马融
心如规矩,志如尺衡,平静如水,正直如绳。　　　——[汉]严遵
欲影正者端其表,欲下廉者先之身。④　　　——[汉]《盐铁论》
直如朱丝绳,清如玉壶冰。⑤
　　　——[南朝]鲍照
能遗其身,然后能无私,无私然后能至公。⑥　　　——[隋]王通
廉者常乐无求,贪者常忧不足。
　　　——[隋]王通
尽公者,政之本也;树私者,乱之源也。　　　——[唐]《晋书》
理国要道,在于公、平、正。
　　　——[唐]《贞观政要》
清者莅职之本,俭者持身之基。⑦
　　　——[唐]《周书》
廉者,民之表也;贪者,民之贼也。
　　　——[宋]包拯
私心胜者,可以灭公。
　　　——[宋]林逋
西至昆仑东至海,其间多少不平声。⑧　　　——[宋]邵雍
苟非吾之所有,虽一毫而莫取。
　　　——[宋]苏轼

贤人在野,我将进之;佞人在朝,我将斥之。⑨　　　——[宋]王禹偁
廉能清正,奉公守法。
　　　——[元]曾瑞
宁公而贫,不私而富。
　　　——[元]张养浩
唯公则生明,唯廉则生威。
　　　——[明]《菜根谭》
随你官清似水,难逃吏滑如油。
　　　——[明]冯梦龙
有公天下之心,方做得天下之事。
　　　——[明]胡居仁
人生大罪过,只在"自是""自私"四字。⑩　　　——[明]吕坤
仕者为己,天下无善政。
　　　——[明]钱琦

----

①及:涉及。
②大道:原指上古代理想中的治国方法,泛指常理正道。天下为公:指国家不为君主一人所私有,而属于全国人民公有,这是美好的人人自由平等的政治愿望。
③在官:做官。明:廉明。莅事:处事。平:公正。立身:做人。清:清白。
④端:使端正。表:古代测日影计时的标杆。下:下属。廉:廉洁。先之身:先从自身做起。
⑤朱丝绳:指琴上的朱弦。清:清纯。
⑥遗其身:忽略自身的利益。
⑦清:清正廉洁。莅职:到职;任职。俭:俭朴。持身:要求自己。
⑧昆仑:山名。
⑨贤人:有德有才的人。野:民间。进:举荐。佞人:巧言谄媚的人。朝:朝廷。斥:遣责。
⑩自是:自以为是。

不廉,则无所不取;不耻,则无所不为。　　　　　　——[清]顾炎武

清如水,明如镜。
　　　　　　　——[清]《歧路灯》

为政者,廉以洁己,慈以爱民。
　　　　　　　——[清]王夫之

见小利,不能立大功;存私心,不能谋公事。　　　——[清]王永彬

自私与贪婪相结合,会孵出许多损害别人的毒蛇。　　　——艾青

手莫伸,伸手必被捉。　　——陈毅

由虚心产生出来的是公正,没有偏见。　　　　　　　　　——冯至

人若是太贪心,到手的黄金也会变成废铁。　　　　　　——古龙

宁可正而不足,不可邪而有余。
　　　　　　　　　　——郭吉安

一个人最伤心的事体无过于良心的死灭,一个社会最伤心的现象无过于正义的沦亡。　　——郭沫若

良心或内心制裁,是防止作恶的第一道防线;情义、礼教或社会制裁,是防止作恶的第二道防线;刑罚或法律的制裁,是防止作恶的第三道防线。
　　　　　　　　　　——贺麟

在这个平凡世界,我们需要的,不见得是英雄、伟人,而是这种真真切切、实实在在的,可以不忠于世俗,却无负于自己良心的人。　　——刘墉

我的确时时解剖别人,然而更多的是无情面地解剖我自己。——鲁迅

贪污和浪费是极大的犯罪。
　　　　　　　　　　——毛泽东

私账混入公账,公账混入私账,就是混账。①　　　　——陶行知

捧着一颗心来,不带半根草去。
　　　　　　　　　　——陶行知

如烟往事俱忘却,心底无私天地宽。　　　　　　　　——陶铸

看看那普照大地的太阳吧,你看它从早到晚,把它的光和热照在每一个角落,从不吝惜,从不偏袒,从不计较报酬,它那样大公无私,那样一心一意地为人民发射光和热,这是何等宽阔的胸怀!　　　　　　　——陶铸

公道自在人心,是非必有正论。
　　　　　　　　　　——郁达夫

自私的心灵是会饱尝它应得的苦痛的。　　——爱·扬格[英国]

相信我的话,贿赂既可以买通上帝,也可以买通凡人。
　　　　　　　——奥维德[古罗马]

良心始终是一位正直的法官。
　　　　　　——巴尔扎克[法国]

人一正直,什么都好了。这一条简明的原则便是科学的全部成果,便是幸福生活的全部法典。
　　　　——车尔尼雪夫斯基[俄国]

高尚纯洁的良心,为着细小的过失便感觉深刻的痛苦!
　　　　　　　——但丁[意大利]

没有人能真实公正地评价自己,我

---

①混账:双关语,混杂的账目,也指人愚蠢、糊涂。

们的自爱是很不可靠的。
——但丁[意大利]

照着良心办事并且能知其所以然的人,同时也是一个坚定而正直的人。
——德谟克里特[古希腊]

如果你不能顺着直道正路做到不平凡,可千万别为了要不平凡而去走歪门邪道。——狄更斯[英国]

良心才是我们唯一不可收买的至宝。——菲尔丁[英国]

良心,人类最忠实的朋友!
——高尔基[苏联]

独立自主的良心,是你道德生活的太阳。——歌德[德国]

照耀人的唯一的灯是理性,引导生命于迷途的唯一手杖是良心。
——海涅[德国]

公正,一定会打倒那些说假话和作假证的人。——赫拉克利特[古希腊]

正直是道德的中心。
——赫胥黎[英国]

要努力让你心中的那朵被称为良心的火花永不熄灭。
——华盛顿[美国]

守法和有良心的人,即使有迫切的需要,也不会偷窃。
——克雷洛夫[俄国]

我们应当有勇气来抵抗诱惑,有勇气说真话,有勇气来表现正义,有勇气来过廉洁的生活。
——拉克斯内斯[冰岛]

自私是人类万恶之源。
——莱斯顿[英国]

我大胆地走正直的道路,绝不有损于正义与真理而谄媚和敷衍任何人。
——卢梭[法国]

一个只顾自己的人不足以成大器。
——罗斯金[英国]

昧着良心做事是不安全、不明智的。——马丁·路德·金[美国]

正直是道德之本。
——迈哈福兹[埃及]

良心是我们每个人心头的岗哨,它在那里值勤站岗,监视着我们别做出违法的事情来。——毛姆[英国]

有两样东西是必不可少的:良心和美名。——乔叟[美国]

比海更宏伟的是蓝天,比天更宏伟的是良心。——丘吉尔[英国]

世上最大的罪过,有人说是骄傲,我却说是没良心。
——塞涅卡[古罗马]

人生好像无际的海洋,人有时跟一条光杆船一样,良心是这条船的铁锚。可悲的是铁锚——良心——的链条也可能挣断。我们的奋斗目标不是长寿,而是活得正直。——塞涅卡[古罗马]

正像太阳会从乌云中探出头来一样,布衣粗服,可以格外显出一个人的正直。——莎士比亚[英国]

当一个人看清自己的航行路线是多么迂回曲折时,他最好依靠自己的良心作为领航员。——司各特[英国]

做人应该正直,而且有帮助亲友的义务,有时候应该连自身都不顾惜。
——屠格涅夫[俄国]

白日精心于事务但勿做有愧于良心之事,使夜间能坦然就寝。

——托马斯·曼[德国]

自私是无知与谬误的产儿,它是不思反省的婴儿的一部分,是野蛮人自我封闭的一部分。 ——雪莱[英国]

做好人容易,做正直的人却难。

——雨果[法国]

做一个圣人是特殊情形,做一个正直的人却是为人的正轨。

——雨果[法国]

最高的圣德便是为旁人着想。

——雨果[法国]

一个心灵脆弱的人做不了政治家。把良心看得太重,往往使人优柔寡断。

——雨果[法国]

对人民来说,唯一的权力是法律;对个人来说,唯一的权力是良心。

——雨果[法国]

无论哪个法官都不会比一个人的良心更了解自己。 ——雨果[法国]

96 文化;思想

远人不服,则修文德以来之。

——[春秋]《论语》

昼想夜梦,神形所遇。

——[战国]《列子》

有诸内,必形诸外。

——[战国]《孟子》

形存则神存,形谢则神灭。①

——[南朝]范缜

昼之所为,夜必思之。

——[宋]林逋

读书是把别人的思想历程重新走过一遍,不知不觉成为别人思想的俘虏。

——曹聚仁

世界上国家可以统一,唯思想不能统一,艺术更不能统一。 ——傅抱石

攀登科学文化的高峰,就要冲破不利条件限制,利用生活所提供的有利条件,并去创造新的条件。 ——高士其

文化品位是一个很虚的东西,但缺少它就是让人瞧着俗气;知识储备看上去是一种无关的因素,但没有它就是让人看着浅薄。 ——葛兆光

工业式批量产出的文化很难呈现出个人的光彩。 ——韩少功

向一切成功者和失败者学习思想方法。 ——何祚庥

凡是有价值的思想,都是从这个那个具体的问题下手的。 ——胡适

物质上不受牵制,精神上才能独立。 ——李大钊

文化之极峰没有什么,就是使人生达到水连天碧一切调和境地而已。

——林语堂

所谓上帝所想的东西,事实上都是我们自己心中的思想。那是我们想象会存在上帝心中的思想。 ——林语堂

有钱不一定是文化,有品德才是文

---

①形:指身体。神:指精神。谢:凋落,指死亡。

化。　　　　　　　——罗兰

和一个思想家交谈两不吃亏:他多了一个崇拜者,你多了几分智慧。

——马长山

情况是在不断地变化,要使自己的思想适应新的情况,就得学习。

——毛泽东

书是要会读的。一切书都不会告诉你现成的公式或是什么秘诀,一切书都是为着帮助你思想,而不是为着代替你思想而写的。　　　——瞿秋白

思想是物质文明、精神文明的源泉,思想也是惹是生非、招灾闯祸的根源。　　　　　　　——沙叶新

头脑是自己的,思想是自己的,这是任何人夺不走,也失去不了的。

——汤泽林

最高尚的精神是人生无价之宝。

——陶行知

有些人认为,人应该充满境界高尚的思想。这种说法听上去美妙,却使我感到莫大的恐慌,因为高尚的思想和低下的思想的总和就是我自己。

——王小波

一个人倘若需要从思想中得到快乐,那么他的第一个愿望就是学习。

——王小波

文化是有惰性的,而愈老的文化,惰性也愈大。　　　——闻一多

思想发展是一个历史过程。思想教育是一个最细致的工作,不能性躁,多一分耐性即多一分效果。

——徐特立

读书是增多知识材料,但必用思想工夫,而后所读方能为我有,故须思想。

——杨贤江

在一个属于自己的文化背景下安居乐业,这本身便是最大的幸福。

——杨尧辉

物质生活是精神生活的基础,物质生活的问题不解决,专门谈论是高精神生活,只是空谈而已。　——张岱年

一个人对于人生和世界有真正独特的感受、真正独创的思想,必定渴望理解,可是也必定不容易被理解,于是感到深深的孤独。　　——周国平

悠悠的过去只是一片漆黑的天空,我们所以还能认识出来这漆黑的天空来,全赖思想家和艺术家所散布的几点星光。　　　　　　——朱光潜

读书而汲取其思想,那便是将书里的话用他们自己原有的语汇等等重记下来,一定是相去很远的变形。

——朱自清

现实生活是无字天书,文化修养是有字人书,缺一不可。　——宗璞

宗教是人们的共同财富,或者可以说是联结民族共同体的纽带。

——阿巴·埃班[以色列]

文化并不起源于人类的好奇,而起源于人对完美的热爱。文化研究的对象是完美,文化研究的动力不仅仅是对知识的追求,而且是社会、道德的追求。

——阿诺德[英国]

文化的特征仍然是,它既有对科学知识的执着追求,又有对社会、道德、美

的追求。　　——阿诺德[英国]

读书之于思想犹如运动之于身体。运动使人健壮,读书使人贤达。
——艾迪生[英国]

宗教有助于说出心灵的语言,这是朋友、爱人、儿女与父母的语言。
——艾姆斯[美国]

文化是一种不断的创造过程。文化必须创造,在对新鲜事物的感受与认识过程中,我们比旁人成长得更快。
——爱伦堡[苏联]

文化——这不仅仅是古代的石头,这是能够鼓舞年轻的长有傲骨的创造者的古老的石头。　——爱伦堡[苏联]

文化在开始的时候是靠它的深度来扩大影响的……读书也像欣赏绘画或音乐一样,需要阅读、倾听或观看的人做出相应的创造,而这样的创造就关系着一般的文化发展程度。
——爱伦堡[苏联]

文化开启了对美的感知。
——爱默生[美国]

思想是行为的种子或先驱。
——爱默生[美国]

思想要提高很多,才能产生生活的些微提高。　　——爱默生[美国]

坚信自己的思想,相信自己心里认准的东西也一定适合他人,这就是天才。　　　　　　——爱默生[美国]

伟大的思想像伟大的灵魂一样,是一个优秀的水手。　——爱默生[美国]

对待政治应像对待火一样,为了不烫伤而不靠近它,为了不冻伤而不远离它。　　——安提斯德内[希腊]

没有思想上的清白,也就不能有金钱的廉洁。　——巴尔扎克[法国]

在政治上如同在海洋上一样,也会出现迷惑人的风平浪静之时。
——巴尔扎克[法国]

真正的政治医生应该治病治本。
——巴尔扎克[法国]

政治家的最高法则就是像法官和医生一样,根据各种情况对症下药。
——巴尔扎克[法国]

政治不仅是科学,而且还是一种艺术。　　　　　　——俾斯麦[德国]

迷信是意志薄弱者的宗教。
——伯克[英国]

宗教是与理性的破坏力相对的大自然防御的反作用。
——柏格森[法国]

人们为宗教而争吵,为宗教而写作,为宗教而战斗,为宗教而献身,但决不为宗教而活着。　——查尔斯[英国]

一个人的活动,如果不是被高尚的思想所鼓舞,那它是无益的、渺小的。
——车尔尼雪夫斯基[俄国]

宗教常常是文明的源泉、创造性的原动力。　　——池田大作[日本]

从某种意义上说,一种文化发展到登峰造极,就势必从巅峰跌落下来。
——川端康成[日本]

寿命的缩短与思想的空虚成正比。
——达尔文[英国]

最终证明上帝是万能的,那就是不

必为了拯救我们而存在。

　　　　　　——德夫里斯[美国]

　　站在上反的人衣冠要整洁,位在人上的人言行要谨慎,这才是政治家对天下的责任。　　——德富芦花[日本]

　　深刻的思想就像铁钉,一旦钉在脑子里,什么东西也无法把它拔出来。

　　　　　　——狄德罗[法国]

　　真正的思想家、科学家是为人类服务的,同时也是为真理服务的。

　　　　　　——费尔巴哈[德国]

　　一切宗教都提倡忍耐……每个人都将以自己的方式进入天国。

　　　　　　——弗雷德里克[波兰]

　　不是事业为了思想,而是思想为了事业。　　　　——伏尔泰[法国]

　　如果上帝并不存在,也有必要把他创造出来。　　——伏尔泰[法国]

　　在我看来,各种宗教都是出自于同一垄花园的美丽花朵,或者说都是同一棵大树的分枝。所以各种宗教都同样真实,虽然人们凭借着同等的不完善的工具接受并且阐释它们。

　　　　　　——甘地[印度]

　　上帝无宗教。　　——甘地[印度]

　　看书和学习是思想的经常营养,是思想的无穷发展。

　　　　　　——冈察洛夫[俄国]

　　文化——这是人要想用自己的意志、自己的理智的力量去创造"第二个自然界"。　　——高尔基[苏联]

　　生活中的一切现象,可以归结为最主要的一点:即发展认识和劳动技术,积累为建设新世界所必需的经验。这个发展的过程,也就是文化的过程,用认识自我及其周围自然来武装和充实人的过程。　　——高尔基[苏联]

　　没有文化的人和盲人没有什么区别。　　　　——高尔基[苏联]

　　有三种人是创造文化的:学者、艺术家和工人。　——高尔基[苏联]

　　自己的思想是大海,别人的思想是江河,无论多少条江河流入大海,海水依然是咸的。　——高尔基[苏联]

　　只要头脑里有自己的思想,别人的思想就非常容易理解。

　　　　　　——高尔基[苏联]

　　只有在宏观世界中,人类才能发现自我的真正价值。

　　　　　　——高尔基[苏联]

　　思想活跃而又怀着务实的目的去完成最现实的任务,就是世界上最有价值的事情。　　——歌德[德国]

　　我们的生活就像旅行,思想是导游者。没有导游者,一切都会停止.目标会丧失,力量也会化为乌有。

　　　　　　——歌德[德国]

　　一棵树上,很难找到形状完全一样的两片叶子;一千个人之中,也很难找到在思想情感上完全协调的两个人。

　　　　　　——歌德[德国]

　　异端是生活的诗歌,因此有异端思想是无伤于一个诗人的。

　　　　　　——歌德[德国]

　　一切文明时代的人类思想都是向前发展的,即使最有用和最重要的著作，经过一个时期，也会由于后来的发现而减少其价值。因此，有识之士总希望时常有这类新书问世，把从前同该问题有关的书籍编纂时尚未认识到的一些改进包括进去。——葛德文[英国]

同别人交流思想感情和感想是世上的一大乐趣。——果戈理[俄国]

一个人只要有耐心进行文化方面的修养，就绝不至于蛮横得不可教化。
——贺拉斯[古罗马]

只要我们生平心血所注的思想、安身立命的事业能够在世人心中存活，哪怕我们的躯体化成了飞灰，散入太空，我们看起来总算还没有完全退出人生舞台，在世人口碑中还占有一席之地，还能对于人类发挥一定的影响。
——赫兹里特[英国]

我们处理外国事务的重要原则，就是在与它们发生商务关系时，尽量避免涉及政治。——华盛顿[美国]

一本书最好的并不是它包含的思想，而是它提出的思想正如音乐的美妙并不寄寓于它的音调，而在于我们心中的回响。——霍姆斯[美国]

我们需要文化知识，就像需要空气一样。——加里宁[苏联]

在没有把畏惧踩在脚下之前，一个人的行动是奴性的，不真实或华而不实的，他的思想是虚假的，他会像一个奴隶和懦夫那样思维。
——卡莱尔[英国]

没有自由，任何宗教都不可能存在。——克拉克[美国]

政客考虑下一次选举，政治家思虑下一个世代。——克拉克[美国]

应当草草地写，不去考虑思想表达的正确与否以及放在什么地方。第二遍抄写时删去多余的东西，并把每个思想放在它该放的地方。第三次抄写再斟酌准确的表达。
——列夫·托尔斯泰[俄国]

无论就男性或女性来说，我认为实际上只能划分为两类人：有思想的人和没有思想的人。其所以有这种区别，差不多完全要归因于教育。
——卢梭[法国]

读书是在别人思想的帮助下，建立自己的思想。——鲁巴金[苏联]

天真的利己主义自以为清高，因为它是在思想中体现出来的！思想的利己主义比情感的利己主义更凶残。
——罗曼·罗兰[法国]

政治的后台老板总是金钱。
——罗曼·罗兰[法国]

智能是不会枯竭的，思想和思想相碰，就会迸溅无数火花。
——马尔克林斯基[俄国]

人的思想是了不起的，只要专注于某一项事业，那就一定会做出使自己感到吃惊的成绩来。
——马克·吐温[美国]

随着经济基础的变更，全部庞大的上层建筑也或慢或快地发生变革。
——马克思[德国]

学会以最简单的方式生活，不要让

复杂的思想破坏生活的甜美。

——弥尔顿［英国］

真正的思想家最最向往的是闲暇。与此相比,平凡的学者却回避它,因为他不知道如何处理闲暇,而此时安慰的是书籍。

——尼采［德国］

对受过教育的人来说,外貌总不及思想重要。

——契诃夫［俄国］

哲学是智能的情人,是为得到它而付出的努力。 ——塞涅卡［古罗马］

天才的特点就是不让自己的思想走上别人铺设的轨道。

——司汤达［法国］

我的思想随着这些闪耀的绿叶而闪耀,我的心灵因了这日光的抚触而歌唱,我的生命因为偕了万物一同浮泛在空间的蔚蓝、时间的墨黑而感到欢快。

——泰戈尔［印度］

群星在浪花上摇曳,各种色彩的思潮抛出大海深处,散掷在生活的海滩上。 ——泰戈尔［印度］

首先是最崇高的思想,其次才是金钱。光有金钱而没有最崇高的思想的社会是会崩溃的。

——陀思妥耶夫斯基［俄国］

一千个偏见和不正确的思想——等于没有任何思想。

——陀思妥耶夫斯基［俄国］

每一个民族,无论大小,都有自己的文化珍品。人类伟大的精神财富就是由这些珍品积聚而成的。

——肖洛霍夫［苏联］

你有一个苹果,我有一个苹果,彼此交换一下,我们仍然是各有一个苹果;但你有一种思想,我有一种思想,彼此交换,我们就都有了两种思想,甚至更多。

——萧伯纳［爱尔兰］

无论何种宗教都不能带来不死不灭的希望,然而神的宗教却从这希望而来。 ——英格索尔［美国］

思想是智力的劳作,而遐想是智力的享乐。

——雨果［法国］

健全的思想寓于健全的身体。此话虽短,却道出了世上何为幸事的真谛。两样兼有者,无须再渴望得到其他什么东西;两样皆无者,也不配得到其他东西。

——约翰·洛克［英国］

政治的目的在于人类的幸福。

——约翰·洛克［英国］

政治和宗教都存在着一种神圣的、错误的热情:在诱劝别人相信我们所相信的东西。 ——朱尼厄斯［美国］

宗教是伦理学的基础,而伦理学则是生活的先决条件。

——海森伯［德国］

宗教是块可以收获的土地。

——纪伯伦［黎巴嫩］

宗教是使一般人安静的绝佳物品。

——拿破仑［法国］

97 历　史

殷鉴不远,在夏后之世。①
　　　　　　——[春秋]《诗经》
往者不可谏,来者犹可追。②
　　　　　　——[春秋]《论语》
欲知来者察往,欲知古者察今。
　　　　　　——[战国]《鹖冠子》
审知今则可知古,知古则可知后,古今前后一也。③
　　　　　　——[战国]《吕氏春秋》
善言古者,必有节于今。
　　　　　　——[战国]《荀子》
欲观千岁,则数今日;欲知亿万,则审一二。　——[战国]《荀子》
前事不忘,后事之师。④
　　　　　　——[战国]《战国策》
来世不可待,往事不可追也。⑤
　　　　　　——[战国]《庄子》
数典而忘其祖。⑥
　　　　　　——[战国]《左传》
圣人能与世推移,而俗士苦不知变。　　　　——[汉]崔骃
明镜者,所以照形也;往古者,所以知今也。　——[汉]韩婴
惟有道者能以往知来。⑦
　　　　　　——[汉]《汉书》
后之视今,犹今之视昔。
　　　　　　——[汉]《汉书》
明鉴所以照形,往古所以知今。⑧
　　　　　　——[汉]贾谊

通古今之变,成一家之言。⑨
　　　　　　——[汉]《史记》
今之视古,亦犹后之视今也。⑩
　　　　　　——[南朝]《世说新语》
古来青史谁不见,今见功名胜古人。⑪　　　　——[唐]岑参
前不见古人,后不见来者。⑫
　　　　　　——[唐]陈子昂
尔曹身与名俱灭,不废江河万古流。⑬
　　　　　　——[唐]杜甫
往者不可复兮,冀来今之可望。⑭
　　　　　　——[唐]韩愈

---

①殷:殷代,朝代名。鉴:可作为警戒或教训的事。夏:夏代,朝代名,在殷之前。
②往者:过去的事。谏:纠正;挽回。来者:未来的事。追:追赶,引申为补做过去没有做完的事。
③审知:深入了解。一:有密切联系的一体。
④师:借鉴;榜样。
⑤待:等待。追:追悔;追回。
⑥数:列举叙述。典:典章制度。祖:祖先的职守。此句常指忘本或对祖国的历史不了解。
⑦有道者:具有道德修养的人。
⑧鉴:古代的铜镜。
⑨通:通晓。变:变化。成:建立。言:著述。
⑩视:考察;观察。
⑪青史:史书;史册。
⑫古人:指古代的贤才。来者:指后世的有为之士。
⑬尔曹:你们这些人。
⑭冀:希望;期望。

人间桑海朝朝变,莫遣佳期更后期。①
——[唐]李商隐

年年岁岁花相似,岁岁年年人不同。
——[唐]刘希夷

人世几回伤往事,山川依旧枕江流。②
——[唐]刘禹锡

人事有代谢,往来成古今。③
——[唐]孟浩然

鉴往可以昭来。④
——[唐]张九龄

以铜为镜,可以正衣冠;以古为镜,可以知兴替;以人为镜,可以明得失。⑤
——[唐]《贞观政要》

观史不可以成败优劣论人,只当论其是非。
——[宋]程颢

观史如身在其中,见事之利害,时之祸患,必掩卷自思,使我遇此等事,当作何处之?如此观史,学问亦可以进,知识亦可以高,方为有益。
——[宋]吕祖谦

古今之事,非知之难,言之亦难。
——[宋]苏轼

大江东去,浪淘尽,千古风流人物。
——[宋]苏轼

千古兴亡多少事,悠悠,不尽长江滚滚流。⑥
——[宋]辛弃疾

千古兴亡,百年悲笑,一时登览。⑦
——[宋]辛弃疾

观今宜鉴古,无古不成今。
——[明、清]《增广贤文》

今美于昨,明日复胜于今。
——[清]李渔

三十年河东,三十年河西。
——[清]《儒林外史》

兴亡纷在眼,滚滚大江流。
——[清]王士禛

历史的大势所趋不是人力所能终究遏止或转移的,但是人力可以加快或延缓这种趋势。
——冯友兰

没有什么历史的终极目的,有的只是进步。
——顾准

路是脚踏出来的,历史是人写出来的。人的每一步行动都在书写自己的历史。
——吉鸿昌

不清醒的人对过去抱以嘲笑,对将来则寄予不切实际的奢求。——蓝翎

我们看历史,能够据过去以推知未来。看一个人的已往的经历,也有一样的效用。
——鲁迅

我们从古以来,就有埋头苦干的人,有拼命硬干的人,有为民请命的人,有舍身求法的人……这就是中国的脊梁。
——鲁迅

历史是人民创造的。——毛泽东

———————
①桑海:即"桑田沧海",也作"沧海桑田",大海变成桑田,桑田又变成大海,比喻世事发生巨大变化。遣:打发。更:变更;改换。
②伤:感伤。枕:像枕头一样横卧。
③人事:指人的离合、境遇、存亡等。代谢:交替;更替。
④鉴:借鉴。往:以往。昭:看清。来:未来。
⑤正:摆正,使端正。
⑥悠悠:众多。
⑦登览:登楼眺望,引申为纵览。

历史是在前进呵！而且因为时代的轮子不是在空虚中进展,所以障碍的增多就证明了进展的勇猛剧烈呵！

——茅盾

历史没有最后。一切都是过程,一切都是过渡,一切都只是一瞬。

——邵燕祥

历史要用许多不幸和错误去铺路,人类才变的比那些蚂蚁更聪明。

——史铁生

检讨过去,把握现在,创造将来。

——陶行知

治科学者必有得于史学上之材料,而治史学者亦不可无科学上之知识。

——王国维

我们将来的历史是滴泪,我的泪,洗尽人类的悲哀;我们将来的历史是笑,我的笑,驱尽宇宙的烦恼。

——闻一多

留心别人的事以作自己的镜子,固然很要紧,但更要紧的倒是留心过去自己的事。

——徐懋庸

一个时代的特征虽则有,毕竟是暂时的、浮面的,这只是大海里波浪的动荡,它那渊深的本体是不受影响的。

——徐志摩

历史为每一代人提供的机会是大致相等的,没有哪一代人会被真正"跨"过去或永远不被超越。

——杨东平

历史曾长久地热爱过那些没有错误的人,但当今的时代更需要锐意进取、勇于开拓而不怕犯错误的人！

——佚名

历史拍着它强大的翅膀,飞过许多世纪,同时在光荣的荆棘路的这个黑暗背景上,映出许多明朗的图画来,鼓起我们的勇气,给予我们安慰,促进我们内心的平安。这条光荣的荆棘路,跟童话不同,并不在这个人世间走到一个辉煌和快乐的终点,但是它却超越时代,走向永恒。

——安徒生[丹麦]

历史有两部:一部是官方的、骗人的历史,做教科书用的,给王太子念的;另外一部是秘密的历史,可以看出国家大事的真正原因,一部可耻的历史。

——巴尔扎克[法国]

有些事本身是微不足道的,但却是过去千百件枝枝节节的事情发展的结果,这结果因为概括了过去,又联系了未来,所以意义重大。

——巴尔扎克[法国]

正因为过去的时代与当今的现实密切相关,历史才具有感人的力量。

——班克罗夫特[美国]

古代史无法写,因为我们没有足够的资料;而近代史也不可能写,因为我们掌握太多的资料。

——贝玑[法国]

客观的过去已经一去不复返了,而历史领域是一个捉摸不定的领域,它只是形象地被再创造,再现于我们的头脑中。

——贝克尔[美国]

就政治生活而言,最好的教育和教训就是要学习历史。取鉴于前人的覆辙,是教人如何英勇豪迈地面对困难、战胜命运的不二法门,除此之外别无他途。

——波利比阿[希腊]

史学之目的,与戏剧恰恰相反,戏剧家系以最动人的文句,打动观众于一时;历史家则以真实的事迹和真实的言辞取信于人,使严肃的学者得益于永久。
——波利比阿[希腊]

拿历史上的事实来比照我们当前的情况,我们便可以得到一种方法和根据,用以推测未来。
——波利比阿[希腊]

从研究历史中所得到的真知灼见,对实际生活来说是一种最好的教育。因为历史,而且只有历史,能使我们不涉及实际利害而训练我们的判断力,遇事能采取正确的方针。
——波利比阿[希腊]

历史叙述社会生活,艺术则叙述个人生活。
——车尔尼雪夫斯基[俄国]

历史在它从事完美塑造的那些玄妙的瞬间,是无需他人辅助的。历史作为证人、作为戏剧家在行事,任何证人都不应企图超越它。
——茨威格[德国]

历史学家记述的与其说是事实,不如说是他们愿意相信的事。
——富兰克林[美国]

比起大自然来,历史对人类的感情更严酷、更残暴。大自然要求人们仅仅满足于天赋的本能,而历史却要强制人的理智。
——高尔基[苏联]

历史给我们的最好的东西就是它所激起的热情。
——歌德[德国]

历史感知的是这样一种高度文化修养的感觉,它在评价本时代的功绩和勋章时,也考虑到过去的时代。
——歌德[德国]

人总是不愿抛弃自己和自己的祖先珍惜过的东西。尽管这些东西受到糟蹋、受到歪曲,他的感情暗地里和它们仍是紧密地联系在一起的。
——海涅[德国]

世界史上的事情并不是一桩一定是另一桩的直接后果,所有的事件都是互为因果的。
——海涅[德国]

历史是精神的形态,它采取故事的形式,即自然的直接现实性的形式。因此,它的发展阶段是作为直接的自然原则而存在的。
——黑格尔[德国]

我们应该不要回头望,除非是要由过去错误中提取有用的教训,并为了从经验中获益。
——华盛顿[美国]

没有一个伟人白白活着的。世界的历史无非是伟大的传记。
——卡莱尔[英国]

历史的空间和历史的时间二者都被包含在一个更大的整体中,历史的时间只不过是普遍的宇宙时间的一个渺小断片而已。
——卡西尔[德国]

历史的本质不在于构成它的个别事实,不论这事实有多大的价值,而在于它是一个过程,一种由此及彼的发展。
——科林伍德[英国]

历史的价值就在于它告诉我们人做了什么,从而告诉我们人是什么。
——科林伍德[英国]

历史事件绝不是单纯的现象,绝不是单纯被观赏的景观。历史学家不是在看着这样的事物,而是要看透它们,以便识别其中的思想。

——科林伍德[英国]

历史是以人类自身为其对象,致力于把握人类,理解人类,并让人类自我了解。

——兰凯[法国]

得以遨游于历史的历史宝库,会见往日的英雄豪杰,重过昔日的种种生活,人生快事,莫过于此。

——朗克[德国]

历史是国家和人类的传记。

——列夫·托尔斯泰[俄国]

历史喜欢捉弄人,喜欢同人们开玩笑。本来要到这个房间,结果却到了另一个房间。

——列宁[苏联]

人类经常把一个生涯发生的事,填写成历史,再从那里看人生。其实,那不过是衣服,人生是内在的。

——罗曼·罗兰[法国]

历史——我将这样坚持认为——就像人们公认的诗歌的情况那样,是每个人精神生活中值得向往的一部分。

——罗素[英国]

黄金时代在我们面前,而不在我们背后。

——马克·吐温[美国]

必须熟悉历史,不仅仅是那些描写名人和重大事件的琐碎的近代史,而且要了解人类历史发展的主流,从而懂得什么行动创造了伟大的文明,什么破坏了文明。

——马歇尔[英国]

生命的进程有如海洋,人们来去匆匆,潮汐涨而复落,这就是历史的全部内容。

——米勒[法国]

历史理应不是帝王的家谱和争斗的史实,而是思想的历史。

——契诃夫[俄国]

历史并不是一种科学的演绎,而是一种对于最可能的概括的想象和猜测。

——乔·屈维廉[英国]

历史的真正价值是在它的教育方面。

——乔·屈维廉[英国]

过去的重大教训和历史的最重要的主题不是人的进化,而是人的成就。人的行为本身比它们的因果有趣。

——乔·屈维廉[英国]

人们若对历史不了解,就无法了解当代。历史是一座山丘或一个制高点,唯有从它上面人们才能看见自己所住的小镇或所生活的时代。

——切斯特顿[美国]

历史孕育了真理,它能和时间抗衡,把遗闻旧事保藏下来;它是往古的迹象、当代的鉴戒、后世的教训。

——塞万提斯[西班牙]

诗是诗,历史是历史,诗人歌咏的是想当然的情节,不是真情实事;历史家就不然了,他记载过去的一言一行,丝毫不能增减。

——塞万提斯[西班牙]

想要懂得今天,就必须研究昨天。

——赛珍珠[美国]

每个人的生命中都有一段历史,观察他以往的行为的性质,便可以用近似的猜测预断他此后的变化,那变化的萌芽虽然尚未显露,却已经潜伏在他的胚胎之中。

——莎士比亚[英国]

到目前为止,我们看到的历史基本上是由在某些利益驱使和支持下形成的强大个人意志创造的历史,是天意通过上帝挑选的人物主宰人物命运的历史,是上帝挑选的特权人物编写的历史。　　——斯特林堡[瑞典]

客观地编写历史是不可能的,尤其根本就不存在客观的主体。只有通过客观主体的理解,外界发生的一切才不带个人和时代强加给人的观察方法的色彩。　　——斯特林堡[瑞典]

人类历史是在层层废墟上成长的;它不是像生命一样连续不断地生长,现代战争即是这一点的一个图解。
——泰戈尔[印度]

历史慢慢地窒息它的真理,但在可怕的补赎苦行中,又急急忙忙地奋力使真理复苏。　　——泰戈尔[印度]

人类,正是人类,总是喜欢处处夸大当代事件的历史意义,因为他们总想突出在恰巧为他们所超越的那个时代中他们个人的重要性。
——汤因比[英国]

历史的继续性,是我们所承认的一个用语,它看起来并不像是在一个人的生命里所表现的那样,而是更像几代人生命的继续。　　——汤因比[英国]

任何一种罗曼史最糟糕的结果是,它会使浪漫者落得个毫无浪漫可言的下场。　　——王尔德[英国]

历史为我们提供了关于过去的一系列不同的图画,它们并不是互不兼容的。每一幅画,都从某一观点反映了过去的一个方面。　　——沃尔牛[英国]

不要埋首于远去的过去,把握现在吧!
——席勒[德国]

在伟大的历史事件的进程中,往往会出现一个就其本身意义而言微不足道的小插曲,但它却能特别鲜明地、异乎寻常地突然反映出整个事件中最重要、最本质的特点,如同有时一滴水可以清楚地反映出周围世界的巨大场面一样。　——谢·斯米尔诺夫[苏联]

历史不能只记载一个行动,而必须记载一个时期,即这个时期内所发生的涉及一个人或一些人的所有事件,尽管他们之间只有偶然的联系。
——亚里士多德[古希腊]

历史上所有伟大的成就,都是由于战胜了看来是不可能的事情而取得的。
——卓别林[英国]

且用显微镜观察人生,它委实充满了令人毛骨悚然的恐怖,因此我们才需要罗曼史。罗曼史会给我们精神上的粮食,是使我们向上的人生最大的力量。　　——卓别林[英国]

98　军事;战争

凡兵之道,莫过于一。①
——[周]《太公六韬》
用兵之害,犹豫最大;三军之灾,莫

---

①兵:用兵。道:道理。一:统一;集中。

过狐疑。① ——[周]《太公六韬》

兵者不祥之器,非君子之器,不得已而用之。② ——[春秋]《老子》

师之所处,荆棘生焉;大军之后,必有凶年。③ ——[春秋]《老子》

国虽大,好战必亡;天下虽安,忘战必危。 ——[春秋]司马穰苴

用兵之法,十则围之,五则攻之,倍则分之,敌则能战之,少则能逃之,不若则能避之。④ ——[春秋]《孙子兵法》

善战者,见敌之所长,则知其所短;见敌之所不足,则知其所有余。
——[春秋]《孙子兵法》

知彼知己,百战不殆。⑤
——[春秋]《孙子兵法》

不知彼而知己,一胜一负;不知彼,不知己,每战必殆。
——[春秋]《孙子兵法》

攻其无备,出其不意。
——[春秋]《孙子兵法》

兵无常势,水无常形。⑥
——[春秋]《孙子兵法》

水之形避高而趋下,兵之形避实而击虚。⑦ ——[春秋]《孙子兵法》

围师必阙,穷寇勿追。⑧
——[春秋]《孙子兵法》

百战百胜,非善之善者也;不战而屈人之兵,善之善者也。⑨
——[春秋]《孙子兵法》

知胜有五:知可以战与不可以战者胜,识众寡之用者胜,上下同欲者胜,以虞待不虞者胜,将能而君不御者胜。
——[春秋]《孙子兵法》

国富者兵强,兵强者战胜。
——[战国]《管子》

战不必胜,不可以言战;攻不必拔,不可以言攻。⑩ ——[战国]《尉缭子》

数战则民劳,久师则兵敝。⑪
——[战国]《战国策》

圣王之用兵,非乐之也,将以诛暴讨乱也。 ——[秦]黄石公

兵出无名,事故不成。
——[汉]《汉书》

先发制人,后发制于人。⑫
——[汉]《汉书》

斩木为兵,揭竿为旗。⑬
——[汉]贾谊

---

①狐疑:猜疑。
②兵:武器,引申为军队。不祥:不吉利。器:工具。
③师:军队。大军:指战争。凶:指饥荒,没有收成。此句指出战争必定给社会带来灾难。
④倍:成倍。
⑤知:了解。殆:危险;失败。
⑥兵:指作战用兵。
⑦下:低洼。实:强。虚:弱。
⑧阙:同"缺",不完整,指留出逃路,以免军拼死抵抗。穷寇:无路可逃的敌人。
⑨善之善:好中之好,指诸多良策中的最佳方案。
⑩言:谈论。拔:夺取;攻下。
⑪敝:衰败;疲劳。
⑫制:制伏。先发制人:先采取行动以制伏对方或取得主动。
⑬斩:砍断。木:树枝。兵:兵器。揭:举。竿:竹竿。此句常指武装起义。

将在军,君令有所不受。①
——[汉]《史记》
战捷之后,常苦轻敌。②
——[晋]《三国志》
兵贵神速。 ——[晋]《三国志》
军无习练,百不当一;习而用之,一可当百。 ——[晋]《三国志》
身先士卒,勇冠三军。③
——[北朝]《魏书》
兵不妄动,师必有名。
——[唐]白居易
战苦军犹乐,功高将不骄。
——[唐]皎然
知彼知己,兵家大要。④
——[唐]李靖
秦时明月汉时关,万里长征人未还。 ——[唐]王昌龄
醉卧沙场君莫笑,古来征战几人回?⑤ ——[唐]王翰
一身转战三千里,一剑曾当百万师。⑥ ——[唐]王维
夜阑卧听风吹雨,铁马冰河入梦来。⑦ ——[宋]陆游
至治之时,常不忘于武备。⑧
——[宋]欧阳修
养兵之术,务精不务多。
——[宋]司马光
醉里挑灯看剑,梦回吹角连营。八百里分麾下炙,五十弦翻塞外声。沙场秋点兵。⑨
——[宋]辛弃疾
壮志饥餐胡虏肉,笑谈渴饮匈奴血。⑩ ——[宋]岳飞

养军千日,用军一时。
——[元]马致远
千军易得,一将难求。
——[元]马致远
胜败乃兵家常事。
——[明]《水浒传》
瓦罐不离井上破,将军必在阵前亡。 ——[明]《水浒传》
兵之所战者,气也;气之所激者,怒也。放其气,勇士亦无斗心。善用兵者,养其气,蓄其锐,怒时出而用之,有所不战,战必胜矣。 ——[清]王余佑
以必战之志,策必胜之道者,治兵之原则也。 ——蔡锷
敌寻我,以主待客;我寻敌,先发制

---

①将:将帅。军:军营。君:君主。受:接受。
②捷:胜利。苦:吃苦头。
③冠:居第一位。
④要:重大的值得重视的内容。
⑤沙场:战场。
⑥当:阻止;抵挡。
⑦夜阑:夜深。铁马:披着铁甲的战马。冰河:北方冰封的河流。入梦:进入梦境。此句指睡梦中仍然想着上阵杀敌。
⑧至治:社会治理得很好。武备:军备。
⑨梦回:梦醒。吹角连营:各军营吹响号角声。八百里:原指骏马,比喻气概豪迈。分:分给。麾下:部下。炙:烤肉。五一弦:指弦乐器,泛指乐器。翻:演奏。塞外:长城以北的地区。沙场:战场。点兵:检阅军队。
⑩胡虏、匈奴:指外族侵略者。此句表达了对外族入侵者的仇恨和浴血杀敌的决心。

人。　　　　　　——蔡锷

昂着头出征,夹着尾巴回家,是庸驽而又好战的人的常态。——冯雪峰

练兵强天下之势,变法成天下之治。　　　　　　——康有为

侵入一个国家或许容易,但要想撤离这个国家却很困难。——马汉

战略上要藐视敌人,战术上要重视敌人。　　　　　　——毛泽东

敌进我退,敌驻我扰;敌疲我打,敌退我追。　　　　——毛泽东

兵、民是胜利之本。——毛泽东

不打无准备之仗,不打无把握之仗。　　　　　　——毛泽东

只有不能打仗的官,没有不能打仗的兵。　　　　　　——徐向前

一个战略棋盘,如同一支军队的整个阵地一样,应该只有一个中心和两个极端。　　——A. H. 若米尼[瑞士]

战争对国际合作的发展是最可怕的障碍,尤其在于它对文化的影响。战争破坏了知识分子从事创造性工作所不可缺少的一切条件。
　　　　　　——爱因斯坦[美国]

为战争辩护而提出的种种借口,只不过是用来煽动那些不是很好战的人们的作战意志而已。
　　　　　　——爱因斯坦[美国]

一个政府无论用什么借口,而不重视国家军事的发展,则从后世的眼光中看来,他们绝对要算是民族的罪人。
　　　　　　——安东·约米尼[瑞士]

一个国家要想获得安全的保证,必须要有良好的要塞体系和防线,完善的预备兵役和军事制度,最后还要有优良的政治制度。
　　　　　　——安东·约米尼[瑞士]

历史告诉我们,最富的国家并不一定就是最强的,更不是最快乐的,从军事力量的天平上看来,钢铁至少是和黄金一样重。——安东·约米尼[瑞士]

假使各种其他的条件都相等,则战争的胜负就决定于盟国的有无。
　　　　　　——安东·约米尼[瑞士]

和平是战争的目标,是所有军事学的目的的,是一切公正斗争的目的的极限。　　　　——奥古斯丁[古罗马]

一个良好的理由,比如出师有名吧,就是一把利剑,同时也是一块盾牌。
　　　　　　——巴·利德尔[英国]

在战略上,最漫长的迂回道路,常常又是达到目的的最短途径。
　　　　　　——巴·利德尔[英国]

最完美的战略,也就是那种不必经过激烈战斗而能达到目的的战略——所谓"不战而屈人之兵,善之善者也"。
　　　　　　——巴·利德尔[英国]

消极的守势是必败无疑的,而积极的守势则往往可以转败为胜。
　　　　　　——巴·利德尔[英国]

在战争里也有和平,它有和平的一面。战争本来就是要满足一切需要的,其中也包括了和平的需要。
　　　　　　——布莱希特[德国]

你若担受不起战争,胜利也就没有你的份。　　——布莱希特[德国]

征服者的荣誉是一种残酷的荣誉,因为它是建立在对人类的毁灭之上的。
——查斯特菲尔德[英国]

征服者一旦获得武装,那么就会寻找一切借口侵犯别人。
——德莱顿[英国]

你不得不为和平而冒险,正如你必须为战争而冒险……濒临边缘而又不卷入战争的能力,乃是一种必不可少的艺术。如果你试图回避,倘若你被吓垮,你就输了。
——杜勒斯[美国]

这是战争中的一条万古不易的公理,确保你自己的侧翼和后方,而设法迂回敌人的侧翼和后方。
——菲特烈[德国]

和平之时儿埋父,战乱之时父埋儿。
——弗兰西斯·培根[英国]

从来没有好的战争或坏的和平。
——富兰克林[美国]

当你打败了你的对手时,你应该明智地让他再站起来。这是因为,在下次战争中,你有机会需要他的帮助。
——富勒[英国]

对于真正的政治家来说,战争的目的应该是和平。——富勒[英国]

宣传战是杰出的、民族性的工具。它的目的是要支配群众的心灵。它的目标可分三类:一是在本国防线上激励群众的心理,二是争取中立国家群众心理的支持和拥护,三是扰乱敌方本土防线上的群众的心理。——富勒[英国]

在战争中每一个问题和每一条原则都像铜钱一样,有它的两个侧面。
——哈特[英国]

和平只是战争的一面或一种形态,战争也只是和平的一面或一种形态,今日的冲突即是明天融洽的开端。
——赫拉克利特[古希腊]

战争是万物之父,也是万物之王。它使一些人成为神,使一些人成为人,使一些人成为奴隶,使一些人成为自由人。
——赫拉克利特[古希腊]

取得战争胜利的军队是精锐的军队,而不是庞大的军队。
——华盛顿[美国]

每一个人只要有获得和平的希望,就应该力求和平;在不能得到和平时,他就可以寻求并且利用战争的一切帮助和利益。——霍布斯[英国]

战争是迫使敌人服从我们意志的一种暴力行为。
——克劳塞维茨[德国]

军队的武德是战争中最重要的精神力量之一,如果缺少了这种力量,就应该有其他精神力量,如统帅的卓越才能、民族的热情等来代替,否则所做的努力就收不到应有的效果。
——克劳塞维茨[德国]

政治是头脑,战争只不过是工具,不可能是相反的。因此,只能是军事观点从属于政治观点。
——克劳塞维茨[德国]

我们只能用准备战争来确保和平,这是一个不幸的事实。
——肯尼迪[美国]

战争的格言是"让强者生存,让弱者死亡"。和平的格言是"让强者帮助弱者一起生存"。
——罗斯福[美国]

一个真正伟大、骄傲而勇敢的民族宁可面对战争的任何困难,也不愿在牺牲其民族尊严的情况下换得卑贱的繁荣。
——罗斯福[美国]

在现代战争中,除非大多数人愿意受苦,而且,许多人情愿献出生命,一个国家才可能获胜。要想引起这种情感,统治者必须使他们的国民相信,战争是一件至关重要的事情——重要到值得为它捐躯。
——罗素[英国]

不是军队引起了战争,而是战争缔造了军队。
——马德里奇[法国]

必要的战争就是正义的战争。
——马基雅弗利[意大利]

没有必胜的决心,战争必败无疑。
——麦克阿瑟[美国]

整个战争的艺术,就是先做合理周密的防御,然后再进行快速、大胆的进攻。
——拿破仑[法国]

进行战争的原则也和实施围攻的原则一样,火力必须集中在一点上(一个地段上),而且,必须打开一个缺口,一旦敌人的稳定性被破坏,尔后的任务就是把它彻底击溃。
——拿破仑[法国]

战略是利用时间和空间的艺术,我对于后者不如对于前者那样珍惜。空间是可以重新得到的,而时间则永远失去了。
——拿破仑[法国]

在战争中,时间的损失是无可弥补的,对此提出的各种理由都是不妥的,因为拖延只能使行动失败。
——拿破仑[法国]

一支军队的实力,四分之三是由士气因素决定。
——拿破仑[法国]

当好一个兵,必须了解历史——必须了解在战争中如何起作用。武器变了,但使用武器的人一点没变。要赢得战役,你不是打败武器,而是打垮敌军人员的精神。
——乔治·巴顿[英国]

在作战中要坚决,在挫折中要挑战,在胜利中要豁达,在和平中要友好。
——丘吉尔[英国]

拿枪杆子的目标是和平,这是人类在这个世界上所能企望的最大幸福。
——塞万提斯[西班牙]

"和平"不该是一服叫人昏沉的药剂——即使没有战事,也没有什么冲突,那防御的工事,那兵役,以及那军备,也必须经常进行,征募和充实,就像战祸已经在眼前。
——莎士比亚[英国]

以武力来征服只是暂时的征服,赢得世界的尊敬才能永久地征服世界。
——威尔逊[美国]

土地、朋友,还有金子,这三件东西都是战争的果实。如果连一件都没有希望的话,人们也就再也不会发动战事。
——《五卷书》[古印度]

99 文学;写作

书不尽言,言不尽意。①
——[周]《周易》
诗言志,歌永言。②
——[春秋]《尚书》
在心为志,发言为诗。
——[春秋]《诗经》
人之于文学也,犹玉之于琢磨也。③
——[战国]《荀子》
文人之笔,劝善惩恶也。
——[汉]《论衡》
文章,经国之大业,不朽之盛事。④
——[三国]曹丕
言出为论,下笔成章。
——[晋]《三国志》
奇文共欣赏,疑义相与析。⑤
——[晋]陶潜
文章合为时而著,歌诗合为事而作。⑥ ——[唐]白居易
宽心应是酒,遣兴莫过诗。⑦
——[唐]杜甫
笔落惊风雨,诗成泣鬼神。⑧
——[唐]杜甫
为人性僻耽佳句,语不惊人死不休。⑨ ——[唐]杜甫
为求一字稳,耐得半宵寒。
——[唐]贾岛
二句三年得,一吟双泪流。⑩
——[唐]贾岛
寻章摘句老雕虫,晓月当帘挂玉弓。⑪ ——[唐]李贺

吾每为文章,未尝敢以轻心掉之。
——[唐]柳宗元
吟安一个字,拈断数茎须。⑫
——[唐]卢延让
文学之于人也,譬乎药,善服有济,不善服反为害。⑬ ——[唐]皮日休
百锻成字,千炼成句。⑭
——[唐]皮日休
自古皆死,不朽者文。⑮
——[唐]宋之问

---

①书:文字记录。尽:穷尽。
②永:同"咏",诵读;歌唱。
③琢磨:雕刻、打磨玉石等,比喻加工、修饰文章,使精美。
④经国:治理国家。盛事:大事。
⑤奇文:新奇的文章。疑义:疑而未明的道理。相与:共同;一道。
⑥合:应当;应该。时:时候,指当前的时代。事:事情,指关系到国计民生的大事。
⑦遣兴:抒发兴致。
⑧惊风雨:使风雨吃惊。泣鬼神:使鬼神哭泣。
⑨性僻:性情怪僻。耽:沉溺;沉迷。语:指词语、词句。休:停止。
⑩吟:吟诵。
⑪寻章摘句:指读书和写作。老:指致力终生。雕虫:指辞章。纸笔:玉弓:比喻残月。
⑫吟:诵读(诗文)。安:稳妥;贴切。拈:同"捻",用手指揉搓。
⑬譬:打比方。济:有益;得益。
⑭锻:锻造,比喻推敲文字。炼:冶炼,比喻加工文字。
⑮此句指人总是会死的,而好的文章却世代相传。

嬉笑怒骂,皆成文章。①

——[宋]黄庭坚

文如风行水上,出于自然。

——[宋]马永卿

文简而意深。 ——[宋]欧阳修

文字频改,功夫自出。

——[宋]张镃

文约而义薄,辞近而旨远。②

——[元]方回

一字不可增减,文之极致也。

——[清]方苞

满纸荒唐言,一把辛酸泪。

——[清]《红楼梦》

隔日一删,愈月一改,始能淘沙得金,无瑕瑜互见之失矣。③

——[清]李渔

熟读唐诗三百首,不会做诗也会吟。④ ——[清]孙洙

为人,不可以有我;作诗,不可以无我。 ——[清]袁枚

作人贵直,而作诗贵曲。

——[清]袁枚

没有想象就没有诗。 ——艾青

我写作一不为吃饭,二不为出名,我藏在心里没有说出来的话是:我是春蚕,吃了桑叶就要吐丝,哪怕放在锅里煮,死了丝还不断,为了给人间添一点温暖。 ——巴金

诗人是世界幻想上最大的快乐,也是事实中最深的失望。 ——冰心

文学之中最具感化者,莫如小说。

——蔡锷

第一要能专心,第二要能勤笔。

——蔡元培

板凳要坐十年冷,文章不写半句空。 ——范文澜

抒情的文字惟最自然者为最深邃。

——郭沫若

诗人要活在时代里面。

——郭沫若

什么叫细节?细节就是你的"珠子"。你要穿一串项链,这串项链要与别人的不同,你起码得有几颗是你的"珠子"。一颗珍贵的珠子能使一串项链熠熠生辉。一个好细节能使一篇作品读后难忘。 ——黄宗英

风格不是由字句的堆砌而来的,它是心灵的音乐。 ——老舍

哲人的智慧,加上孩子的天真,或者就能成个好作家了。 ——老舍

我写文章,不仅要考虑每个字的意义,也要考虑到每个字的声音。

——老舍

熟才能生巧。写过一遍,尽管不像样子,也会带来不少好处,不断地写作才会逐渐摸到文艺创作的底。字纸篓子是我的密友,常往它里面扔弃废稿,一定会有成功的那一天。 ——老舍

如果你有足够敏锐的感觉和才能,

---

①嬉笑:戏耍调笑。怒骂:愤怒斥骂。

②旨:意义;用意。

③愈:超过。瑕瑜互见:玉的斑点和光彩,比喻有缺点也有优点。

④吟:咏、诵,这里指写作。

如果你有充沛的想象,如果你能锲而不舍地在记忆的莽林和沼泽中跋涉,那么终有一天,你会有幸获得一个感人至深的故事,你会有幸在一行诗里,在一瞬间,与人共度岁月千年。——李锐

悲剧将人生的有价值的东西毁灭给人看,喜剧将那些无价值的撕破给人看。——鲁迅

指点江山,激扬文字,粪土当年万户侯。① ——毛泽东

文学贵在"创作",文学不能不忌同求异。——茅盾

一个准备从事写作的人,他的文学名著的诵读范围,也应当广博。
——茅盾

既要写出同中之异,又要写出异中之同。——茅盾

自然界现象对于人的情绪有种种不同的感应,我以为月亮引起的感应多半是消极,而把这一点畸形发挥得"透彻"的,恐怕就是我们中国的月亮文学。
——茅盾

一个好的文学作品,照例会使人觉得在真、美感觉以外,还有一种引人"向善"的力量。 ——沈从文

不想下地狱的诗人就不是好诗人。
——史铁生

一切希望和绝望,一切辛酸和微笑,一切,都可能是诗,又不仅仅是诗。
——舒婷

文章千古事,亦与时荣枯。
——王国维

大家之作,其言情也,必沁人心脾;其写景也,必豁人耳目。——王国维

看好作品就像吃橄榄,越吃越有味道。 ——王朝闻

所有经得住时间考验的伟大作品,其创作者除了精湛艺术之外,都必具有一颗悲天悯人的心。 ——萧乾

诗人总是这样,说着疯话,用情人的眼光看世界万物。 ——谢冕

一首蕴藏无限意义的诗不在长,也许稀少的几行字句就淹没了读书的海。
——徐志摩

经常有人问我,读古典诗词有什么用?我告诉大家,学习古典诗词,最大的好处就是让我们的心灵不死!
——叶嘉莹

第一流的文学著作固然不是纯知识,但刺透人生特殊角落之深,启发想象力之激动作用,远非普遍性的知识所能及。 ——殷海光

好的作品,读者想的总是比作者说的多。 ——翟晓声

好的作品,还是在于它是以人生的安稳做底子来描写人生的飞扬的。没有这底子,飞扬只能是浮沫。
——张爱玲

笔是人手中的独木桥,心灵走过它,可以走入辽阔。 ——张绍民

学习文学而懒于记诵是不成的,特

---

①指点:批评。江山:指国家。激扬:澄浊扬清。文字:发表言论,撰写文章。粪土:把……视为粪土。万户侯:指达官权贵。

别是诗。一个高中文科的学生,与其囫囵吞枣或走马观花地读十部诗集,不如仔仔细细地背诵三百首诗。

——朱自清

谚语是一人的机锋,多人的智能。

——朱自清

文学应该预见未来,用自己那最鼓舞人心的成果跑在人民的前面,就像它是在拖着生活向前迈进似的。

——阿·托尔斯泰[俄国]

文学应该记载下过去所经历的道路,追随那行动着的群众,沿着他们所走过的道路把那幅五光十色的历史图画给展示出来。

——阿·托尔斯泰[俄国]

文学可以美化人的思想、语言和行为,可以使人身体内部的机器——五脏六腑按照正常的轨道运转。

——阿基兰[印度]

诗歌必须充满人性,没有人性的诗就称不上是诗歌。

——阿莱克桑德雷[西班牙]

每一段我都写了四次:一次是写下我要说的话,一次是添加我所遗漏的,一次是删去不必要的,再一次是把全文精炼,有如我才想到的一样。

——阿林厄姆[英国]

仅天才不能成为作家,因为书的背后极需要作家的人格。

——爱默生[美国]

诗的本质就在于给不具形的思想以生动的、感性的、美丽的形象。

——别林斯基[俄国]

读者群是文学的最高法庭、最高裁判者。 ——别林斯基[俄国]

诗人必须有知识、思想、倾向和对于当代现实的深厚感情。

——别林斯基[俄国]

所谓写得好,就是同时又想得好,又感觉得好,又表达得好;同时又有智慧,又有心灵,又有审美力。

——布丰[法国]

文学作品应当能使读者不仅从作品所说的事情中,而且从述说这些事情的方式中得到快乐,否则就称不上是文学。 ——布鲁克[法国]

我的创作简直是从我内心流注出来的,不是凭空造作和敷衍成章的。

——柴可夫斯基[俄国]

文学是人的生活的教科书。

——车尔尼雪夫斯基[俄国]

文学对人民的发展多多少少总会有所影响,在历史运动中多多少少总会起重要的作用。

——车尔尼雪夫斯基[俄国]

一切好诗都是用血、汗和眼泪,一环扣一环,慢慢耐心地创作出来的。

——道格拉斯[美国]

没有爱情的故事就像没撒芥末的牛排:淡而无味。 ——法朗士[法国]

诗是寄寓于文字中的音乐,而音乐则是声韵中的诗。 ——福莱[美国]

文学就像炉中的火一样,我们从人家借得火来,把自己点燃,而后传给别人,以致为大家所共享。

——福楼拜[法国]

文学就是用语言来创造形象、典型和性格,用语言来反映现实事件、自然景观和思维过程。——高尔基[苏联]

话不要多,要做到诗里没有废字。任何一朵花都不会因为多了一个瓣而显得更美丽。——高尔基[苏联]

优秀的作品无论你怎样去探测它,都是探不到底的。——歌德[德国]

天才最伟大的贡献即是把一件寻常的事用生花妙笔写下来。
——歌德[德国]

幻想是诗人的翅膀,假设是科学家的天梯。——歌德[德国]

如果一个散文作家对于他想写的东西心里很有数,那么他可以省略他所知道的东西;读者呢,只要作者写得真实,会强烈地感觉到他所省略的地方,好像作者已经写出来似的。冰山在海里移动是很庄严宏伟的,这是因为它只有八分之一露在水面上。
——海明威[美国]

对于一个真正的作家来说,每一本书都应该成为他继续探索那些尚未到达的领域的一个新起点。
——海明威[美国]

一个认真的作家只有同死去的作家比高低,这些作家他知道是优秀的。这好比长跑运动员争的是计时表上的时间,而不仅仅是要超过同他一起赛跑的人。他要是不同时间赛跑,他永远不会知道他可以达到什么速度。
——海明威[美国]

我写的故事是要尽力传达出对实际生活的感受——不止是描写生活——也不是判断生活——而是真正把生活写活。——海明威[美国]

如果你安排得巧妙,家喻户晓的字便会取得新义,表达就能尽善尽美。
——贺拉斯[古罗马]

所有伟大而独创性的作家,以其伟大以及独创为准,创造出各自的趣味来。——华兹华斯[英国]

诗写得精巧是不够的,一定要令人陶醉,夺人魂魄。——霍勒斯[美国]

诗人的愿望应该是给人益处和乐趣,他写的东西应该给人以快感,同时对生活有帮助。——霍勒斯[美国]

如果你要写作,你必须有知识、艺术和魔术——字句和音乐的知识,不矫揉造作的艺术和热爱你的读者的魔术。
——纪伯伦[黎巴嫩]

所谓千古不朽的艺术作品,特点就在不论时尚怎么改变,它总是有办法满足任何时尚中的任何人。
——纪德[法国]

灵感既不是一种才能,也不是天赋,而是作家坚韧不拔的精神和精湛的技巧为他们所努力要表达的主题做出的一种和解。
——加西亚·马尔克斯[哥伦比亚]

作品越好,留给读者思考的余地越大。——杰克逊[美国]

良知是诗才的躯体,幻想是它的衣衫,运动是它的生命,而想象则是它的灵魂,无所不在,贯穿一切,把一切塑造成为一个有风姿、有意义的整体。

——柯勒律治[英国]

文学是对下一代实行潜移默化的很有力的工具。

——克鲁普斯卡娅[苏联]

诗人全部的生命——是爱情和歌唱；没有这些，便空虚、苍白而忧郁，像天空中没有云朵，没有星光！

——莱蒙托夫[俄国]

文学作品中最主要的是作者的灵魂。 ——列夫·托尔斯泰[俄国]

诗歌是一团火，在人的灵魂里燃烧。这火燃烧着，发热发光……真正的诗人不由自主地、痛楚地燃烧起来，并且引燃别人的心灵。而这便是全部文学事业之所在。

——列夫·托尔斯泰[俄国]

诗是火焰，是点燃人类心灵的火焰。 ——列夫·托尔斯泰[俄国]

写作而不加以修改，这种想法应该永远抛弃。三遍、四遍——那还是不够的。 ——列夫·托尔斯泰[俄国]

一切作品要写得好，它就应当……是从作者的心灵里歌唱出来的。

——列夫·托尔斯泰[俄国]

要表达内心的情感，还是寄托于以语言文字形成的文章为好。即使把千言万语压缩在一枚明信片里，也需要来自内心的从容。 ——铃木健二[日本]

作者不流泪，读者也不会流泪。

——罗伯特[英国]

我不是用学院的墨水写作，而是用我自己的血写作。 ——马蒂[古巴]

假如要想感动他人，必须先感动自己，否则不论任何杰出的作品，也绝对没有生命感。 ——米勒[法国]

真正的散文饱含着诗意，犹如苹果饱含着汁液一样。散文是布匹，诗歌则是纬纱。 ——帕乌斯托夫斯基[苏联]

只要有人活着，童话就存在。因为童话是人民对幸福和正义憧憬的最好表现。 ——帕乌斯托夫斯基[苏联]

每个人的作品，无论文学、音乐、绘画、建筑还是别的什么东西，经常就是他本人的画像。

——塞缪尔·巴特勒[英国]

诗是强烈感情的自然迸发，其源泉是静静回想的感动。

——王尔德[英国]

文学总是预示生活。它不是模拟生活，而是按照自己的目的塑造生活。

——王尔德[英国]

给人深刻印象的叙述，乃是文风第一位的东西。 ——萧伯纳[爱尔兰]

一首伟大的诗篇像一座喷泉一样，不断地喷出智慧和欢愉的水花。

——雪莱[英国]

仅仅有诗句不是诗，诗存在于思想中，思想来自心灵。体现思想的诗句无非是健美的身体上的漂亮外衣。

——雨果[法国]

作家们最害怕的莫过于被别人忽视。与忽视相比，非难、仇恨和反对都成了幸福的代名词。

——约翰生[英国]

100 艺 术

志在高山,志在流水。①
　　　　　——[战国]《列子》
其曲弥高,其和(hè)弥寡。②
　　　　　——[战国]《战国策》
竹动蝉争散,莲摇鱼暂飞。③
　　　　　——[北朝]庾信
转轴拨弦三两声,未成曲调先有情。　　　——[唐]白居易
十日画一水,五日画一石。
　　　　　——[唐]杜甫
此曲只应天上有,人间难得几回闻。　　　——[唐]杜甫
若教临水畔,字字恐成龙。④
　　　　　——[唐]韩偓
昆山玉碎凤凰叫,芙蓉泣露香兰笑。⑤　　　——[唐]李贺
女娲炼石补天处,石破天惊逗秋雨。⑥　　　——[唐]李贺
纤腰弄明月,长袖舞春风。⑦
　　　　　——[唐]刘希夷
请君莫奏前朝曲,听唱新翻《杨柳枝》。⑧　　　——[唐]刘禹锡
下笔则烟飞云动,落纸则鸾回凤惊。⑨　　　——[唐]卢照邻
或咫尺之图,写千里之景。⑩
　　　　　——[唐]王维
意匠如神变化生,笔端有力任纵横。⑪　　　——[宋]戴复古
画竹,必先得成竹于胸中。
　　　　　——[宋]苏轼
画虎不成反类狗。⑫
　　　　　——[明]《西游记》
正因为心中有光明,黑暗才成其为黑暗;正因为有天堂,才会有对地狱的刻骨体验;正因为充满了博爱,人才能在艺术的境界里超脱、升华。——残雪
真正的艺术一定是从艰难中延生,又必将在金钱中取得呵护和长存。
　　　　　——程乃珊
人生的滋味在于生的哀乐,艺术的福音在于其能表现这等哀乐。
　　　　　——丰子恺
艺术不是技巧的事业,而是心灵的事业。　　　——丰子恺
自然是美的源泉、艺术的源泉,亦

---

①此句指艺术创作中着力表现高山、流水等自然景物。
②曲:歌曲。弥:越发,更加。和:和谐地跟着唱。寡:少。
③此句用于咏屏风的画法生动。
④此句形容书法龙飞凤舞,很有气势。
⑤此句描摹乐声抑扬起伏,优美动听。
⑥女娲:古代传说中的女神,被尊为人类始祖,曾炼五色石补天。逗:引来。此句多用来描写乐曲激越高亢。
⑦弄:摆弄;拿着玩。比喻赏玩。
⑧前朝曲:指陈旧的曲子。翻:编制;谱曲填词。杨柳枝:歌曲名。此句常喻指推陈出新。
⑨下笔、落纸:书写文字。回:回旋。惊:惊醒。此句指书法潇洒,饱含神韵。
⑩咫尺:形容短小。
⑪意匠:指绘画等构思。
⑫类:相似;好像。

可说是人生源泉。　　——丰子恺

能做奇梦的人,才能画好画。
　　——傅抱石

任何学科,中人之资学之,可得中等成就,对社会多少有所贡献,不若艺术特别需要创造才能。　——傅雷

艺术与人生,只是一个晶球的两面,和人生无关系的艺术不是艺术,和艺术无关系的人生是徒然的人生。
　　——郭沫若

古人言"江山如画",正是江山不如画。画有人工剪裁,可以尽善尽美。
　　——黄宾虹

艺术如果没有震撼人们心灵的力量,引起人感情深处共鸣的内在感染力,它也就没有生命了。　——靳凡

只要是件真正的艺术作品,其立足以动一人者,也同样可以动千百万人而已。　　——林风眠

在艺术作品中,最富有意义的部分即是技巧以外的个性。　——林语堂

凡是艺术,都是心手俱闲时慢慢产生出来的。　　——林语堂

真与美是构成一件成功的艺术品的两大要素。　　——鲁迅

依傍和模仿决不能产生真艺术。
　　——鲁迅

非有天马行空似的大精神,即无大艺术的产生。　　——鲁迅

艺术的天才往往是在寂寞中诞生的。　　——陆文夫

艺术的最高境界是善良、纯真和美好。　　——罗兰

艺术上不同的形式和风格可以自由发展,科学上不同的学派可以自由争论。利用行政力量,强制推行一种风格、一种学派,禁止另一种学派,我们认为会有害于艺术和科学的发展。
　　——毛泽东

我们必须继承一切优秀的文学艺术遗产。　　——毛泽东

文艺作品不仅是一面镜子——反映生活,而且是一把斧头——创造生活。　　——茅盾

真正的文艺作品应该是上口清醇的美酒。　　——茅盾

只有竹子那样的虚心,牛皮筋那样的坚韧,烈火那样的热情,才能产生出真正不朽的艺术。　——茅盾

作画妙在似与不似之间,太似为媚俗,不似为欺世。　——齐白石

有激情,艺术才有生命!
　　——沙叶新

艺术是一种剩余享受,首先要吃饱穿暖才有心情谈及艺术。　——王安忆

要说艺术,其实就是孩子们做游戏。在自然面前,我们就是孩子,艺术也是游戏。　　——王安忆

怎么做对,是科学;怎么做好,则是艺术。　　——王小波

艺术无所不在,离合悲欢都是艺术,吃喝玩乐也是艺术。　——吴祖光

艺术与科学是人类文明的两个支柱。理论与实践也是人类文明创造的两条腿,缺一也是不行的。——吴作人

艺术就是思想,进行描绘和雕刻则

是不够的,一个艺术家应当能思考。
　　　　　　　　　　——伍兹

　　音乐是人生最大的快乐,音乐是生活中的一股清泉,音乐是陶冶性情的熔炉。　　　　　　　　　——冼星海

　　艺术是生命最耀眼的火焰。
　　　　　　　　　　——徐国静

　　艺术素质的高低是判别一个人人格水平的要素之一。——余秋雨

　　艺术家是灵魂的冒险者,是偶像的破坏者,是开路的前驱者。——郁达夫

　　艺术家是美的事物的创造者。
　　　　　　　　　　——郁达夫

　　不纵欲,没有艺术;太纵欲,也没有艺术。　　　　　　　——张申府

　　电影既如雕刻、绘画等是视觉艺术,又如音乐是听觉的艺术,它是以视觉为主、视听结合的艺术。——张瑶均

　　艺术的风尚一半是作者造成的,一半也是社会造成的。——朱光潜

　　艺术家尽管自己不落到人情世故的圈套里,可是从来没有一个真正的大艺术家不了解人情世故;艺术尽管和实用世界隔着一种距离,可是从来也没有一个真正的大艺术作品不是人生的返照。　　　　　　　　——朱光潜

　　艺术不仅满足美的要求,而且满足思想的需要。　　　　——宗白华

　　艺术心灵的诞生,在人生忘我的一刹那。　　　　　　——宗白华

　　批评家首先要有艺术家的眼睛,还要有在艺术的大搏斗中弄得满身尘土、通身冒汗的艺术家的那种气质。
　　　　　　　——阿·托尔斯泰[俄国]

　　音乐是唯一可以纵情而不会损害道德和宗教观念的享受。
　　　　　　　　　——爱迪生[美国]

　　艺术最深刻的美质都只植根在祖国文化的故土里。——爱默生[美国]

　　是否永远不落后时代,是评价一切艺术作品的标准。——爱默生[美国]

　　艺术的成功在于没有人工雕琢的痕迹。　　　　——奥维德[古罗马]

　　艺术的使命不是模仿自然,而是表现自然。　　　——巴尔扎克[法国]

　　一个不谐和音就会毁掉整个艺术,不在细节方面履行所有条件,艺术根本就不能成立。　——巴尔扎克[法国]

　　真正的雕塑家,他的凿子不是准确地临摹这只手,而是把运动和生命给你表达出来。我们必须抓住事物和生命的精神、灵魂和特征。
　　　　　　　——巴尔扎克[法国]

　　最高的艺术是要把观念纳入形象。一个字应包含无数的思想,一个画面要概括整套的哲理。
　　　　　　　——巴尔扎克[法国]

　　爱情的果实很快就消失,而艺术的果实是不朽的。　——巴尔扎克[法国]

　　音乐,有人将它比作花朵,因为它铺满在人生的道路上,散发出不绝的芬芳,把生活装饰得更美。
　　　　　　　　　——贝多芬[德国]

　　领悟音乐的人,能从一切世俗的烦恼中超脱出来。　——贝多芬[德国]

艺术,这是高于一切的上帝。

——贝多芬[德国]

艺术是对于真理的直感的观察,或者说是用形象来思维。

——别林斯基[俄国]

在艺术中,起着最积极和主导作用的是想象;而在科学中,则是理智和思考。——别林斯基[俄国]

艺术越摆脱教训,便越取得大公无私的纯粹之美。 ——波德莱尔[法国]

艺术的奇葩永远不会在寂寞中开放。 ——布德尔[法国]

艺术是永久的精神与物质的战争,艺术是每天痛楚与狂喜的激动情感,艺术是一场永无终了的搏斗。

——布德尔[法国]

在所有的表现方法中,摄影是唯一能把精确的和转瞬即逝的瞬间丝毫不差地固定下来的一种手段。

——布勒松[法国]

艺术的第一作用,一切艺术作品毫无例外的一个作用,就是再现自然和生活。 ——车尔尼雪夫斯基[俄国]

每一个多余的情节,无论它本身多么美妙,都只能使艺术作品丑陋。

——车尔尼雪夫斯基[俄国]

你如果要做一个艺术家,你要牢记:必须开拓你的胸襟,务使心如明镜,能够照见一切事物、一切色彩!

——达·芬奇[意大利]

艺术是积蓄在苦难和耐劳的人的灵魂中的蜜。 ——德莱塞[美国]

生活是根,艺术是花。

——邓肯[美国]

一切美好的艺术都是来自人类的精神,不需要任何外表虚饰。

——邓肯[美国]

舞蹈通过人体动作的表情来让人认识人体、心灵的美和圣洁。

——邓肯[美国]

艺术欣赏力究竟是什么呢？由于反复的经验而获得敏捷性,它表示在能使它美化的情况下,抓住真实与美好的东西,并且迅速而强烈地为它所感动。

——狄德罗[法国]

艺术比人生更高尚。埋头于艺术而避开其他一切是远离不幸的唯一道路。 ——福楼拜[法国]

美是艺术的目的和推动力。

——冈察洛夫[俄国]

所谓艺术的永恒是感觉,而不是时间。 ——高村光太郎[日本]

艺术是靠想象而存在的。

——高尔基[苏联]

艺术的精神就是力求用词句、色彩和声音把您的心灵中所自豪的、优美的东西,都体现出来。——高尔基[苏联]

艺术对于因生活和劳动而疲倦的心灵是一种可口的良药。

——高尔基[苏联]

真正的艺术拥有夸张的权利。

——高尔基[苏联]

真正的语言艺术总是朴素的,很生动的,几乎是可以感触到的。

——高尔基[苏联]

艺术作品所表现出来的美是永恒的。你看了,读了,永远有那种崇高、静谧、如痴如醉的感觉。

——高尔斯华绥[英国]

与智能结合的幻想是艺术之母和奇迹之源。 ——戈雅[西班牙]

艺术在本质上就是高尚的,因此艺术家不必为一个鄙陋的或者普通的题材而忧心忡忡。 ——歌德[德国]

艺术的真正生命正在对于个别特殊事物的掌握和描述。

——歌德[德国]

要想逃避这个世界,没有比艺术更可靠的途径;要想与这个世界联系,也没有一种方法比艺术更好。

——歌德[德国]

艺术家对于自然的个别部分当然要忠实,并且虔诚地摹仿。他不应该任意改动一个动物的骨骼构造和筋肉部位,以致丧失那个动物的特性。但是在使一幅画真正成为一幅画的艺术过程那种较高的境界里,艺术家就有一种较自由的心灵妙用——借助于虚构。

——歌德[德国]

美是艺术的最高原理,同时也是最高的目的。 ——歌德[德国]

艺术和科学,跟一切伟大而美好的事物一样,都属于整个世界。

——歌德[德国]

大自然创造了花卉,把它们编成花环的是艺术。 ——歌德[德国]

一切艺术最大的难题是如何运用直观的表现手法,创造出一个意境更高的虚幻世界。 ——歌德[德国]

一件完美的艺术作品,是人类灵魂的作品。 ——歌德[德国]

显出特征的艺术才是唯一真实的艺术。 ——歌德[德国]

绘画是没有文字的诗。

——贺拉斯[古罗马]

艺术不仅可以利用自然界丰富多彩的形形色色,而且还可以用创造的想象自己去另外创造无穷无尽的形象。

——黑格尔[德国]

音乐是伤心人的妙药。

——亨特[英国]

任何美的艺术品都不可能没有一点小小的瑕疵,但真正的美却一定能够掩盖这些小小的瑕疵。

——迦迪那[法国]

艺术不重复那可见的,而是创造可见的。 ——克莱[英国]

思想胜于情感的地方才会发生喜剧。 ——克鲁奇[美国]

辩论的艺术在于充分地表达它们,而生活的艺术则在于忽略它们中的百分之九十九。 ——拉瑟福德[英国]

开始的艺术是伟大的,但结束的艺术更伟大。 ——朗费罗[美国]

一切艺术都是开在枝叶繁茂的知识之树上的鲜艳的花朵。

——李斯特[匈牙利]

艺术不是享乐、安慰或娱乐,艺术是一桩伟大的事业,艺术是人类生活中把人们的理性意识转化为感情的一种工具。 ——列夫·托尔斯泰[俄国]

艺术是感情的传递。

——列夫·托尔斯泰[俄国]

艺术是生活的镜子。

——列夫·托尔斯泰[俄国]

区分真正的艺术和虚假的艺术的肯定无疑的标志,是艺术的感染性。

——列夫·托尔斯泰[俄国]

伟大的艺术作品之所以伟大,正因为它们是所有的人都能理解的。

——列夫·托尔斯泰[俄国]

艺术是要锻炼人自己了解世界,并使别人了解世界。 ——罗丹[法国]

艺术也就是趣味。

——罗丹[法国]

艺术是智慧的喜悦,在良知照耀下看清世界,而又重现这个世界的智慧的喜悦。 ——罗丹[法国]

最高的艺术,名副其实的艺术,决不受一朝一夕的规则限制,它是一颗向无垠的太空飞射出去的彗星。

——罗曼·罗兰[法国]

艺术家的任务是:在没有阳光的时候,去创造阳光。

——罗曼·罗兰[法国]

艺术是一种享受,一切享受中最迷人的享受。 ——罗曼·罗兰[法国]

最崇高的艺术是以爱的力量来完成的。 ——罗曼·罗兰[法国]

艺术是被征服的人生,是生命的帝王。 ——罗曼·罗兰[法国]

艺术不应当成为幻想,应当是真理!真理!我们得睁大眼睛,从所有的毛孔中间去吸取生命的强烈的气息,看着事实的真相,正视人间的苦难——并且放声大哭。 ——罗曼·罗兰[法国]

艺术的伟大意义基本上在于它能显示人的真正感情、内心生活的奥秘和热情的世界。 ——罗曼·罗兰[法国]

如果你想得到艺术的享受,那你就必须是一个有艺术修养的人。

——马克思[德国]

艺术并不是反映世界的镜子,而是一把用来震撼世界的铁锤。

——马雅可夫斯基[苏联]

伟大的艺术从来就是最富于装饰价值的。 ——毛姆[英国]

最细致的艺术,最难学会的艺术,就是生活的艺术。 ——梅西[英国]

画画用的是脑筋,而不是双手。

——米开朗琪罗[意大利]

艺术才是至上之物!它伟大到使人有活下去的意志,它是生命伟大的诱惑,生命强烈的刺激。——尼采[德国]

一切艺术有健身作用,可以增添力量、燃起激情。 ——尼采[德国]

一旦热爱艺术,什么奉献也不难。

——欧·亨利[美国]

一切艺术之花在沉默中更易开放。

——帕特里克·怀特[澳大利亚]

每一件艺术品都有一个必不可少的特征,其核心是简明,不管完成一件艺术品有多么复杂。

——切斯特顿[英国]

艺术的使命是一种情感和爱的使命。 ——乔治·桑[法国]

没有传统,艺术就像一群没有牧人

的羊一样;没有创新,它就是一具僵尸。
——丘吉尔[英国]

生活的艺术是一切艺术中最宝贵的,也是最稀罕的。 ——荣格[瑞士]

艺术并不超越大自然,不过会使大自然更美化。 ——塞万提斯[西班牙]

哪里有音乐,哪里就不会有灾祸。
——塞万提斯[西班牙]

最好的戏剧也不过是人生的缩影。
——莎士比亚[英国]

音乐是人生的艺术。
——施特劳斯[奥地利]

艺术的三个死敌:平庸、千篇一律、粗制滥造。 ——舒曼[德国]

没有绘画、雕塑、音乐、诗歌以及各种自然美所引起的情感,人生乐趣就会失掉一半。 ——斯宾塞[英国]

艺术能为我们敲开黑暗冰封的心扉而通达升华的精神境界。
——索忍尼辛[俄罗斯]

艺术的魔杖所触之处,当变为不朽的现实。 ——泰戈尔[印度]

艺术在朝圣的路上,探访现实中未知的一座座殿堂,走向一个同过去有着云渊之别的未来。 ——泰戈尔[印度]

请不要默默无言地坐下来去数你过去的悲欢,不要停下脚步去拾起隔夜的鲜花上落下的花瓣,不要去苦苦求索你不理解的东西,去辨别它费解的寓意,不要试图去填满生命的空白,因为音乐就来自那空白深处。
——泰戈尔[印度]

要了解一件艺术品、一个艺术家、一群艺术家,必须正确地设想他们所属的时代的精神和风俗概况。
——泰纳[法国]

离开了民族性即没有艺术,没有真理,也没有生命,什么也没有。
——屠格涅夫[俄国]

艺术应该是给人生以精神上的活力和鼓舞,而不是对人生亮出虚无主义的冷冰冰的魔鬼的拳头。
——托马斯·曼[德国]

艺术有独立的生命,正如思想有独立的生命一样,而且完全按照艺术自己的种种路线向前发展。
——王尔德[英国]

生活的奥妙存在于艺术之中。
——王尔德[英国]

艺术创作是非凡气质的非凡产物。
——王尔德[英国]

任何伟大的艺术家都不是直照现实的样子来观察事物,否则他就不成其为艺术家。 ——王尔德[英国]

没有人生来就是艺术家,也同样没有人生来就会钓鱼。
——沃尔顿[英国]

如果没有艺术,现实的粗陋将使这个世界不堪忍受。
——萧伯纳[爱尔兰]

你用镜子照见你的面孔,你用艺术作品照见你的灵魂。
——萧伯纳[爱尔兰]

艺术的目的不是要去表现事物的外貌,而是要去表现事物的内在意义。
——亚里士多德[古希腊]

每个伟大的艺术家都按照自己的意念铸造艺术。　　——雨果[法国]

艺术的大道上荆棘丛生,这也是件好事,常人都望而却步,只有意志坚强的人例外。　　——雨果[法国]

生命是短暂的,机会正在失去,经验是靠不住的,判断是困难的,只有艺术是永恒的。艺术应该像自然一样,在它的创作中,把阴影掺入光明,把粗俗结合崇高,而又不使它们相混。

——雨果[法国]

对于一个艺术家来说,如果能够打破常规,完全自由进行创作,其成绩往往会是惊人的。　　——卓别林[英国]

101　科学;技术

弈之为数,小数也;不专心致志,则不得也。① ——[战国]《孟子》

积财千万,不如薄伎在身。②

——[北朝]《颜氏家训》

男儿不艺则已矣,艺则须高天下人。③　　——[明]吴承恩

艺不少习过时悔。④

——[清]陈遇夫

技无大小,贵在能精。

——[清]李渔

书痴者文必工,艺痴者技必良。⑤

——[清]《聊斋志异》

弈之为术,在人自悟。⑥

——[清]《聊斋志异》

日进分文,不如一艺随身。

——[清]钱大昕

发达的科学技术是应当用来造福人类的,原子能应当为人类的进步服务。　　——巴金

科学结论是点成的金,量终有限;科学方法是点石的指,可以产生无穷的金。　　——蔡元培

科学与民主,是人类社会进步之两大主要动力。　　——陈独秀

科学的精神重在怀疑、研究、分析、归纳、实证这几层工夫。

——陈独秀

攻克科学难关,需要巨大的动力。科学的献身精神、百折不回的毅力,这些都是攻关的科学战士所必须具备的品质。　　——陈景润

科学每向前迈进一步,就会消失一百个美丽的神话传说。——邓刚

任何科学的结论都不该看成是永恒不变的。　　——邓拓

科学技术是第一生产力。

——邓小平

四个现代化,关键是科学技术现代化。没有现代科学技术,就不可能建设现代农业、现代工业、现代国防。

——邓小平

科学不是知识,而是运用知识的本

---

①弈:下棋。数:技艺;技术。得:学成;学好。
②伎:同"技",技能。薄伎:微小的技能。
③艺:技艺。高:超过。
④少习:少年时学习。
⑤痴:痴迷,喜欢得入迷。
⑥自悟:思考领悟。

领,也可以说,是已换得成果的活知识。
——敦源

科技不仅是综合国力的一项基本要素,而且对综合国力的其他构成亦具有很强的辐射和影响力。 ——冯江源

科学是讲求实际的。科学是老老实实的学问,来不得半点虚假,需要付出艰巨的劳动。 ——郭沫若

科学技术体系本身是一种现代社会组织,必须以一种现代精神原则作为运行动力,仅仅依靠增加资金与人员的投入,并不能获得所期待的科技产出。
——何家栋

科学乃是人类追求真理的一系列认识活动——对于未知现象提出假说,用事实来验证或否证假说。 ——何新

科学精神在于寻求事实,寻求真理。科学态度在于撇开成见,搁起感情,只认得事实,只跟着证据走。
——胡适

科学是推动历史前进的巨大力量。
——胡耀邦

科学成就就是由一点一滴积累起来的。唯有长时期的积聚才能由点滴汇成大海。 ——华罗庚

科学是实事求是的学问,来不得半点虚假。假的、虚的,即使掩盖一时,经过实践,总是会被揭露出来的,假的就是假的,真不了。 ——华罗庚

科学上的美丽设想都必须和研究工作中的实事求是的精神相结合,才有可能成为现实。 ——华罗庚

懂就说懂,不懂就说不懂,会就说会,不会就说不会,这是科学的态度。
——华罗庚

科学技术是推动时代发展的原动力。 ——江坪

科学是老老实实的东西,它要靠许许多多人的劳动和智慧积累起来。
——李四光

科学尊重事实,不能胡乱编造理由来附会一个学说。 ——李四光

科学的根本精神,全在养成观察力。 ——梁启超

进行科学研究时,我一向比较重视对最终结果的预测。 ——卢嘉锡

只有科学是真学问,将来用处无穷。 ——毛泽东

科学属于全人类。一切爱好和平的人民,只有共同掌握了科学知识,才能凝成一股征服自然的巨大力量,推动社会前进。 ——茅以升

科学经历的是一条非常曲折、非常艰难的道路。 ——钱三强

科学不是为了个人荣誉,不是为了私利,而是为了人类幸福。 ——钱三强

科学工作千万不能固执己见,缺乏勇气与认错的精神是会吃大亏的。
——钱学森

科学允许怀疑,也经得起怀疑。
——任继愈

没有现代的科学技术,没有丰富的文化知识,就等于赤手空拳去打仗,那是要吃败仗的,是搞不成四个现代化的。 ——宋庆龄

科学技术就像空气和水一样,弥漫

渗透到社会肌肤的每一个毛孔和细胞。它对人类文明所产生的物质影响和非物质影响是无可估量的。　——孙明哲

高科技的发展又确实是一柄双刃剑。　——孙明哲

科学知识的积累是科学发展的必要前提,至于最后由谁来总其大成,也许带有偶然的、幸运的色彩。
　——谈家桢

科学的使命,是要造福给人类社会,不造福给个人。　——陶行知

真正的科学家是追求科学的真理,拿着科学的火把救人。　——陶行知

科学上的许多重大突破,都是一点点细微的成绩积累起来的。
　——童第周

科学世界是无穷的领域,人们应该勇敢去探索。　——童第周

科学技术发展到今天,已是综合的、大规模的、集体的事业。
　——王方定

科学规律的本身是客观真理,是不会陈旧的,人们运用这些规律的方式和作出的相应设计方案却是日新月异的。
　——王竹溪

科学的价值不是用功利的经济目光就可衡量的,它更多是一种纯粹的冲动,一个纯粹的幻想,或者就是一种精神。　——翁宝

科学的态度是实事求是。
　——徐特立

科学,你是国力的灵魂,同时又是社会发展的标志。　——徐特立

科学的任务,就是要穷探宇宙、社会和人生的一切幽微奥妙。
　——严北溟

科学不应是少数人享受的,而应是全世界劳苦大众应享受的。应该成为他们的知识,成为他们的技能。
　——晏阳初

科学是包罗万象的事业,它需要有各方面的才能。　——杨振宁

科学就是对常识的不断冲击、突破和超越。　——俞吾金

技术第一的要求是精密,不能有一点含糊和轻率。"大概""差不多"这一类说法,不应该出于工程人员之口。
　——詹天佑

科学进步与经济发展是不可分离的。　——张岱年

科学同思想自由是不可分离的。
　——张岱年

学科学,是一口气也松不得的。科学的成就是毅力加耐心。　——张广厚

科学按其本质是历史的,历史的继承和批判无疑是科学的重要特征之一。
　——赵鑫珊

没有现代化的技术,就没有现代化的工业。　——周恩来

科学本身并不全是枯燥的公式,而是有着潜在的美和无穷的趣味,科学探索本身也充满了诗意。　——周培源

科学研究是探索未知,科研人员既要有严肃、严密和严格的学风,又要有敢想、敢干和敢闯的精神。二者不可缺一。　——朱兆良

科学永远对抗着迷信以及一切蒙昧无知的思想。　　——竺可桢

科学是一个开放型的事业,结论总是被不断更新。纵然某个科学家认为某项研究已彻底结束,其他人却不以为然。　　——艾尔·巴比[美国]

人们喜欢猎奇,这就是我们科学的种子。　　——爱默生[美国]

不带宗教的科学是瘸子,没有科学的宗教是瞎子。　　——爱因斯坦[美国]

真正的科学家应当是个幻想家。谁不是幻想家,谁就只能把自己称为实践家。　　——巴尔扎克[法国]

科学是依赖于方法的进步程度为推动而前进的,这句话并不假。
　　——巴甫洛夫[苏联]

科学需要一个人贡献出毕生的精力,假定你们每个人有两次生命,这对你们说来也还是不够的。
　　——巴甫洛夫[苏联]

方法能够推进科学。
　　——巴甫洛夫[苏联]

科学是没有国界的,因为她是属于全人类的财富,是照亮世界的火把,但学者是属于祖国的。
　　——巴斯德[法国]

科学家还必须具备想象力,这样才能想象出肉眼观察不到的事物如何发生、如何作用,并构思出假说。
　　——贝弗里奇[英国]

科学上为害最大的莫过于舍弃批判的态度,代之以轻信佐证不足的假设。一个没有经验的科学家常犯的错误是:轻信那些貌似有理的设想。
　　——贝弗里奇[英国]

留意意外之事是研究工作者的座右铭。　　——贝弗里奇[英国]

对于研究人员来说,最基本的两种品格是对科学的热爱和难以满足的好奇心。　　——贝弗里奇[英国]

科学的唯一目的,在于减轻人类生存的艰辛。　　——布莱希特[德国]

科学的界限就像地平线一样:你越接近它,它挪得越远。
　　——布莱希特[德国]

科学的目的不在于为无穷的智慧打开大门,而是在无穷的谬误前面划一条界线。　　——布莱希特[德国]

不管过去还是现在,科学都是对一切可能的事物的观察。所谓先见之明,是对即将出现的事物的认识,而这认识要有一个过程。
　　——达·芬奇[意大利]

科学就是整理事实,以便从中得出普遍的规律和结论。
　　——达尔文[英国]

科学的伟大进步,源自崭新与大胆的想象力。　　——杜威[美国]

科学应该有胆量来参加反对粗野无知与偏见的斗争。
　　——杜勃罗留波夫[俄国]

一旦科学插上幻想的翅膀,它就能赢得胜利。　　——法拉第[英国]

科学的永恒性就在于坚持不懈地寻求之中。科学就其容量而言,是永不枯竭的;就其目的而言,是永远不可企

及的。　　　——冯·伯尔[德国]

实验科学是了解大自然的顶峰，它能够取得最重要的实际效果。它是各学科的女王，各学科是它的侍女。

——弗兰西斯·培根[英国]

科学家的成果是全人类的财产，而科学是最无私的领域。

——高尔基[苏联]

科学不会舍弃真诚爱它的人们。

——季米里亚捷夫[俄国]

科学是不分国家、民族、信仰的，是人类的共同财富。

——卢瑟福[新西兰]

科学家不是依赖于个人的思想，而是综合了几千人的智能，所有的人想一个问题，并且每人做它的部分工作，添加到正建立起来的伟大知识大厦之中。

——卢斯福[美国]

只要人类能明智地利用科学，在创造完美世界的道路上，可能做到的事情看来几乎是永无止境的。

——罗素[英国]

科学家应当沿着未经开拓的道路前进，不管障碍多大。

——洛巴切夫卡斯基[俄罗斯]

在科学上没有平坦的大道，只有不畏劳苦沿着陡峭山路攀登的人，才有希望达到光辉的顶点。

——马克思[德国]

在科学的入口处，正像在地狱的入口处一样，必须提出这样的要求：这里必须根绝一切犹豫，这里任何怯懦都无济于事。　　——马克思[德国]

生活给科学提出了目标，科学照亮了生活的道路。

——米哈伊洛夫斯基[俄国]

科学上的天才与艺术上的天才一样，从根本上讲就是具有正确选择的能力。　　——乔治·萨顿[比利时]

只要是科学，都不会骗人，受骗者正是不懂得科学的人。

——塞万提斯[西班牙]

对全人类来说，只有一种共同利益，那就是科学的进步。

——圣西门[法国]

科学是对付狂热和狂言的有效的解毒剂。　　——史密斯[英国]

往往有这样的情形：为科学和技术开拓新道路的，有时并不是科学界的著名人物，而是科学界毫不知名的人物，平凡的人物，实践家，工作革新者。

——斯大林[苏联]

要想建立科学功勋，就必须敢于与占统治地位的意见相违背，要善于提出并捍卫标新立异的科学假说。

——苏霍金[苏联]

真正的科学家和真正的诗人是用同一种材料塑造出来的。

——苏霍金[苏联]

从精神出发的人过低地评价技术的意义，从物质利益出发的人过高地评价技术的意义。　　——威恩特[美国]

科学是埋葬形形色色褪了色的思想的坟场。　　——乌纳穆诺[德国]

任何科学上的雏形，都有它双重的

形象:胚胎时的丑恶,萌芽时的美丽。
　　　　　　——雨果[法国]
科学本身无所谓道德和不道德,只有利用科学成果的人们才有道德或不道德之分。——约里奥·居里[法国]

102　事理;哲理

以镜自照者见形容,以人自照者见吉凶。①　　　　——[周]姬发

石有玉而伤其山。
　　　　　　——[周]《逸周书》

上行之,下效之。②
　　　　　　——[周]《周礼》

天下同归而殊途,一致而百虑。③
　　　　　　——[周]《周易》

方以类聚,物以群分。④
　　　　　　——[周]《周易》

穷则变,变则通,通则久。⑤
　　　　　　——[周]《周易》

不进则退,不喜则忧,不得则亡,此世人之常。——[春秋]《邓析子》

一蜂至微,亦能游观乎天地;一虾至微,亦能放肆于大海。⑥
　　　　　　——[春秋]《关尹子》

众志成城,众口铄金。⑦
　　　　　　——[春秋]《国语》

合抱之木,生于毫末;九层之台,起于累土;千里之行,始于足下。⑧
　　　　　　——[春秋]《老子》

天之道,损有余而补不足;人之道则不然,损不足以奉有余。⑨
　　　　　　——[春秋]《老子》

飘风不终朝,骤雨不终日。⑩
　　　　　　——[春秋]《老子》

大直若屈,大巧若拙,大辩若讷。⑪
　　　　　　——[春秋]《老子》

大方无隅,大器晚成,大音希声,大象无形。⑫
　　　　　　——[春秋]《老子》

有无相生,难易相成,长短相形,高下相倾,音声相和,前后相随。⑬
　　　　　　——[春秋]《老子》

岁寒,然后知松柏之后凋也。⑭
　　　　　　——[春秋]《论语》

朽木不可雕也,粪土之墙不可杇

---

①照:映照。形容:身体、容貌。吉凶:吉利、凶险。
②效:效法;模仿。
③虑:思虑;想法。
④方:方术,旧时指医术、占卜、星相、炼丹等技术。
⑤穷:到了尽头;阻塞不通。
⑥放肆:毫无顾忌,指遨游。
⑦铄:熔化(金属)。金:金属。
⑧合抱:两臂围拢。毫末:秋毫之末,鸟兽秋天新生绒毛的末端,比喻微小的事物。累:堆积。足下:脚下。
⑨道:道理;规律。
⑩飘风:突然刮起的旋风。终:整个;全部。朝:早晨。日:白天。终朝、终日:这里指整整一天。
⑪大:极;非常。屈:弯曲。大辩:口才很好,说话清楚。讷:说话迟钝,不清楚。
⑫希:同"稀",少;小。象:形象。
⑬形:比较;对照。倾:超越;排斥。
⑭凋:(草木花叶)枯萎,脱落。

(wū)也。①

割鸡焉用牛刀。②
　　　　——[春秋]《论语》

网在纲,有条而不紊。③
　　　　——[春秋]《尚书》

惟事事乃其有备,有备无患。
　　　　——[春秋]《尚书》

它山之石,可以攻玉。④
　　　　——[春秋]《诗经》

鼓钟于宫,声闻于外。
　　　　——[春秋]《诗经》

溺者不问坠,迷者不问路。⑤
　　　　——[春秋]《晏子春秋》

海不辞水,故能成其大;山不辞土石,故能成其高。⑥　　——[战国]《管子》

物多则贱,寡则贵。
　　　　——[战国]《管子》

无目者不可示以五色,无耳者不可告以五音。⑦　　——[战国]《鬼谷子》

善张网者引其纲。⑧
　　　　——[战国]《韩非子》

万物必有盛衰,万事必有弛张。⑨
　　　　——[战国]《韩非子》

冰炭不同器而久,寒暑不兼时而至。　　——[战国]《韩非子》

千丈之堤,以蝼蚁之穴溃;百尺之室,以突隙之烟焚。⑩
　　　　——[战国]《韩非子》

失火而取水于海,海水虽多,火必不灭矣,远水不救近火也。
　　　　——[战国]《韩非子》

右手画圆,左手画方,不能两成。⑪
　　　　——[战国]《韩非子》

一手独拍,虽疾无声。⑫
　　　　——[战国]《韩非子》

一叶蔽目,不见泰山;两豆塞耳,不闻雷霆。　　——[战国]《鹖冠子》

天地无全功,圣人无全能,万物无全用。⑬　　——[战国]《列子》

形枉则影曲,形直则影正。⑭
　　　　——[战国]《列子》

天下理无常是,事无常非。先日所

---

①彤:同"雕",雕刻。杇:同"圬",抹泥或灰;粉刷。

②焉:用于反问,相当于"哪里""怎么"。

③纲:网上的总绳。条:条理。紊:乱。

④它:别的;其他。攻:磨;加工。此句常比喻吸收别人的优点,弥补自己的不足。

⑤溺:溺水。坠:指与溺水有关的事。迷:迷路。路:指道路方向。此句喻指知识要靠平日积累,凡事应早做准备。

⑥辞:辞去;拒绝。

⑦五色:青、黄、赤、白、黑五种颜色,泛指颜色。五音:宫、商、角、徵(zhǐ)、羽五个音阶,泛指声音。

⑧张网:撒网捕捉鸟兽、鱼等。引:拉。纲:收网或提网的粗绳。

⑨弛:放松弓弦,引申为放松、松懈、宽松。张:绷紧弓弦,引申为紧、急、严格。

⑩堤:堤坝。以:因。蝼蚁:蝼蛄和蚂蚁。溃:被冲毁。室:房屋。突:烟囱。隙:裂缝。烟:指火苗。焚:烧毁。

⑪两成:两边都画不成。

⑫疾:快;迅速。

⑬此句指无论自然界、人、事物,都不能求全责备。

⑭枉:不直;弯曲。

用,今或弃之;今之所弃,后或用之。①

——[战国]《列子》

流水不腐,户枢不蠹。②

——[战国]《吕氏春秋》

一引其纲,万目皆张。③

——[战国]《吕氏春秋》

吞舟之鱼,陆处则不胜蝼蚁。④

——[战国]《吕氏春秋》

物之不齐,物之情也。⑤

——[战国]《孟子》

为高必因丘陵,为下必因川泽。⑥

——[战国]《孟子》

权,然后知轻重;度(duó),然后知长短。⑦ ——[战国]《孟子》

饥者易为食,渴者易为饮。

——[战国]《孟子》

登泰山而小天下。⑧

——[战国]《孟子》

染于苍则苍,染于黄则黄。⑨

——[战国]《墨子》

量腹而食,度(duó)身而衣。⑩

——[战国]《墨子》

利之中取大,害之中取小。

——[战国]《墨子》

尺有所短,寸有所长。物有所不足,智有所不明。⑪ ——[战国]屈原

自井中视星,所见不过数星。

——[战国]《尸子》

鱼失水则死,水失鱼犹为水也。⑫

——[战国]《尸子》

天行有常,不为尧存,不为桀亡。⑬

——[战国]《荀子》

积土成山,风雨兴焉;积水成渊,蛟龙生焉。 ——[战国]《荀子》

水则载舟,水则覆舟。

——[战国]《荀子》

假舆马者,非利足也,而致千里;假舟楫者,非能水也,而绝江河。⑭

——[战国]《荀子》

跬(kuǐ)步不休,跛鳖千里。⑮

——[战国]《荀子》

目不能两视而明,耳不能两听而聪。⑯ ——[战国]《荀子》

青,取之于蓝,而青于蓝;冰,水为

---

①常:不变的。是:正确。非:错误。
②户:门。枢:门的转轴,用于固定和开合。蠹:蛀蚀;损害。户枢不蠹:比喻经常运动的东西不易被腐蚀。
③纲:提网的粗绳。目:网眼。
④蝼蚁:蝼蛄和蚂蚁。
⑤齐:一致。
⑥高:指高台。因:凭借。下:指深池。
⑦权:秤锤,引申为衡量。度:测量;估计。
⑧泰山:在山东中部,山峰峻拔。小天下:觉得天下很小。
⑨苍:深蓝或深绿。
⑩度:推测;估计。
⑪短:指短处、缺点。长:指长处、优点。
⑫犹:依然。
⑬常:规律。尧:上古帝王名,据说非常贤良。桀:夏代最后的君主,是有名的暴君。
⑭假:借用;凭借。舆:车。楫:船桨。绝:横渡;渡过。
⑮跬:半步。跛:瘸。
⑯两视:同时看两个地方。明:看得明白。两听:同时听两种声响。聪:听得清楚。比句指学习时如果精力分散就不会有收获。

之,而寒于水。① ——[战国]《荀子》

木受绳则直,金就砺则利。②

——[战国]《荀子》

不积跬(kuǐ)步,无以至千里;不积小流,无以成江海。③

——[战国]《荀子》

岁不寒,无以知松柏;事不难,无以知君子。 ——[战国]《荀子》

短绠不可以汲深井之泉。④

——[战国]《荀子》

源清则流清,源浊则流浊。

——[战国]《荀子》

多而贱,少而贵。

——[战国]《荀子》

质的(dì)张而弓矢至,林木茂而斧斤至。⑤ ——[战国]《荀子》

登高而招,臂非加长也,而见者远;顺风而呼,声非加疾也,而闻者彰。⑥

——[战国]《荀子》

狡兔有三窟,仅得免其死耳。

——[战国]《战国策》

行百里者,半于九十。

——[战国]《战国策》

始之易,终之难也。

——[战国]《战国策》

事有不可知者,有不可不知者;有不可忘者,有不可不忘者。

——[战国]《战国策》

见兔而顾犬,未为晚也;亡羊而补牢,未为迟也。⑦ ——[战国]《战国策》

日中则移,月满则亏,物盛则衰,天之常数也。⑧ ——[战国]《战国策》

一尺之棰,日取其半,万世不竭。⑨

——[战国]《庄子》

鹪鹩巢于深林,不过一枝;鼹鼠饮河,不过满腹。⑩ ——[战国]《庄子》

朝菌不知晦朔,蟪蛄不知春秋。⑪

——[战国]《庄子》

褚小者不可以怀大,绠短者不可以

---

① 青:指靛青,一种蓝色染料。蓝:指蓼蓝,叶子可提炼蓝色染料。

② 绳:指木工画直线用的绳墨。金:指金属制的刀、剑等兵器。就:接近;接触。砺:磨刀石。利:锋利。

③ 跬:抬起左脚或右脚迈出的距离,即半步。步:迈出一只脚后,再迈出另一只脚的距离,即一步。

④ 绠:井上用来打水的绳子。汲:从井里向上打水。

⑤ 质:箭靶。的:箭靶中心。质的:泛指箭靶。张:摆开。矢:箭。斤:斧头。斧斤:斧头。

⑥ 彰:明显;显著。

⑦ 顾:回头看。指回身召唤。亡:逃跑;丢失。牢:关牲畜的圈。

⑧ 日中:太阳运行到中天。移:偏移。月满:月圆。亏:月缺。物:事物。盛:兴盛。衰:衰败。天:指自然界。常数:永恒的规律。

⑨ 棰:短木棒。竭:尽;用尽。

⑩ 鹪鹩:一种小鸟。鼹鼠:一种外形像老鼠的小动物。河:指河水。

⑪ 朝菌:菌类植物的一种,早晨生于粪土中,日出以后就死了。晦朔:农历每月的最后一天和下月的第一天,指从第一天到第二天,泛指日夜。蟪蛄:蝉的一种,春季出生,夏季死亡,或夏季出生,秋季死亡。春秋:从春季到秋季的时间,泛指全年。

汲深。①

皮之不存,毛将安傅?②

——[战国]《庄子》

——[战国]《左传》

辅车相依,唇亡齿寒。③

——[战国]《左传》

末大必折,尾大不掉。④

——[战国]《左传》

虽鞭之长,不及马腹。

——[战国]《左传》

太山不让土壤,故能成其大;河海不择细流,故能就其深。⑤

——[秦]李斯

强弩之极,矢不能穿鲁缟;冲风之末,力不能漂鸿毛。⑥ ——[汉]韩安国

树欲静而风不止。 ——[汉]韩婴

临渊羡鱼,不如退而结网。⑦

——[汉]《汉书》

物盛而衰,乐极则悲,日中而移,月盈而亏。⑧ ——[汉]《淮南子》

非规矩不能定方圆,非准绳不能正曲直。⑨ ——[汉]《淮南子》

世异则事变,时移则俗易。

——[汉]《淮南子》

前车覆,后车诫。⑩

——[汉]《礼记》

峣峣者易缺,皎皎者易污。《阳春》之曲,和(hè)者必寡;盛名之下,其实难副。⑪ ——[汉]李固

大器晚成,宝货难售。

——[汉]《论衡》

一犬吠形,百犬吠声。

——[汉]《潜夫论》

燕雀安知鸿鹄之志哉?

——[汉]《史记》

桃李不言,下自成蹊。⑫

——[汉]《史记》

锥之处囊中,其末立见(xiàn)。⑬

——[汉]《史记》

---

①褚:囊;口袋。绠:井上取水的绳子。汲:从井中取水。

②安:用于反问,相当于"哪里""怎么"。傅:依附;附着。

③辅:面颊骨。车:牙床。依:依靠。辅车相依:面颊骨和牙床彼此依靠在一起,比喻两种事物密不可分,相互依存。

④末:树梢。折:折断。尾:尾巴。掉:摇摆。

⑤太山:同"泰山"。让:拒绝;不接受。择:挑选;挑剔。就:成就;造就。

⑥强:强劲。极:射程将尽时。矢:箭。穿:穿透。鲁缟:鲁国生产的质地又细又薄的生绢。冲风:强风。末:风将要停息时。漂:通"飘",吹起。鸿毛:大雁的羽毛。

⑦临:面对着。渊:深水潭。羡:希望得到。临渊羡鱼:比喻只有愿望,不去实干,结果无济于事。结网:编织渔网。

⑧中:到了中天。盈:满,指月圆。亏:减损,指月缺。

⑨规:画圆形的工具。矩:画方形或直角的工具。准:水准器,测定平面的工具。绳:取直线用的工具。

⑩覆:倾覆;翻倒。诫:警告;警惕。

⑪峣峣:高耸的样子。缺:受损害。皎皎:洁白的样子。污:受污染。阳春:曲调名,很高雅。和:和谐地跟着唱。寡:少。盛名:很大的名声。实:实际。副:相称;符合。

⑫蹊:小路。

⑬末:末端;尖端。见:同"现",显露出来。

蜚鸟尽,良弓藏;狡兔死,走狗烹。①
——[汉]《史记》
养虎自遗患。 ——[汉]《史记》
当断不断,反受其乱。
——[汉]《史记》
知人易,自知难。②
——[汉]《吴越春秋》
螳螂捕蝉,黄雀在后。
——[汉]《吴越春秋》
导人必因其性,治水必因其势。③
——[汉]徐幹
山不厌高,水不厌深。④
——[三国]曹操
百足之虫至死不僵,扶之者众也。⑤
——[三国]曹冏
本是同根生,相煎何太急。⑥
——[三国]曹植
弹鸟,则千金不及丸泥之用。
——[晋]《抱朴子》
缝缉,则长剑不及数寸之针。⑦
——[晋]《抱朴子》
所见少,则所怪多,世之常也。
——[晋]《抱朴子》
近朱者赤,近墨者黑。⑧
——[晋]傅玄
枝大者披心,尾大者不掉。⑨
——[晋]《三国志》
扬汤止沸,不如灭火去薪。
——[晋]《三国志》
不探虎穴,安得虎子?⑩
——[晋]《三国志》
士别三日,即更刮目相待。⑪
——[晋]《三国志》

羁鸟恋旧林,池鱼思故渊。
——[晋]陶潜
反水不收,后悔无及。⑫
——[南朝]《后汉书》
苍蝇之飞,不过十步;自托骐骥之尾,乃腾千里之路。⑬
——[南朝]《后汉书》
覆巢之下,无复完卵。
——[南朝]《世说新语》
管中窥豹,时见一斑。⑭
——[南朝]《世说新语》

---

①蜚:又作"飞"。此句喻指事业完成后,有功之人就会被抛弃或杀死。
②知:知道;了解。
③导:教导;引导。因:顺应。性:性情。势:形势。
④厌:满足。
⑤百足之虫:指马陆,一种长有几十对足的节肢动物。僵:倒下。扶:支撑。
⑥煎:煮。何:为什么;何必。急:迫切。此句劝诫人们珍惜骨肉之情,避免手足相残。
⑦缉:一针连一针,密密地缝。
⑧朱:朱砂,一种矿物,大红色,可做颜料、药材。赤:红。
⑨大:粗大。披心:树心裂开。掉:摇摆;摆动。
⑩安:用于反问,相当于"哪里""怎么"。
⑪士:指有一定文化和社会地位的男子。别:分别;离别。刮目:擦亮眼睛。
⑫反:颠倒;倾覆。
⑬骐骥:骏马。
⑭管:竹筒。窥:观看。斑:豹身上的斑点。此句喻指所看到的只是整体中的很小一部分。

林无静树,川无停流。
——[南朝]《世说新语》
驽牛可以负重致远。①
——[南朝]《世说新语》
迷而知反,得道未远。②
——[北朝]《杂歌谣辞》
大厦将颠,非一木所支也。
——[隋]王通
难将一人手,掩得天下目。
——[唐]曹邺
会当凌绝顶,一览众山小。③
——[唐]杜甫
无边落木萧萧下,不尽长江滚滚来。④
——[唐]杜甫
貂不足,狗尾续。
——[唐]房玄龄
譬如破竹,数节之后,皆迎刃而解。⑤
——[唐]房玄龄
不塞不流,不止不行。
——[唐]韩愈
蚍蜉撼大树,可笑不自量。⑥
——[唐]韩愈
不是一番寒彻骨,争得梅花扑鼻香。⑦
——[唐]黄檗
花开堪折直须折,莫待无花空折枝。⑧
——[唐]《金缕衣》
天若有情天亦老。——[唐]李贺
夕阳无限好,只是近黄昏。⑨
——[唐]李商隐
天意怜幽草,人间重晚晴。⑩
——[唐]李商隐
春蚕到死丝方尽,蜡炬成灰泪始干。
——[唐]李商隐

春种一粒粟,秋收万颗子。⑪
——[唐]李绅
沉舟侧畔千帆过,病树前头万木春。⑫
——[唐]刘禹锡
莫道桑榆晚,为霞尚满天。⑬
——[唐]刘禹锡
山不在高,有仙则名;水不在深,有龙则灵。⑭
——[唐]刘禹锡
采得百花成蜜后,为谁辛苦为谁甜。
——[唐]罗隐

---

① 驽牛:走得不快的牛。负重致远:背负重物走得很远。
② 迷:走上迷途。反:同"返",返回。道:正确的道路。
③ 会当:应该;应当。凌:登临;攀登。绝顶:顶峰,最高峰。览:看,指俯视。
④ 落木:落叶。萧萧:形容树叶随风飘落的声音。
⑤ 解:裂开。此句喻指主要问题解决了,其他问题就很容易解决。
⑥ 蚍蜉:大蚂蚁。
⑦ 争:怎;怎么。
⑧ 堪:可以;能够。
⑨ 此句现常用来形容好景不长,或感叹美好的事物即将逝去。
⑩ 怜:爱惜。幽草:生长于幽僻处的小草。重:注重;看重。晚晴:傍晚的晴朗天气,比喻人生的晚年。
⑪ 粟:谷物;此处泛指粮食。子:果实;子实。此句比喻有一些付出,就会有很多收获。
⑫ 沉舟:沉没的船。病树:指枯老的树木。
⑬ 桑榆:指桑榆暮景(落日的余晖照在桑榆树梢上,比喻老年的时光)。
⑭ 名:出名。

凡大事皆起于小事,小事不论,大事又将不可救。——[唐]吴兢

山雨欲来风满楼。——[唐]许浑

良玉未剖,与瓦石相类;名骥未驰,与驽马相杂。① ——[唐]《周书》

猫能致功,鼠不为害。
——[五代]《旧唐书》

绳锯木断,水滴石穿。
——[宋]《鹤林玉露》

成人不自在,自在不成人。
——[宋]《鹤林玉露》

欲为君子,终身乃成;欲为小人,一朝可就。——[宋]刘炎

中河失船,一壶千金。②
——[宋]陆佃解

物极必反,数穷则变。③
——[宋]欧阳修

骑虎者势不得下。
——[宋]欧阳修

众盲摸象,各说异端。
——[宋]普济

只看后浪催前浪,当悟新人胜旧人。——[宋]释文向

不识庐山真面目,只缘身在此山中。④ ——[宋]苏轼

天涯何处无芳草。——[宋]苏轼

月晕而风,础润而雨。⑤
——[宋]苏洵

千门万户曈曈日,总把新桃换旧符。⑥ ——[宋]王安石

不畏浮云遮望眼,只缘身在最高层。⑦ ——[宋]王安石

近水楼台先得月,向阳花木易为春。⑧

卧榻之侧,岂容他人鼾睡。
——[宋]俞文豹

问渠那得清如许,为有源头活水来。⑨ ——[宋]朱熹

凡人之情,穷则思变。⑩
——[宋]《资治通鉴》

羊羹虽美,众口难调。⑪
——[元]邓玉宾

船到江心补漏迟。
——[元]关汉卿

人无害虎心,虎有伤人意。
——[元]纪君祥

画虎画皮难画骨,知人知面不知心。 ——[元]孟汉卿

---

①骥:骏马。驽马:劣马。
②中河:河中央。壶:同"瓠",葫芦。
③数:时运。穷:尽头。变:转变。
④缘:因为。
⑤月晕:月亮周围出现光环。风:起风。础:房柱下的基石。润:潮湿。雨:下雨。此句指事故或事件的发生往往有预兆。
⑥曈曈:太阳升起时光亮的样子。桃、符:指桃符,古代挂在大门上的两块桃木板,画有门神像或写着门神名字,用以驱鬼避邪,后来借指春联。
⑦只:只是。"只"一作"自",自然。缘:因为。
⑧易:容易,这里指先,时间或行动在前。木:树木。
⑨渠:它,指池塘。如许:像这样。为:因为。
⑩穷:困厄,处境艰难。
⑪羊羹:用羊肉和菜等做成的带汤汁的食品。美:味道鲜美。调:调和口味。

运用之妙,存乎一心。①

——[元]《宋史》

凡人不可貌相,海水不可斗量。

——[元]《小尉迟》

人无千日好,花无百日红。

——[元]杨文奎

常将冷眼看螃蟹,看你横行得几时!

——[元]杨显之

路遥知马力,日久见人心。

——[元]《争报恩》

木无本必枯,水无源必竭。②

——[明]冯梦龙

剖开顽石方知玉,淘尽泥沙始见金。

——[明]冯梦龙

天下无有不散筵席。

——[明]冯梦龙

见不尽者,天下之事;读不尽者,天下之书;参不尽者,天下之理。③

——[明]冯梦龙

大凡做好事的心,一日小一日;做歹事的胆,一日大一日。

——[明]冯梦龙

冰冻三尺,非一日之寒。

——[明]《金瓶梅词话》

苍蝇不钻没缝的鸡蛋。

——[明]《金瓶梅词话》

留得青山在,不怕没柴烧。

——[明]凌濛初

当局者迷,旁观者清。

——[明]吕坤

有意栽花花不发,无心插柳柳成阴。④

——[明]《平妖传》

天下大势,分久必合,合久必分。⑤

——[明]《三国演义》

两虎相斗,必有一伤。

——[明]《三国演义》

瓮中捉鳖,手到拿来。

——[明]《水浒传》

酒乱性,色迷人。

——[明]《水浒传》

蛇无头而不行,鸟无翅而不飞。

——[明]《水浒传》

强宾不压主。——[明]《水浒传》

有风方起浪,无潮水自平。

——[明]吴承恩

花不常好,月不常圆。

——[明]于谦

冰生于水而寒于水,青出于蓝而胜于蓝。——[明、清]《增广贤文》

远水难救近火,远亲不如近邻。

——[明、清]《增广贤文》

长江后浪推前浪,世上今人胜古人。

——[明、清]《增广贤文》

朝中有人好做官。

——[清]《儿女英雄传》

观人必于其微。⑥

——[清]《官场现形记》

----

①存乎一心:随机应变;灵活应用。
②木:树木。本:树根。竭:枯竭;干涸。
③参:探究并领会。
④发:(花)盛开。
⑤大势:总发展趋势。分:分裂。合:统一。
⑥微:指细小处。

胖子也不是一口吃的。

——[清]《红楼梦》

丈八的灯台,照见人家,照不见自己。

——[清]《红楼梦》

瘦死的骆驼比马大。

——[清]《红楼梦》

牡丹虽好,全仗绿叶扶持。①

——[清]《红楼梦》

树倒猢狲散。②

——[清]《红楼梦》

前人栽树,后人乘凉。

——[清]《黄绣球》

便宜没好货,好货不便宜。

——[清]史襄哉

要知山下路,须问过来人。

——[清]王有光

多见为常,少见为怪。

——[清]徐增

宜未雨而绸缪,毋临渴而掘井。③

——[清]朱柏庐

种瓜得瓜,种豆得豆。

——[清]朱舜水

世界上最容易的,莫过于否定一切。 ——艾青

一个人像一块砖砌在大礼堂的墙里,是谁也动不得的,但是丢在路上,挡人走路是要被人一脚踢开的。

——艾思奇

大海的水,是不能温热的;孤傲的心,是不能软化的。 ——冰心

天下唯不明白人多疑人,明白人不疑人也。 ——蔡锷

令人吃惊的事如果每天发生,就不再会令人吃惊。 ——蔡斯

迷路者摆脱困境的最佳方法是先按原先足迹退回去。 ——曹锦清

人只能取一个立场,取一个角度。你站在哪里,你就看不见哪里。

——陈家琪

大雪压青松,青松挺且直。要知松高洁,待到雪化时。 ——陈毅

一个人往往对存在手头的东西(或是机会,或是环境,或是任何可贵的东西)不知珍惜,直到要失去了的时候再去后悔! ——傅雷

毒草不为满足人们的饕餮而减其毒性,自然亦不为人们有误服毒草而致死者,遂不生毒草。 ——郭沫若

鹏鸟纵遭鸠鹦笑,凤鸾昌死不为鸡。 ——郭沫若

下棋找高手,弄斧到班门,这是我一生的主张。只有不怕在能者面前暴露自己的弱点,才能不断前进。

——华罗庚

有生命力的种子,总要出芽、伸枝、展叶的,不管压上怎样的石头!有生命力的枝丫,你在这边折断它,它也会在另一边暴出一片新绿。 ——黄宗英

每一个人身上的潜力是巨大的,意识能超越自身,守住自己,世界就会向

---

①仗:依仗;依赖。

②猢狲:猴子的俗称,比喻依附权势的人。

③宜:应当。绸缪:紧密缠缚。成语"未雨绸缪":趁着天没下雨,先修缮房屋门窗,比喻事先做好准备。毋:不要;不可以。

你靠拢。　　　　　——蒋子龙

你可以看不惯一些东西，但是你应该学会接受——如果你没法改变那一切的话。　　　　　——李开复

来之，安之，逆水行舟回头难。
　　　　　　　　　　——李连杰

有一分热，发一分光。　——鲁迅

其实地上本没有路，走的人多了，也便成了路。　　　　　——鲁迅

想有乔木，想看好花，一定要有好土。　　　　　　　　——鲁迅

幼稚是会成长，会成熟的，只要不衰老、不腐败就好。　　——鲁迅

审时度势，顺势而为。——罗康瑞

牢骚太盛防肠断，风物长宜放眼量。　　　　　　　　——毛泽东

外因是变化的条件，内因是变化的根据。　　　　　　——毛泽东

在温室里培养出来的东西，不会有强大的生命力。　　——毛泽东

优势而无准备，不是真正的优势。
　　　　　　　　　　——毛泽东

心好像一扇厚重的城堡之门，没有外面的锁，只有里面的闩，别人在外面怎么使劲地踹，不如里面自己轻轻一拨。①　　　　　　——庞永力

寂静能使人听见平常所听不到的声音，使道德家听见了良心的微语，使诗人们听见了暮色移动的潜息或青草萌芽的幽响。　　　——钱锺书

最最优美的钻石往往深埋在地底的最深处。　　　　　——三毛

你已经拥有的东西未必是好东西，你所没有的东西未必全是精品。
　　　　　　　　　　——王润生

事物的复杂性在于在一定条件下的优点偏偏正是它的缺点，反之，在一定条件下的缺点恰恰正是它的优点。
　　　　　　　　　　——王朝闻

顺风的时候，别把篷扯得太足。
　　　　　　　　　　——夏衍

松柏四季常青，但绝不嘲笑桃李的短暂。　　　　　——余微野

只有知道如何停止的人才知道如何加快速度。　　　——俞敏洪

种子适时发芽，花蕾适时绽放，果实适时成熟，这种状态就是一种自由。
　　　　　　　　　　——张乃光

贝壳虽然死了，却把它的美丽留给了整个世界。　　　——张笑天

世间事物最复杂因而最难懂的莫过人，懂得人就会懂得你自己。
　　　　　　　　　　——朱光潜

知道世界之大，才知道自己之小!
　　　　　　　　　　——朱自清

凡事顺其自然，遇事处之泰然，得意时淡然，失意时坦然，艰难曲折属必然，历经沧桑悟自然。　——庄则栋

所有的颜色你是数不过来的，但是应该会分辨它们。

——阿·巴巴耶娃[苏联]

最优秀的东西也常是最难被理解

---

①闩：门闩，插在门后使门推不开的横木或铁棍。

的。　　　　　　——爱迪生[美国]

事物都是相互妥协的,就是冰山也会时而消融,时而重新凝聚。

——爱默生[美国]

没有踏过的地方,路也不会展宽的。　　　　　　——安徒生[丹麦]

海里的浪涛很大,而人心里的浪涛却更大。　　　——安徒生[丹麦]

一匹马如果没有另一匹马紧紧追赶并要超出它,就永远不会疾驰飞奔。

——奥维德[古罗马]

在幽谷里开放的寻常而朴素的花朵,如果被移植到和天空太接近的地方,移到有暴风雨和炎热的阳光的地方,也许就要死亡。

——巴尔扎克[法国]

无论鸟翼是多么的完美,如果不凭借着空气,它是永远不会飞翔高空的。

——巴普洛夫[苏联]

猫即使当了女王,也改变不了捕鼠的旧习。　　　——贝尔奈[德国]

葡萄酒对普通人而言是百药之长,但对发烧之人却有害,难道因此便说它不好吗?　　　——薄伽丘[意大利]

小草也有点缀春天的价值。

——布迪曼[印度尼西亚]

从一粒沙子可看见整个世界。

——布莱克[英国]

狐狸永远只会咒骂陷阱,从不责怪自己。　　　　　——布莱克[英国]

如果熊饿了,你喂它蜂蜜,是会丢掉胳膊的。　——布莱希特[德国]

在令人厌倦的旅途上,一个性格明快的伙伴胜过一乘轿子。

——查尔斯·里德[英国]

让别人读出心事就像被人看到你手中的牌。　——查斯特菲尔德[英国]

只有服从大自然,才能战胜大自然。　　　　　　——达尔文[英国]

海水是最纯洁的,又是最不纯洁的。对于鱼,它是能喝的,有益的;对于人,它是不能喝的,有害的。

——德谟克里特[古希腊]

既然习惯是人生的主宰,人们就应当努力求得好的习惯。

——弗兰西斯·培根[英国]

最曲折的路有时最简捷。

——孚西特万格[德国]

舌头虽软,却能伤人。

——富兰克林[美国]

盲人不会因为你给他镜子而表示感激。　　　　　——富勒[英国]

对一个伤痛不要打探得太深,以免造成一个新的伤痛。　——富勒[英国]

高明的射手之所以出名,不是因为他的箭好,而是因为他箭无虚发。

——富勒[英国]

一片云就足以掩住整个太阳。

——富勒[英国]

啜饮蜜糖的苍蝇在甜蜜中丧生。

——盖伊[英国]

瑰丽的大厦建成以后,就该把杂乱无章的脚手架拆掉。　——高斯[德国]

你要我指点四周的风景,你首先要爬上屋顶。　　　——歌德[德国]

并非凡是有水的地方都有青蛙,但

是有青蛙的地方总会找到水。
　　　　　　——歌德[德国]
　如果是玫瑰,它总会开花的。
　　　　　　——歌德[德国]
　一根最细的头发也有影子。
　　　　　　——歌德[德国]
　流水在碰到抵触的地方才把它的活力解放。——歌德[德国]
　神奇的东西未必都是奇迹。
　　　　　　——歌德[德国]
　你的脸歪着,却责备镜子,这有什么用呢!　　——果戈理[俄国]
　有了阴影,光明才更具耀眼。
　　　　　　——海泽[德国]
　手中的一根羽毛也强似空中一只鸟。　　　——赫伯特[英国]
　你不可能两次踏进同一条河流,因为水在不断地流动。
　　　　——赫拉克利特[古希腊]
　事实并不因无人注意而不存在。
　　　　　　——赫胥黎[英国]
　存在即合理。——黑格尔[德国]
　凡是合乎理性的东西都是现实的,凡是现实的东西都是合乎理性的。
　　　　　　——黑格尔[德国]
　假如你对风泄露了你的秘密,你就不应当去责备风对树林泄露了秘密。
　　　　　　——纪伯伦[黎巴嫩]
　青蛙也许会叫得比牛更响,但是它们不能在田里拉犁,也不会在酒坊里牵磨,它们的皮也做不出鞋来。
　　　　　　——纪伯伦[黎巴嫩]
　当你背向太阳的时候,你只看到自己的影子。　——纪伯伦[黎巴嫩]
　一个人有两个我,一个在黑暗里醒着,一个在阳光中睡着。
　　　　　　——纪伯伦[黎巴嫩]
　毁坏只需一瞬间,而修复则要花费整整一个时代。——康格里夫[英国]
　矮子爬在巨人肩上,看得比巨人远。　　　——柯勒律治[英国]
　有许多平静而清澈的小溪,溪水的声音是悦耳的,唯一的缘故就在这里:它没有多少水量。
　　　　　　——克雷洛夫[俄国]
　狐狸如果能够保全它的尾巴,就不必惋惜这里、那里的几根毫毛。
　　　　　　——克雷洛夫[俄国]
　风可以把蜡烛吹灭,也可以把篝火吹旺。　——拉罗什富科[法国]
　受骗的最可靠途径就是自以为比别人更狡猾。——拉罗什富科[法国]
　你不能在一只水杯中掀起风暴。风暴喜爱宽广的平原,在那儿它才可以猛烈地呼啸! ——拉萨尔[德国]
　河流从不侵犯河堤,河水没有一日停息,总是那样被囚禁在水晶的牢狱,也不离开自己的河床。
　　　　　　——拉辛[法国]
　天地间没有两个彼此完全相同的东西。　　——莱布尼茨[德国]
　要想射中靶,必须瞄准比靶略为高些,因为脱弦之箭都受到地心引力的影响。　　　——朗费罗[美国]
　人只能借着比较才能知道自己。
　　　　——列夫·托尔斯泰[俄国]

苹果青的时候是不应该摘取的,它熟的时候自己会落,但你若在青的时候摘取,便是损害了苹果和树,并且要使牙齿发酸的。

——列夫·托尔斯泰[俄国]

只有疼痛的地方才能感到别人在碰它。　　——列夫·托尔斯泰[俄国]

闪光的东西不一定都是金子。

——列宁[苏联]

只要风俗一旦确立,偏见一旦生根,再想加以改造就是一件危险而徒劳的事情了。　　——卢梭[法国]

要打动别人的心,自己的行为就必须合于人情。　　——卢梭[法国]

舒适的享受一旦成为习惯,便使人几乎完全感觉不到乐趣,而变成了人的真正需要。　　——卢梭[法国]

没有任何脂粉可以挽救容颜的凋残。　　——罗曼·罗兰[法国]

要散布阳光到别人心里,先得自己心里有阳光。 ——罗曼·罗兰[法国]

哪儿要是没有拘束,哪儿也就没有乐趣……尤其是自身受拘束时,也就拘束了旁边的人。

——罗曼·罗兰[法国]

与其花许多时间和精力去凿许多浅井,不如花同样多的时间和精力去凿一口深井。 ——罗曼·罗兰[法国]

习惯造成表面的正确合理,但进步的最大敌人正是习惯。

——马蒂[古巴]

没有黑暗这种东西,只有看不见而已。　　——马格里奇[法国]

一个人要是跌进水里,他游泳得好不好是无关紧要的,反正他得挣扎出来,不然就得淹死。 ——毛姆[英国]

吃别人不能吃的苦,忍受别人不能忍受的委屈,做别人不能做的事,就能享受别人不能享受的一切。

——拿破仑[法国]

没有什么比做决定更困难,所以没有什么比果断更宝贵的了。

——拿破仑[法国]

只有当你身处最低的山谷的时候,才能知道置身最高的山峰会有多么壮丽。　　——尼克松[美国]

如果说我看得远,那是因为我站在巨人们的肩上。　　——牛顿[英国]

只有在失去可贵的事物之后,人们才理解到它们的价值。

——普劳图斯[古罗马]

船锚是不怕埋没自己的。当人们看不见它的时候,正是它在为人类服务的时候。 ——普列汉诺夫[俄国]

路是人的脚走成的,为了多辟几条路,必须多向没有人的地方走去。

——契诃夫[俄国]

妥协的人是在喂一条鳄鱼——希望它最后吃掉自己。

——丘吉尔[英国]

种子良好,草木一定长得繁茂。

——萨迪[波斯]

疾驰的快马往往只跑两个驿亭,从容的驴子才能日夜前进。

——萨迪[波斯]

口袋里装着一瓶麝香的人,不会到

十字街头去叫叫嚷嚷让所有的人都知道,因为他身后飘出的香味已说明了一切。　　——萨迪[波斯]

如果一个人身受大恩而后来又和恩人反目的话,他要顾全自己的体面,一定比不相干的陌路人更加恶毒,他要证实对方罪过才能解释自己的无情无义。　　——萨克雷[英国]

弓弦不能老绷紧了不放。人是个软弱的东西,没一点适当的松散,是支持不住的。　——塞万提斯[西班牙]

猫儿被包围、追赶得走投无路,也会变成狮子。——塞万提斯[西班牙]

毒蛇虽然杀人,但它有毒不是它的罪过,那是天生的。
　　——塞万提斯[西班牙]

没有受过伤的人,才会讥笑别人身上的创痕。　——莎士比亚[英国]

河床越深,水面越平静。
　　——莎士比亚[英国]

假使我们将自己比作泥土,那就真要成为给人践踏的东西了。
　　——莎士比亚[英国]

每一杯过量的酒,都是魔鬼酿成的毒汁。　——莎士比亚[英国]

黑夜使眼睛的视力失去了作用,却使耳朵的听觉更为灵敏。
　　——莎士比亚[英国]

黑夜无论怎样悠长,白昼总会到来。　　——莎士比亚[英国]

乌鸦是孵不出云雀来的。
　　——莎士比亚[英国]

鸟类中最微小的鹪鹩也会奋不顾身和鸱鹗争斗,保护它巢中的众雏。
　　——莎士比亚[英国]

要登上陡峭的山峰,开始时脚步要放得慢。　——莎士比亚[英国]

你现在已经迷失了道路,要是想到达目的地,必须用温和的态度向人家问路。　　——莎士比亚[英国]

尖利过了分,就算不得尖利。
　　——莎士比亚[英国]

简洁是智能的灵魂,冗长是肤浅的藻饰。　　——莎士比亚[英国]

要看日出,必须守到拂晓。
　　——司各特[英国]

每一件美好的事情,开始都是很困难的。　　——斯宾塞[英国]

如果愿意收获,你必须耕种。
　　——斯威布[德国]

在这个世界上,除了变幻无常本身,没有东西是始终不变的。
　　——斯威夫特[英国]

象总是被画得比实际小,跳蚤则总是被画得比实际大。
　　——斯威夫特[英国]

有总是从无开始的,是靠两只手和一个聪明的脑袋变出来的。
　　——松苏内吉[西班牙]

使卵石臻于完美的,并非锤的打击,而是水的且歌且舞。
　　——泰戈尔[印度]

摆脱土壤的束缚,对于树来说并不是自由。　　——泰戈尔[印度]

一件事情的原因一旦产生,那么结

果就将不可避免地随之而来。
　　　　　　　　——泰勒[美国]
　　先相信你自己,然后别人才会相信你。　　　　——屠格涅夫[俄国]
　　你无论怎样喂狼,它的心总是向着树林的。　　——屠格涅夫[俄国]
　　倘若你想征服全世界,你就得征服自己。　——陀思妥耶夫斯基[俄国]
　　一个人的后半辈子均由习惯组成,而他的习惯却是在前半辈子养成的。
　　　　——陀思妥耶夫斯基[俄国]
　　同时追两只兔子,将会一无所获。
　　　　——陀思妥耶夫斯基[俄国]
　　越是受到压抑的东西,就越是拐弯抹角地寻找出路。
　　　　　——瓦西列夫[保加利亚]
　　一件事人人管,就等于没人管。
　　　　　　　——沃尔顿[英国]
　　钟的完美不在于走得快,而在于走得准。　　　——沃夫纳格[法国]
　　石头虽然自己不能够割什么东西,它却能把宝剑的刃磨得飞快。
　　　　　　——《五卷书》[古印度]
　　不结果的树是没有人去摇的,唯有那些果实累累的树才有人用石头去打。
　　　　　　　——西德尼[英国]
　　被同一块石头绊倒两次,可说是奇耻大辱。　　——西塞罗[古罗马]
　　大理石虽然是珍贵的,它本身却不成东西,只有当雕刻家把它变成一个杰作的时候,它才有真正的价值。
　　　　　　——显克微支[波兰]
　　人可以爬到最高峰,但他不能在那儿久住。　　——萧伯纳[爱尔兰]
　　一个人只有经过东倒西歪的、让自己像个笨蛋那样的阶段才能学会滑冰。
　　　　　　——萧伯纳[爱尔兰]
　　从黑暗里走出来的人,才真正懂得光明的可贵。——小林多喜二[日本]
　　让预言的号角奏鸣!哦,西风啊,如果冬天来了,春天还会远吗?
　　　　　　　　——雪莱[英国]
　　如果你过分珍爱自己的羽毛,不使它受一点损伤,那么你将失去两只翅膀,永远不再能够凌空飞翔。
　　　　　　　　——雪莱[英国]
　　我们判断一个人的情况,不能只看开头,还应该看到结尾。
　　　　　　——伊索[古希腊]
　　每个人都是靠自己的本事而受人尊敬的。　　——伊索[古希腊]
　　一块小石头可以阻挡一块岩石的滚动,一根柳枝可以改变雪崩的方向。
　　　　　　　　——雨果[法国]
　　凡是和阴沉的海洋打交道的人,很难不把风和岩石当作人来看待。
　　　　　　　　——雨果[法国]
　　秘密是个网,只要一个网眼破了,整个网就保不住。　——雨果[法国]
　　所有的果实,都曾经是鲜花。然而,却不是所有的鲜花都能成为果实。
　　　　　　　　——雨果[法国]
　　金子放在金盘子里,不显得怎么样。然而,把金子放在泥土上,它就立即闪光耀眼。　——雨果[法国]
　　世界上存在着很多不计较个人得

失的残忍的昆虫,它们虽然知道螫人之后就要送命,可是还要螫人。

——雨果[法国]

如果没有乌云,我们就感受不到太阳的温暖。 ——约翰[英国]

新的意见永远被人怀疑,并因为它的新奇而常遭人反对。

——约翰·洛克[英国]

好的习惯愈多,则生活愈容易,抵抗引诱的力量也愈强。

——詹姆斯[美国]

103 时 间

日月逝矣,时不我与。①

——[春秋]《论语》

子在川上曰:逝者如斯夫!不舍昼夜。② ——[春秋]《论语》

春耕、夏耘、秋收、冬藏,四者不失时,故五谷不绝,而百姓有余食也。

——[战国]《荀子》

百川东到海,何时复西归?少壮不努力,老大徒伤悲。③

——[汉]乐府古辞《长歌行》

志士惜日短,愁人知夜长。

——[晋]傅玄

不饱食以终日,不弃功于寸阴。④

——[晋]葛洪

来日苦短,去日苦长。

——[晋]陆机

冬者岁之余,夜者日之余,阴雨者时之余。⑤ ——[晋]《三国志》

盛年不重来,一日难再晨。及时当勉励,岁月不待人。⑥ ——[晋]陶潜

一年之计在于春,一日之计在于晨。⑦ ——[南朝]萧绎

青春留不住,白发自然生。

——[唐]杜牧

少年辛苦终身事,莫向光阴惰寸功。⑧ ——[唐]杜荀鹤

青春须早为,岂能长少年。

——[唐]孟郊

一寸光阴一寸金。⑨

——[唐]三贞白

劝君莫惜金缕衣,劝君须惜少年时。⑩ ——[唐]薛能

寻春须是阳春早,看花莫待花枝老。 ——[五代]李煜

---

①与:等待。

②子:指孔子。川:河川。川上:河边。曰:说。逝者:指消逝的时光。斯:这;此。夫:感叹词。舍:舍弃;停止。

③百川:泛指大江大河。复:转回去;转回来。老大:衰老;年纪大。徒:徒然;白白地。

④弃:扔掉;舍去。功:事;事业。寸阴:一寸光阴。

⑤余:未尽的;残剩的。

⑥盛年:精力旺盛的壮年。再晨:再一次出现早晨。及时:适当其时。

⑦计:计划;打算。

⑧惰:懒惰。

⑨一寸光阴:比喻很短的时间。

⑩君:对对方的敬称。金缕衣:古乐曲名,这里指歌舞。前边的"惜":吝惜、舍不得,这里指舍不得放弃。后边的"惜":爱惜;珍视。

春宵一刻值千金,花有清香月有阴。① ——[宋]苏轼

莫等闲,白了少年头,空悲切!② ——[宋]岳飞

光阴似箭催人老,日月如梭趱(zǎn)少年。③ ——[元]高明

花有重开日,人无再少年。 ——[元]关汉卿

欢娱嫌夜短,寂寞恨更(gēng)长。 ——[明]《水浒传》

明日复明日,明日何其多!日日待明日,万事成蹉跎。④ ——[明]文嘉

今日复今日,今日何其少!今日又不为,此事何时了?⑤ ——[明]文嘉

一日之计在于寅,一岁之计在于春,一生之计在于勤。⑥ ——[明]姚舜牧

一寸光阴一寸金,寸金难买寸光阴。 ——[明、清]《增广贤文》

时间顺流而下,生活逆水行舟。 ——艾青

离开了时间,就没有生命;生命和时间,紧紧相依连。 ——艾青

时间长着一副利爪,它会来抓破娇嫩的脸。 ——艾青

人生不满百,短短的数十寒暑,对永恒而言,是何等渺小,何等微不足道。唯其生命短促,我们才要珍惜宝贵的光阴。 ——毕璞

时间的强大,是一种沉默的强大。它在你最狂热的时候不来提醒你,在你醒悟的当口又一切都已经太迟。 ——曹明华

是时间,使许多曾经重要过的,都不再重要了。 ——曹明华

当你无力惩治一个强大的对手时,唯一的解释就是让时间来帮助尔。 ——曹明华

生命和美是最最耐不住时间的一种存在。 ——曹明华

时间所让你感到的微弱和渺小,是一种没有对手的失败,和没有对手的渺小。 ——曹明华

蹉跎费岁月,时机便难擒。 ——陈毅

时间是看得见的经济效益,摸得着的物质财富。 ——陈祖芬

没有人会把整袋的钱扔掉,但有多少人在把整个小时的时间扔掉。却不知钱本是最不值钱的东西,而时间是可以用来开掘任何精神的财富和知识的宝藏的。 ——陈祖芬

古来一切有成就的人,都很严肃地对待自己的生命。当他活着一天,总要尽量多劳动、多工作、多学习,不可虚度年华,不让时间白白地浪费掉。 ——邓拓

逆水行舟用力撑,一篙松劲退千

---

①春宵:春夜。阴:大部分被云遮住。
②等闲:轻易;随随便便。悲切:悲哀;悲痛。
③趱:催促;催逼。
④日日:一作"我生"。蹉跎:光阴白白地过去。
⑤了:完毕;结束。
⑥寅:指寅时,凌晨三时至五时。

寻;古云"此日足可惜",吾辈更应惜秒阴。　　　　　　　　——董必武

随便打发今天的人,他将同时失去明天。　　　　　　　　——敦源

爱惜时间,就是爱惜生命。
　　　　　　　　　　——高士其

时间给勤奋者以荣誉,给懒汉以耻辱。　　　　　　　　——高士其

人可以有做不完的事。不过,别因为正年轻就轻易地消耗年轻的生命,等到想节余生命的时候就来不及了。
　　　　　　　　　　——耿庸

时间像一位生活的医生,它能使我心灵的伤口愈合,使绝望的痛楚消减,使某些不可抵御的感情沉寂、默然。
　　　　　　　　　　——古华

时间可以使问题变质甚至消灭,但基本上并没有把问题解决。——郭枫

时间就是生命,时间就是速度,时间就是力量。　　　　——郭沫若

世之最可珍重者,莫过精神;世之最可爱惜者,莫过光阴。——弘一法师

时间是由分秒积成的,善于利用零星时间的人,才会做出更大的成绩来。
　　　　　　　　　　——华罗庚

凡是较有成就的科学工作者,毫无例外地都是利用时间的能手,也都是决心在大量时间中投入大量劳动的人。
　　　　　　　　　　——华罗庚

作为一个科学工作者就不能不挤时间,利用时间,哪怕是三分钟、五分钟,都要把它投进工作里去。
　　　　　　　　　　——华罗庚

时间不会等待,时光也绝不会倒流的。　　　　　　　——黄金雄

时间是冷酷的家伙,一经阔别便不再为谁留下旧时痕迹。　——柯灵

钉子是敲进去的,时间是挤出来的。　　　　　　　　——雷锋

昨天是一张作废的支票,明天是一张期票,而今天则是你唯一拥有的现金——所以应当聪明地把握。
　　　　　　　　　　——李昂新

今日之日不可延留,昨日之日不能呼返。我们能从昨日来到今日,不能再由今日返于昨日。　——李大钊

昨天唤不回来,明天还不确定,你能确有把握的就是今天。——李大钊

世间最可宝贵的就是"今",最容易丧失的也是"今"。因为它最容易丧失,所以更觉得它宝贵。　——李大钊

无限的"过去"都以"现在"为归宿,无限的"未来"都以"现在"为渊源。
　　　　　　　　　　——李大钊

时间是伟大的创造者,亦是伟大的破坏者。历史的楼台,是它的创造的工程;历史的废墟,是它的破坏的遗迹。世界的生灭成毁,人间的成败兴衰,都是时间的幻身游戏。——李大钊

谁对时间越吝啬,时间对谁越慷慨。　　　　　　　　——李大钊

时间就是生命,浪费了时间就是牺牲了生命。　　　　——李大钊

虚度今天,就是毁了昔日成果,丢了来日的前程。　　——李大钊

相信时间的力量,可以冲淡很多东

西。　　　　　　　——李开复

时光总将我们善意的人类数次抽打，然后又投进岁月的温泉里去清洗。无数人从时光的泥泞中爬起，额前浑然留下了一条条辉煌的皱纹，心底蕴藏过一滴滴辛酸之泪，面前出现一道道海阔天空、心旷神怡的风景线。　——李晓光

懂得时间宝贵的人，都知道一个今天胜过几个明天和后天。　——李燕杰

没有人不爱惜他的生命，但很少人珍视他的时间。　　　　——梁实秋

聪明者利用时间，愚蠢者等待时间，劳动者创造时间，懒惰者丧失时间，有志者赢得时间，无为者放弃时间，求知者抓紧时间，闲聊者消磨时间，勤奋者珍惜时间，自满者糟蹋时间。

——刘吉

时间，每天得到的都是二十四小时，可是一天的时间给勤勉的人带来智慧和力量，给懒散的人只留下一片悔恨。　　　　　　　　——鲁迅

时间对于我来说是很宝贵的，用经济学的眼光看是一种财富。　——鲁迅

节省时间，也就是使一个人有限的生命更加有效，也即等于延长了生命。

——鲁迅

时间就像海绵里的水，只要愿挤，总还是有的。　　　——鲁迅

生命是以时间为单位的，浪费别人的时间等于谋财害命，浪费自己的时间等于慢性自杀。　　　——鲁迅

多少事，从来急；天地转，光阴迫。一万年太久，只争朝夕。　——毛泽东

生当这全世界转变时代，全中国苦难时代的我们呀！再不要迷恋过去，空想未来。过去的已经过去，未来的只是未来，让我们高呼一声：紧抓住现在。

——茅盾

任何一种对时间的点滴浪费，都无异于是慢性的自杀。　　——茅以升

节省时间是提高整个社会工作效率的核心，遵守公共秩序又是节约时间的必要条件。　　　　——茅于轼

留恋深夜者，总想抓住一天最后的时光；而爱黎明者，善于利用一天的开始。　　　　　　　　——秦似

时间在你不大注意时，却把你的心变硬了，变钝了，变得连你自己也不大认识自己了。　　　　——沈从文

时间对于任何人都是平等的，但时间在人们手里的价值却是不同的。

——苏步青

今天能做完的事，不要拖到明天去做。　　　　　　　——苏步青

精神的创口，只有时间那一味药可以治疗。　　　　　——苏雪林

任何东西都可以复制，只有时间不能。　　　　　　　——孙柏秋

失去多少时间，就是失去多少生命；算时间账，就是算生命账。

——孙士杰

钟表滴答一声，生命就减去一秒，无论对谁，它都同样无情。——孙士杰

一年之中，务求不虚度一日；一日之中，务求不虚度一时。　——陶行知

光阴和钱都有限，该用才用，不该

用必不用,用必尽其效。——陶行知

寄语少年人,莫将少年误。

——陶行知

一分时间,一分成果。对科学工作者来说,就不是一天八小时,而是寸阴必珍,寸阴必争! ——童第周

美是一朵鲜艳的花,风度是一棵常青的树,时间是美的敌人,却是风度的朋友。 ——汪国真

岁月,是一位最慈祥最公允的老人,他把时间平分配给每一个人。

——王幅明

万事不如身手好,一生须惜少年时。 ——王国维

最是人间留不住,朱颜辞镜花辞树。 ——王国维

时间是我们的真正统治者,它永远不会赦免你。 ——王蒙

时间是最伟大也是相对最公正的,善于等待的人是最聪明的人,也是真正有信心有能力有头脑有见解的人。

——王蒙

尽可能多地创造快乐去填满时间,哪可活活缚着时间来陪着快乐。

——闻一多

一天即使只学习一个小时,一年就积累成三百六十五个小时,积零为整,时间就被征服了。 ——吴晗

如果把时间分配一下,我认为应该三分之一的时间做,三分之一的时间读,三分之一的时间想。 ——谢觉哉

时间像个淘金者,它把痛苦与遗憾省略了,留下了闪闪发光的优越感与傲慢的偏见。 ——谢选骏

时间是有颜色的,只是这颜色易变,在季节里变。谁抓住了四季,谁就抓住了时间的颜色。 ——徐国静

我们应该不浪费时间,有一小时的时间,就读一小时的书,做一小时的工作。 ——徐特立

时间一点一滴凋谢,犹如蜡烛慢慢燃尽。 ——叶芝

时间是构成生命的材料。

——远德玉

时间既是个常数,又是个变数。说时间是个常数是因为它给予每个人都是一样的;说时间是个变数是因为同样一个单位时间,在不同人的手中会产生不同的效果。 ——远德玉

永恒的东西不是金钱和权力,而是正义、多才和时间。 ——张安华

珍惜时间学习的人,前途无量。

——张海迪

我们以为时间是帝王,是最后的裁判。我们总是把一代人解决不了的纠纷、矛盾、疑问留给它,寄希望给它来证明。 ——周涛

时间对小孩子来说,是那样像老人,慢吞吞地难熬;时间对老人来说,是那样像顽童,转眼就不见了,怎么也抓不住。 ——周涛

时间从来就没有公正过。对排队的人,它磨蹭着;对有急事的人,它拖延着;对"找时间"的人,它躲闪着;对"赶时间"的人,它飞跑着;对没办法打发时间的人,它恶意地空洞着;对美妙、幸福

的事,它含蓄着;对辛酸、痛苦、屈辱的事,它挥霍放纵着。　　——周涛

洗手的时候,日子从水盆里过去;吃饭的时候,日子从饭碗里过去;默默时,便从凝然的眼前过去;我觉察他去的匆匆了,伸出手遮掩时,他又从遮掩着的手边过去;天黑时我躺在床上,他便伶伶俐俐地从我身上跨过,从我脚边飞过去了。等我睁开眼和太阳再见,这算又溜走了一日。我掩着面叹息,但是新来的日子的影儿又开始在叹息里闪过了。　　——朱自清

时间一天天过去,有时觉得它漫长难熬,有时却又感到那么短促;有时愉快幸福,有时又悲伤惆怅。一天与一天不同,一日和一日有别,仿佛一昼夜之间也有春夏秋冬之分。

——阿·巴巴耶娃[苏联]

谁能一辈子从头至尾用好白昼的时光,谁就一定会生活得更伟大。

——阿尔伯特[德国]

时间和机会对他都无济于事,假如他自己无所事事。　　——埃宁[英国]

浪费时间叫虚度,利用时间叫生活。　　——爱·扬格[英国]

时间能够安慰我们,时间带来无数的改变,它使新的人物、新的衣装、新的道路侵入我们的眼帘,新的喉音袭入我们的耳鼓,于是它替我们拭干新流下来的眼泪。　　——爱默生[美国]

只有把每一天当成是生命的最后一天,人才真正学有所获。

——爱默生[美国]

铭刻在心:每一天都是一年中最好的日子。　　——爱默生[美国]

你若是爱千古,你应该爱现在;昨日不能唤回来,明天还是不实在;你能确有把握的只有今日的现在。

——爱默生[美国]

上苍赐给世人的时间是无限的,究竟怎样赐给我们呢?是一下子就给我们一千年吗?是把时间均匀地分成一个个清新的早晨。　　——爱默生[美国]

对时间的慷慨,就等于慢性自杀。

——(尼)奥斯特洛夫斯基[苏联]

没有什么缰绳能勒住飞奔的时日。

——奥维德[古罗马]

时间是人的财富、全部财富,正如时间是国家财富一样,因为任何财富都是时间与行动化合之后的成果。

——巴尔扎克[法国]

除了聪明没有别的财产的人,时间是唯一的资本。　　——巴尔扎克[法国]

在世界上我们只活一次,所以应该爱惜光阴,必须过真实的生活,过有价值的生活。　　——巴甫洛夫[苏联]

不要把时间花到你晓得一定会后悔的事情上去。

——巴克斯代尔[美国]

时间会慢慢地让你了解,一个外表很冷漠又很怕羞的人,他的一颗心却充满了对您的爱。　　——巴斯德[法国]

无人能使时钟为我敲打已逝去的钟点。　　　　——拜伦[英国]

我的一切成功都取决于我对时间的珍惜。　　——贝多芬[德国]

人拥有的东西没有比光阴更贵重,更有价值的了,所以千万不要把你今天所做的事拖延到明天去做。
　　——贝多芬[德国]

在所有的批评家中,最伟大的、最正确的、最天才的是时间。
　　——别林斯基[俄国]

时间不能增添一个人的寿命,然而珍惜光阴可使生命变得更有价值。
　　——伯班克[美国]

假如你打算去从明日中求取百分之九十九的幸福,你还是尽先努力,试从今日中取得一分幸福吧。
　　——勃朗宁[英国]

时间带走一切,长年累月会把你的名字、外貌、性格、命运都改变。
　　——柏拉图[古希腊]

最严重的浪费就是时间的浪费。
　　——布丰[法国]

辛勤的蜜蜂永没有时间的悲哀。
　　——布莱克[英国]

不要为已消逝之年华叹息,须正视欲匆匆流走的时光。
　　——布莱希特[德国]

如果可能,那就走在时代的前边;如果不能,那就随同时代一起前进;但是,绝不要落在时代的后边。
　　——布留索夫[苏联]

最拙于运用时间的人,总是为时间的快如闪电而大发牢骚。
　　——布律耶尔[法国]

善于有效利用财富的人很少,但是我感到更让人惋惜的是,懂得该如何利用时间的人更少。
　　——查斯特菲尔德[英国]

善于利用时间要比善于利用财富更重要,这恐怕是一个不用多加说明的常识。　　——查斯特菲尔德[英国]

一个人如果连片段的时间都能有效地利用,他对时间就一定能更好地把握了。　　——查斯特菲尔德[英国]

最擅长偷时间的小偷就是"迟疑",它还会偷去你口袋中的金钱。
　　——查斯特菲尔德[英国]

劝君惜时如金,尽管很少有人这样做。时间是珍宝,失去了就再也找不回来了。　　——查斯特菲尔德[英国]

荒废时间等于荒废生命。
　　——川端康成[日本]

我的生活过得像钟表的机器那样有规律,当我的生命告终时,我就会停在一处不动了。
　　——达尔文[英国]

我从来不认为半小时是微不足道的很小的一段时间。
　　——达尔文[英国]

完成工作的方法是爱惜每一分钟。
　　——达尔文[英国]

敢于浪费哪怕一个钟头时间的人,说明他还不真正懂得珍惜生命的全部价值。　　——达尔文[英国]

你要想办法统筹自己的时间,这样就可以控制自己的生活了。
　　——大卫·科特莱尔[美国]

世俗有"时间是金钱"这句话,所以窃取他人时间的小偷,显然该加以处

罚。　　　——戴尔·卡内基[美国]

最聪明的人是最不愿浪费时间的人。　　　——但丁[意大利]

一个人愈知道时间的价值,便愈会感觉失去时间的痛苦!
　　　——但丁[意大利]

在时间的海洋里,勤奋工作的人一路顺风,无所事事的人处处触礁。
　　　——德莱顿[英国]

时间就是金钱……而且对用它来计算利益的人来说是一笔巨大的金额。
　　　——狄更斯[英国]

要延长白天的时间,最妙的办法,莫如从黑夜偷用几个钟头!
　　　——狄更斯[英国]

没有一个人能够制造那么一口钟,来为我们敲回已经逝去的时光。
　　　——狄更斯[英国]

谁赢得时间,谁就赢得了一切。
　　　——迪斯累里[英国]

时间是人所能花费的一种最贵重的东西。　　——第欧根尼[古希腊]

忘掉它,像忘掉一朵花,像忘掉炼过纯金的火焰,忘掉它,永远,永远。时间是良友,他会使我们变成老年。
　　　——蒂斯黛尔[美国]

年光消逝,它扫荡一切确实的事物。没有一件东西能够不为时间的运动所摇撼,黄金、爱情、往事,都支撑不住。　　——菲列伯·苏卜[法国]

集腋成裘,聚沙成塔。几秒钟虽然不长,却构成永恒长河中的伟大时代。
　　　——弗莱彻[英国]

时间乃是最大的革新家。
　　　——弗兰西斯·培根[英国]

时间好像一条大河,把轻飘的、吹涨的东西顺流浮送到我们手里,沉重的、结实的东西全部沉下去了。
　　　——弗兰西斯·培根[英国]

合理安排时间,就等于节省时间。
　　　——弗兰西斯·培根[英国]

如果你爱永恒,就该很好地利用时间。昔日不能再回来,明天也不一定有保证。——弗兰西斯·培根[英国]

真正的敏捷是一件很有价值的事,因为时间是衡量事业的标准,一如金钱是衡量货物的标准。
　　　——弗兰西斯·培根[英国]

时间会使一切渺小的东西归于消灭,会使一切伟大的东西生命不绝。
　　　——伏尔泰[法国]

时间是个多才多艺的表演者。它能展翅飞翔,能阔步前进,能治愈创伤,能消逝而去,也能揭示真相。
　　　——富兰克林[美国]

时间就是生命,时间就是金钱。
　　　——富兰克林[美国]

时间是万物中最贵重的东西,如果浪费了,就是最大的浪费。
　　　——富兰克林[美国]

今日能做的事,勿延至明日。
　　　——富兰克林[美国]

想要有空余时间,就不要浪费时间。　　　——富兰克林[美国]

成功与失败的分水岭,可以用这五

个字来表达:"我没有时间。"

——富兰克林[美国]

你热爱生命吗?那么就不要浪费时间,因为生命正是由时间组成的。

——富兰克林[美国]

一个"今天",胜于两个"明天"。

——富兰克林[美国]

如果有什么需要明天做的事,最好现在就开始。——富兰克林[美国]

今天乃是我们唯一可以生存的时间,我们不要庸人自扰——或为未来而漫无目的地营闷,或为昨天的过失而伤感——而使它成了我们身体上和精神上的地狱。——富兰克林[美国]

切勿坐耗时间,须知每时每刻都有无穷的利息;日计不足,岁计有余。

——富兰克林[美国]

时间是最公平合理的,它从不多给谁一份。时间给勤劳的人留下串串果实,给懒惰的人留下一头白发、两手空空。——高尔基[苏联]

世界上最快而又最慢,最长而又最短,最平凡而又最珍贵,最容易被人忽视而又最令人后悔的就是时间。

——高尔基[苏联]

从时间角度看,人生就如同灿烂阳光中的金色斑点,一闪即逝。

——高尔基[苏联]

现实生活正在不遗余力地培养人们忘却那些无比重大的事实。各种事实就像一条无限长的锁链上的环节一样接踵而至,越来越有力地推动时间前进。而时间就像从山上滚下来一样,不知不觉地转瞬即逝去。

——高尔基[苏联]

日子像念珠一般一天接着一天滑过去,串成周,串成月。

——高尔基[苏联]

没有时间——越是对时间抓不紧的人,越经常使用这个词。假如真的没有时间,就会考虑合理地安排时间,坚决缩短娱乐时间,提高工作效率。

——高桥宪行[日本]

在一切与生俱来的天然赠品中,时间最为宝贵。——歌德[德国]

善于利用时间的人永远找得到充裕的时间。——歌德[德国]

在今天和明天之间,有一段很长的时期,趁你还有精神的时候,学习迅速地办事。——歌德[德国]

最宝贵的莫过于"今天"。

——歌德[德国]

忘掉今天的人,将被明天忘掉。

——歌德[德国]

把时间用得节省些,我很可能把最珍贵的金刚石拿到手。

——歌德[德国]

最值得高度珍惜的莫过于每一天的价值了。——歌德[德国]

使时间短促的是活动,使时间漫长难忍的是安逸。——歌德[德国]

人生一世不就是为了化短暂的事物为永久的吗?要做到这一步,就须懂得如何珍视这短暂和永久。

——歌德[德国]

时间令人烦恼之处正是在于它不

能不用。结果,人们随兴之所至,乱花滥用,用来干五花八门的荒唐事。
　　　　　　　——格拉宁[苏联]
　　善于掌握自己时间的人是真正的伟大的人。　　——海德[美国]
　　把活着的每一天看作生命的最后一天。　　——海伦·凯勒[美国]
　　如果你浪费自己的工作时间,你就会感到犯了不能宽恕的罪恶。
　　　　　　　——海明威[美国]
　　最忙的人找到最多的时间。
　　　　　　　——赫胥黎[英国]
　　时间最不偏私,给任何人都是二十四小时;时间也最偏私,给任何人都不是二十四小时。　——赫胥黎[英国]
　　青春是生命中最美好的一段时间。
　　　　　　　——黑格尔[德国]
　　一个人要对昨天感到快乐,而对明天具有信心。——华兹华斯[英国]
　　无用的人常常浪费自己的时间去等候大的机会;有作为的人只要看见机会,不论大小,便随便利用。有时候这种小机会,如果你去估计它的收获,常常是可称为大机会的。
　　　　　　　——霍尔巴赫[法国]
　　时间是最残酷的暴君,它在我们向老年进发的过程中向我们征收健康、才能、体力及容貌等税项。
　　　　　　　——霍斯特[法国]
　　你要把时间当作一条河流,你不要坐在岸边,看它流逝。
　　　　　　　——纪伯伦[黎巴嫩]
　　从不浪费时间的人,没有工夫抱怨时间不够。　　——杰弗逊[美国]
　　对活着的人来说,是没有明天的;死了的人,则没有今天。
　　　　　　　——杰克逊[美国]
　　我只惋惜一件事:日子太短,过得太快。一个人从来看不出做成了什么,只能看出还应做什么。
　　　　　　　——居里夫人[法国]
　　不可限制的、静默的、从不停息的叫作时间;它周而复始,匆匆忙忙,迅捷,沉默,像一望无际的海洋,我们和整个宇宙像气泡一样漂浮在它上面,如时隐时现的幽灵。　——卡莱尔[英国]
　　时间是所有事物中最难下分解和似是而非的。过去的已消逝,将来还未来临,而现在则是我们试图划分的时候,马上成为过去,像电光一闪,存在仅一刹那间。　——科尔顿[阿根廷]
　　当心你的时间是怎样花掉的,因为你的整个未来都要生活在时间里。
　　　　　　　——克雷默[德国]
　　凡是想获得优异成果的人,都应该异常谨慎地珍惜和支配自己的时间。
　　　　　　　——克鲁普斯卡娅[苏联]
　　时间是最不值钱的东西,也是最宝贵的东西,因为有了时间,我们就有了一切。　——莱尼斯[拉脱维亚]
　　别指望将来,不管它多么迷人!让已逝的过去永久埋葬!行动吧——趁着现在的时光!　——朗费罗[美国]
　　时间是个常数,但对勤奋者来说,是个变数。用"分"来计算时间的人,比用"时"来计算的人,时间多五十九倍。

——雷巴科夫[俄罗斯]

每天不浪费、不虚度、不空抛剩余的那一点点时间,即便只有五六分钟,果得正用,也一样可以有很大的成就。游手好闲惯了,就是有着聪明才智,也不会有所作为。——雷曼[德国]

你不能计较早晨或黄昏,一天二十四小时都是你的工作时间!

——李政道[美国]

记住吧:只有一个时间是重要的,那就是现在!它所以重要,就是因为它是我们唯一有所作为的时间。

——列夫·托尔斯泰[俄国]

你没有最有效地使用而把它放过的那钟点,是永远不能返回的。

——列夫·托尔斯泰[俄国]

做一个成功的时间主宰者,将有助于你迈向成功的总经理之路。

——林登·约翰斯[美国]

我们的生命皆由时间造成,片刻时间的浪费便是虚掷了一部分的生命。

——林肯[美国]

人最宝贵的是生命,但是仔细分析一下,可以说最宝贵的是时间,因为生命是由时间构成的,是一小时一小时、一分钟一分钟积累起来的。

——柳比歇夫[苏联]

人们说生命是很短促的,我认为是他们自己使生命那样短促的。由于他们不善于利用生命,所以他们反过来抱怨说时间过得太快;可是我认为,就他们那种生活来说,时间倒是过得太慢了。——卢梭[法国]

时间是一只永远在飞翔的鸟。

——罗伯逊[美国]

心灵的致命的仇敌,乃是时间的磨蚀。

——罗曼·罗兰[法国]

人们常觉得准备的阶段是在浪费时间,只有当真正机会来临,而自己没有能力把握的时候,才能觉悟自己平时没有准备才是浪费了时间。

——罗曼·罗兰[法国]

时间流逝,像平静的河水,没有一道裂痕,没有一道皱纹,从容不迫,好像永生永世都应该如此。

——罗曼·罗兰[法国]

即使一动不动,时间也在替我们移动,而日子的消逝,就足以带走我们希望保留的幻想。

——罗曼·罗兰[法国]

时间是世界上一切成就的土壤。时间给空想者痛苦,给创作者幸福。

——麦金西[英国]

经验证明:大部分时间都是被一分钟一分钟地,而不是一小时一小时地浪费掉的,一只底部有个小洞的桶和一只故意踢翻的桶同样会流空。

——梅耶[法国]

时间可以治愈一切创伤。

——米南德[古希腊]

世界上不知有多少能够建功立业的人,却因为把宝贵的时间轻轻放过,以至默默无闻。——莫泊桑[法国]

天下最可贵的,莫如时间;天下最

奢侈的,莫如浪费时间。
——莫扎特[奥地利]

把你的时间用来实现比身家性命更大的目标,要避免那种仅仅为了享乐而活着或者只是为留下一笔更大的遗产而努力的诱惑。——尼克松[美国]

要把足够的注意力放到明天要做的决定上,唯一的途径是坚决把昨天的决定抛在身后。——尼克松[美国]

时间治好了忧伤和争执,因为我们在变化,我们不会再是同一个人。
——帕斯卡[法国]

最大的牺牲是时间的牺牲。
——普卢塔克[古罗马]

人若是把一生的光阴虚度,便是抛下黄金来买一物。——萨迪[波斯]

时间是一笔贷款,即便再守信用的借贷者也还不起。
——塞涅卡[古罗马]

一切逝去的时间都是失去的时间;我们正在度过的这一日,一半属于我们自己,另一半属于死亡。
——塞涅卡[古罗马]

时间像奔腾澎湃的急湍,它一去不返,毫不流连。——塞万提斯[西班牙]

在时间的大钟上,只有两个字——现在。——莎士比亚[英国]

时间是无声的脚步,它不会因为我们有许多事情需要处理而稍停片刻。
——莎士比亚[英国]

时间对于任何人都是不停地向前奔跑的。——莎士比亚[英国]

时间的无声的脚步往往不等我完成最紧急的事务就溜过去了。
——莎士比亚[英国]

正像波涛向卵石的海岸奔涌,我们的光阴匆匆地奔向灭亡,后一分钟挤去了前一分钟,接连不断地匆忙争先向前。——莎士比亚[英国]

时间会刺破青春表面的彩饰,会在美人的额头上掘深沟浅槽,会吃掉稀世之珍!天生丽质,什么都逃不过他那横扫的镰刀。——莎士比亚[英国]

时间正像一个趋炎附势的主人,对于一个临去的客人,不过和他略微握一握手;对于一个新来的客人,却伸开了两臂,飞也似的过去抱住他。欢迎是永远含笑的,告别总是带着叹息。
——莎士比亚[英国]

我荒废了时间,时间便把我荒废了。——莎士比亚[英国]

抛弃时间的人,时间也会抛弃他。
——莎士比亚[英国]

无数人事的变化孕育在时间的胚胎里。——莎士比亚[英国]

普通人耗神于如何消磨时间,精干的人却设法有效地利用时间。
——叔本华[德国]

时光会使最亮的刀生锈,岁月会折断最强的弩弓。——司各特[英国]

必须记住我们的时间是有限的。时间有限,不只由于人生短促,更由于人事纷繁。——斯宾塞[英国]

我们应该力求把我们所有的时间用去做最有益的事情。
——斯宾塞[英国]

把发牢骚的时间拿来解决问题,一切就会改变。 ——松下幸之助[日本]

当许多人在一条路上徘徊不前时,他们不得不让路,让那些珍惜时间的人赶到他们前面去。
——苏格拉底[古希腊]

"明天"是勤劳最危险的敌人。任何时候都不要把今天应该完成的某一部分工作拖到明天。要培养把明天工作的一部分在今天完成的习惯。
——苏霍姆林斯基[苏联]

金钱宝贵,生命更宝贵,时间最宝贵。 ——苏沃洛夫[俄国]

今天我的心对昨天的眼泪微笑,仿佛潮湿的树木在雨后的阳光里熠熠生辉。 ——泰戈尔[印度]

没有时间痛悔的人,也就没有时间去改过。 ——泰勒[美国]

"明天,明天,还有明天",人们都在这样安慰自己。殊不知这个"明天"就足以把他们送进坟墓了。
——屠格涅夫[俄国]

时间是送给我们的宝贵礼物,它使我们变得更聪明,更美好,更成熟,更完美。 ——托马斯·劳伦斯[英国]

抓住现在的时光,因为这是你能够有所作为的唯一时刻。
——韦恩[美国]

光阴似箭,无以回转,只是像风吹去一般逝去无迹。 ——维克[英国]

在这世界上没有什么美好的东西,也许时间就是我们拥有的唯一美好的东西。让我们别荒废它吧,谁能知道明天会发生什么事呢。
——伍里采维奇[塞尔维亚]

时间的步伐有三种:未来姗姗来迟,现在像箭一样飞逝,过去永远静立不动。 ——席勒[德国]

忽视当前一刹那的人,等于虚掷了他所有的一切。 ——席勒[德国]

时间平息了复仇的渴望,压下了愤怒和厌恶的冲动。
——夏洛蒂·勃朗特[英国]

越是快乐的时光,消逝得越是迅速。 ——小普林尼[古罗马]

过去属于死神,未来属于你自己。趁未来还属于你的时候,抓住它吧,不要专心懊悔早已过去的事情来糟蹋自己,而要在目前所能做到的事情上努力。 ——雪莱[英国]

精力旺盛的人与疲惫懒散的人在生命的二分之一时间中是不相上下的,因为所有的人在睡着时都是一样的。
——亚里士多德[古希腊]

有四种东西你永远不能挽回:说出的话,射出的箭,消逝的时间,错过的机会。 ——伊本·欧玛尔[波斯]

谁虚度年华,青春就要褪色,生命就会抛弃他们。 ——雨果[法国]

对聪明人来说,每一天的时间都是要精打细算的。
——约翰·加德纳[英国]

未来是用现在换来的。
——约翰兰[英国]

时间是伟大的作者,她能写出未来的结局。 ——卓别林[英国]

104　自然；阴阳

人法地,地法天,天法道,道法自然。① ——［春秋］《老子》

阴阳之事,非吉凶所生也,吉凶由人。 ——［战国］《左传》

久在樊笼里,复得返自然。② ——［晋］陶潜

夫穷高则危,大满则溢,月盈则缺,日中则移。凡此四者,自然之数也。 ——［南朝］《后汉书》

造化钟神秀,阴阳割昏晓。 ——［唐］杜甫

谁挥鞭策驱四运？万物兴歇皆自然。③ ——［唐］李白

阴阳何者强作孽,天地岂其真不仁？④ ——［宋］范成大

物无不变,变无不通,此天理之自然也。 ——［宋］欧阳修

阴阳升降自相催,齿发谁教老不回？⑤ ——［宋］苏辙

阴阳不和,五谷踊贵。⑥ ——［宋］《新唐书》

阴阳配偶,天地之大义也。⑦ ——［明］归有光

自然者天地,主持者人。 ——［清］王夫之

对大自然和对其他强大生物的惧怕,使人类渴望崇高。 ——毕淑敏

假如你以足够谦逊、平和的心境欣赏自然,你会同意人的聪明和强大是自然的一个悲剧。 ——曹明华

当我们意识到自己不过是大自然的一部分,与四时的变化不单是外部的现象的时候,我们才能发现自己是很脆弱的,而易于为这种变化所感。 ——成仿吾

自然、人为,本来不相冲突,人为乃所以辅助自然,而非破坏自然。 ——冯友兰

人和天然,从一方面看是对立的；从又一方面看,人也是天然中之一物,人的存在也是天然的一部分。 ——冯友兰

控制自然为的是要减轻人的劳苦。减除人的痛苦,增加人的幸福,使人类的生活格外丰富,格外有意义。 ——胡适

自然是多么美啊,它似乎与人世毫不相干,花开花落,鸟鸣春润,然而就在对自然的直观中,你却感到了那不朽者的存在。 ——李泽厚

自然有昼夜交替、季节循环,人体有心脏节奏、生老病死,心灵有喜怒哀

---

①法:效法。
②樊笼:圈兽的栅栏、关鸟的笼子,比喻官场。自然:指田园生活。
③鞭策:鞭子。驱:驱使。四运:春、夏、秋、冬四季。兴歇:兴盛和衰亡。
④阴阳:指天地。
⑤阴阳:指日(太阳)、月。齿发:牙齿和须发,比喻年龄。
⑥阴阳:古人指天地之间化生万物的二气。踊贵:价格飞涨。
⑦阴阳:指男女。大义:大道理。

乐、七情六欲，难道它们之间就没有某种相映对相呼应的共同的形式、结构、秩序、规律、活力、生命吗？——李泽厚

人类对大自然的最后"征服"，不在于力的征服，而在于学会与自然和谐相处。——钱刚

自然既极博大，也极残忍，战胜一切，孕育众生。蝼蚁蚍蜉，伟人巨匠，一样在它怀抱中，和光同见。——沈从文

这片绿色既在阳光下不断流动，因此恰如一个伟大乐曲的章节在时间交替下进行。比乐律更精微处，是它所产生的效果。并不引起人对于生命的痛苦与悦乐，也不表现出人生的绝望和希望，它有的只是一种境界，在这个境界中似乎人与自然完全趋于和谐，在和谐中又若还具有一分突出自然的明悟。
——沈从文

用平静的心感受一切大千世界的动静，从为平常眼睛所疏忽处看出动静的美，用略见矜持的情感去接近着一切。——沈从文

自然使一切皆生存在美丽里。
——沈从文

自然可以离开人类社会而独立存在，而人类社会却不可能离开自然而存在。——施昌东

只有你单身奔赴大自然的怀抱时，像一个裸体的孩子扑入母亲的怀抱时，你才知道灵魂的愉快是怎样的，单是活着的快乐是怎样的，单就呼吸、单就走道、单就张眼举耳听的幸福是怎样的。——徐志摩

人是自然的产儿，好比枝头的花与鸟是自然的产儿，但我们不幸是文明人，入世深似一天，离自然远似一天。
——徐志摩

从大自然，我们取得我们的生命；从大自然，我们应分取得我们继续的滋养。哪一株婆娑的大木没有盘错的根柢深入在无尽藏的地里？我们是永远不能独立的。——徐志摩

自然的变化，只要你有眼，随时随地都是绝妙的诗。——徐志摩

大自然借了每朵花、每片叶，向我们道出了生命的消息，使我们透澈了生命的意义。——张秀亚

当他纵身于宇宙生命的大海时，他的小我扩张而为大我，他自己就是自然，就是世界，与万有为一体。
——宗白华

大自然是一朵易变的云，永远是一样的，而又从来不是一样。它将同一个思想铸成无数形式，正如一个诗人将一个寓意写成二十个寓言。
——爱默生[美国]

整个的大自然对于整个的思想都是适合的——也可以说，对于理性是适合的；但是你把大自然的任何一部分分开来，试着将它单独地看作大自然的全部，那就是荒诞的感觉的起源。
——爱默生[美国]

热爱大自然的人，内外感觉协调一致，即使进入成年后依然保持着童心。
——爱默生[美国]

在所有头脑的影响之中，大自然的

影响可谓是在时间上最先、在作用上最为重要的。　　——爱默生[美国]

大自然在春天曾经俏丽、欢乐,像一个企望将来的棕色头发的女子,现在变为郁悒、温柔,像一个追忆往事的金黄头发的女子;草地变成金色,秋天的花朵露出它们那苍白的花瓣,雏菊现在很少用白色的眼睛戳破草坪,人们只看见淡紫色的花托,遍地都是黄色,树荫叶子变得稀疏,色调转变浓重,阳光已经较为倾斜,让橙黄色的和倏忽的微光、让长的闪亮的痕迹溜进树林里面。这些痕迹很快就消逝,像向你告别的夫人的拖在地上的袍子一样。
　　——巴尔扎克[法国]

一切都是人造的,连大自然也是上帝的杰作。　　——布朗[英国]

自然界是解决科学难题的最好的和最客观的老师。
　　——道库恰耶夫[俄国]

自然并不是上帝,一个人并不是一架机器,一个假设并不是一件事实。
　　——狄德罗[法国]

大自然的新绿是黄金,算这天然姿色最薄命;大自然的嫩叶是朵花,这好景可只是一刹那。
　　——弗罗斯特[美国]

在人对于大自然美的崇拜里,有一种"原始的返祖现象"一类的东西。
　　——高尔基[苏联]

只有自然才是无穷丰富,只有自然才能造就大艺术家。　　——歌德[德国]

自然!她环绕着我们,把我们拥抱在她的怀里,我们既离不开她,又无力更接近她。尽管我们并未请求她,也未命令她,她却带着我们不停地跳舞而且舞步如飞,直到把我们弄得精疲力竭,倒在她的怀里为止。　　——歌德[德国]

自然从来不开玩笑,她总是严肃的、认真的,她总是正确的,而缺点和错误总是属于人的。　　——歌德[德国]

只有大自然不需要什么就创造出伟大的事物来。　　——赫尔岑[俄国]

大自然通过我的感受,使人的精神与美景交融,但一想到人对待人的现状,又使我感觉痛心万分。
　　——华兹华斯[英国]

大自然赋予的知识多么甜蜜,而我们却常以理智干扰,把美好的形象歪曲——我们常在剖析中将其扼死。
　　——华兹华斯[英国]

自然乃是我们所认识的一切事物、一切运动以及许多为我们感官感觉不到因而不能为我们所认识的其他事物和运动的总汇。　　——霍尔巴赫[法国]

自然界的竞争,不过是混乱渴望着秩序。　　——纪伯伦[黎巴嫩]

大自然把人带到宇宙这个生命的大会场里,让他不仅来观赏这全部宇宙的壮观,而且还热烈地参加其中的竞赛,它就不是把人当作一种卑微的动物。从生命一开始,大自然就向我们人类心灵里灌注进去一种不可克服的永恒的爱,即对于凡是真正伟大的,比我们自己更神圣的东西的爱。
　　——朗吉琼斯[古罗马]

在善良的自然界中,只要有谁自己露出软弱的行迹,或者有一种牺牲品自己暴露目标,在它周围立刻布满蜘蛛网。在这过程中,丝毫没有曲折,没有任何阴险的手段!这就是善良的大自然。大自然永远在狩猎,而每一个生物在规定给它的时间内不是猎人,就是猎物。 ——罗曼·罗兰[法国]

面对自然界,权利是不存在的。无情的力量以百万生灵为食物。
——罗曼·罗兰[法国]

自然界的事物是循圆周运动的,人为的事物则沿直线行进。自然的事物是圆形的,人为的事物则有棱有角。在雪地里迷路的人,总是不由自主地兜着圆圈;城里人的脚给矩形的街道和房屋地板限制的本性泯灭,总是促使他笔直地行走。 ——欧·亨利[美国]

最伟大的药方就是大自然,自然界里蕴藏着治疗一切疾病的秘诀。
——欧文[英国]

大自然创作的卓越并不亚于天才的创作,它们表现宇宙绝对的意义,使人类敬仰它们的奇特,从精神上不可抗拒地迫使人类顺从,使人们从中感到一种超出人力的计划。当它们从恐怖中创造出美妙时,就更动人了。
——雨果[法国]

人类的智能是不可能战胜的,可是自然也是难于攻破的。人类对于那些多式多样不可捉摸的力量,真不知道要怎么办呢。清风变成了暴风,给人一棒之后,又回复原状。风以粉碎的力量进攻,以幻化无踪的方式自卫。人碰到它们,总是途穷技尽。它们变换无穷的战略,出人意料的打击,使人狼狈不堪。它们既进攻又逃遁,它们是不可捉摸的固执势力。在宇宙的无限庄严瑰丽中,微细的娇美也有它的地位和介值。在大自然的伟大设计里,一切都像在明净的水中,明明白白地显现出来。到处都充满了圣洁,一种繁殖的神秘的感觉表现在运动中的大气里,有一般看不见的奋勉劲儿。 ——雨果[法国]

夜是晴朗的吗?它是黑暗的基础。夜间有风暴吗?风暴是烟雾的化身。大自然向我们表示无限深邃的境界,同时又拒绝我们去认识它,不让我们去探究它,只许推测它,无数的光点只使无底的黑暗更加黑暗。 ——雨果[法国]

105　天地;日月星

天能生物,不能辨物;地能载人,不能治人。 ——[战国]《荀子》

天有其时,地有其财,人有其治。
——[战国]《荀子》

天地与我并生,而万物与我为一。
——[战国]《庄子》

白日曜青春,时雨静飞尘。
——[三国]曹植

明月照高楼,流光正徘徊。
——[三国]曹植

朝乐朗日,啸歌丘林;夕玩望舒,入室鸣琴。 ——[晋]谢安疏风时吐月,密树不开天。①
——[南朝]吴均

日华川上动,风光草际浮。②
——[南朝]谢朓

月皎疑非夜,林疏似更秋。③
——[南朝]庾肩吾

地不知寒人要暖,少夺人衣作地衣。④
——[唐]白居易

日沉红有影,风定绿无波。
——[唐]白居易

星垂平野阔,月涌大江流。
——[唐]杜甫

星临万户动,月傍九霄多。⑤
——[唐]杜甫

沧海先迎日,银河倒列星。
——[唐]杜审言

夜深静卧百虫绝,清月出岭光入扉。
——[唐]韩愈

流星透疏木,走月逆行云。
——[唐]贾岛

天清远峰出,水落寒沙空。
——[唐]李白

青天何历历,明星如白石。
——[唐]李白

明月出天山,苍茫云海间。
——[唐]李白

床前明月光,疑是地上霜。
——[唐]李白

青天明月来几时,我今停杯一问之。
——[唐]李白

人攀明月不可得,月行却与人相随。
——[唐]李白

小时不识月,呼作白玉盘;又疑瑶台镜,飞在青云端。⑥
——[唐]李白

天若有情天亦老。——[唐]李贺

谁言寸草心,报得三春晖?
——[唐]孟郊

日落江湖白,潮来天地青。
——[唐]王维

明月松间照,清泉石上流。
——[唐]王维

白日依山尽,黄河入海流。
——[唐]王之涣

东西生日月,昼夜如转珠。
——[唐]元稹

白日地中出,黄河天外来。
——[唐]张蠙

月光如水水如天。——[唐]赵嘏

残星数点雁横塞,长笛一声人倚楼。⑦
——[唐]赵嘏

空翠隐高鸟,夕阳归远山。
——[唐]周贺

朝晖夕阴,气象万千。
——[宋]范仲淹

长烟一空,皓月千里。⑧
——[宋]范仲淹

---

①疏风:阵阵微风。不开天:密不见天日。
②日华:阳光。川:河流。风光:指春风和春光。
③皎:皎洁;明亮。疏:萧条。更:再;又一个。
④地衣:地毯。
⑤九霄:高空,这里指巍峨的皇宫。
⑥瑶台:神话传说中仙女的住所。
⑦雁横塞:一行大雁经由关塞向南方飞去。
⑧烟:烟霭,这里指云。

平分秋色一轮满,长伴云衢(qú)千里明。① ——[宋]李朴

天接云涛连晓雾,星河欲转千帆舞。 ——[宋]李清照

欲归还小立,为爱夕阳红。 ——[宋]陆游

月到天心处,风来水面时。 ——[宋]邵雍

明月几时有,把酒问青天。② ——[宋]苏轼

一轮秋影转金波,飞镜又重磨。 ——[宋]辛弃疾

明月别枝惊鹊,清风半夜鸣蝉。③ ——[宋]辛弃疾

休去倚危栏,斜阳正在、烟柳断肠处。④ ——[宋]辛弃疾

七八个星天外,两三点雨山前。⑤ ——[宋]辛弃疾

夕阳西下几时回? ——[宋]晏殊

近水楼台先得月,向阳花木易为春。 ——[宋]俞文豹

新月已生飞鸟外,落霞更在夕阳西。 ——[宋]张耒

地也,你不分好歹何为地?天也,你错勘贤愚枉为天。⑥ ——[元]关汉卿

月初圆忽被阴云,花正发频遭骤雨。⑦ ——[元]徐琰

夕阳山外山,春水渡边渡。⑧ ——[元]薛昂夫

回首天涯,一抹斜阳,数点寒鸦。 ——[元]张可久

万古乾坤此江水,百年风雨几重阳。⑨ ——[明]李东阳

有情皓月怜孤影,无赖闲花照独眠。 ——[清]黄景仁

月来满地水,云起一天山。 ——[清]郑燮

人间没有永恒的夜晚,世界没有永恒的冬天。 ——艾青

我爱这悲哀的国土,它的广大而瘦瘠的土地,带给我们以淳朴的语言与宽阔的姿态,坚强地生活在大地上,永远不会灭亡。 ——艾青

稀稀疏疏的星子,亮亮的,仿佛一些光明的泪珠。 ——艾芜

天空是深蓝色,上面布满了星星的网。这网紧紧地盖下来,盖在我们的头上。星星在网眼上摇动,好像就要落下来一般。 ——巴金

星光在我们的肉眼里虽然微小,然而它使我们觉得光明无处不在。 ——巴金

日光下的景物是散文的,只能使我们兴奋;雨中月下的景是诗的,它能使

---

①衢:四通八达的大路。云衢:指云海。
②把:持;拿。把酒:端起酒杯。
③别枝:斜枝。
④休:不要。危:高。
⑤天外:天边。
⑥勘:勘察,判断。枉:徒然;白白地。
⑦被:遮盖。发:开花。
⑧渡:渡口。
⑨乾坤:天地。重阳:重阳节,在农历九月初九。

我们遐想、幽思。　　——冯沅君

天上的明星现了,好像点着无数的街灯。　　——郭沫若

大地是宽厚的,她不但生长奇花异草、秀木琼林,也容许一些不知名的野草闲花在路边篱畔自开自谢。
　　——柯灵

流星是宇宙间最小的天体,当它到生命的最后一刻,能把整个星空灼亮。
　　——李国文

月亮高挂头顶,秋天的眉毛仿佛泛着沉思的白色,但是落日余晖接触它的时候,它还能谈笑风生。一阵清早的山风吹过来,落叶随风飞舞,你不知道落叶之歌是笑歌还是挽歌,因为早秋精神正是宁静、智能和成熟的精神,早秋之歌能对忧愁微笑,赞美爽快、锐利、清凉的空气。　　——林语堂

天上闪烁的星星好像黑色幕上缀着的宝石。　　——陆定一

流星闪电刹那即逝,即从此显示一种美丽的圣境。人亦相同,一微笑,一皱眉无不同样可以显出那种圣境。
　　——沈从文

蓝穹中一把细碎星子闪烁着细碎的光明。从冷静星光中,我看出一种永恒、一点力量、一点意志。诗人或哲人为这个启示,反映于纯洁心灵中即成为一切崇高理想。　　——沈从文

阳光照及大地,随阳光所及,举目临眺,但觉房屋人树及一池清水,无不如相互之间大有关系。然个人生命,转若深感单独,无所皈依,亦无所附丽。
　　——沈从文

黄昏时西天挂下一大帘的云母屏,掩住了落日的光潮,将海天一本化成暗蓝色,寂静的如黑衣尼在圣座前默祷。
　　——徐志摩

早上的日出,中午的晴空,傍晚的日落,都是最美也没有的景象。若再配上以云和影的交替,海与山的参错,以及一切由人造的建筑园艺,或种植畜牧的产物,如稻麦、牛羊、飞鸟、家禽之类,则尽在一日之中,就有万千新奇的变化。　　——郁达夫

春日暝蒙,花枝枯竭的时候,得几点微雨,又是一件多么可爱的事情!
　　——郁达夫

干渴的大地吮吸着雨水,宛如张口把一杯杯美酒痛饮。
　　——阿那克里翁[古希腊]

陆地上存在着大海所不知道的危险。　　——艾利斯[美国]

日光是首屈一指的画师,在它的色彩浓艳的笔下,再丑陋的东西已会变得媚态百生。　　——爱默生[美国]

当一丝太阳光从门上的缝隙射进一间充满了灰尘的房间里的时候,我们就可以看到一根旋转的、发亮的光柱。这不能算是一股平凡、微小的灰尘,因为跟它的美比起来,甚至天空的虹都显得缺少生气。　　——安徒生[丹麦]

天常常是黑的,暴风在吹,但是它总没有办法把太阳光吹走。阳光永远在那儿。　　——安徒生[丹麦]

让人们崇拜那色彩鲜明的云块而忘记太阳吧,但是云块会消逝,而太阳会永远照着,给新的世世代代带来光明。
——安徒生[丹麦]

看得见鲜花的,就应该看得见太阳。
——巴尔扎克[法国]

朝阳和落日相比,人们更赞美前者。
——查·普曼[美国]

日轮的光彩虽然淡薄一点,不过究竟还有光辉,它挂在天边,用着火般的光线,同时把天和大海都染红了,并且向市区里的古老房屋和尖塔上面射出最后的金光,使得这些建筑物的玻璃闪烁得如同一片燎原大火的反照。
——大仲马[法国]

黄昏的天空,在我看来,像一扇窗户,一盏灯火,灯火背后的一次等待。
——泰戈尔[印度]

在海的上空,小小的星星一个接着一个鲜明地亮起来。星星是这样的纯洁,这样新鲜,它们好像是昨天才做出来点缀天鹅绒一般的南方天空的。
——高尔基[苏联]

温暖的月夜迎着我们飘过来,在银白色河水的尽头,隐约地现出河岸上的草场。高陡的岸上有些黄色的灯光在闪烁,像是被大地捉住了几颗星星,四周的一切都在活动,毫无睡意地颤抖,过着一种安静而又顽强的生活。
——高尔基[苏联]

突然月亮出来了,她平躺着身体从树后升起,又年轻又温柔。空气好像经他呼吸过,变得更加凉爽了,可是菩提花的温香仍旧不断从凉爽的空气中传来。
——高尔斯华绥[英国]

蝴蝶爱着玫瑰花,围绕她飞翔千百回;多情的日光爱蝴蝶,围绕它用金色的光辉。
——海涅[德国]

在任何一块土地上挖掘,你都会找到珍宝,不过你应该以农民的信心去挖掘。
——纪伯伦[黎巴嫩]

夕阳似乎在金红色的彩霞中滚动,然后沉入阴暗的地平线后面,通红的火球金边闪闪,迸出两三点炽热的火星,于是远处树林暗淡的轮廓便突然浮现出连绵不断的浅蓝色线条。
——柯罗连科[我国]

群星点缀着淡绿的天,像一朵朵的翠菊。
——罗曼·罗兰[法国]

在这酷热的天空下再也听不到别的声音。天色蔚蓝耀眼,带着那和即将变成火红的橙黄,就像金属于于接近火炉时一样。
——莫泊桑[法国]

太阳落下去了,留下那片泥金般的回光使天空变成了玫瑰色……远远地,靠左边,好些锯齿般的山峰隔着淡淡的霞光,描出了乌黑的剪影。
——莫泊桑[法国]

在红艳艳的天空中,旭日像醉汉的面孔涨得通红地从树后出现了。大地覆满了白霜,干燥而坚硬……一夜之间,白杨树上的叶子完全落光。在那片荒地后面,望得见一条长长的碧绿的波涛,翻腾着白色的泡沫。菩提树的叶子在疾风中纷纷凋落了,每吹过一阵寒风,经霜的树叶猝然脱离树枝,像一群飞鸟一般在风中飞舞。

——莫泊桑[法国]

太阳从一个缺口背后射出了很长的光线,它好像在召回一切力量回家过夜,而此刻在回家之前还希望由西到东再大放一次光芒,一切东西都被照映成细长的线条,连牛群的恋家之情也好像散发在空中了。　　——尼克索[丹麦]

清晨美极了,太阳照耀着菩提树顶,这些树在秋天的新鲜的气息下已渐渐发黄了。宽广的湖面静静地在阳光下闪耀着,睡醒了的天鹅从长满湖岸的矮树丛下庄严地游了出来。

——普希金[俄国]

一代过去,一代又来,大地却永远长存。　　　　　　——《圣经》

要看日出,必须守到拂晓。

——司各特[英国]

太阳不仅仅给人带来生命,而且还会给人带来希望。因为当她傍晚落山的时候,我们总盼望着她在第二天早晨随着新的一天的开始而升起。

——斯特林堡[瑞典]

同一的太阳照着他的宫殿,也不曾避过我们的草屋。日光是一视同仁的。

——莎士比亚[英国]

太阳只穿一件朴素的光衣,白云却披了灿烂的裙裾。 ——泰戈尔[印度]

群星在浪花上摇曳,各种色彩的思潮抛出大海深处,散掷在生活的海滩上。　　　　——泰戈尔[印度]

我的思想随着这些闪耀的绿叶而闪耀,我的心灵因了这日光的抚触而歌唱,我的生命因为借了万物一同浮泛在空间的蔚蓝、时间的默默中而感到欢快。　　　　——泰戈尔[印度]

白天是色彩斑斓的水泡,浮游在深不可测的黑夜的水面上。

——泰戈尔[印度]

啊,太阳,你从颗颗泣血的心头升起,在晨花丛中大放光彩,而骄傲的狂欢火炬却已燃成灰烬。

——泰戈尔[印度]

世界已在早晨敞开了它的光明之心。　　　　　——泰戈尔[印度]

黄昏的天空,在我看来,像一扇窗户,一盏灯火,灯火背后的一次等待。

——泰戈尔[印度]

夜的序曲是开始于夕阳西下的音乐,开始于它对难以形容的黑暗所做的庄严的赞歌。　——泰戈尔[印度]

夜晚,各种喧嚣倦了,天空中弥漫着大海的低吟。白昼飘忽不定的思想倦游归来,围绕着点燃的篝火边休憩。爱的嬉戏平静地化为崇敬,生命的溪流汇入大海。有形的世界在超越一切色相的美的怀抱中找到了归宿。

——泰戈尔[印度]

夜的沉默如一个深深的灯盏,银河便是它燃着的灯光。

——泰戈尔[印度]

黑夜呀,我感觉到你的美丽。你的美如一个可爱的妇人,当她把灯灭了的时候。　　　——泰戈尔[印度]

静悄悄的黑夜具有母亲的美丽,而

吵闹的白天具有孩子的美。

——泰戈尔[印度]

大地借助于绿草,显出她自己的殷勤好客。
——泰戈尔[印度]

在明澄的天空中,微微地漂浮着高高的稀疏的云朵,像春天的最后的雪那么发乳白色,像卸下的风帆那么扁平而细长,它们像棉花一般蓬松而轻柔的花边慢慢地但又显著地在每一瞬间发生变化,这些云正在融化,它们没有落下阴影来。
——屠格涅夫[俄国]

这是一个明媚清新的早晨,细小的云片在浅蓝明净的天空里泛起了小小的白浪,晶莹的露珠一滴一滴地撒在草茎和树叶上,蜘蛛网上沾了露水,银子似地闪闪发光,润湿的黑土仿佛还留着玫瑰色调晨曦的余痕,百灵的歌唱声骤雨似地漫天落下。
——屠格涅夫[俄国]

太阳落山了,但是树林里还很明亮,空气清爽而澄澈,鸟儿叽叽喳喳地叫着,嫩草像绿宝石一般发出悦目的光彩。树林内部渐渐黑暗起来了,晚霞的红光慢慢地沿着树根和树干移动,越升越高,从几乎还未生叶的低枝移到一动不动的睡着的树梢。一会儿,树梢也暗起来了,红色的天空开始发蓝,树林的气息浓烈起来,微微地发散出温暖的湿气,吹进来的风在你身边静息了。
——屠格涅夫[俄国]

太阳落山了,它的最后的光线普照四方,发出一午多宽阔的深红色光带来;金黄色的云块散布在天空中,越来越细,仿佛是梳洗过的羊毛。
——屠格涅夫[俄国]

从云的裂缝里,从那橙黄色的、衬着太阳的边缘上,阳光成为一种宽阔的扇子一样的光线,斜斜地投射下来。在辽阔的天空是细细的、像枪锋一样的这些光线,到临近地面的时候,像奔流一样的扩大起来,落在沿着天边伸展着的褐色草原的遥远的界限上,把它装饰得很美丽,奇幻的、欢快的装饰使它变得年轻了。
——肖洛霍夫[苏联]

星星,天上的鲜花,在我们头上发光。
——雪莱[英国]

宇宙过去同现在一样,将来也永远同现在一样,因为它不能变成什么另外的东西进入宇宙,引起变化。
——伊壁鸠鲁[古希腊]

宇宙是悬挂在太空中,无可坠落,不息和无限的位移在进行,既没有意外,又没有碰伤,人也参加在这种转移运动里。命运从哪里开始,自然在哪里告终。
——雨果[法国]

在地球围绕太阳的伟大的运行里,海洋用它的涨潮和退潮,成了平衡地球的力量。
——雨果[法国]

106　云雨;风雷

疾雷不及掩耳,迅电不及瞑目。①
——[周]《太公六韬》

---

①疾:急骤。不及:来不及。迅:迅速。电:闪电。瞑目:闭上眼睛。

秋风起兮白云飞,草木黄兮燕南归。　　　　　——[汉]刘彻

朝云浮四海,日暮归故山。
　　　　　　　　——[汉]应玚

八方各异气,千里殊风雨。①
　　　　　　　　——[三国]曹植

风烟俱净,天山共色,从流飘荡,任意东西。②　　——[南朝]吴均

白云抱幽石,绿筱(xiǎo)媚清涟。③　　　　——[南朝]谢灵运

隔窗知夜雨,芭蕉先有声。
　　　　　　　　——[唐]白居易

夜深知雪重,时闻折竹声。④
　　　　　　　　——[唐]白居易

北风卷地白草折,胡天八月即飞雪。⑤　　　　　——[唐]岑参

忽如一夜春风来,千树万树梨花开。⑥　　　　　——[唐]岑参

风枝惊暗鹊,露草泣寒虫。
　　　　　　　　——[唐]戴叔伦

天上浮云似白衣,斯须改变如苍狗。⑦　　　　　——[唐]杜甫

风急天高猿啸哀,渚清沙白鸟飞回。⑧　　　　　——[唐]杜甫

恰似春风相欺得,夜来吹折数枝花。　　　　　　——[唐]杜甫

好雨知时节,当春乃发生。随风潜入夜,润物细无声。　——[唐]杜甫

雨洗平沙静,天衔阔岸纤。
　　　　　　　　——[唐]杜甫

雷声忽送千峰雨,花气浑如百合香。　　　　　　——[唐]杜甫

白帝城中云出门,白帝城下雨翻盆。⑨　　　　　——[唐]杜甫

尽日无人看微雨,鹦鹉相对浴红衣。　　　　　　——[唐]杜牧

谁将平地万堆雪,剪刻作此连天花?　　　　　　——[唐]韩愈

白雪却嫌春色晚,故穿庭树作飞花。　　　　　　——[唐]韩愈

不知细叶谁裁出?二月春风似剪刀。　　　　　　——[唐]贺知章

黄云万里动风色,白波九道流雪山。　　　　　　——[唐]李白

惟有清风贤,时时起泉石。
　　　　　　　　——[唐]李白

燕(yān)山雪花大如席,片片吹落轩辕台。⑩　　——[唐]李白

瑶台雪花数千点,片片吹落春风香。　　　　　　——[唐]李白

西风残照,汉家陵阙。⑪
　　　　　　　　——[唐]李白

----

①气:气候。殊:不同。
②东西:东游西荡。
③筱:小竹子。
④时:断断续续。闻:听到。折竹:因雪厚而把竹子压断。
⑤胡天:指西域一带。
⑥此句以春风吹开梨花、树树皆白来描绘雪后风光。
⑦斯须:一会儿。苍:青色,黑色。
⑧哀:哀鸣。渚:水中小洲。回:回旋。
⑨白帝城:在今重庆奉节。
⑩燕山、轩辕台:均在今河北。
⑪残照:夕阳。汉家:汉朝。陵:陵墓。阙:陵墓前的建筑物。

野云万里无城郭,雨雪纷纷连大漠。　　——[唐]李颀

白云千里万里,明月前溪后溪。　　——[唐]刘长卿

解落三秋叶,能开二月花。过江千尺浪,入竹万竿斜。——[唐]李峤

瑞雪惊千里,从风下九霄。　　——[唐]李峤

飒飒东风细雨来,芙蓉塘外有轻雷。① 　　——[唐]李商隐

细雨湿衣看不见,闲花落地听无声。　　——[唐]刘长卿

风入寒松声自古,水归沧海意皆深。　　——[唐]刘威

山城过雨百花尽,榕叶满庭莺乱啼。　　——[唐]柳宗元

飞雪带春风,徘徊乱绕空。　　——[唐]刘方平

雾尽披天,萍开见水。　　——[唐]刘禹锡

夜来风雨声,花落知多少。　　——[唐]孟浩然

风鸣两岸叶,月照一孤舟。　　——[唐]孟浩然

荷风送香气,竹露滴清响。② 　　——[唐]孟浩然

昨夜一霎雨,天意苏群物。③ 　　——[唐]孟郊

不知庭霰今朝落,疑是林花昨夜开。　　——[唐]宋之问

更疑天路近,梦与白云游。　　——[唐]孙逖

非云非雾起层空,弄彩奇辉迥不同。④ 　　——[唐]谭钟岳

白云回望合,青霭入看无。　　——[唐]王维

山中一夜雨,树杪百重泉。⑤ 　　——[唐]王维

飒飒松上雨,潺潺石中流。⑥ 　　——[唐]王维

浩浩风波起,冥冥日沉夕。⑦ 　　——[唐]韦应物

萍皱风来后,荷喧雨到时。⑧ 　　——[唐]温庭筠

青箬笠,绿蓑衣,斜风细雨不须归。⑨ 　　——[唐]张志和

终南阴岭秀,积雪浮云端。　　——[唐]祖咏

风乍起,吹绉一池春水。　　——[五代]冯延巳

卧看满天云不动,不知云与我俱东。⑩ 　　——[宋]陈与义

风蒲猎猎弄轻柔,欲立蜻蜓不自

---

①飒飒:形容风雨声。芙蓉:荷花。
②荷风:由荷叶上吹过来的风。竹露:滴落在竹叶上的露珠。
③一霎:一会儿,短时间。苏:苏醒;复苏。
④迥:差别极大;差得远。
⑤树杪:树梢。百重:层层叠叠。泉:指瀑布。
⑥潺潺:形容溪水、泉水流淌声。
⑦浩浩:形容风势大。冥冥:昏暗。
⑧皱:皱起。喧:喧响。
⑨箬:一种竹子。箬笠:用箬篾或叶编成的斗笠。
⑩俱:都,全,引申为一同。东:向东移动。

由。① ——[宋]道潜

放船闲看雪山晴,风定奇寒晚更凝。 ——[宋]范成大

与燕作泥蜂酿蜜,才吹小雨又须晴。 ——[宋]方岳

我欲穿花寻路,直入白云深处,浩气展虹霓。② ——[宋]黄庭坚

芳莲坠粉,疏桐吹绿,庭院暗雨乍歇。③ ——[宋]姜夔

好风如扇雨如帘,时见岸花汀草、涨痕添。④ ——[宋]李廌

有云更觉千山秀,不雨争直万壑奇。 ——[宋]娄钥

满城风雨近重阳。⑤
 ——[宋]潘大临

风烟雨雪阴晴晚,更何须,春风千树。 ——[宋]彭元逊

自在飞花轻似梦,无边丝雨细如愁。 ——[宋]秦观

浮生只合尊前老,雪满长安道。⑥
 ——[宋]舒亶

清风徐来,水波不兴。
 ——[宋]苏轼

江侵平野断,风卷白沙旋。
 ——[宋]苏轼

黑云翻墨未遮山,白雨跳珠乱入船。⑦ ——[宋]苏轼

雨过潮平江海碧,电光时掣紫金蛇。⑧ ——[宋]苏轼

殷勤昨夜三更雨,又得浮生一日凉。 ——[宋]苏轼

回首向来萧瑟处,归去,也无风雨也无晴。⑨ ——[宋]苏轼

满川风雨看潮生。⑩
 ——[宋]苏舜钦

荷叶初干稻穗香,惊雷急雨送微凉。 ——[宋]苏辙

西窗一雨无人见,展尽芭蕉数尺心。 ——[宋]汪藻

余霞散成绮,澄江静如练。⑪
 ——[宋]谢朓

风日晴和人意好,夕阳箫鼓几船归。 ——[宋]徐元杰

最爱东山晴后雪,软红光里涌银山。 ——[宋]杨万里

海浪如云去却回,北风吹起数声雷。 ——[宋]曾巩

云破月来花弄影。⑫
 ——[宋]张先

风不定,人初静,明日落红应满径。
 ——[宋]张先

燕子不来花又落,一庭风雨自黄昏。 ——[宋]赵孟頫

①猎猎:形容风吹蒲叶的声音。
②浩气:广大浓厚的水汽。展:展现。虹霓:泛指彩虹。
③乍歇:刚刚停息。
④汀:水边的平地。
⑤重阳:重阳节,农历九月初九日。
⑥尊:酒杯。长安:指京城。
⑦翻墨:倾翻的墨汁。跳珠:跳动的珍珠。
⑧掣:飞快闪过。
⑨萧瑟:风吹雨打的声音。
⑩川:河。潮:潮水。
⑪练:白绢。
⑫弄:耍弄;戏耍。

东风轻扇(shān)春寒。①

——［金］段克己

清风疗暑连三日,好雨依时抵万金。　　　　——［元］王恽

云来山更佳,云去山如画,山因云晦明,云共山高下。 ——［元］张养浩

彩云易散,皓月难圆。

——［明］《警世通言》

雷声千嶂落,雨色万峰来。

——［明］李攀龙

云归山自在,江静水安流。

——［清］卞梦珏

风一更,雪一更,聒(guō)碎乡心梦不成,故园无此声。②

——［清］纳兰性德

温暖的春风吹散了他们心上的暗影。眼前是光明,是自由的空气,是充满丰富生命的草木。还有那悦耳的鸟声、水声、风声、树声。 ——巴金

风在空中怒吼,声音凄厉,跟雪地上的脚步声混合在一起,成了一种古怪的音乐,这音乐刺痛行人的耳朵,好像在警告他们:风雪会长久地管治着世界,明媚的春天不会回来了。——巴金

电光像有光的带子在山顶上迅速地闪烁。　　　　　——柳青

江南的雪可是滋润美艳之至了,那是还在隐约着的青春的消息,是极壮健的处子的皮肤。 ——鲁迅

在他们看来,在天空里明亮的彩云上总悬着一颗黑色的灾星。

——爱默生［美国］

海面上升起一阵微风,像是大自然从午睡醒来后所发出的呼吸一样。

——大仲马［法国］

长达一刻钟之久的彩虹就不再有人看它了。 ——歌德［德国］

一道闪电划破长空,宛如横空飞过的闪着磷光的翅翼。 ——哈代［英国］

雾里的山岳不是丘陵,雨中的橡树也不是垂柳。 ——纪伯伦［黎巴嫩］

空气纯净而清晰,就像是婴儿的亲吻;太阳明亮,天空碧蓝——试问,人活在世上还需要什么?在这儿,还要什么激情,欲望和悔恨呢?

——莱蒙托夫［俄国］

一朵金光灿灿的彩云,投宿在悬崖巨人的怀里,清晨它便早早地赶路,顺着碧空欢快地漂移。

——莱蒙托夫［俄国］

破碎的、蓝中透紫的、在东方泛红的云在风前飞过去。天色越来越亮了。经常生长在乡村路旁的卷曲的草变得显然可见了,依旧含着夜雨;赤杨树下垂的枝子也是湿的,在风中摇摆,把明净的水滴弹向一边去。

——列夫·托尔斯泰［俄国］

快乐的雨丝宛若清晨晶莹的露珠,把一颗颗珍珠滴入花的心田。

——伦道夫［美国］

翻腾着的紫红的朝霞,半掩在白杨树的大路后面,向着苏醒的大地投射出

---

①扇:摇动扇子生风,比喻吹拂。
②聒:声音嘈杂,使人厌烦。

万紫千红的光芒。逐渐拨开耀眼的云彩,太阳像火球一般出现了,把火一样的红光倾泻到树木上、平原上、海洋上和整个大地上。　　——莫泊桑[法国]

朝霞在东方照耀着,一列列金色的云仿佛是在等待太阳,好像群臣在等待君王似的。　　　　——普希金[俄国]

可怕的狂风啊,你为什么把河边的芦苇吹向山谷?你为什么把云彩驱往遥远的天边,是这么愤怒?不久以前黑压压的乌云还密密地布满整个天空,不久以前山上的橡树还高傲地展示美丽的姿容,但是你吹起来了,你在咆哮,夹着雷鸣电闪,威震四处,驱走了天上滚滚的乌云,拔起了山上庄严的橡树。

——普希金[俄国]

露珠只是在它自己的小小球体的范围里理解太阳。　——泰戈尔[印度]

雾像爱情一样,在山峰的心上游戏,生出种种美丽的变幻。

——泰戈尔[印度]

密集的乌云好像是出笼的野兽,猛然向上升腾,飞越天空。

——屠格涅夫[俄国]

在明澄的天空中,微微地漂浮着高高的稀疏的云朵,像春天的最后的雪那么发乳白色,像卸下的风帆那么扁平而细长,它们像棉花一般蓬松而轻柔的花边慢慢地但又显著地在每一瞬间发生变化,这些云正在融化,它们没有落下阴影来。　　——屠格涅夫[俄国]

云彩,虽然仅仅是洒那么一点点水,全世界的人都喜欢;即使是太阳,如果经常放射着强光,人们连看也不敢看。　　　　——《五卷书》[古印度]

风撕开这闷热,劈开这闷热,把它剁成碎片。　——希·杜立特尔[美国]

暴风雪在怒吼、嚣叫,刮过树林时发出一阵阵喧响;银色的荒野像一望无边的海洋,白雪在它的上空旋舞飞扬。

——谢甫琴科[乌克兰]

云霞在太阳后边漂浮,展开绛红的帷幕,它召唤着太阳到蓝色的大海中去沉睡,覆盖上玫瑰色的被单,如同临晚安置婴孩。　——谢甫琴科[乌克兰]

狂暴的西风,秋天生命的呼吸!

——雪莱[英国]

107　山水;环境

知(zhì)者乐水,仁者乐山。①

——[春秋]《论语》

高山仰止,景行(háng)行(xíng)止。②　　　　——[春秋]《诗经》

出自幽谷,迁于乔木。③

——[春秋]《诗经》

百川沸腾,山冢卒(cù)崩;高岸为

---

①知:同"智",聪明。乐:喜欢。旧读 yào。仁:仁慈。此句指人的性格不同,对事物的爱好也有差异。

②仰:抬头望。止:句末语气词。景行:大路。行:行走。此句后缩合为成语"高山景行",比喻道德崇高,行为正大。

③幽谷:深谷。迁:迁移。乔木:高大的树木。

谷,深谷为陵。① ——[春秋]《诗经》

积土成山,风雨兴焉;积水成渊,蛟龙生焉。 ——[战国]《荀子》

沧浪之水清兮,可以濯吾缨;沧浪之水浊兮,可以濯吾足。② ——[战国]《渔父》

车毂击,人肩摩,连衽成帷,举袂成幕,挥汗成雨。③ ——[战国]《战国策》

水之积也不厚,则其负大舟也无力。 ——[战国]《庄子》

安土重迁,黎民之性;骨肉相附,人情所愿。④ ——[汉]《汉书》

日月之行,若出其中;星汉灿烂,若出其里。 ——[三国]曹操

白骨露于野,千里无鸡鸣。
——[三国]曹操

巴东三峡巫峡长,猿鸣三声泪沾裳。⑤ ——[晋]《巴东三峡歌》

山气日夕佳,飞鸟相与还。⑥
——[晋]陶潜

采菊东篱下,悠然见南山。⑦
——[晋]陶潜

暧暧远人村,依依墟里烟。⑧
——[晋]陶潜

景昃(jǐngzè)鸣禽集,水木湛清华。⑨ ——[晋]谢混

非必丝与竹,山水有清音。⑩
——[晋]左思

日月光天德,山河壮帝居。⑪
——[南朝]陈叔宝

山头看月近,草上知风急。
——[南朝]戴暠

岸花临水发,江燕绕樯飞。⑫
——[南朝]何逊

舟如空里泛,人似镜中行。⑬
——[南朝]释惠标

林断山更续,洲尽江复开。
——[南朝]王融

山云遥似带,庭叶近成舟。
——[南朝]阴铿

蝉噪闻疑断,池清映似空。
——[隋]王胄

暗牖悬蛛网,空梁落燕泥。⑭
——[隋]薛道衡

---

①山冢:山顶。卒:同"猝",突然。
②沧浪:水名,汉水流经荆州的一段。濯:洗。缨:指帽缨,系帽的带子。
③车毂:车轮中心的部分,有圆孔,可插入车轴。摩:摩擦。衽:衣襟。帷:幔帐。袂:衣袖。幕:帐篷。
④安土重迁:留恋故土,不肯轻易迁移。附:聚。
⑤巴东:古郡名,在今四川东部。
⑥相与:共同;一道。
⑦悠然:自得的样子。南山:指居处南面的庐山。
⑧暧暧:昏暗模糊的样子。依依:隐约可见的样子。墟里:村落。
⑨景:日光。昃:太阳偏西。湛:清澈。
⑩丝、竹:琴、瑟、箫、笛等乐器,泛指弦乐器和管乐器。清音:清雅的乐音。
⑪天德:指帝王的恩德。帝居:京都。
⑫樯:桅杆。
⑬此句描写湖水极其清澈。
⑭牖:窗子。

寒鸦飞数点,流水绕孤村。①
——[隋]杨广

天平山上白云泉,云自无心水自闲。②
——[唐]白居易

山寺月中寻桂子,郡亭枕上看潮头。③
——[唐]白居易

冰铺湖水银为浪,风卷河沙玉作堆。
——[唐]白居易

未能抛得杭州去,一半勾留是此湖。④
——[唐]白居易

松排山面千重翠,月点波心一颗珠。⑤
——[唐]白居易

一道残阳铺水中,半江瑟瑟半江红。⑥
——[唐]白居易

水心如镜面,千里无纤毫。
——[唐]白居易

何必奔冲山下去,更添波浪向人间。
——[唐]白居易

山以仁静,水以智流。
——[唐]《北史》

山光悦鸟性,潭影空人心;曲径通幽处,禅房花木深。⑦
——[唐]常建

天势围平野,河流入断山。
——[唐]畅当

青山行不尽,绿水去何长。
——[唐]崔颢

晴川历历汉阳树,芳草萋萋鹦鹉洲。⑧
——[唐]崔颢

红叶下山寒寂寂,湿石如梦雨如尘。
——[唐]崔橹

会当凌绝顶,一览众山小。
——[唐]杜甫

地卑荒野大,天远暮江迟。
——[唐]杜甫

山虚风落石,楼静月侵门。⑨
——[唐]杜甫

江山如有待,花柳更无私。
——[唐]杜甫

江碧鸟逾白,山青花欲燃。⑩
——[唐]杜甫

晓看红湿处,花重锦官城。⑪
——[唐]杜甫

窗含西岭千秋雪,门泊东吴万里船。
——[唐]杜甫

野径云俱黑,江船火独明。
——[唐]杜甫

---

①寒鸦:寒冷中的乌鸦。
②天平山:在今苏州市西。白云泉:指半山腰的清泉。
③桂子:桂花。
④勾留:流连,留恋。
⑤此句描绘西湖夜景。
⑥瑟瑟:一种碧色宝石,引申为碧色。
⑦山光:山间的光照。悦:欢悦。潭影:潭水中的倒影。空:净化。禅房:禅院;寺院。
⑧晴川:阳光下的江水。历历:清楚、分明的样子。汉阳:汉江之阳,汉江北岸。萋萋:草木繁茂的样子。鹦鹉洲:汉江中的小洲。
⑨侵:入;映进。
⑩逾:同"愈",更加。燃:指红艳得像燃烧的火一样。
⑪晓:拂晓。红湿处:被雨水淋湿的花朵。重:点缀。锦官城:故址在成都南,代指成都。

水流心不竞,云与意俱迟。①
——[唐]杜甫

高江急峡雷霆斗,古木苍藤日月昏。
——[唐]杜甫

江间波浪兼天涌,塞上风云接地阴。
——[唐]杜甫

芙蓉旌旗烟雾落,影动倒景(yǐng)摇潇湘。②
——[唐]杜甫

沙上草阁柳新暗,城边野池莲欲红。
——[唐]杜甫

烟笼寒水月笼沙,夜泊秦淮近酒家。③
——[唐]杜牧

南朝四百八十寺,多少楼台烟雨中。④
——[唐]杜牧

二十四桥明月夜,玉人何处教吹箫?⑤
——[唐]杜牧

繁华事散逐香尘,流水无情草自春。
——[唐]杜牧

千里莺啼绿映红,水村山郭酒旗风。
——[唐]杜牧

借问酒家何处有,牧童遥指杏花村。⑥
——[唐]杜牧

水作琴中听,山疑画里看。
——[唐]杜审言

沧海先迎日,银河倒列星。
——[唐]杜审言

春城无处不飞花,寒食东风御柳斜。⑦
——[唐]韩翃

江作青罗带,山如碧玉簪。⑧
——[唐]韩愈

天街小雨润如酥,草色遥看近却无。⑨
——[唐]韩愈

只在此山中,云深不知处。
——[唐]贾岛

棹(zhào)穿波底月,船压水中天。⑩
——[唐]贾岛

独行潭底影,数息树边身。
——[唐]贾岛

鸟宿池边树,僧敲月下门。
——[唐]贾岛

枫岸纷纷落叶多,洞庭秋水晚来波。
——[唐]贾至

山从人面起,云傍马头生。⑪
——[唐]李白

山随平野尽,江入大荒流。⑫
——[唐]李白

---

①竞:竞争;竞逐。迟:轻松;悠闲。
②芙蓉旌旗:绣有莲花图案的旗帜。景:同"影"。潇湘:潇水和湘水,在今湖南。
③烟:雾气。泊:停泊;停船。秦淮:秦淮河,在江苏。
④南朝:我国南北朝时期宋、齐、梁、陈四朝的合称。四百八十:这里指代众多的佛寺,因南朝崇信佛教,故寺庙很多。多少:指众多。
⑤玉人:指美丽的歌女。
⑥借问:向人询问。
⑦春城:指春天的长安城。飞花:飞舞的柳絮。寒食:寒食节,在清明的前两天。御柳:皇宫中的柳树。
⑧簪:簪子,一种条状头饰,可用来别住头发,使不散乱。
⑨天街:京城的街道。酥:酥油,形容润滑。
⑩棹:船桨。
⑪面:人脸;面前。傍:靠近;挨着。
⑫大荒:荒凉的边远地方。

泰山嵯峨夏云在,疑是白波涨东海。——[唐]李白

西岳峥嵘何壮哉,黄河如丝天际来。① ——[唐]李白

君不见黄河之水天上来,奔流到海不复回。——[唐]李白

登高壮观天地间,大江茫茫去不还。——[唐]李白

连峰去天不盈尺,枯松倒挂倚绝壁。——[唐]李白

峨眉山月半轮秋,影入平羌江水流。② ——[唐]李白

天门中断楚江开,碧水东流至此回。两岸青山相对出,孤帆一片日边来。③ ——[唐]李白

天清远峰出,水落寒沙空。——[唐]李白

两岸猿声啼不住,轻舟已过万重山。——[唐]李白

黄鹤之飞尚不得过,猿猱(náo)欲度愁攀缘。④ ——[唐]李白

海风吹不断,江月照还空。——[唐]李白

朝辞白帝彩云间,千里江陵一日还。⑤ ——[唐]李白

孤帆远影碧空尽,惟见长江天际流。——[唐]李白

飞流直下三千尺,疑是银河落九天。——[唐]李白

芳树笼秦栈,春流绕蜀城。——[唐]李白

凤凰台上凤凰游,凤去台空江自流。⑥ ——[唐]李白

问余何意栖碧山,笑而不答心自闲。⑦ ——[唐]李白

大漠沙如雪,燕山月似钩。⑧ ——[唐]李贺

风波尽日依山转,星汉通霄向水悬。——[唐]李频

高阁客竟去,小园花乱飞。——[唐]李商隐

蓬山此去无多路,青鸟殷勤为探看。——[唐]李商隐

回乐峰前沙似雪,受降城外月如霜。——[唐]李益

飞鸟没何处,青山空向人。——[唐]刘长卿

楚国苍山古,幽州白日寒。——[唐]刘长卿

---

①西岳:华山。峥嵘:高峻。壮:壮丽。丝:丝带。

②峨眉:峨眉山。平羌:江名,又称青衣江。

③天门:天门山,在今安徽当涂县境内。楚江:长江。两岸青山:指东有博望山,西有梁山,两山隔江相对。

④黄鹤:指黄鹄(hú),即天鹅。攀缘:抓着东西往上爬,也作"攀援"。

⑤白帝:白帝城,在今重庆奉节。江陵:即今湖北江陵。还:返回。

⑥凤凰台:古台名,在金陵(今南京)。

⑦栖:栖息,指隐居。心自闲:内心里悠闲自在。

⑧大漠:大沙漠,旧时泛指我国西北部一带的广大沙漠地区。燕山:指燕然山,即今蒙古国的杭爱山。

过雨看松色,随山到水源。①
———[唐]刘长卿

水声冰下咽,沙路雪中平。②
———[唐]刘长卿

汉口夕阳斜渡鸟,洞庭秋水远连天。
———[唐]刘长卿

山明水净夜来霜,数树深红出浅黄。
———[唐]刘禹锡

流水淘沙不暂停,前波未灭后波生。
———[唐]刘禹锡

九曲黄河万里沙,浪淘风簸自天涯。③
———[唐]刘禹锡

遥望洞庭山水翠,白银盘里一青螺。
———[唐]刘禹锡

湖光秋月两相和,潭面无风镜未磨。④
———[唐]刘禹锡

八月涛声吼地来,头高数丈触山回。
———[唐]刘禹锡

洞庭秋月生湖心,层波万顷如熔金。⑤
———[唐]刘禹锡

回看天际下中流,岩上无心云相逐。⑥
———[唐]柳宗元

烟销日出不见人,欸(ǎi)乃一声山水绿。⑦
———[唐]柳宗元

广泽生明月,苍山夹乱流。
———[唐]马戴

天边树若荠,江畔舟如月。⑧
———[唐]孟浩然

野旷天低树,江清月近人。
———[唐]孟浩然

八月湖水平,涵虚混太清。⑨
———[唐]孟浩然

气蒸云梦泽,波撼岳阳城。⑩
———[唐]孟浩然

绿树村边合,青山郭外斜。⑪
———[唐]孟浩然

南山塞天地,日月石上生。⑫
———[唐]孟郊

高峰夜留景,深谷昼未明。
———[唐]孟郊

青山看不厌,流水趣何长。
———[唐]钱起

远山芳草外,流水落花中。
———[唐]司空曙

暗尘随马去,明月逐人来。
———[唐]苏味道

鹅湖山下稻粱肥,豚栅鸡栖半掩扉。⑬
———[唐]王驾

---

①过雨:下雨之后。
②雪中平:被雪覆盖,填平。
③九曲:传说黄河有九曲十八弯。自天涯:指黄河源远流长。
④和:融和。潭面:湖面。
⑤熔金:把金属熔化。
⑥下中流:渔船划入江水中间。
⑦烟:雾气。欸乃:形容摇橹划水声。
⑧荠:荠菜,植物名。
⑨虚:指水汽。太清:天空。
⑩气:水汽。蒸:笼罩。云梦泽:古代大湿名,这里指洞庭湖。波:波涛。撼:震撼。岳阳城:在湖南。
⑪合:连接起来。郭:外城,这里指村外。斜:横卧。
⑫南山:指终南山,在陕西。
⑬豚:小猪,泛指猪。

雨里鸡鸣一两家,竹溪村路板桥斜。
——[唐]王建

潮平两岸阔,风正一帆悬。①
——[唐]王湾

万壑树参天,千山响杜鹃。
——[唐]王维

寒山转苍翠,秋水日潺湲。②
——[唐]王维

空山不见人,但闻人语响。返影入深林,复照青苔上。③
——[唐]王维

人闲桂花落,夜静春山空。
——[唐]王维

大漠孤烟直,长河落日圆。
——[唐]王维

渡头余落日,墟里上孤烟。④
——[唐]王维

古木无人径,深山何处钟。
——[唐]王维

谷静秋泉响,岩深青霭残。
——[唐]王维

斜阳照墟落,穷巷牛羊归。⑤
——[唐]王维

江流天地外,山色有无中。⑥
——[唐]王维

行到水穷处,坐看云起时。
——[唐]王维

声喧乱石中,色静深松里。
——[唐]王维

倚杖柴门外,临风听暮蝉。⑦
——[唐]王维

画阁朱楼尽相望,红桃绿柳垂檐向。⑧
——[唐]王维

黄河远上白云间,一片孤城万仞山。⑨
——[唐]王之涣

山远疑无树,潮平似不流。
——[唐]韦承庆

春潮带雨晚来急,野渡无人舟自横。⑩
——[唐]韦应物

春水碧于天,画船听雨眠。⑪
——[唐]韦庄

人人尽说江南好,游人只合江南老。⑫
——[唐]韦庄

江上柳如烟,雁飞残月天。⑬
——[唐]温庭筠

鸡声茅店月,人迹板桥霜。
——[唐]温庭筠

湘潭云尽暮山出,巴蜀雪消春水来。
——[唐]许浑

高树晓还密,远山晴更多。
——[唐]许浑

---

①风正:风向正,指顺风。
②潺湲:河水慢慢流动的样子。
③但:仅,只。返影:斜阳返照的余晖。
④墟里:村落。上孤烟:升起一缕炊烟。
⑤穷:尽。
⑥有无:若有若无的样子。
⑦柴门:用树枝、荆条做的院门。
⑧画阁:绘有精美彩色图案的楼阁。
⑨孤城:指玉门关,在今甘肃敦煌西北。仞:古代长度单位,一仞相当于七尺或八尺。万仞:形容极高。
⑩春潮:春季上涨的河水。野渡:郊外的渡口。
⑪画船:装饰华丽的游船。
⑫合:应当;应该。
⑬江上:江岸。

山泉散漫绕阶流,万树桃花映小楼。① ——[唐]元稹

峡深明月夜,江静碧云天。 ——[唐]张祜

潮落夜江斜月里,两三星火是瓜州。② ——[唐]张祜

长江春水绿堪染,莲叶出水大如钱。③ ——[唐]张籍

姑苏城外寒山寺,夜半钟声到客船。④ ——[唐]张继

扁(piān)舟从此去,鸥鸟自为群。⑤ ——[唐]张九龄

不知江月待何人,但见长江送流水。⑥ ——[唐]张若虚

滟滟随波千万里,何处春江无月明。 ——[唐]张若虚

春江潮水连海平,海上明月共潮生。 ——[唐]张若虚

纵使晴明无雨色,入云深处亦沾衣。⑦ ——[唐]张旭

西塞山前白鹭飞,桃花流水鳜鱼肥。⑧ ——[唐]张志和

岸柳垂金线,雨晴莺百啭。⑨ ——[五代]顾敻

车如流水马如龙,花月正春风。⑩ ——[五代]李煜

疾如万骑千里来,气压三江五湖上。⑪ ——[宋]陈师道

鸟飞云水里,人语橹声中。 ——[宋]陈师道

蝴蝶双双入菜花,日长无客到田家。⑫ ——[宋]范成大

山映斜阳天接水。芳草无情,更在斜阳外。⑬ ——[宋]范仲淹

君看一叶舟,出没风波里。 ——[宋]范仲淹

上下天光,一碧万顷。⑭ ——[宋]范仲淹

茫然不知身何处,水色天光共蔚蓝。⑮ ——[宋]韩驹

落木千山天远大,澄江一道月分明。⑯ ——[宋]黄庭坚

---

①映:掩映,互相遮掩并衬托。
②瓜州:古镇名,在江苏,也作"瓜洲"。
③绿堪染:绿得像用颜料染过一样。钱:指铜钱。
④姑苏城:苏州的别称,因西南有姑苏山而得名。寒山寺:寺院名,在苏州城西。夜半钟声:唐代寺院有夜半敲钟的习惯。
⑤扁舟:小船。
⑥但:只。
⑦纵使:即使。沾衣:湿了衣裳。此句描写幽谷深处云雾迷蒙的景色。
⑧西塞山:在今浙江湖州西面。桃花流水:指桃花汛,也叫桃花水,即春季桃花盛开时,河水猛涨。
⑨金线:比喻初春时节的柳树枝条。百啭:形容声音婉转动听。
⑩花月:鲜花盛开的季节。
⑪疾:迅猛。气:气势,指水势。
⑫日长:太阳升得很高了。
⑬斜阳:夕阳。
⑭一:全;都。此句用于描写湖光与天色相互辉映。
⑮茫然:漫无边际的样子。
⑯落木:叶子凋零的树木。澄江:清澈的江水。

人得交游是风月,天开图画即江山。① ——[宋]黄庭坚

二十四桥仍在,波心荡、冷月无声。 ——[宋]姜夔

白草黄沙,月照孤村三两家。 ——[宋]蒋兴祖女

浅深山色高低树,一片江南水墨图。 ——[宋]刘敞

云树绕堤沙,怒涛卷霜雪,天堑无涯。② ——[宋]柳永

烟柳画桥,风帘翠幕,参差十万人家。③ ——[宋]柳永

山光秀可餐,溪水清可啜(chuò)。④ ——[宋]陆游

山重水复疑无路,柳暗花明又一村。 ——[宋]陆游

好峰随处改,幽径独行迷。 ——[宋]梅尧臣

当路游丝萦醉客,隔花啼鸟唤行人。⑤ ——[宋]欧阳修

平芜尽处是春山,行人更在春山外。⑥ ——[宋]欧阳修

无风水面琉璃滑,不觉船移。微动涟漪,惊起沙禽掠岸飞。⑦ ——[宋]欧阳修

候馆梅残,溪桥柳细,草熏风暖摇征辔。⑧ ——[宋]欧阳修

斜阳外,寒鸦万点,流水绕孤村。 ——[宋]秦观

孤蒲深处疑无地,忽有人家笑语声。 ——[宋]秦观

山高月小,水落石出。 ——[宋]苏轼

山鸣谷应,风起水涌。 ——[宋]苏轼

横看成岭侧成峰,远近高低各不同。不识庐山真面目,只缘身在此山中。⑨ ——[宋]苏轼

乱石穿空,惊涛拍岸,卷起千堆雪。 ——[宋]苏轼

欲把西湖比西子,淡妆浓抹总相宜。⑩ ——[宋]苏轼

水光潋滟晴方好,山色空蒙雨亦奇。⑪ ——[宋]苏轼

扁舟一棹(zhào)归何处,家在江南黄叶村。⑫ ——[宋]苏轼

纵一苇之所如,凌万顷之茫然。⑬ ——[宋]苏轼

---

①交游:结交朋友。风月:清风明月。
②天堑:天然的大壕沟,比喻险要的江河。
③参差:形容房屋大小不一、高低错落的样子。
④啜:喝。
⑤当路:路旁;临街。游丝:指垂柳的柔细枝条。萦:缠绕。
⑥平芜:花草繁茂的原野。
⑦涟漪:波纹。沙禽:沙滩上的鸟。掠:拂过,轻轻擦过。
⑧候馆:宾馆。
⑨横:指正面。岭:指顶端略平坦的山。侧:指侧面。峰:指高而尖的山头。
⑩西子:西施,春秋时越国的著名美女。淡妆:雅淡。浓抹:浓艳。相宜:合适。
⑪潋滟:形容水波荡漾的样子。空蒙:形容景物迷茫。
⑫棹:船桨。
⑬纵:放纵、任凭。苇:苇叶,比喻小船。如:到;往。凌:超越。茫然:指茫茫的江面。

凤凰山下雨初晴,水风清,晚霞明。
——[宋]苏轼

花褪残红青杏小。燕子飞时,绿水人家绕。①
——[宋]苏轼

有如兔走鹰隼落,骏马下注千丈坡,断弦离柱箭脱手,飞电过隙珠翻荷。②
——[宋]苏轼

浩荡青淮天共流,长风万里送归舟。③
——[宋]苏舜钦

芙蓉落尽天涵水,日暮沧波起。
——[宋]苏庠

极目沧波吟不尽,西山重叠乱云浮。
——[宋]王安国

山南水北重重(chóngchóng)柳,山后山前处处梅。
——[宋]王安石

青山缭绕疑无路,忽见千帆隐映来。
——[宋]王安石

一鸟不鸣山更幽。④
——[宋]王安石

蝉噪林逾静,鸟鸣山更幽。
——[宋]王籍

万壑有声含晚籁,数峰无语立斜阳。⑤
——[宋]王禹偁

溪山掩映斜阳里,楼台影动鸳鸯起。隔岸两三家,出墙红杏花。⑥
——[宋]魏夫人

绿遍山原白满川,子规声里雨如烟。⑦
——[宋]翁卷

朝看爽气出远岫,夜听绕舍鸣清湍。⑧
——[宋]谢迈

青山遮不住,毕竟东流去。⑨
——[宋]辛弃疾

浮天水送无穷树,带雨云埋一半山。
——[宋]辛弃疾

春雨断桥人不渡,小舟撑出柳阴来。⑩
——[宋]徐俯

斜阳独倚西楼,遥山恰对帘钩。
——[宋]晏殊

高楼目尽欲黄昏,梧桐叶上萧萧雨。⑪
——[宋]晏殊

梨花院落溶溶月,柳絮池塘淡淡风。⑫
——[宋]晏殊

画阁魂消,高楼目断,斜阳只送平波远。⑬
——[宋]晏殊

水色本正白,积深自成绿。
——[宋]杨万里

流到前溪无半语,在山作得许多

---

①褪:褪色,颜色变浅。

②走:奔跑。隼:一种飞得很快的猛禽。下注:如瀑布般飞奔而下。柱:琴、筝等弦乐器上支撑弦的短木。脱手:离手射出。隙:缝隙。珠翻荷:露珠从荷叶上滚落。此句形容洪水冲泻而下的迅猛气势。

③长风:远方吹来或吹往远方的风。

④幽:幽静。

⑤壑:山谷。籁:孔穴里发出的声音,泛指声音。

⑥掩映:相互遮掩并衬托。斜阳:夕阳。

⑦白满川:河水白茫茫一片。子规:杜鹃鸟。

⑧岫:峰峦。舍:房舍。湍:湍急的流水。

⑨遮:遮挡;拦截。毕竟:终究。

⑩断桥:指水上涨把湖上的桥淹没一部分。渡:通过(水面)。

⑪萧萧:形容风声。

⑫溶溶:形容水面宽广,比喻月光洒遍院落。淡淡:形容春风轻微。

⑬目断:眺望目力所及的尽处。

声。　　　　　——[宋]杨万里

溪回谷转愁无路,忽有梅花一两枝。　　　　　——[宋]杨万里

好山好水看不足,马蹄催趁月明归。　　　　　——[宋]岳飞

要看银山拍天浪,开窗放入大江来。① ——[宋]曾公亮

绿阴不减来时路,添得黄鹂四五声。② ——[宋]曾几

梅子黄时日日晴,小溪泛尽却山行。③ ——[宋]曾几

日暮北风吹雨去,数峰清瘦出云来。④ ——[宋]张耒

中庭月色正清明,无数杨花过无影。⑤ ——[宋]张先

寒光亭下水连天,飞起沙鸥一片。
　　　　　——[宋]张孝祥

山绕平湖波撼城,湖光倒影浸山青。　　　　　——[宋]张远翰

新绿小池塘,风帘动、碎影舞斜阳。
　　　　　——[宋]周邦彦

郁郁层峦夹岸青,青山绿水去无声。⑥ ——[宋]朱熹

寒波淡淡起,白鸟悠悠下。
　　　　　——[金]元好问

村静鸟声乐,山低雁影遥。⑦
　　　　　——[金]元好问

上有天堂,下有苏杭。⑧
　　　　　——[元]奥敦周卿

孤村落日残霞,轻烟老树寒鸦,一点飞鸿影下。⑨ ——[元]白朴

看江湖鼓声千万家,卷朱帘玉人如画。　　　　　——[元]贯云石

大舸中流下,青山两岸移。⑩
　　　　　——[元]揭傒斯

众木蔽春塘,花落如堕鸟。
　　　　　——[元]刘先

水边杨柳绿丝垂,倒影奇峰坠。⑪
　　　　　——[元]王恽

隔溪春色两三花,近水楼台四五家。　　　　　——[元]叶颙

钟山如龙独西上,欲破巨浪乘长风。　　　　　——[明]高启

大江来从万山中,山势尽与江流东。　　　　　——[明]高启

徐行不记山深浅,一路莺啼送到家。⑫ ——[明]杨基

新晴尽放峰峦山,万瀑齐飞又一奇。　　　　　——[清]何绍基

一折青山一扇屏,一湾碧水一条琴。　　　　　——[清]刘嗣绾

---

①银山:比喻高高掀起的浪涛。大江:长江。
②绿阴:同"绿荫",树荫。
③泛:指乘船游览。却:还;又。
④清瘦:清秀峻峭。
⑤中庭:院子内。清明:清新明亮。杨花:指柳絮。
⑥郁郁:草木茂盛的样子。层峦:重叠的山峦。
⑦遥:远。
⑧苏杭:江苏苏州、浙江杭州。
⑨轻烟:指冉冉上升的缕缕炊烟。鸿:鸿雁。
⑩舸:船。中流:江河的中央。
⑪绿丝:形容枝条。
⑫徐行:在山路上缓慢行走。深浅:指山路高低、上下。莺:黄莺。

万帐穹庐人醉,星影摇摇欲坠。①
——[清]纳兰性德

流泉自咸响,林壑坐生凉。②
——[清]王世贞

白马千群浪涌,银山万迭天高。
——[清]宋琬

要知山下路,须问过来人。
——[清]王有光

峰奇石奇松更奇,云飞水飞山亦飞。
——[清]魏源

海水藏蛟龙,不拒虾与鱼。
——[清]吴嘉纪

分明看见青山顶,船在青山顶上行。
——[清]袁枚

湖水静静地横在下面,水底现出一个蓝天和一轮皓月,天空嵌着鱼鳞似的一片一片的白云。水面浮起一道月光,月光不停地流动。对面是紧密的绿树,树后隐约地现出假山和屋脊。这一切都静静地睡了,树丛中只露出几点星子似的灯光,湖水载着月光向前流去。
——巴金

小巷的动人处就是它无比的悠闲,只要你到巷里去踯躅一会儿,你的心情就会如巷尾的古井,那是一种和平的静穆,而不是阴森和肃杀。
——柯灵

我们所以重海洋,是在它的广浩无边;重山岭,是在它的高大绵延。
——林语堂

这大好河山任你走,无论天南地北、旷野山中,只要你用心看就程程有盛景,步步能醉人。
——刘延海

人籁是寂静的致命伤,天籁是能和寂静溶为一片的。
——钱锺书

山中古庙钟音,松林残月,润石泉声,处处都令人神思飞越而超脱,轻飘飘灵魂感到了自由。不像城市生活处处是虚伪,处处是桎梏,灵魂蹲伏于黑暗的囚狱不能解脱。
——石评梅

一个人由青山碧水到了崎岖荆棘的路上,由崎岖荆棘又进入了柳暗花明的村庄,已感到人世的疲倦,在这期间内,彻悟了的自然又是一种人生。
——石评梅

海见了月光的笑容,听了大风的呼啸,也像初醒的狮虎,摇摆咆哮起来——霎时地普遍的猖狂。
——徐志摩

海的迷人之处,不仅在于它的美丽,而且也在于它的凶恶,对于某些人来说,是更在于他的凶恶。——普卓

椰林制造爱情,海滩给予诗人矛情的场地,海风传播着商业信息,海浪卷走罪恶又酝酿新的交易和秘密——于是你明白真正美丽的夜空应有九重,人人各得其所。
——张亢抗

世界丰富的每一个瞬间都值得我们调动全身的感官去体味。雨丝的凉,微风的软,梧桐的绿,街道的静,只要你有一颗年轻善感的心,眼前的每一个景致都值得你用终生的记忆去贮存。
——张乃光

---

①穹庐:塞外游牧民族居住的圆形帐篷。
②壑:山谷。

一个人因为生于斯,长于斯,所以对一草、一木、一粒尘沙,都有一种亲切之感,在他的眼中,每一寸土地都闪烁着异邦人所不能领略的美,更何况处处都留有祖先的手泽与脚印!

——张秀亚

在那海水酣睡的宫殿里,铺满了多少奇珍异宝。　——爱·扬格[英国]

古老的大海是一片灰白而忧郁的原野。　——布莱希特[德国]

海面上升起一阵微风,像是大自然从午睡醒来后所发出的呼吸一样。

——大仲马[法国]

女人与胆小鬼或许会死在陆地上,而大海则是埋葬勇敢者的坟墓。

——德莱顿[英国]

海水滔滔地长流,陆地永不能挽留。　　　　　——歌德[德国]

流水在碰到抵触的地方,才把它的活力解放。　　——歌德[德国]

衬着晴日金色的背景,紫色的群峰露出笑容,山坡旁插着一座小村庄,宛如奇特的鸟窠一样。　——海涅[德国]

从枝叶繁茂的高处传来夜莺的歌声,在柔软翠绿的草地跳着洁白的羊群。　　　　　　——海涅[德国]

美丽的太阳静静地坠入大海的波涛,汹涌的海水已经染上黑夜的浓黑的色调,只有晚霞夕照,还在水面上洒下金光万道。骚动的潮水不停喧嚣,它的威力挤着排山白浪向岸上倾倒,白浪欢蹦乱跳,宛如白绒绒的一群小羊羔。

——海涅[德国]

最美丽的世界也好像一堆马马虎虎堆积起来的垃圾堆。

——赫拉克利特[古希腊]

雾里的山岳不是丘陵,雨中的橡树也不是垂柳。　——纪伯伦[黎巴嫩]

有许多平静而清澈的小溪,溪水的声音是悦耳的,唯一的缘故就在这里:它没有多少水量。

——克雷洛夫[俄国]

对于大海来说,陆地是可爱的;对于海岸来说,大海是可爱的。

——拉科姆[英国]

河流从不侵犯河堤,河水没有一日停息,总是那样被囚禁在水晶的牢狱,也不离开自己的河床。

——拉辛[法国]

只有那不惧艰险,在风浪中英勇搏击的人,才能领悟大海的奥秘。

——朗费罗[美国]

小溪从山上流下,像古代的诗人吟唱,用银白的脚儿奔跑在金黄的沙上。

——朗费罗[美国]

尽管它们相隔这么远,小溪终于找到了海浪,以它的清新和甜美注满了那狂暴、枯涩的心肠。　——朗费罗[美国]

破碎的、蓝中透紫的、在东方泛红的云在风前飞过去。天色越来越亮了。经常生长在乡村路旁的卷世的草变得显然可见了,依旧含着夜雨;赤杨树下垂的枝子也是湿的,在风中摇摆,把明净的水滴弹向一边去。

——列夫·托尔斯泰[俄国]

大海能冲刷掉人类的污垢。

——欧里庇得斯[古希腊]

咆哮吧,洪水!你深深的海底,腾起巨大的威力,把狂怒的浪花,喷入云层里去。　　——裴多菲[匈牙利]

大海把被它们分割的地区又连接起来。　　——蒲柏[英国]

河床越深,水面越平静。

——莎士比亚[英国]

海的辉煌壮丽、变化万千、汹涌澎湃,它那无休无止的题目,无论于眼、于耳、于心,都永不会厌倦。

——夏洛蒂·勃朗特[英国]

水因为是不可压缩的,所以是柔软的,它在压力下流走,一边受压便从另一边逃走,这样水便造成了浪。波涛便是水的自由意志的表现。

——雨果[法国]

海洋的粗暴是无法理解的,这可能是永生的体现。谁受到它的摆布,既不能有所希望,也不能完全绝望。

——雨果[法国]

凡是和阴沉的海洋打交道的人,很难不把风和岩石当作人来看待。

——雨果[法国]

在地球围绕太阳的伟大的运行里,海洋用它的涨潮和退潮,成了平衡地球的力量。　　——雨果[法国]

108　四季;冷暖

一叶落而知天下秋。

——[汉]《淮南子》

秋风萧瑟,洪波涌起。①

——[三国]曹操

阳春白日风花香。

——[晋]《舞曲歌辞》

秋风起兮佳景时,吴江水兮鲈鱼肥。②　　——[晋]张翰

杨枯识节异,鸿归知客寒。③

——[南朝]鲍令晖

木落江渡寒,雁还风送秋。

——[南朝]鲍照

暮春三月,江南草长,杂花生树,群莺乱飞。④　　——[南朝]丘迟

明月照积雪,朔风劲且哀。⑤

——[南朝]谢灵运

鸟击初移树,鱼寒欲隐苔。⑥

——[隋]隋炀帝

一树春风千万枝,嫩于金色软于丝。　　——[唐]白居易

长恨春归无觅处,不知转入此中来。　　——[唐]白居易

依依袅袅复青青,勾引春风无限情。⑦　　——[唐]白居易

春风桃李花开日,秋雨梧桐叶落

---

①萧瑟:形容风吹树木的声音。洪波 大波浪。

②吴江:在江苏苏州南。

③枯:枯萎,凋零。节:节气。鸿:大雁。

④暮春:春季末期。

⑤朔风:北风。劲:强劲。哀:悲伤。

⑥击:受到袭击或惊吓。

⑦依依、袅袅:形容树枝柔软,随风摆动。复:又。青青:形容草木颜色碧绿。

时。　　　　　——[唐]白居易

日出江花红胜火,春来江水绿如蓝,能不忆江南?①　　——[唐]白居易

人间四月芳菲尽,山寺桃花始盛开。②　　　　　——[唐]白居易

几处早莺争暖树,谁家新燕啄春泥。③　　　　　——[唐]白居易

力尽不知热,但惜夏日长。
——[唐]白居易

晴虹桥影出,秋雁橹声来。
——[唐]白居易

可怜身上衣正单,心忧炭贱愿天寒。　　　　　——[唐]白居易

却是梅花无世态,隔墙分送一枝春。④　　　　　——[唐]戴叔伦

锦江春色来天地,玉垒浮云变古今。⑤　　　　　——[唐]杜甫

舍南舍北皆春水,但见群鸥日日来。⑥　　　　　——[唐]杜甫

一片花飞减却春,风飘万点正愁人。　　　　　——[唐]杜甫

传语风光共流转,暂时相赏莫相违。⑦　　　　　——[唐]杜甫

清江一曲抱村流,长夏江村事事幽。　　　　　——[唐]杜甫

鸿飞冥冥日月白,青枫叶赤天雨霜。⑧　　　　　——[唐]杜甫

落日心犹壮,秋风病欲苏。⑨
——[唐]杜甫

霜严衣带断,指直不得结。⑩
——[唐]杜甫

南山与秋色,气势两相高。⑪
——[唐]杜牧

风吹一片叶,万物已惊秋。
——[唐]杜牧

深秋帘幕千家雨,落日楼台一笛风。　　　　　——[唐]杜牧

青山隐隐水迢迢,秋尽江南草未凋。　　　　　——[唐]杜牧

千里暮云重叠翠,一溪寒水浅深情。　　　　　——[唐]杜牧

远上寒山石径斜,白云生处有人家。停车坐爱枫林晚,霜叶红于二月花。⑫　　　　——[唐]杜牧

唯有山前镜湖水,春风不改旧时波。　　　　　——[唐]贺知章

秋风吹渭水,落叶满长安。
——[唐]贾岛

天不言而四时行,地不语而百物生。⑬　　　　　——[唐]李白

---

①蓝:指靛蓝,植物名,可提取蓝色颜料,这种颜料叫靛青。
②芳菲:指花草。尽:完,没有了。
③暖树:向阳的树,能够照到阳光的树。
④世态:世俗偏见。
⑤锦江:江名。玉垒:山名。均在四川。
⑥舍:草堂。但:只。
⑦风光:指美好春光。莫相违:不要辜负、错过。
⑧鸿:鸿雁,候鸟。冥冥:高远。
⑨苏:苏醒,指恢复健康。
⑩指直:手指冻得僵硬。结:系;结扣。
⑪南山:指终南山,在陕西。
⑫坐:因为。
⑬四时:春夏秋冬四季。行:运行。百物:万物。

瑶台雪花数千点,片片吹落春风香。
——[唐]李白

草不谢荣于春风,木不怨落于秋天。①
——[唐]李白

长风万里送秋雁,对此可以酣高楼。
——[唐]李白

宿雨朝来歇,空山秋气清。②
——[唐]李端

四月南风大麦黄,枣花未落桐叶长。③
——[唐]李颀

秋声万户竹,寒色五陵松。
——[唐]李颀

芳心向春尽,所得是沾衣。
——[唐]李商隐

今夜偏知春气暖,虫声新透绿窗纱。
——[唐]刘方平

春尽絮花留不得,随风好去落谁家。
——[唐]刘禹锡

沉舟侧畔千帆过,病树前头万木春。
——[唐]刘禹锡

盛时一去过,来者日日新。不如摇落树,重有明年春。
——[唐]刘禹锡

自古逢秋悲寂寥,我言秋日胜春朝。④
——[唐]刘禹锡

壁空残月曙,门掩候虫秋。⑤
——[唐]柳宗元

千山鸟飞绝,万径人踪灭。孤舟蓑笠翁,独钓寒江雪。⑥
——[唐]柳宗元

听春鸟于春朝,闻秋虫于秋夜。
——[唐]卢照邻

严冬不肃杀,何以见阳春。⑦
——[唐]吕温

春眠不觉晓,处处闻啼鸟。
——[唐]孟浩然

闻说梅花早,何如此地春。
——[唐]孟浩然

冷露滴梦破,峭风梳骨寒。⑧
——[唐]孟郊

鹊飞山月曙,蝉噪野风秋。
——[唐]三官仪

芳春平仲绿,清夜子规啼。⑨
——[唐]沈佺期

心绪逢摇落,秋声不可闻。
——[唐]苏颋

萋萋总是无情物,吹绿春风又一年。⑩
——[唐]屈彦谦

鸟飞村觉曙,鱼戏水知春。
——[唐]王勃

---

①谢:感谢。荣:茂盛。木:树木。怨:埋怨。落:凋零。

②宿雨:隔夜雨,前一天晚间下的雨。

③桐:梧桐,树名。

④悲:悲叹。寂寥:寂静、空旷。言:说。春朝:春天。

⑤候虫:随季节而生或发出鸣叫的昆虫,古诗中多指蟋蟀。

⑥绝:绝迹。径:小路。踪:踪迹。蓑:蓑衣,用棕或稻草编的雨衣。

⑦严冬:严寒的冬天。肃杀:形容天气寒冷,草木枯落。何以:凭借什么。见:同"现",显现。阳春:温暖的春天。

⑧峭风:冷峭的秋风。

⑨平仲:银杏。子规:杜鹃。

⑩萋萋:形容草很茂盛的样子。无情:没有情感。

落霞与孤鹜齐飞,秋水共长天一色。① ——[唐]王勃

树树皆秋色,山山唯落晖。② ——[唐]王绩

蜂蝶纷纷过墙去,却疑春色在邻家。 ——[唐]王驾

月出惊山鸟,时鸣春涧中。 ——[唐]王维

荒城临古渡,落日满秋山。 ——[唐]王维

秋天万里净,日暮澄江空。 ——[唐]王维

羌笛何须怨杨柳,春风不度玉门关。③ ——[唐]王之涣

微雨众卉新,一雷惊蛰始。④ ——[唐]韦应物

怀君属秋夜,散步咏凉天。⑤ ——[唐]韦应物

更把玉鞭云外指,断肠春色在江南。 ——[唐]韦庄

柳塘春水漫,花坞夕阳迟。⑥ ——[唐]严维

滟滟随波千万里,何处春江无月明。 ——[唐]张若虚

林表明霁色,城中增暮寒。⑦ ——[唐]祖咏

青梅如豆柳如眉,日长蝴蝶飞。 ——[五代]冯延巳

浪花有意千重雪,桃李无言一队春。 ——[五代]李煜

林花谢了春红,太匆匆,无奈朝来寒雨晚来风。⑧ ——[五代]李煜

流水落花春去也,天上人间。⑨ ——[五代]李煜

千里江山寒色远,芦花深处泊孤舟,笛在月明楼。 ——[五代]李煜

暖风医病草,甘雨洗荒村。 ——[五代]李中

暖日熏杨柳,浓春醉海棠。⑩ ——[宋]陈与义

莫遣西风吹叶落,只愁无处着秋声。⑪ ——[宋]陈与义

物色天成画不如,东风又到野人庐。⑫ ——[宋]东湖散人

半湿半晴梅雨道,乍寒乍暖麦秋天。⑬ ——[宋]黄公度

春归何处,寂寞无行路。若有人知

---

①孤鹜:一只野鸭。
②落晖:夕阳的光辉。
③羌笛:古代管乐器,由西羌传入。度:过。玉门关:在今甘肃敦煌西北。
④卉:草的总称。惊蛰:二十四节气之一,在3月6日前后。
⑤属:在;适逢。
⑥花坞:四周高起、中间凹下的种植花木的地方。
⑦林表:林外。霁:雨雪停止后天气转晴。
⑧谢:凋谢,凋零。
⑨天上人间:暗指今昔两种截然不同反差巨大的人生境遇。
⑩熏:暖和;温暖。
⑪着:附着;安置。
⑫物色:风景。东风:春风。野人:田野。庐:简陋的房舍。
⑬乍:忽然。麦秋:麦熟。

春去处,唤取归来同住。①

——[宋]黄庭坚

春去踪迹谁知?除非问取黄鹂。百啭无人能解,因风飞过蔷薇。②

——[宋]黄庭坚

问春何在?唯有池塘自碧。

——[宋]姜夔

萧萧远树疏林外,一半秋山带夕阳。③

——[宋]寇准

客里不知春去尽,满山风雨落桐花。

——[宋]林表明

倘留心不死,嘘拂待春工。

——[宋]林景熙

是处红衰翠减,苒苒物华休。惟有长江水,无语东流。④

——[宋]柳永

渐霜风凄紧,关河冷落,残照当楼。

——[宋]柳永

小楼一夜听春雨,深巷明朝卖杏花。⑤

——[宋]陆游

农事渐兴人满野,霜寒初重雁横空。

——[宋]陆游

落尽梨花春又来,满地残阳,翠色和烟老。⑥

——[宋]梅尧臣

雨横风狂三月暮,门掩黄昏,无计留春住。

——[宋]欧阳修

游人不管春将老,来往亭前踏落花。⑦

——[宋]欧阳修

野芳发而幽香,佳木秀而繁阴,风霜高洁,水落而石出者,山间之四时也。⑧

——[宋]欧阳修

我欲四时携酒去,莫教一日不花开。

——[宋]欧阳修

雪消门外千山绿,花发江边二月晴。

——[宋]欧阳修

柳下桃蹊,乱分春色到人家。⑨

——[宋]秦观

有情芍药含春泪,无力蔷薇卧晓枝。

——[宋]秦观

沾衣欲湿杏花雨,吹面不寒杨柳风。⑩

——[宋]僧志南

白露收残暑,清风衬晚霞。

——[宋]释仲殊

绿杨烟外晓寒轻,红杏枝头春意闹。⑪

——[宋]宋祁(qí)

竹外桃花三两枝,春江水暖鸭先知。⑫

——[宋]苏轼

一年好景君须记,最是橙黄橘绿时。⑬

——[宋]苏轼

---

①行路:行走的踪迹。

②取:语气助词,表示动作在进行中。啭:鸟婉转地鸣叫。因:趁着。

③萧萧:形容风吹树木的声音。

④是处:到处;处处。红衰:花落。翠减:叶落。苒苒:渐渐。物华:美好景物。休:凋残。惟有:只有。

⑤深巷:狭长的小巷。明朝:第二天清晨。

⑥烟:雾气。

⑦老:逝去。

⑧四时:四季。

⑨蹊:小路。

⑩杏花雨:清明节前后杏花开时下的雨。杨柳风:从杨柳之间吹过来的微风。

⑪杨:杨柳。晓:拂晓;早晨。寒:寒气。轻:不重;淡薄。闹:热闹,形容蜜蜂、蝴蝶等在杏花丛中盘旋飞舞的情景。

⑫竹:指竹林。春江:春季的江水。

⑬橙黄橘绿时:指深秋季节。

暮云收尽溢清寒,银汉无声转玉盘。①
——[宋]苏轼

一叶落而知天下秋。
——[宋]唐庚

墙角数枝梅,凌寒独自开。②
——[宋]王安石

若到江南赶上春,千万和春住。
——[宋]王观

落絮无声春堕泪,行云有影月含羞。
——[宋]吴文英

记前时,送春归后,把春波,都酿作、一江春酎(zhòu)。③
——[宋]辛弃疾

更能消几番风雨?匆匆春又归去。④
——[宋]辛弃疾

楚天千里清秋,水随天去秋无际。⑤
——[宋]辛弃疾

稻花香里说丰年,听取蛙声一片。⑥
——[宋]辛弃疾

黄莺也爱新凉好,飞过青山影里啼。⑦
——[宋]徐玑

拍堤春水蘸垂杨,水流花片香。
——[宋]严仁

一径入松雪,数峰生暮寒。⑧
——[宋]严羽

红叶黄花秋意晚,千里念行客。⑨
——[宋]晏几道

腊后花期知渐近,寒梅已作东风信。⑩
——[宋]晏殊

风风雨雨又春穷,白白朱朱已眼空。⑪
——[宋]杨万里

只有一枝梧叶,不知多少秋声。⑫
——[宋]张炎

寒水依痕,春意渐回,沙际烟阔。
——[宋]张元幹

黄梅时节家家雨,青草池塘处处蛙。⑬
——[宋]赵师秀

斜阳冉冉春无极。⑭
——[宋]周邦彦

愿春暂留,春归如过翼,一去无迹。⑮
——[宋]周邦彦

欲验春来多少雨,野塘漫水可回舟。⑯
——[宋]周邦彦

蚕事正忙农事急,不知春色为谁妍。⑰
——[宋]朱淑贞

---

①银汉:银河。玉盘:比喻圆月。

②凌:顶着;冒着。

③酎:多次酿造而成的醇酒。

④消:经得住。

⑤楚:楚国,在长江中下游地区。楚天:指南方的天空。秋无际:萧索的秋色没有边际。

⑥取:语助词,表示动作正在进行。

⑦影里:山林阴处。

⑧径:小路。暮:傍晚。

⑨黄花:菊花。

⑩东风信:春天的气息。

⑪穷:尽;过去。白白朱朱:形容各种颜色。

⑫一枝梧叶:一片梧桐树叶。

⑬黄梅时节:春末夏初梅子黄熟的一段时期。因连续下雨,也叫梅雨季节。

⑭斜阳:夕阳。冉冉:慢慢地;逐渐。春:春光。无极:没有边际。

⑮翼:鸟的翅膀。过翼:鸟类飞过,喻指时间短暂。

⑯验:检验。漫水:溢出的水。回舟:小船回转。

⑰蚕事:养蚕业。妍:美丽。

把酒送春春不语,黄昏却下潇潇雨。　　　——[宋]朱淑贞

铺床凉满梧桐月,月在梧桐缺处明。　　　——[宋]朱淑贞

等闲识得东风面,万紫千红总是春。① 　　　——[宋]朱熹

白璧青钱,欲买春无价。归来也,风吹平野,一点香随马。②
　　　——[宋]朱翌

满地榆钱,算来难买春光住。③
　　　——[金]董解元

一湾死水全无浪,也有春风摆动时。④　　　——[元]戴善夫

最是江南好天气,春醪(láo)初熟蟹螯肥。⑤　　　——[元]杜本

折取一枝入城去,使人知道已春深。　　　——[元]贡性之

画船儿载将春去也,空留下半江明月。⑥　　　——[元]卢挚

秋风吹白波,秋雨鸣败荷。平湖三十里,过客愁秋多。　　　——[元]萨都剌

春来谁作韶华主,总领群芳是牡丹。　　　——[明]冯琦

一花独放不是春,万紫千红春满园。　　　——[明、清]《增广贤文》

三春去后诸芳尽,各自须寻各自门。⑦　　　——[清]《红楼梦》

四时有不谢之花,八节有长青之草。⑧　　　——[清]《镜花缘》

流莺自惜春将去,衔住飞花不忍啼。　　　——[清]舒瞻

一曲高歌一樽酒,一人独钓一江秋。⑨　　　——[清]王士禛

最好年光三月半,满城儿女试春衣。⑩　　　——[清]许秀贞

造物无言却有情,每于寒尽觉春生。⑪　　　——[清]张维屏

最是秋风管闲事,红他枫叶白人头。⑫　　　——[清]赵翼

寂寂柴门秋水阔,乱鸦揉碎夕阳天。　　　——[清]郑燮

夜深更饮秋潭水,带月连星舀一瓢。　　　——[清]郑燮

温暖的春风吹散了他们心上的暗影。眼前是光明,是自由的空气,是充满丰富生命的草木。还有那悦耳的鸟声、水声、风声、树声。　　　——巴金

萎落的花并非死亡,而是一种成长、一种等待,等待下一个季节。
　　　——林清玄

---

①等闲:轻易;随便。面:打照面。

②青钱:青铜钱。

③榆钱:榆荚,榆树的果实,形状圆而小,像小铜钱。

④死水:不流动的积水。

⑤春醪:春季酿的酒。初熟:刚刚酿好。

⑥将:带着。

⑦三春:春季三个月,即孟春、仲春、季春。

⑧四时:春、夏、秋、冬四季。八节:立春、春分、立夏、夏至、立秋、秋分、立冬、冬至八个节气,泛指四季。

⑨樽:古代盛酒器具。

⑩三月半:三月中旬。

⑪造物:上天。

⑫红他枫叶:枫叶变成红色。白人头:人的头发变白了。

我爱春天,但它太嫩了。我爱夏天,但它太傲了。所以我最爱秋天,因为秋叶泛黄,气度醇美,色彩富丽,还带着一点悲哀的色调,以及死亡的预感。它金黄的艳色不道出春天的无邪,不道出夏日的权威,它知道生命的期限,心满意足。　　　　　　——林语堂

在四时中,我于秋是有偏爱的,所以不妨说说。秋是代表成熟,对于春天之明媚娇艳,夏日之茂密浓深,都是过来人,不足为奇了,所以其色淡,叶多黄,有古色苍茏之慨,不单以葱翠争荣了。这是我所谓秋的意味。

——林语堂

寂静能使人听见平常所听不到的声音,使道德家听见了良心的微语,使诗人们听见了暮色移动的潜息或青草萌芽的幽响。　　　——钱锺书

人籁是寂静的致命伤,天籁是能和寂静溶为一片的。　　——钱锺书

让我怎样感谢你,当我走向你的时候,我原想收获一缕春风,你却给了我整个春天。　　　　　——汪国真

因寒冷而打战的人,最能体会到阳光的温暖。　　——惠特曼[美国]

春天悄悄地来到了人间,赤裸裸的树木还在寒风中颤抖。沟渠里,秋天的败叶正在腐烂。但那里,黄色的莲馨花已在潮湿的草丛中开始探出头来。

——莫泊桑[法国]

秋天,绚丽的秋天,把它的金色和紫色掺杂在依然鲜明的最后剩余的绿色里,仿佛是日光融成了点滴,从天上落到了茂密的树丛里。

——莫泊桑[法国]

春天来了,大地一片绚丽。花香和聒噪的鸟雀的歌唱,充满于天空和大地,金色的云朵和温暖的微风,在我的头顶上愉快地飘动。

——普希金[俄国]

在幽静的花园里,在春夜的昏夜中,东方的夜莺在玫瑰的枝头上歌唱,但可爱的玫瑰无动于衷,也不倾听,只在那倾慕的颂歌中打盹和摇晃。你不也是这样给冷若冰霜的美人唱歌?清醒些吧,诗人,你在追求什么?她不听也不理会你这诗人的歌声,她那么娇艳,对你的呼求却报以沉默。

——普希金[俄国]

在温柔的爽朗的秋天,太阳光线照耀枯枝败叶。一只春天留下来的小鸟,停在枝头,最后道别。

——普希金[俄国]

每逢秋季来临,我便精神焕发,俄罗斯的寒冷有益于我的健康,对于惯常的生活我又重新热爱。睡意不断袭来,还想填补辘辘饥肠,血液在心中轻快欢畅地流动,欲望沸腾了——我又感到欢乐年轻,我又充满了活力——这就是我的肌肉。　　——普希金[俄国]

冬天掠夺了一切,大地成了乞丐,什么都看不见,除了雪和云。

——普希金[俄国]

在红艳艳的天空中,旭日像醉汉的面孔涨得通红地从树后出现了。大地覆满了白霜,干燥而坚硬……一夜之

间,白杨树上的叶子完全落光。在那片荒地后面,望得见一条长长的碧绿的波涛,翻腾着白色的泡沫。菩提树的叶子在疾风中纷纷凋落了,每吹过一阵寒风,经霜的树叶猝然脱离树枝,像一群飞鸟一般在风中飞舞。

——莫泊桑[法国]

在早春的日子里,当四周一切都发出闪光而逐渐崩裂的时候,通过融解的雪的浓重水气,已经闻得出温暖的土地气息。在雪融化了的地方,在倾斜的太阳底下,云雀天真烂漫地歌唱着,急流发出愉快的喧哗声和咆哮声,从一个溪谷奔向另一个溪谷。

——屠格涅夫[俄国]

在春天容易别离,在春天幸福的人也会被吸引到远方去。

——屠格涅夫[俄国]

冬天来了,春天还会远吗?

——雪莱[英国]

109 动 物

鹤鸣于九皋,声闻于天。①

——[春秋]《诗经》

雄兔脚扑朔,雌兔眼迷离;两兔傍地走,安能辨我是雄雌。②

——[南朝]《木兰诗》

池塘生春草,园柳变鸣禽。

——[南朝]谢灵运

天苍苍,野茫茫,风吹草低见(xiàn)牛羊。③

——[南朝]《杂歌谣辞》

低回且向林间宿,奋迅终须天外飞。

——[唐]白居易

暂分烟岛犹回首,只渡寒塘亦并飞。④

——[唐]崔珏

莺入新年语,花开满故枝。

——[唐]杜甫

两边山木合,终日子规啼。

——[唐]杜甫

两个黄鹂鸣翠柳,一行白鹭上青天。

——[唐]杜甫

穿花蛱蝶深深见(xiàn),点水蜻蜓款款飞。⑤

——[唐]杜甫

留连戏蝶时时舞,自在娇莺恰恰啼。⑥

——[唐]杜甫

自去自来堂上燕,相亲相近水中鸥。

——[唐]杜甫

尽日无人看微雨,鹦鹉相对浴红衣。

——[唐]杜牧

大鹏一日同风起,抟摇直上九万

---

①鸣:鸣叫。九皋:沼泽地深处。此句常喻指精妙的道理不会被隐蔽,或奇才不会被埋没。

②扑朔:脚乱动的样子。迷离:眼睛半睁半闭的样子。傍地走:相挨着在地上跑。安:怎么。辨:分辨。

③苍苍:苍茫,空阔辽远。野:原野。茫茫:辽阔无际。见:同"现",显现。

④烟岛:雾气弥漫的小岛。并飞:双飞。此句描写鸳鸯不忍暂别,时时一起双飞的情景。

⑤蛱蝶:蝴蝶。见:同"现",出现;显露。款款:慢慢地。

⑥留连:依恋不忍离去。戏:玩耍。娇:美丽可爱的。恰恰:恰好;恰巧。

里。　　　　　——[唐]李白

雄鸡一声天下白。　——[唐]李贺

春水初生乳燕飞,黄蜂小尾扑花归。①　　　　　　　——[唐]李贺

芳树无人花自落,春山一路鸟空啼。　　　　　　　——[唐]李华

羽毛似雪无瑕点,顾影秋池舞白云。　　　　　　　——[唐]李坤

雏凤清于老凤声。②
　　　　　　　——[唐]李商隐

旧时王谢堂前燕,飞入寻常百姓家。　　　　　　　——[唐]刘禹锡

晴空一鹤排云上,便引诗情到碧霄。　　　　　　　——[唐]刘禹锡

听春鸟于春朝,闻秋虫于秋夜。
　　　　　　　——[唐]卢照邻

草枯鹰眼疾,雪尽马蹄轻。
　　　　　　　——[唐]王维

漠漠水田飞白鹭,阴阴夏木啭黄鹂。③　　　　　　——[唐]王维

古木鸣寒鸟,空山啼夜猿。
　　　　　　　——[唐]魏徵

弄日莺狂语,迎风蝶倒飞。
　　　　　　　——[唐]姚合

鹅鸭不知春去尽,争随流水趁桃花。④　　　　　　——[宋]晁冲之

清禽百啭似迎客,正在有情无思间。⑤　　　　　　——[宋]范成大

草卧夕阳牛犊健,菊留秋色蟹螯肥。　　　　　　——[宋]方岳

虎豹以搏噬为功,凤凰以和鸣为美。⑥　　　　　　——[宋]黄晞

风帘不动黄鹂语,坐见庭花日影移。　　　　　　——[宋]寇准

呢喃燕子语梁间,底事来惊梦里闲。⑦　　　　　　——[宋]刘景文

猛虎潜深山,长啸自生风。
　　　　　　　——[宋]谢惠连

稻花香里说丰年,听取蛙声一片。
　　　　　　　——[宋]辛弃疾

明月别枝惊鹊,清风半夜鸣蝉。⑧
　　　　　　　——[宋]辛弃疾

微萤不自知时晚,犹抱余光照水飞。⑨　　　　　　——[宋]周紫芝

笨鸟先飞早入林。
　　　　　　　——[元]关汉卿

世界上所有的生灵都有它们的眼睛,就看你用不用心寻找,就看你有没有勇气和它对视。　——毕淑敏

凡"人"所到之处,其他物种的生存机会不再均等。　　——曹明华

鹏鸟纵遭鸠鹦笑,凤鸾虽死不为鸡。　　　　　　——郭沫若

生于大自然的一切动物是极完美的,因为造物主已把那些不能适应大自

---

①乳燕:出生不久的雏燕。

②雏凤:幼小的凤鸟。清:清脆动听。老凤:年长的凤鸟。

③漠漠:广阔的样子。阴阴:枝叶茂密的样子。夏木:大树。啭:小鸟婉转地鸣叫。

④趁:追逐嬉戏。

⑤啭:小鸟鸣叫。无思:无意。

⑥搏:扑捉。噬:咬。功:本领。

⑦呢喃:形容燕子的叫声。底:何;什么。

⑧别枝:斜枝。

⑨微:小。萤:萤火虫。时:时节。

然的动物都灭尽了。　　——林语堂

如蜜蜂一样,采过许多花,才能酿出蜜来。　　——鲁迅

动物是极容易相处的,它们从不提问,也从不会批评。——艾略特[英国]

鸟儿精心照管自己的巢只不过几天工夫。　　——巴尔扎克[法国]

无论鸟翼是多么的完美,如果不凭借着空气,它是永远不会飞翔高空的。
　　——巴普洛夫[俄国]

狐狸永远只咒骂陷阱,从不责怪自己。　　——布莱克[英国]

如果熊饿了,你喂它蜂蜜,是会丢掉胳膊的。——布莱希特[德国]

在许多重要的事情上,我们是模仿禽兽,做禽兽的小学生的。从蜘蛛我们学会了织补和缝补,从燕子学会了造房子,从天鹅和黄莺等鸣禽学会了歌唱。
　　——德谟克里特[古希腊]

动物如果需要某种东西,它知道自己需要的程度和数量,而人类则不然。
　　——德谟克里特[古希腊]

并非凡是有水的地方都有青蛙,但是有青蛙的地方总会找到水。
　　——歌德[德国]

蝴蝶爱着玫瑰花,围绕她飞翔千百回;多情的日光爱蝴蝶,围绕它用金色的光辉。　　——海涅[德国]

从枝叶繁茂的高处传来夜莺的歌声,在柔软翠绿的草地跳着洁白的羊群。　　——海涅[德国]

对于蜜蜂,花是它生命的渊源;对于花,蜜蜂是它恋爱的使者;对于蜂和花,两下里,娱乐的接受是一种需要与欢乐。　　——纪伯伦[黎巴嫩]

青蛙也许会叫得比牛更响,但是它们不能在田里拉犁,也不会在酒坊里牵磨,它们的皮也做不出鞋来。
　　——纪伯伦[黎巴嫩]

鹰有时比鸡还飞得低,但鸡永远不能飞得像鹰那样高。
　　——克雷洛夫[俄国]

所有的鸟儿都照常歌唱,它们的歌喉并未冻僵,它们不曾被迫躲开,自由自在,也不曾被迫不发一言,自由自在地谈情说爱,不管是夏天还是冬天。
　　——立辛[法国]

在幽静的花园里,在春夜的昏夜中,东方的夜莺在玫瑰的枝头上歌唱,但可爱的玫瑰无动于衷,也不倾听,只在那倾慕的颂歌中打盹和摇晃。你不也是这样给冷若冰霜的美人唱歌?清醒些吧,诗人,你在追求什么?她不听也不理会你这诗人的歌声,她那么娇艳,对你的呼求却报以沉默。
　　——普希金[俄国]

狮子虽然饿死在洞里,也不吃野狗剩下的唾余。　　——萨迪[波斯]

毒蛇虽然杀人,它有毒不是它的罪过,因为是天生的。
　　——塞万提斯[西班牙]

大洋里所有的水都不能使天鹅的黑腿变成白色,尽管它每时每刻在波浪里清洗。　　——莎士比亚[英国]

鸟类中最微小的鹪鹩也会奋不顾

身和鸥鹩争斗,保护它巢中的众雏。

——莎士比亚[英国]

毒蛇是在光天化日之下出现的,所以步行的人必须刻刻提防。

——莎士比亚[英国]

麻雀看见孔雀负担着它的翎尾,替它担忧。 ——泰戈尔[印度]

老鼠在船底打洞的时候,只想到自己的爱好的方便,它看不到自己在这样大的房子里啃一个小洞得到的好处,比起它给大家带来的巨大损失简直是微不足道的。 ——泰戈尔[印度]

动物的认识犹如烟,而不像火——它来自一种盲目的感觉,而不是顿悟,尽管它唤起了真理,但它又熄灭了真理。 ——泰戈尔[印度]

蜜蜂从花中啜蜜,离开时嘤嘤的道谢。浮夸的蝴蝶却相信花是应该向它道谢的。 ——泰戈尔[印度]

你无论怎样喂狼,它的心总是向着树林的。 ——屠格涅夫[俄国]

孔雀的尾巴一开展,它们走起路来就显得累累赘赘。

——《五卷书》[古印度]

人在最完美的时候是动物中的佼佼者,但是当他与法律和正义隔绝以后,他便是动物中最坏的东西。

——亚里士多德[古希腊]

世界上存在着很多不计较个人得失的残忍的昆虫,它们虽然知道螫人之后就要送命,可是还要螫人。

——雨果[法国]

110 植 物

桃之夭夭,灼灼其华(huā)。①

——[春秋]《诗经》

参差荇菜,左右采之。②

——[春秋]《诗经》

采薜荔兮水中,搴芙蓉兮木末。③

——[战国]《九歌》

大寒至,霜雪降,然后知松柏之茂也。 ——[汉]《淮南子》

草木秋死,松柏独存。

——[汉]刘向

朝华之草,夕而零落;松柏之茂,隆寒不衰。④

——[晋]《三国志》

木欣欣以向荣,泉涓涓而始流。⑤

——[晋]陶潜

皎皎云间月,灼灼叶中华(huā)。⑥

——[晋]陶潜

---

①夭夭:草木茂盛的样子。灼灼:花盛开的样子。华:同"花"。

②参差:长短不齐。荇菜:一种水草,嫩叶可以吃。

③薜荔:一种蔓生植物,随树木攀缘。搴:拔,采。芙蓉:荷花,生于水中。木末:树梢。此句比喻做事用力方向不对,徒劳无功。

④华:同"花",开花。

⑤木:树木。欣欣:茂盛的样子。荣:茂盛。涓涓:水细而流动缓慢的样子。

⑥皎皎:洁白;明亮。灼灼:花盛开的样子。华:同"花"。

芳草鲜美,落英缤纷。①

——[晋]陶潜

北园有枣树,布叶垂重阴;外虽饶棘刺,内实有赤心。②　——[晋]赵整

梅花一时艳,竹叶千年色。

——[南朝]鲍照

林间花欲燃,竹径露初圆。③

——[南朝]梁元帝

城上草,植根非不高,所恨风霜早。④　——[南朝]刘俣

杂花生树,群莺乱飞。

——[南朝]丘迟

嫩竹犹含粉,初荷未聚尘。

——[南朝]徐陵

芙蓉露下落,杨柳月中疏。⑤

——[北朝]萧悫

庭草无人随意绿。——[隋]王胄

离离原上草,一岁一枯荣;野火烧不尽,春风吹又生。⑥　——[唐]白居易

远芳侵古道,晴翠接荒城。⑦

——[唐]白居易

乱花渐欲迷人眼,浅草才能没(mò)马蹄。⑧　——[唐]白居易

柳丝袅袅风缲出,草缕茸茸雨剪齐。⑨　——[唐]白居易

碧毯线头抽早稻,青罗裙带展新蒲。⑩　——[唐]白居易

独出前门望野田,月明荞麦花如雪。　——[唐]白居易

桃花一簇开无主,可爱深红映浅红。　——[唐]杜甫

桃花细逐梨花落,黄鸟时兼白鸟飞。⑪　——[唐]杜甫

红入桃花嫩,青归柳叶新。

——[唐]杜甫

隔户杨柳弱袅袅,恰似十五女儿腰。　——[唐]杜甫

香稻啄余鹦鹉粒,碧梧栖老凤凰枝。　——[唐]杜甫

黄四娘家花满蹊,千朵万朵压枝低。　——[唐]杜甫

修竹已多犹可种,艳花虽少不劳栽。　——[唐]杜荀鹤

碧玉妆成一树高,万条垂下绿丝绦。⑫　——[唐]贺知章

冲天香阵透长安,满城尽带黄金甲。⑬　——[唐]黄巢

松柏本独直,难为桃李颜。

——[唐]李白

---

①落英:落花。

②重阴:树阴重叠。饶:多。

③露:露珠。

④植根:扎根。

⑤芙蓉:荷花。露:露水。落:凋零。疏:形容柳叶脱落。

⑥离离:草木丛生的样子。枯:草木枯萎。荣:草木茂盛。

⑦芳:花草。侵:占据;蔓延。晴翠:青翠。

⑧乱花:形状不一、五颜六色的花。没:漫过;高过。

⑨袅袅:草木柔软细长的样子。

⑩蒲:香蒲,多年水生草本植物。

⑪细:轻而缓。逐:随着。时:时断时续地。兼:一同。

⑫碧玉:比喻春柳新绿的颜色。

⑬黄金甲:指菊花瓣像黄金盔甲的叶片。

柳色黄金嫩,梨花白雪香。

——[唐]李白

清水出芙蓉,天然去雕饰。①

——[唐]李白

桃花乱落如红雨。——[唐]李贺

花情羞脉脉,柳意怅微微。

——[唐]李商隐

落时犹自舞,扫后更闻香。

——[唐]李商隐

风波不信菱枝弱,月露谁教桂叶香。

——[唐]李商隐

天香夜染衣,国色朝酣酒。②

——[唐]李正封

香风满阁花满树,树树树梢啼晓莺。

——[唐]刘驾

莫羡三春桃与李,桂花诚实向秋荣。

——[唐]刘禹锡

惟有牡丹真国色,花开时节动京城。③

——[唐]刘禹锡

春尽絮花留不得,随风好去落谁家。

——[唐]刘禹锡

芳草有情皆碍马,好云无处不遮楼。

——[唐]罗隐

林花扫更落,径草踏还生。

——[唐]孟浩然

前村深雪里,昨夜一枝开。④

——[唐]齐己

绿树连村暗,黄花入麦稀。⑤

——[唐]司空图

桂子月中落,天香云外飘。⑥

——[唐]宋之问

梅向好风唯是笑,柳因微雨不胜垂。

——[唐]唐彦谦

竹开霜后翠,梅动雪前香。

——[唐]虞世南

不是花中偏爱菊,此花开尽更无花。⑦

——[唐]元稹

欲传春信息,不怕雪埋藏。⑧

——[宋]陈亮

海棠不惜胭脂色,独立濛濛细雨中。⑨

——[宋]陈与义

无风杨柳漫天絮,不雨棠梨满地花。⑩

——[宋]范成大

碧云天,黄叶地,秋色连波,波上寒烟翠。

——[宋]范仲淹

纷纷坠叶飘香砌。夜寂静,寒声碎。

——[宋]范仲淹

梅花竹里无人见,一夜吹香过石桥。⑪

——[宋]姜夔

---

①芙蓉:荷花。雕饰:雕琢,修饰。
②天香:天然的香气。夜染衣:花香夜晚仍存留在衣服上。国色:冠绝全国的美色。朝酣酒:喝醉酒的美人早晨起床时睡眼惺忪的妩媚姿态。此句用于咏牡丹。
③国色:全国中最美的。动:轰动。
④此句用于咏梅。
⑤麦:麦田。
⑥桂子:桂花。
⑦更:再;另外。
⑧此句用于咏梅。
⑨胭脂:一种红色化妆品。
⑩絮:飞絮。
⑪竹里:指藏在竹林里。

芳草萋色，萋萋遍南陌。①
　　　　——[宋]李甲

花如解语迎人笑，草不知名随意合。②
　　　　——[宋]李彭

百紫千红，花正乱，已失春风一半。③
　　　　——[宋]李元膺

东风忽起垂杨舞，更作荷心万点声。④
　　　　——[宋]刘攽

梅须逊雪三分白，雪却输梅一段香。
　　　　——[宋]卢梅坡

日暮诗成天又雪，与梅并作十分春。
　　　　——[宋]卢梅坡

百花过尽绿阴成，漠漠炉香睡晚晴。⑤
　　　　——[宋]陆游

零落成泥碾作尘，只有香如故。⑥
　　　　——[宋]陆游

野花向客开如笑，芳草留人意自闲。
　　　　——[宋]欧阳修

红树青山日欲斜，长郊草色绿无涯。⑦
　　　　——[宋]欧阳修

可使食无肉，不可居无竹。
　　　　——[宋]苏轼

更无柳絮因风起，惟有葵花向日倾。
　　　　——[宋]司马光

一叶落而知天下秋。
　　　　——[宋]唐庚

多情帘燕独徘徊，依然满身花雨、又归来。
　　　　——[宋]田为

杏花嫣然出篱笑，似开未开最有情。⑧
　　　　——[宋]汪藻

深绿万枝红一点，动人春色不须多。
　　　　——[宋]王安石

岁老根弥壮，阳骄叶更阴。⑨
　　　　——[宋]王安石

遥知不是雪，为有暗香来。⑩
　　　　——[宋]王安石

长林远树，出没烟霏，聚者如悦，散者如别，整者如戟，乱者如发。⑪
　　　　——[宋]王质

城中桃李愁风雨，春在溪头荠菜花。
　　　　——[宋]辛弃疾

花不语，水空流，年年拚得为花愁。⑫
　　　　——[宋]晏几道

池上碧苔三四点，叶底黄鹂一两声。⑬
　　　　——[宋]晏殊

落红满路无人惜，踏作花泥透脚香。⑭
　　　　——[宋]杨万里

----

①萋萋：青草茂盛的样子。南陌：南边的道路。
②如：好像。解语：听得懂人的话语。
③花正乱：形容百花齐放的样子。
④更：又；再。
⑤漠漠：形容炉香袅袅的样子。
⑥如故：像原来一样。此句昔咏梅赞扬了仁人志士至死不渝的坚贞品格。
⑦红树：开满鲜花的树。长郊：广阔的郊外。
⑧嫣然：美好的样子。
⑨弥：更加。骄：猛烈；强烈。阴：形容枝干生长茂盛，有的树叶受遮蔽而不见阳光。
⑩遥：遥远。暗香：幽香。此句描写像白雪一样皎洁的梅花隐含着幽香。
⑪悦：朋友相聚般喜悦。别：挥手告别。整：整齐排列。
⑫拚得：甘愿。
⑬碧苔：青绿的苔藓。
⑭落红：落花，凋落的花瓣。

小荷才露尖尖角,早有蜻蜓立上头。① ——[宋]杨万里

接天莲叶无穷碧,映日荷花别样红。② ——[宋]杨万里

梅子留酸软齿牙,芭蕉分绿上窗纱。 ——[宋]杨万里

莫问早行奇绝处,四面八方野香来。③ ——[宋]杨万里

春色满园关不住,一枝红杏出墙来。 ——[宋]叶绍翁

千里稻花应秀色,五更桐叶最佳音。 ——[宋]曾几

芳草有情,夕阳无语,雁横南浦,人倚西楼。④ ——[宋]张耒

林疏放得遥山出,又被云遮一半无。 ——[宋]赵师秀

花开不并百花丛,独立疏篱趣未穷。⑤ ——[宋]郑思肖

早是残红枝上少,飞絮无情,更把人相恼。⑥ ——[金]段克己

枝间新绿一重重,小蕾深藏数点红。 ——[金]元好问

清霜醉枫叶,淡月隐芦花。 ——[元]许有壬

修竹万竿松影乱,山风吹作满窗云。 ——[元]萨都剌

春来谁作韶华主,总领群芳是牡丹。 ——[明]冯琦

落红不是无情物,化作春泥更护花。 ——[清]龚自珍

千红万紫,终让梅花为魁。 ——[清]《红楼梦》

几行红叶树,无数夕阳山。 ——[清]王士禛

千磨万击还坚劲,任尔东西南北风。⑦ ——[清]郑燮

种瓜得瓜,种豆得豆。 ——[清]朱舜水

石榴有梅树的枝干,有杨柳的叶片,奇倔而不枯瘠,清新而不柔媚,这风度实兼备了梅、柳之长,而舍出梅、柳之短。 ——郭沫若

有生命力的种子,总要出芽、伸枝、展叶的,不管压上怎样的石头!有生命力的枝丫,你在这边折断它,它也会在另一边暴出一片新绿。 ——黄宗英

看一眼路旁的绿叶,再看一眼海,真的,这才明白了什么叫作"春深似海"。绿、鲜绿、浅绿、深绿、黄绿、灰绿,各种的绿色,连接着、交错着、变化着、波动着,一直绿到天边,绿到山脚,绿到渔帆的外边去。 ——老舍

树淋浴在熏风之中,抽芽放蕊,它必有一番愉快的心情。等到花簇簇、锦

---

① 小荷:荷叶。尖尖角:指刚冒出水面的嫩荷叶的尖端。此句常用来比喻新生事物或青少年才子。

② 别样:不一般;格外。

③ 野香:郊外花草树木散发的清新气息。

④ 横:排成一字行列飞过。南浦:南边水滨。

⑤ 此句为咏菊,描写菊花不与百花一齐开放,而是独自傲立于稀疏的篱笆边,情趣无穷。

⑥ 残红:残花。恼:烦恼。

⑦ 坚劲:坚强有力;直立挺拔。此句歌咏了竹子的坚强生命力。

簇簇、满枝头红红绿绿的时候，招蜂引蝶，自又有一番得意。落英缤纷的时候可能有一点伤感，结实累累的时候又会有一点迟暮之思。　　——梁实秋

要有茂林嘉卉，却非先有这萌芽不可。　　——鲁迅

我自爱我的野草，但我憎恶这以野草作装饰的地面。　　——鲁迅

待到山花烂漫时，她在丛中笑。①
　　——毛泽东

这就是白杨树，西北极普通的一种树，然而绝不是平凡的树！它没有婆娑的姿态，没有屈曲盘旋的虬枝，也许你要说它不美丽，如果美是专指"婆娑"或"横斜逸出"之类而言，那么白杨树算不得树中的好女子，但是它却是伟岸、正直、朴质、严肃，也不乏温和，更不用提它的坚强不屈与挺拔，它是树中的伟丈夫！　　——茅盾

别为那好花不常开而惋惜。花株已经实现了自己的希望就休息，明年还会春风得意。　　——秦兆阳

那一片待收获的高粱，枝叶在阳光雨露下已由青泛黄，各顶着一丛丛紫色颗粒，在微风中特有一种萧瑟感，同时从成熟状态中也可看出这一年来人的劳力与希望结合的庄严。——沈从文

艳丽硕大的花朵结出的果实有可能是酸涩的，不起眼的小草也能酿出甘美的琼浆。　　——王润生

小草和野花，都并不羞于自己的渺小而从此无所作为。它们一样的要长自己的芽，开自己的花，尽管是小小的，在辽阔的原野上，也还是连缀成灿烂的一片。　　——杨奔

小草和大树没有优劣之分，不应期望每一棵小草都长成大树，但小草同样无愧于大地和春天。　　——杨东平

紫陀萝花！如果哲人问你为什么在天地间浪费你的美，你告诉他们，如果有眼睛是为了要看的，那么美丽自身就是它存在的理由。与玫瑰争艳的花，你为什么在那里？——爱默生[美国]

看得见鲜花的，就应该看得见太阳。　　——巴尔扎克[法国]

在幽谷里开放的寻常而朴素的花朵，如果被移植到和天空太接近的地方，移到有暴风雨和炎热的阳光的地方，也许就要死亡。
　　——巴尔扎克[法国]

唯有吸取臭水，植物才能生根。
　　——巴尔扎克[法国]

植物的生命要从它的绿叶上显出来。　　——但丁[意大利]

如果是玫瑰，它总是会开花的。
　　——歌德[德国]

树木对我来说，曾经一直是言辞最恳切的传教士，它们不像由于某种弱点而循世的隐士，而像伟大而落落寡合的人们。　　——黑塞[瑞士]

我相信一片草叶所需费的工程不会少于星星，一只蚂蚁、一粒沙和一个鹪鹩的卵都是同样地完美，雨蛙也是造

----
①她：指梅花。

物者的一种精工的制作,藤蔓四延的黑霉可以装饰天堂里的华屋。

——惠特曼[美国]

树木是大地写上天空中的诗。

——纪伯伦[黎巴嫩]

种子良好,草木一定长得繁茂。

——萨迪[波斯]

玫瑰与百合飘然出尘的美,令人觉得它们有灵魂。　　——史怀哲[德国]

好花盛开就该尽先摘,慎莫待美景难再,否则一瞬间它就要凋零萎谢,落在尘埃。　　——莎士比亚[英国]

果实的事业是尊贵的,花的事业是甜美的,但是让我做叶的事业吧,叶是谦逊地、专心地垂着绿荫的。

——泰戈尔[印度]

埋在地下的树根使树枝产生果实,却不要求什么报酬。

——泰戈尔[印度]

摆脱土壤的束缚,对于树来说并不是自由。　　——泰戈尔[印度]

尘土受到损辱,却以她的花朵来报答。　　——泰戈尔[印度]

绿叶恋爱时便成了花,花崇拜时便成了果实。　　——泰戈尔[印度]

让睁眼看着玫瑰花的人,也看到它的刺。　　——泰戈尔[印度]

每一种花草都在大地黝黑的胸膛上,从冬眠的美梦里苏醒。

——雪莱[英国]

谷中的百合有似水上的女仙,热情使她苍白,青春使她娇艳,我们透过那嫩绿的篷帐,便看到它颤抖的花盅闪着光。

——雪莱[英国]

细长的百合像是女神饮醉,高高举着她月光色的酒杯,好似一颗白星(那是她的眼睛)透过清露望着柔和的天空。

——雪莱[英国]

所有的果实,都曾经是鲜花,然而却不是所有的鲜花都能成为果实。

——雨果[法国]

111 其 他

以其不争,故天下莫能与之争。

——[春秋]《老子》

工欲善其事,必先利其器。①

——[春秋]《论语》

食不厌精,脍不厌细。②

——[春秋]《论语》

不患人之不己知,患不知人也。③

——[春秋]《论语》

火炎昆冈,玉石俱焚。④

——[春秋]《尚书》

维鹊有巢,维鸠居之。

——[春秋]《诗经》

迨(dài)天之未阴雨,彻彼桑土,绸

---

① 善:使善;做好。利:使锋利。器:器具;工具。
② 食:指粮米。厌:满足。精、细:精细;细致。脍:切得薄而细的鱼或肉。
③ 不己知:不知己,不了解自己。
④ 炎:烧。昆冈:昆仑山,产玉。焚:烧毁。

绸缪牖户。①

——[春秋]《诗经》

瞻之在前,忽焉在后。②

——[春秋]《诗经》

橘生淮南则为橘,生于淮北则为枳。③

——[春秋]《晏子春秋》

不期修古,不法常可。④

——[战国]《韩非子》

虽无飞,飞必冲天;虽无鸣,鸣必惊人。

——[战国]《韩非子》

以囊去蚁,蚁愈多;以鱼驱蝇,蝇愈至。⑤

——[战国]《韩非子》

以汤止沸,沸愈不止,去其火则止矣。⑥

——[战国]《吕氏春秋》

察己则可以知人,察今则可以知古。⑦

——[战国]《吕氏春秋》

不以规矩,不能成方圆。⑧

——[战国]《孟子》

为渊驱鱼,为丛驱雀。⑨

——[战国]《孟子》

明察秋毫之末,而不见舆薪。⑩

——[战国]《孟子》

一日暴(pù)之,十日寒之。⑪

——[战国]《孟子》

或百步而后止,或五十步而后止。以五十步笑百步,则何如?

——[战国]《孟子》

有力者疾以助人,有财者勉以分人,有道者劝以救人。

——[战国]《墨子》

黄钟毁弃,瓦釜雷鸣。

——[战国]屈原

增之一分则太长,减之一分则太短。⑫

——[战国]宋玉

以卵投石,以指挠沸。⑬

——[战国]《荀子》

玉在山而草木润,渊生珠而崖不枯。

——[战国]《荀子》

图穷匕首见(xiàn)。⑭

——[战国]《战国策》

---

①迨:趁着。彻:同"撤",取。桑土:桑枝和泥土。绸缪:缠绕,引申为修补。牖户:门窗。
②瞻:向上或向前看。忽焉:忽然。此句形容见到的事物或现象变化不定,难以掌握。
③枳:树木名,果实像橘而小,味酸。
④期:希求;希望。修:学习。法:效法。常可:长久以来被肯定的事物。
⑤去,驱:驱除。此句指除害措施不当,则适得其反。
⑥汤:热水。沸:沸腾。此句指应从根本上治理。
⑦察:考察;调查了解。
⑧规:画圆形的工具。矩:画方形或直角的工具。圆:一作"员"。
⑨渊:水潭。丛:密集生长在一起的草木。雀:鸟名,泛指小鸟。
⑩秋毫:秋天鸟兽新生出的细毛。末:末端;尖端。舆薪:满车柴草。此句指只看见小的,忽略了大的。
⑪暴:同"曝",晒。
⑫此句指恰到好处。
⑬挠:搅动;搅和。沸:深开的水。此句指不自量力或不知利害。
⑭图:地图。穷:尽,指全部展开。见:同"现",显露。此句常指事情发展到最后,真相终于显露出来。

用管窥天,用锥指地。①

——[战国]《庄子》

子非我,安知我不知鱼之乐?②

——[战国]《庄子》

形固可使如槁木,而心固可使如死灰乎?③

——[战国]《庄子》

筌者所以在鱼,得鱼而忘筌;蹄者所以在兔,得兔而忘蹄。④

——[战国]《庄子》

铤而走险,急何能择?⑤

——[战国]《左传》

百里不同风,千里不同俗。⑥

——[汉]《汉书》

失火之家,岂暇先言丈人后救火乎?⑦ ——[汉]《汉书》

苍颉作书,而天雨(yù)粟,鬼夜哭。⑧ ——[汉]《淮南子》

善用人者,若蚓之足众,而不相害;若唇之与齿,坚柔相摩,而不相败。⑨

——[汉]《淮南子》

焚林而田,竭泽而渔。⑩

——[汉]《淮南子》

贺者在门,吊者在闾。⑪

——[汉]刘向

屋漏在上,知者在下。

——[汉]《论衡》

洗污泥者以水,燔腥生者用火。⑫

——[汉]《论衡》

进退盈缩,与时变化。

——[汉]《史记》

人弃我取,人取我予。⑬

——[汉]《史记》

不飞则已,一飞冲天;不鸣则已,一鸣惊人。⑭

——[汉]《史记》

扁鹊不能治不受针药之疾,圣贤不能正不食谏诤之君。⑮

——[汉]《盐铁论》

萤烛末光,增辉日月。⑯

——[三国]曹植

---

①管:竹管。窥:从小孔观看。指:指向;指着。此句喻指目光狭窄,见识非常有限。

②子:您。非:不是。安:哪里;怎么。

③形:人体。固:固然。槁木:死亡干枯的树木。死灰:熄灭的灰烬。

④筌:竹制的捕鱼工具。蹄:兔网,捕兔的工具。此句喻指成功之后就忘记了得以成功的原因。

⑤铤:快跑的样子。走:奔跑;奔向。铤而走险:因无路可走或绝望而采取冒险行动。

⑥风:风尚。俗:习俗。

⑦暇:空闲。言:告诉。丈人:父亲。

⑧苍颉:传说中的黄帝史官,创造了文字。书:指文字。雨:降雨。粟:谷子。

⑨蚓:蚯蚓。败:损坏;毁坏。

⑩田:打猎。渔:捕鱼。

⑪贺:祝贺喜事。门:指门口。吊:吊唁丧事。闾:古代二十五家为闾,这里指居住的里巷。此句指世事无定,人有旦夕祸福。

⑫燔:烤。腥:鱼、肉等。生:不熟。

⑬予:给予;给。

⑭已:罢了。一:一旦。鸣:鸣叫。惊:震惊。

⑮扁鹊:人名,战国时名医。针:针灸。圣贤:指品德高尚、才能超群的人。谏诤:直言规劝。

⑯萤烛:萤火虫和蜡烛。末光:微弱光亮。

弯弓挂扶桑,长剑倚天外。①
——[三国]阮籍
凿石索玉,剖蚌求珠。
——[晋]《三国志》
缘木求鱼,煎水作冰。②
——[晋]《三国志》
倒持干戈,授人以柄。③
——[晋]《三国志》
识时务者,在乎俊杰。④
——[晋]《三国志》
鸡肋,弃之如可惜,食之无所得。⑤
——[晋]《三国志》
望云惭高鸟,临水愧游鱼。
——[晋]陶潜
实迷途其未远,觉今是而昨非。⑥
——[晋]陶潜
此中有真意,欲辨已忘言。⑦
——[晋]陶潜
郁郁涧底松,离离山上苗。以彼径寸茎,荫此百尺条。⑧ ——[晋]左思
养鱼沸鼎之中,栖鸟烈火之上。
——[南朝]《后汉书》
希世之宝,违时则贱。⑨
——[南朝]刘祥
疗饥不期于鼎食,拯溺无待于规行。⑩ ——[南朝]王融
辱,莫大于不知耻。⑪
——[隋]王通
门前冷落鞍马稀。⑫
——[唐]白居易
大弦嘈嘈如急雨,小弦切切如私语。⑬ ——[唐]白居易
上穷碧落下黄泉,两处茫茫皆不见。⑭
——[唐]白居易
千呼万唤始出来,犹抱琵琶半遮面。⑮
——[唐]白居易
观者如山色沮丧,天地为之久低昂。 ——[唐]杜甫

———

①扶桑:古代神话中海外的大树,据说太阳从树下升起。倚:斜靠着。
②缘:攀缘,沿着往上爬。木:树木。求:设法得到。缘木求鱼:爬到树上去找鱼,比喻方向、方法不对,一定达不到目的。
③倒持:拿颠倒了。干戈:偏指戈,古代一种长柄的兵器。此句喻指把某种权力或借口交给别人,使自己受害。
④识:认清。时务:当前的形势或趋势。俊杰:英雄豪杰。
⑤鸡肋:鸡的肋骨。如:好象。
⑥迷途:迷路。今是:现在对。昨非:过去错。
⑦此:指酒,比喻生活。真意:真谛,真实的意义或道理。辨:论说。
⑧郁郁:茂盛的样子。离离:丛生的样子。苗:指小树丛。荫:遮蔽。条:枝条。
⑨希:同"稀",少有,罕见。违时:不合时宜。
⑩期:期望。拯:救助。溺:溺水。无:通"毋",不要;不可以。现行:按规矩行事。
⑪辱:耻辱,声誉所受的损害;可耻的事情。耻:羞耻,不光彩;不体面。
⑫此句指往日的辉煌已风光不再。
⑬大弦:粗弦。嘈嘈:形容乐器发音重浊。小弦:细弦。切切:形容乐器发音轻细。私语:小声说话。
⑭穷:穷尽,遍及。碧落:道家称东方第一层天,碧霞遍布,借指天上。黄泉:人死后埋葬在地下的墓穴,借指阴间、地下。茫茫:形容没有边际,看不清楚的样子。
⑮犹:仍然。

驾轻车,就熟路。

——[唐]韩愈

绣成安向春园里,引得黄莺下柳条。①

——[唐]胡令能

蜀道之难,难于上青天。②

——[唐]李白

一夫当关,万夫莫开。③

——[唐]李白

大鹏一日同风起,扶摇直上九万里。

——[唐]李白

炉火照天地,红星乱紫烟。④

——[唐]李白

端州石工巧如神,踏天磨刀割紫云。⑤

——[唐]李贺

我有迷魂招不得,雄鸡一声天下白。

——[唐]李贺

九秋风露越窑开,夺得千峰翠色来。⑥

——[唐]陆龟蒙

欲取鸣琴弹,恨无知音赏。⑦

——[唐]孟浩然

醉后不知天在水,满船清梦压星河。

——[唐]唐温如

葡萄美酒夜光杯,欲饮琵琶马上催。

——[唐]王翰

归燕识故巢,旧人看新历。

——[唐]王维

曾经沧海难为水,除却巫山不是云。⑧

——[唐]元稹

始乱之,终弃之。⑨

——[唐]元稹

草木有本心,何求美人折。⑩

——[唐]张九龄

鸿雁长飞光不度,鱼龙潜跃水成文。⑪

——[唐]张若虚

江畔何人初见月,江月何年初照人?

——[唐]张若虚

往事已成空,还如一梦中。

——[五代]李煜

不如意事常八九,可与语人无二三。

——[宋]方岳

但存方寸地,留与子孙耕。⑫

——[宋]《鹤林玉露》

牧童归去横牛背,短笛无腔信口吹。⑬

——[宋]雷震

山外青山楼外楼,西湖歌舞几时休。

——[宋]林升

只许州官放火,不许百姓点灯。

——[宋]陆游

---

①安:安置。此句赞美刺绣精致,巧夺天工。
②蜀道:古代指进入四川的道路,艰险难行。
③夫:成年男子。当:守卫。关:关防;要塞。开:打开;攻克。
④红星:炉中迸出的火星。
⑤端州:唐代州名,在今广东。
⑥越窑:著名青瓷窑之一,在浙江余姚。
⑦知音:指真正了解自己的人。赏:欣赏。
⑧沧海:大海,又深又广的海水呈苍青色,故名沧海。巫山:在四川巫山县东南,上有神女峰,云蒸霞蔚,景象壮观。
⑨乱:指男女发生不正当的性行为。弃:抛弃。
⑩本心:本性。折:采摘。
⑪度:超越;逾越。文:同"纹",波纹。
⑫方寸:一寸见方之地,比喻很小的处所。心处胸中方寸之间,故又指心或内心,也指心思。
⑬腔:曲调。信口:随口;口中随意。

泰山左前而不见,疾雷破柱而不惊。①
——[宋]欧阳修

万事以心为本,未有心至而力不能者。
——[宋]欧阳修

醉翁之意不在酒,在乎山水之间也。②
——[宋]欧阳修

三日不相见,莫作旧时看。③
——[宋]普济

寄蜉蝣于天地,渺沧海之一粟。④
——[宋]苏轼

我欲乘风归去,又恐琼楼玉宇,高处不胜寒。起舞弄清影,何似在人间。⑤
——[宋]苏轼

泰山崩于前而色不变,麋鹿兴于左而目不瞬。⑥
——[宋]苏洵

好个霜天,闲却传杯手。君知否,乱鸦啼后,归兴浓于酒。
——[宋]汪藻

爆竹声中一岁除,春风送暖入屠苏。⑦
——[宋]王安石

明珠自有千金价,莫为游人作弹丸。
——[宋]夏竦

落日胡尘未断,西风塞马空肥。⑧
——[宋]辛弃疾

蛾儿雪柳黄金缕,笑语盈盈暗香去。⑨
——[宋]辛弃疾

射不入铁,不如不发。⑩
——[宋]《新五代史》

无可奈何花落去,似曾相识燕归来。⑪
——[宋]晏殊

日省(xǐng)其身,有则改之,无则加勉。⑫
——[宋]朱熹(xī)

不能忍诟,不足为人。⑬
——[元]张光祖

以梧桐之实养枭而冀其凤鸣。⑭
——[明]刘基

虎狼堕井,仁者见之而不怜;枳棘

---

①泰山:在山东,古人认为是最高的山。疾:迅猛。破柱:击碎石柱。惊:吃惊。此句形容思想精神极其集中、专注。
②乎:同"于"。
③三日:虚指,多日。
④寄:寄居。蜉蝣:一种昆虫,幼虫生活在水中,成虫寿命很短,不足一个星期。渺小,即藐小,微小。粟:谷粒。此句比喻个人是微不足道的。
⑤琼楼玉宇:玉石建造的楼台、屋宇,指天帝和神仙居住之处。不胜:承受不住。弄:嬉戏。何似:哪里比得上。
⑥崩:倒塌。色:脸色。兴:起,出现。左:指旁边。瞬:眨眼。
⑦岁:年。除:指流逝、过去。屠苏:指用屠苏草泡制而成的一种酒。古时正月初一有饮屠苏酒庆贺新年的习俗。
⑧胡:古代指北方和西方各族。胡尘:这里指金朝入侵者挑起的战争。塞马:边疆的战马。
⑨蛾儿雪柳黄金缕:妇女佩戴在头上的各种饰物。暗香:衣服上散发的幽香。
⑩射、发:射箭。此句表示对自己要求极高。
⑪似:似乎,好像。曾:曾经。
⑫日:每天。省:察看;检查。加:更;更加。勉:勉励。
⑬诟:耻辱。
⑭实:果实。枭:一种凶猛的鸟。冀:希望。凤鸣:像凤凰一样鸣叫。

当道,行者过之而必诘。①

——[明]刘基

万事俱备,只欠东风。

——[明]《三国演义》

长他人锐气,灭自己威风。

——[明]《三国演义》

来说是非者,就是是非人。

——[明]吴承恩

道高一尺,魔高一丈。②

——[明]《西游记》

为国为民皆是汝,却叫桃李听笙歌。③ ——[明]解缙

但愿苍生俱饱暖,不辞辛苦出山林。④ ——[明]于谦

世人所难者唯趣。趣如山上之色、水中之味、花中之光、女中之态,虽善说者不能下一语,唯会心者知之。

——[明]袁宏道

落红不是无情物,化作春泥更护花。⑤ ——[清]龚自珍

万人丛中一握手,使我衣袖三年香。 ——[清]龚自珍

宁撞金钟一下,不打破鼓三千。

——[清]《红楼梦》

任凭弱水三千,我只取一瓢饮。

——[清]《红楼梦》

人不自立,则唯有无耻而已。⑥

——[清]康有为

高筑墙,广积粮,缓称王。

——[清]《明史》

管山吃山,管水吃水。

——[清]《儒林外史》

阿婆还是初笄女,头未梳成不许看。⑦ ——[清]袁枚

天不会下黄金雨,地不会结金苹果,谎话填不饱肚子,吹牛皮代替不了粮食。 ——艾青

求自由的人常常得不到自由,得到自由的当是后一代的人。 ——巴金

他人的评判固然重要,但最重要的是我们对自己的评判,这是任何人也无法剥夺的权力。 ——毕淑敏

世界上所有的生灵都有它们的眼睛,就看你用不用心寻找,就看你有没有勇气和它对视。 ——毕淑敏

人们常常以为拒绝是一种迫不得已的防卫,殊不知它更是一种主动的选择。 ——毕淑敏

---

①堕:掉落下来。仁:仁义。怜:怜悯。枳棘:多刺的草木。当道:挡在路上。诘:责骂;抱怨。

②道:道行,僧道修行的功夫,比喻技能本领。魔:魔障,佛教用语,恶魔所设的障碍和困难。此句原指修行到一定阶段可能受到魔障干扰而前功尽弃,后比喻取得一定成就后遇到的障碍会更大,也比喻正义终将战胜邪恶。

③桃李:桃树、李树,喻指不劳而获的达官贵人。此句是歌咏桑树,作者以桑树喻指劳苦大众。

④苍生:百姓。此句借咏煤炭,比喻为了他人的利益,甘愿牺牲自己。

⑤落红:落花。

⑥无耻:没有羞耻感。

⑦笄:古代束发用的簪子。初笄女:指年轻女子。

胸怀广大,须从"平淡"二字用功。
——蔡锷

遇棘手之际,须从"耐烦"二字痛下功夫。
——蔡锷

君子、小人之别,以能否利人济物为断。
——蔡锷

你的房子首先要足够坚固,然后才可以装修。
——陈天桥

纯王的奏效不在一时,乃在永久;不在浮面,乃在深处;不在局部,乃在普遍。
——陈望道

橘子过了淮水变成苦枳,并不是橘子的不幸,而是淮北人的不幸,他们的泥土里长不出甜橘。
——费孝通

上帝给人一只左手,又给了一只右手,就是为了使人自己帮助自己。
——冯骥才

人在江湖,杀人是正常的,不杀人反而成了异类。就像一只狼,不会吃肉,一个劲地吃草是很危险的——做吃人的狼,不做吃草的羊。
——冯仑

我们不要把眼睛生在头顶上,以致用自己的脚踏坏了我们想得之于天上的东西。
——冯雪峰

一个字的意义,不是全在字典上所能查出的。
——冯友兰

凡是热情的人多半流于执著。①
——傅雷

兴趣不但和责任心没有冲突,并且可以补助责任心。
——胡适

借鉴不是照搬,更不是偷窃。
——华君武

每个人身上的潜力是巨大的,意识能超越自身,守住自己,世界就会向你靠拢。
——蒋子龙

很多时候做任何事要舍得。正所谓,"舍得",有舍就有得!
——赖妙林

民主的真谛不在于少数服从多数,而是多数应该尊重少数,这样才能形成完整的民意。
——赖幸媛

旅行虽然夹杂着烦恼,究竟有很大的乐趣在。旅行是一种逃避——逃避人间的丑恶。
——梁实秋

任何名胜,游览一次有一次的情趣,再游便另是一种风光。
——梁实秋

我们所以重海洋,是在它的广浩无边;重山岭,是在它的高大绵延。
——林语堂

想象是人类的天赋之一。
——刘湛秋

你想知道一个人的内心缺少什么,不看别的,就看他炫耀什么;想知道一个人自卑什么,不看别的,就看他掩饰什么。
——卢志文

以人为鉴,明白非常,是使人能够反省的妙法。
——鲁迅

并不一哄而起的人,当时好像落后,但因为也不一哄而散,后来却成为中坚。
——鲁迅

我好像一只牛,吃的是草,挤出来的是奶、血。
——鲁迅

"一劳永逸"的话是有的,而"一劳

———————
①执著:同"执着",固执或拘泥,也指坚持不懈。

永逸"的事却极少。　　——鲁迅

我们不可能都成为英雄,总得有人在英雄走过的时候坐在路边鼓掌。
　　——罗杰

对于任何东西都用鼻子嗅一嗅,鉴别其好坏,然后才决定欢迎它,或者抑制它。　　——毛泽东

才饮长沙水,又食武昌鱼。
　　——毛泽东

春风杨柳万千条,六亿神州尽舜尧。①　　——毛泽东

大凡一件事的性质由"消遣的"而变为"义务的",便觉得兴味索然了。
　　——茅盾

幽默至多是一种脾气,绝不能成为主张,更不能当作职业。——钱锺书

没有一个清洁美好的环境,再优裕的生活条件也无意义。——曲格平

企业发展就是要发展一匹狼。狼有三大特性:一是敏锐的嗅觉,二是不屈不挠、奋不顾身的进攻精神,三是群体奋斗的意识。　　——任正非

过分为己,是自私自利;完全舍我,也是虐待了一个生灵——自己。
　　——三毛

从容不迫的举止,比起咄咄逼人的态度,更能令人心折。　　——三毛

没有人在世界上能够"弃"你,除非你自己自暴自弃,因为我们是属于自己的,并不属于他人。　　——三毛

有些路看起来很近,走去却很远,缺少耐心永远走不到头。——沈从文

摔倒了,赶快爬起往前走,莫欣赏摔倒的地方,莫停下来哀叹。
　　——沈从文

给予一切后,你反而更丰富更充实地存在。　　——沈从文

在你缺少一切的时节,你就会发现,原来还有个你自己。——沈从文

宁静工夫最重要的也就是自己检查自己。　　——沈钧儒

偶像如太阳落下,明天会有新的太阳升起。　　——施武

其实都用不着什么甜,苦尽了也就很甜了。　　——史铁生

纯洁高尚的东西引起人们更热烈的追求,往往是在它们被丢弃之后。
　　——孙士杰

知责任,明责任,负责任。
　　——陶行知

公平的世界里,只有人中人,不该有"人上人"和"人下人"。——陶行知

一切不属于你的,你都不必羡慕;一切属于你的,你都应该爱惜。
　　——王蒙

妄自膨胀与妄自菲薄同样的无益。在野心家与凡夫俗子之间,我宁愿选择后者。　　——王蒙

从容才能幽默,平等待人才能幽默,超脱才能幽默,游刃有余才能幽默,聪明透彻才能幽默。　　——王蒙

---

①六亿:指六亿人民。神州:指中国。舜:虞舜。尧:唐尧。均为古代传说中的圣贤人物。

最大的庸俗是装腔作势,最大的媚俗是人云亦云,最大的卑俗是顾影自怜。　　　　　　　——王蒙

在暖流里不要头脑发昏,在寒流里不要惊慌失措。　　　——王季思

如果你不想被拒绝,最好的方法是先拒绝别人。　　　　——王家卫

趣味是人生中不可缺少的东西,一切的力量,一切的创造,一切的罪恶,全在这上面培养、教育、结束。

——王统照

越是主动的选择,对选择者来说就越不容易,因为他们要为这选择的后果负全部的责任。　　——王晓明

时代精神是一种普遍的力量。

——王元化

压抑个性、扼杀个性的结果,就会使健康的、合理的个人意识被邪恶的个人贪婪所取代。　　　——王元化

打扮过分就是不会打扮。

——王朝闻

真正的兴趣是一种由衷的和不能抑制的爱好,好像不能扑灭的火焰那样有一种顽强的劲头。　——王朝闻

上帝没有创造过主人和奴隶,他创造了人。　　　　　　——闻一多

故乡是什么?当然是生你的地方,但更是有人爱你的地方,有期许的地方,那就是你的故乡。　——席慕蓉

走路有两个法子:一个是跟前面人走,信任他是认识路的,一个是走自己的路,相信自己有能力认识路的。

——徐志摩

在青草里打几个滚,到海水里洗几次浴,到高处去看几次朝霞与晚照——你肩背上的负担就会轻松下去的。

——徐志摩

小草和大树没有优劣之分,不应期望每一棵小草都长成大树,但小草同样无愧于大地和春天。　——杨东平

万无一失意味着止步不前,那才是最大的危险。为了避险,才去冒险,避平庸无奇的险,值得。　——杨澜

当你开始对自己负责任时,你自己就获得了真正的解放。　　——杨澜

我们无法把握瞬息万变的大千世界,但我们可以守住自己。——杨晓辉

把一粒沙投入大海不等于把一滴水滴入沙漠,因为前者是融入,后者则是消失!　　　　　　——姚明

松柏四季常青,但绝不嘲笑桃李的短暂。　　　　　　　——余薇野

唯平淡自然才有真切的体味。

——俞平伯

我们从来不说我们是老大,但是也绝对没有说我们是老二。　——张近东

每一天升起的,每一座高山、每一片大海升起的都是同一个太阳。然而,每一个太阳都是不同的。——张抗抗

每一个自我都是一个独一无二的、不可替代的世界。　　——张乐天

工艺上的小差异,显示出民族素质上的大差异。　　　　——张瑞敏

"路"的一半是"足",意思是指"脚所踩的地方";另一半是"各",代表"各人有各人的去向"。——张晓风

暖房里的花总赶不上风霜中的常青松柏,闺房里的小姐、富贵人家的少爷就赶不上千锤百炼的勇士。
——周恩来

与其被淘汰,不如自我更新。
——周颖南

酒的乐趣是醉后的陶然的境界。
——周作人

衰老的只是物质,而不是精神。
——阿·巴巴耶娃[苏联]

幽默带来悟力和宽容,冷嘲则带来深刻而不友善的理解。
——阿·雷普利尔[英国]

没有什么东西比一种想法更危险了,当一个人只有一种想法时。
——阿兰[法国]

切不可用过去来计划未来。
——埃德蒙·伯克[英国]

世界上大部分的麻烦,都是要想成为伟大人物的人搞出来的。
——艾略特[法国]

没有野心,内心就会平静。
——爱·扬格[英国]

最能享受这个世界的,就是那些最不喜欢这个世界的人。
——爱·扬格[英国]

锻炼记忆力的良好方法是锻炼自己的注意力。——爱德华兹[英国]

斯巴达人原则是:"正义就是平等,但平等并不就是正义。"
——爱默生[美国]

纯洁的灵魂,是世界上最珍贵的东西。——爱默生[美国]

我们所寻求的,将会被我们找到;我们所回避的,它也将回避我们。
——爱默生[美国]

有一种方法可以获得恬静。我认为,这种方法不仅对我,而且对所有的人,都是行之有效的。这个方法是:临窗遥望繁星。——爱默生[美国]

一个人倘若从来没有因为某种暴行而震怒,没有听到有口才的人发言,没有参加举国腾欢或是人心惶惶的震荡情形,那他怎么能够知道他自己?
——爱默生[美国]

一个人的价值,应当看他贡献什么,而不应当看他取得什么。
——爱因斯坦[美国]

一个人对社会的价值,首先取决于他的感情、思想和行动对于人类利益有多大作用。——爱因斯坦[美国]

最好把一个人的爱好和职业尽可能远地分开。把一个人的生计所在和上帝所赐的禀赋硬凑在一起,那是不明智的。——爱因斯坦[美国]

兴趣是最好的老师。
——爱因斯坦[美国]

与其诅咒黑暗,不如燃起蜡烛。
——斯特朗[美国]

高雅的趣味是辨别多于结论,当它不得不做出结论时,它感到的是遗憾而不是愉悦。——奥顿[英国]

平坦的道路走起来似乎是最轻松的。实际上,再也没有比平坦、单调的道路更无味、更令人厌烦的了。
——(亚)奥斯特洛夫斯基[俄国]

人支配习惯,而不是习惯支配人。
——(尼)奥斯特洛夫斯基[苏联]

任何事物都不如习惯那样强有力。
——奥维德[古罗马]

平等或许是一种权利,但却没有任何力量使它变为现实。
——巴尔扎克[法国]

神的存在不可思议,而神的不存在同样不可思议。——巴斯卡[法国]

大多数人想要改造这个世界,但却很少有人想改造自己。
——保罗[德国]

早晨醒来时,问一问自己:"我应当做什么?"晚上睡觉前,问一问自己:"我做了什么?"——毕达哥拉斯[古希腊]

旅行者是主动的,他劲头十足地寻找人,寻找冒险,寻找经验;旅行者是被动的,他等待着有趣的事情在他身上发生,他只是到处"观光"。
——布尔斯延[美国]

匆忙和赶快做完全是两码事。
——查斯特菲尔德[英国]

在没有修养的人当中,不可侵犯的内心生活很少受到尊敬。
——车尔尼雪夫斯基[俄国]

如果一个人尽想着"我办不到",那他果然就会办不到。
——车尔尼雪夫斯基[俄国]

不尽责任的自由,只能产生无秩序的混乱;不重视伦理的个人生活,只能是对人性的蔑视。
——池田大作[日本]

协调关系是糖,对立关系是盐。但是糖太甜,通过适当地加点盐,整体就会变得协调。 ——大久光[日本]

恩赐的东西是不牢靠的,凡是恩赐的东西可随时被恩赐者收回。
——大仲马[法国]

人人都应有一种深厚的兴趣或嗜好,以丰富心灵,为生活添加滋味,同时也许可以借着它,对自己的国家有所贡献。
——戴尔·卡内基[美国]

任何人都厌恶受人摆布,被人驱使,而希望自主行动,同时更盼望别人能尊重自己。
——戴尔·卡内基[美国]

人家的窃窃私语与你何干?走自己的路,让人家去说长道短吧!要像一座卓立的塔,绝不因为风暴而倾斜。
——但丁[意大利]

赞美好事是好的,但对坏事加以赞美则是一个骗子和奸诈的人的行为。
——德谟克里特[古希腊]

凡可以献上我的全身的事,决不献上一只手。——狄更斯[英国]

坦率是批评最灿烂的宝石。
——迪斯累里[英国]

习惯没有法律那样明智,可它们往往更盛行。——迪斯累里[英国]

上帝是个圆,圆心到处可见,圆周无处可寻。——恩培多瓦勒[古希腊]

一个人尽可以诅咒、发誓、夸口、保证——到头来都还是难以改变一种习惯。
——弗兰西斯·培根[英国]

习惯真是一种顽强而巨大的力量,它可以主宰人生,因此人自幼就应该通过完美的教育,去建立一种好的习惯。
　　　　——弗兰西斯·培根[英国]
　　对年轻人来说,旅行是教育的一部分;对老年人来说,旅行是阅历的一部分。　　——弗兰西斯·培根[英国]
　　果断与迅速乃是最好的保密方法——要像疾掠空中的子弹一样,当秘密传开的时候,事情都已经做成了。
　　　　——弗兰西斯·培根[英国]
　　最可笑的事无过于一个吹牛皮的狂人被拆穿了,因为这种人不懂语言行事无论怎样有把握,还是要留下一点进退的余地。
　　　　——弗兰西斯·培根[英国]
　　无论是谁,假如丧失忍耐也就将丧失灵魂。人千万不可像蜜蜂那样把整个生命拼在对敌手的一螫中。
　　　　——弗兰西斯·培根[英国]
　　树林里的路分两种,而我呢——选上的一条较少人迹,千差万别由此而起。　　　　——弗罗斯特[美国]
　　意外的事情是不存在的。我们所谓的意外,不过是我们没看到的原因所造成的后果。　——伏尔泰[法国]
　　大方的坦白可以免除他人的诽谤。
　　　　——富勒[英国]
　　不记得自己睡得不舒服的人,就是睡了一个好觉。　——富勒[英国]
　　用消过毒的棉花包起来的孩子,未必就能使他们免受诱惑或污染。
　　　　——甘地[印度]
　　反省是一面莹澈的镜子,它可以照见心灵上的污点。——高尔基[苏联]

　　谁出门远游既有补于自己,又有益于他人,谁就堪称哲人;然而谁只是受着好奇心的驱使而在外一个国家一个国家地游玩,那和流泪又有何二致?
　　　　——哥尔德斯密斯[英国]
　　脸红使人魅力倍增,但毕竟还是有点难堪。　——哥尔多尼[意大利]
　　凡是能使我们的精神获得自由而又不给我们自制能力的事物,都是毁灭性的。　　　——歌德[德国]
　　你要欣赏自己的价值,就得给世界增添价值。　　——歌德[德国]
　　谴责后的鼓励,好比雨后的阳光。
　　　　——歌德[德国]
　　责备庸俗是没有用的,因为它从来不会自己跑掉。　——歌德[德国]
　　一个杰出人物受到一伙傻瓜的赏识,是可怕的事。　——歌德[德国]
　　人之所以要旅行,不是为了抵达目的地,而是为了享受旅途中的种种乐趣。　　　——歌德[德国]
　　我们周围有光也有颜色,但是我们自己的眼里如果没有光和颜色,也就看不到外面的光和颜色了。
　　　　——歌德[德国]
　　我认为谁如果觉得自己有必要疏远所谓下等人以保持尊严,那他就跟一个因为怕失败而躲避敌人的懦夫一样可耻。　　——歌德[德国]
　　我认为:反唇相讥,恶语相加,是有失一个哲学家(即科学家)和探求真理者的身份的。　——哈维[英国]
　　愿为磨刀石,虽不能切削,却使刀

刃锋利。　　——贺拉斯[古罗马]

我竖起一座纪念碑,比铜还坚固,比巍巍的宫殿还高,无论暴雨,无论午夜的狂风,还是绵绵的岁月都不能摧毁它。　　——贺拉斯[古罗马]

一朵花做不成花环。
　　——赫伯特[英国]

赞美高山,但要留在山下;赞美大海,但要留在陆上。——赫伯特[英国]

灵魂的边界你是找不出来的,就是你走尽了每一条大路也找不出。灵魂的根源是那么深。
　　——赫拉克利特[古希腊]

一个深广的心灵总是把兴趣的领域推广到无数事物上去。
　　——黑格尔[德国]

想象不是空穴来风,不是脱离实际情况的一种方式。——怀特曼[英国]

我相信一片草叶所需费的工程不会少于星星,一只蚂蚁、一粒沙和一个鹪鹩的卵都是同样地完美,雨蛙也是造物者的一种精工的制作,藤蔓四延的黑霉可以装饰天堂里的华屋。
　　——惠特曼[美国]

人人的内心深处都有一座坟墓和一个地狱,尽管身外的华灯、音乐和狂欢使我们忘却它们的存在,忘却它们所隐藏的死者和囚徒,但有时,最经常的是在午夜时分,这些黑暗的所在忽地大门敞开。　　——霍森[美国]

你不过是你的大我的一个碎片,一张寻求面包的嘴,一只盲目的、为一张干渴的嘴举着水杯的手。
　　——纪伯伦[黎巴嫩]

如果不为待客的话,所有的房屋都成了坟墓。　　——纪伯伦[黎巴嫩]

锈由铁生而伤铁,人也是一样,最能帮助你的和最能伤害你的人都是你自己。　　——纪德[法国]

点燃蜡烛照亮他人者,也不会给自己带来黑暗。　　——杰弗逊[美国]

鹰有时比鸡还飞得低,但鸡永远不能飞得像鹰那样高。
　　——克雷洛夫[俄国]

过分的赞美,对于心智是有害的。
　　——克雷洛夫[俄国]

年轻人根据其血液的热度改变他的趣味,老年人则根据习惯保持他的趣味。　　——拉罗什富科[法国]

好的趣味更多地来自判断力,而非来自理性。　　——拉罗什富科[法国]

人们往往从爱好走向热望,但很少能从热望回到爱好。
　　——拉罗什富科[法国]

灵魂的缺陷犹如身体的创伤,不管我们采取什么样的治疗方法,伤口总在那里,并随时有复发的危险。
　　——拉罗什富科[法国]

精神的狭义造成顽固,人们不轻易相信离他们的视野稍远的东西。
　　——拉罗什富科[法国]

有所尝试,就等于有所作为。
　　——朗费罗[美国]

有良好教养的人与其说表现在不

与人争,不如说表现在热心助人。

——理查德·斯蒂尔[英国]

狗请骡子吃肉,骡子请狗吃草,两下里都落个饿肚子。

——列夫·托尔斯泰[俄国]

少数人需要一个上帝,因为他们除了上帝以外什么东西都有了;多数人也需要上帝,因为他们什么东西都没有。

——列夫·托尔斯泰[俄国]

一个人如果自己跟自己作对,就没有办法搭救他。 ——列斯可夫[俄国]

我走得很慢,但我从来不会后退。

——林肯[美国]

不能被人牵着鼻子走。

——刘易斯[英国]

最难说出口的倒不是罪恶的事,而是又可笑又可耻的事。

——卢梭[法国]

一个人不该上自己的当。

——罗曼·罗兰[法国]

经济并不意味消费货币,也不意味节约货币。经济的意义在于经营和处理一个国家一个家庭。

——罗斯金[英国]

只有认识到权力的嗜好是社会事物中重要活动的起因,才能得到正确的解释。 ——罗素[英国]

人的自制犹如火车的制动闸。当你发现方向错了,用它是有益的;如果方向正确,用了它却是有害的。

——罗素[英国]

一切合乎人道的事情都是令人感动的。 ——马克·吐温[美国]

当你的想象游离于问题焦点之外时,你决不能依赖自己的判断。

——马克·吐温[美国]

习惯是很难打破的,谁也不可能把它从窗户扔出去,只能哄着它一步一步地从楼梯走下来。

——马克·吐温[美国]

制作幽默的秘诀不是快乐而是忧伤。天堂里没有幽默。

——马克·吐温[美国]

收留一条饿狗,养肥后不会咬你。

——马克·吐温[美国]

光靠大声叫嚷,并不能证明什么事情。一只母鸡不过下了一个蛋,却每每要咯咯地叫一阵,好像它生下了一颗小行星似的。 ——马克·吐温[美国]

对自己的谴责,别人总是相信;对自己的赞美,从来没人相信。

——蒙田[法国]

什么也不选,有时候反而是好的选择。 ——蒙田[法国]

习惯是第二天性,并绝不亚于第一天性。 ——蒙田[法国]

一个人若是以自己的标准来衡量自身的价值感或者塑造自己,那是十分惹人讨厌的。 ——尼采[德国]

即使是轻视自己的人,也仍然会以一种自我轻视者的方式尊重自己。

——尼采[德国]

乐趣不在人们的手中,而是在人们的眼里。一旦享受它,它就会消失;如果憧憬它,它就会出现。

——蒲柏[英国]

责任感常常会纠正人们的狭隘性。当我们徘徊于迷途的时候,它会成为可靠的向导。　　——普列姆昌德[印度]

高贵的出身是一件好事,但这荣誉属于我们的祖先。

——普卢塔克[古罗马]

旅游有许多益处:能使人心胸豁达,意气勃发,能耳闻目睹各种名胜古迹,心情欢畅,结交新友,见世面。

——萨迪[波斯]

我不能相信自己不能理解的事物。

——萨迪[波斯]

陈旧的眼光感受不了任何新景象。

——萨克雷[英国]

羞耻感一旦离去,便再也不知回返。　　——塞涅卡[古罗马]

损人利己,分文不值,容不得他人本身就是自私,忍受不了他人的自私并加以谴责的其实也是一种自私。

——桑塔亚那[美国]

习惯比理性更强有力。

——桑塔亚那[美国]

上天生下我们,是要把我们当作火炬,不是照亮自己,而是普照世界。

——莎士比亚[英国]

一个人思虑太多,就会失却做人的乐趣。　　——莎士比亚[英国]

大洋里所有的水都不能使天鹅的黑腿变成白色,尽管它每时每刻在波浪里清洗。　　——莎士比亚[英国]

纪律是达到一切雄图的阶梯。

——莎士比亚[英国]

看见邻人的眼里有一根稻草,却看不见自己眼里有一根大梁。

——《圣经》

一个人比另一个人高贵之处就在于他能承认对方的价值。

——史比德勒[瑞士]

幽默是多么艳丽的服饰,又是何等忠诚的卫士!它远远胜过寺人和作家的智能,它本身就是才华,它能杜绝愚昧。　　——司各特[英国]

灵魂完全系在财富和住宅上的那类人,无法明白他们本应对财富漠然置之,因而也就无法适宜地或认真地谈论这些问题。　　——斯迈尔斯[英国]

当一个人陷入了这样一种境地:他相信某些事必然会发生,只因为他不希望它们发生,而他希望发生的那些事情却永远不可能发生,这种状况就称之为"自暴自弃"。　　——叔本华[德国]

人们应当正确地认识到,哲学是最有力的物质力量,虽然它发挥效力是非常缓慢的。　　——叔本华[德国]

我们每个人都有一面在别人内部照见自己的镜子。　　——叔本华[德国]

一切难堪的事,只要同着正确方向进行,都会成为好事。

——索福克勒斯[古希腊]

一个人在世界上受到重视和轻视,取决于他的行动,取决于他自己。

——泰戈尔[印度]

世界与个人面面相对,宛如密友在相互询问,并交换他们内心的秘密。

——泰戈尔[印度]

我不能选择最好的,是让那最好的

选择我。　　　——泰戈尔[印度]

埋在地下的树根使树枝结满果实,却并不要求什么报酬。
　　　——泰戈尔[印度]

让睁眼看着玫瑰花的人,也看到它的刺。　　　——泰戈尔[印度]

蜜蜂从花中啜蜜,离开时营营的道谢。浮夸的蝴蝶却相信花是应该向他道谢的。
　　　——泰戈尔[印度]

如果你因失去了太阳而流泪,那么你也失去群星了。　——泰戈尔[印度]

谢谢火焰给你光明,但是不要忘了那执灯的人,他是坚韧地站在黑暗当中的。　　　——泰戈尔[印度]

麻雀看见孔雀负担着它的翎尾,替它担忧。　　　——泰戈尔[印度]

起初我们造成习惯,后来是习惯造成我们。　　　——王尔德[英国]

高贵的出身是一种凑巧的事情,并不是一种德行!白手成家才算是真本领!　　　——维尔加[德国]

每个人都有他自己的价值。
　　　——温德姆[英国]

如果有很多双眼睛在敏锐地监视的话,大家就会为维护和平而遵守法律。　　　——温斯坦莱[英国]

我们是平等的……至少我们通过坟墓,平等地站到上帝面前。
　　　——夏洛蒂·勃朗特[英国]

要警惕挨打不还手的人。
　　　——萧伯纳[爱尔兰]

把玩笑开得太过分就变成戏弄,而一点玩笑也不开的人实属呆板。
　　　——亚里士多德[古希腊]

渺小的人常常认为自己最重要。
　　　——伊索[古希腊]

存心要干凶恶残酷的坏事情,那是很容易找到借口的。
　　　——伊索[古希腊]

一致是强有力的,而纷争易于被征服。　　　——伊索[古希腊]

有些人在盼望对自己有利的事情的时候,不用心听立刻就听见了;而对于他们不喜欢的事情,他们不但听不见,反而抱怀疑和冷淡的态度。
　　　——伊索[古希腊]

落于俗套的高贵和风雅是再平庸、低劣不过的。　　——雨果[法国]

最能折磨男子,莫过于女人那充满魅力的双眸。
　　　——约·弗莱彻[英国]

旅行的益处就是能用实物调整想象,克服主观臆想,形成对事物的直观。
　　　——约翰生[英国]

旅游的作用就是用现实来约束想象:不是去想事情会是怎样的,而是去看它们实际上是怎样的。
　　　——约翰生[英国]

眼睛是透明的,通过它们,可以看到人的心灵。
　　　——朱迪思·戈蒂埃[法国]